COMO O CORPO FUNCIONA

Descobrindo o surpreendente corpo humano

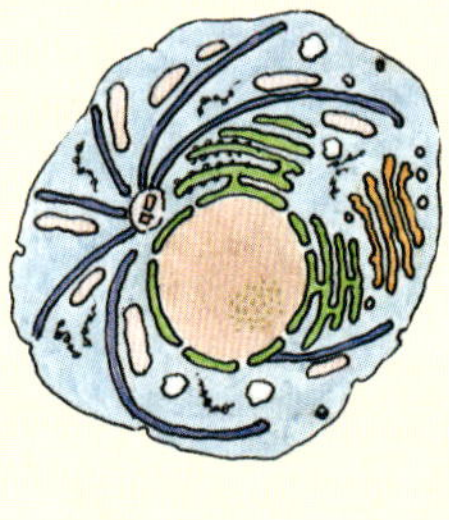

COMO O CORPO FUNCIONA

Descobrindo o surpreendente corpo humano

DAVID MACAULAY

COM RICHARD WALKER

TRADUÇÃO
JORGE RODOLFO LIMA

wmf martinsfontes

SÃO PAULO 2011

Ortografia atualizada

A terminologia usada nesta edição está de acordo com a nomenclatura sugerida pela Sociedade Brasileira de Anatomia.

Esta obra foi publicada originalmente em inglês com o título
THE WAY WE WORK: GETTING TO KNOW THE AMAZING HUMAN BODY
por Houghton Mifflin Harcourt Publishing Co

Publicado por acordo especial com Walter Lorraine Books, um selo da Houghton Mifflin Harcourt Publishing Co.

1ª edição *2011*

Tradução
JORGE RODOLFO LIMA

Acompanhamento editorial
Luzia Aparecida dos Santos
Revisões gráficas
Márcia Leme
Alessandra Miranda de Sá
Edição de arte
Katia Harumi Terasaka
Produção gráfica
Geraldo Alves
Paginação
Moacir Katsumi Matsusaki

Dados Internacionais de Catalogação na Publicação (CIP)
(Câmara Brasileira do Livro, SP, Brasil)

Macaulay, David
Como o corpo funciona : descobrindo o surpreendente corpo humano / David Macaulay com Richard Walker ; tradução Jorge Rodolfo Lima. – São Paulo : Editora WMF Martins Fontes, 2011.

Título original: The way we work : getting to know the amazing human body.
ISBN 978-85-7827-333-0

1. Corpo humano – Literatura juvenil 2. Fisiologia humana – Literatura juvenil I. Walker, Richard. II. Título.

10-08753 CDD-028.5

Índices para catálogo sistemático:
1. Corpo humano : Literatura juvenil 028.5
2. Fisiologia humana : Literatura juvenil 028.5

Editora WMF Martins Fontes Ltda.
Rua Conselheiro Ramalho, 330 01325-000 São Paulo SP Brasil
Tel. (11) 3293.8150 Fax (11) 3101.1042
e-mail: info@wmfmartinsfontes.com.br http://www.wmfmartinsfontes.com.br

Impressão e acabamento: Yangraf Gráfica e Editora

AGRADECIMENTOS

Além dos meus amigos na Houghton Mifflin Company, que, mais uma vez, juntaram todas as partes e fragmentos para produzir o livro que você tem nas mãos, e do meu coautor Richard Walker, sem cujo auxílio não haveria partes nem fragmentos suficientes, pelo menos não nesta encarnação, eu gostaria de agradecer às seguintes pessoas:

Anne Gilroy – anatomista clínica que, por quatro longos anos, fez tudo o que estava ao seu alcance para me manter nos trilhos quando, como uma criança numa loja de doces, eu saltava de um aspecto a outro da fisiologia humana.

Dra. Lois Smith – professora de oftalmologia cuja bondade só se compara à sua admirável percepção de que tudo tem a ver com tudo.

John Lewis – pelas conversas celulares mais interessantes e esclarecedoras que eu já tive no café da manhã.

Dr. Eric Walsh – especialista em mãos e cirurgião cujo entusiasmo, desde o início deste projeto, o manteve em andamento.

Dr. Dana Andersen – professor e cirurgião que, fazendo-me entrar em sua sala de cirurgia, deu-me uma visão em primeira mão do interior de um corpo humano sob ataque, enquanto ele trabalhava cuidadosamente para vencer a batalha.

Dr. Dan O'Neill – gastroenterologista da família, por sua leitura cuidadosa e entusiasmada da primeira seção diagramada e a última a ser desenhada.

Professor Erik Erikson – cujo interesse contagiante em compreender como o corpo humano funciona me ajudou a começar esta jornada.

Meus vizinhos, **Professor Bernard Trumpower** e **Dra. Mary-Margareth Andrews** – por lerem generosamente partes do livro em construção, oferecendo comentários valiosos. Se algum erro se manteve no interior do livro, foi apesar dos melhores esforços deles e de todos os outros.

James e Joan Macaulay – meus pais, que sempre me apoiaram e que, de boa vontade, fizeram a leitura de cada nova seção que saía do estúdio.

Helen Bing – chefe do meu fã-clube, que apoiou fervorosamente todos os meus esforços, de qualquer lugar do mundo em que estivesse.

Fundação MacArthur – que, durante o último ano do projeto, manteve a comida na mesa e as luzes acesas conforme o trabalho continuava, muito além dos limites de qualquer modelo sensato de negócios.

E **Ruthie** – não apenas minha crítica doméstica surpreendentemente objetiva como também minha tolerante e sagrada esposa – e nossos filhos, **Julia** e **Sander**, por sua paciência, compreensão e fé de que todo o tempo que não passamos juntos nos últimos seis anos poderia valer a pena no final. Veremos.

Índice

PARA WALTER LORRAINE,
que viu as possibilidades desde sempre,

e

DONNA MCCARTHY,
que sempre deu a elas um lindo lar.

INTRODUÇÃO

Nosso corpo é provavelmente a primeira coisa, e com certeza a mais notável, que aprendemos a tomar como ponto pacífico. Ele funciona 24 horas por dia, sete dias por semana e, como suas necessidades interferem pouco na nossa rotina, é natural que estejamos muito mais familiarizados com sua aparência externa do que com o que se passa dentro dele. Isso, claro, até que algo dê errado. Mas por que esperar que algum problema estimule a curiosidade? Todos nós temos e habitamos um exemplo extraordinário de engenharia biológica, que merece ser compreendido e celebrado.

Nossa jornada começa como uma única célula que contém tudo de que precisamos para seguir em frente. Se tudo der certo, essa única célula vai se multiplicar, formando uma população que pode alcançar dezenas de trilhões. Embora essas células sejam invisíveis a olho nu, todas elas estão vivas. E, embora possam executar tarefas diferentes, a estrutura fundamental e o funcionamento básico de toda célula são praticamente iguais. Todas elas exigem e utilizam os nutrientes que fornecem energia e materiais de construção e, no processo, produzem resíduos que precisam ser eliminados.

Uma vez comprometida com a construção de um organismo multicelular, nenhuma célula existe isoladamente. Cada uma é parte de uma comunidade e se comunica constantemente com as outras células ao redor. Cada célula também recebe mensagens de mais longe. Só conseguimos fazer esta infinidade de coisas que fazemos – coisas que nos tornam humanos – porque nossas células cooperam de boa vontade umas com as outras. Não se trata de um ato aleatório de bondade da parte delas. Elas estão cuidando de si mesmas. Se a sobrevivência delas é ameaçada, a nossa também é. Ao se organizarem em grupos estritamente definidos, cada um com suas funções específicas, elas constroem e operam os sistemas necessários para manter o ambiente interno estável de que dependem, a despeito do que aconteça do lado de fora.

Estes sistemas, que têm nomes familiares como *respiratório*, *circulatório* e *digestório*, são apresentados e estudados nas várias partes deste livro. São apresentados um de cada vez, para não sobrecarregar o leitor, mas é preciso ter em mente que, assim como nossas células precisam trabalhar juntas, cada um dos sistemas certamente falharia sem os demais. O que segue é, em última análise, a história da enorme interdependência de todos os sistemas que compõem o corpo humano. Essencialmente, é assim que funcionamos.

Capítulo 1

Construindo a vida

Durante a maior parte da história, tudo o que se descobriu sobre o corpo humano resultou de olhar debaixo da pele e esquadrinhar os vários órgãos, vasos e ossos. Como os espécimes disponíveis para esses estudos estavam geralmente mortos, o que é compreensível, as conclusões acerca das funções mais fundamentais baseavam-se principalmente em mitos e na imaginação. E assim foi até cerca de quatrocentos anos atrás, quando novas descobertas causaram uma revolução na compreensão do funcionamento do corpo. Uma dessas conquistas mudou literalmente a nossa visão de mundo.

A invenção do microscópio tornou possível ver objetos invisíveis a olho nu. Entre esses "objetos" estavam unidades vivas pequenas e delimitadas chamadas células. Desde as macieiras até as zebras, todos os seres vivos são formados por células. Cada um de nós é constituído por um grande número delas; as estimativas chegam à ordem de cem trilhões. Colocando uma fatia fina de qualquer órgão do corpo sob o microscópio, você poderá ver algumas delas.

Os primeiros cientistas que viram as células perceberam que cada uma dessas estruturas tinha uma borda externa, a membrana celular, cercando um citoplasma claro que continha um núcleo. Até a primeira metade do século XX, acreditava-se que o citoplasma não passava de um tipo de gelatina sem maior interesse, até que um novo tipo de microscópio apareceu.

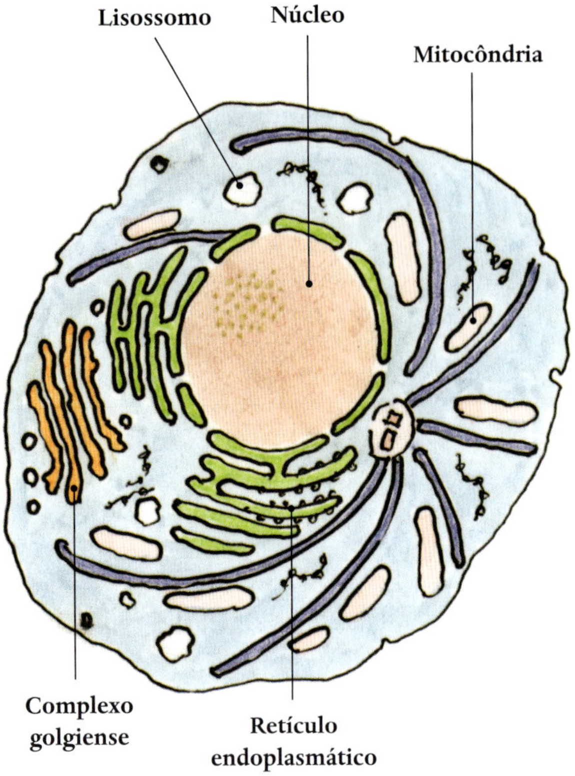

O microscópio eletrônico, com poder de aumento muito maior do que o do microscópio óptico, revelou que, diferentes dos cômodos monásticos que deram origem ao seu nome*, as células são, na verdade, mundinhos bastante movimentados, cada um repleto de estruturas distintas com suas funções particulares. A maior dessas estruturas é o núcleo, que serve de biblioteca central e supervisiona todas as operações. Produção e transporte são de responsabilidade do retículo endoplasmático e do complexo golgiense. A energia necessária para fazer a célula funcionar é fornecida por um conjunto de usinas de energia chamadas mitocôndrias. Os lisossomos, depósitos de sucata, cuidam da reciclagem.

Há algumas coisas, contudo, que nem o microscópio consegue ver, entre elas estão os átomos, matérias-primas de que as células são feitas.

* A palavra "célula" vem do latim *cellula*, que significa cubículo ou cela. O nome foi escolhido por Robert Hooke, que, em 1665, ao descrever as células da cortiça, comparou-as às celas ocupadas por monges em mosteiros. (N. do T.)

O QUE É SER PEQUENO?

Tudo, inclusive seu almoço de ontem, este livro, o monte Everest, o cachorrinho Scotty, até mesmo galáxias distantes, tudo é feito de átomos. Você mesmo é feito de uns cinco trilhões de trilhões deles. Obviamente, os átomos são muito pequenos, mas, para ter ideia do tamanho deles, teremos que fazer um breve desvio. Imagine que Scotty está correndo atrás de uma bola de tênis no gramado do Battery Park, na ponta da ilha de Manhattan. Se a bola de tênis fosse um único átomo, uma célula típica do corpo humano, representada na mesma escala, se estenderia até o Zoológico do Central Park, a uma distância de oito quilômetros.

Apesar do seu tamanho, contudo, cada átomo é uma unidade independente. Imagine a mesma bola de tênis sem a parte de borracha, só com o revestimento de pelúcia. No meio, quase invisível, estaria um núcleo pequeno e denso, formado por partículas minúsculas, chamadas prótons e nêutrons. Girando ao redor do núcleo – como planetas na órbita do Sol – há partículas ainda menores chamadas elétrons. Impossíveis de localizar de forma precisa, devido ao seu movimento rápido e constante, são descritos como uma nuvem de elétrons ou, para nós, "a nuvem". É o número diferente de partículas em diferentes átomos que distingue um átomo do outro.

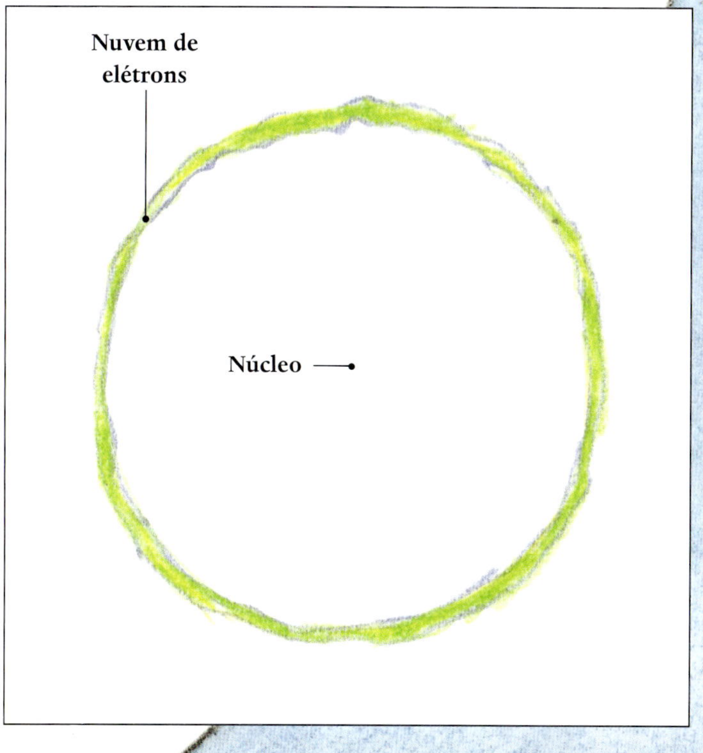

Prótons
Camada externa
Camada interna
Núcleo
Elétrons
Nêutro

Construindo Átomos

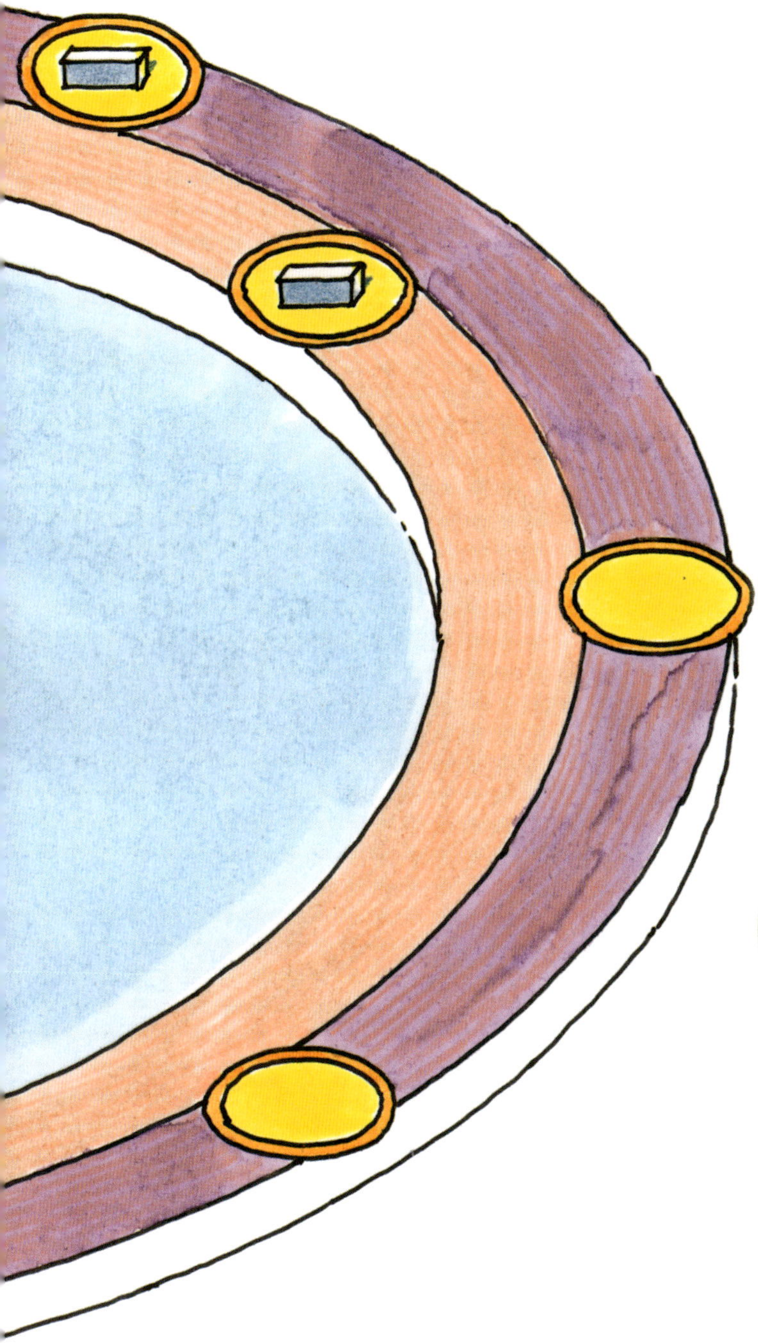

Sem a ação de alguma força sobre eles, a maioria dos tipos de átomos conterá o mesmo número de elétrons e prótons e, de vez em quando, nêutrons. Os prótons têm carga elétrica positiva (+). Os elétrons têm carga elétrica negativa (–) de igual intensidade. É a atração entre as cargas positivas e negativas que mantém as partes do átomo juntas.

Os elétrons circulam ao redor do núcleo em órbitas definidas chamadas camadas. Cada camada consegue manter apenas um número definido de elétrons e, conforme cada camada vai sendo preenchida, uma camada nova é formada. O átomo de oxigênio em construção na página oposta tem oito elétrons. Dois preenchem a camada mais interna e outros seis preenchem seis das oito vagas na segunda camada. Átomos com mais de dez elétrons exigem uma terceira camada, e assim por diante.

Quando a camada mais externa de um átomo está preenchida e não há mais elétrons para colocar, o átomo é considerado estável. Geralmente, contudo, esse não é o caso. A maior parte dos átomos, assim como os de oxigênio com suas duas vagas desocupadas, passam o tempo todo em busca de preenchimento completo.

Dos cerca de 24 tipos diferentes de átomos necessários, 95% do corpo humano é formado apenas por estes quatro:

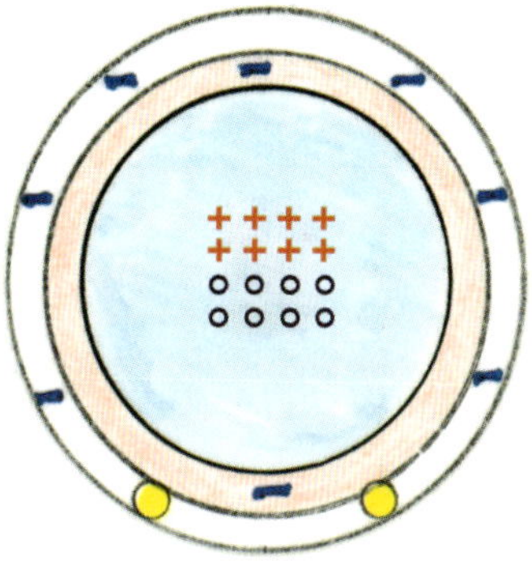

Oxigênio

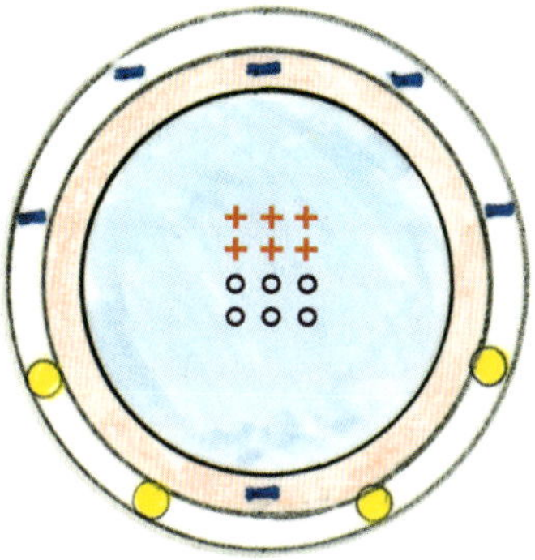

Carbono

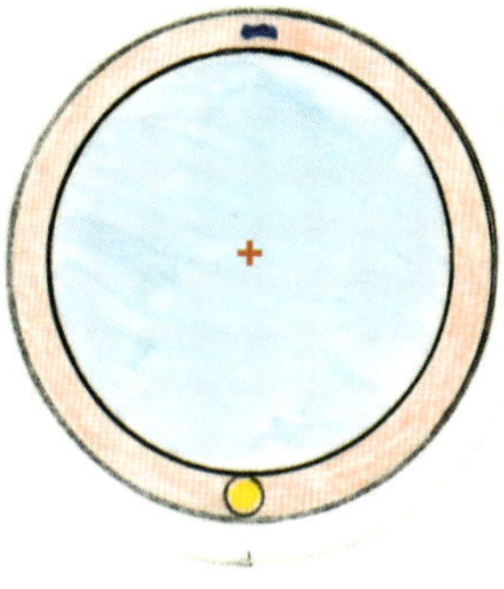

Hidrogênio

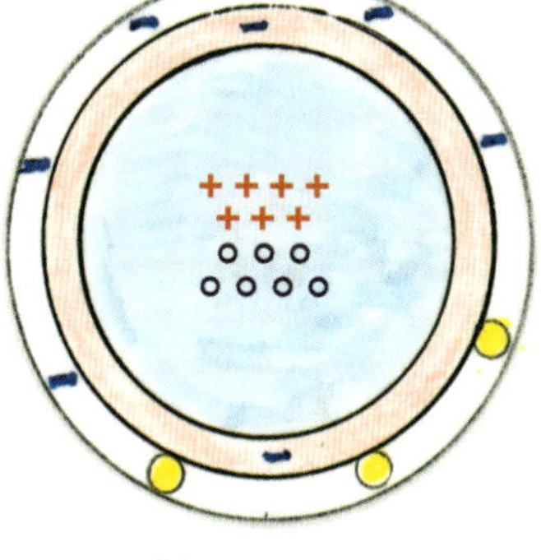

Nitrogênio

Molécula de oxigênio (O_2)

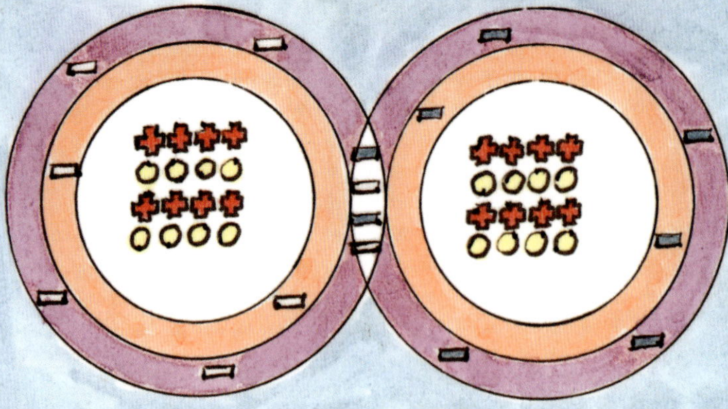

Fazendo moléculas

A fim de preencher completamente a camada externa, os átomos aceitam sacrificar suas identidades individuais. Através de inúmeras reações químicas, eles se ligam uns aos outros formando comunidades de vários tamanhos e formas chamadas moléculas.

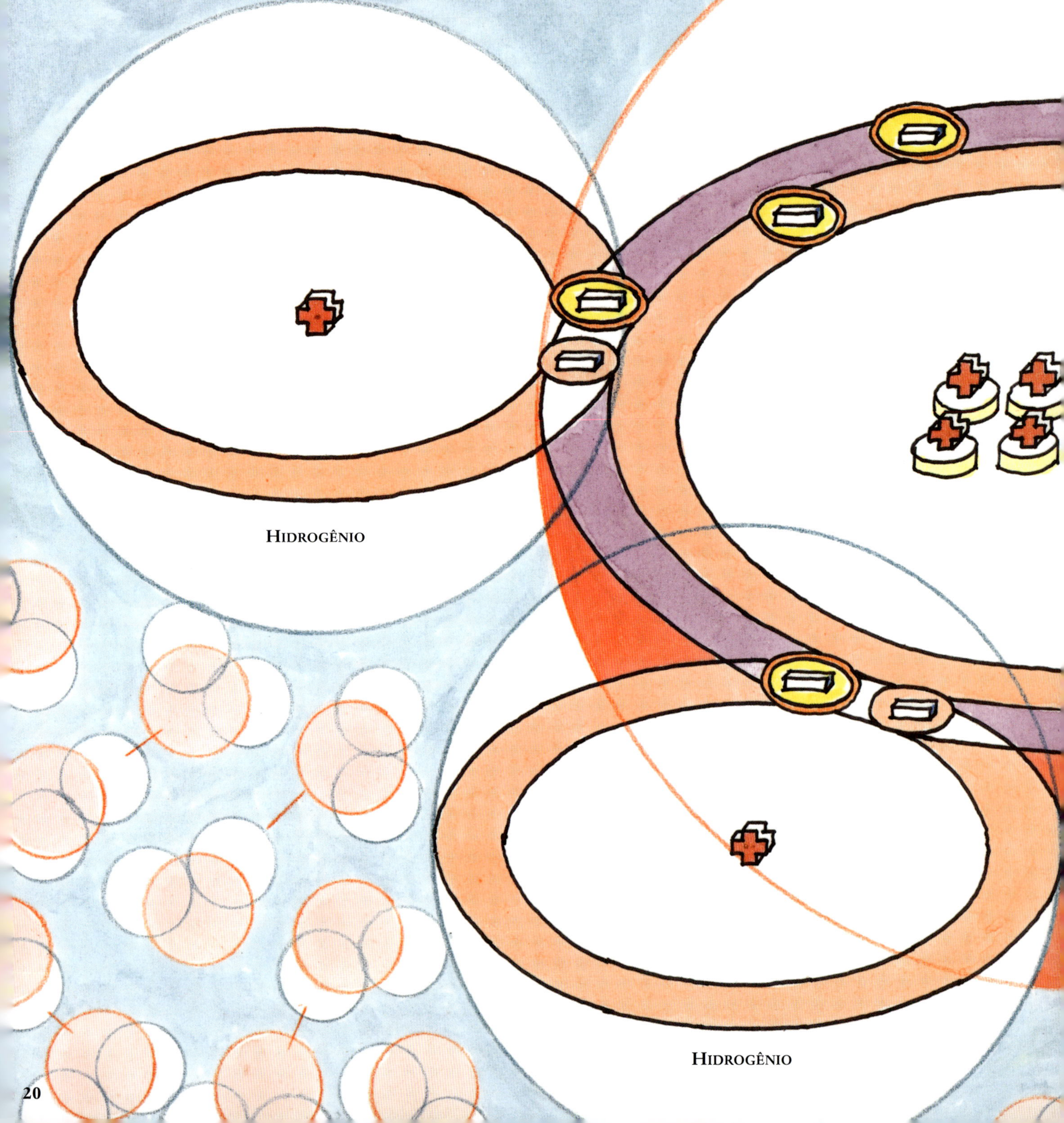

Um tipo de ligação é obtido através do compartilhamento de elétrons. Quando dois átomos de oxigênio, por exemplo, compartilham dois de seus elétrons entre si, eles preenchem as respectivas camadas externas, formando uma molécula de oxigênio (O_2), o ingrediente ativo do ar que respiramos. Contudo, a maior parte das interações acontece entre átomos de tipos diferentes. O hidrogênio, com apenas um elétron, precisa de somente mais um para preencher a sua única camada. Se o hidrogênio e o oxigênio compartilham um elétron, o hidrogênio se torna estável. Se um segundo átomo de hidrogênio se junta ao grupo, os três átomos ganham estabilidade. O feliz resultado dessa união é uma única molécula de água (H_2O).

O compartilhamento de elétrons entre átomos não é sempre igual, e este é o caso das moléculas de água. O núcleo do átomo de oxigênio é maior e exerce uma atração muito mais forte sobre os elétrons compartilhados do que o núcleo de hidrogênio, que é menor. Já que os elétrons têm cargas negativas, essa diferença torna o átomo de oxigênio um pouco negativo e cada átomo de hidrogênio um pouco positivo.

Como os opostos se atraem, o átomo de oxigênio de uma molécula de água é atraído para o átomo de hidrogênio de outra molécula de água. Embora as ligações formadas sejam fracas e se rompam facilmente – agindo mais como conhecidos casuais do que como parceiros permanentes –, elas mantêm as moléculas de água próximas umas das outras e garantem que, dentro de um determinado intervalo de temperatura, a água se mantenha no estado líquido, em vez de no gasoso. Isso é muito conveniente. A água líquida é o meio em que as reações químicas das células acontecem. Sem água não há vida!

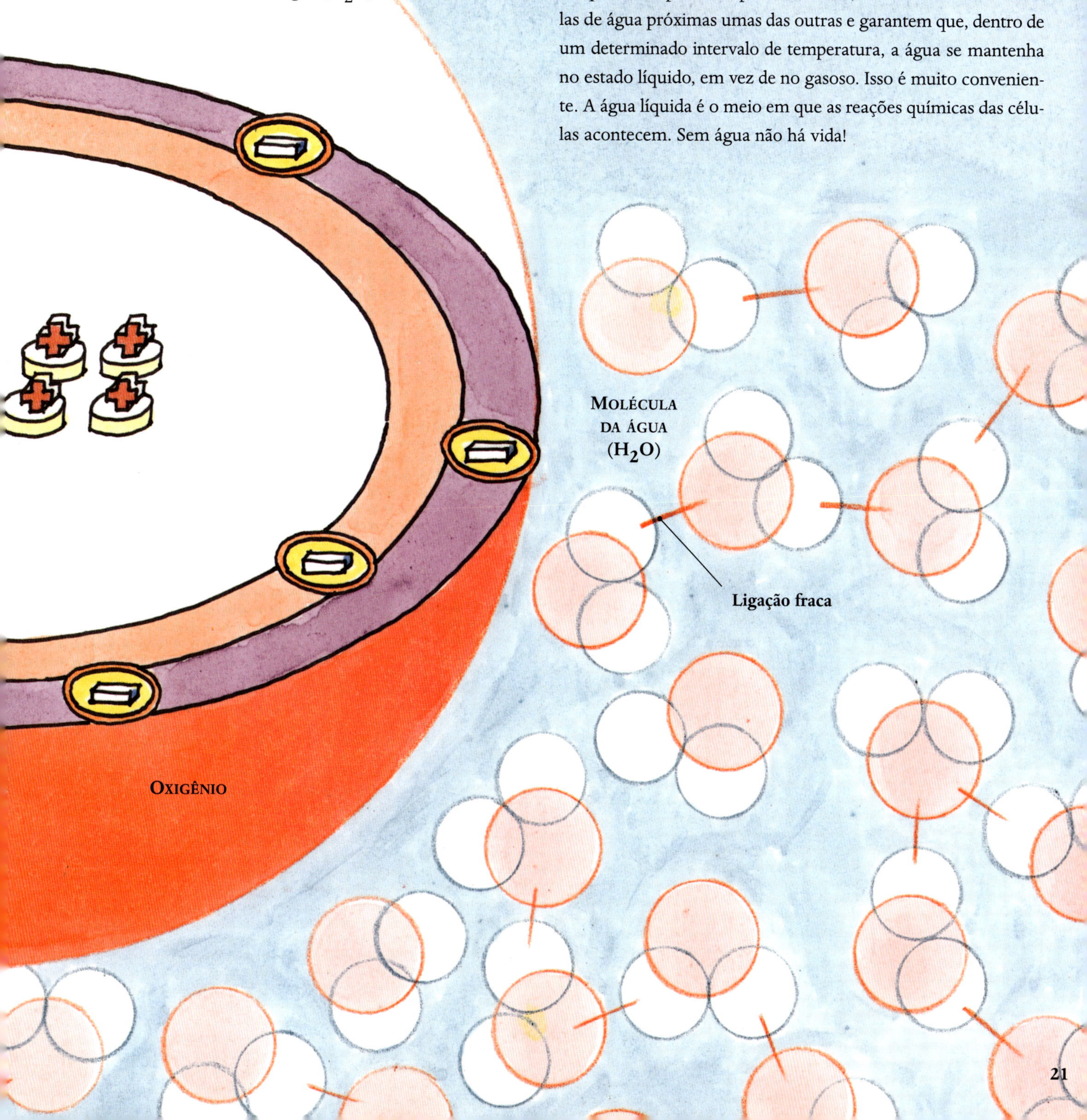

ÍONS E SOLUÇÕES

A maioria dos átomos fica mais "feliz" quando estão ligados uns aos outros formando moléculas. Embora muitos consigam atingir esse estado compartilhando elétrons, outros têm estratégias diferentes. Os átomos de sódio (Na), por exemplo, têm apenas um único elétron em sua camada mais externa, enquanto os de cloro (Cl) têm sete. Se o sódio doar seu elétron solitário para o cloro, ambos se tornam estáveis. Como o átomo de sódio contém agora mais prótons do que elétrons, ele tem uma carga positiva (+). Como o átomo de cloro ganhou um elétron, ele agora tem uma carga negativa (–). Átomos com cargas elétricas são chamados íons, e íons com cargas opostas se juntam. Neste caso o resultado da ligação entre Na^+ e Cl^- é o cloreto de sódio, o sal de cozinha comum.

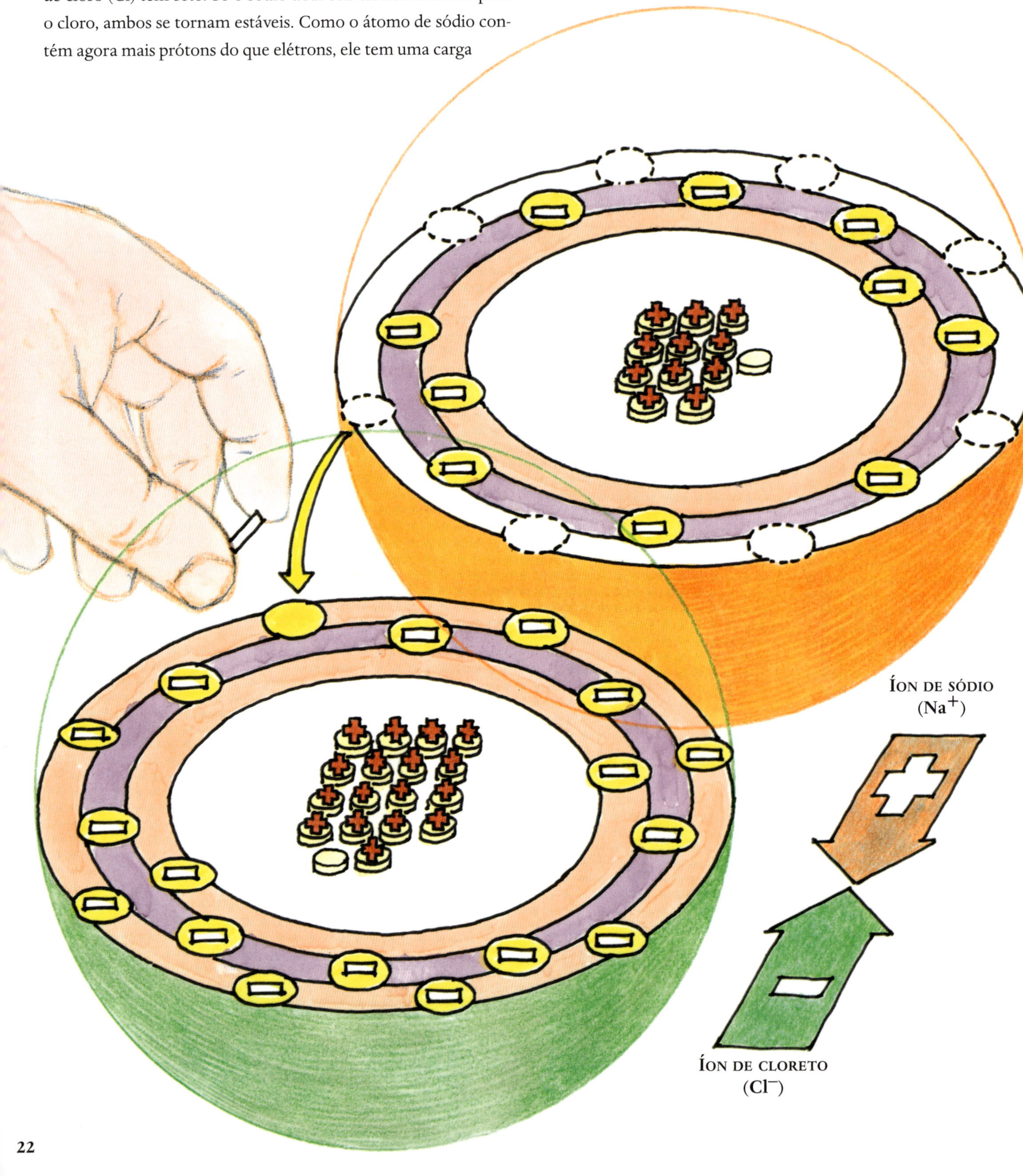

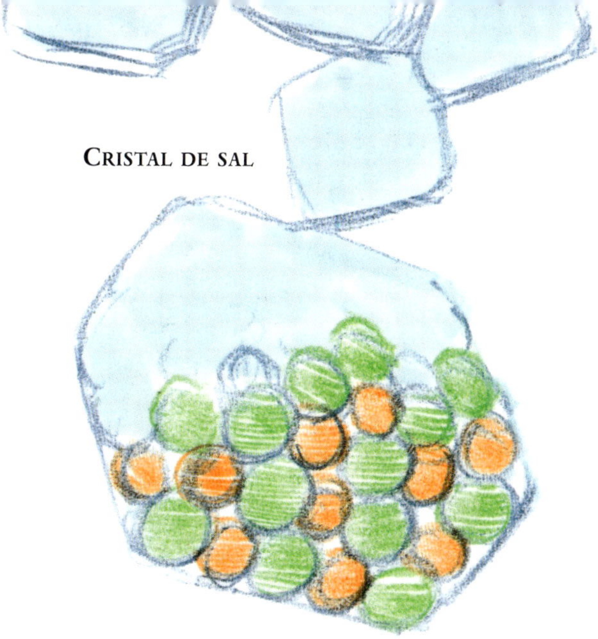

Cristal de sal

Todas as moléculas possuem um tipo de energia que faz com que elas se movam. Quando colocadas na água, as moléculas de cloreto de sódio, que vibram, ficam cercadas pelas moléculas de água, que se movem mais rápido. Como as moléculas de água têm carga elétrica, suas extremidades negativas cercam e isolam os íons Na^{+}, enquanto as extremidades positivas fazem o mesmo com os íons Cl^{-}. Essa interação dissolve os cristais de sódio e produz uma solução salina.

A capacidade da água de dissolver moléculas iônicas é de vital importância para a forma como a gente funciona. Os íons de sódio, por exemplo, têm papel fundamental no movimento e no controle do corpo. As moléculas formadas através do compartilhamento de elétrons também podem se dissolver, mas isso só acontece se uma parte tiver carga elétrica levemente positiva e a outra tiver carga levemente negativa. Estas são as chamadas moléculas polares. A glicose, que é uma molécula polar e a maior fonte de energia do corpo humano, funciona devido à sua capacidade de interagir com moléculas de água, formando uma solução de glicose.

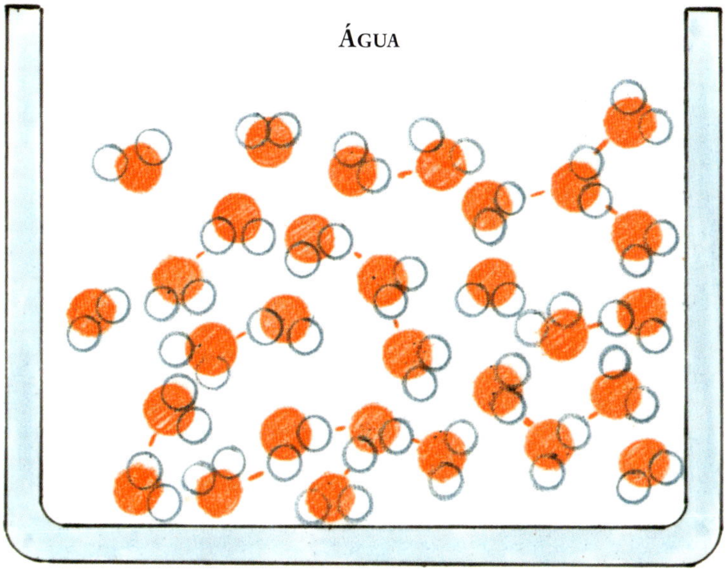

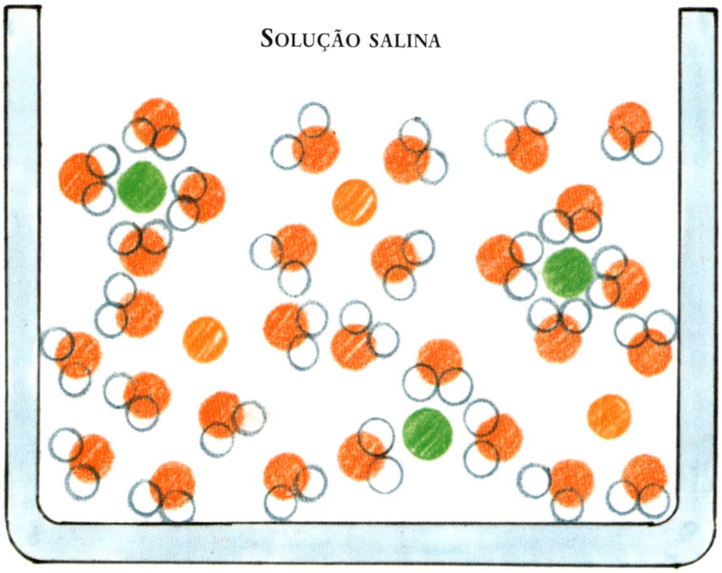

Íons e moléculas dissolvidos em água batem uns nos outros ao acaso, espalhando-se naturalmente de uma área de maior concentração a outra de baixa concentração até atingir uma distribuição regular. Esse processo é chamado difusão. Isso também acontece com gases, e nesse caso as moléculas se movem ainda mais rápido. É por isso que, se alguém "solta pum" em um canto de uma sala, não demora muito até que todos percebam.

DIFUSÃO

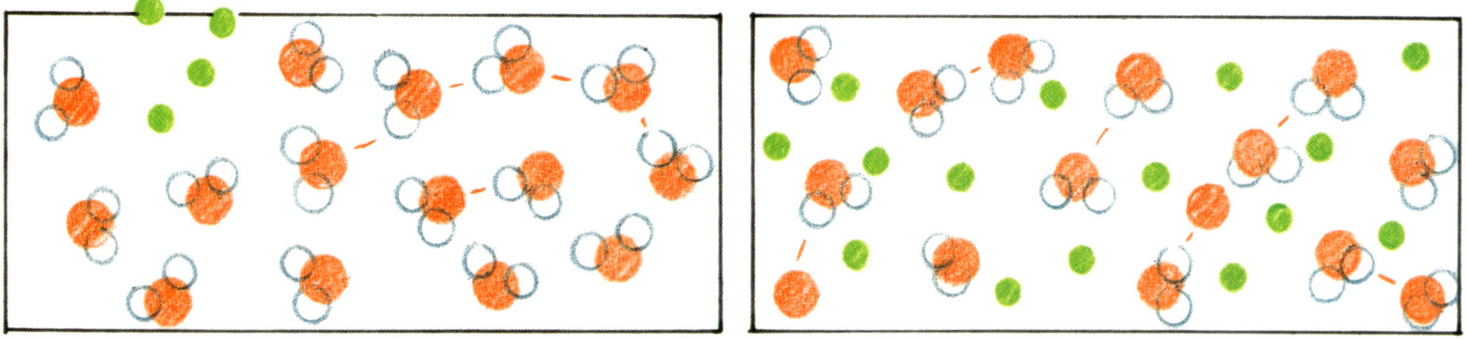

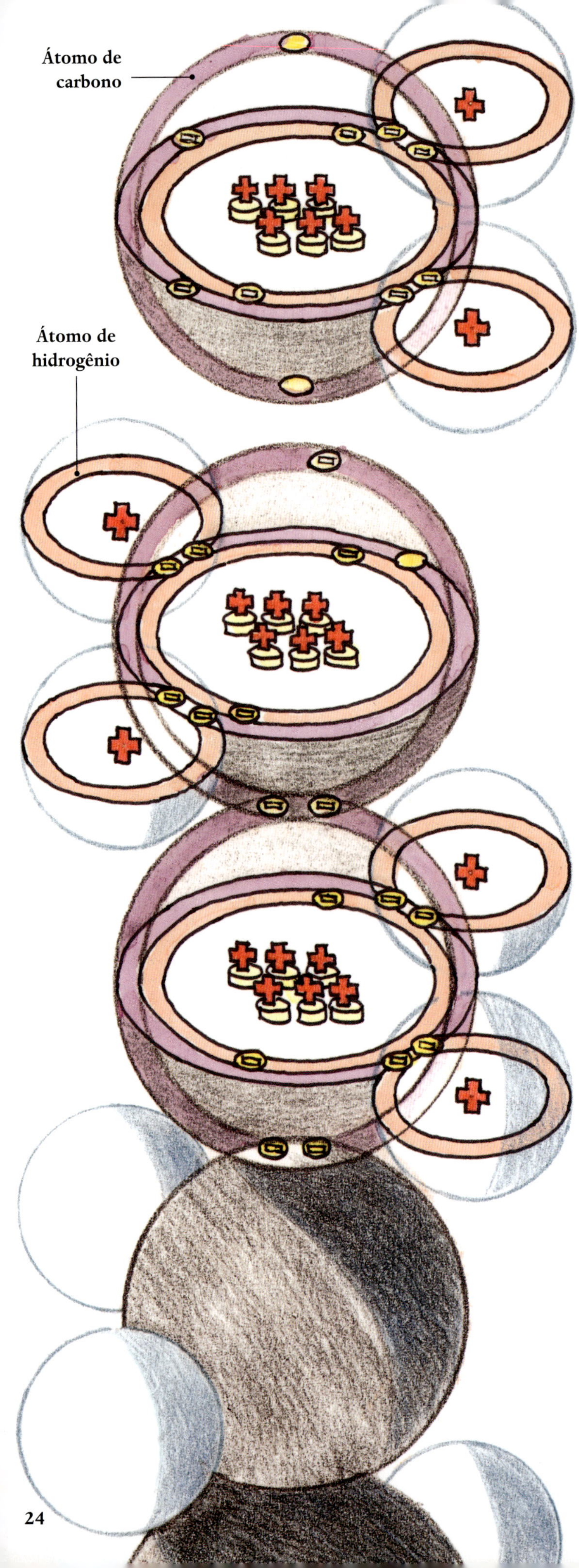

ESQUELETO DE CARBONO

Nós, humanos, assim como todos os outros seres vivos no planeta, somos montados a partir de um conjunto de moléculas construídas ao redor de átomos de carbono. Com apenas quatro elétrons na sua camada externa, os átomos de carbono são feitos para realizar ligações químicas. Eles formam cadeias e anéis que servem de "esqueletos moleculares" aos quais se ligam outros átomos que compartilham elétrons tais como hidrogênio, oxigênio, nitrogênio e fósforo.

As moléculas resultantes são estáveis e, ao mesmo tempo, capazes de participar nas diversas reações químicas que fazem nossas células funcionar. Cada uma dessas moléculas com base de carbono é adequada de maneira única para sua função dentro do corpo. Entre as moléculas mais importantes estão os carboidratos, as proteínas, os ácidos nucleicos e os lipídios.

Muitos lipídios, incluindo óleos e gorduras, têm moléculas feitas de ácidos graxos – cadeias longas compostas quase unicamente de átomos de carbono que compartilham elétrons entre si e com átomos de hidrogênio. Ácidos graxos não têm carga elétrica e, portanto, são apolares (não polares) e não se dissolvem em água.

Um grupo de lipídios, chamados fosfolipídios, é muito importante na construção de membranas celulares. Duas cadeias de ácidos graxos são ligadas a uma terceira molécula, chamada glicerol, que, por sua vez, se liga a uma quarta molécula, que contém fósforo. Esta última molécula é polar – uma parte dela tem carga negativa e outra parte tem carga positiva. O fato de ter cargas elétricas na extremidade que tem fósforo e não as ter na ponta que tem ácidos graxos torna os fosfolipídios ideais para sua função.

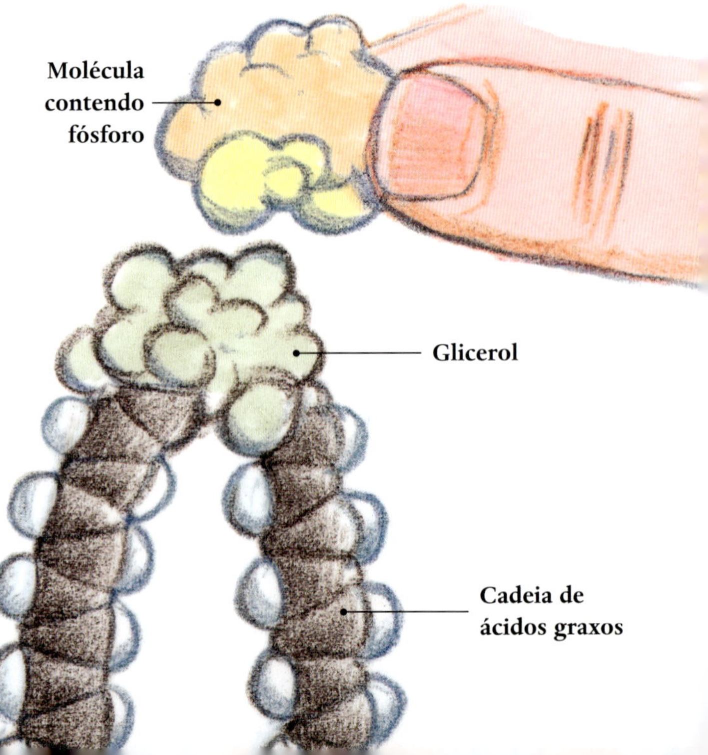

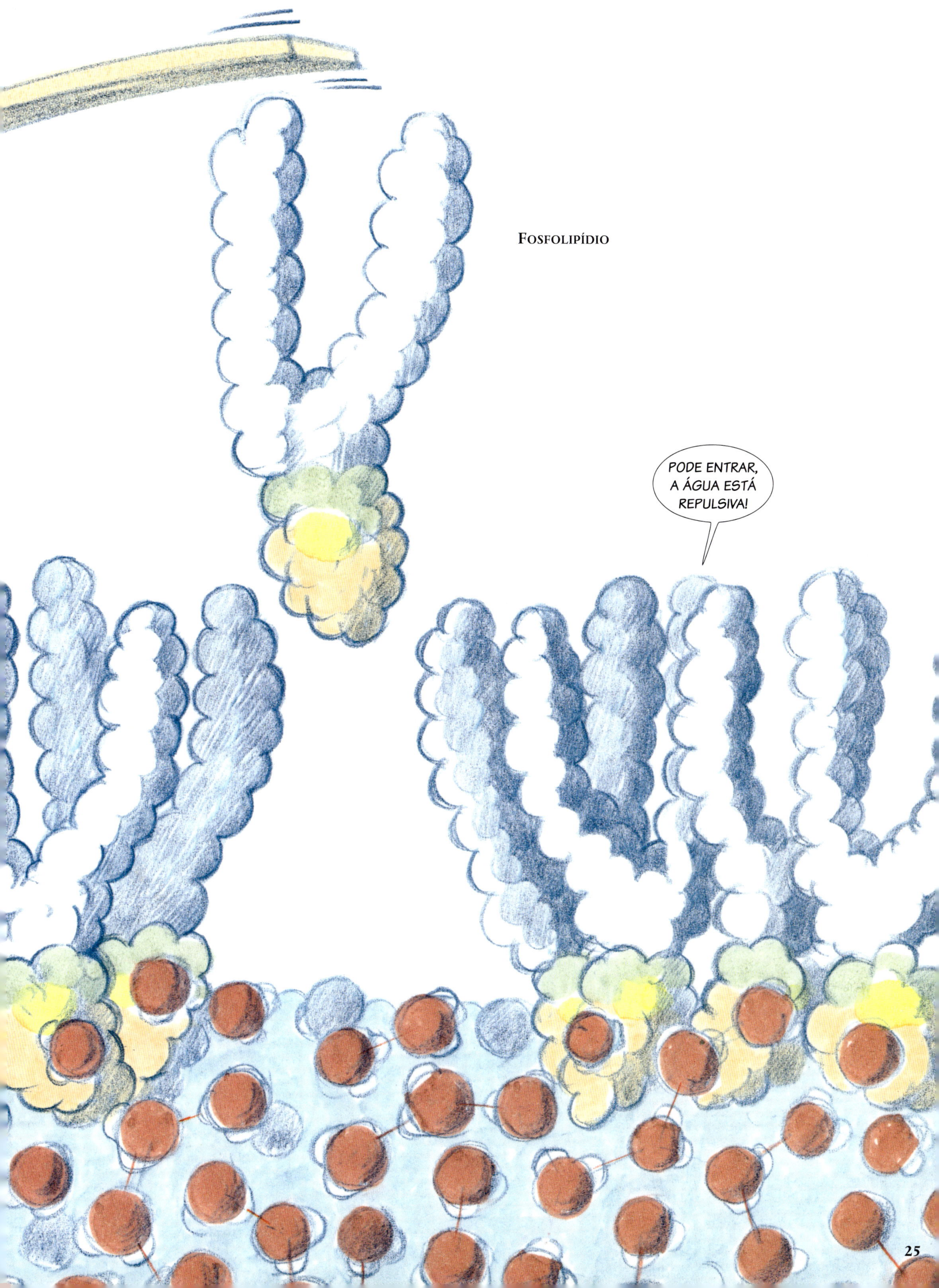
Fosfolipídio
PODE ENTRAR, A ÁGUA ESTÁ REPULSIVA!

CAUDA A CAUDA

Os fosfolipídios que formam a membrana celular levam uma vida dupla. Sua extremidade polar, ou "cabeça", é atraída pela água. Sua extremidade apolar, ou "cauda", é repelida pela água. Quando estão todos juntos na água, eles se distribuem de forma que suas cabeças ficam em contato e se misturam com a água, e suas caudas apontam na direção oposta. Para obter isolamento completo, as caudas se alinham espontaneamente ponta a ponta, criando uma camada dupla flexível – e, ainda assim, livre de água. Essa construção notável é a base da membrana que envolve não apenas as células, mas também muitos dos seus componentes internos. Cerca de um quinto da membrana é formado de colesterol, que ajuda a estabilizar a estrutura, evitando que fique excessivamente mole.

Nas áreas cobertas por fosfolipídios há numerosas proteínas. Algumas formam canais através da membrana, que controlam a passagem de substâncias para dentro e para fora da célula. Outras funcionam como receptores de mensagens que permitem a comunicação entre uma célula e outra. Outras, ainda, agem como marcadores que permitem às células de defesa identificá-los como parte do corpo, e não como invasores.

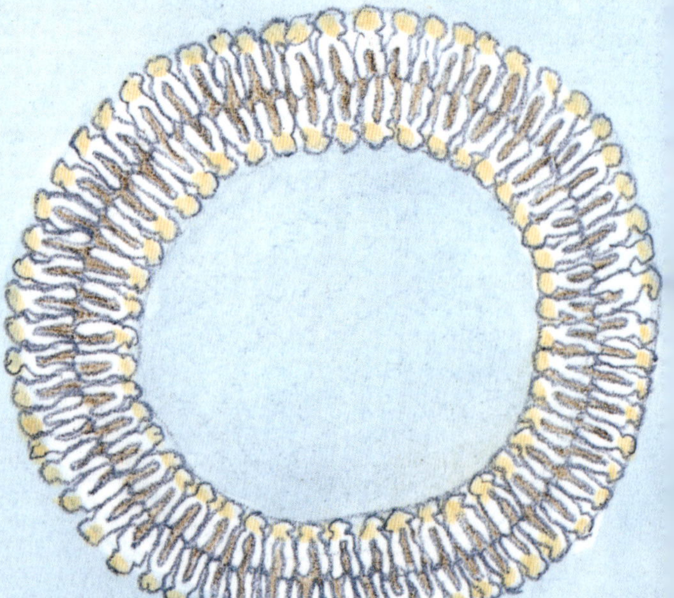

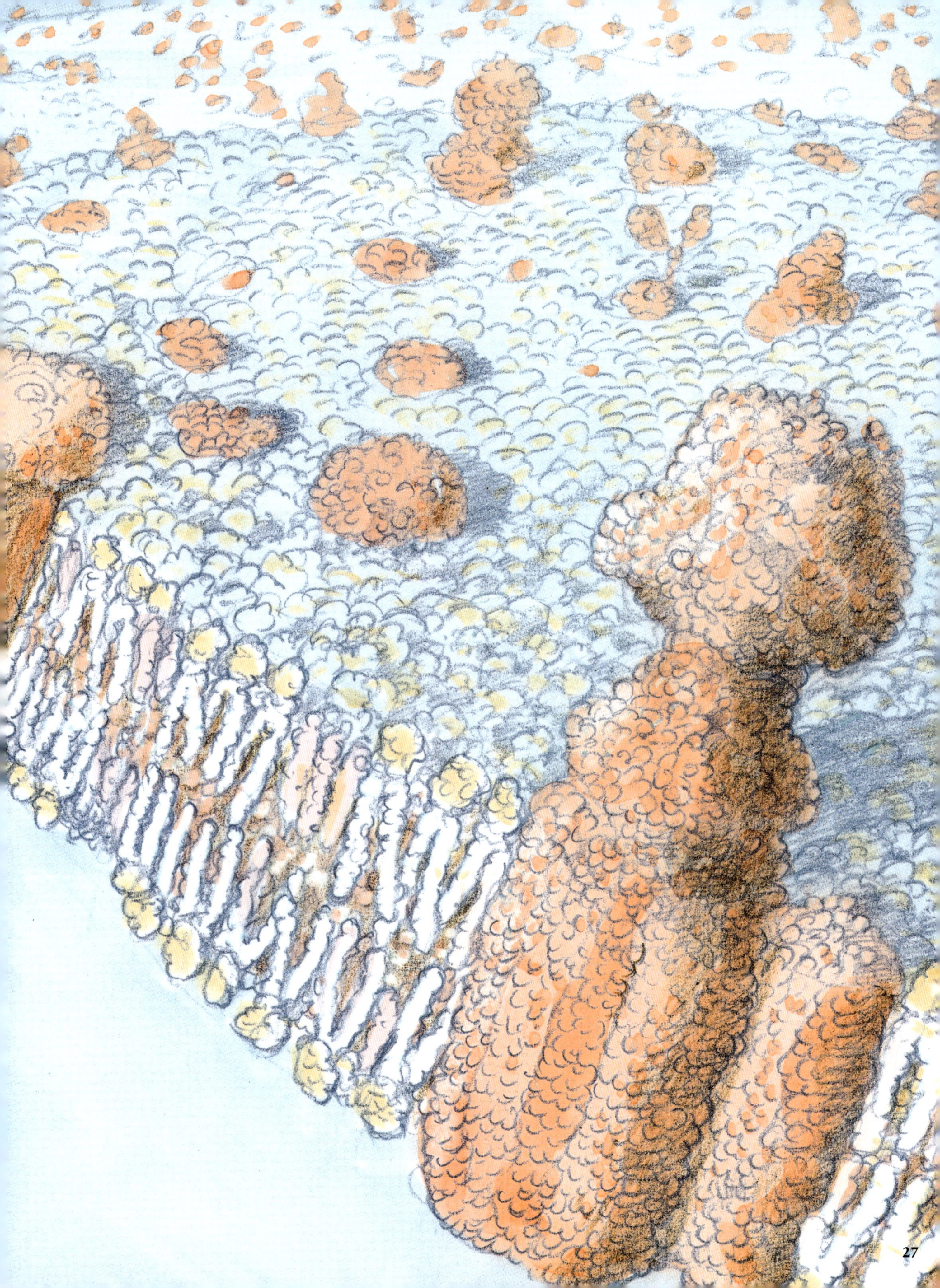

Esticar e apertar

Sem seus esteios e cordas, uma barraca não ficaria em pé nem manteria uma forma reconhecível. O mesmo acontece com as células. Sem uma estrutura interna de sustentação bem organizada e adaptável, uma célula teria a mesma mobilidade de um balão vazio. Embora varie de uma célula para outra, esta estrutura, chamada citoesqueleto, é composta principalmente de três componentes.

Os microtúbulos são o maior dos componentes em diâmetro. Rígidos, mas flexíveis, eles se estendem desde perto do núcleo, empurrando a membrana celular para fora, dando-lhe forma.

Uma rede de filamentos de actina, os menores em diâmetro, localizados logo abaixo da membrana, prendem e reforçam a membrana, como a estrutura externa de um domo geodésico. Os filamentos de actina também se cruzam em várias direções no interior da célula, puxando a membrana para o centro e se opondo à força exercida pelos microtúbulos.

Filamentos intermediários são o terceiro componente do citoesqueleto e se entrelaçam pelo interior da célula, mantendo tudo no lugar. Eles ligam os filamentos de actina com os microtúbulos e a membrana celular ao núcleo.

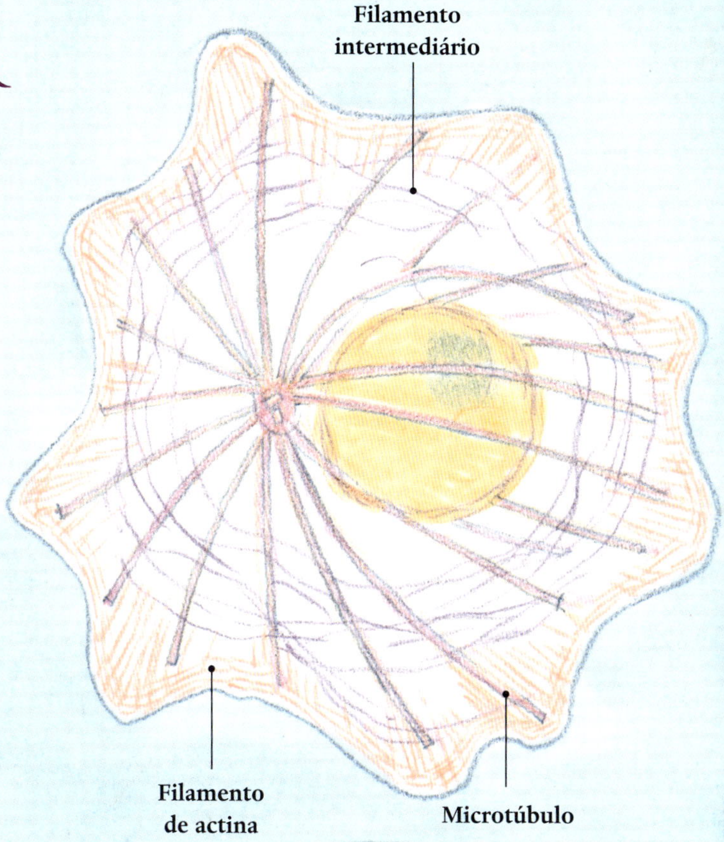

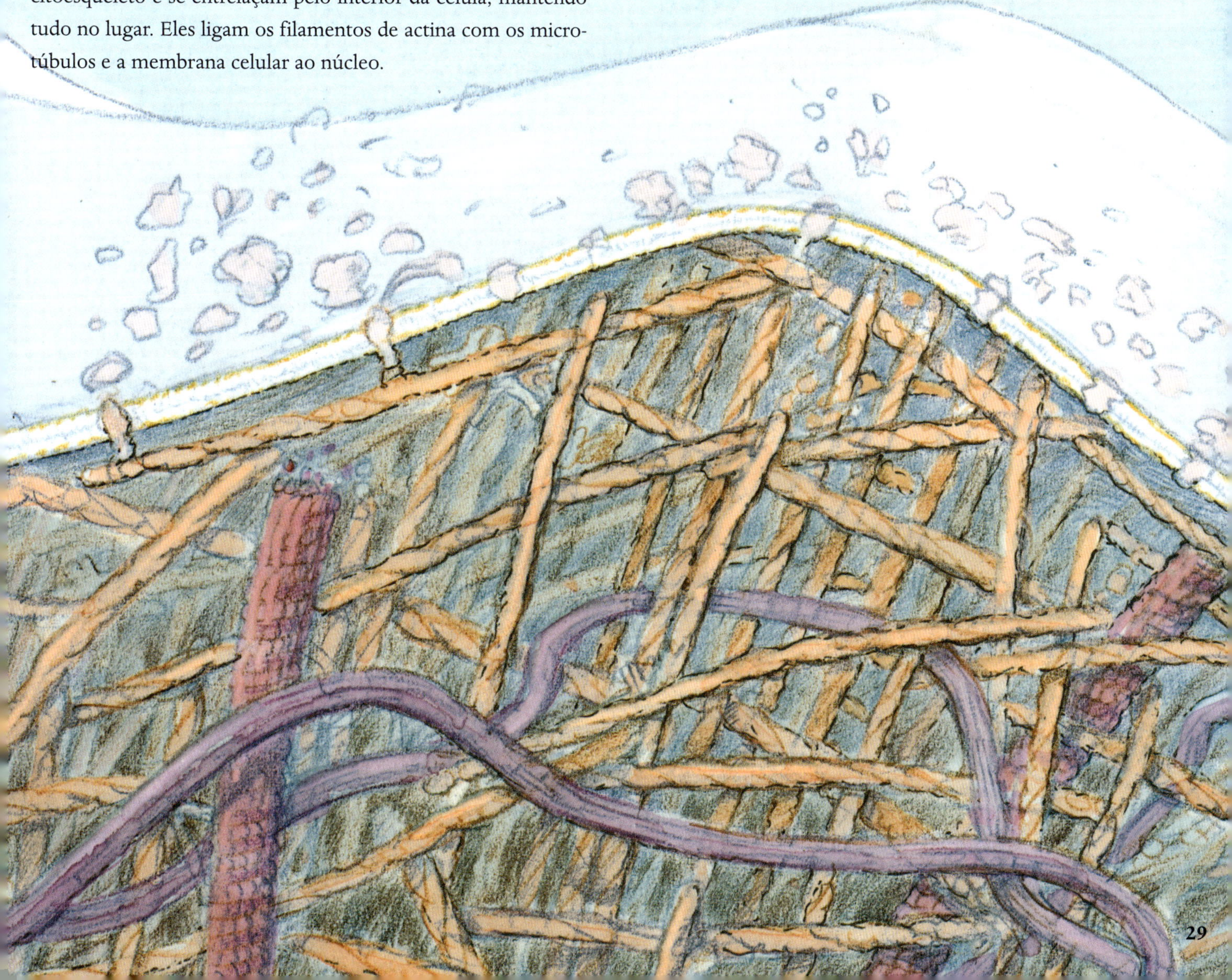

Torcendo fios

A função do citoesqueleto não é apenas dar suporte à célula, mas também reajustar esse suporte em resposta a forças variáveis. Para que isto seja possível, cada um dos componentes é feito de subunidades de proteína ligeiramente diferentes que podem ser montadas e desmontadas com facilidade.

Cada filamento de actina é composto de duas cadeias de subunidades de proteína torcidas uma ao redor da outra, como um cordão duplo de pérolas.

Microtúbulos são produzidos por subunidades de proteína aderidas umas às outras, formando linhas. Distribuídas lado a lado, mas com um leve deslocamento entre uma e outra, essas linhas criam o efeito de uma parede em espiral.

Filamentos intermediários são feitos de pedaços curtos de proteína torcida presos pelas pontas, formando cadeias longas que se espiralam ao redor umas das outras.

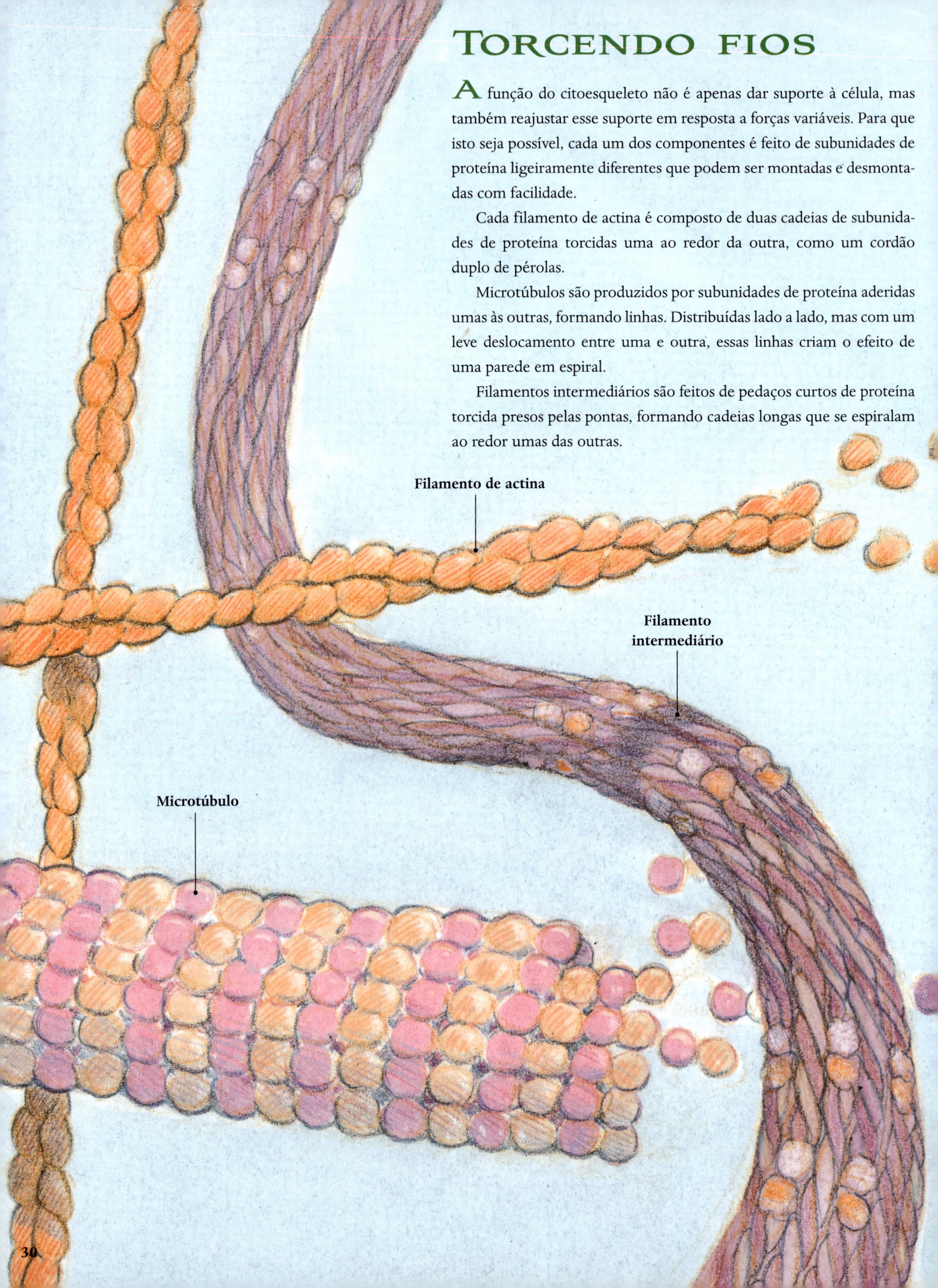

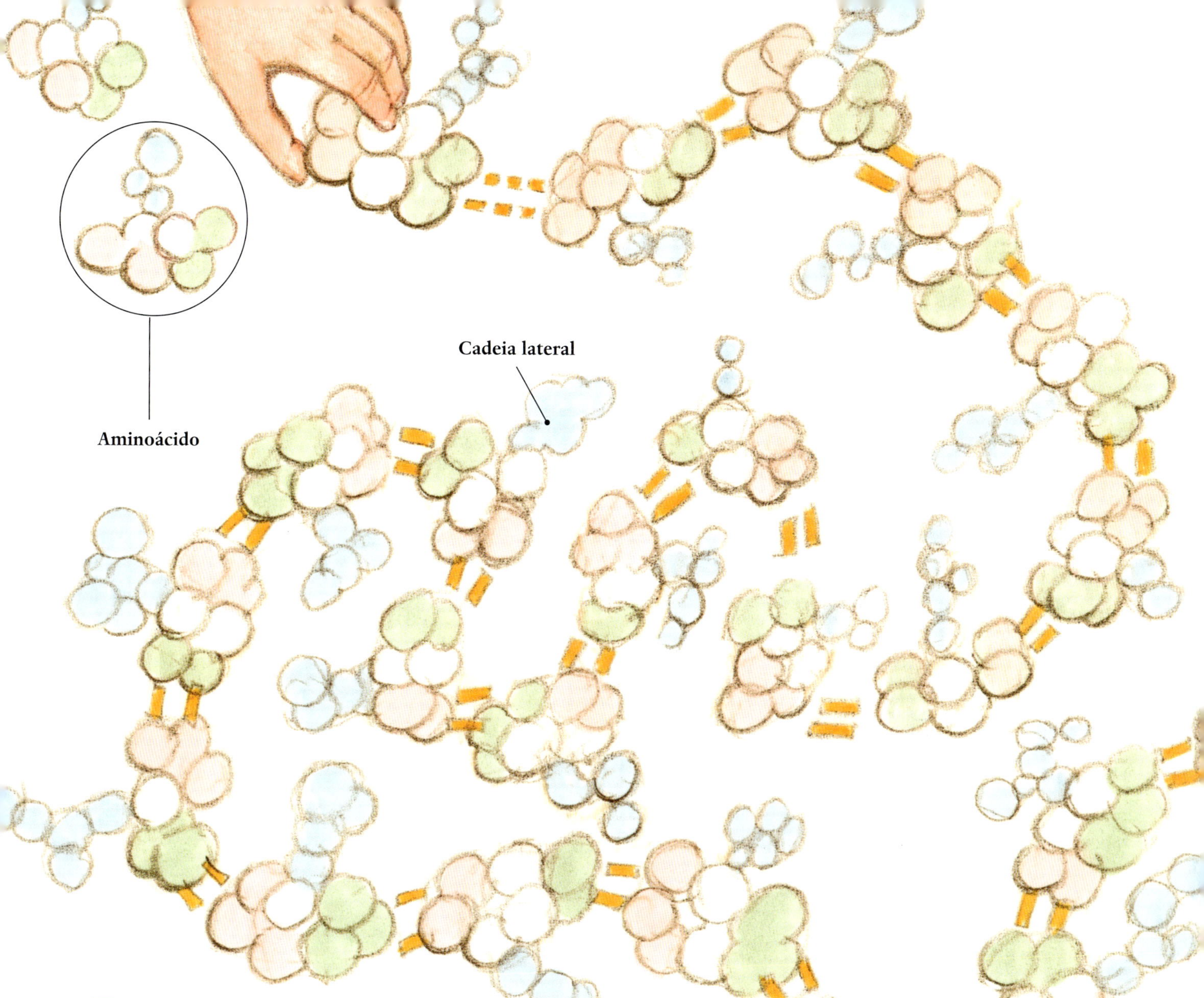

Blocos de construção

Seja fornecendo sustentação estrutural (como já vimos), acelerando reações químicas (enzimas) ou levando mensagens (hormônios), as proteínas são as moléculas mais versáteis de todas e essenciais ao funcionamento de sistemas vivos.

Independente do que fazem, todas as proteínas são construídas usando-se apenas vinte tipos diferentes de blocos de construção chamados aminoácidos. Essas moléculas são construídas com o mesmo "núcleo" comum, mas cada uma tem uma cadeia lateral única. As ligações entre os aminoácidos os unem como pingentes nos elos de uma pulseira. Outras ligações fazem com que a cadeia resultante se torça e se dobre na forma de uma proteína específica. O formato final depende do número e da ordem exata de aminoácidos. Qualquer desvio desse formato pode fazer com que a proteína não funcione.

Velhas receitas de família

É a variedade enorme de proteínas que nossas células produzem que nos faz como somos: dois braços, duas pernas, um tronco e uma cabeça com um cérebro grande. Mas como as nossas células sabem em que ordem juntar os aminoácidos para obter a proteína certa para cada coisa? Da mesma maneira que a maioria de nós, quando confrontados com uma tarefa importante, elas seguem um manual de instruções. Um conjunto completo de instruções fica armazenado no núcleo da célula. Em vez de livros, contudo, essa biblioteca abriga cadeias muito longas que formam o ácido desoxirribonucleico, ou DNA. Quarenta e seis cadeias separadas de DNA servem de repositório para cerca de 25 mil instruções específicas, chamadas genes. Cada gene determina a produção de uma proteína específica. Dessa forma, o DNA governa cada parte de uma célula, até o último átomo.

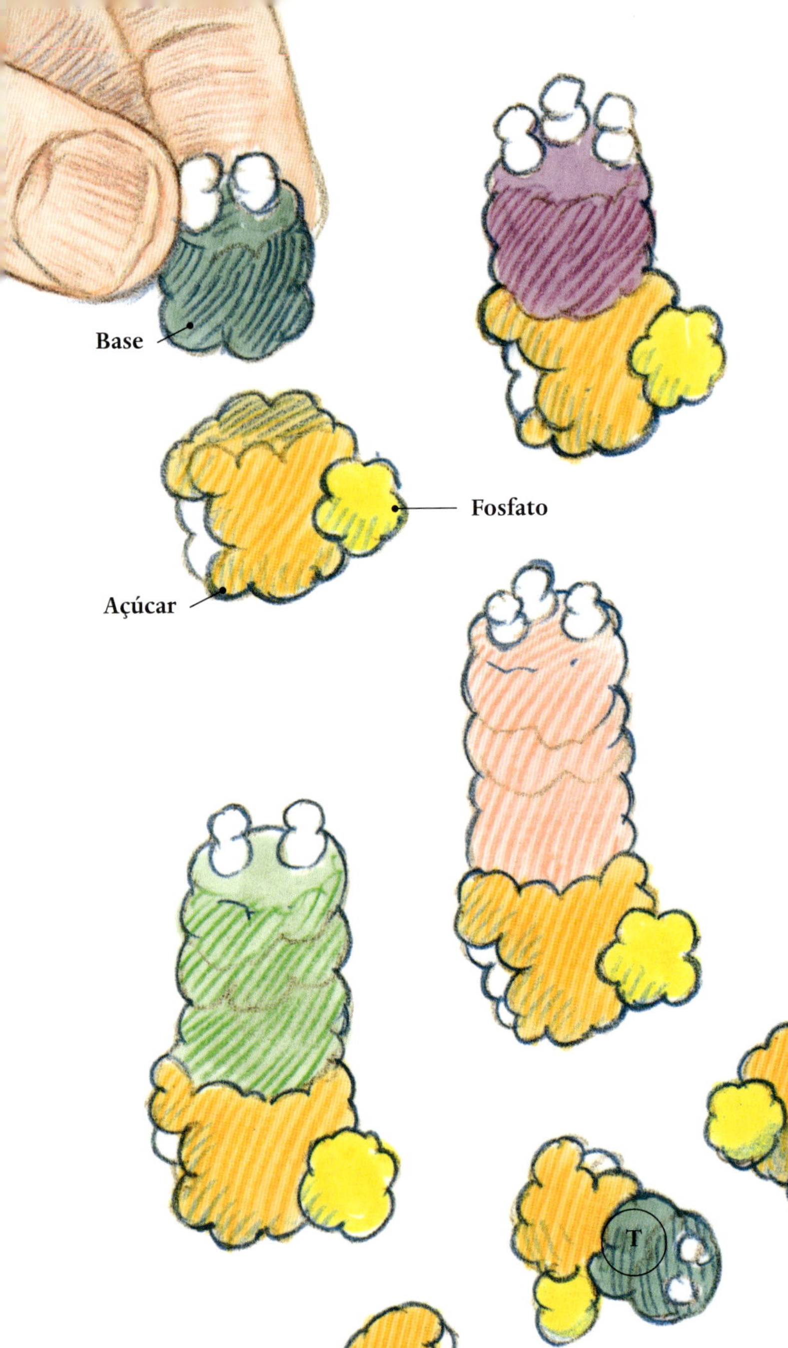

Os nucleotídeos são as unidades fundamentais do DNA e cada um deles tem três moléculas que o compõem: um açúcar, um fosfato e uma base. As moléculas de açúcar e de fosfato de nucleotídeos adjacentes se ligam para formar o "esqueleto" do qual as bases se projetam. Há quatro tipos de bases: adenina (A), guanina (G), citosina (C) e timina (T). A ordem em que elas são montadas gera as instruções para a construção de proteínas.

Uma cadeia única de DNA, deixada por conta própria, faria como as proteínas e se enrolaria em um novelo, tornando-se muito difícil de "ler". Para manter as instruções legíveis, uma segunda cadeia paralela é ligada à primeira através de ligações fracas que se formam entre as bases opostas. Essa ligação é muito específica: (A) se liga apenas com (T), e (C) se liga apenas com (G). Outras forças entre as moléculas fazem com que essa estrutura em forma de escada se torça na forma da famosa espiral conhecida como dupla-hélice de DNA.

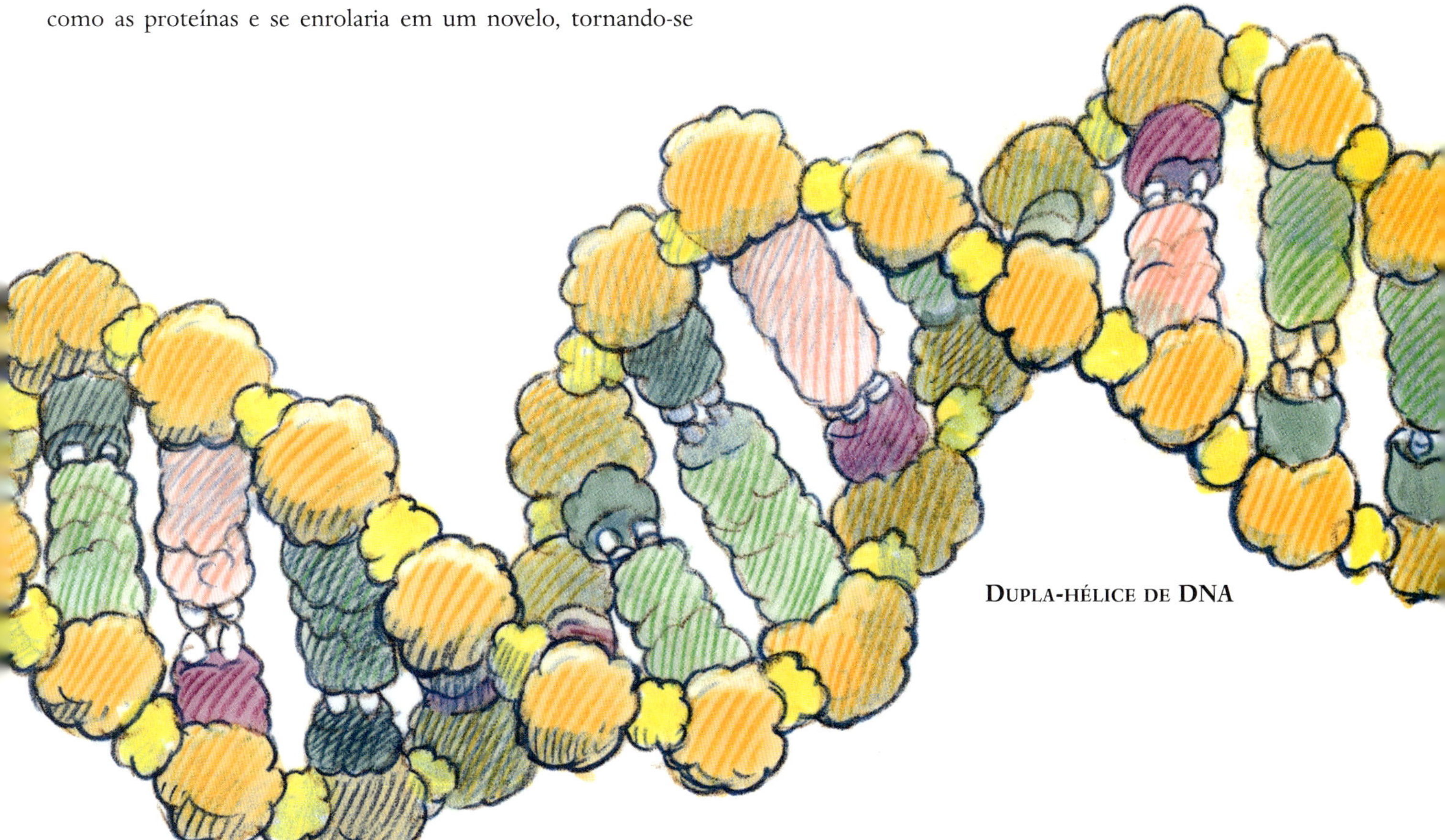

Dupla-hélice de DNA

Cada núcleo contém cerca de 1,8 m de DNA e cada uma das 46 cadeias de DNA se organiza ao redor de pequenos grupos de proteínas globulares. Esse arranjo menor e bem organizado é o estado em que o DNA se encontra durante a operação normal da célula. Além de empacotar o DNA de modo mais eficiente, essas moléculas também têm um papel na regulação de quais genes são "ligados" em quais células.

Copiando instruções

Como o dano ao DNA de uma célula pode facilmente comprometer seu funcionamento, esse precioso conjunto de instruções nunca pode ser retirado da biblioteca nuclear. E, mesmo que pudesse, as aberturas, ou poros, no envelope que cerca o núcleo não são grandes o suficiente para permitir que moléculas tão grandes migrem para o citoplasma.

Disponibilizar as instruções é o serviço de um imitador talentoso chamado ácido ribonucleico, ou RNA. O processo de cópia começa quando uma seção de DNA que contém o gene a ser copiado é desenrolada e as cadeias são separadas, expondo suas bases. Com uma das cadeias de DNA funcionando como um molde, nucleotídeos de RNA que ficam soltos no interior do núcleo posicionam suas bases em frente às bases complementares no DNA. Ao mesmo tempo, esses nucleotídeos de RNA formam o próprio esqueleto ligando-se uns aos outros através de seus grupos fosfato e açúcar. A cópia resultante é uma cadeia única e curta de RNA que é pequena o suficiente para passar pelos poros.

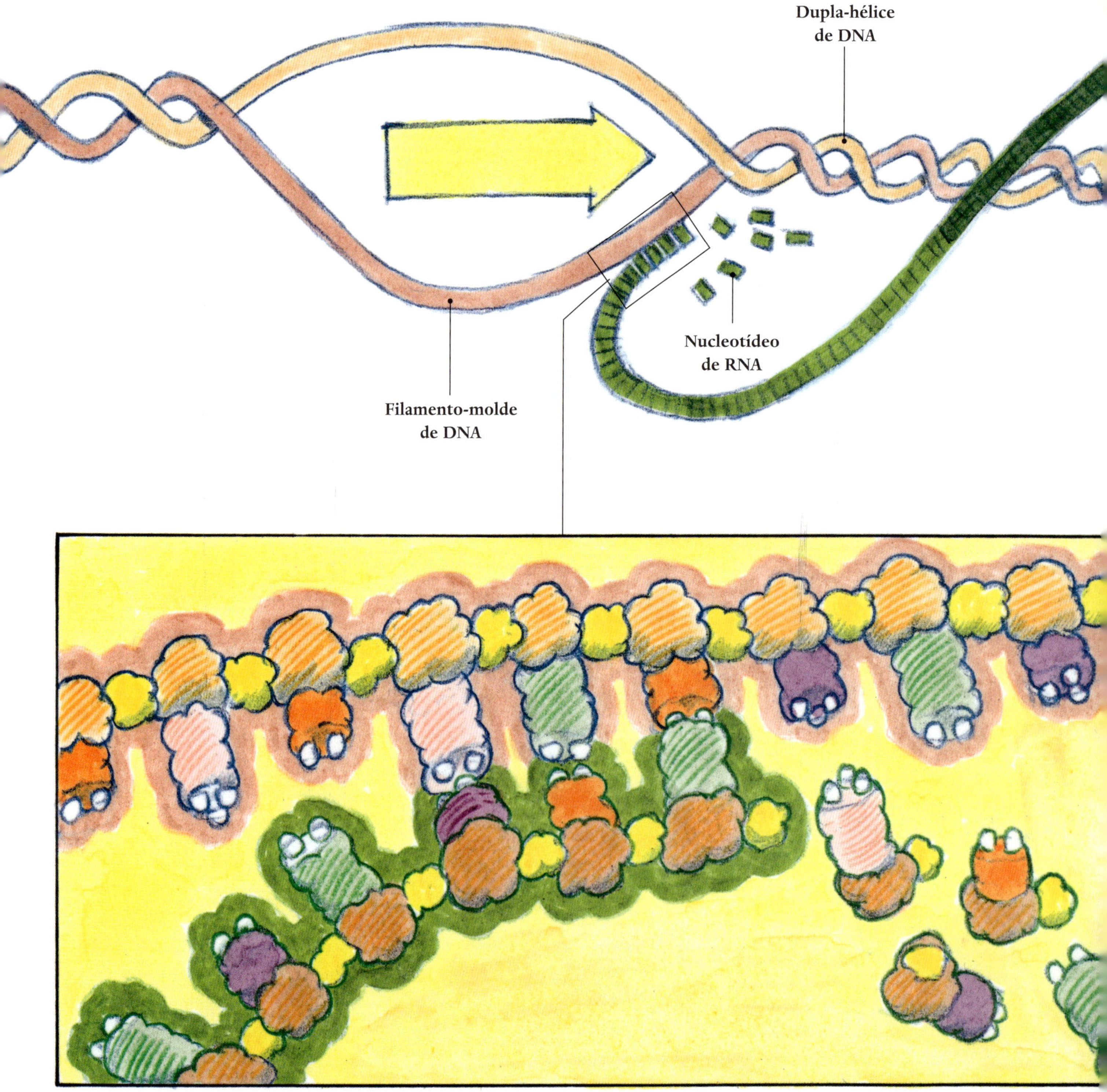

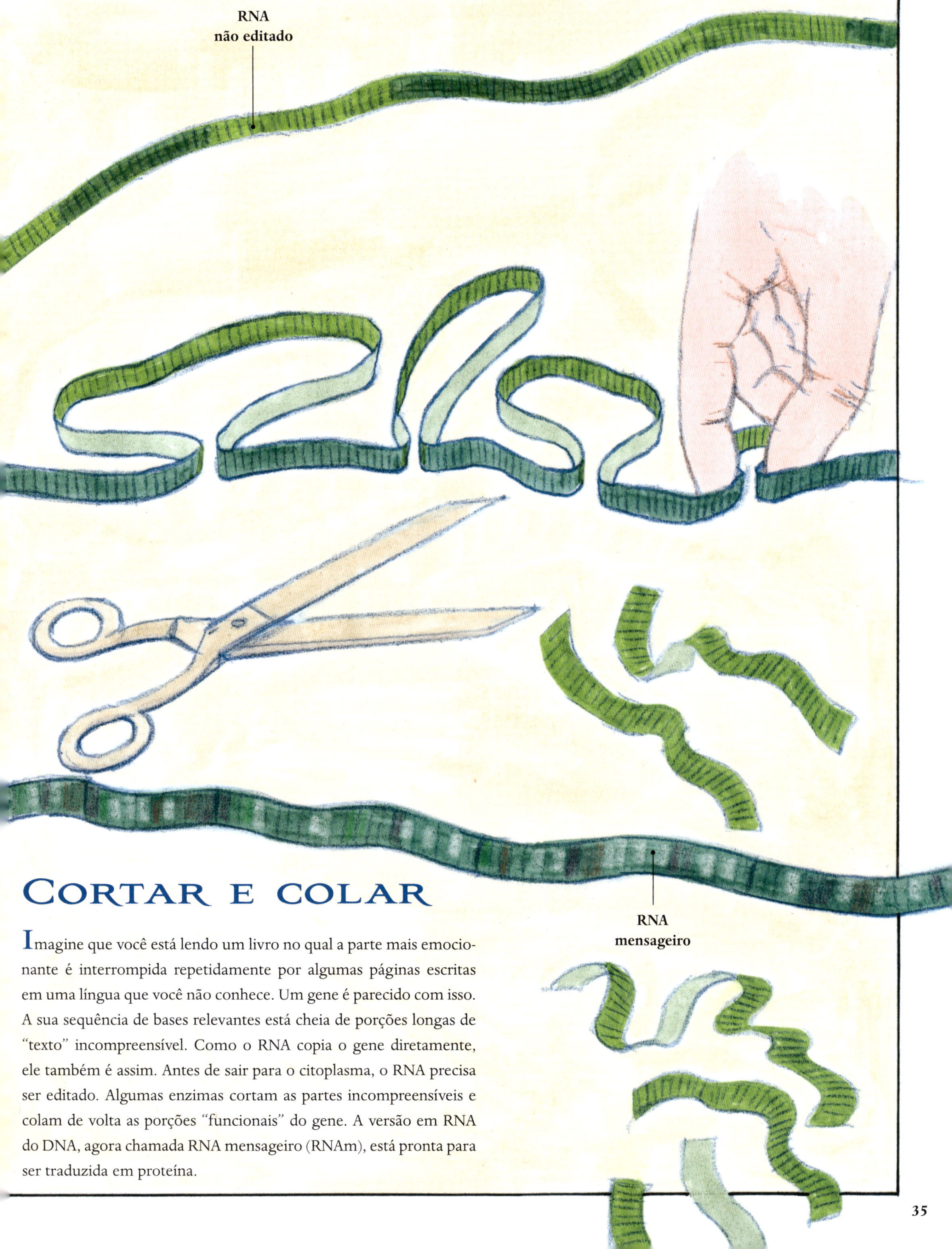

CORTAR E COLAR

Imagine que você está lendo um livro no qual a parte mais emocionante é interrompida repetidamente por algumas páginas escritas em uma língua que você não conhece. Um gene é parecido com isso. A sua sequência de bases relevantes está cheia de porções longas de "texto" incompreensível. Como o RNA copia o gene diretamente, ele também é assim. Antes de sair para o citoplasma, o RNA precisa ser editado. Algumas enzimas cortam as partes incompreensíveis e colam de volta as porções "funcionais" do gene. A versão em RNA do DNA, agora chamada RNA mensageiro (RNAm), está pronta para ser traduzida em proteína.

Produção de proteínas

Uma vez fora do núcleo e no citoplasma, o RNA mensageiro pode ser traduzido na sequência de aminoácidos de uma proteína específica. A mensagem está "escrita" na sequência de bases. Estas são "lidas" de três em três e cada trio representa um tipo específico de aminoácido.

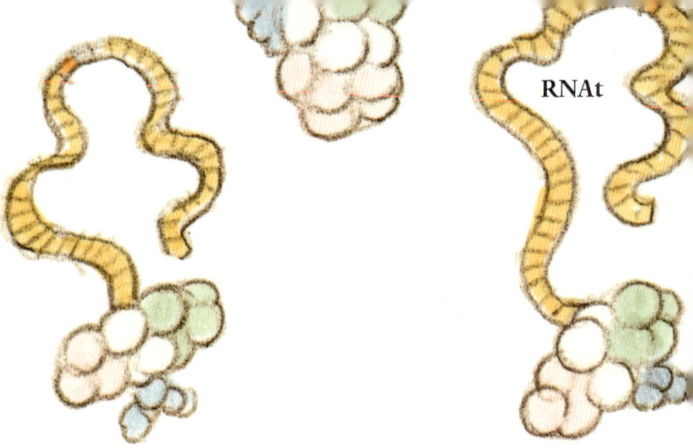

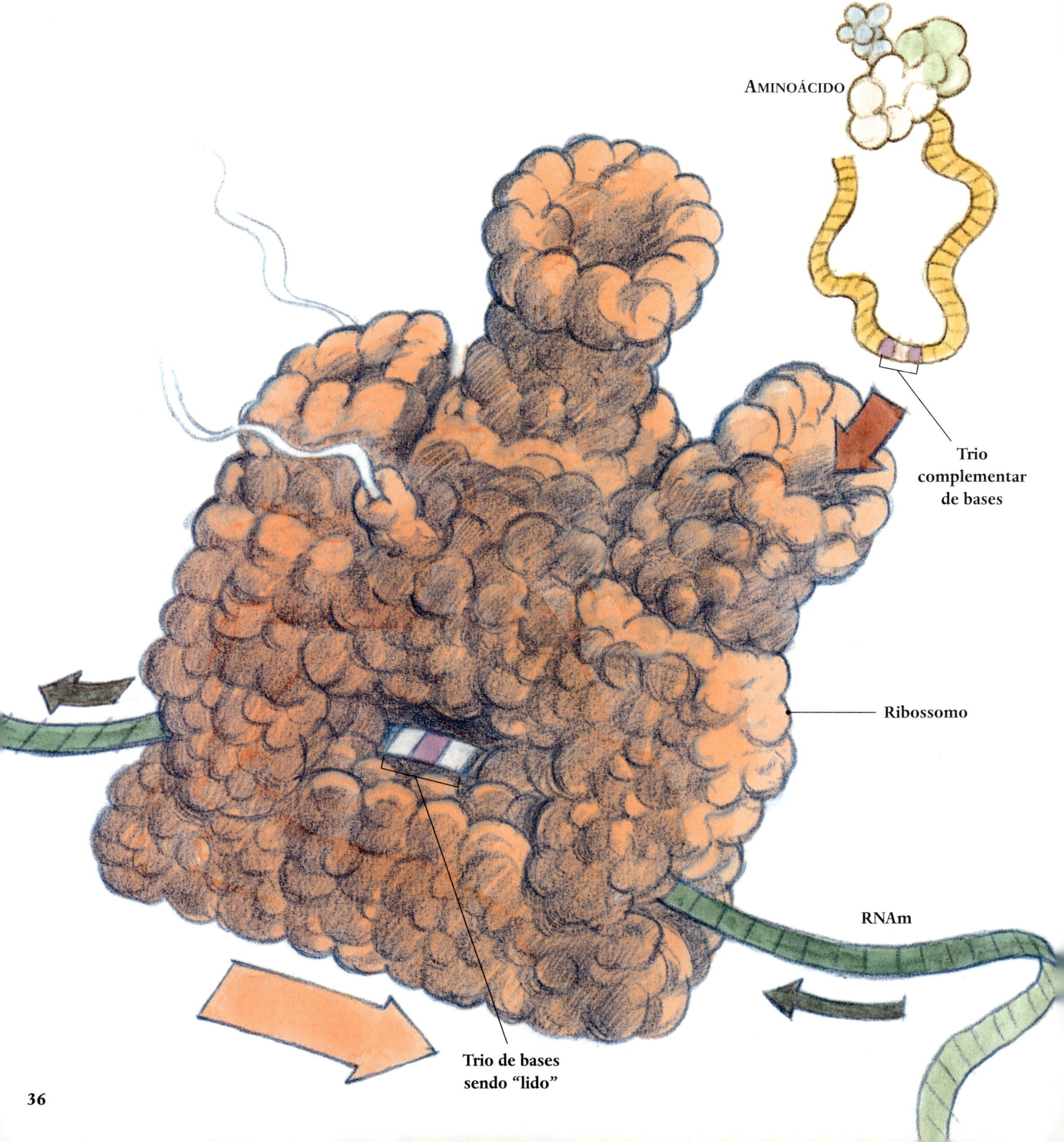

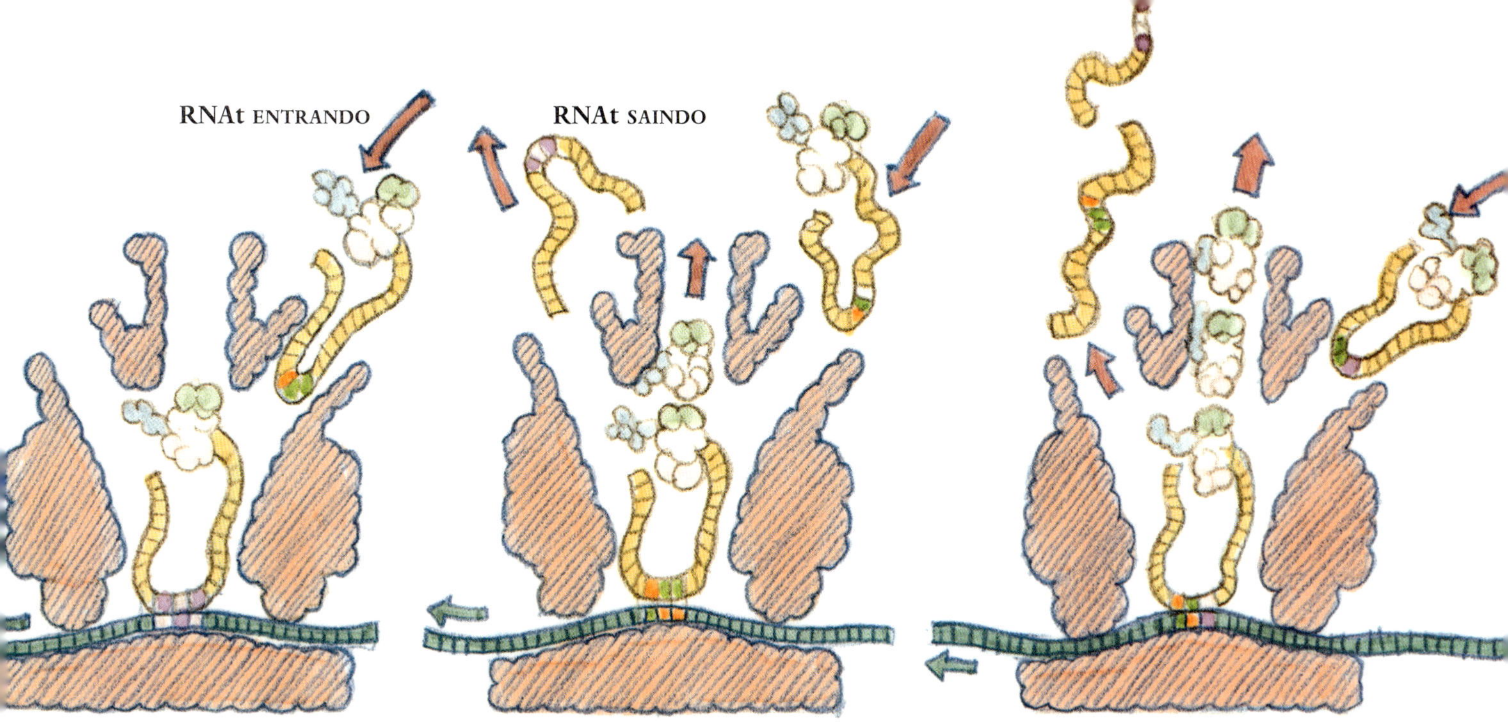

O processo de tradução começa quando o RNAm entra em um ribossomo, a máquina de fabricação de proteínas da célula. Assim que as primeiras três bases estão posicionadas, um aminoácido específico é entregue ao ribossomo por um outro tipo de RNA, chamado RNAt (ou "RNA transportador"), que carrega um trio de bases complementares às do RNAm. O ribossomo então "passa" o RNAm, expondo o próximo trio de bases. Um novo aminoácido entra – seu rótulo de RNAt combinando com o novo trio de RNAm – e se liga ao primeiro aminoácido. Esse processo é repetido muitas e muitas vezes e a nova cadeia de proteína – com a sequência precisa de aminoácidos – vai sendo empurrada gradualmente para o citoplasma, onde ela se dobra até assumir sua forma característica. Em geral uma única molécula de RNAm passa simultaneamente por uma fila de ribossomos, tornando a produção de proteína mais eficiente.

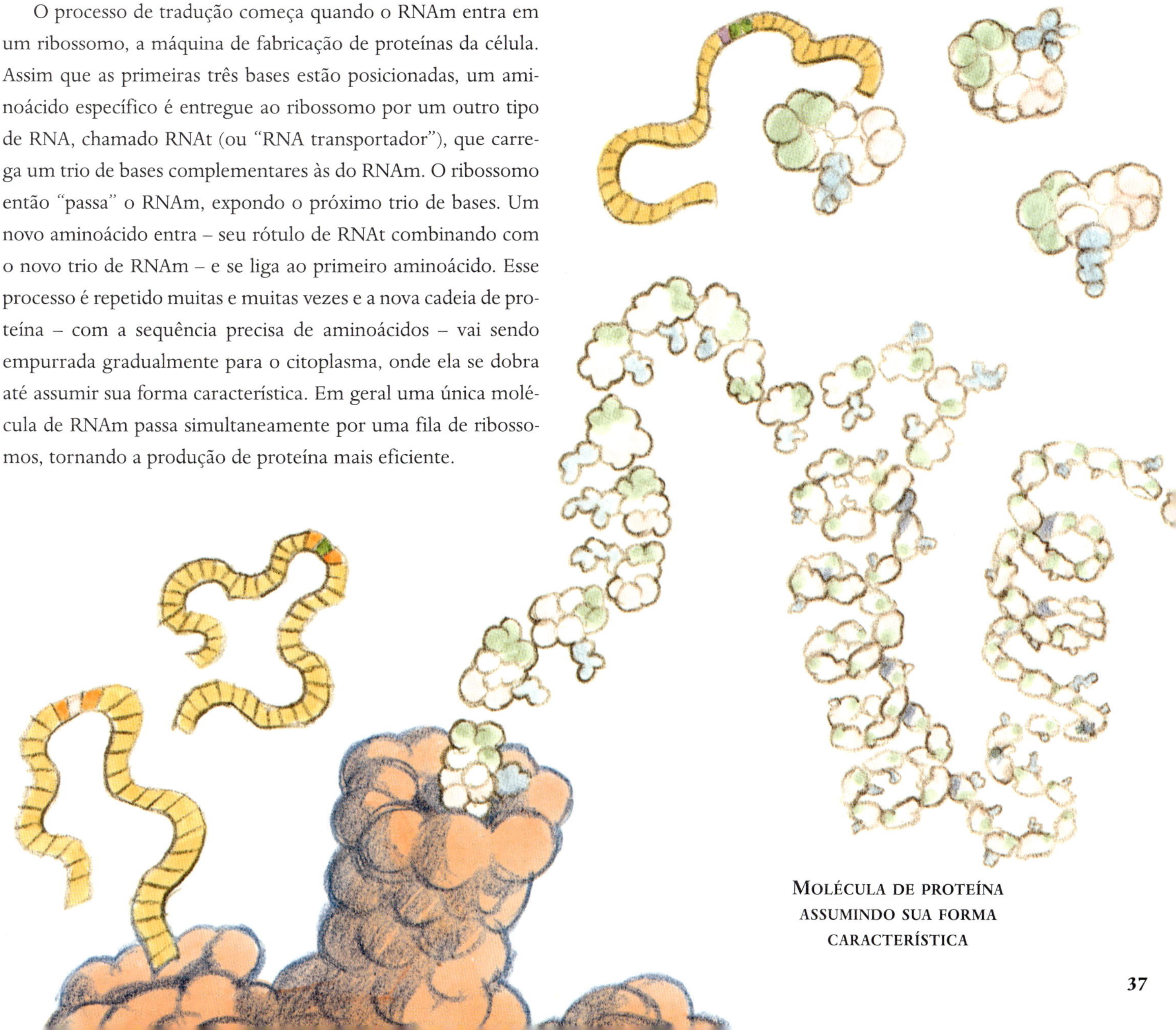

Molécula de proteína assumindo sua forma característica

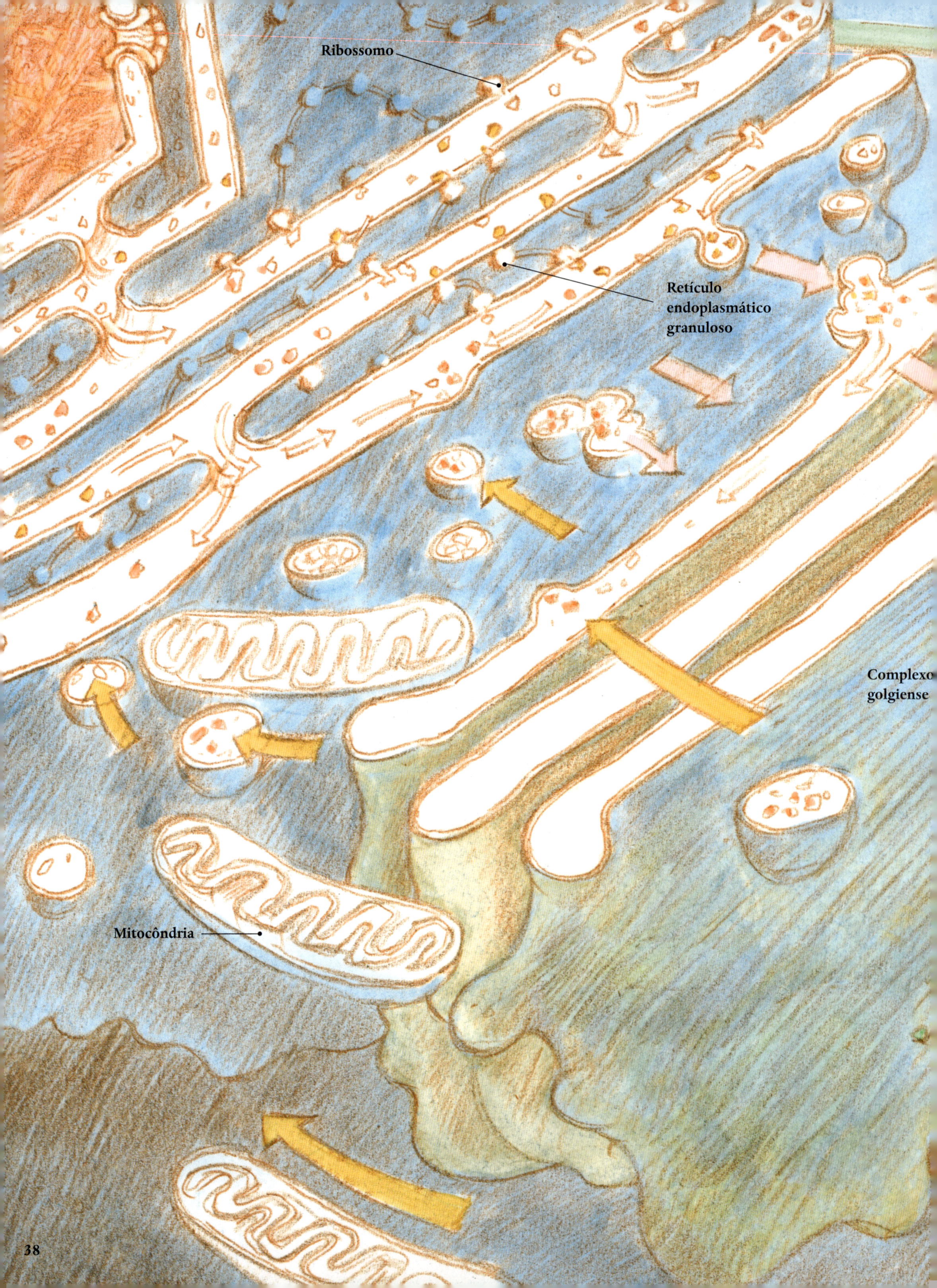
Ribossomo
Retículo endoplasmático granuloso
Complexo golgiense
Mitocôndria

EMPACOTAMENTO E EXPEDIÇÃO

Produzir proteínas é uma coisa; fazê-las chegar aonde são necessárias é outra. Grande parte das proteínas é fabricada em ribossomos ligados a complexos industriais chamados retículo endoplasmático granuloso. Depois de dobradas em suas formas funcionais – e dependendo de serem destinadas ao interior ou ao exterior da célula –, as proteínas são embaladas em vacúolos (que são como sacolas feitas de membrana). Quando estão cheios, os vacúolos são desligados da membrana do retículo endoplasmático granuloso e transportados ao departamento de expedição da célula, o complexo golgiense.

Nas câmaras do complexo golgiense as proteínas são aparadas, identificadas e separadas por tipo. Aquelas destinadas à exportação são embaladas de novo em vacúolos, que são levados ao longo dos tubos do citoesqueleto até a membrana celular, onde os vacúolos se fundem, liberando seu conteúdo. Alguns dos vacúolos que saem do complexo golgiense estão carregados com enzimas digestivas fortes. Estes são chamados lisossomos e se fundem com outros vacúolos que contêm os restos de várias partes da célula, como mitocôndrias desativadas. Conforme os resíduos são digeridos, os produtos aproveitáveis passam para o citoplasma para serem reciclados. Dentre estes estão os aminoácidos que são usados para fazer proteínas.

Seja para fazer ou desmontar proteínas, os milhões de reações químicas controladas que ocorrem em cada célula a cada segundo constituem o que chamamos, genericamente, de metabolismo, e, como qualquer outra forma de trabalho, o metabolismo exige gasto de energia.

O fornecedor de energia da maioria das células é a glicose, um carboidrato, embora ácidos graxos também sejam uma fonte importante de combustível para músculos e outros tecidos.

Rebatendo

A energia que pode ser obtida da glicose está aprisionada nas ligações químicas que mantêm seus átomos juntos. Para ser utilizada, essa energia é liberada e armazenada em uma molécula especializada em fornecer energia chamada ATP.

Se imaginarmos que a glicose é o equivalente em termos de energia ao dinheiro em uma conta bancária, o ATP equivale a dinheiro no bolso – prontamente disponível e aceito em todos os lugares. O ATP está presente em toda a célula, e, quando ela é chamada a abastecer com energia uma reação química, ele solta facilmente um de seus fosfatos e, ao fazer isso, libera também a energia necessária.

A quebra de glicose ou de ácidos graxos em suas partes constituintes (dióxido de carbono e água) para liberar a energia aprisionada é uma atividade que traz vários perigos em potencial. Se qualquer uma dessas moléculas fosse desmanchada de uma única vez, toda a energia armazenada escaparia na forma de calor e nós pegaríamos fogo. Para evitar um resultado tão desagradável, as células partem as moléculas de combustível em uma sequência de reações controladas que liberam a energia de forma gradual e em quantidades seguras. A quantidade relativamente pequena de calor liberada serve para manter nossos órgãos aquecidos.

A primeira fase da liberação de energia da glicose ocorre no citoplasma. Em um circuito de dez* etapas, e com a habilidade de um jogador de fliperama, a glicose é rebatida de uma enzima para a outra, sendo alterada e fragmentada conforme avança. Ainda assim, ao final de todo esse circuito, apenas duas moléculas de ATP são produzidas, junto com duas moléculas de uma substância chamada piruvato.

* A quarta etapa resulta em duas moléculas diferentes; uma segue a rota mostrada ao alto (6, 7, 8, 9, 10) e se transforma em piruvato. A outra molécula precisa ser convertida por uma quinta etapa, antes de seguir a mesma rota. (N. do A.)

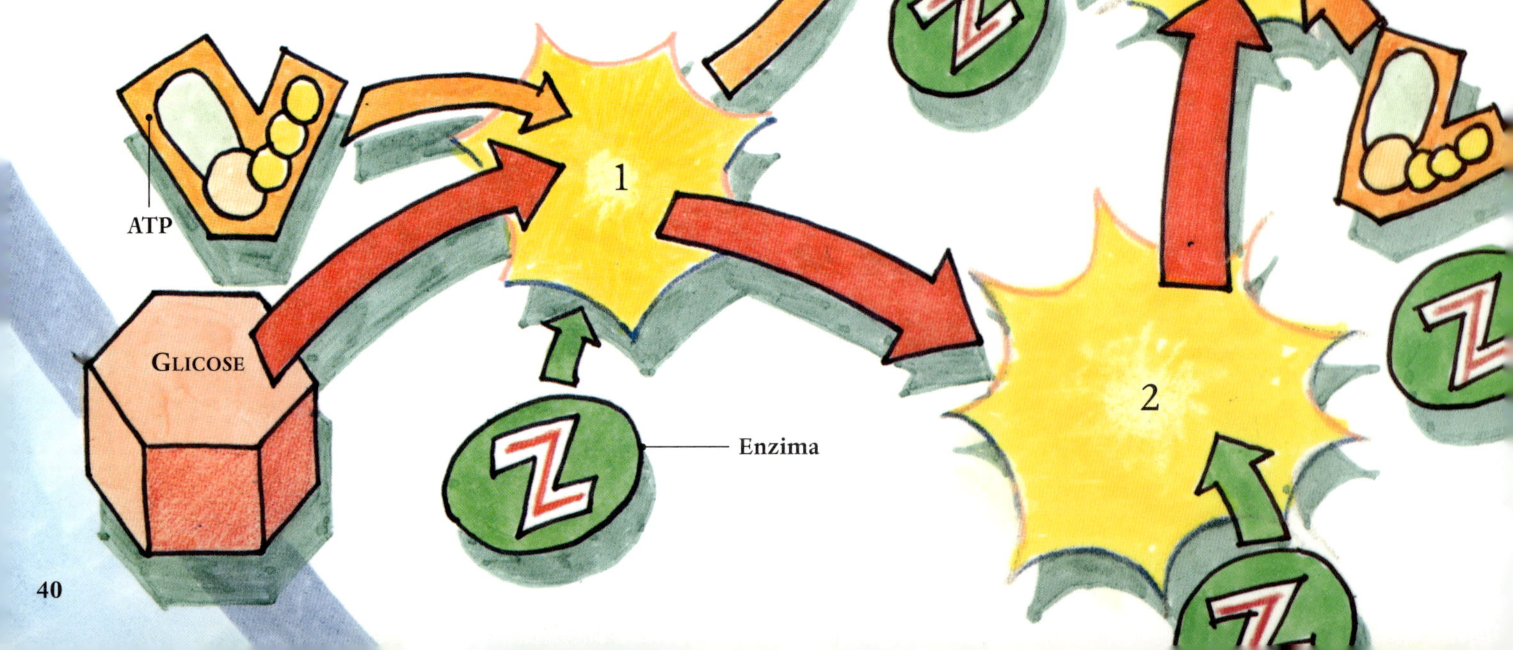

MITOCÔNDRIA
10
10
9
9
Piruvato
4
7
8
6
5

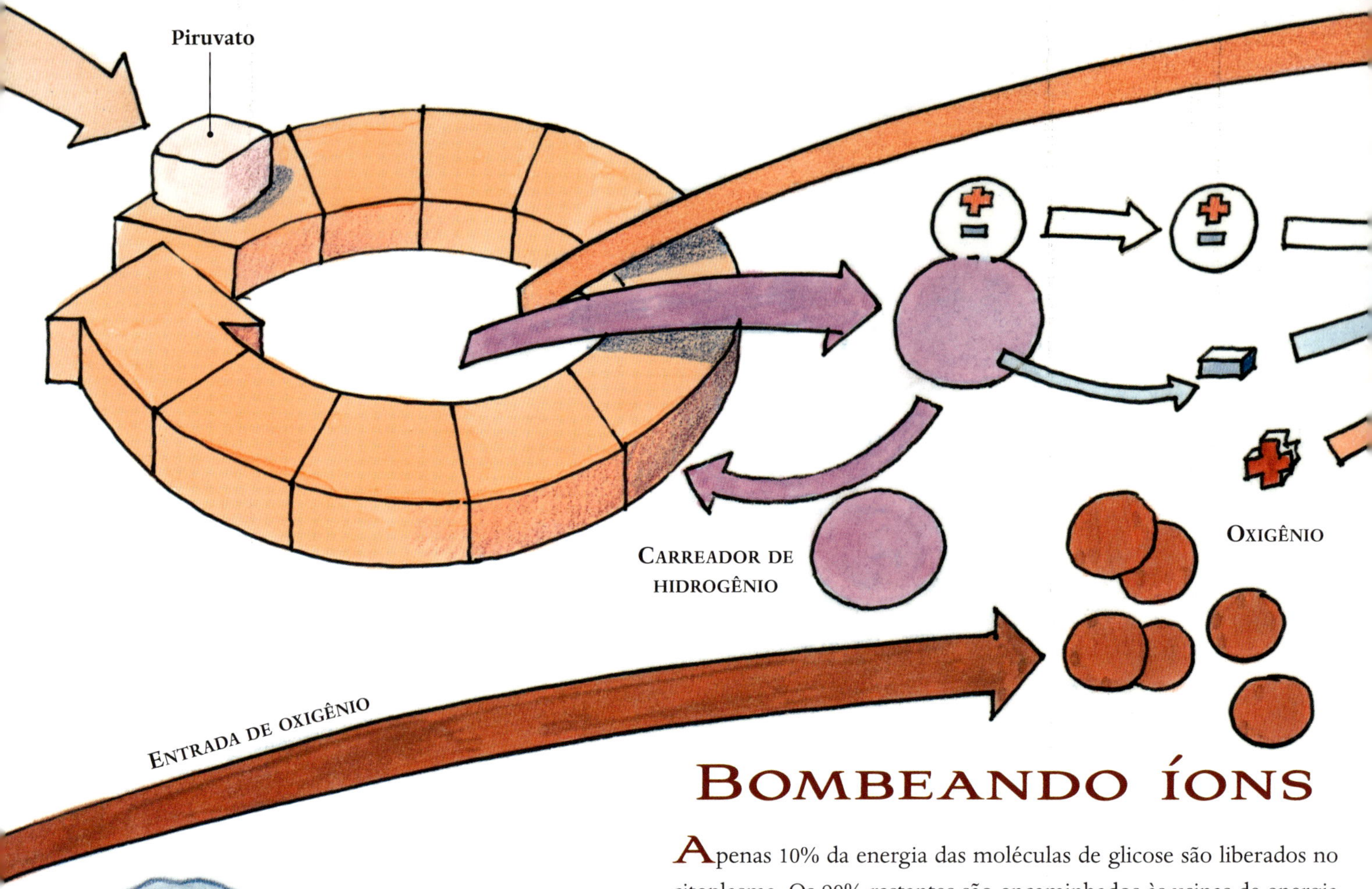

Bombeando íons

Apenas 10% da energia das moléculas de glicose são liberados no citoplasma. Os 90% restantes são encaminhados às usinas de energia das células, as mitocôndrias. Essas estruturas especializadas apresentam certo grau de independência em relação ao núcleo, porque têm o próprio DNA. Isso permite a elas que se dividam quando a demanda de energia da célula aumenta repentinamente, dobrando com rapidez a quantidade de energia processada.

As mitocôndrias têm duas membranas, uma membrana externa lisa e uma membrana interna que apresenta dobras, ou cristas. As enzimas da membrana interna agem em uma sequência de etapas a fim de partir o piruvato em dióxido de carbono residual (que expiramos) e, mais importante, em hidrogênio carregado com energia.

Um mecanismo da membrana interna quebra os átomos de hidrogênio em prótons (H^+) e elétrons ricos em energia. Os elétrons cedem essa energia gradualmente e ela é usada para empurrar os prótons para o espaço entre as membranas. Quando esses prótons voltam ao espaço interno da mitocôndria, restaurando equilíbrio entre os dois lados da membrana interna, o movimento deles gera ATP em quantidade suficiente para satisfazer as necessidades energéticas da célula.

No final desse processo, as moléculas de oxigênio que respiramos finalmente mostram sua função. Elas recolhem os elétrons com baixa energia e os íons de hidrogênio, formando o mais benéfico dos resíduos, a água.

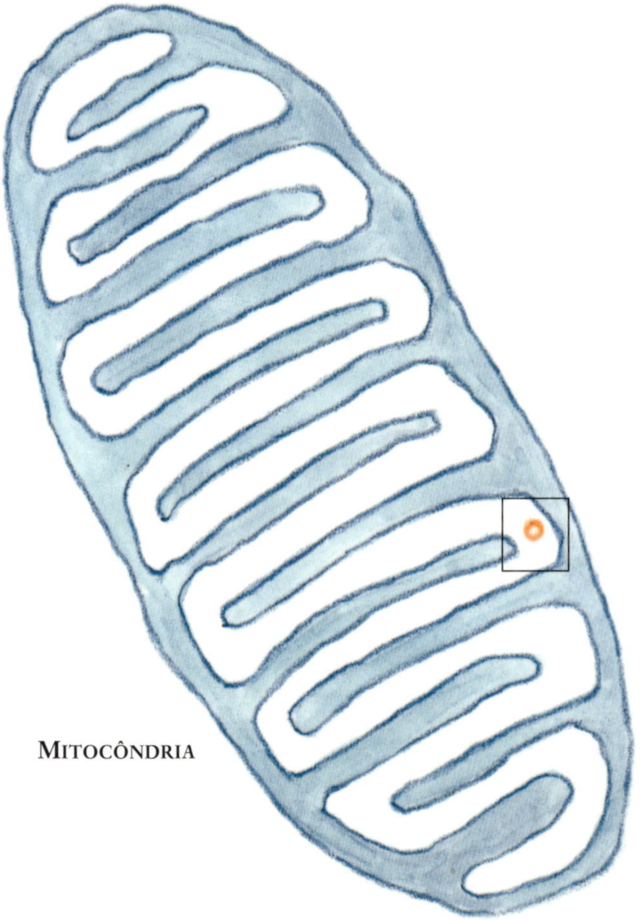

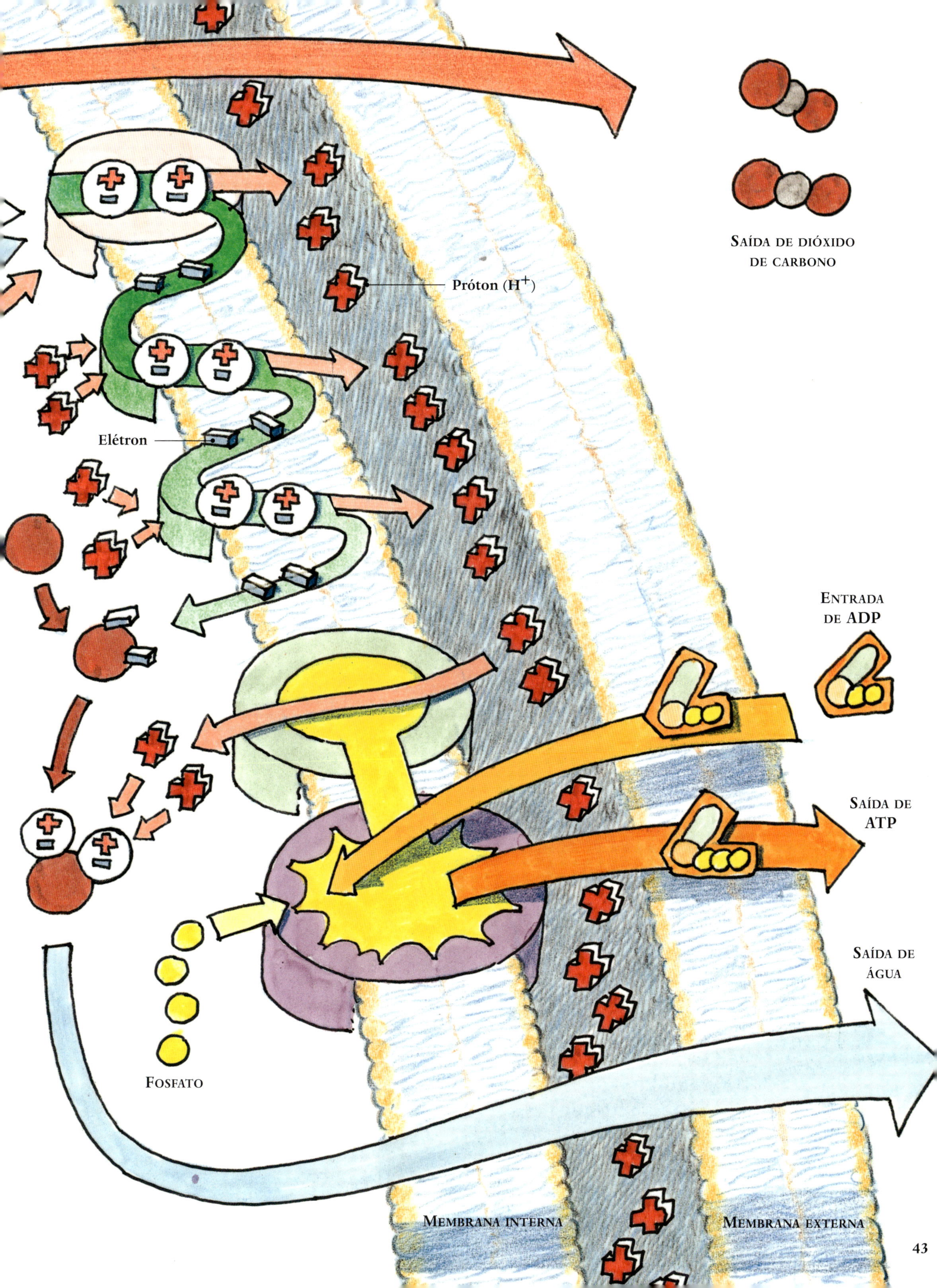
Saída de dióxido de carbono
Próton (H^+)
Elétron
Entrada de ADP
Saída de ATP
Saída de água
Fosfato
Membrana interna
Membrana externa

A GRANDE DIVISÃO

Todos nós começamos com uma única célula. E permaneceríamos dessa maneira se não fosse a divisão celular, o processo pelo qual uma célula-mãe faz o sacrifício extremo de se dividir em duas células-filhas. Essas células-filhas também se dividem. Repetindo o processo alguns milhões de vezes, acabamos por ter células suficientes para ser como somos.

A divisão celular não produz apenas mais células para que possamos crescer, mas também gera células novas para substituir células desgastadas ou de vida curta, ou para reparar danos.

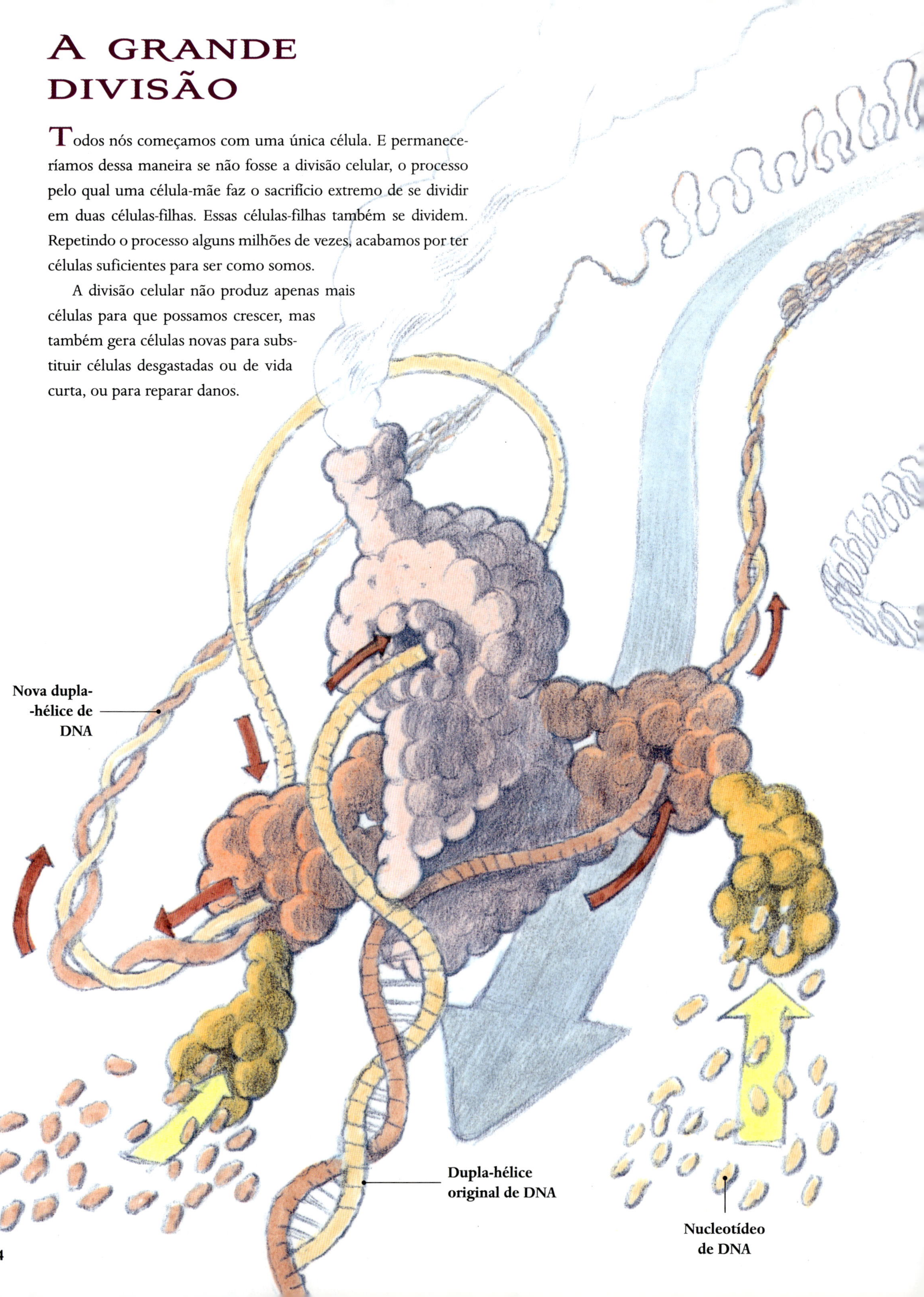

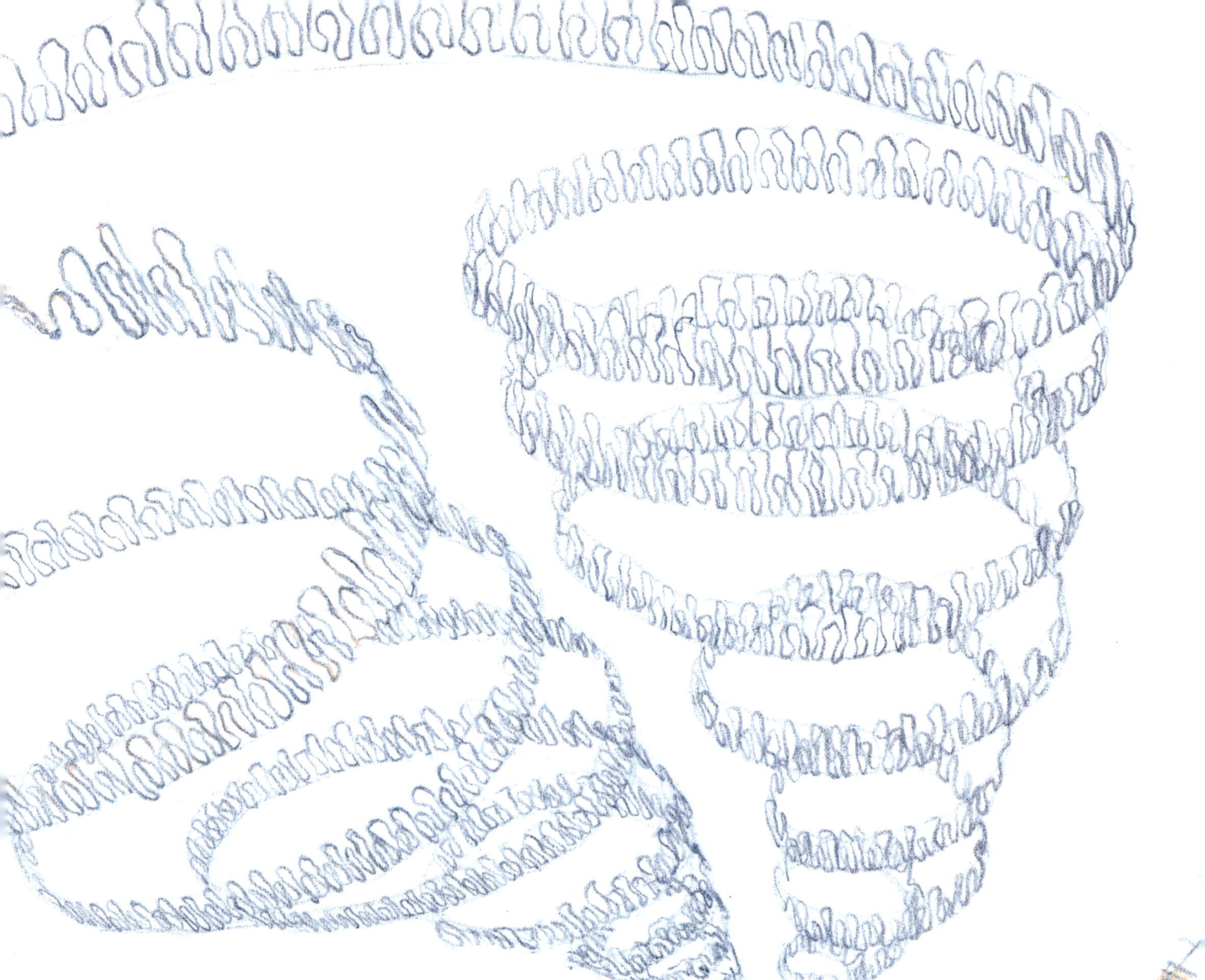

REPLICANDO O DNA

Como as células só podem construir um corpo se estiverem trabalhando com as instruções corretas, cada célula parental deve fazer uma cópia exata de seu DNA para cada célula-filha antes de começar a se dividir.

A replicação se inicia quando um dispositivo molecular, constituído principalmente por enzimas, se prende a uma extremidade da molécula de DNA. Este desenrola com cuidado uma porção para expor as bases dos dois lados da dupla-hélice. Nucleotídeos de DNA que flutuam livremente se ligam a cada fita da dupla-hélice em uma ordem que complementa de forma precisa a sequência de bases. Conforme a "máquina" avança, cada fita, junto com sua fita complementar nova, se torce em uma nova dupla-hélice. O resultado é um par de moléculas idênticas de DNA.

Depois de empacotada com várias proteínas, cada fita nova continua a se torcer e enrolar de maneira cada vez mais compacta, até que as duas fitas, altamente compactadas, chamadas cromátides, se juntam e formam um cromossomo.

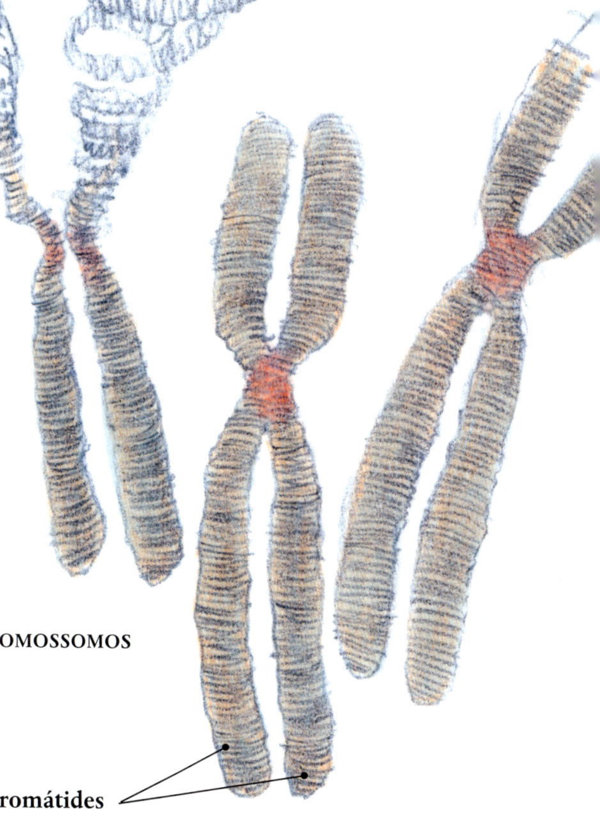

O SHOW TEM QUE CONTINUAR

As moléculas de DNA que constituem o "kit de instruções" de cada uma de nossas células são frágeis e se partem facilmente. Para que uma célula se divida em duas e forneça cópias idênticas e íntegras das instruções em DNA às células-filhas, é necessária uma sequência de etapas cuidadosamente coreografada.

Mas, antes que uma célula possa se duplicar, é necessário produzir proteínas, duplicar as mitocôndrias e outros componentes, replicar o DNA e estocar ATP. Esses preparativos são feitos em um período chamado interfase. Logo após a interfase, a divisão celular começa, agora para valer, com a mitose. O processo de mitose tem cinco estágios, que seguem de forma ininterrupta. Logo no início da mitose, o DNA é compactado em cromossomos, que são mais resistentes e podem ser separados e transportados.

Após a mitose, com os cromossomos duplicados e dispersos, a célula se divide em duas. Considerando a dificuldade da divisão celular, poderíamos aplaudir e dar o espetáculo por encerrado, mas, antes que se possa dizer "Viva a mitose" três vezes, a interfase já começou os preparativos para a próxima apresentação.

1

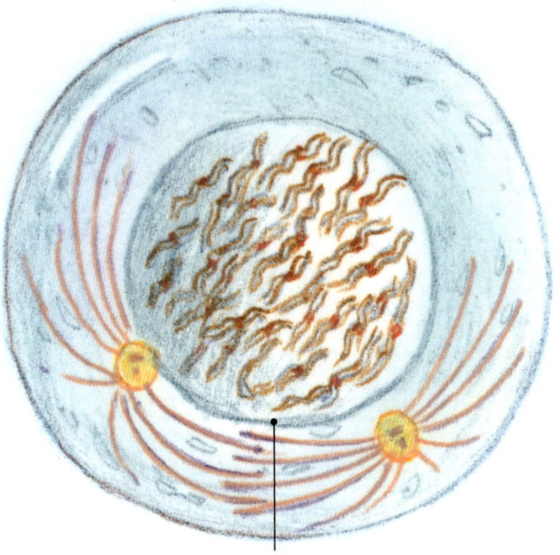

2

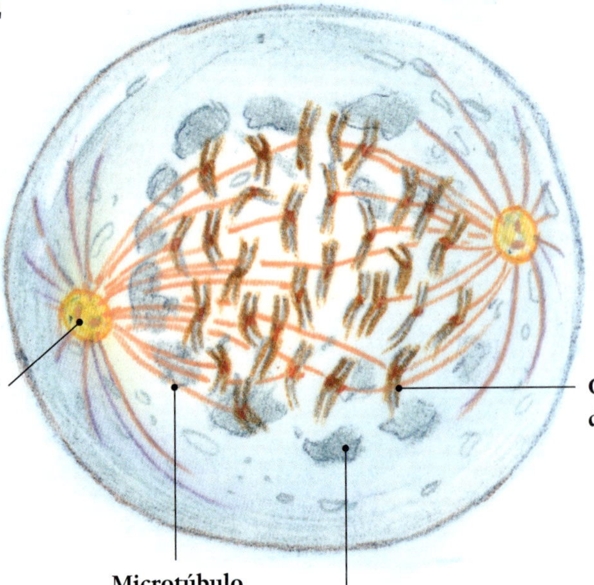

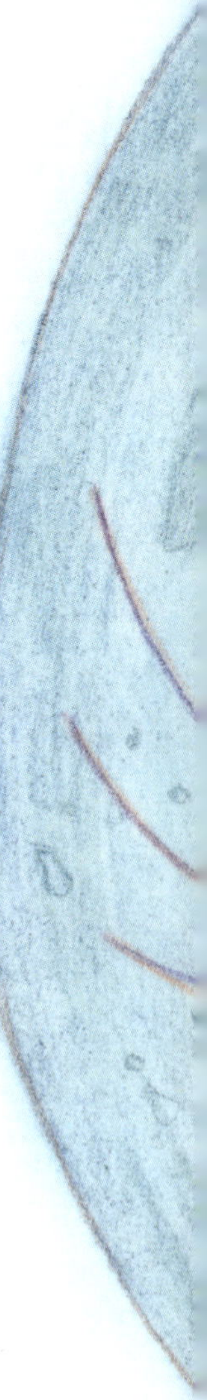

1. PRÓFASE

Quando a mitose se inicia, cada par de fitas de DNA se enrola até formar as cromátides, que, juntas, formam um cromossomo. O citoesqueleto "normal" da célula é desmontado e substituído por um arranjo de microtúbulos chamado "fuso", que age como supervisor da sequência de eventos.

2. PROMETÁFASE

Conforme o envelope nuclear se desintegra, as duas estruturas que deram origem aos microtúbulos do fuso se movem para extremidades opostas da célula, onde vão formar os "polos" celulares. Um conjunto de tubos de cada polo se encontra com os tubos correspondentes do outro polo no centro da célula e estes se sobrepõem. Um segundo conjunto de tubos liga cada cromátide a um dos polos opostos.

3. METÁFASE

Movidos pelo fuso, os 46 cromossomos se alinham no equador do fuso, o ponto intermediário entre os polos.

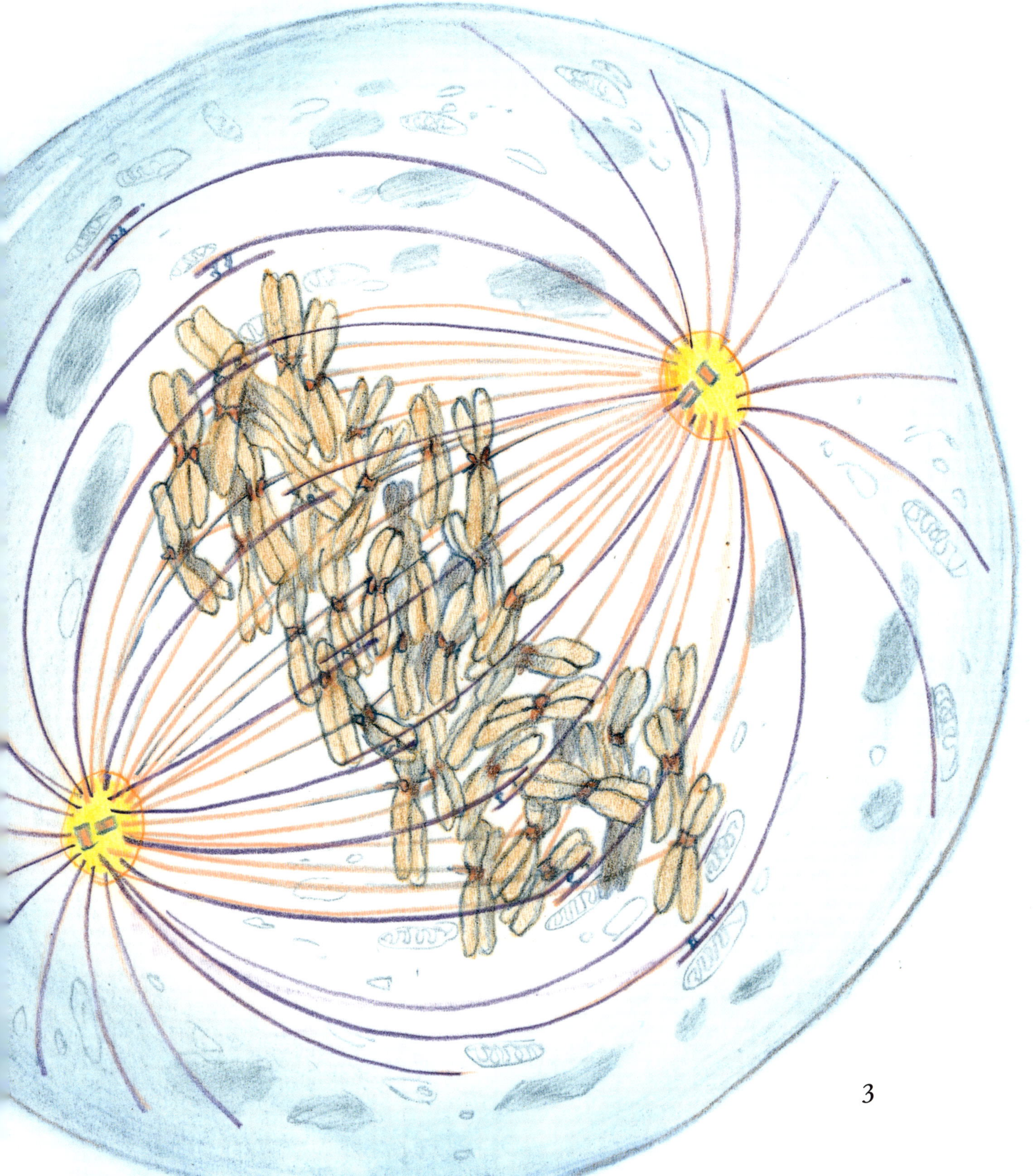

3

4. ANÁFASE

As cromátides de cada cromossomo se separam. Agora, como cromossomos independentes, são puxados para polos opostos, enquanto os microtúbulos sobrepostos empurram os polos em sentidos opostos.

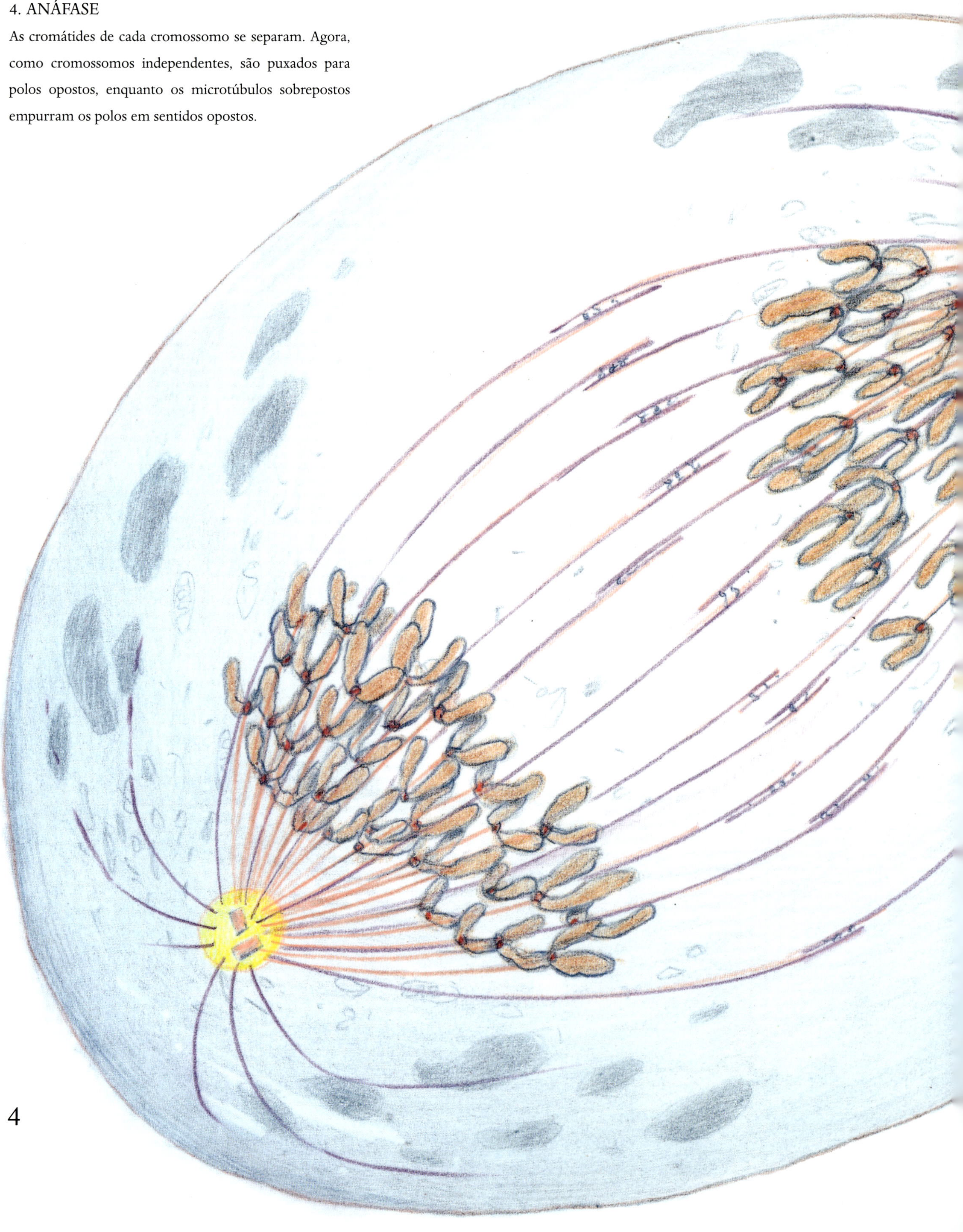

4

5

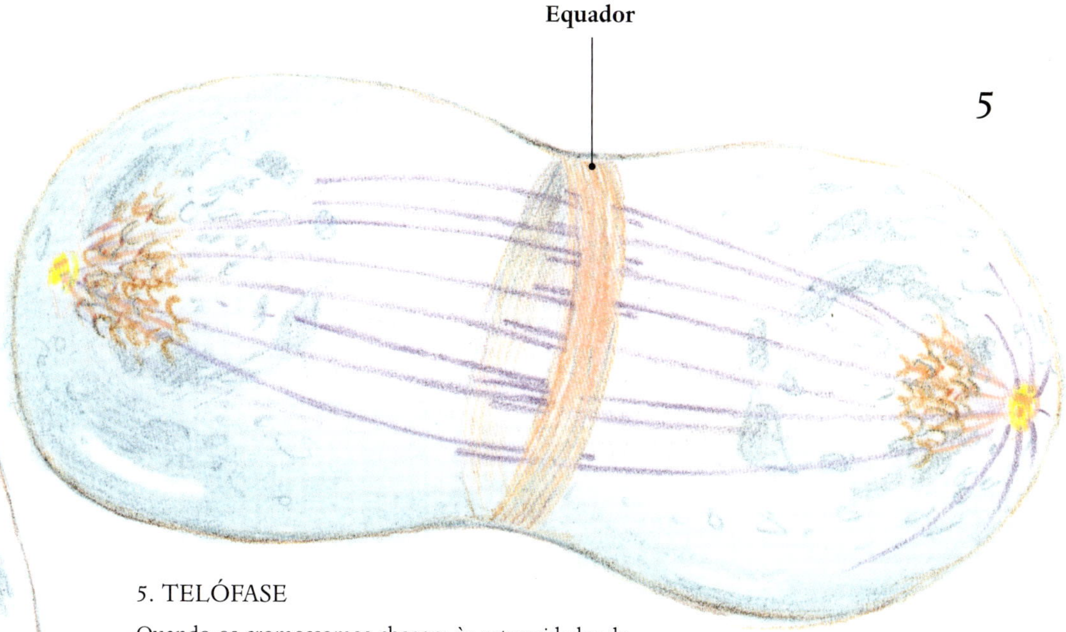

5. TELÓFASE

Quando os cromossomos chegam às extremidades da célula (que continua se alongando), eles se soltam do fuso. Com o envelope nuclear se reconstituindo ao redor, começam a se desenrolar. O fuso se desmancha e desaparece, deixando apenas um anel de filamentos de actina e proteínas de miosina no equador. A actina e a miosina também provocam as contrações das células musculares, que permitem que a gente se mexa.

6

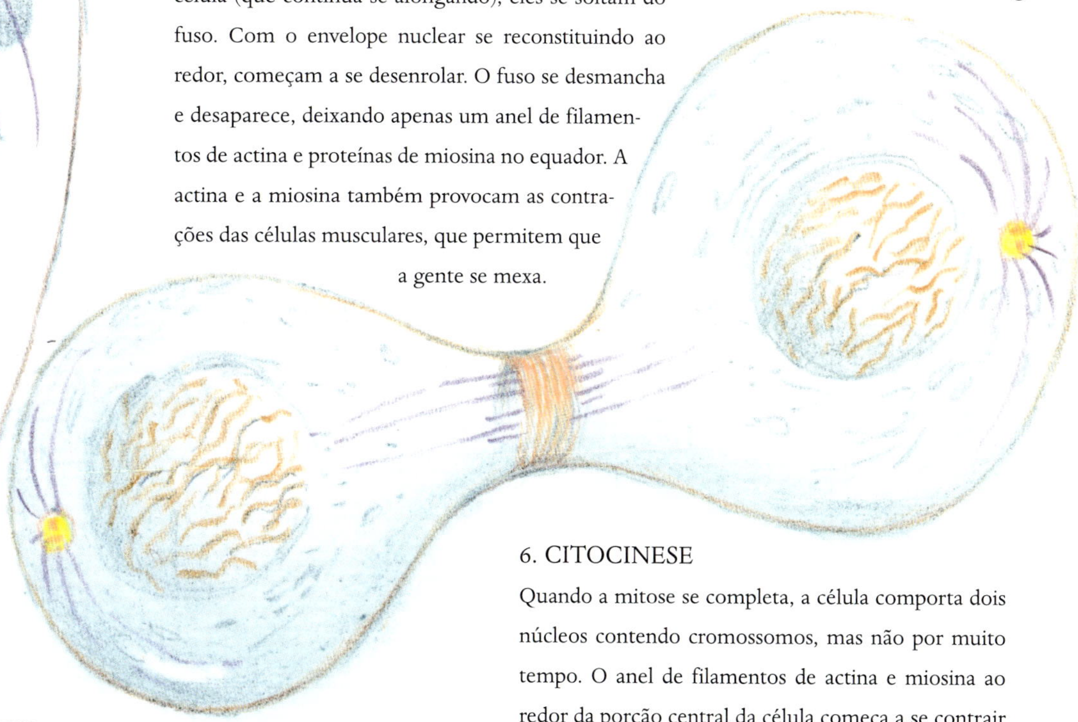

6. CITOCINESE

Quando a mitose se completa, a célula comporta dois núcleos contendo cromossomos, mas não por muito tempo. O anel de filamentos de actina e miosina ao redor da porção central da célula começa a se contrair até separar a célula em duas órfãs idênticas.

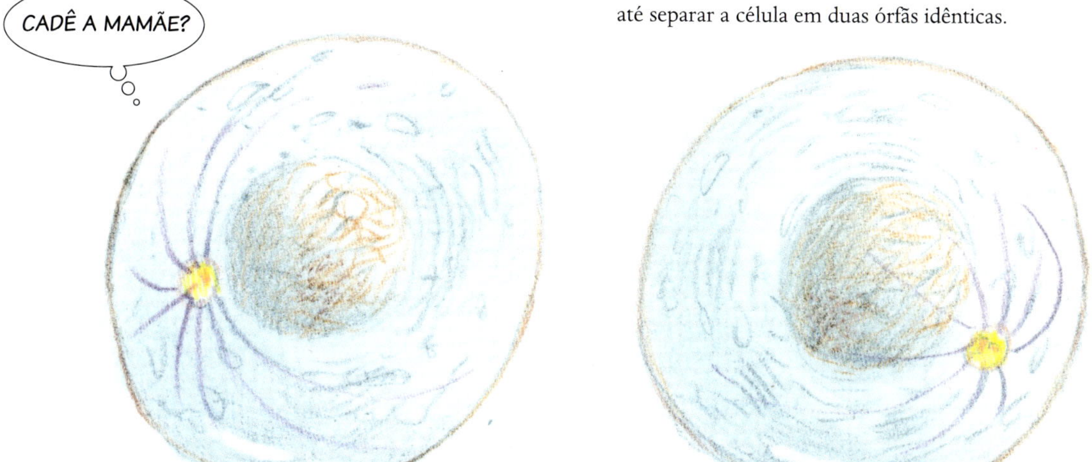

Guia do observador de células

Para fazer funcionar uma organização tão complexa como o nosso corpo, é preciso muito trabalho de grupo. Como em todo trabalho de grupo, a divisão de tarefas é fundamental. Por exemplo, os neurônios, longos e ramificados, carregam mensagens, células adiposas esféricas armazenam energia, fibras musculares longas movem o corpo, e hemácias (células vermelhas do sangue em forma de rosquinhas, também conhecidas como glóbulos vermelhos) carregam o oxigênio. Essas células e todos os outros tipos de célula são descendentes do mesmo óvulo fecundado. Portanto, o DNA de todas elas deve ser idêntico.

Da mesma forma que não lemos todas as receitas em um livro de culinária para fazer uma omelete, cada tipo de célula precisa apenas de uma parte das instruções dos próprios genes para cumprir suas funções. Em cada tipo de célula, os genes que tornam a célula capaz de desempenhar seu papel específico são "ligados", enquanto os genes que não são necessários são "desligados". É isto o que faz de um neurônio um neurônio e não uma hemácia, por exemplo.

As células do corpo mostradas aqui dão apenas uma amostra dos cerca de duzentos tipos de células existentes no corpo humano. Elas estão desenhadas todas na mesma escala para indicar a diversidade de formas e tamanhos relativos. Para dar uma ideia de tamanho "real", o ponto no final desta frase é pouca coisa maior que o tamanho real do óvulo mostrado abaixo.

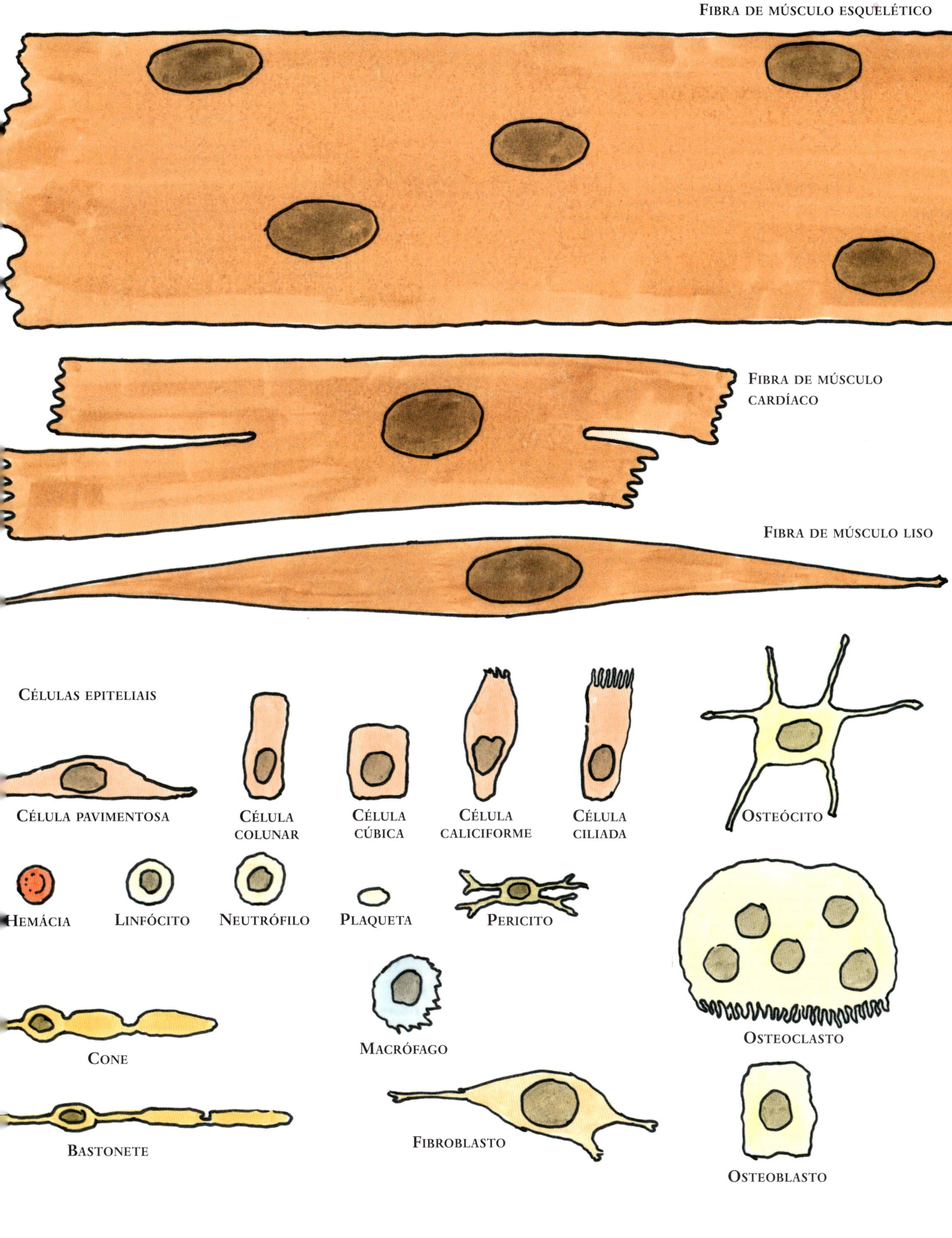
Fibra de músculo esquelético
Fibra de músculo cardíaco
Fibra de músculo liso
Células epiteliais
Célula pavimentosa
Célula colunar
Célula cúbica
Célula caliciforme
Célula ciliada
Osteócito
Hemácia
Linfócito
Neutrófilo
Plaqueta
Pericito
Osteoclasto
Macrófago
Cone
Bastonete
Fibroblasto
Osteoblasto

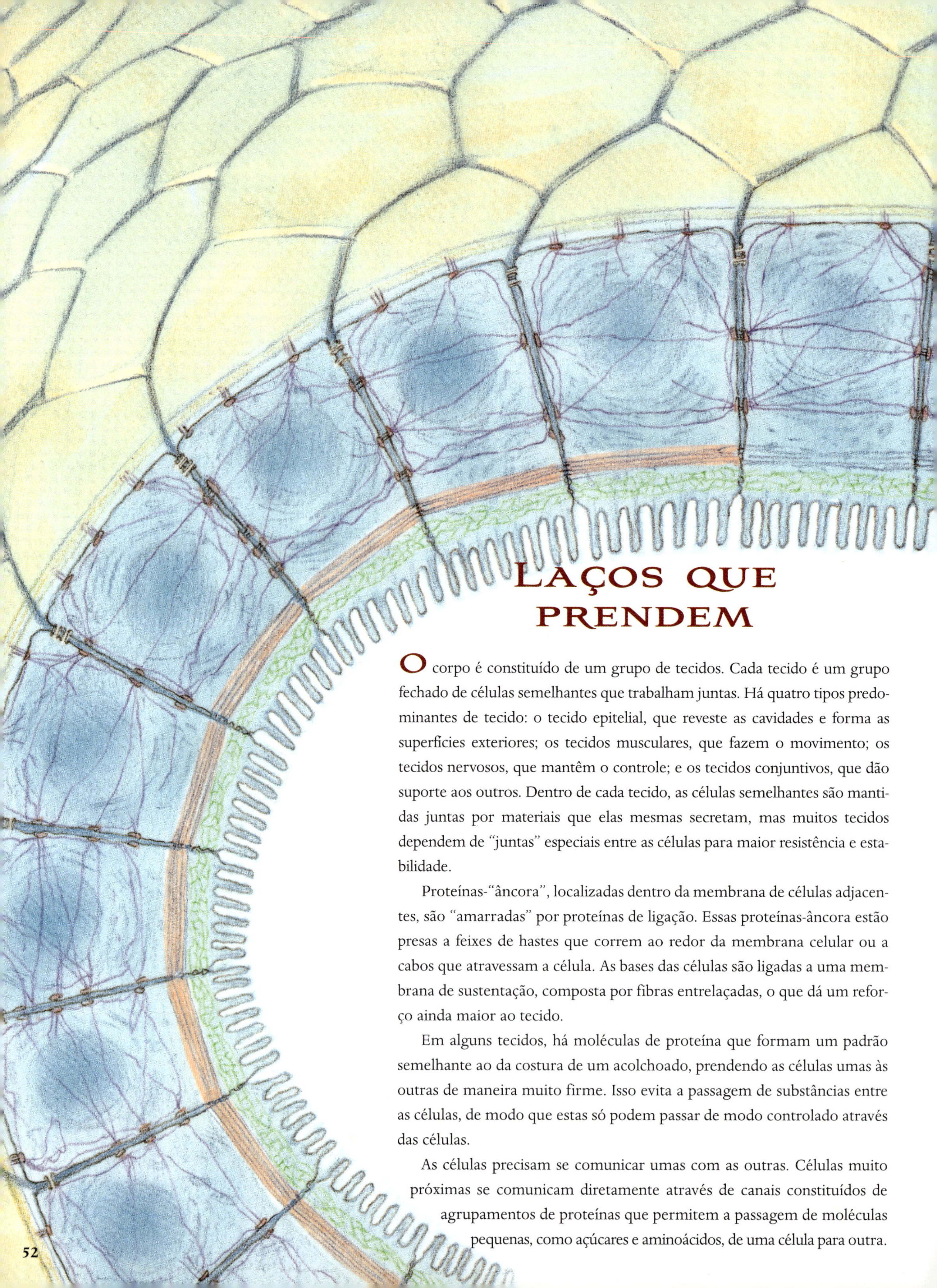

LAÇOS QUE PRENDEM

O corpo é constituído de um grupo de tecidos. Cada tecido é um grupo fechado de células semelhantes que trabalham juntas. Há quatro tipos predominantes de tecido: o tecido epitelial, que reveste as cavidades e forma as superfícies exteriores; os tecidos musculares, que fazem o movimento; os tecidos nervosos, que mantêm o controle; e os tecidos conjuntivos, que dão suporte aos outros. Dentro de cada tecido, as células semelhantes são mantidas juntas por materiais que elas mesmas secretam, mas muitos tecidos dependem de "juntas" especiais entre as células para maior resistência e estabilidade.

Proteínas-"âncora", localizadas dentro da membrana de células adjacentes, são "amarradas" por proteínas de ligação. Essas proteínas-âncora estão presas a feixes de hastes que correm ao redor da membrana celular ou a cabos que atravessam a célula. As bases das células são ligadas a uma membrana de sustentação, composta por fibras entrelaçadas, o que dá um reforço ainda maior ao tecido.

Em alguns tecidos, há moléculas de proteína que formam um padrão semelhante ao da costura de um acolchoado, prendendo as células umas às outras de maneira muito firme. Isso evita a passagem de substâncias entre as células, de modo que estas só podem passar de modo controlado através das células.

As células precisam se comunicar umas com as outras. Células muito próximas se comunicam diretamente através de canais constituídos de agrupamentos de proteínas que permitem a passagem de moléculas pequenas, como açúcares e aminoácidos, de uma célula para outra.

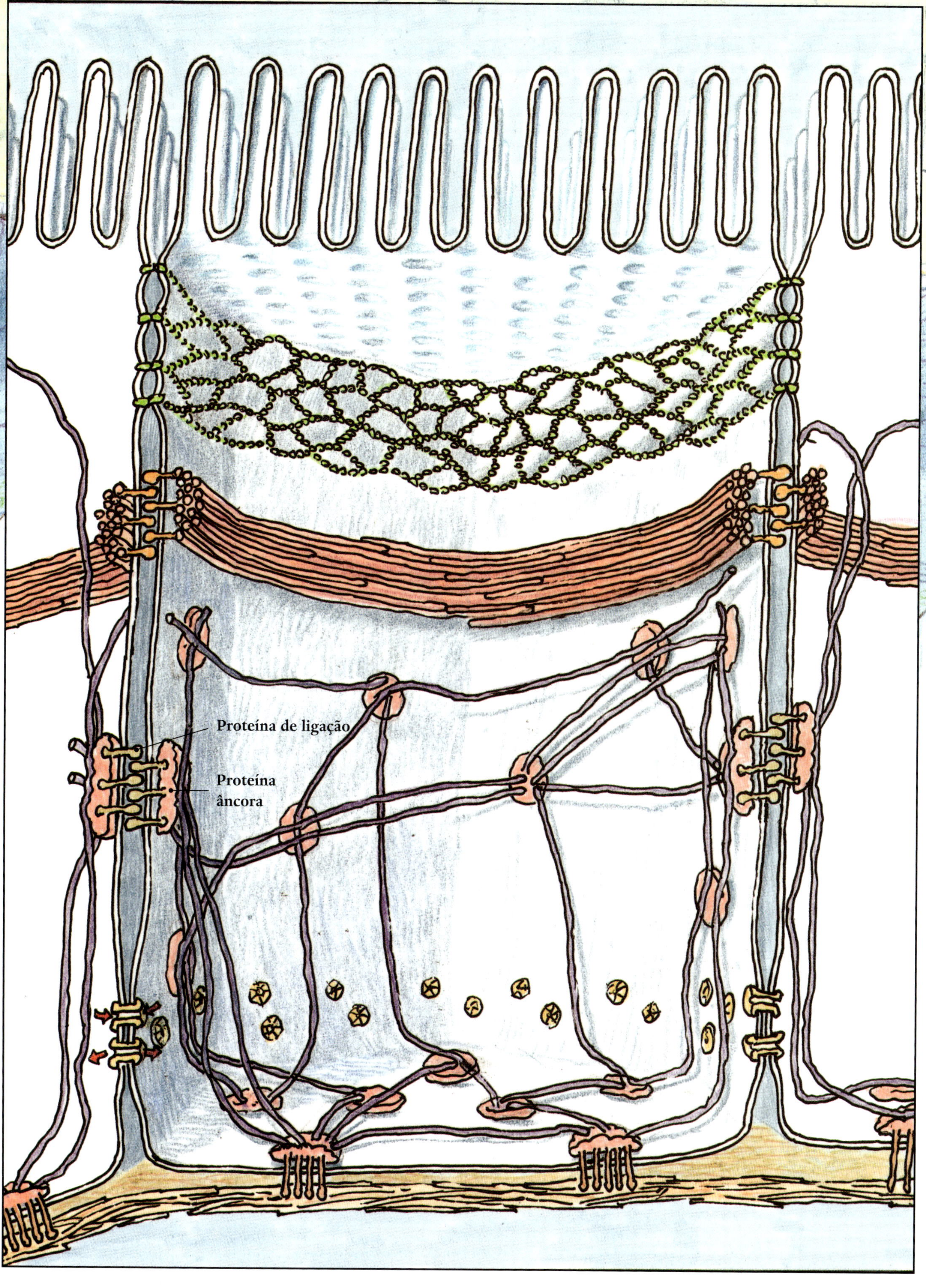
Proteína de ligação
Proteína
âncora

Tecidos que ligam

O tecido mais abundante e o que está presente em mais locais do corpo é o tecido conjuntivo. As diferentes formas desse tecido incluem ossos, cartilagens e gordura, e prendem os outros tecidos uns nos outros, além de lhes dar sustentação e proteção.

A flexibilidade e a dureza das substâncias produzidas pelas células do tecido conjuntivo dão suporte e mantêm as partes do corpo unidas. Nos ossos, essas substâncias permitem a sustentação de grandes pesos; nos tendões e ligamentos, elas suportam tensão.

O tecido conjuntivo mais amplamente distribuído é o tecido frouxo que alicerça o tecido epitelial, entre outros. Ele contém células chamadas fibroblastos que secretam uma matriz gelatinosa entremeada com fibras de colágeno, que dão força, e de elastina, que dão elasticidade. O colágeno e a elastina pertencem à família das proteínas. A água que fica no interior da matriz forma o fluido intersticial através do qual as células obtêm os nutrientes da corrente sanguínea, onde também eliminam seus resíduos.

Os tecidos conjuntivos se juntam com outros tecidos para formar órgãos especializados, como o coração, o estômago e o cérebro. Órgãos específicos juntam seus talentos para formar os cerca de doze sistemas que constituem o corpo humano.

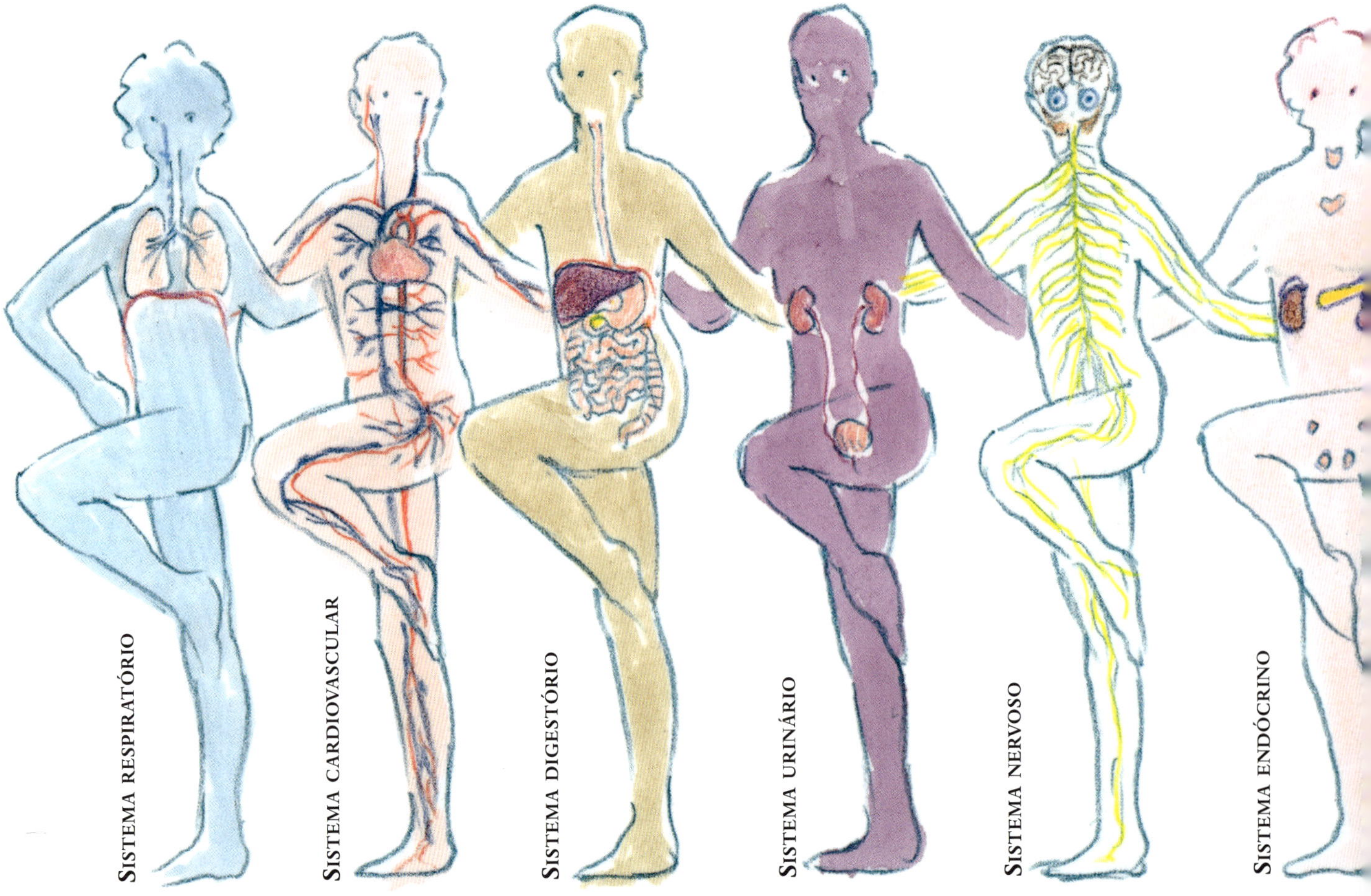

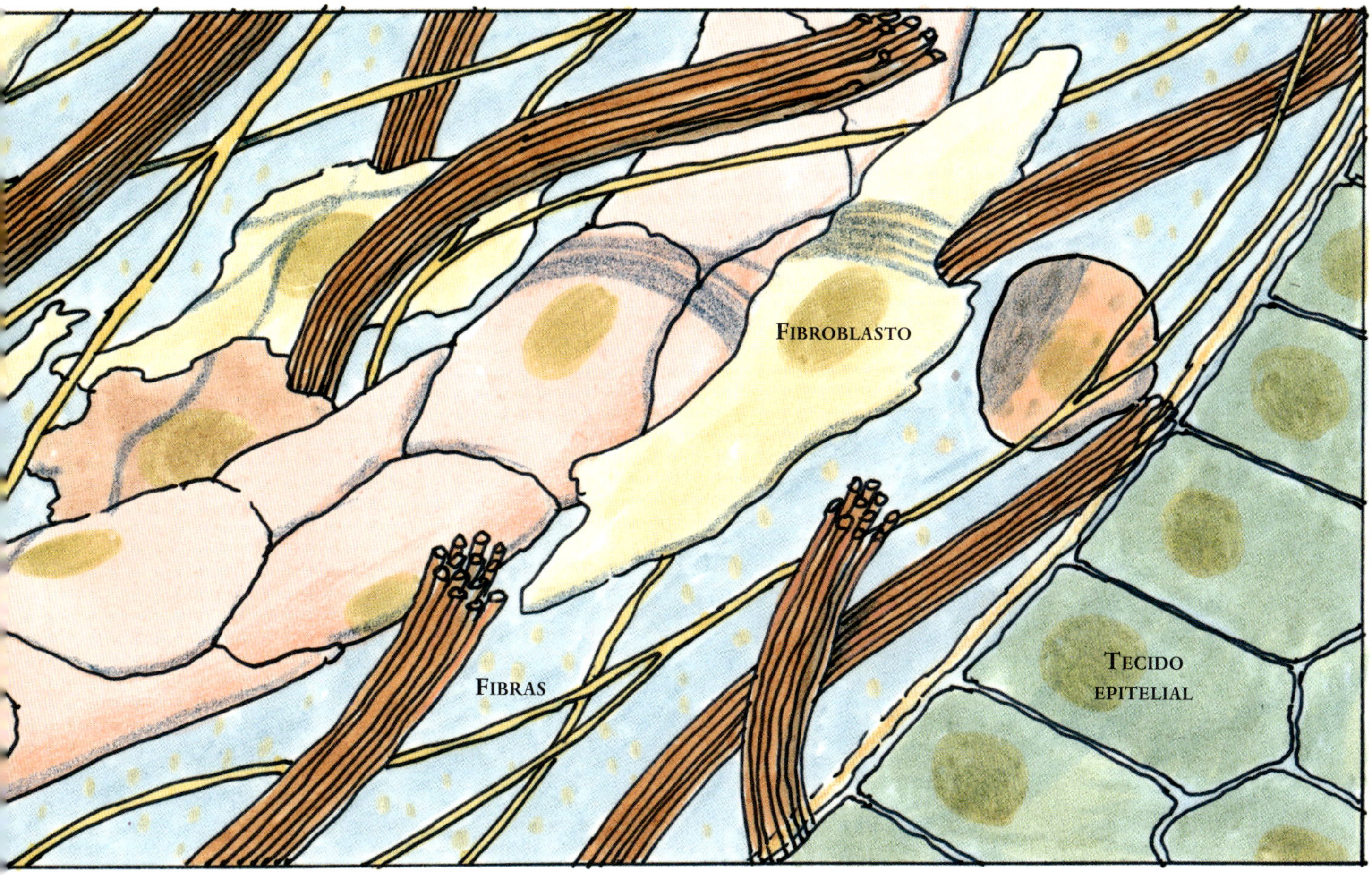
Fibroblasto
Fibras
Tecido epitelial

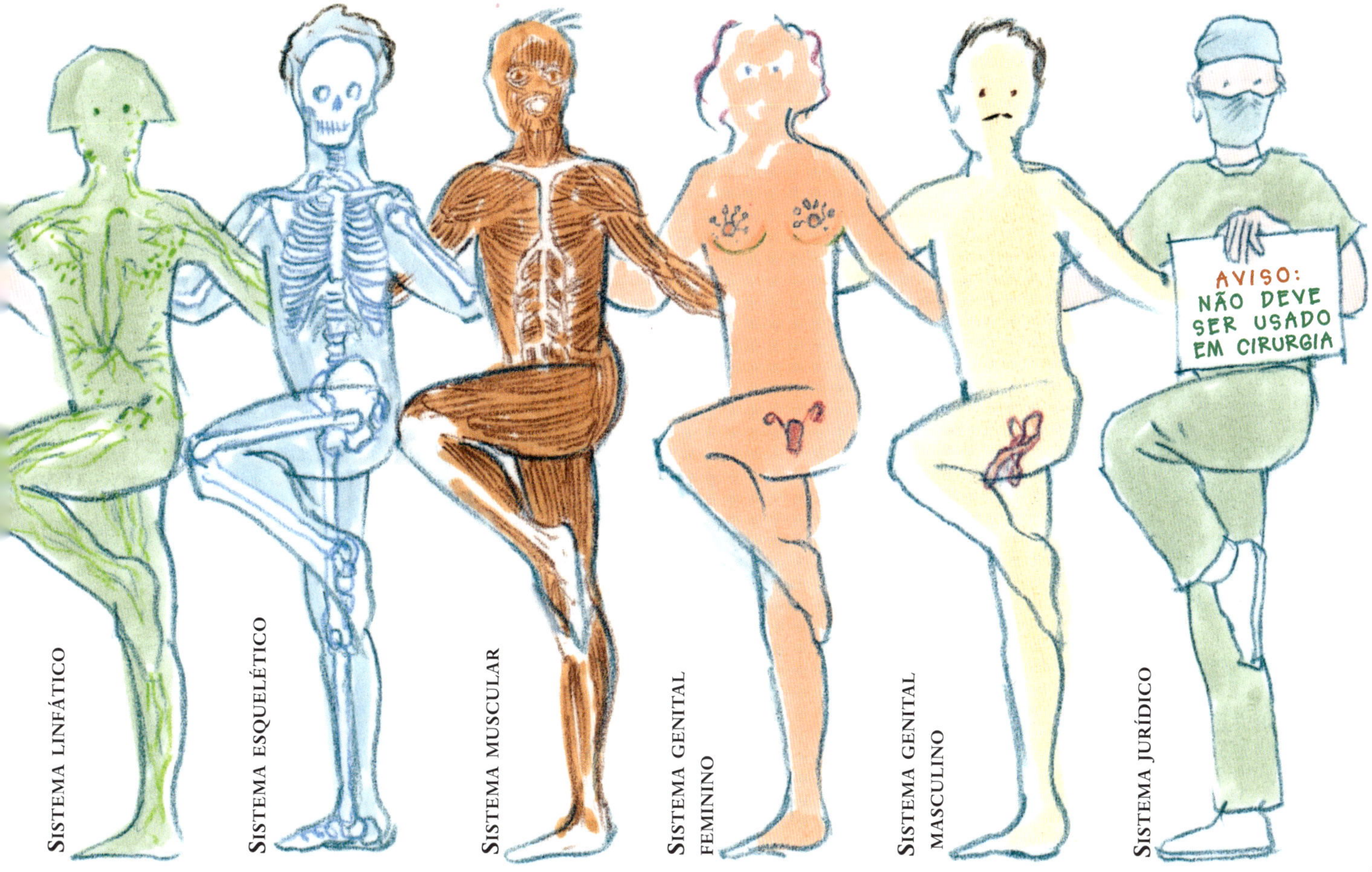
Sistema linfático
Sistema esquelético
Sistema muscular
Sistema genital feminino
Sistema genital masculino
Sistema jurídico
AVISO: NÃO DEVE SER USADO EM CIRURGIA

Capítulo 2

Controle de tráfego aéreo

A respiração é um processo natural que, diferente de comer ou beber, precisa acontecer o tempo todo. Todas as nossas células precisam de oxigênio para liberar a energia que as mantêm vivas (e a nós também). A atividade eficiente e controlada de puxar o ar para dentro dos pulmões e soprá-lo para fora diversas vezes por minuto é o primeiro passo para garantir que as células ganhem o oxigênio necessário.

O segundo passo, a entrega rápida e constante do oxigênio para as células, é de responsabilidade do coração e da corrente sanguínea, a qual ainda recolhe os resíduos de dióxido de carbono a serem liberados na atmosfera.

Se um ou outro desses sistemas falha, a vida fica muito mais difícil. Mas, até que isso aconteça, raramente pensamos nesses processos.

PLANTAS
Oxigênio
Dióxido
de carbono
O PASSEIO
DE
UMA VIDA
PULMÃO
CORAÇÃO
Sistema
respiratório
PULMÃO
Sistema
cardiovascular

CADEIA DE ABASTECIMENTO

O consumo de oxigênio e a geração de dióxido de carbono acontecem continuamente ao longo da vida da maioria dos organismos neste planeta, incluindo nós. Conforme o oxigênio é utilizado, ele é reposto por um processo chamado fotossíntese, que ocorre em plantas como árvores, capim etc. Durante o dia, a vegetação absorve o dióxido de carbono e, usando a energia da luz do sol, o combina com água para produzir o alimento de que necessita. A fotossíntese, como qualquer processo metabólico, produz resíduos. A boa notícia para nós é que esse resíduo é o oxigênio.

Para obter uma quantidade adequada de moléculas de oxigênio e fazer com que cheguem aonde são necessárias, nossas células construíram dois sistemas separados, mas interdependentes. O primeiro é o sistema respiratório, que traz o oxigênio para dentro dos pulmões e manda embora os resíduos de dióxido de carbono. O segundo é o sistema cardiovascular, que entrega o oxigênio que vem dos pulmões para cada célula do corpo e leva os resíduos embora.

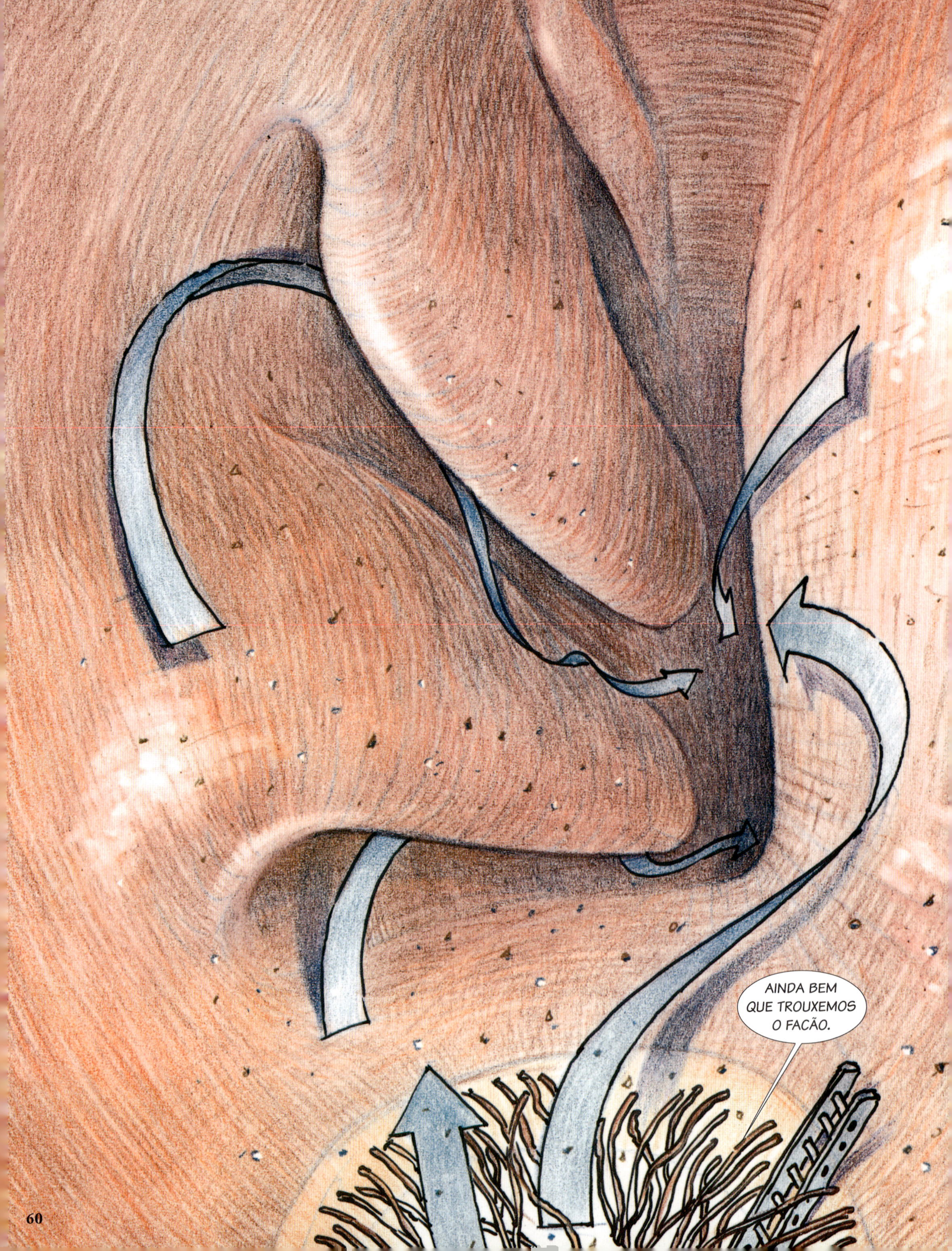
AINDA BEM
QUE TROUXEMOS
O FACÃO.

A FUNÇÃO DO NARIZ

O ar que respiramos está cheio de poeira, flocos de pele morta, pedaços de insetos mortos, fibras e grãos de pólen, para não falar nas bactérias e em outros micróbios. Nossos pulmões são sensíveis e precisam de ar não apenas limpo, mas também úmido e aquecido.

Por trás de nossas narinas, há as duas partes da cavidade nasal, revestidas por uma membrana que é recoberta por um muco pegajoso. Conforme o ar é puxado para dentro, as partículas maiores são filtradas pelo emaranhado de pelos espessos. Ao entrar na cavidade nasal, o fluxo de ar é desviado por uma série de saliências, e quaisquer partículas que tenham sobrado são lançadas no muco. Estruturas muito pequenas, parecidas com pelos, conhecidas como cílios, se movem de um lado a outro, "varrendo" o muco sujo de volta pela cavidade nasal até a garganta, de onde será levado ao estômago para ser digerido.

Conforme vai sendo limpo, o ar é aquecido pelo calor que escapa dos vasos sanguíneos e umedecido pelo vapor-d'água que vem do revestimento úmido da cavidade.

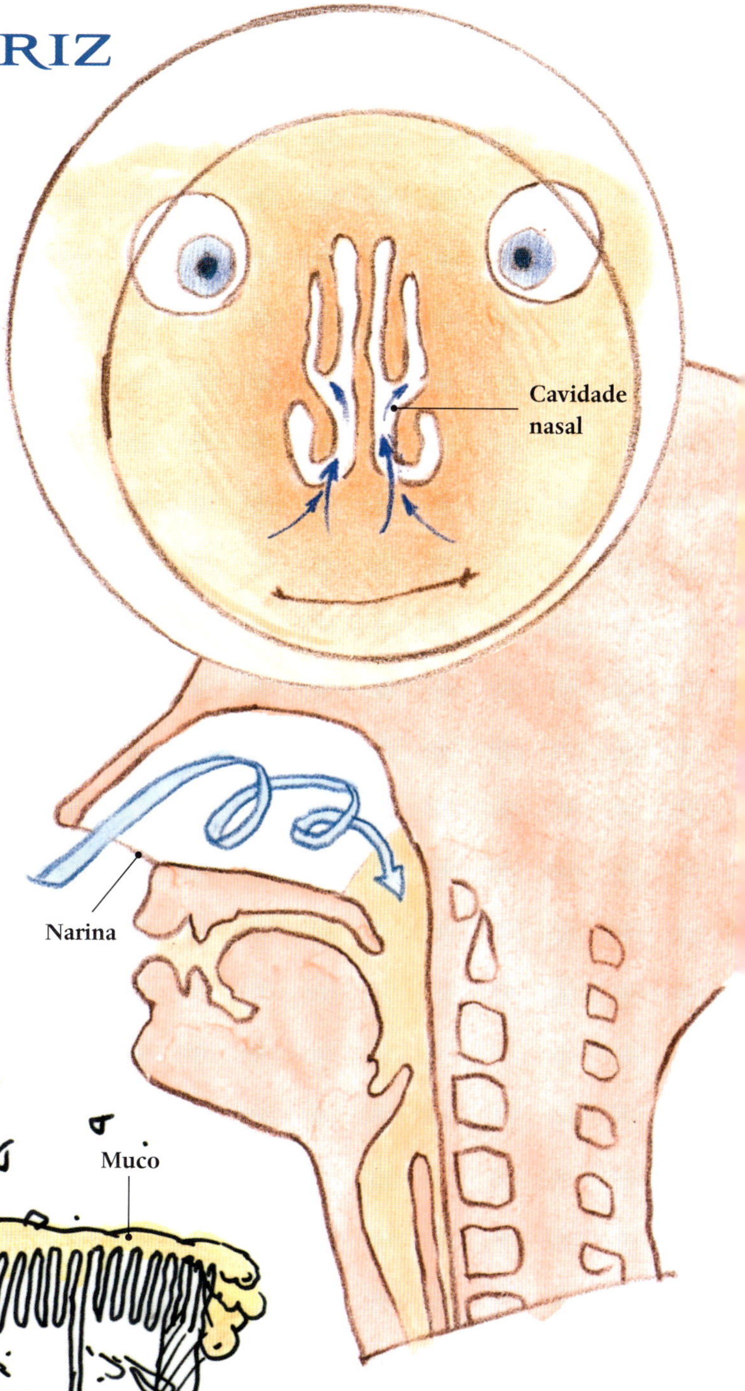

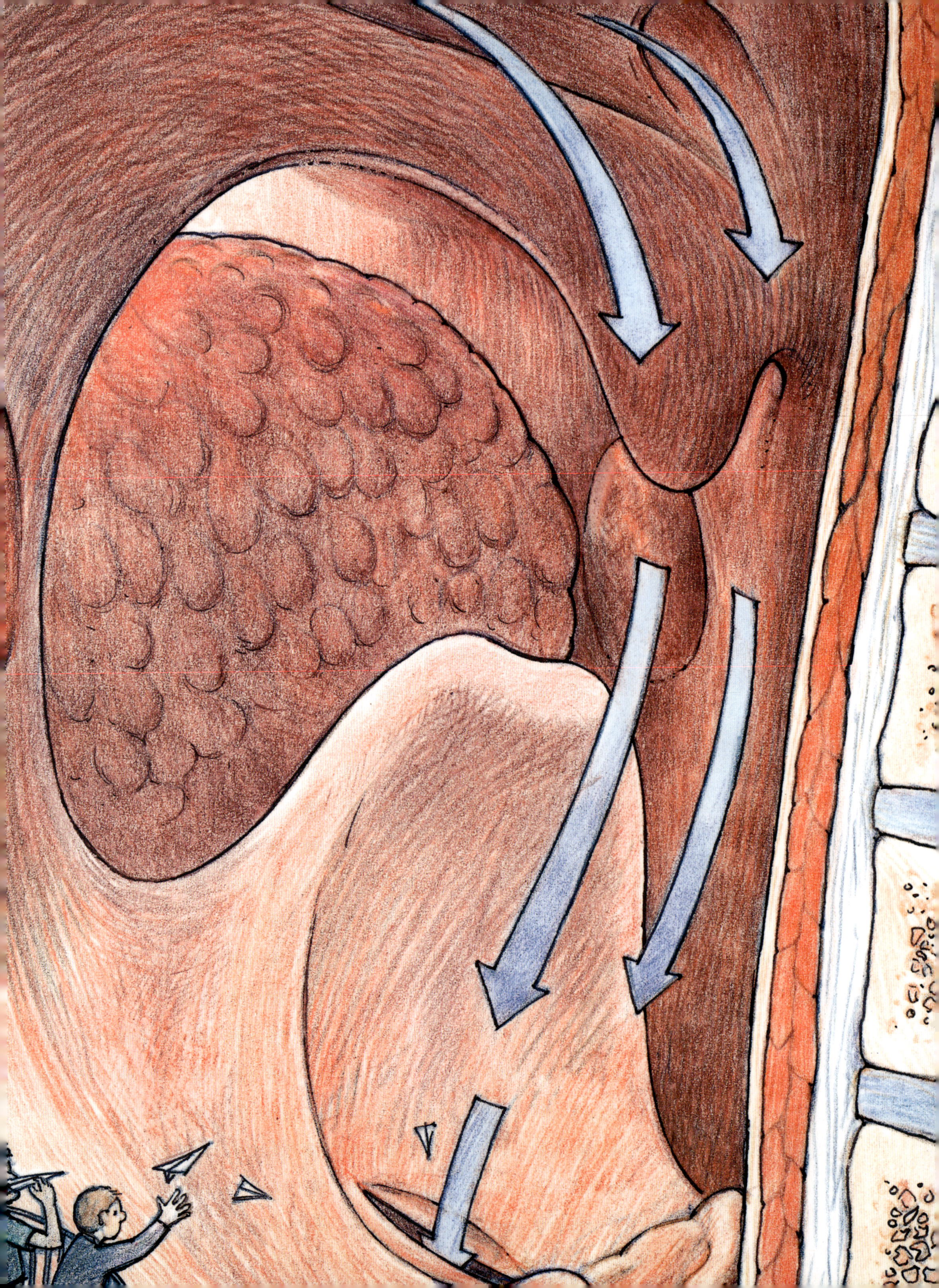

VIAS AÉREAS LIVRES

O ar e a comida utilizam o mesmo caminho ao longo da garganta em seu trajeto. O ar limpo da cavidade nasal passa pela garganta, laringe e traqueia para chegar aos pulmões, e o alimento que vem da boca sai pelo esôfago, rumo ao estômago. Ao engolirmos algum sólido ou líquido, a respiração é interrompida brevemente quando uma cartilagem, chamada epiglote, fecha temporariamente a laringe. Isso protege as vias aéreas de acidentes, garantindo que a comida desça pelo caminho certo.

Anéis incompletos de cartilagem, em forma de C, reforçam a traqueia e evitam que ela colapse para dentro quando inspiramos. A cartilagem é interrompida na parte de trás da traqueia, o que permite ao esôfago se expandir temporariamente em direção às vias aéreas quando a comida passa.

O processo de filtragem do ar que se iniciou no nariz continua na traqueia, onde o muco e os cílios capturam e redirecionam todos os visitantes indesejados. Neste caso, o muco, que contém poeira e micróbios, é movido para cima até a garganta, sendo rapidamente enviado ao estômago, onde será destruído.

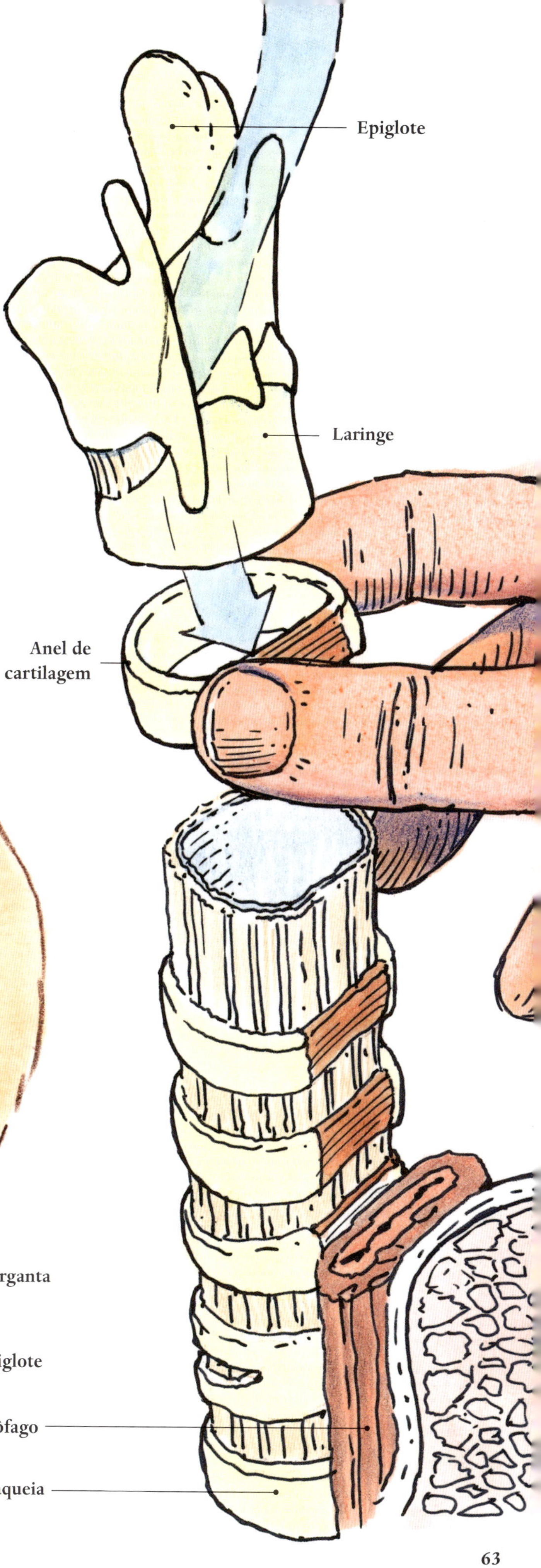

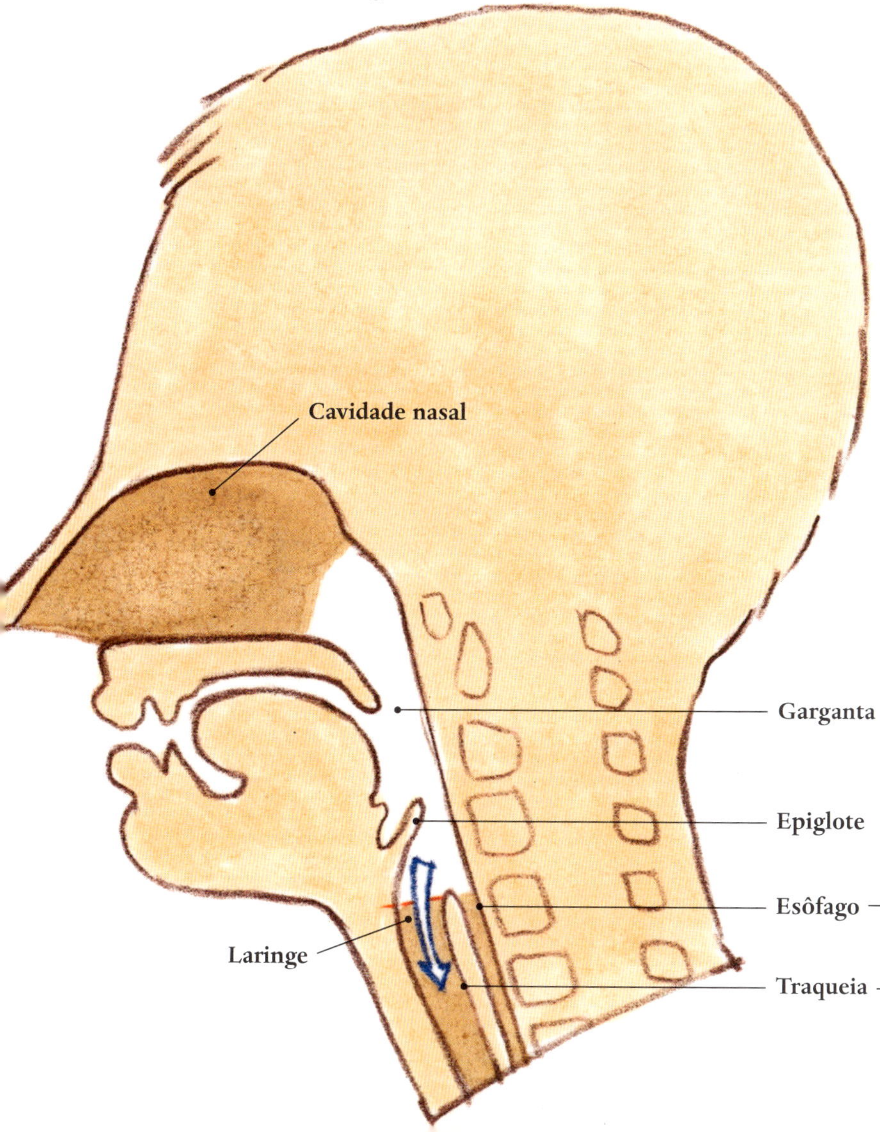

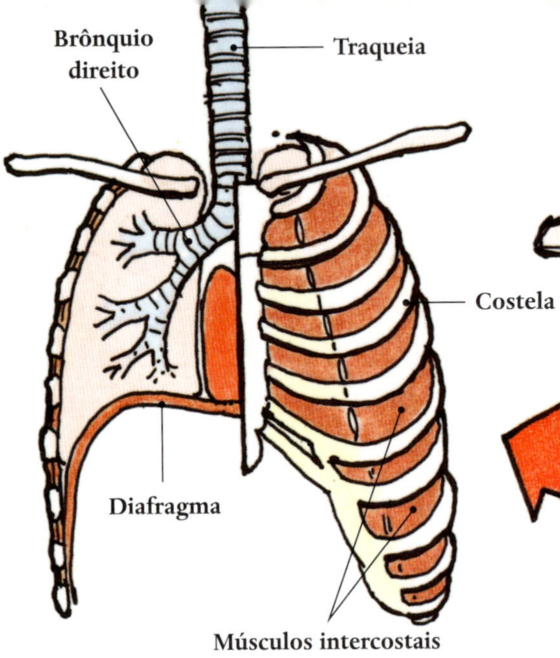

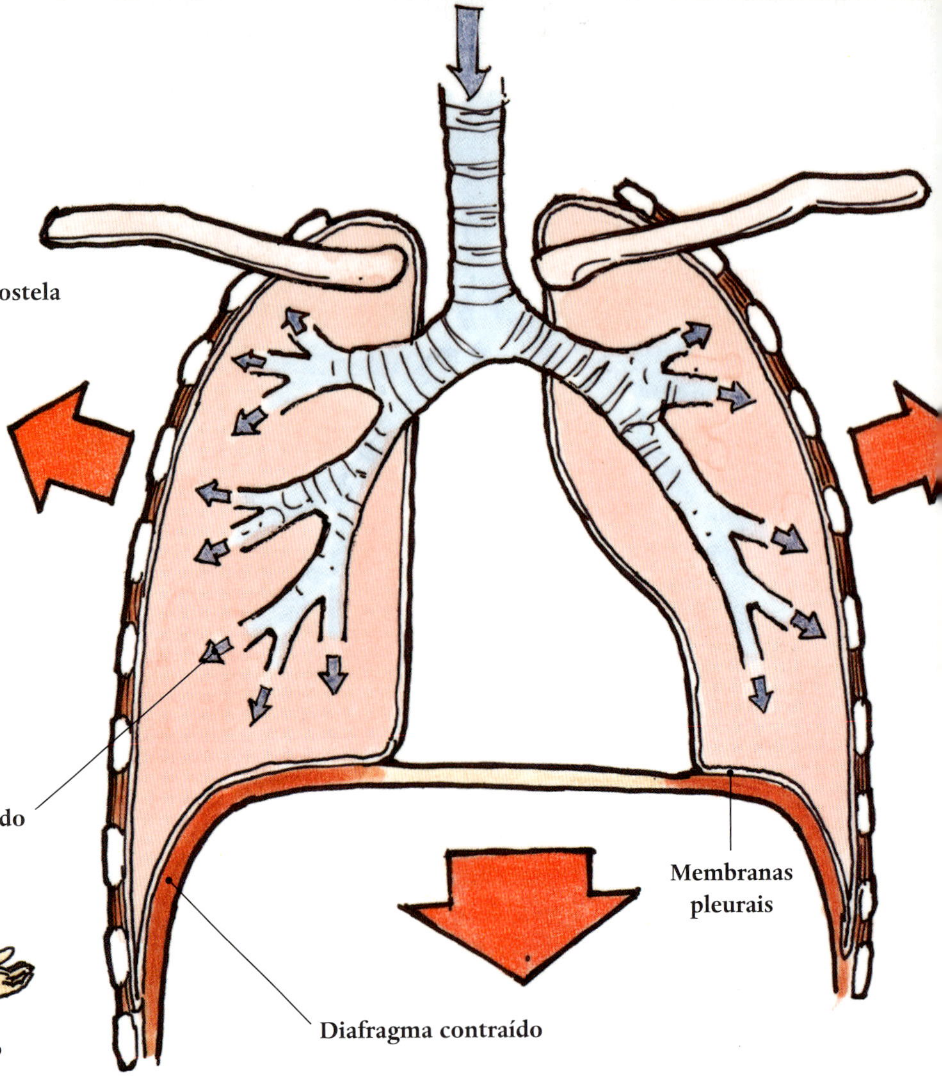

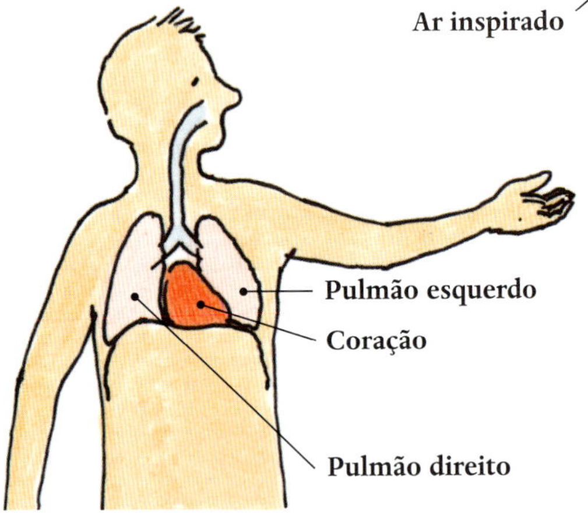

Membranas pleurais

RESPIRE FUNDO

Dentro do peito, logo acima do coração, a traqueia se divide, formando o brônquio esquerdo e o direito, que levam o ar para dentro e para fora dos pulmões. Os pulmões e o coração se apoiam sobre o diafragma, uma folha de músculo que mantém o tórax isolado da cavidade abdominal, logo abaixo. Os três órgãos são protegidos por uma "caixa" de costelas, presas ao osso esterno pela frente e à coluna vertebral pelas costas e ligadas umas às outras pelos músculos intercostais. Além disso, cada pulmão é revestido de duas camadas de tecido chamadas membranas pleurais. A camada interna se prende à superfície do pulmão e a camada externa é presa à cavidade torácica e ao diafragma. Um fluido lubrificante no pequeno espaço entre as camadas permite qu estas deslizem uma sobre a outra, mas evita que se separem.

A fim de expandir e puxar o ar, os pulmões dependem compl tamente do diafragma e dos músculos intercostais. Quando o di fragma se contrai, ele se achata e puxa os pulmões para baix enquanto a contração dos músculos intercostais leva à expansã da caixa torácica e dos pulmões para cima e para fora. Conforn o espaço entre os pulmões aumenta, a pressão do ar em seu int rior se torna menor que aquela no exterior. Essa diferença de pre são faz com que o ar do exterior flua através do nariz até os pu mões, trazendo consigo um suprimento novo de oxigênio.

Diafragma

SUPERESPONJA

No interior dos pulmões, cada brônquio se divide repetidamente, formando um sistema ramificado de brônquios cada vez menores. Esses pequenos brônquios se dividem ainda muitas vezes até darem origem a tubos da espessura de um fio de cabelo, chamados bronquíolos.

Os bronquíolos terminam em agregados de alvéolos, balõezinhos de ar muito pequenos que constituem a maior parte dos pulmões e conferem a eles sua consistência de esponja. Os alvéolos e as vias aéreas são preenchidos por tecido conjuntivo elástico que permite que os pulmões se expandam e se contraiam facilmente na respiração. Uma rede massiva de vasos sanguíneos está entrelaçada nos pulmões e confere a eles sua coloração rósea.

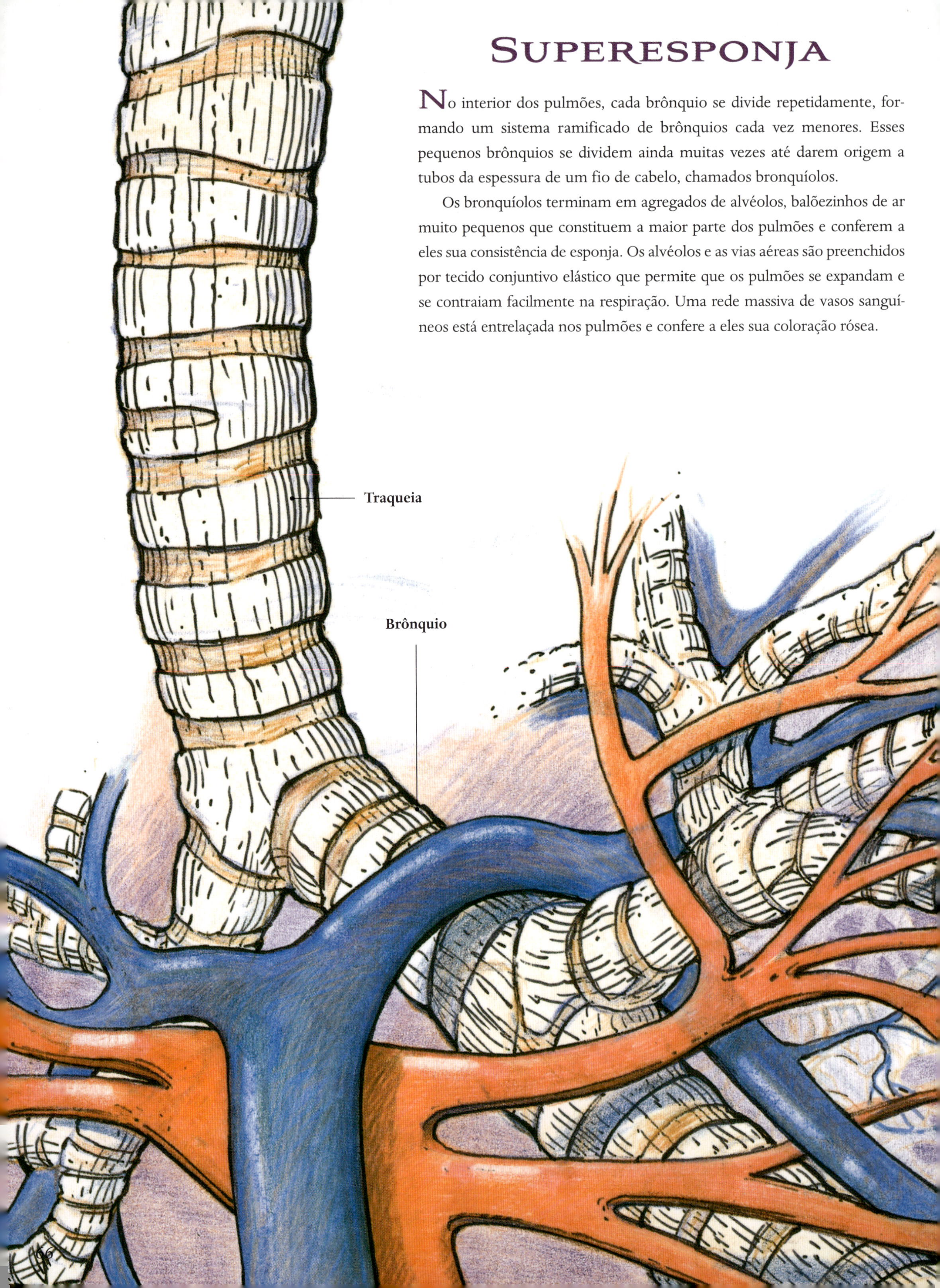

Em cada pulmão há 150 milhões de alvéolos microscópicos cobertos por uma rede de capilares minúsculos através dos quais um fluxo ininterrupto de sangue despeja o dióxido de carbono e pega oxigênio. Apesar de seu tamanho pequeno, esses balõezinhos interconectados, de paredes finíssimas, ocupam a maior parte do espaço no interior dos pulmões. Se fosse possível achatar todos os alvéolos dos dois pulmões, teríamos um retângulo de epitélio úmido com aproximadamente nove metros de altura e oito de largura, com uma camada de sangue correndo para baixo de um lado e o ar aberto do outro.

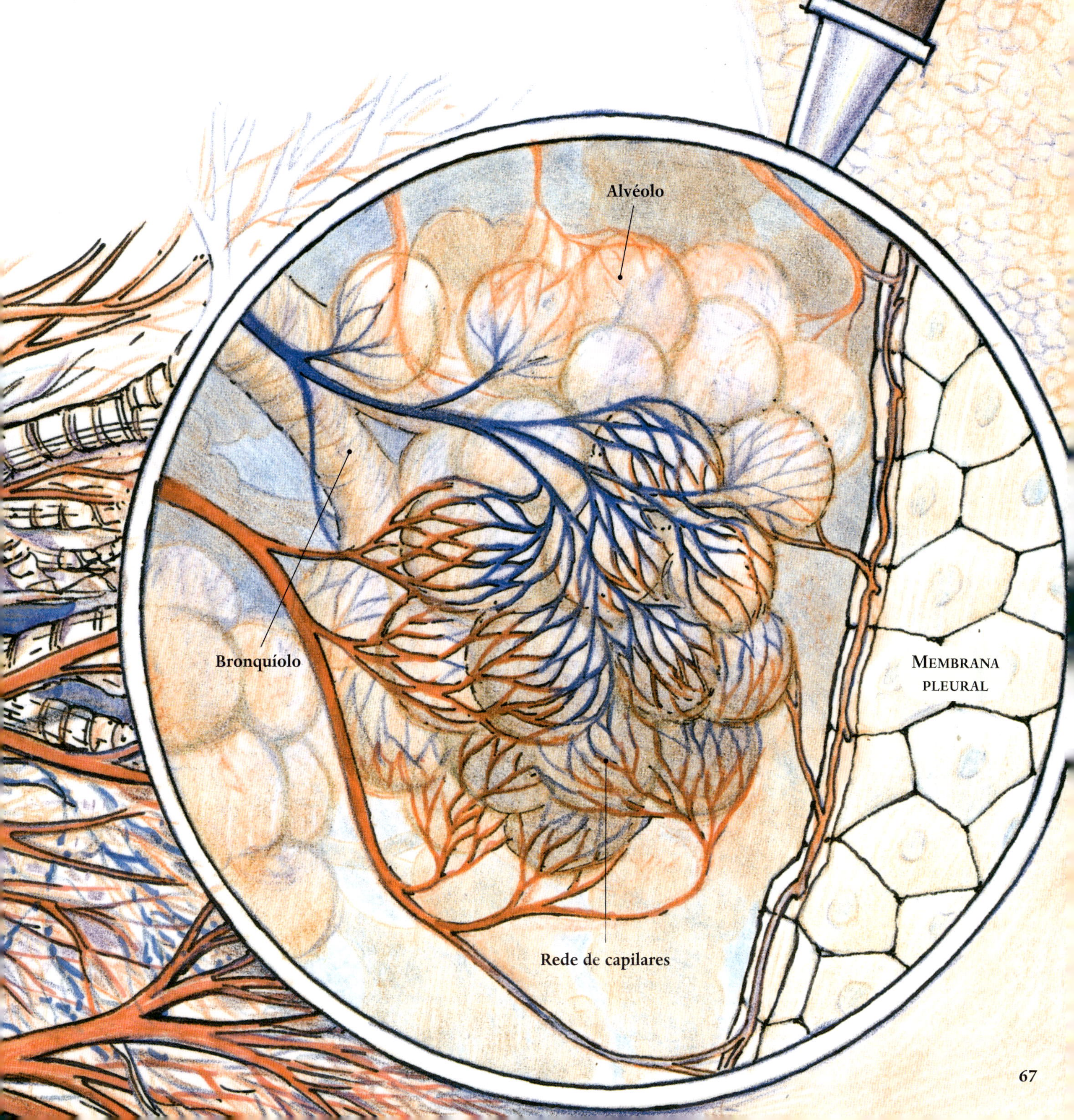

Carga e descarga (1)

As trocas de oxigênio e dióxido de carbono são rápidas. Cada alvéolo está separado dos capilares adjacentes por uma membrana com a espessura de um micrômetro (1 µm ou 0,001 milímetro). Essa membrana consiste na parede do alvéolo, mais a parede do capilar e mais a lâmina delgada entre elas.

A troca gasosa também é econômica. Como depende da difusão – o movimento natural das moléculas de áreas de alta concentração para áreas de baixa concentração –, não há consumo de energia. O oxigênio se difunde através da membrana até o interior dos capilares, é capturado pelas hemácias e levado embora. A inspiração mantém a concentração de oxigênio alta dentro dos alvéolos, enquanto a remoção constante de oxigênio pela corrente sanguínea mantém a concentração de oxigênio baixa nos capilares.

Células especiais nas paredes alveolares adicionam uma substância, chamada surfactante, à água da superfície dos alvéolos. O surfactante evita que as moléculas de água se juntem em gotículas, o que poderia causar o colapso do alvéolo entre inspirações, com consequências fatais.

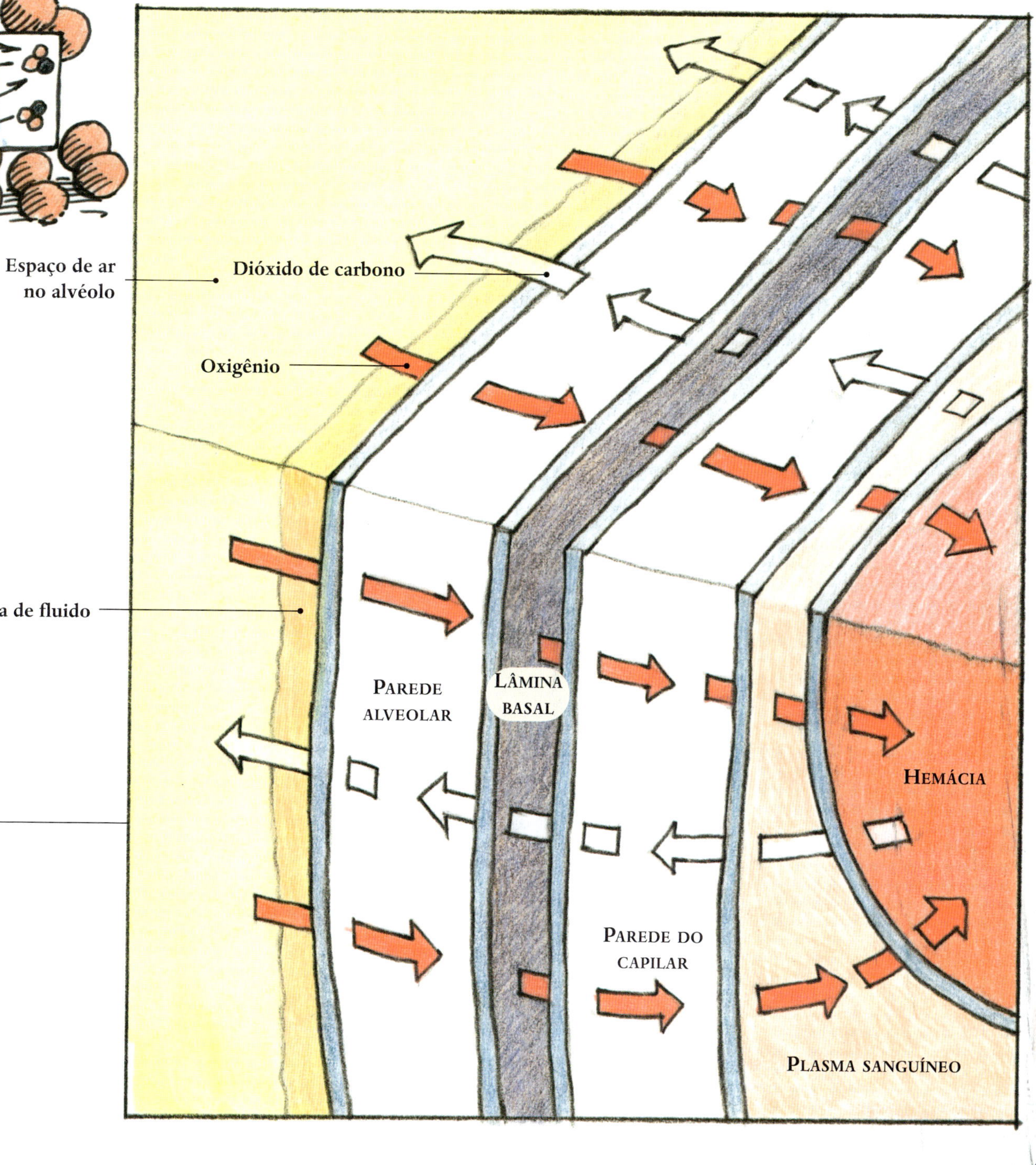

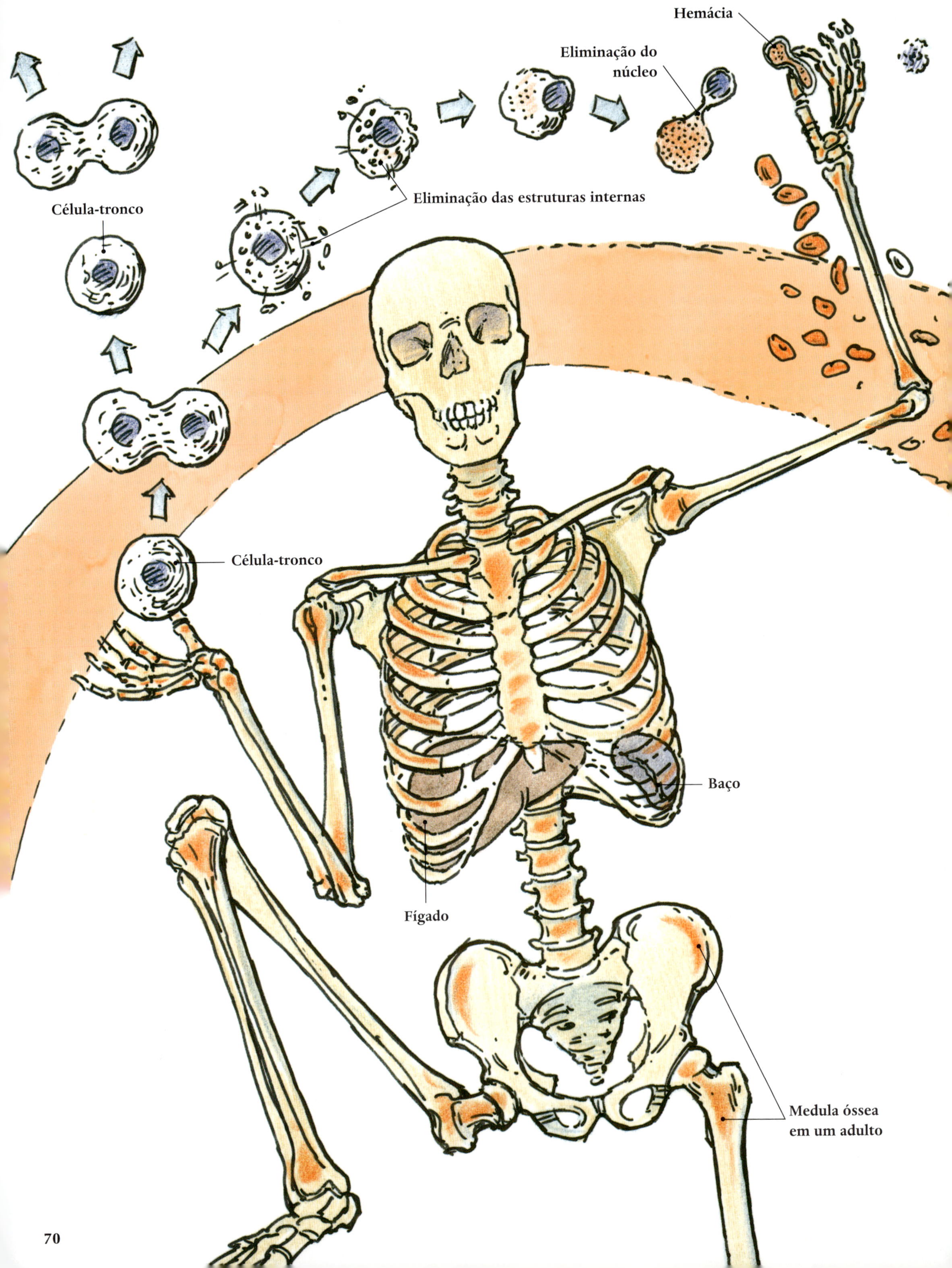
Hemácia
Eliminação do núcleo
Célula-tronco
Eliminação das estruturas internas
Célula-tronco
Baço
Fígado
Medula óssea em um adulto

O SHOW DAS HEMÁCIAS

As células vermelhas do sangue têm vida relativamente curta. Elas são produzidas a uma taxa de cerca de dois milhões por segundo, através da divisão constante de células-tronco pouco especializadas na medula localizada no interior de alguns ossos. Dentro da medula óssea, a hemácia em desenvolvimento produz o máximo de hemoglobina que consegue carregar, chegando a jogar fora seu núcleo para ter mais espaço. Quando entram no sistema cardiovascular, as hemácias estão preparadas para capturar e descarregar oxigênio o mais rápido possível.

Por cerca de 120 dias, cada hemácia viaja pelo corpo usando seu tamanho relativamente pequeno e sua flexibilidade para alcançar até as células mais distantes. Esse processo causa o desgaste das células sanguíneas, que, no final, se tornam frágeis demais para continuar exercendo sua função. Elas passam por um órgão chamado baço muitas vezes durante sua existência, mas, ao final de sua jornada, serão retidas lá definitivamente. É principalmente nesse órgão, próximo ao estômago, que as moléculas de hemoglobina são desfeitas. O ferro e os aminoácidos são recuperados para serem reutilizados e o resto é convertido em pigmentos biliares, enviados ao fígado através da corrente sanguínea para serem eliminados.

O QUARTETO DINÂMICO

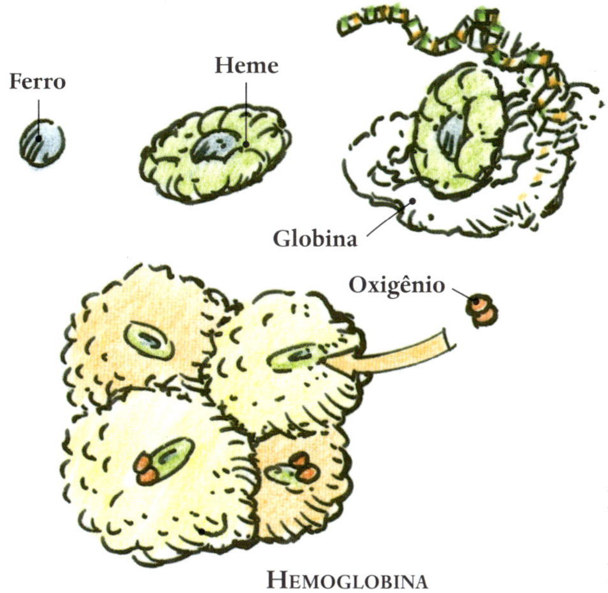

HEMOGLOBINA

A hemoglobina é uma molécula complexa, composta de quatro subunidades. Cada uma delas consiste em um grupo "heme" e uma proteína chamada globina. O grupo heme forma um anel ao redor de um átomo de ferro, que é a parte da molécula que se liga ao oxigênio. O grupo heme absorve a luz de certos comprimentos de onda e reflete outros. É isso que confere a coloração vermelha à hemoglobina. A molécula de globina envolve o grupo heme completamente e se liga com outras três subunidades iguais para formar uma das 250 milhões de moléculas em cada hemácia. Com quatro subunidades, cada molécula de hemoglobina pode carregar quatro moléculas de oxigênio, o que resulta em um total de um bilhão de moléculas de oxigênio carregadas pelo um trilhão de hemácias no nosso corpo.

Todo o mundo na piscina!

O sangue é tecido conjuntivo, como a cartilagem e os ossos, mas é o único composto de células que flutuam em meio líquido. É também um transportador que entrega coisas essenciais às células e remove seus resíduos. Além disso, é um regulador que espalha o calor pelo corpo e mantém nossos órgãos internos a uma temperatura constante de 37 °C. É ainda um protetor, com capacidade para consertar vazamentos e com um arsenal contra micróbios.

O sangue pode parecer vermelho, mas a parte líquida é, na verdade, um fluido aguado chamado plasma. Esse fluido trans-

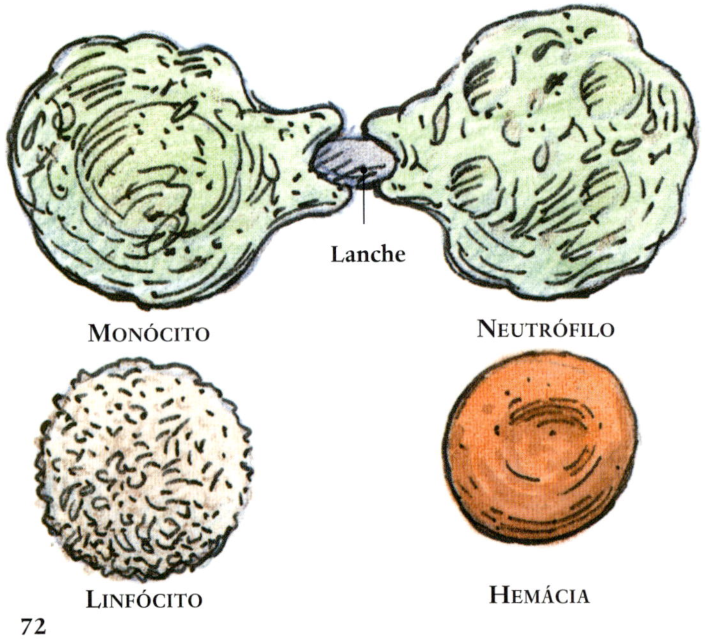

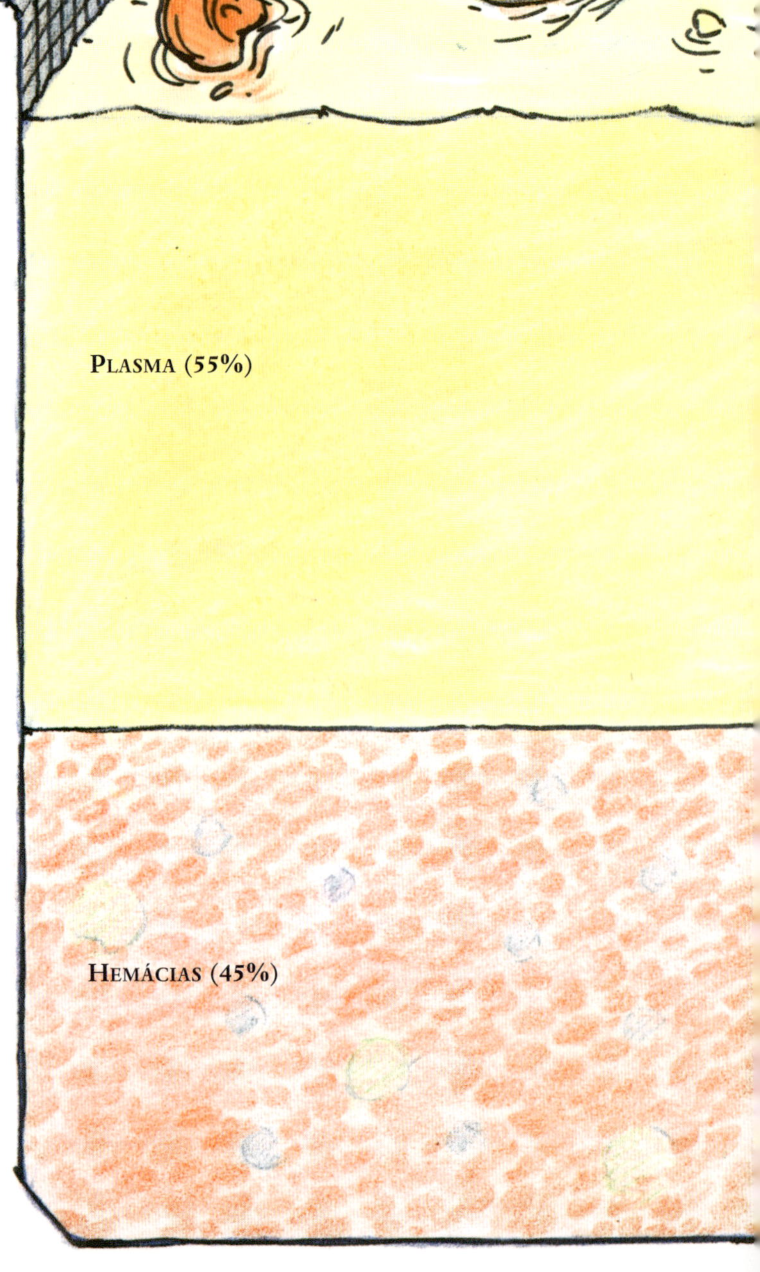

porta substâncias dissolvidas, como nutrientes (glicose, aminoácidos e gorduras), hormônios, resíduos (dióxido de carbono e ureia) e diversos íons. O plasma também carrega vários tipos de proteínas envolvidas na coagulação sanguínea, na defesa e na manutenção do equilíbrio hídrico.

Há vários tipos de células suspensos no plasma e todos têm origem na unidade de produção da medula óssea vermelha. Enquanto as hemácias constituem 99% desse universo, as células brancas do sangue (ou glóbulos brancos) são muito mais diversas. Elas incluem os neutrófilos e monócitos que comem micróbios, os linfócitos que liberam anticorpos, os grampos do sistema imunitário. Finalmente, existem as plaquetas, que funcionam como tampões de vazamentos e também iniciam a coagulação do sangue. As plaquetas brotam de células muito grandes na medula óssea chamadas megacariócitos.

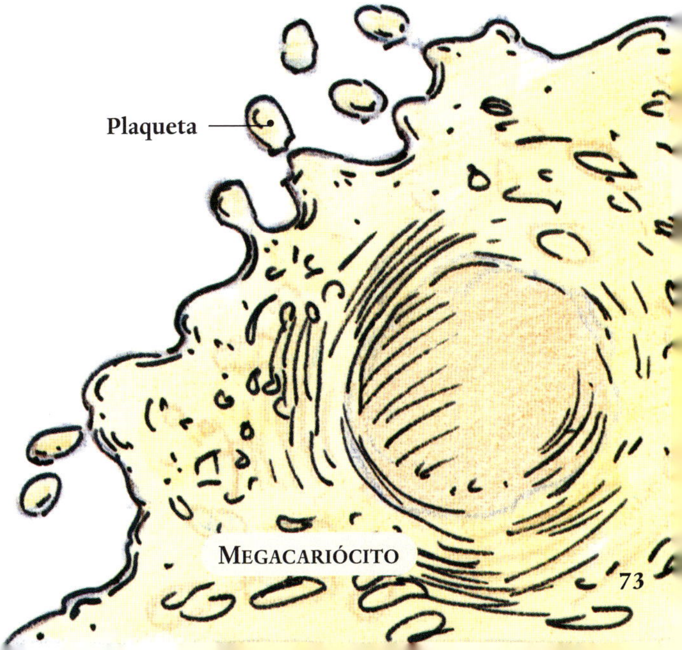

AMIGO OU INIMIGO?

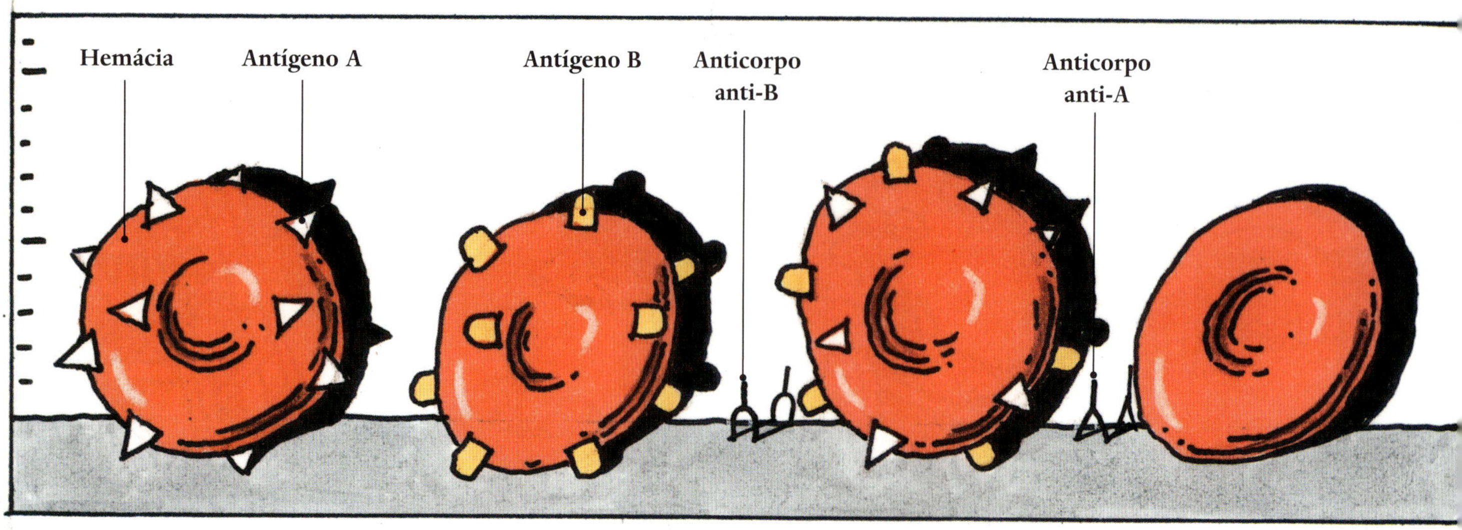

Assim como nós temos identidades, nossas células sanguíneas também têm. Há antígenos específicos – marcadores moleculares feitos de carboidratos e proteínas – presos às superfícies dessas células. A presença ou ausência desses antígenos determina a qual grupo sanguíneo a pessoa pertence. Antígenos A identificam sangue do tipo A; antígenos B, sangue do tipo B; antígenos A e B juntos produzem sangue do tipo AB; e sangue sem nenhum dos dois antígenos é classificado como do tipo O.

Os antígenos A e B são particularmente importantes no que diz respeito às transfusões de sangue. Podem acontecer problemas devido aos anticorpos, que são moléculas que se ligam a quaisquer células ou proteínas "estrangeiras" e as marcam para serem destruídas. Os anticorpos estão distribuídos no plasma sanguíneo, que é o líquido no qual as células do sangue flutuam. O sangue do tipo A contém anticorpos que atacam antígenos B, enquanto o sangue do tipo B contém anticorpos que atacam antígenos A. Se, por exemplo, sangue do tipo B for ministrado a uma pessoa do grupo A, os anticorpos anti-A são rapidamente diluídos – porque a quantidade de sangue dado em uma transfusão é apenas uma fração daquela que já circula no organismo de quem recebe a transfusão – e têm pouco efeito. Mas os anticorpos anti-B no plasma de quem recebe a transfusão fazem com que as hemácias do tipo B doadas se aglutinem (formando grumos), o que pode levar à obstrução dos vasos sanguíneos, com consequências dolorosas e às vezes fatais.

O sangue do tipo AB não tem antígenos A nem antígenos B, portanto, pessoas com esse tipo sanguíneo podem receber sangue de qualquer um dos grupos. O sangue do tipo O contém tanto anticorpos anti-A quanto anti-B, portanto, pessoas com esse tipo de sangue só podem receber sangue do tipo O. Na verdade, como suas hemácias não têm antígenos A nem B, o sangue do tipo O também pode ser doado para pessoas com sangue do tipo A, B ou AB.

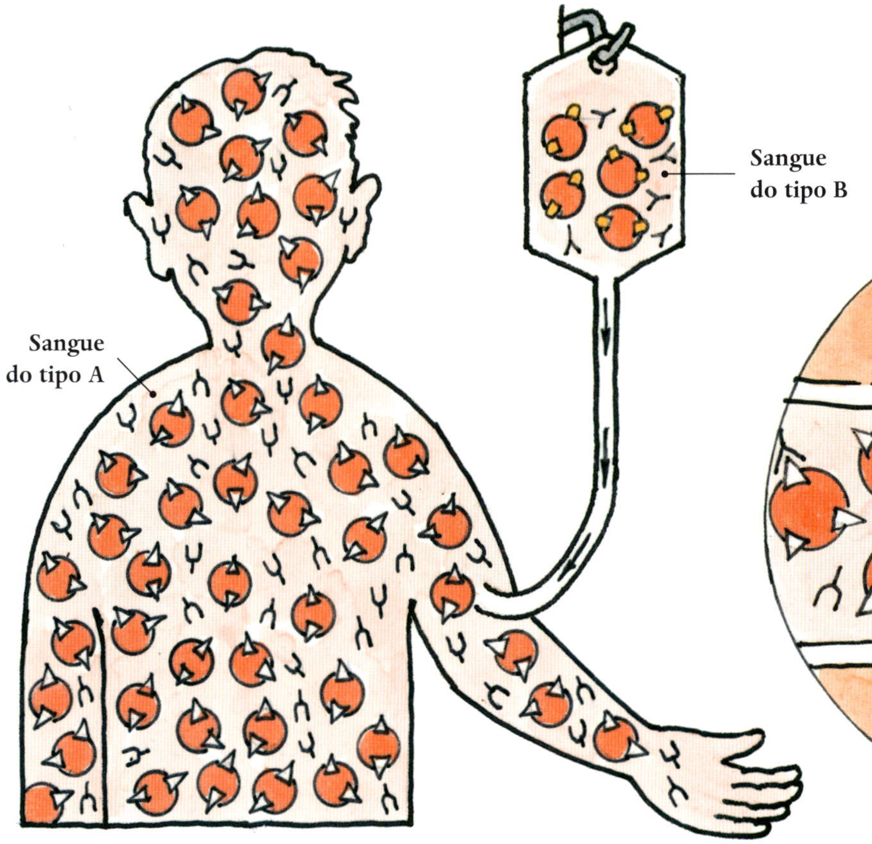

TRANSFUSÃO

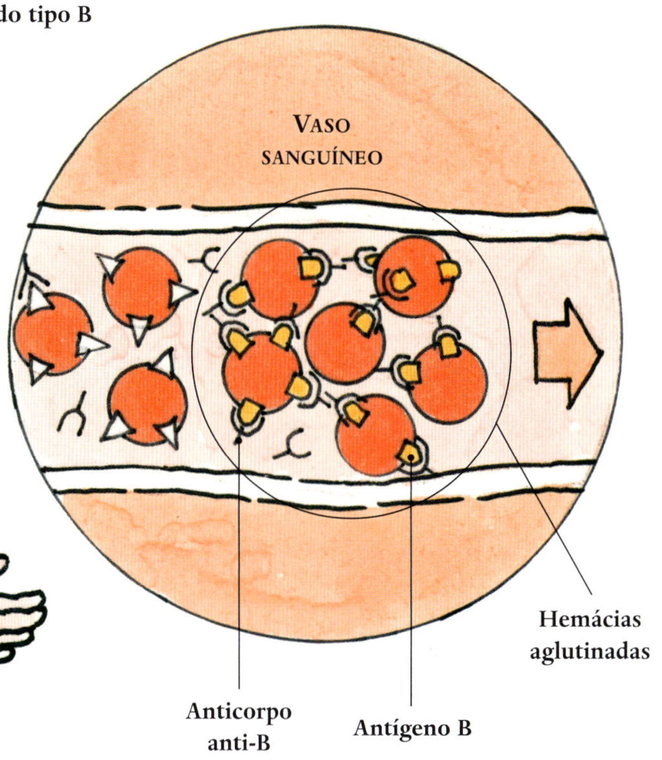

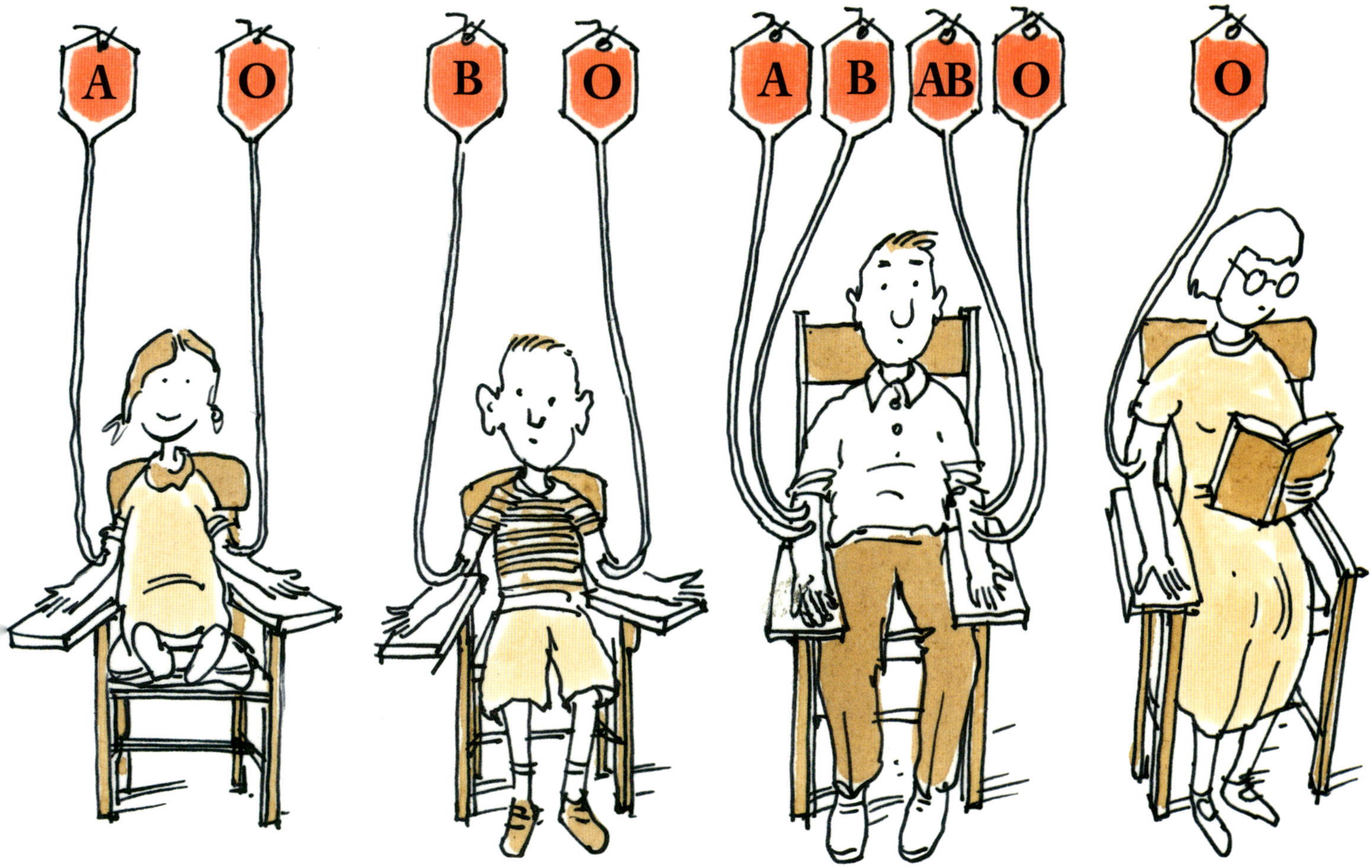

Pessoa do grupo A

Pessoa do grupo B

Pessoa do grupo AB

Pessoa do grupo O

Circulando

Uma rede de tubos vivos leva o nosso sangue até onde for necessário, dos pés à cabeça. Mas, mesmo sendo tão extenso, esse sistema de distribuição seria inútil se não fosse pelo coração, a bomba no núcleo do sistema cardiovascular.

O coração tem duas metades – esquerda e direita – que são divididas em duas câmaras, o átrio e o ventrículo. O átrio recebe o sangue e o repassa ao ventrículo, que, por sua vez, o manda para onde deve ir. Uma hemácia leva sessenta segundos para fazer toda a viagem de ida e volta durante a qual entra no coração não apenas uma vez, mas duas.

Cada metade do coração bombeia o sangue através de um circuito separado na rede de vasos sanguíneos. No início do primeiro circuito, a porção direita do coração bombeia sangue esgotado de oxigênio (aqui, em azul) para os pulmões, onde o sangue se oxigena. Esse circuito se completa com o sangue rico em oxigênio (aqui, em vermelho) deixando os pulmões e voltando ao lado esquerdo do coração. Então ele entra no segundo circuito, que é muito maior e leva o sangue por todo o corpo.

As artérias levam o sangue do coração aos músculos, aos tecidos conjuntivos e a todos os outros tecidos e órgãos. Capilares microscópicos conduzem o sangue por dentro dos tecidos, e as veias o trazem de volta ao coração.

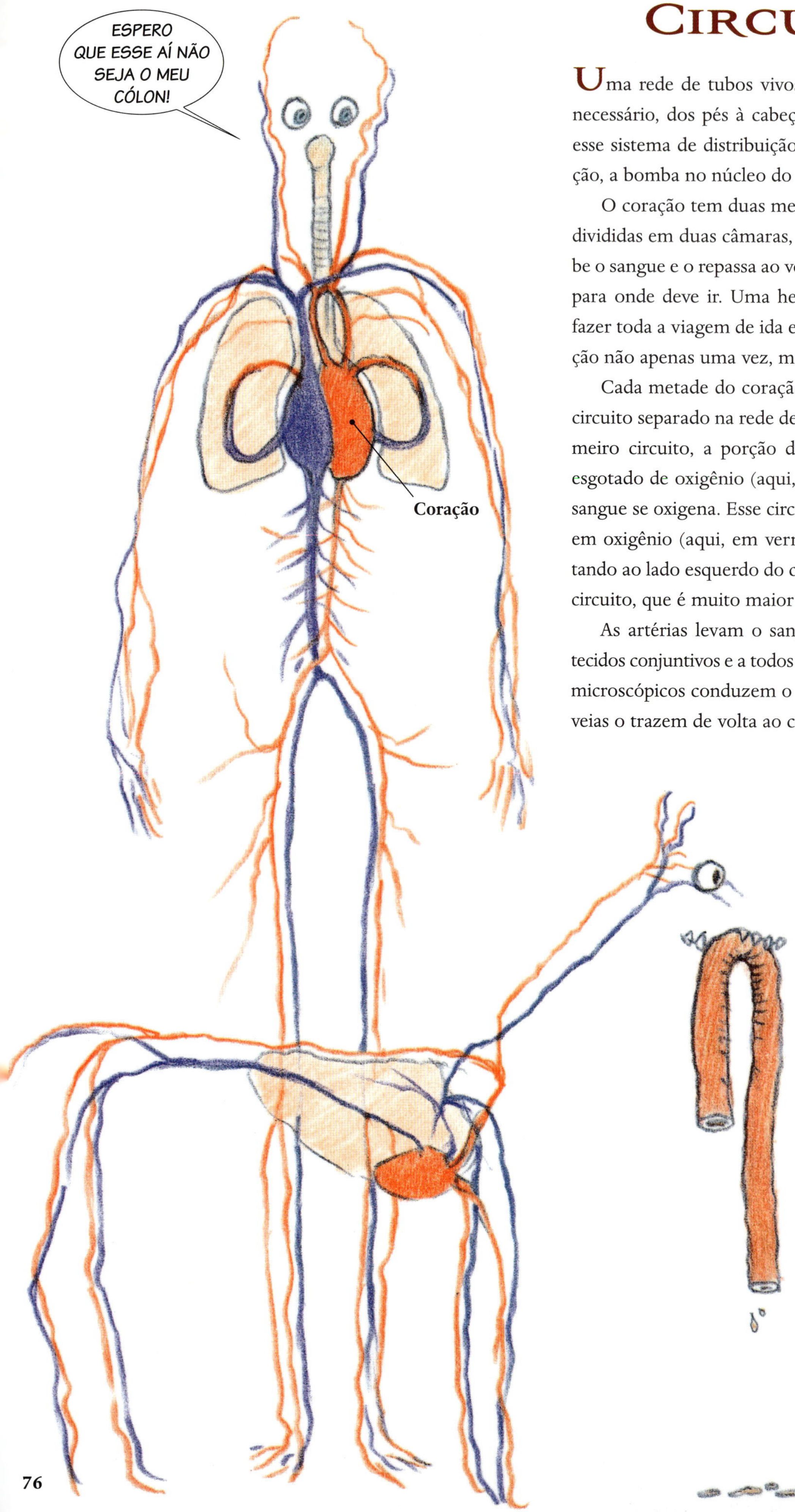
ESPERO QUE ESSE AÍ NÃO SEJA O MEU CÓLON!
Coração

Pulmão direito

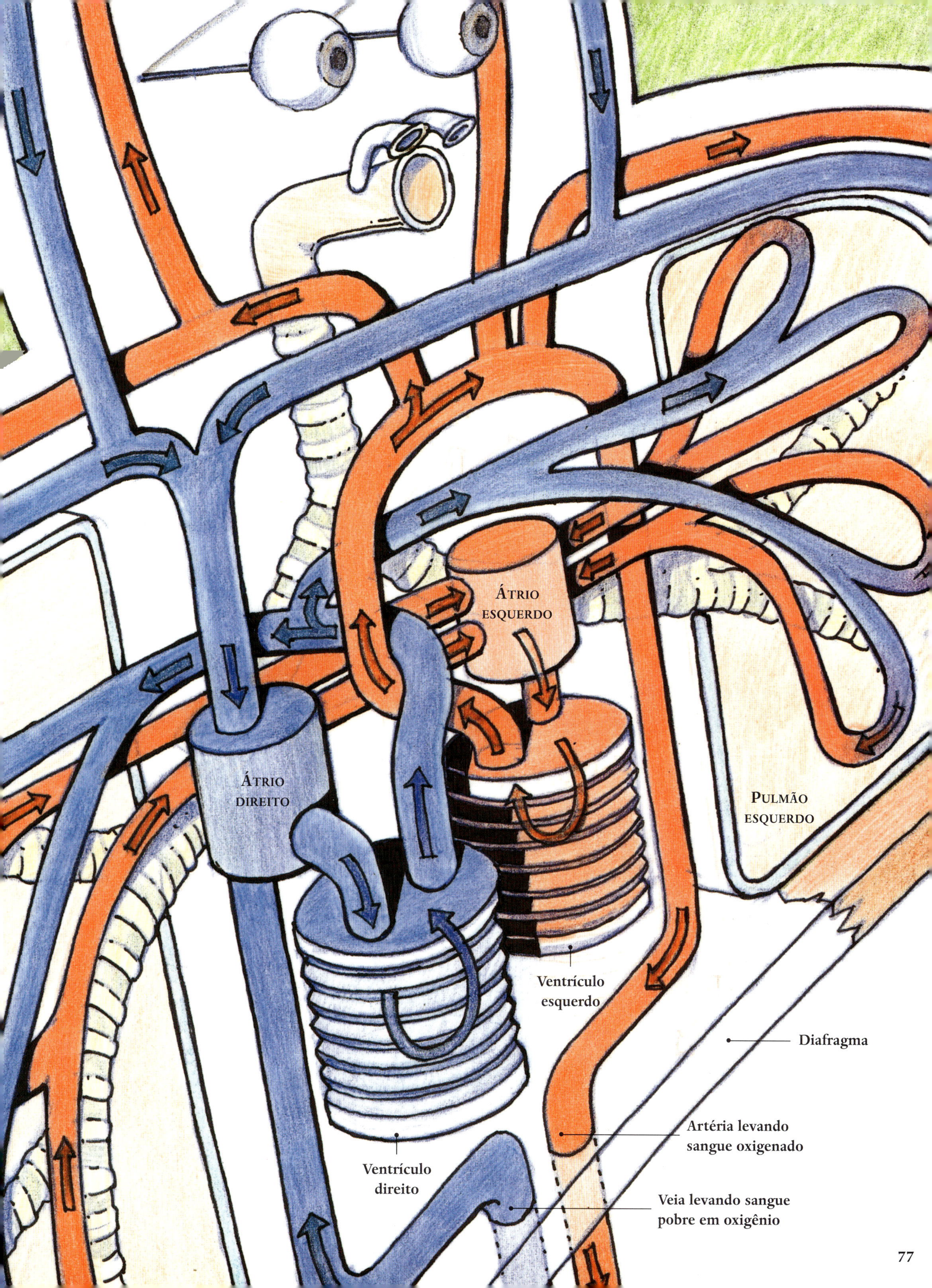

Átrio
esquerdo
Átrio
direito
Pulmão
esquerdo
Ventrículo
esquerdo
Diafragma
Artéria levando
sangue oxigenado
Ventrículo
direito
Veia levando sangue
pobre em oxigênio

Incansável

Em sua maior parte, as paredes que delimitam as quatro câmaras do coração são constituídas de músculo cardíaco, um tipo de músculo exclusivo do coração. Ele consiste em células musculares ramificadas ancoradas firmemente umas nas outras, formando feixes e reforçadas por fibras de tecido conjuntivo que evitam o rompimento do conjunto quando as células se contraem.

Tente abrir e fechar a sua mão repetidamente, sem parar. Os músculos do braço e da mão envolvidos nesse movimento vão ficar cansados depois de algum tempo. Isso não acontece com o músculo cardíaco. Suas células são capazes de trabalhar sem parar por toda a vida de uma pessoa, porque produzem muito mais energia que os outros tipos de células, inclusive os outros tipos de células musculares. Grandes quantidades de mitocôndrias maiores do que o "normal" ocupam cerca de um quarto do espaço dentro dessas células.

As grandes quantidades de oxigênio e combustível necessárias para que as mitocôndrias liberem energia são fornecidas através de uma rede exclusiva de vasos sanguíneos dedicada a irrigar o coração. Essa irrigação é tão importante que as primeiras artérias que se ramificam da aorta – a artéria mais importante que sai do lado esquerdo do coração – são as duas artérias coronárias. Se a irrigação é interrompida, por obstrução dos vasos ou por qualquer outra razão, o coração, e todo o resto do corpo, não demoram a ter problemas.

MÚSCULO CARDÍACO

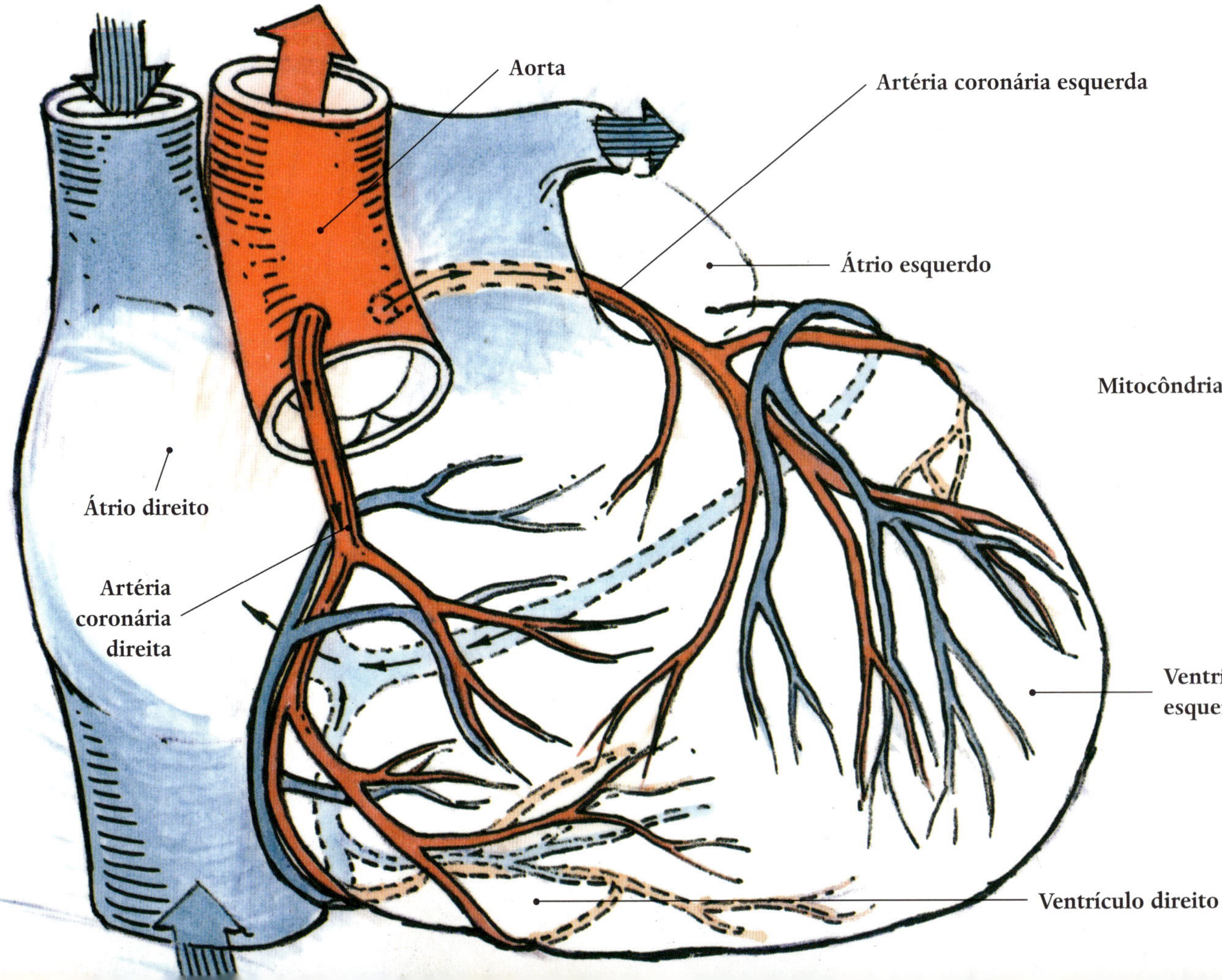

Junção de ancoragem
Célula de músculo cardíaco

NÃO FIQUE PARADO

O funcionamento do coração depende de dois conjuntos de válvulas que garantem o fluxo unidirecional do sangue. Apesar de serem muito finas, essas válvulas são suficientemente resistentes para aguentarem pancadas por uma vida inteira.

A saída de cada um dos ventrículos (apenas a do ventrículo esquerdo aparece aqui) é guarnecida de válvulas formadas por três bolsas. Quando o ventrículo se contrai, a força do sangue que flui para dentro da artéria comprime cada uma das bolsas contra a parede muscular. Quando o coração relaxa, o sangue flui de volta em direção aos ventrículos, enchendo as bolsas e fechando a passagem.

Em ambos os lados do coração, a válvula entre o átrio e o ventrículo é formada por abas que apontam para baixo. Quando o ventrículo se contrai, o sangue é empurrado contra as abas, levando-as à posição em que fecham a passagem do sangue de volta ao átrio. Cordões de colágeno ancoram as abas nessa posição e evitam que elas sejam forçadas de dentro para fora, como um guarda-chuva em uma ventania. É essa estrutura de aparência delicada e surpreendentemente resistente que evita que o sangue volte ao átrio.

Durante cada batida, os átrios e os ventrículos de ambos os lados do coração relaxam e se contraem exatamente na mesma sequência.

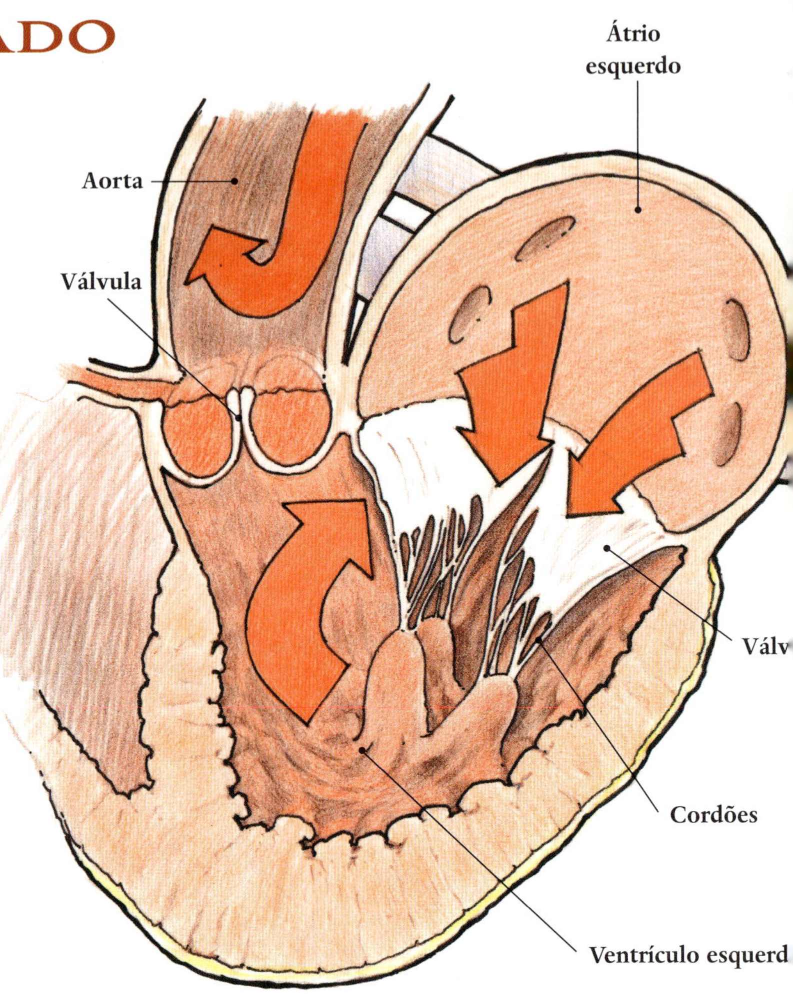

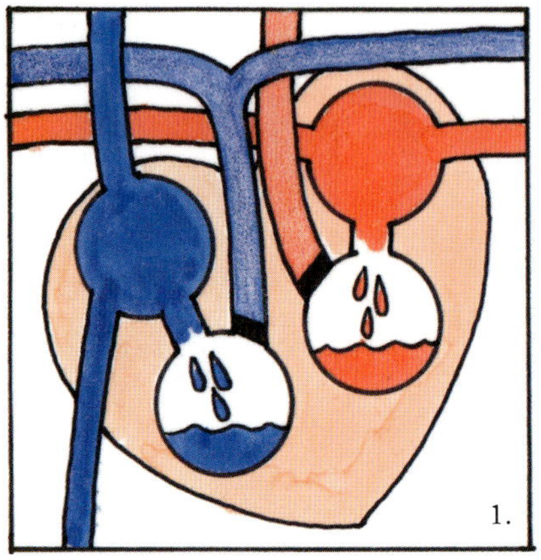

1. Todas as câmaras do coração estão relaxadas. O sangue pobre em oxigênio vindo do corpo flui para dentro do átrio direito e para o ventrículo direito. O sangue oxigenado dos pulmões entra no átrio e no ventrículo direitos. A pressão contrária do sangue que saiu na batida anterior do coração mantém fechadas as válvulas das saídas dos ventrículos, evitando o refluxo de sangue.

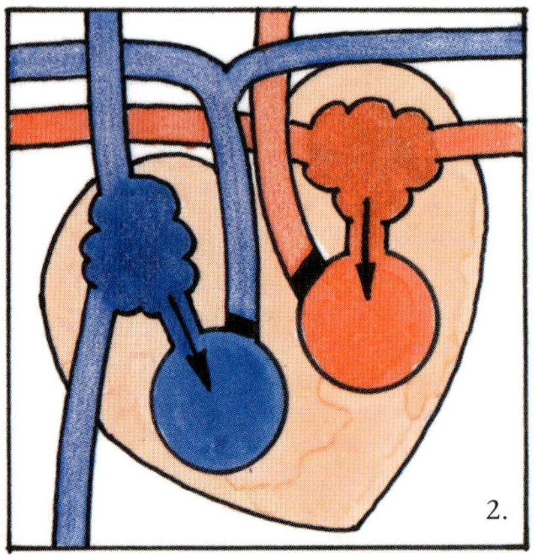

2. Agora os dois átrios se contraem juntos e empurram o sangue remanescente neles para os ventrículos.

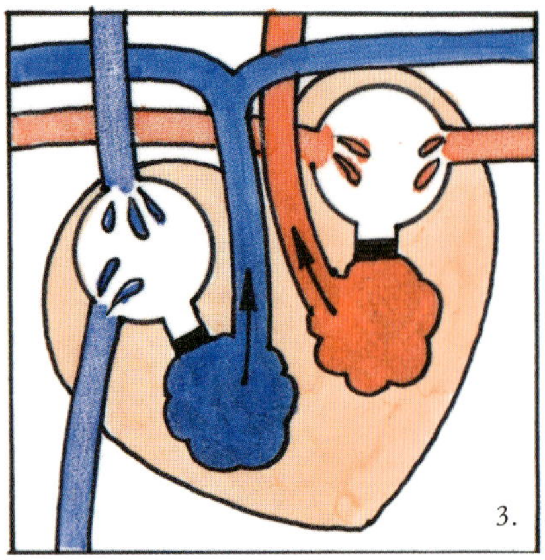

3. Ambos os ventrículos se contraem juntos, forçando a abertura das válvulas, conforme o sangue pobre em oxigênio é bombeado para fora do lado direito do coração e o sangue oxigenado sai pelo lado esquerdo do coração em direção ao resto do corpo. Ao mesmo tempo, as válvulas entre os átrios e os ventrículos se fecham, evitando que o sangue volte aos átrios.

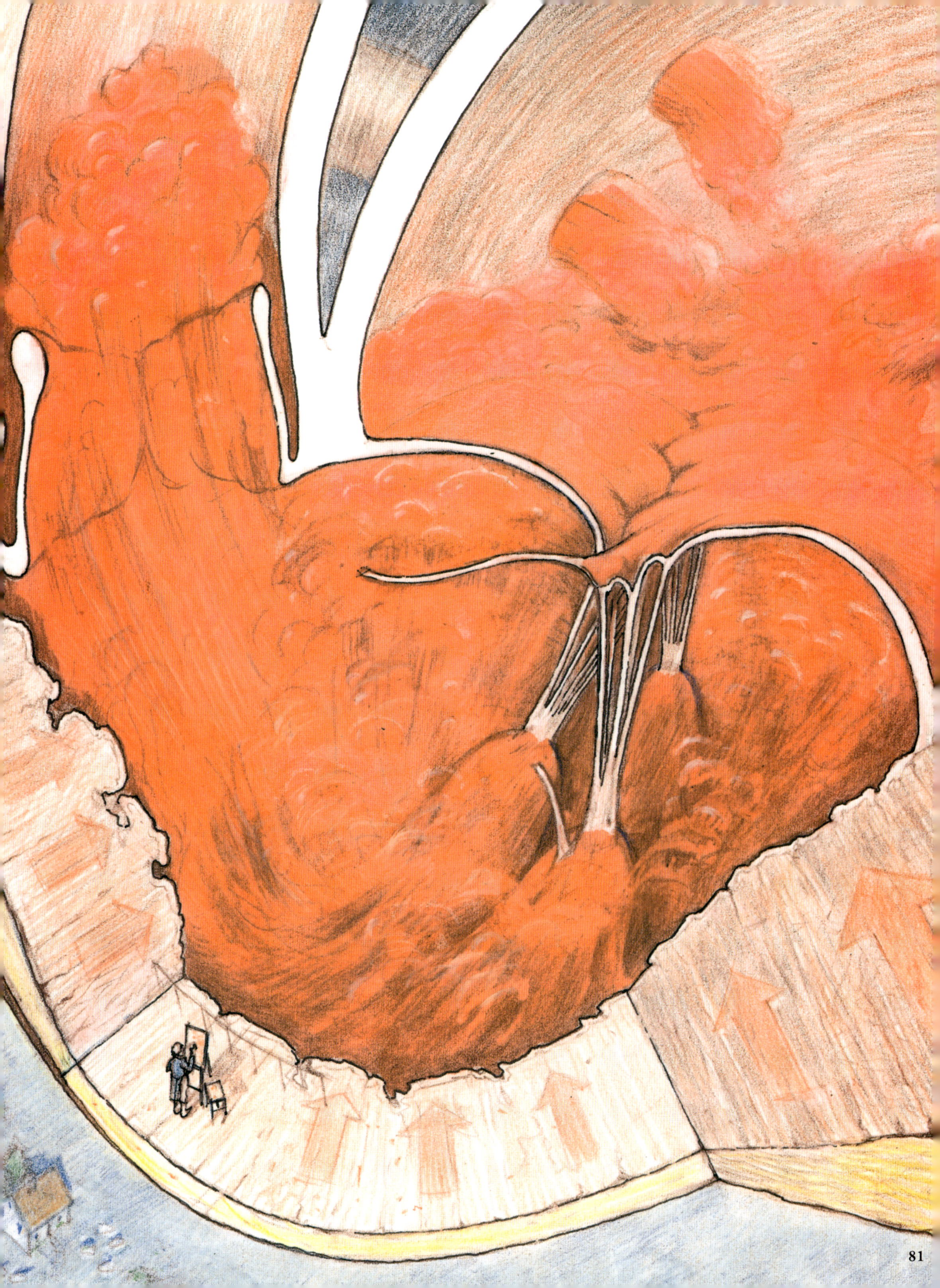

Parede do
átrio direito
Nó SA
Nó AV
Parede do
ventrículo direito
Músculo papilar

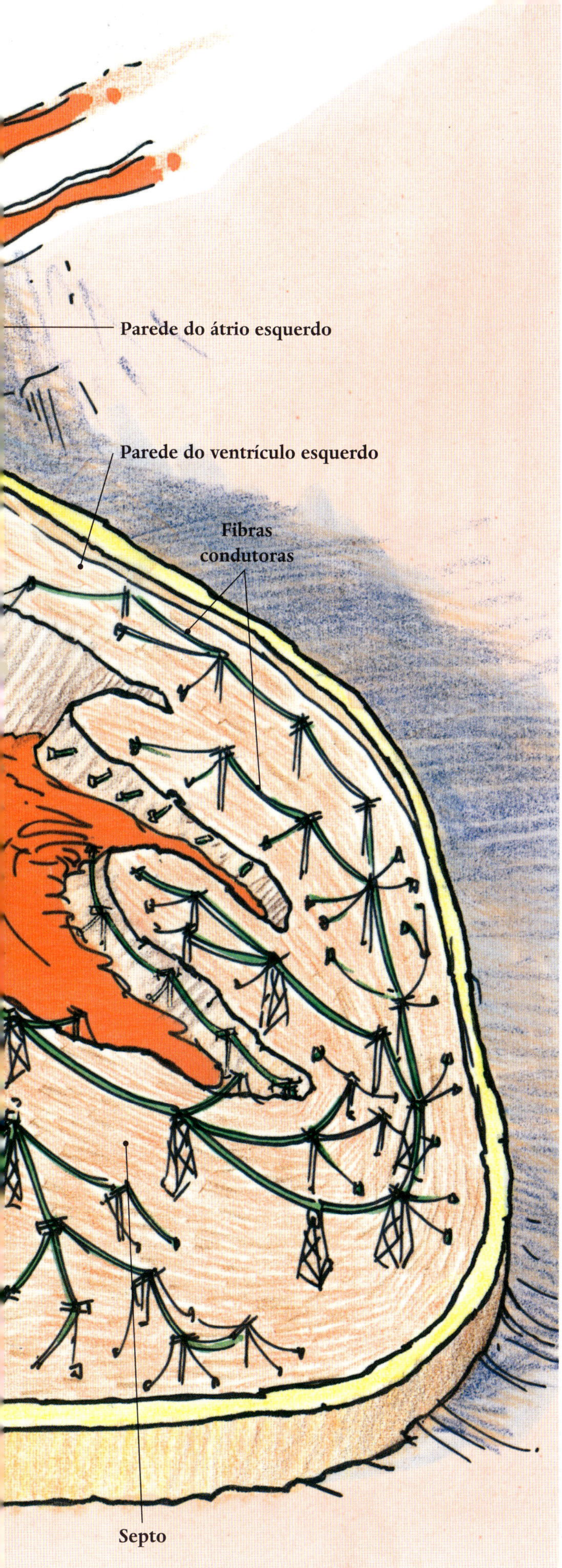

Dando o ritmo

Um sistema de controle com precisão de frações de segundo garante que os átrios do coração se contraiam logo antes dos ventrículos. Sem um sistema como esse, as contrações seriam caóticas e a capacidade de bombeamento do coração, fraca. A chave desse controle é um feixe de células chamado nó sinoatrial (SA), o marca-passo natural do coração. Essas células têm a capacidade de "disparar" espontaneamente e assim estimulam a contração das células do músculo cardíaco e mantêm o compasso do coração.

Os impulsos do nó SA se espalham pelas paredes de ambos os átrios, fazendo com que as duas câmaras se contraiam simultaneamente. Ao mesmo tempo, esses impulsos viajam diretamente por fibras condutoras feitas de células de músculo cardíaco modificadas até um segundo feixe de células chamadas nó atrioventricular (AV). Como essa é a única conexão elétrica entre os átrios e os ventrículos, há um ligeiro atraso que dá tempo ao átrio para terminar de se contrair antes de o impulso chegar aos ventrículos.

Do nó AV, os impulsos correm por feixes de fibras condutoras através do septo, a parede que separa os dois ventrículos. Ramificações à direita e à esquerda desses feixes se dividem em uma rede de fibras que se ligam às paredes dos ventrículos. Os músculos papilares se contraem antes, retesando os cordões para evitar que as válvulas se voltem para fora. Na sequência, os ventrículos se contraem.

Após uma ligeira pausa que permite aos ventrículos relaxar, a próxima onda de impulsos é enviada pelo nó SA, o que se repete setenta vezes por minuto, ou mais.

Hemácias sem supervisão

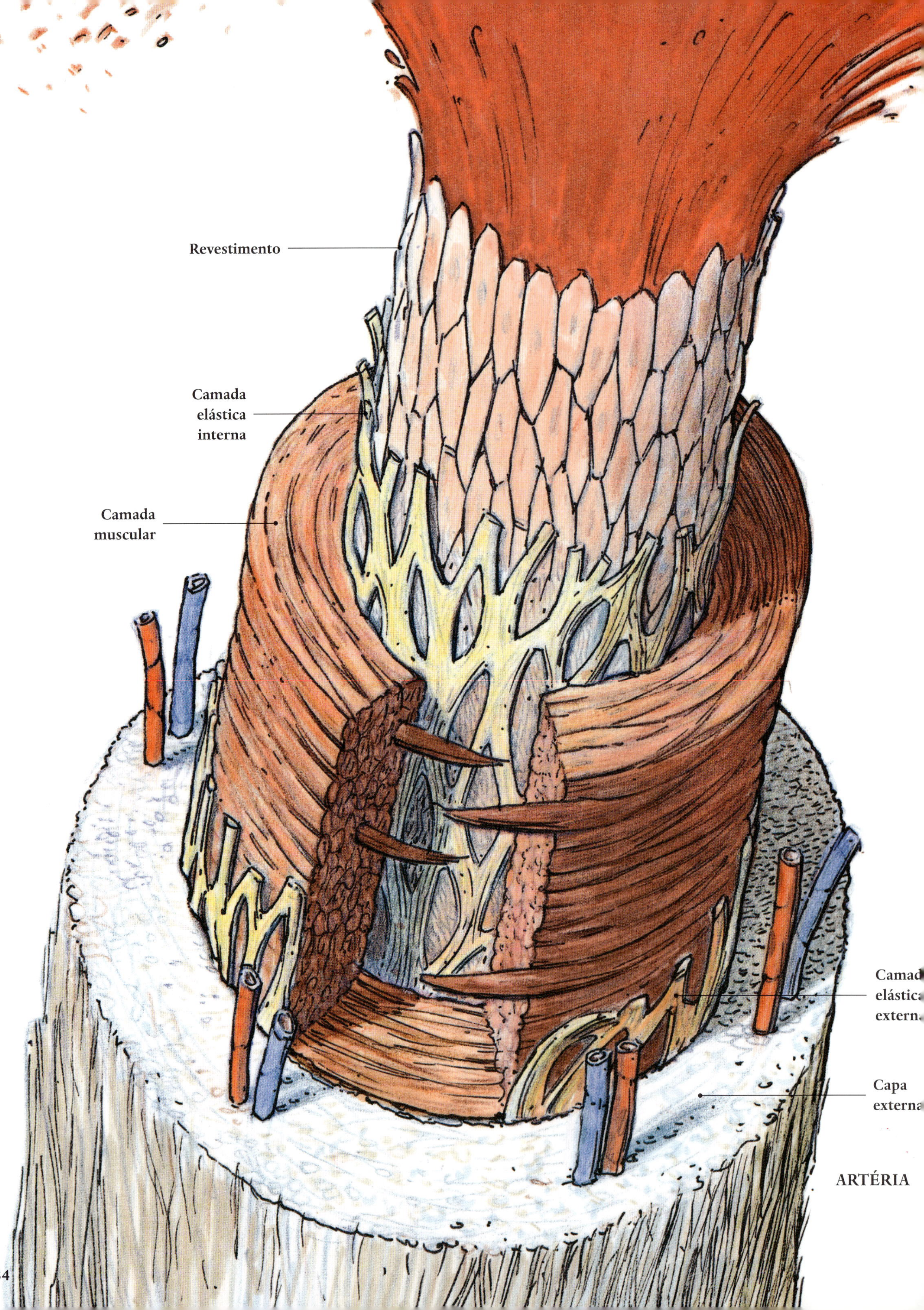
Revestimento
Camada elástica interna
Camada muscular
Camad
elástic
extern
Capa
externa

ARTÉRIA

Sinta o pulso

Há uma forma rápida e fácil de saber a frequência dos batimentos do seu coração. Pressione com dois dedos o seu pulso, na direção do polegar, e você vai sentir o ritmo do bombeamento do sangue na artéria radial a cada batimento cardíaco. Essa é sua pulsação. Conte o número de batimentos em um minuto e você terá sua frequência cardíaca.

A artéria radial é um ramo de uma artéria que é uma ramificação da aorta (que tem aproximadamente 2,5 cm de largura) que traz sangue oxigenado do ventrículo esquerdo. Todas as artérias têm paredes espessas, com camadas de tecido muscular elástico que deve resistir à pressão gerada pelas contrações do coração. A elasticidade permite que a artéria se expanda conforme o coração empurra o sangue por ela e depois se contraia empurrando o sangue adiante, quando o coração relaxa. Isto propicia um fluxo contínuo ao sangue, evitando paradas e reinícios. É essa expansão e contração que se sente como pulsação na artéria radial, no ponto onde ela passa por fora do osso rádio do antebraço.

Conforme as artérias se ramificam mais e se tornam menores, sua elasticidade diminui, e a proporção de tecido muscular aumenta. Sob o comando do coração, a camada muscular pode se contrair ou relaxar, controlando o fluxo de sangue para algum órgão em particular.

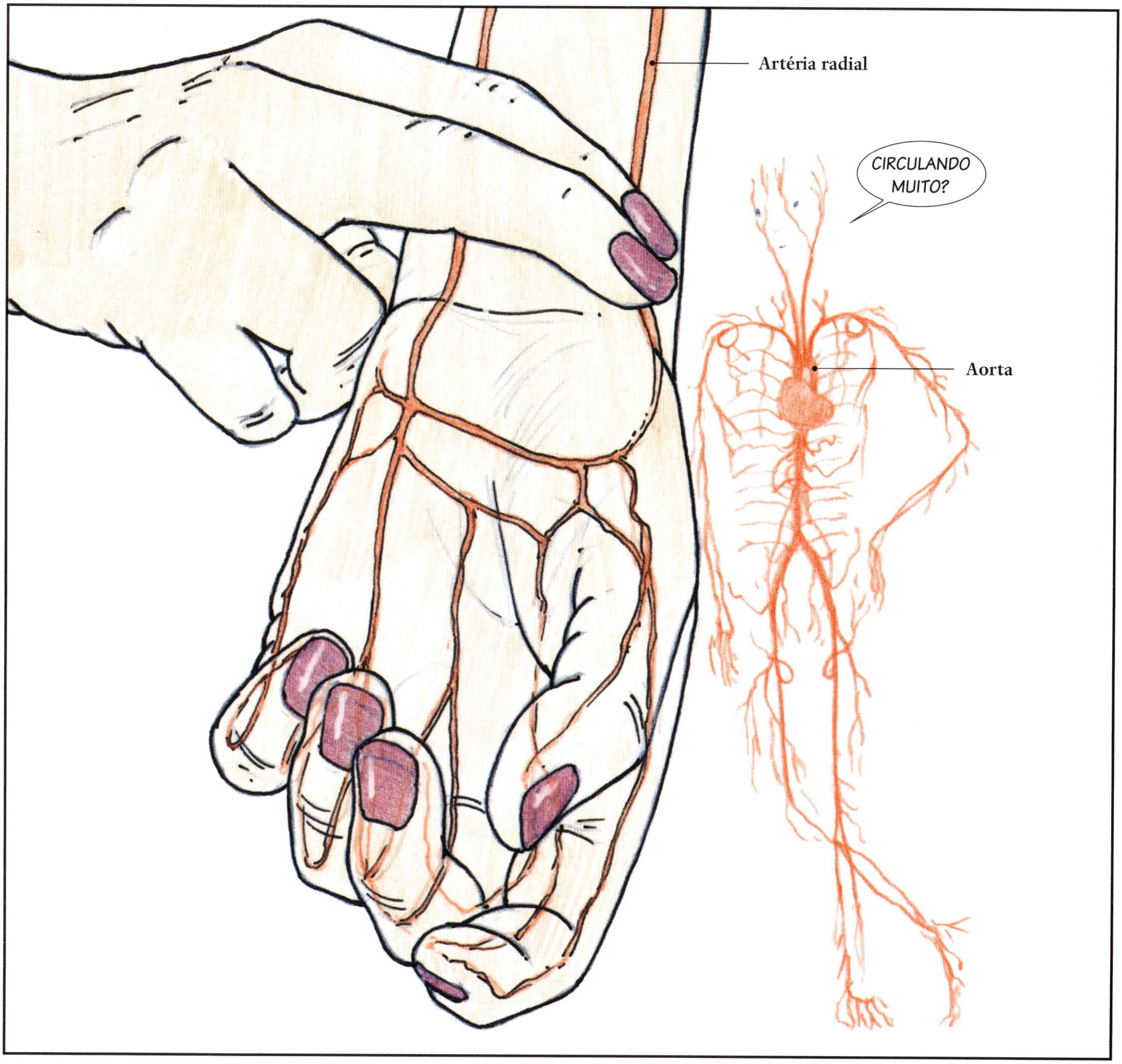

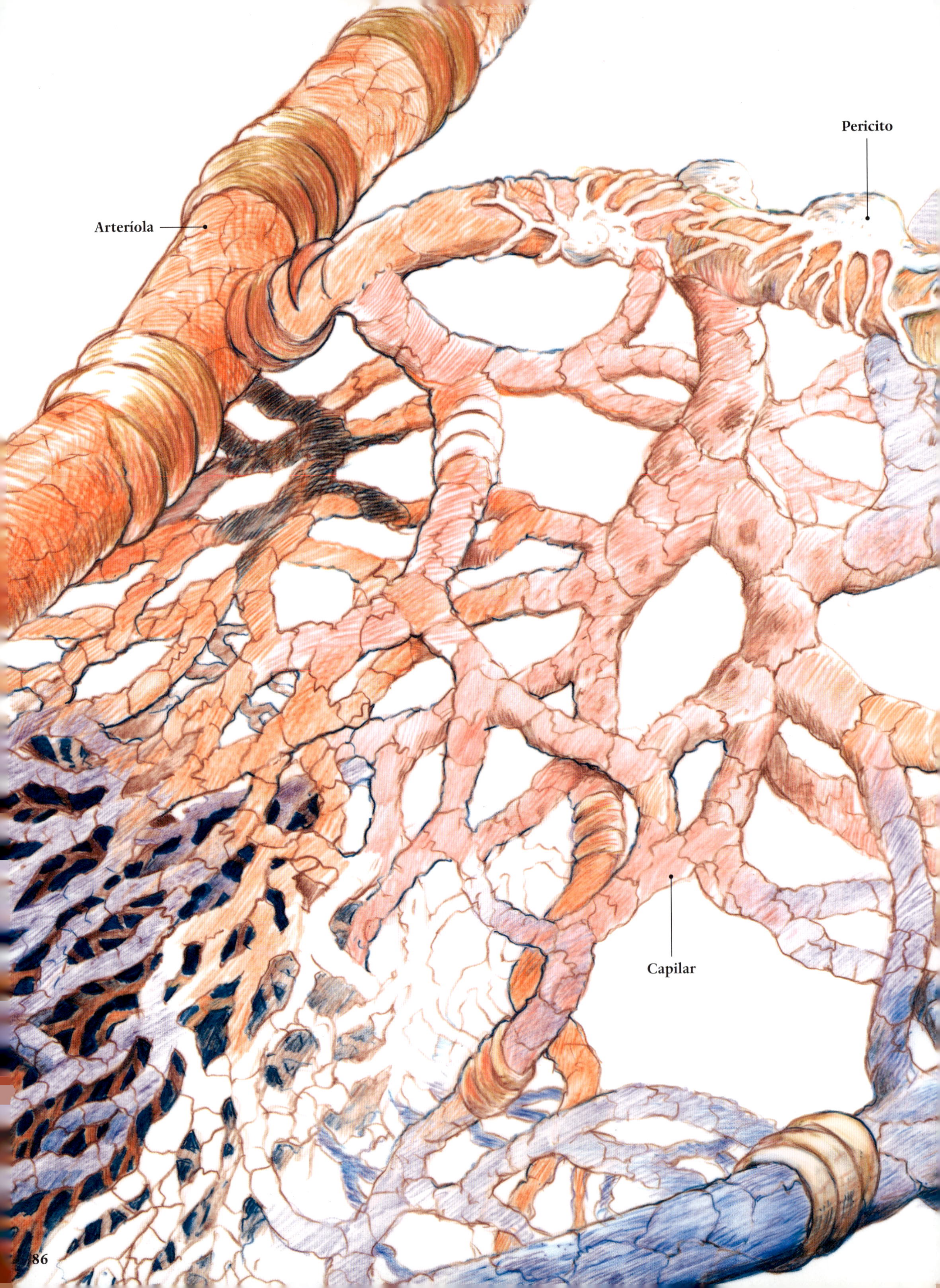
Pericito
Arteríola
Capilar

Serviço de entrega

Se as artérias e veias são como rodovias do sistema cardiovascular, os capilares são como ruas laterais por onde se fazem as entregas para os trilhões de consumidores celulares do corpo.

Conforme penetram nos órgãos e tecidos, as artérias mais finas se ramificam em arteríolas ainda mais finas, as menores das quais envolvem as fibras espiraladas da musculatura lisa. As arteríolas se ramificam ainda mais, formando capilares, os mais estreitos dos vasos sanguíneos, cujo diâmetro é suficiente apenas para permitir a passagem de hemácias. As paredes dos capilares são muito finas, consistindo em uma única camada de células, às vezes reforçadas por células com forma de aranha, chamadas pericitos. Os capilares se ramificam e formam uma rede denominada leito capilar, que atravessa os tecidos, de modo que nenhuma célula fique sem suprimento. Esses capilares então se juntam, formando vasos um pouco maiores chamados vênulas. Estas se unem formando as veias que vão levar o sangue de volta ao coração.

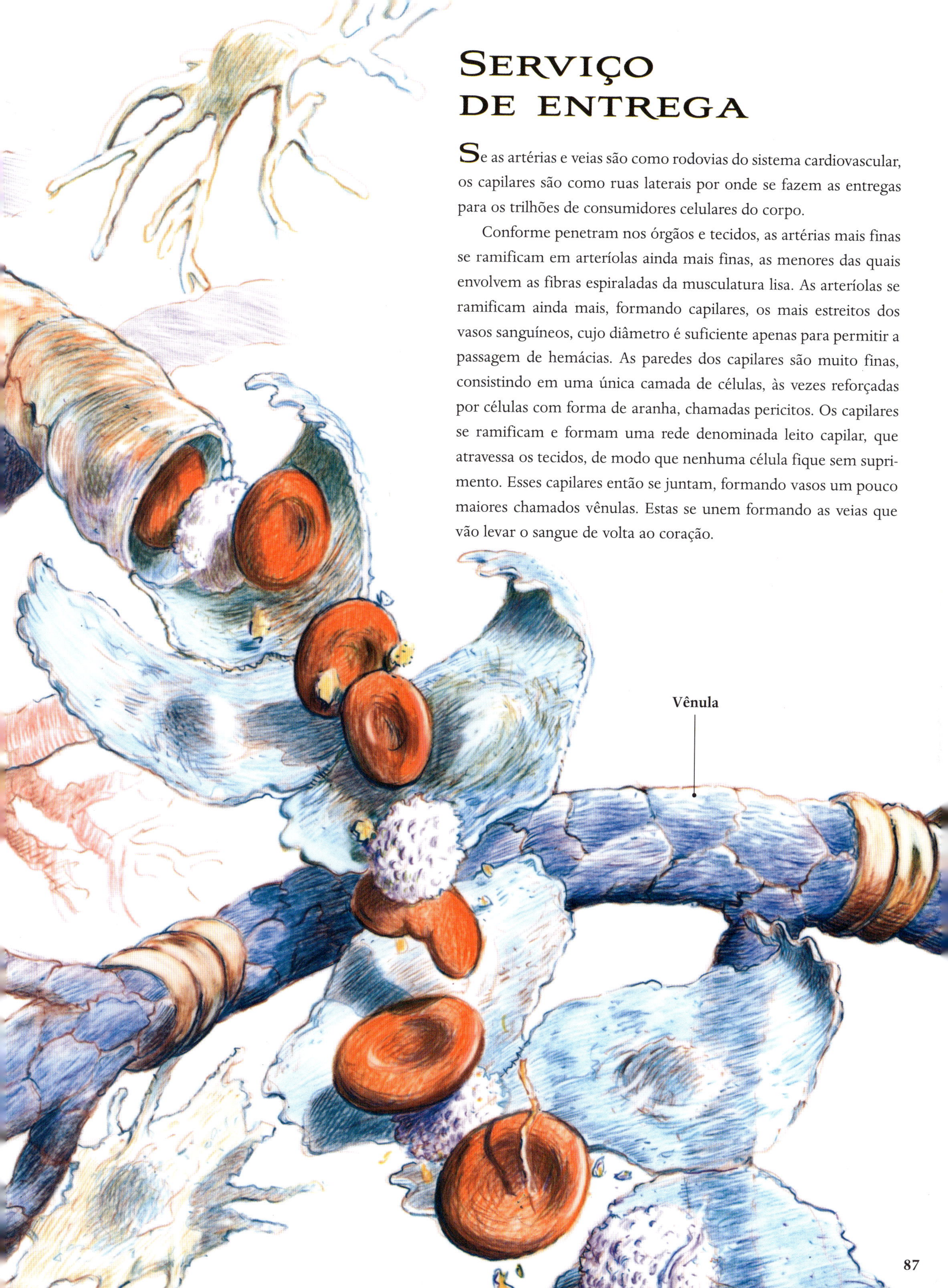

Dióxido de carbono
Fluido intersticial
Célula do tecido
Oxigênio

CARGA E DESCARGA (2)

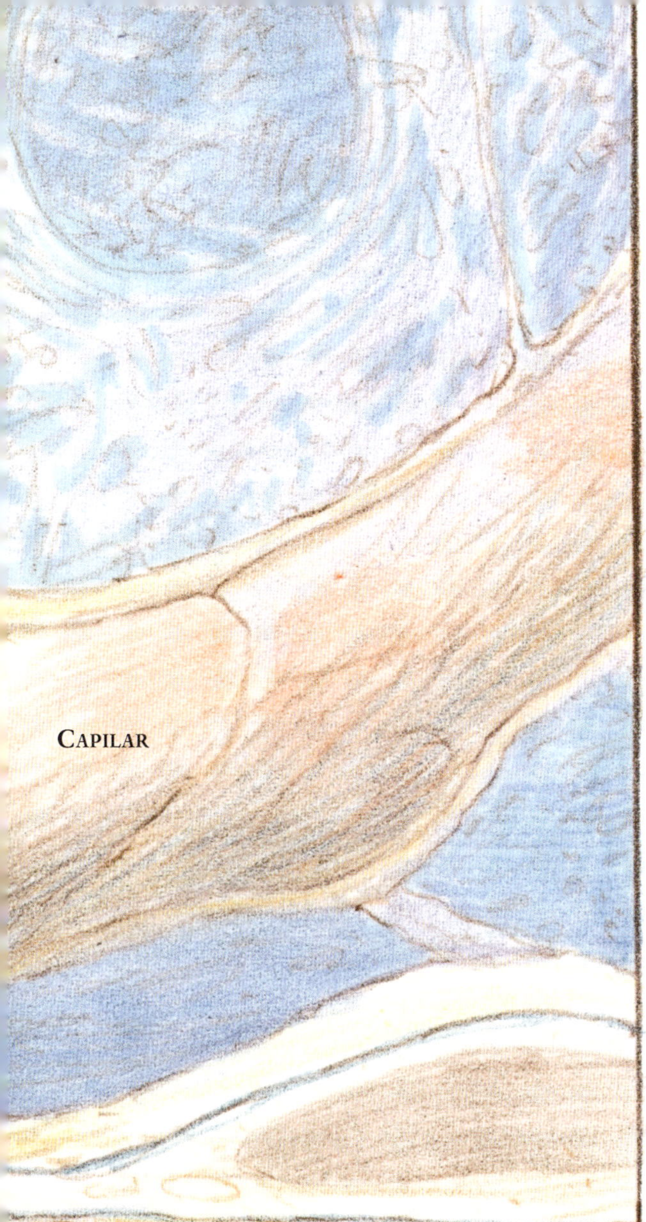

Imagine-se flutuando, completamente contente e satisfeito, em um lago morno que supre todas as suas necessidades e leva embora seus resíduos. Para você, isto é fantasia, mas, para as células do seu corpo, é o dia a dia. As células são "banhadas" em um fluido que dá a elas um ambiente estável e nutritivo, com temperatura e composição química constantes. E é através desse fluido intersticial que ocorrem as trocas de substâncias entre os capilares e as células.

Nos espaços entre as células que formam os capilares existem algumas aberturas muito pequenas que causam vazamentos. Isso não é devido a alguma falha de construção, mas sim uma forma de fazer com que o fluido que contém moléculas simples, como glicose e aminoácidos, chegue aos tecidos próximos. Uma vez lá, tais moléculas se difundem em direção às células, onde sua concentração é menor que no sangue dos capilares.

Da mesma maneira como captura o oxigênio nos pulmões, a hemoglobina das hemácias o descarrega aqui, nos tecidos pobres em oxigênio. Como os capilares são estreitos, as hemácias se movem devagar e em fila, assim têm mais tempo de descarregar o que trazem. O oxigênio se difunde do sangue, onde é abundante, para os tecidos ao redor, onde é consumido continuamente. O dióxido de carbono se difunde de modo semelhante no sentido oposto, sendo capturado pelo sangue, em especial pelo plasma, e levado de volta aos pulmões.

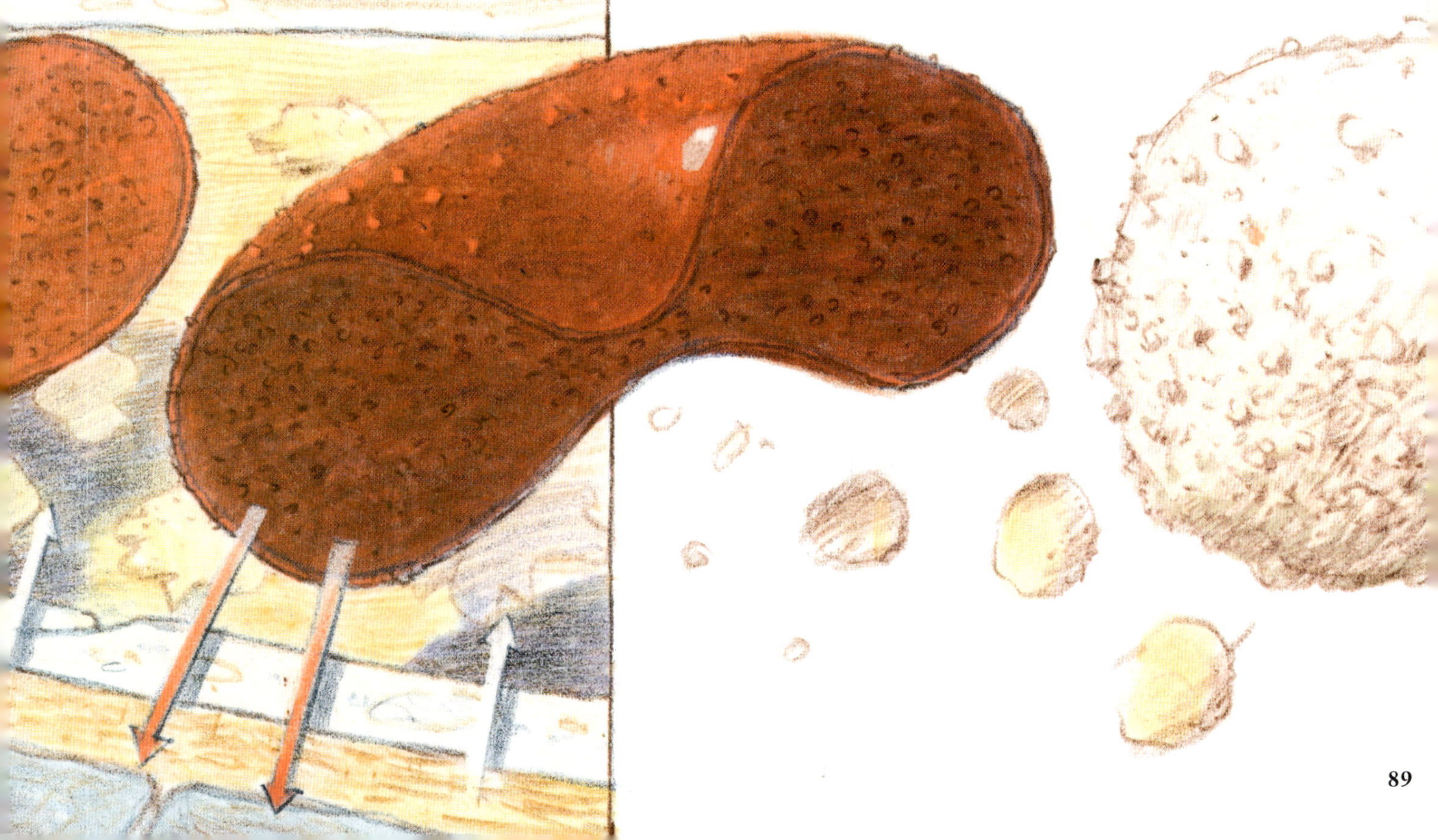

O CAMINHO DE VOLTA

Seja vindo dos pulmões ou do resto do corpo, o sangue volta ao coração através das veias. Depois de deixar os tecidos, as veias se unem e aumentam de diâmetro, até se juntarem em dois grandes vasos, que desembocam no átrio direito. A veia cava superior carrega o sangue da cabeça, dos braços e da parte superior do corpo. A veia cava inferior traz o sangue do resto do corpo.

As veias têm paredes formadas por camadas semelhantes às das artérias, mas muito mais finas. A pressão sanguínea nas veias é muito mais baixa que nas artérias, de modo que não há necessidade de paredes grossas que evitam que as artérias se rompam com a contração dos ventrículos. A desvantagem da pressão baixa é que o sangue tende a fluir no sentido oposto, para longe do coração, devido ao próprio peso. Para resolver essa questão, as veias grandes possuem válvulas semelhantes àquelas que controlam as saídas dos ventrículos. Conforme o sangue flui ao contrário, ele enche os dois lados da válvula e a fecha, impedindo o fluxo inverso.

O sangue nas veias, em sua maior parte, ainda é empurrado pela pressão criada pelo coração, mas, quando as veias passam entre os músculos esqueléticos, o conteúdo ganha um empurrãozinho. Esses músculos apertam as veias quando se contraem, forçando a maior parte do sangue "para cima", pelas válvulas. As válvulas abaixo são fechadas pelo sangue empurrado no sentido contrário.

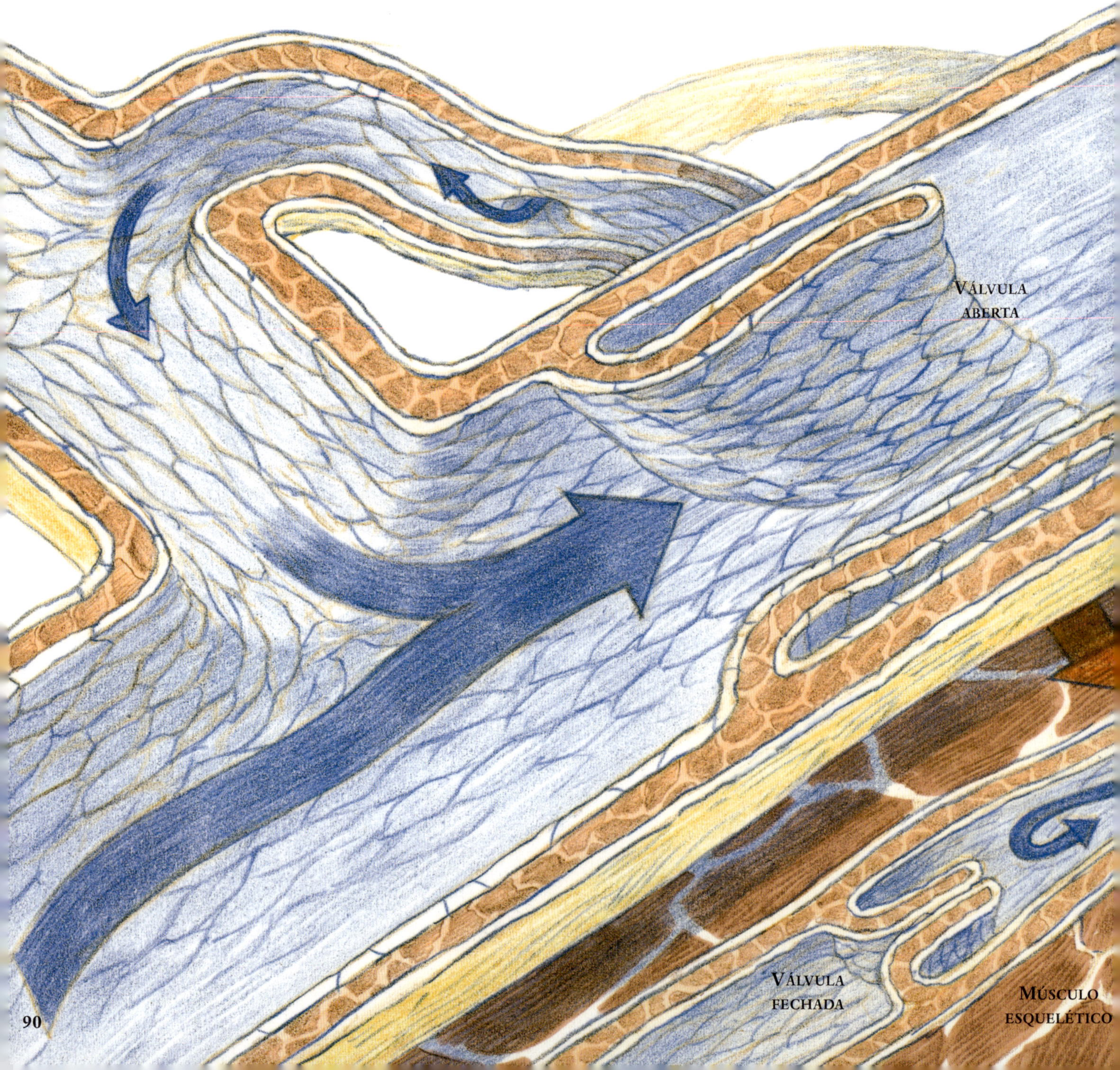

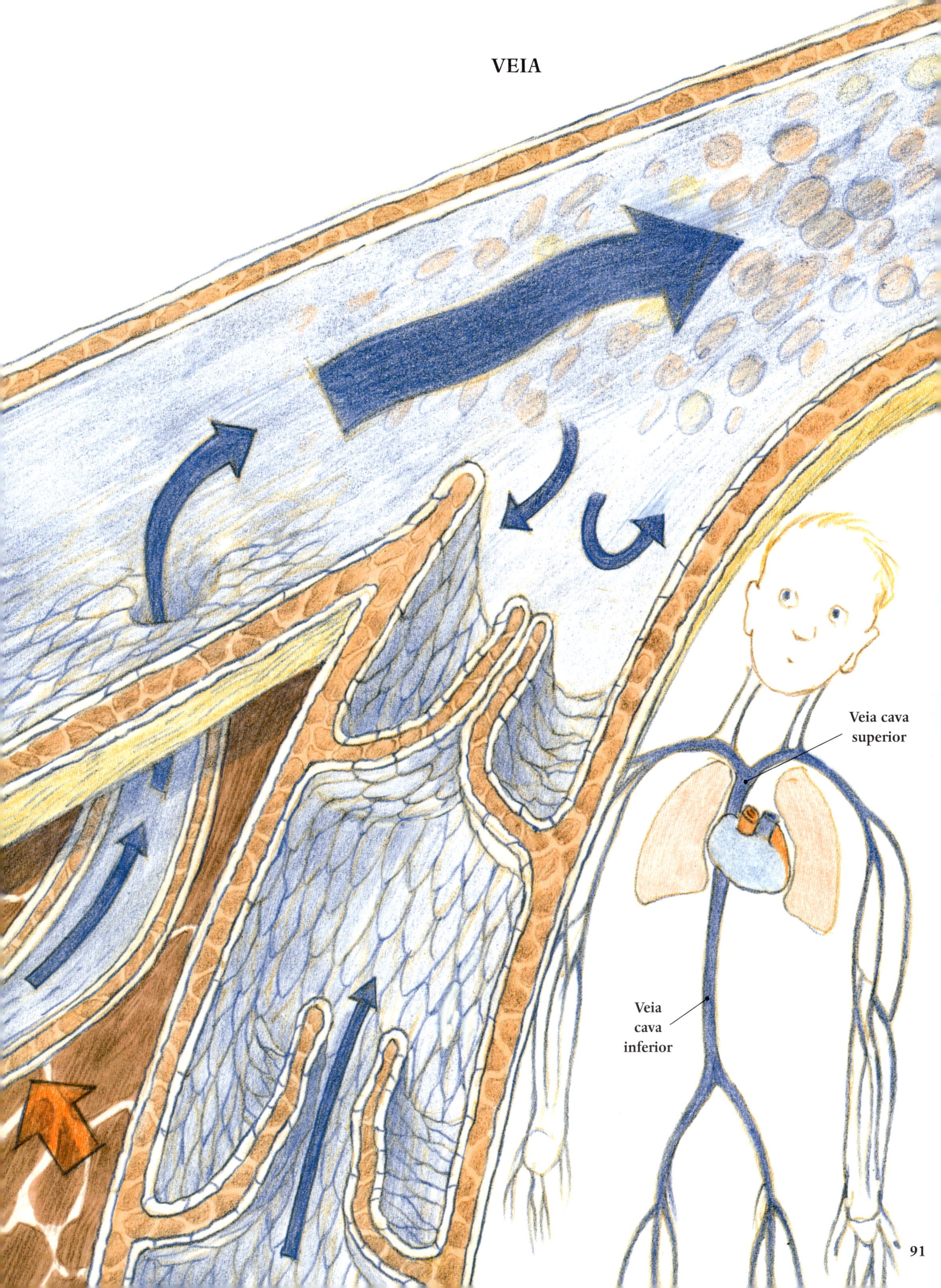
Veia cava
superior
Veia
cava
inferior

Expiração

Como resultado da troca de gases entre os alvéolos e a corrente sanguínea, o ar dos pulmões contém, ao ser expirado, mais dióxido de carbono e menos oxigênio do que o ar inspirado.

Expirar esse ar "viciado" é um processo mais passivo que inspirar o ar fresco. O diafragma relaxa e volta à sua posição original abaulada para cima, graças à pressão exercida pelo estômago e por outros órgãos no abdome, quando voltam às suas posições originais. A camada de músculos intercostais que elevou as costelas agora relaxa, permitindo que a gravidade puxe a caixa torácica para baixo e para dentro. Esses movimentos coordenados reduzem o espaço no interior do tórax, apertando os pulmões de modo que a pressão interna se torne maior que a externa. O ar é empurrado através dos bronquíolos, dos brônquios e da traqueia, saindo pelo nariz e pela boca.

Essa expiração "tranquila" é o que acontece quando estamos inativos. Ao fazermos exercícios, contudo, nosso corpo precisa expirar mais rápido para se livrar do dióxido de carbono excedente, produzido pelo trabalho muscular. Os músculos do abdome se contraem, empurrando os órgãos abdominais contra o diafragma e fazendo com que ele suba além da sua forma habitual. Outra camada de músculos intercostais puxa a caixa torácica para baixo e para dentro. O resultado é que o espaço no tórax é reduzido ainda mais e o ar é expelido muito mais rápido.

Pulmão direito
Pulmão esquerdo
Músculos intercostais
Costela
Membranas pleurais
O ALMOÇO ESTÁ PRONTO, RAPAZES!

FAZENDO BARULHO

Quando você canta, grita ou fala sozinho, os sons que saem da sua boca têm origem na sua laringe. Se você apalpar a frente do seu pescoço enquanto fala, sentirá a laringe se mover, enquanto funciona.

A laringe é feita de cartilagem. No topo da traqueia, há um anel completo chamado cartilagem cricoide. Uma placa curva maior, chamada cartilagem tireoide, se articula a ambos os lados da cricoide. Há também duas peças menores, chamadas cartilagens aritenoides, que se apoiam sobre a cartilagem cricoide. Esticados entre a cartilagem tireoide e as aritenoides há um par de ligamentos, que não vemos porque cada um está coberto por uma membrana dobrada. Essas membranas são nossas cordas vocais.

Durante a respiração normal, as cordas vocais ficam bem separadas. Mas, quando temos a necessidade de nos comunicar vocalmente, um conjunto complexo de músculos ao redor da laringe move as cartilagens de modo a fechar e apertar as cordas vocais. O ritmo estável da inspiração e expiração é brevemente interrompido por um sopro controlado de ar dos pulmões. As cordas vocais vibram com o som de um zumbido que é amplificado e recebe o timbre pela garganta e cavidade nasal antes de ser modelado em palavras reconhecíveis pela língua, pelos lábios e pelas bochechas. Quanto mais apertadas estão as cordas vocais, uma contra a outra, mais alto o tom dos sons produzidos; quanto mais rápido o ar se move entre elas, mais alto o volume dos sons.

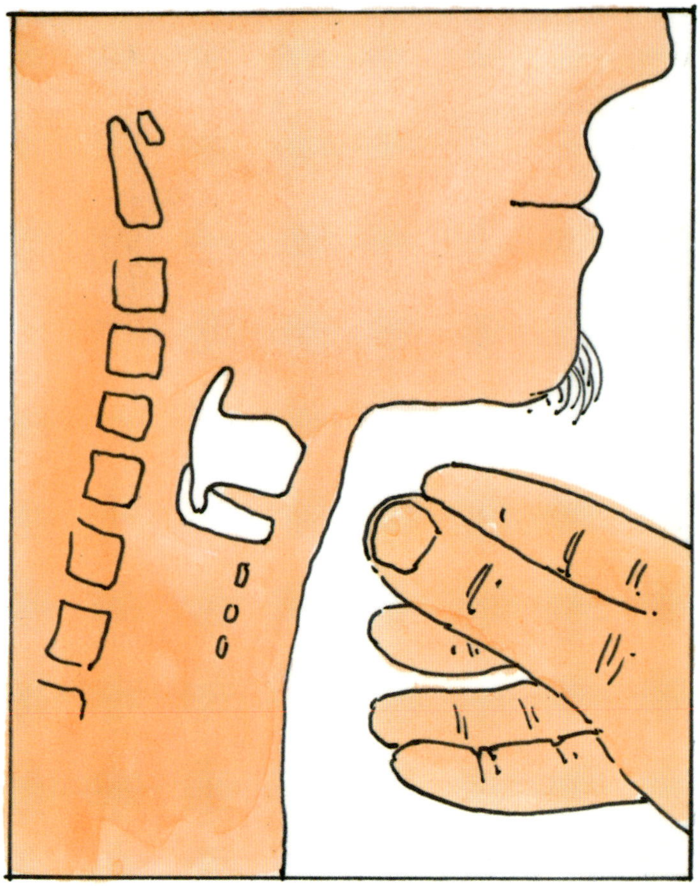

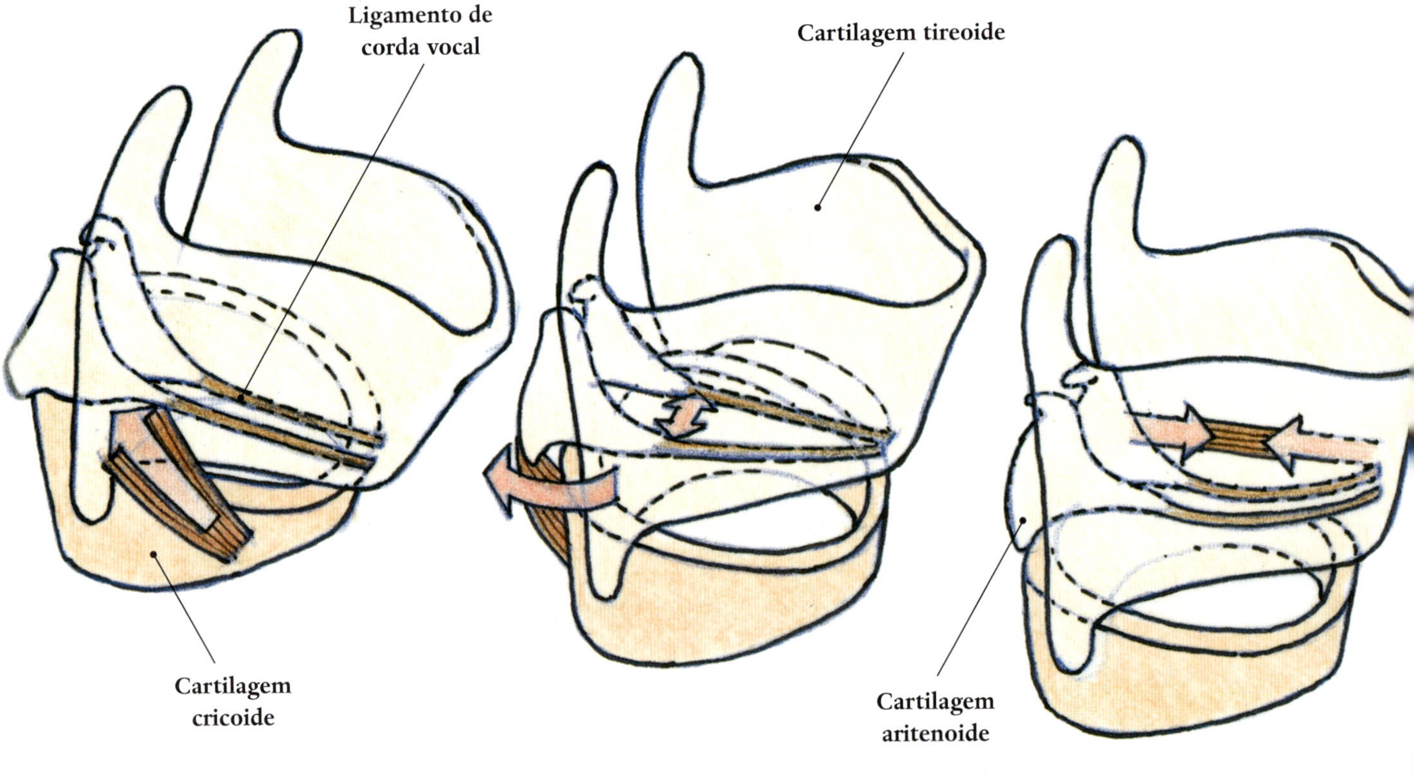

Exigências variáveis

Quando fazemos alguma atividade física, nossos músculos trabalham mais e consomem mais energia do que quando tiramos um cochilo. Para gerar essa energia extra, os músculos precisam de mais oxigênio e glicose. Para tanto, é necessário acelerar a respiração, a fim de trazer mais oxigênio para dentro do corpo, e também aumentar a frequência cardíaca, para levar oxigênio e nutrientes aos músculos da maneira mais rápida possível.

A respiração é controlada por um "centro" no tronco cerebral (também conhecido como tronco encefálico), na base do cérebro. Esse centro recebe um fluxo constante de informações sobre o que acontece em várias partes do corpo. Receptores de alongamento localizados nos músculos e nas articulações informam ao centro a intensidade do trabalho realizado pelos músculos, enquanto os receptores nos pulmões indicam quanto eles estão cheios. Receptores nas paredes dos grandes vasos sanguíneos avisam sobre o nível crescente de dióxido de carbono, conforme os músculos se contraem mais rápido. Em resposta a todas essas informações, o centro avisa ao diafragma e aos músculos abdominais e intercostais para aumentar a velocidade e a profundidade da respiração.

Embora a frequência cardíaca basal (quando estamos em repouso) seja controlada pelo próprio coração, ela pode ser aumentada ou diminuída por um outro centro no tronco cerebral, o centro cardíaco. Essa área também recebe informação dos receptores de dióxido de carbono. Assim, quando o corpo fica mais ativo, o centro cardíaco avisa aos nós SA e AV que devem aumentar o ritmo.

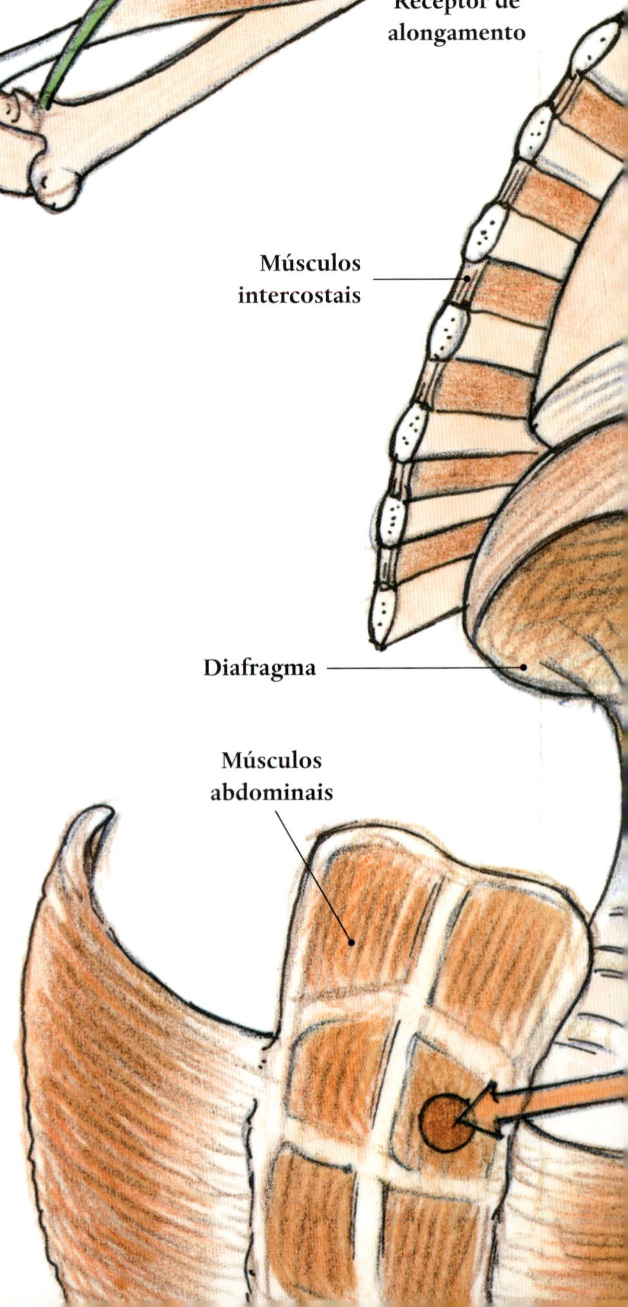

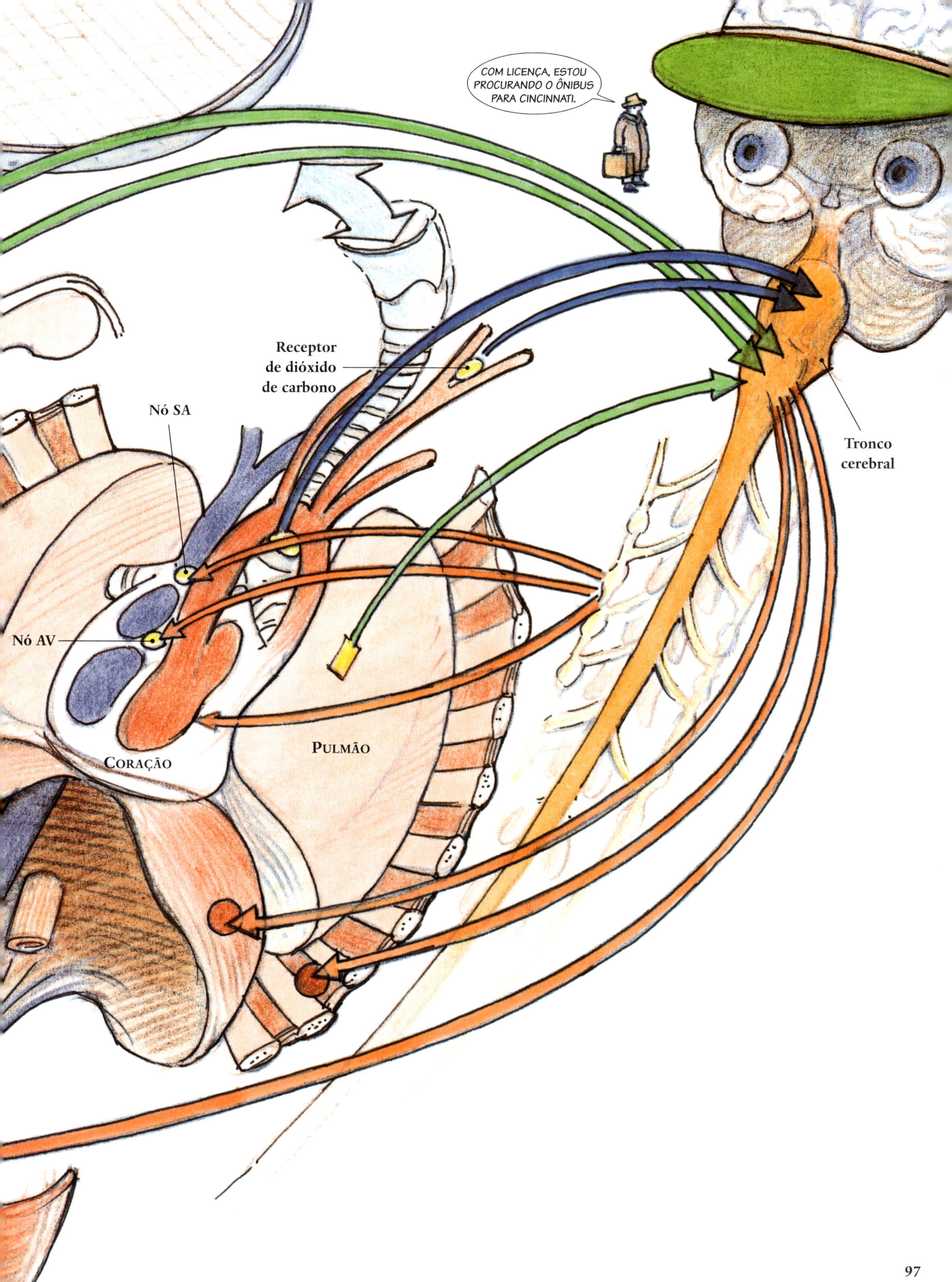
COM LICENÇA, ESTOU PROCURANDO O ÔNIBUS PARA CINCINNATI.
Receptor de dióxido de carbono
Nó SA
Nó AV
Tronco cerebral
Coração
Pulmão

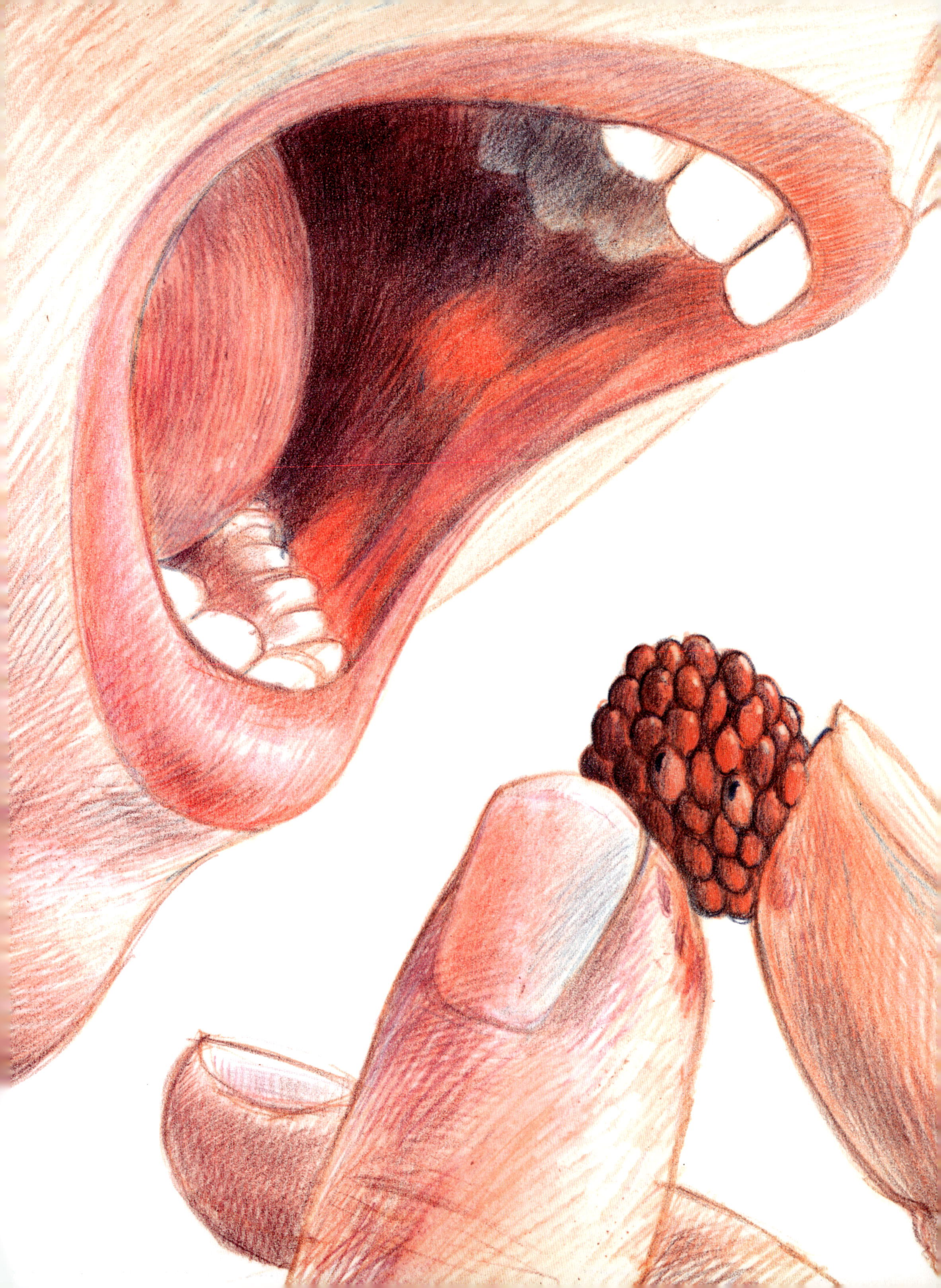

Capítulo 3

Vamos comer

A COMIDA NOS FORNECE AS MATÉRIAS-PRIMAS para o crescimento e manutenção, bem como a energia para fazer as células funcionarem. Sem isto, as células parariam e nós morreríamos. Ainda assim, a maior parte dos alimentos gostosos e nutritivos que passam pelos nossos lábios é, naquele momento, inútil do ponto de vista do organismo. As substâncias simples de que o corpo precisa permanecem presas no interior de sanduíches, bifes, morangos e *sushis* até que o sistema digestório comece a trabalhar e sua "linha de desmontagem" quebre os alimentos complexos, liberando os nutrientes utilizáveis.

Para a maioria de nós, o que acontece com a comida dentro do corpo depois que a engolimos é um mistério. Mas, assim como tantos aspectos do corpo humano, esse é um passeio que vale a pena. Por que deixaríamos a comida se divertir sozinha?

O QUE TEMOS PARA O JANTAR?

O cardápio de hoje é peixe assado na manteiga, com macarrão, brócolis ao vapor e tomate em fatias. Mas poderia ser tofu frito com massa, uma *pizza* de calabresa, frango ao *curry* com arroz ou uma omelete de queijo, batatas fritas e salada verde. Há infinitas combinações possíveis, e isso é importante. São as cores, formas, aromas, sabores e lembranças de pratos diferentes que nos fazem querer ir logo para a mesa, garantindo que nossos corpos sejam alimentados com os nutrientes essenciais para nos manter vivos.

Nutrientes são substâncias do alimento que ajudam na manutenção do corpo e o fazem funcionar. A maior parte do que comemos consiste em carboidratos, proteínas e gorduras. Nutrientes necessários em quantidades menores, mas ainda assim vitais, são as vitaminas e minerais. Fibras e água também estão na lista. Por suprir um pouco de proteína, carboidratos, gorduras e algumas vitaminas e minerais, um lanche nos fornece boa parte da nossa necessidade de nutrientes. Mas não todos. Nossa dieta deve incluir uma mistura de alimentos que forneça todos os nutrientes necessários nas quantidades certas.

CARBOIDRATOS

Carboidratos complexos, o amido em especial, são encontrados nos alimentos, por exemplo, em massas, pães, arroz, batatas e cereais. Durante a digestão, o amido é quebrado em um açúcar mais simples, a glicose, que é a principal fonte de energia do nosso corpo.

FIBRAS

Esse grupo de substâncias fibrosas e não digeríveis é encontrado em alimentos vegetais, como brócolis, feijão e banana. As fibras alongam os músculos do intestino, tornando-os mais eficientes, de modo a empurrarem os resíduos indesejados mais rapidamente para fora do corpo.

VITAMINAS E SAIS MINERAIS

Os sais minerais e as vitaminas são essenciais para para a saúde. A maioria das vitaminas vem de frutas, verduras e legumes frescos, e algumas são também encontradas no peixe, na carne, nos laticínios e nos ovos. Os sais minerais, como o cálcio e o ferro, também ajudam o corpo a funcionar bem. As melhores fontes de sais minerais são legumes, verduras, laticínios, carnes e alguns peixes.

GORDURAS

Alimentos como laticínios, carnes, sementes, castanhas e óleos vegetais fornecem gorduras, que são digeridas em ácidos graxos, usados como fontes de energia e na composição de membranas celulares. Esses ácidos graxos também podem ser usados para produzir a gordura que, sob a pele, faz o isolamento térmico do corpo, ajudando na manutenção da temperatura.

PROTEÍNAS

Peixes, carnes magras, aves e feijão são fontes ricas em proteínas. Ao serem digeridas, as proteínas fornecem aminoácidos ao corpo. Estes são usados pelas células para a construção das proteínas que podem servir de enzimas, como tijolos para a construção, ou para uma variedade de outras funções.

ÁGUA

Mais da metade do nosso corpo é constituída de água. Ela fornece o meio líquido em que as substâncias se dissolvem e reagem nas células, sem falar na base dos nossos sistemas internos de transporte – o sangue e a linfa. A água não vem apenas do que bebemos, mas também de todos os alimentos, exceto aqueles muito secos.

Epitélio olfativo
Sinais nervosos
Receptor olfativo
Cílios

A célula nervosa carrega os sinais para o cérebro
OSSO NA PARTE SUPERIOR DA CAVIDADE NASAL
Glândula produtora de muco
As moléculas de odor se ligam aos receptores
As moléculas de odor se dissolvem no muco

SENSAÇÕES OLFATIVAS

Nosso olfato não é comparável ao de um cão farejador, mas ainda assim somos capazes de distinguir cerca de 10 mil odores diferentes. A sensação olfativa se inicia na cavidade nasal, o espaço localizado atrás do nariz e que é dividido em duas metades. Na porção mais alta de cada metade, uma área pequena abriga um epitélio especializado, que contém milhões de células receptoras olfativas. Cada uma tem, em sua extremidade, um conjunto de cílios que abrigam os receptores olfativos. Após serem inaladas, as moléculas de odor se dissolvem no muco aguado e se ligam aos receptores nos cílios. O receptor olfativo envia um sinal ao centro olfativo do cérebro, onde o odor é "identificado".

Os cílios de cada célula receptora olfativa têm um único tipo de receptor, mas esse receptor pode se ligar a diversos tipos diferentes de moléculas de odor. Além disso, partes diferentes de cada molécula de odor se ligam a receptores diferentes. Após receber informações de um grupo de receptores, o cérebro processa essas informações a fim de identificar um odor em particular. Isso pode, por exemplo, nos avisar que algo está queimando ou nos dizer que está cozinhando de forma adequada. Essas mensagens também vão ao sistema límbico do cérebro, que funciona como centro de memória e centro emocional. É por isso que certos odores evocam sentimentos e memórias específicos.

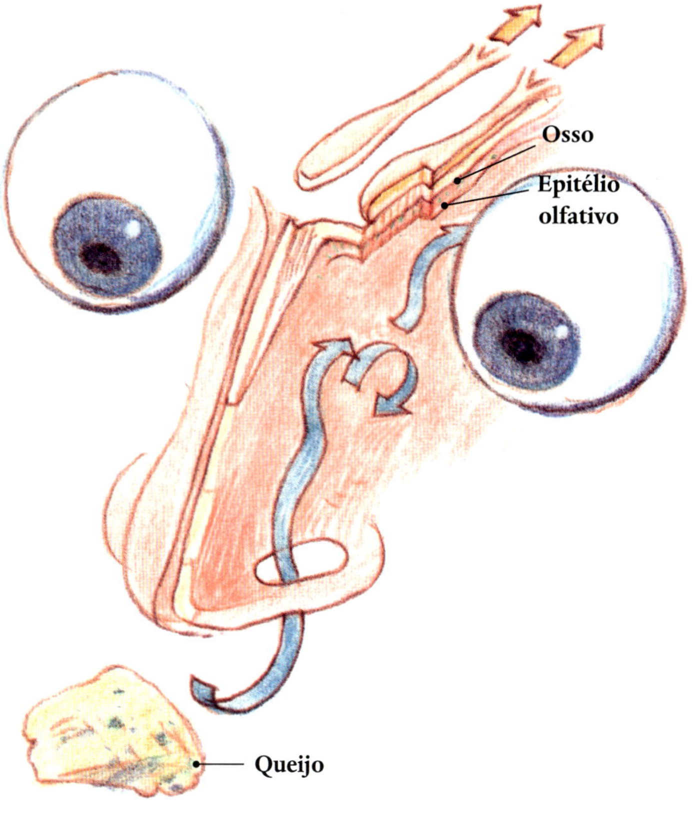
PARA O CÉREBRO
Osso
Epitélio olfativo
Queijo

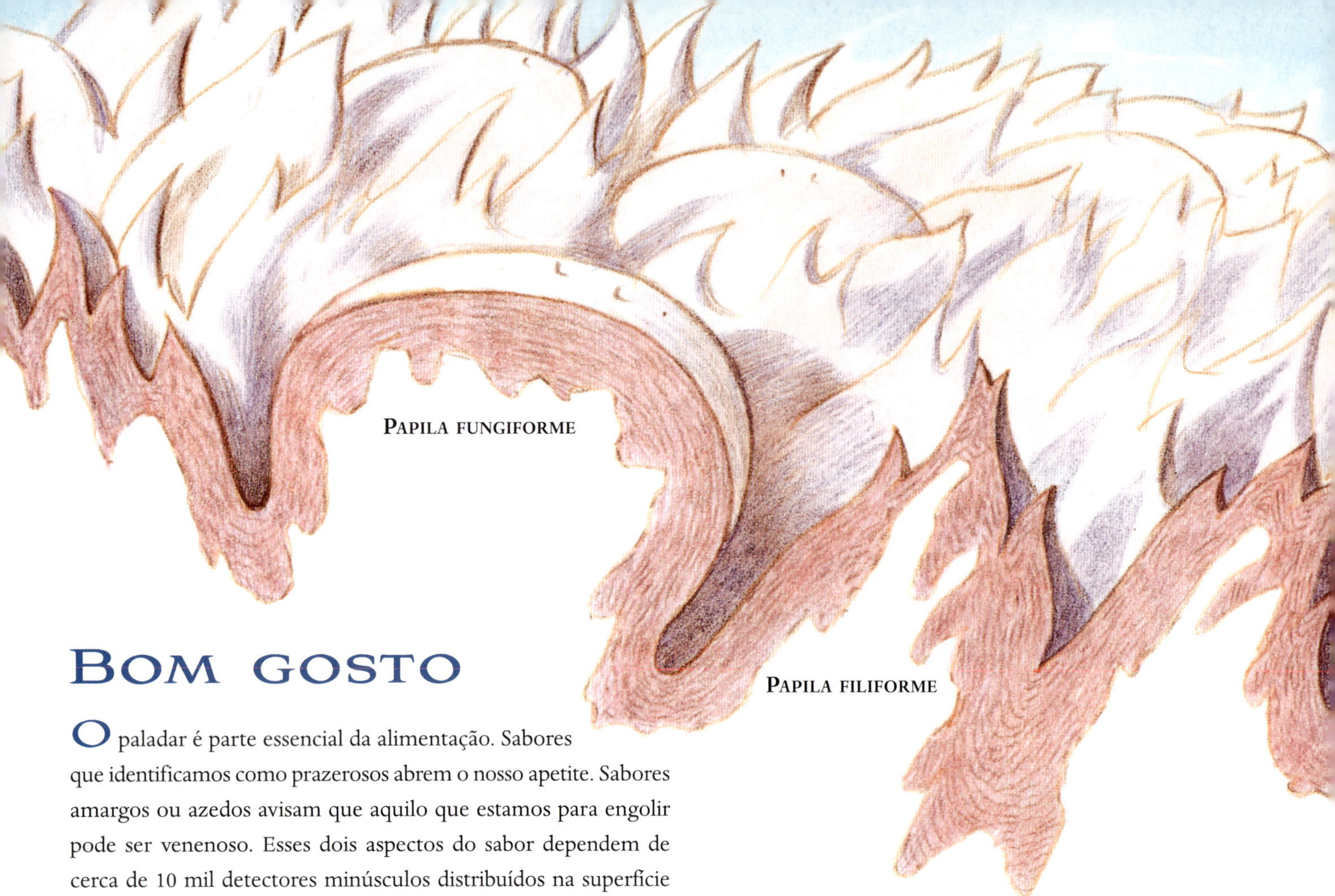

Bom gosto

O paladar é parte essencial da alimentação. Sabores que identificamos como prazerosos abrem o nosso apetite. Sabores amargos ou azedos avisam que aquilo que estamos para engolir pode ser venenoso. Esses dois aspectos do sabor dependem de cerca de 10 mil detectores minúsculos distribuídos na superfície da língua, conhecidos como botões gustativos.

Olhe a sua língua no espelho. Você vai ver que a superfície dela está recoberta por saliências chamadas papilas linguais. Há três tipos de papilas linguais: papilas fungiformes (com forma de cogumelo), papilas circunvaladas (grandes e cercadas por uma vala) e papilas filiformes (afiladas). Desses, apenas os dois primeiros tipos abrigam botões gustativos. Conforme a comida se movimenta no interior da boca, suas moléculas menores, como açúcares e sais, se dissolvem na saliva e entram nos botões gustativos, sendo, então, detectadas por células receptoras, que enviam sinais para centros gustativos no cérebro que nos permitem distinguir cinco sabores básicos: doce, salgado, azedo, amargo e umami*.

As papilas filiformes não têm botões gustativos, mas suas extremidades rijas permitem que a língua segure diferentes tipos de alimentos, até mesmo algo escorregadio como sorvete. Elas também percebem calor, frio, tato, pressão e até mesmo a ardência causada por pimentas picantes. São essas sensações, combinadas com sabores e odores, que nos dão a sensação de paladar. Como qualquer pessoa resfriada pode perceber, o olfato é muito importante. Sem o sentido do olfato, a comida fica quase sem sabor.

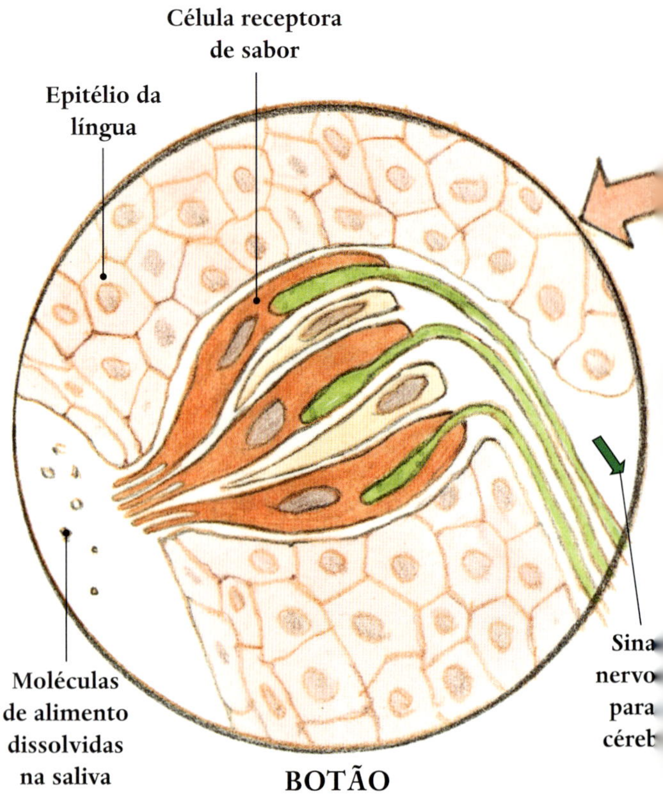

BOTÃO GUSTATIVO

* Sabor presente na carne, descrito em 1908 por Kikunae Ikeda, pesquisador da Universidade de Tóquio. (N. do T.)

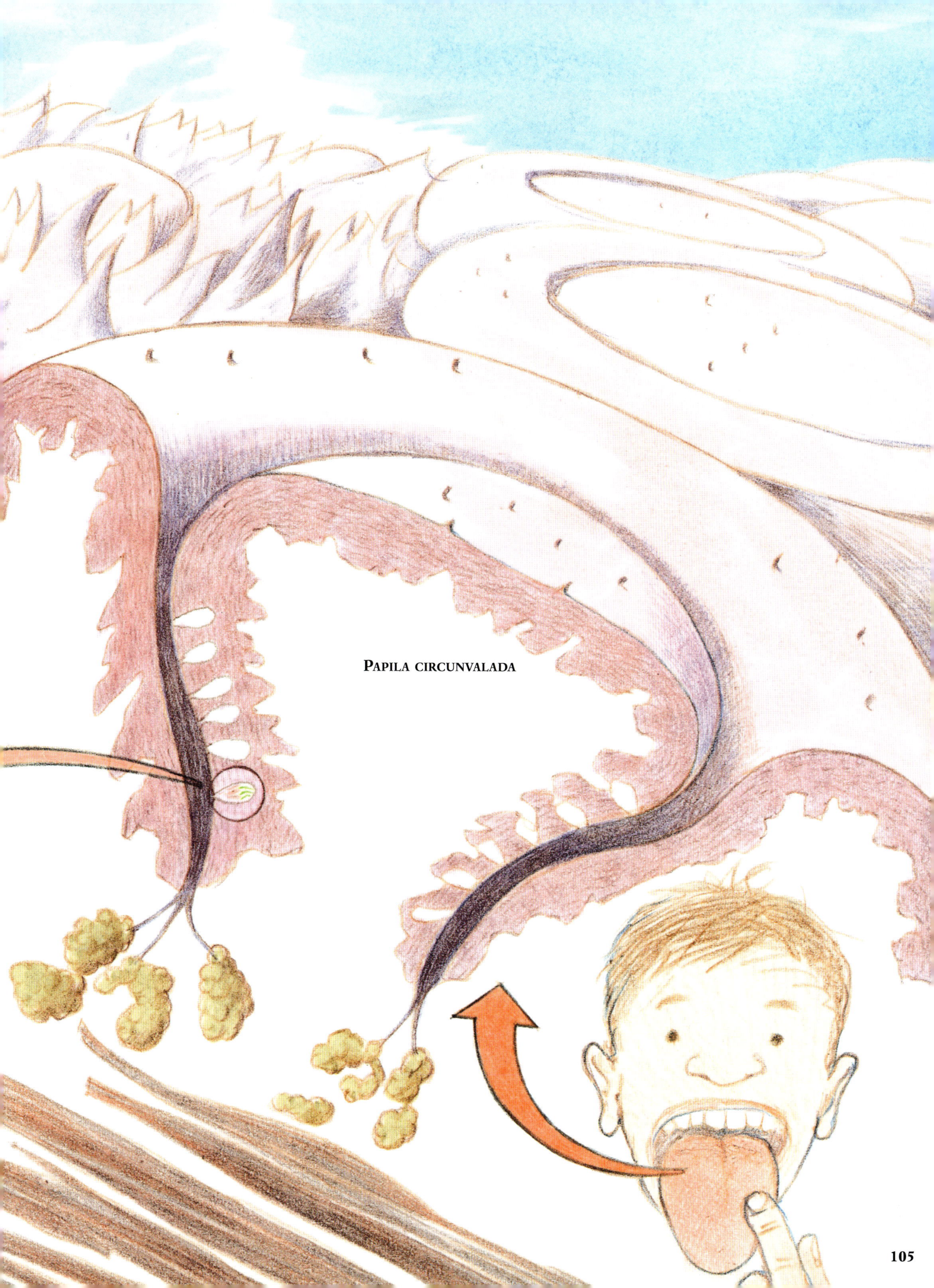
PAPILA CIRCUNVALADA

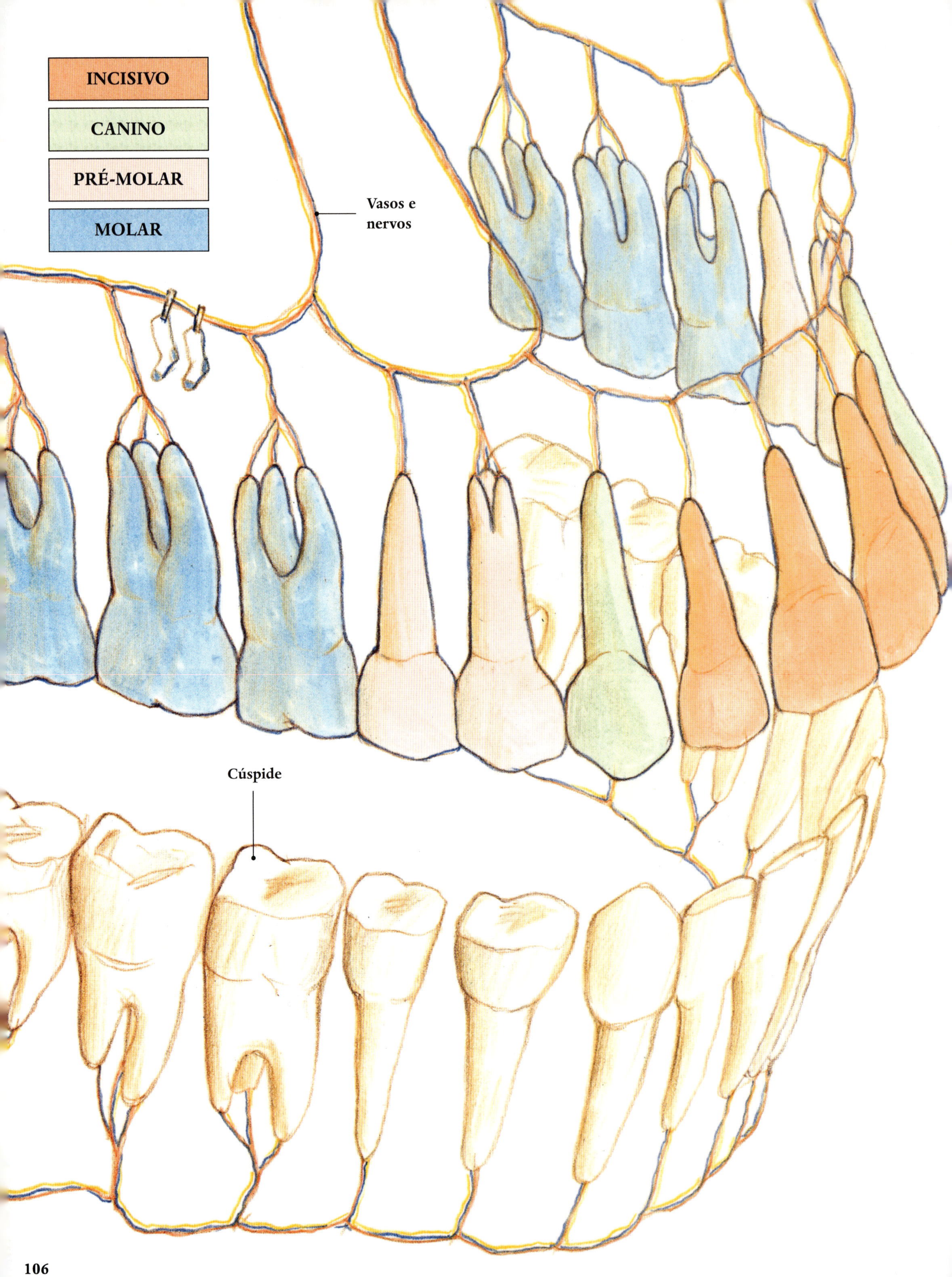
INCISIVO
CANINO
PRÉ-MOLAR
MOLAR
Vasos e nervos
Cúspide

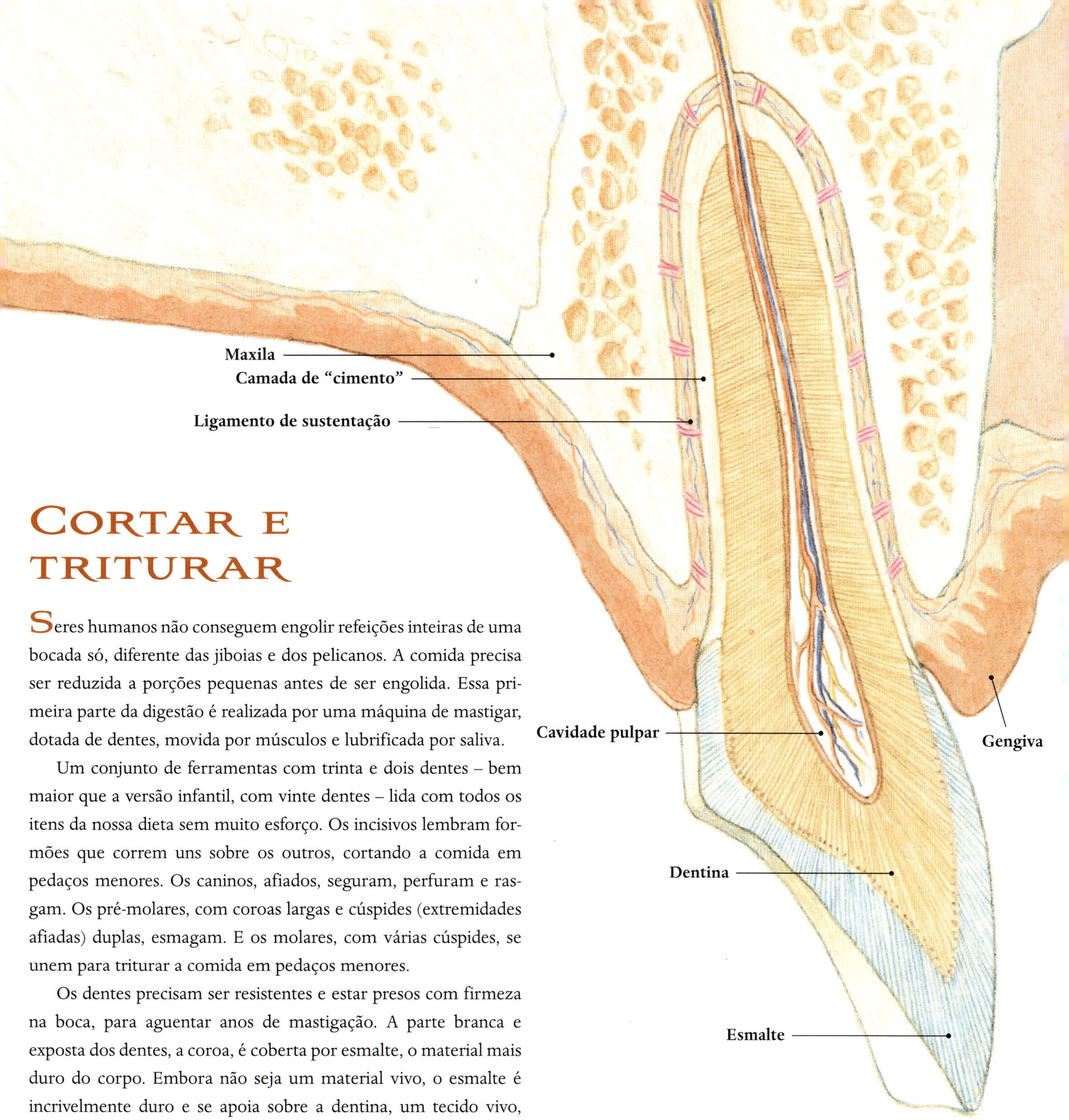

Cortar e triturar

Seres humanos não conseguem engolir refeições inteiras de uma bocada só, diferente das jiboias e dos pelicanos. A comida precisa ser reduzida a porções pequenas antes de ser engolida. Essa primeira parte da digestão é realizada por uma máquina de mastigar, dotada de dentes, movida por músculos e lubrificada por saliva.

Um conjunto de ferramentas com trinta e dois dentes – bem maior que a versão infantil, com vinte dentes – lida com todos os itens da nossa dieta sem muito esforço. Os incisivos lembram formões que correm uns sobre os outros, cortando a comida em pedaços menores. Os caninos, afiados, seguram, perfuram e rasgam. Os pré-molares, com coroas largas e cúspides (extremidades afiadas) duplas, esmagam. E os molares, com várias cúspides, se unem para triturar a comida em pedaços menores.

Os dentes precisam ser resistentes e estar presos com firmeza na boca, para aguentar anos de mastigação. A parte branca e exposta dos dentes, a coroa, é coberta por esmalte, o material mais duro do corpo. Embora não seja um material vivo, o esmalte é incrivelmente duro e se apoia sobre a dentina, um tecido vivo, semelhante ao osso. A dentina forma a raiz dos dentes, que se aloja numa cavidade chamada alvéolo dentário, na mandíbula (ou na maxila, para os dentes superiores), onde fica firmemente "cimentada". No interior da dentina, a cavidade pulpar contém vasos sanguíneos que fornecem nutrientes e oxigênio para os tecidos vivos dos dentes, além de nervos, que permitem perceber sensações. Ligando a coroa à raiz, o colo dentário é envolvido pela gengiva, que impede que bactérias causadoras de doenças cheguem à raiz.

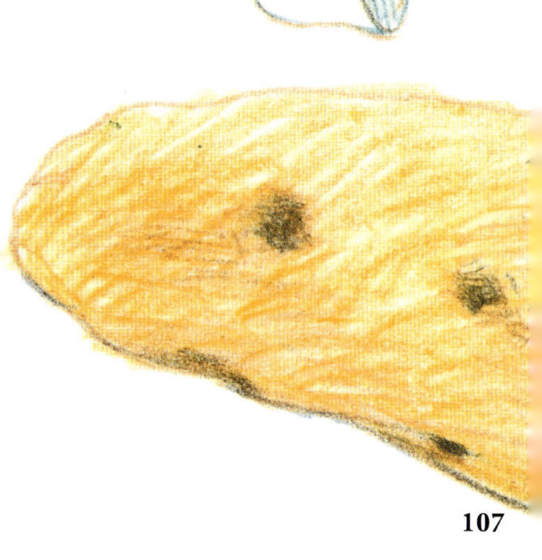

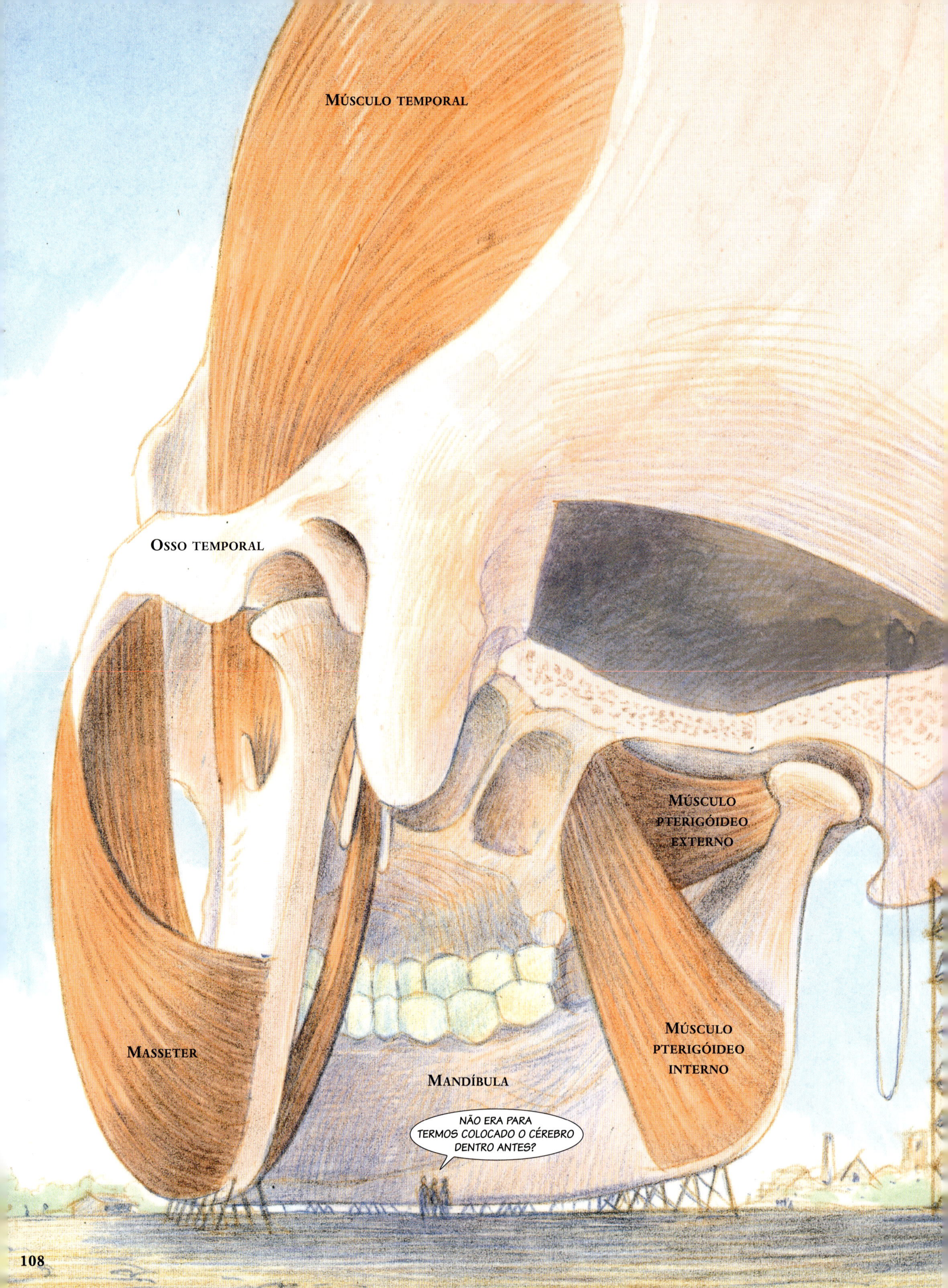
Músculo temporal
Osso temporal
Músculo pterigóideo externo
Masseter
Mandíbula
Músculo pterigóideo interno
NÃO ERA PARA TERMOS COLOCADO O CÉREBRO DENTRO ANTES?

O PODER POR TRÁS DAS COROAS

Quatro pares de músculos – o masseter, o temporal, o pterigoide interno e o pterigoide externo – fazem os movimentos de mordida e mastigação. Sua função é mover a mandíbula, ou maxilar inferior, de modo que os dentes não apenas entrem em contato, mas que o façam com a força necessária. A mandíbula se liga com os ossos temporais dos dois lados da cabeça através de articulações altamente especializadas. Essas articulações são tão flexíveis, que permitem movimentos diferentes, dependendo de quais músculos estão agindo. Os músculos mais fortes, o masseter e o temporal, elevam a mandíbula, gerando pressão suficiente para esmagar a comida entre os dentes do fundo da boca, equivalente à pressão de um carro passando por cima do seu pé. O pterigoide interno move a mandíbula de um lado a outro, promovendo a trituração. O pterigoide externo move o queixo para fora, enquanto o temporal o puxa de volta. Juntos, esses movimentos permitem que os dentes inferiores e superiores segurem e rasguem o alimento quando o colocamos na boca e depois o esmaguem e triturem.

Outros músculos também ajudam. O músculo circular ao redor da boca fecha os lábios com força, para puxar a comida para dentro e evitar que saia, exceto se você insistir em falar enquanto está comendo. Os músculos das bochechas mantêm a comida entre os dentes durante a mastigação.

Um mar de saliva

O aroma, a aparência e o gosto da comida provocam a liberação de saliva na boca ao longo do duto que sai de três pares de glândulas salivares. A cada dia, entre um litro e um litro e meio de saliva – composta principalmente de água, com um pouco de muco, lisozima germicida e a enzima amilase, que digere amido – goteja na cavidade bucal, mantendo-a úmida e desinfetada. Mas, na hora de comer, o gotejamento se torna uma inundação que, na mastigação, se mistura aos fragmentos de alimento, graças aos movimentos da língua. O muco escorregadio e viscoso da língua agrega partículas de alimento, lubrificando-as para uma passagem mais fácil pela garganta. Ao mesmo tempo, a amilase começa a fazer a transformação química do amido em açúcar, uma tarefa facilitada e mais eficiente graças à redução da comida em pedaços menores.

Depois que a comida é completamente mastigada, a língua a agrega em um volume fácil de engolir, o bolo alimentar, que é empurrado para o fundo da garganta, rumo à próxima fase da jornada.

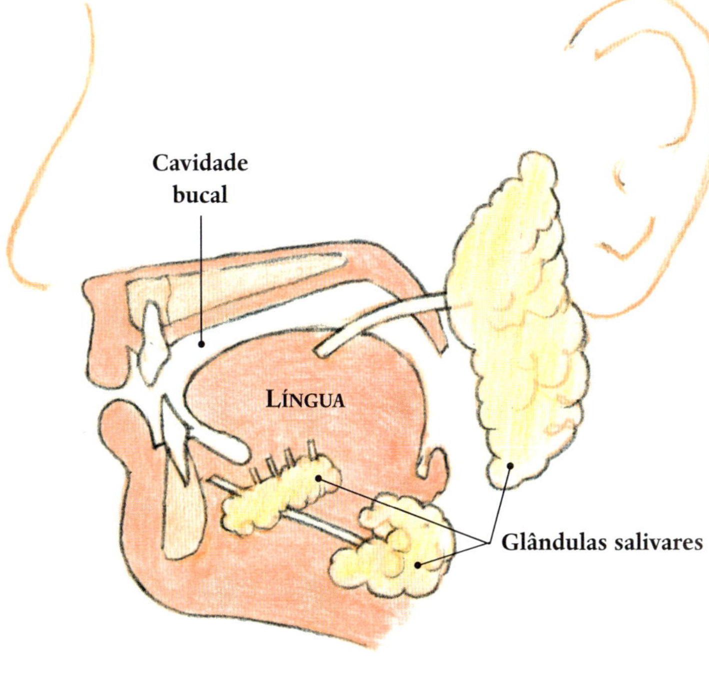

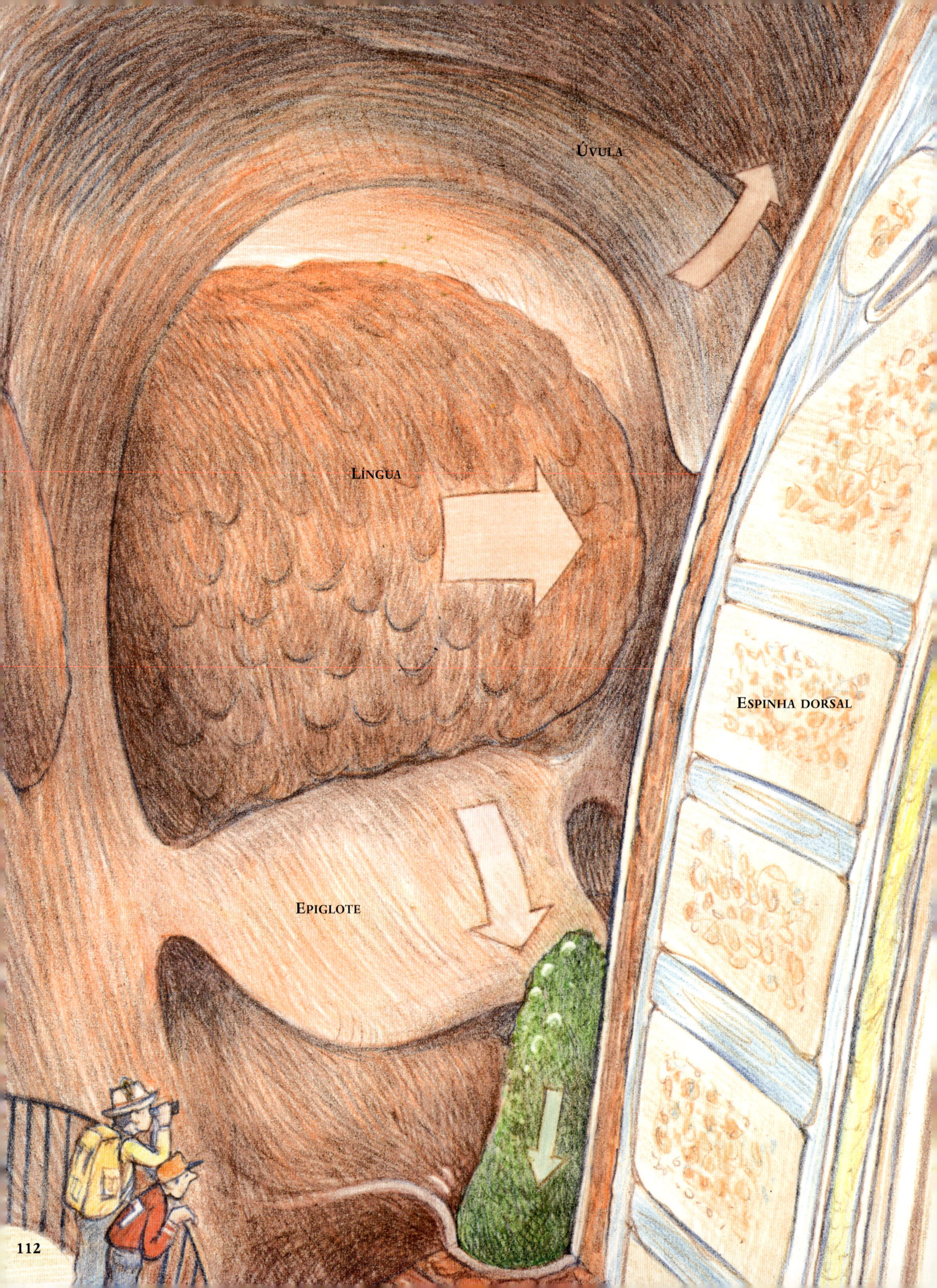
Úvula
Língua
Espinha dorsal
Epiglote

Goela abaixo

Quando a língua empurra o bolo alimentar para a garganta, uma sequência de eventos tem início. Conforme os músculos da garganta se contraem para empurrar o bolo alimentar para o esôfago (o tubo que leva ao estômago), três outras passagens possíveis são bloqueadas. A úvula, a projeção carnosa que fica pendurada acima da entrada da garganta, se eleva, evitando que a comida invada a cavidade nasal. A língua, ainda em seu movimento para trás, evita o retorno do alimento para a cavidade bucal. Além disso, como a respiração para temporariamente, a laringe se eleva e sua tampa articulada, a epiglote, se dobra para baixo para fechar as vias aéreas e evitar engasgos e sufocação.

Não é a gravidade que leva a comida da garganta ao estômago. O esôfago empurra o bolo alimentar ativamente. Isto é possível porque o esôfago tem a mesma estrutura básica do resto do trato digestório – o "tubo" que vai da boca ao ânus. Seu revestimento interno secreta muco, o que reduz o atrito. Músculos circulares ao redor do esôfago se contraem atrás do bolo alimentar e relaxam à frente deste, forçando-o para baixo. Músculos longitudinais relaxam atrás do bolo alimentar, mas se contraem à frente dele, abrindo a passagem que geralmente fica fechada. A onda de contração e relaxamento resultante, chamada movimento peristáltico (ou peristaltismo), leva a comida da garganta ao estômago em apenas seis segundos. O peristaltismo é tão forte que a comida chegará ao seu estômago, mesmo que você decida comer de cabeça para baixo.

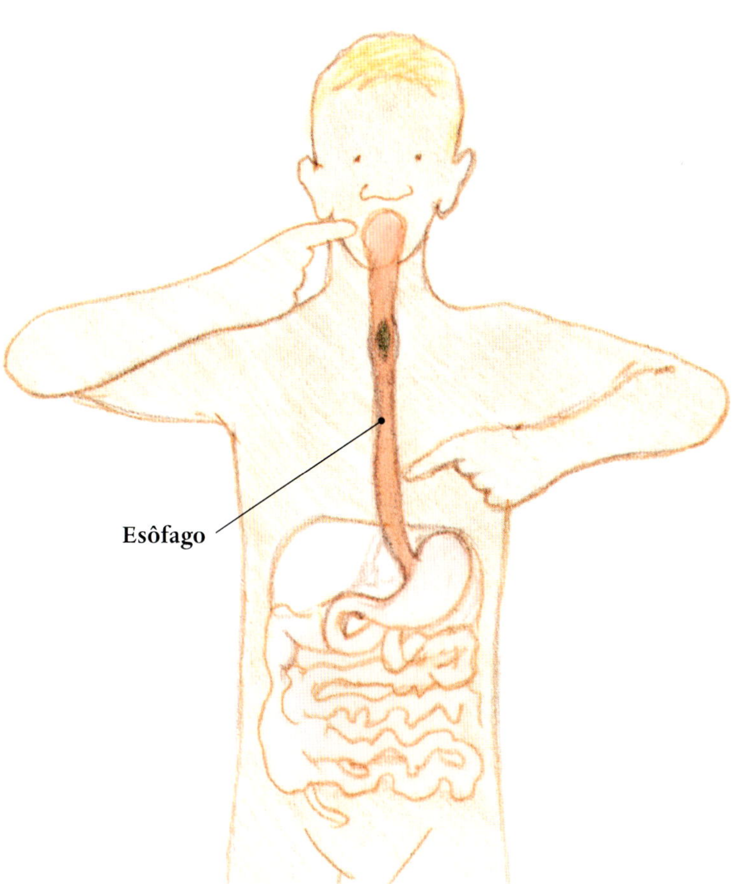

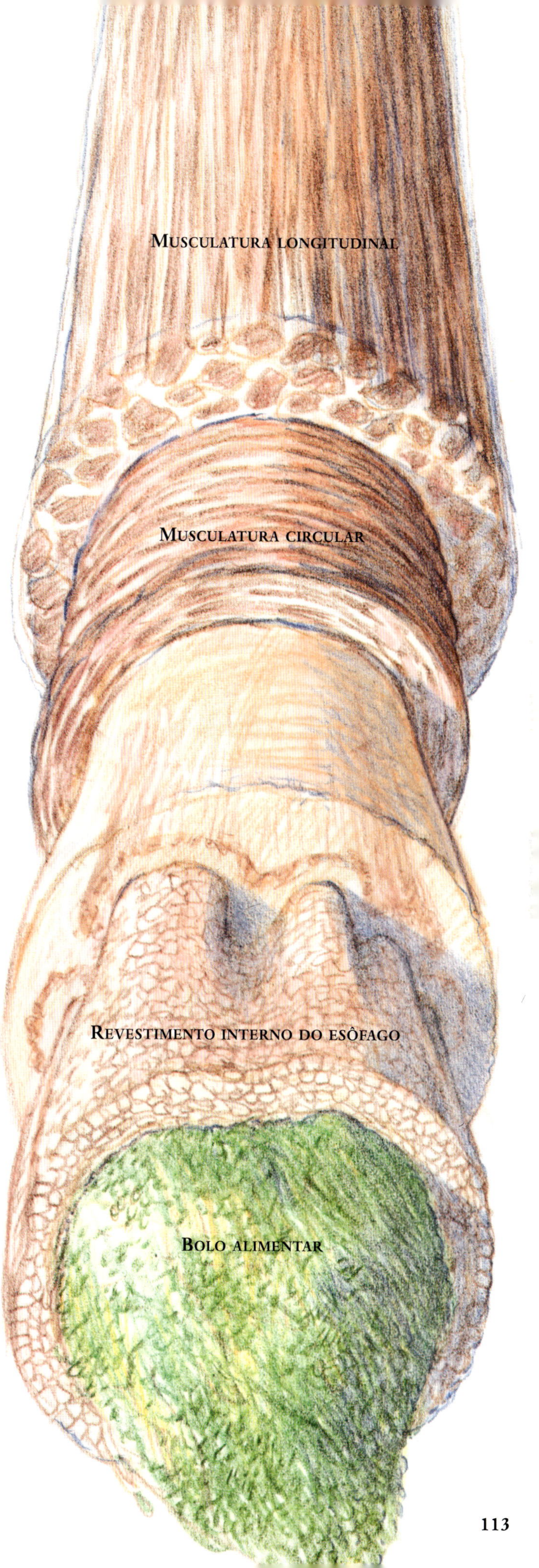

Amassar e armazenar

O estômago é, basicamente, um saco localizado entre o esôfago e o intestino delgado. Seu revestimento interno secreta um fluido digestivo ácido chamado suco gástrico, e suas paredes contêm não duas, mas três camadas de músculos – longitudinais, circulares e oblíquos –, cada uma orientada em uma direção diferente. Contrações fortes desses músculos amassam o alimento, misturando-o com o suco gástrico e empurrando-o em direção à saída do estômago. Quando isso acontece, a entrada do estômago se fecha, para evitar que a comida e o suco gástrico escapem para o esôfago, e a saída do estômago, um anel de músculo chamado esfíncter pilórico, se contrai para evitar o fluxo do alimento para o duodeno (a primeira parte do intestino delgado) até que o processamento no estômago esteja terminado.

Além de digerir o alimento, o estômago também o armazena por um tempo. As paredes do estômago são muito elásticas, permitindo que ele se expanda consideravelmente. Sem essa área de armazenamento, a comida seria forçada ao longo do intestino delgado de forma rápida demais para permitir uma digestão eficiente.

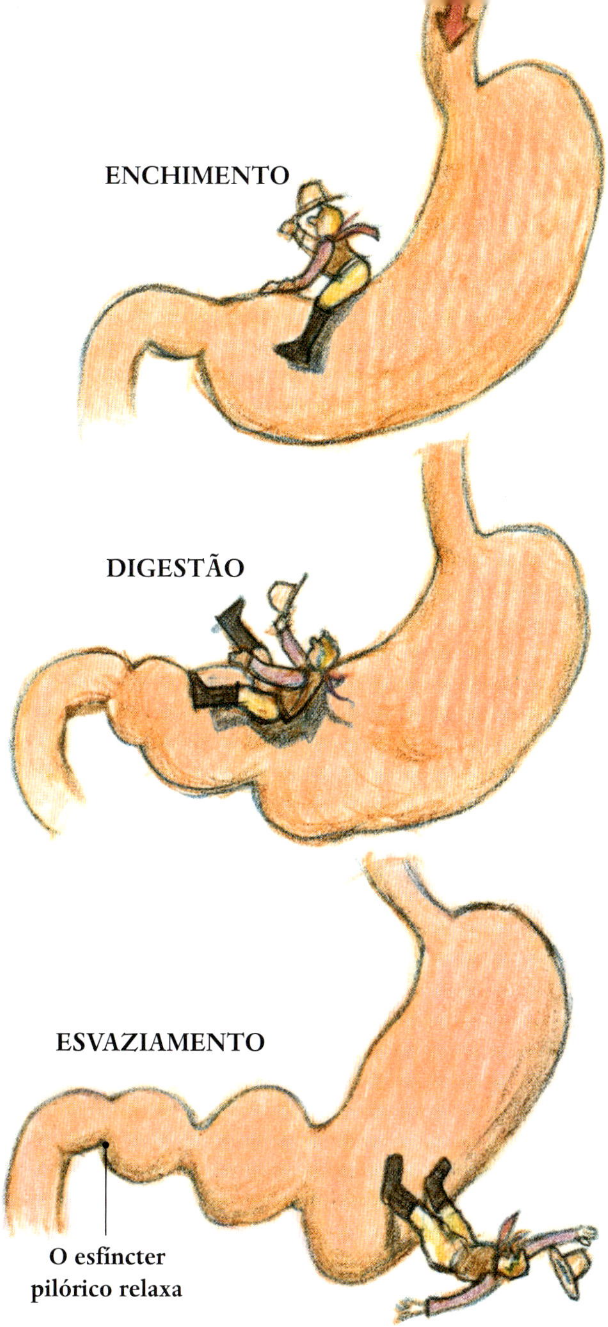

BREVE HISTÓRIA DO QUIMO

Quando o alimento chega do esôfago, os movimentos peristálticos o levam em direção à extremidade oposta do estômago, onde o amassamento, agitação e mistura do alimento com suco gástrico são mais vigorosos. Após várias horas de processamento, o esfíncter pilórico relaxa ligeiramente e a contração dos músculos do estômago bombeia para o duodeno quantidades pequenas de uma mistura aguada de alimento parcialmente digerido chamada quimo. O esfíncter pilórico também funciona como filtro, fechando-se automaticamente se qualquer partícula grande tentar passar. Isso garante que apenas o quimo líquido chegue ao duodeno. Essas partículas maiores são enviadas de volta para mais um período de digestão.

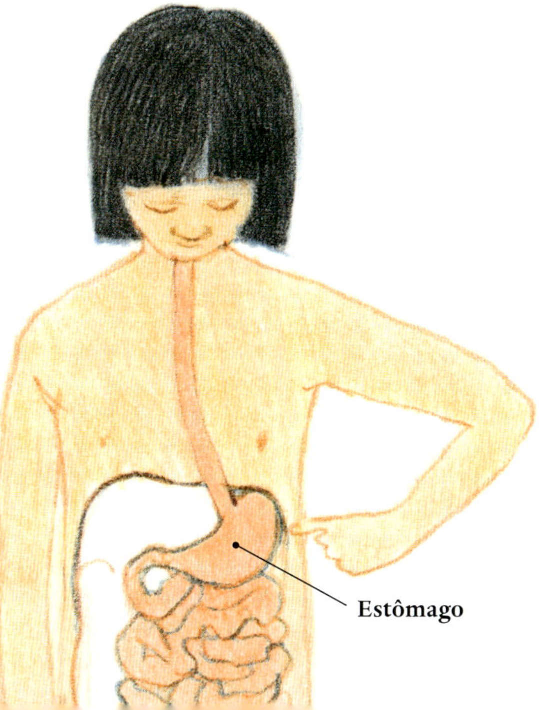

Banho Ácido

Todos os dias, as glândulas gástricas, localizadas no fundo do revestimento do estômago, produzem dois litros de suco corrosivo e o liberam através de milhões de orifícios chamados fossas gástricas. As células no meio da glândula produzem os ingredientes para o ácido clorídrico, embora estes não sejam combinados até serem secretados pela glândula.

Mais para dentro da glândula, outras células liberam uma enzima inativa chamada pepsinogênio. Esta é convertida na enzima ativa pepsina pelo ácido clorídrico. A pepsina é a única enzima digestiva que funciona melhor em condições ácidas e acelera a digestão das proteínas.

Para evitar digerir a si mesmo, o estômago monta uma linha de defesa. As células do revestimento do estômago produzem um muco espesso que recobre a parede interna e evita o contato direto desta com o suco gástrico. As células gastas ou danificadas são repostas rapidamente e todo o revestimento é substituído a cada semana. Contudo, as propriedades destrutivas do suco gástrico são bem aproveitadas, matando a maioria das bactérias causadoras de doenças que entram no corpo na comida e na bebida.

O pensamento, a visão, o olfato e o paladar relacionados a comida fazem com que o cérebro sinalize ao estômago que se prepare para receber o alimento, com a liberação extra de suco gástrico e a contração dos músculos das paredes. Quando o estômago esvazia, a secreção e as contrações diminuem.

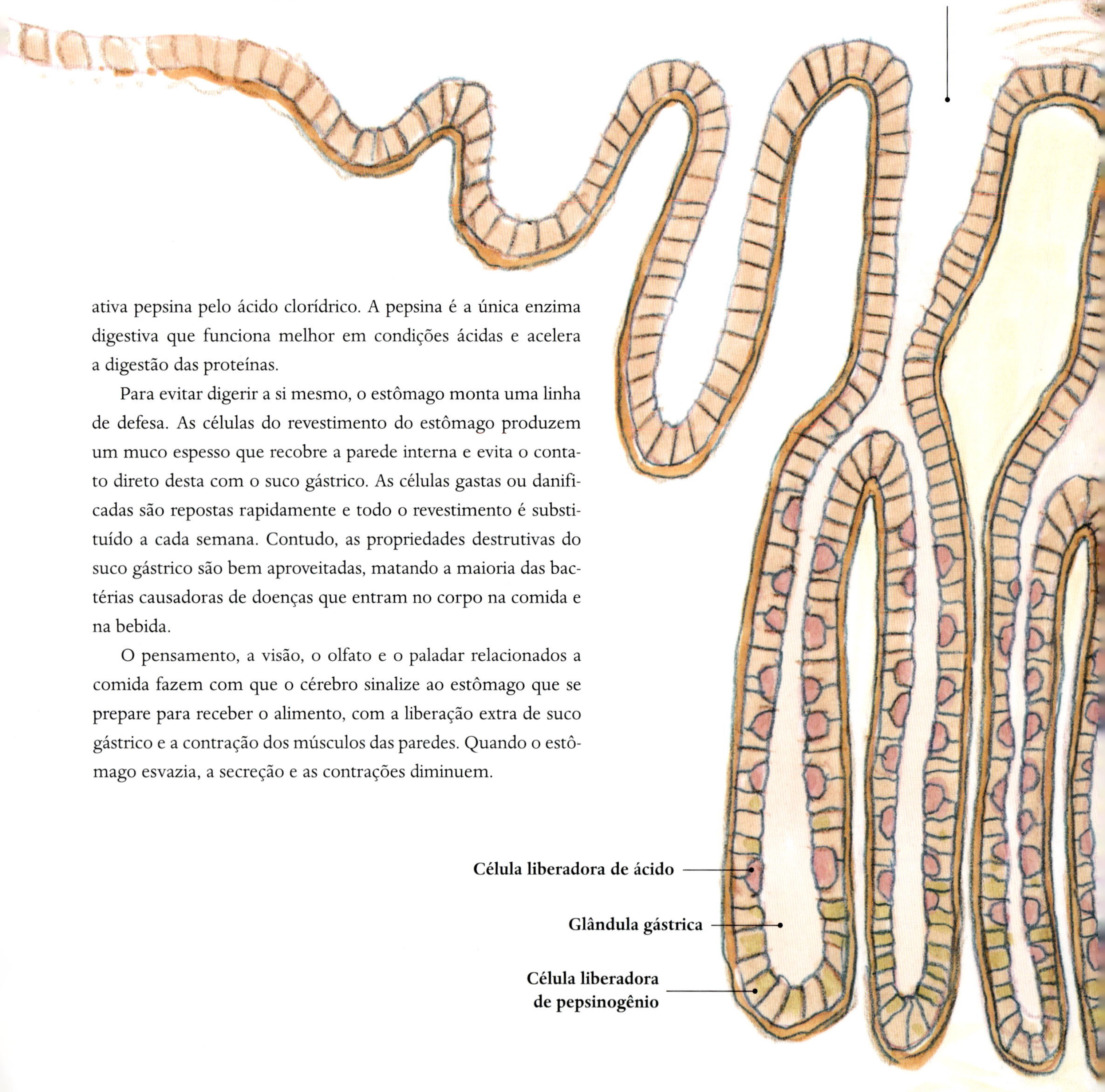

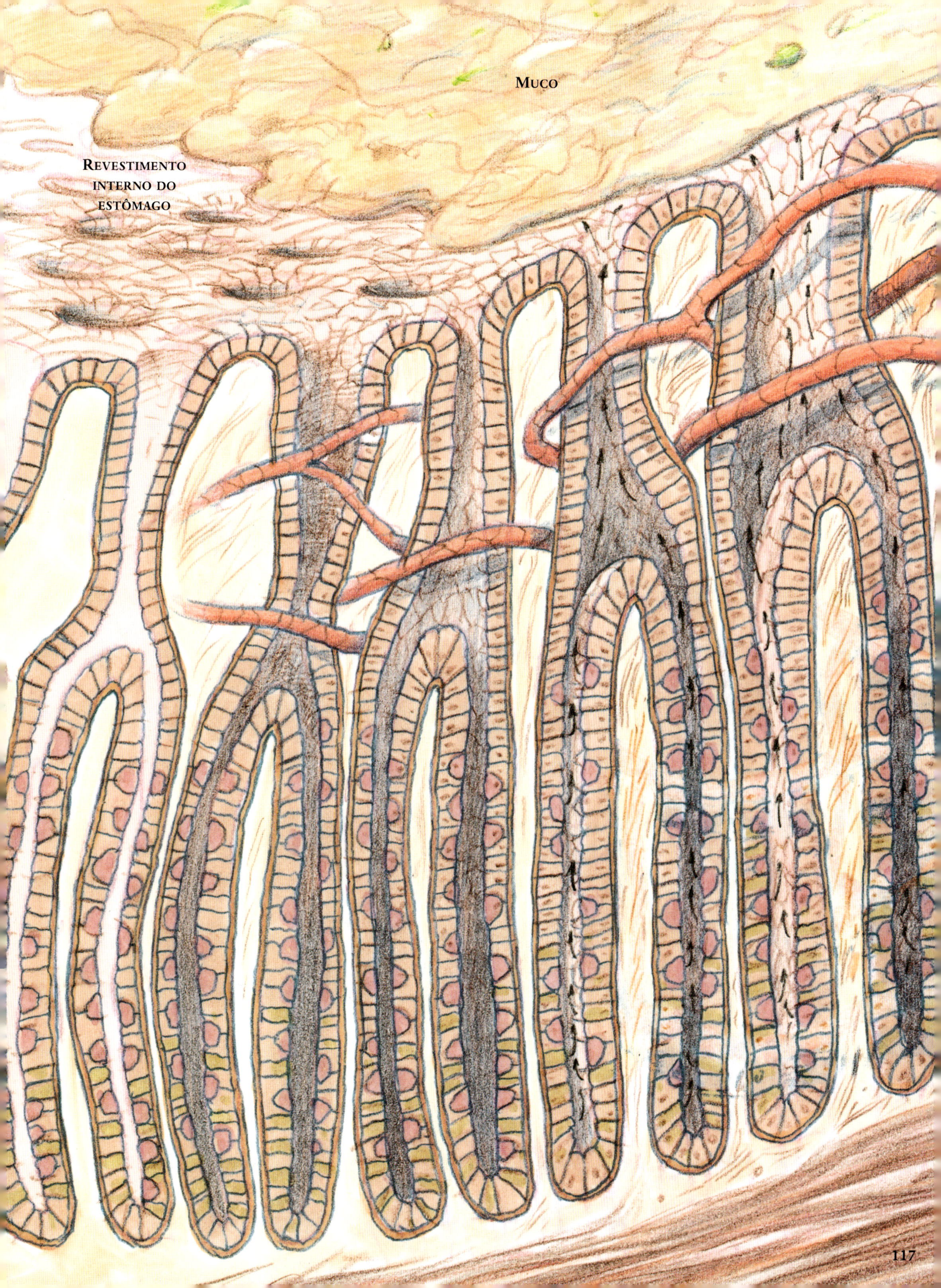
Muco
Revestimento interno do estômago

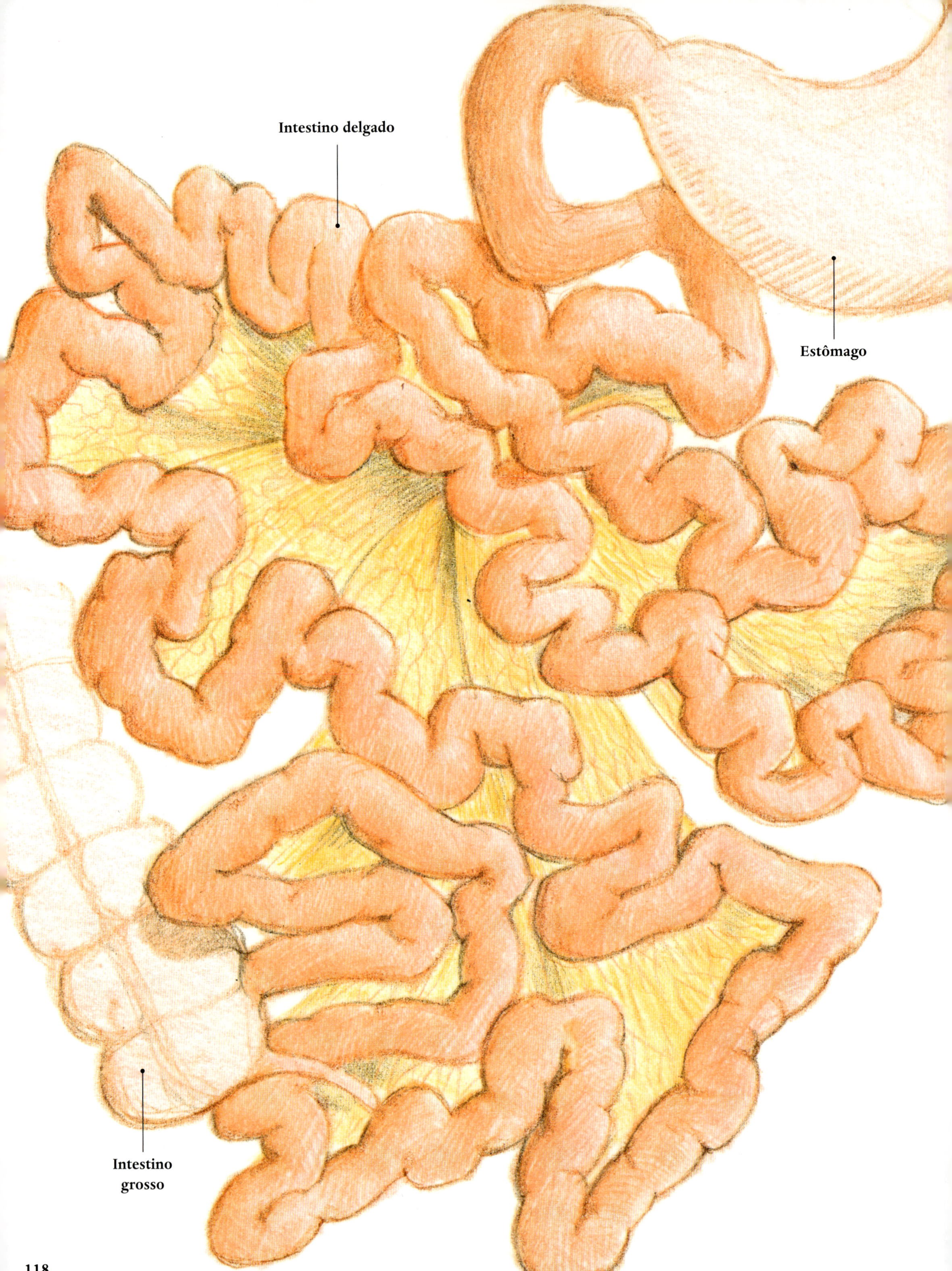
Intestino delgado
Estômago
Intestino grosso

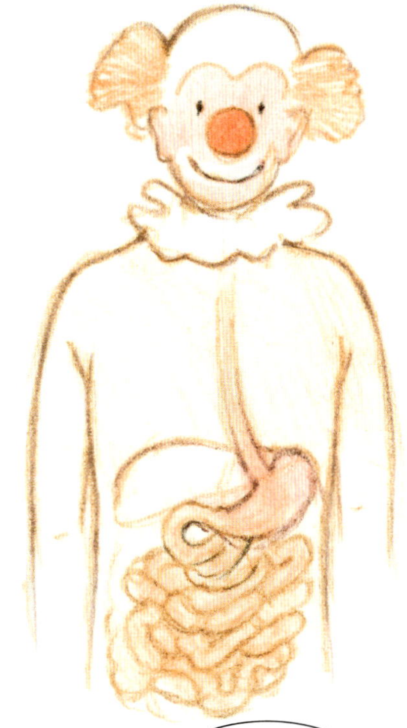

DIGESTÃO E ABSORÇÃO

Enovelado dentro do abdome, o intestino delgado é a parte mais longa e mais importante do sistema digestório. Depois de sair do estômago, bem esmagado mas pouco digerido, o alimento é levado ao longo dos seis metros do intestino delgado, cuja largura não passa de uma polegada (2,5 cm). Ao longo desse caminho, os nutrientes do alimento vão sendo retirados e restam apenas resíduos aguados que são despejados no intestino grosso. Duas coisas acontecem nesse trajeto. Em primeiro lugar, as moléculas de alimento são completamente digeridas por um conjunto de enzimas que as desmontam até os componentes básicos. Em segundo lugar, esses componentes básicos – em especial a glicose, os aminoácidos e ácidos graxos – são absorvidos, caem na corrente sanguínea e são despachados para serem usados pelos trilhões de células do corpo.

Sem as enzimas, a digestão seria como um jogo de futebol sem jogadores – sem ação nem resultados. As enzimas são proteínas que aceleram em milhares e talvez milhões de vezes a velocidade das reações químicas dentro e fora das células. Cada tipo de enzima funciona para apenas um tipo de reação química. No trato digestório, as enzimas digestivas quebram moléculas grandes de comida em moléculas menores. Elas fazem isto acelerando uma reação química que usa as moléculas de água como "tesouras" para "cortar" moléculas grandes. Como resultado, uma refeição é reduzida a componentes simples. Sem as enzimas, isso seria impossível.

Nesta ilustração, uma molécula composta de dois aminoácidos deve ser partida. Primeiro, a molécula se encaixa na enzima certa, como uma chave numa fechadura. Então, uma molécula de água se insere e quebra a ligação entre os dois aminoácidos. Uma vez liberada, a enzima, que não sofreu desgaste no processo, está livre para repetir o processo com outra molécula.

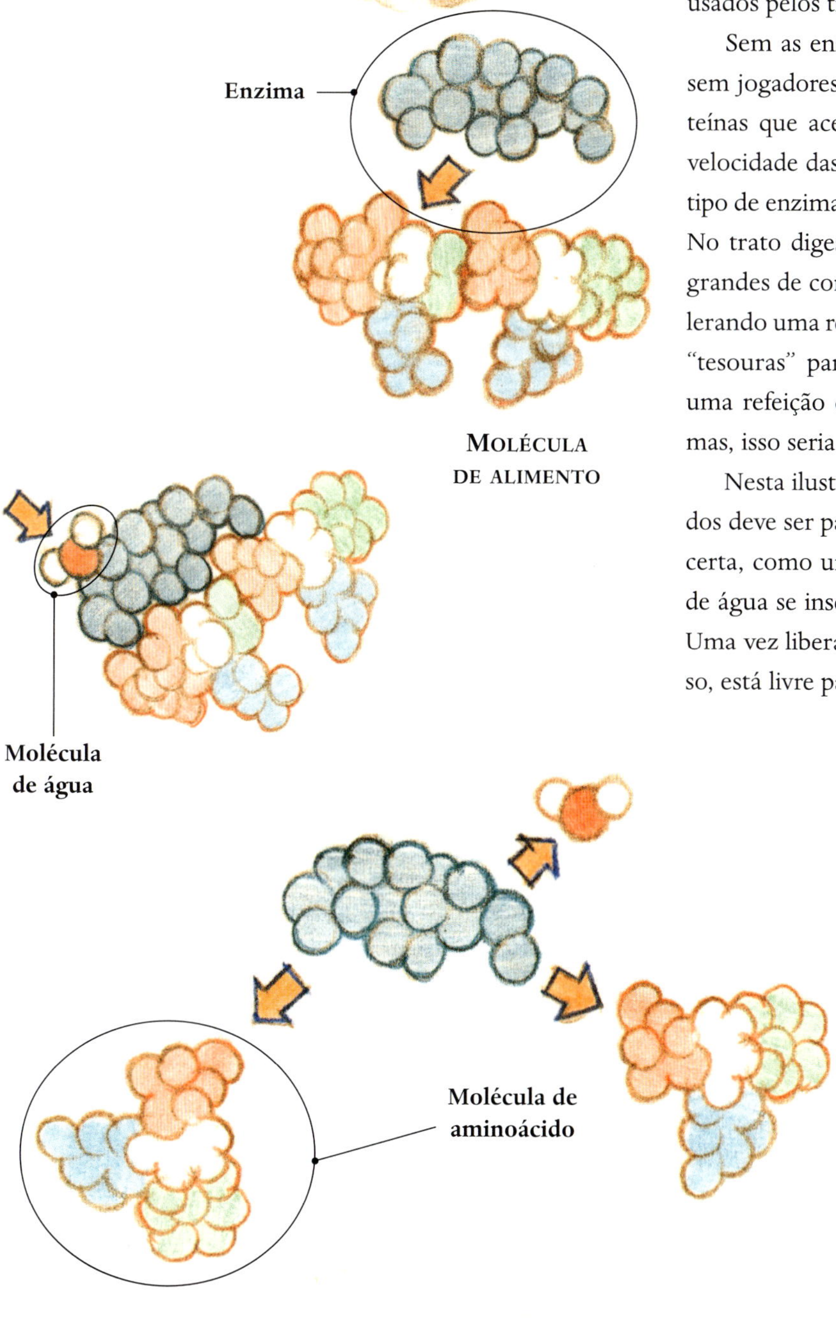

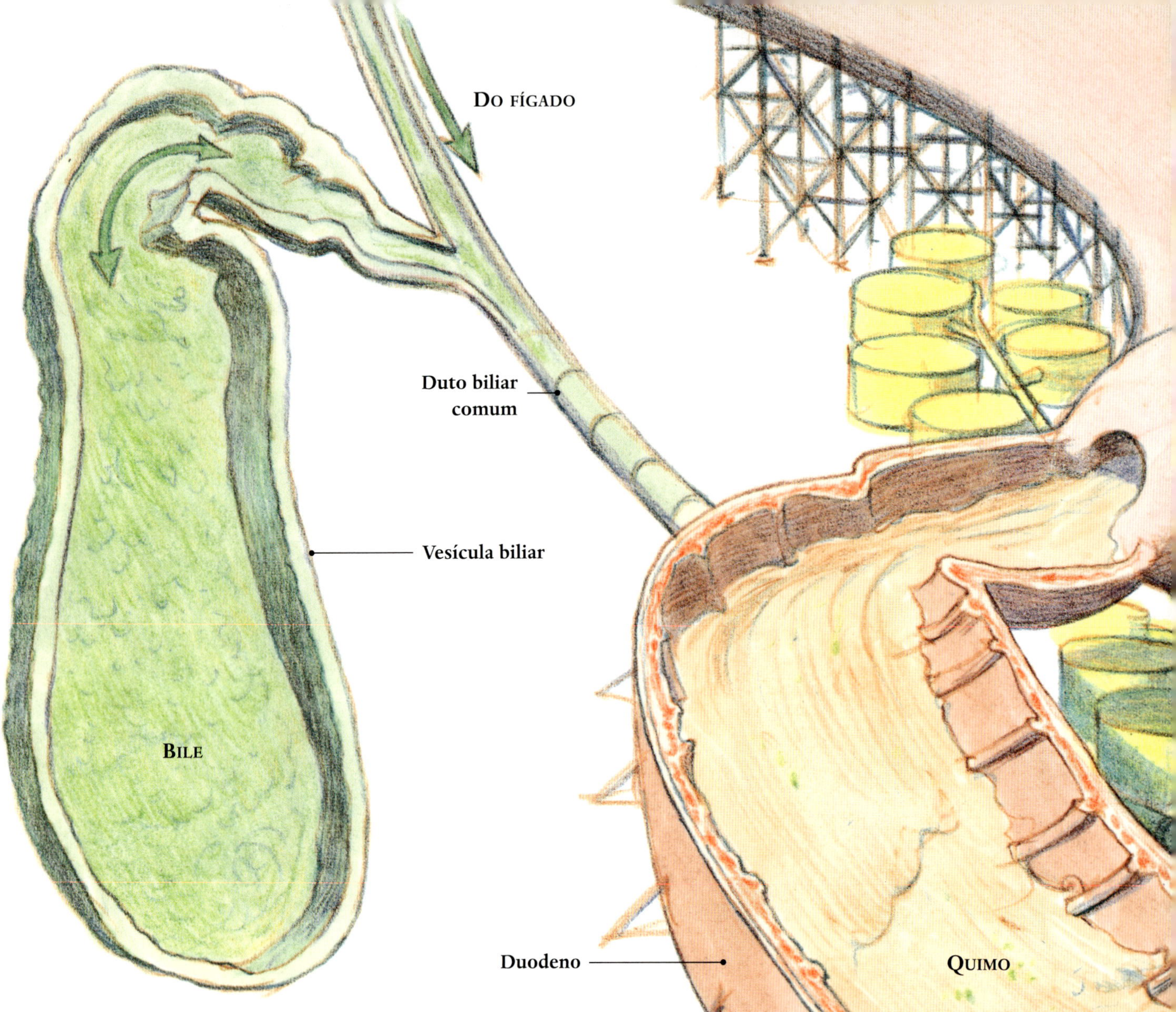

Primeiras cenas

Curto mas cheio de ação. Eis uma descrição que se aplica ao duodeno, que é a primeira porção do intestino delgado. É aqui que o quimo que vem do estômago é preparado para a fase final da digestão. As primeiras cenas desse filme acontecem no fígado e no pâncreas, cujos produtos – a bile, ou bílis, e o suco pancreático, respectivamente – são despejados no duodeno. Tanto a bile como o suco pancreático são líquidos alcalinos que, ao se misturarem ao quimo recém-chegado, fazem com que este passe de altamente ácido a apenas um pouco alcalino. Essa mudança é essencial porque as enzimas que agem no intestino delgado só funcionam em meio ligeiramente alcalino. Além disso, sem os ingredientes contidos na bile e no suco pancreático, o processo de digestão no intestino delgado seria interrompido.

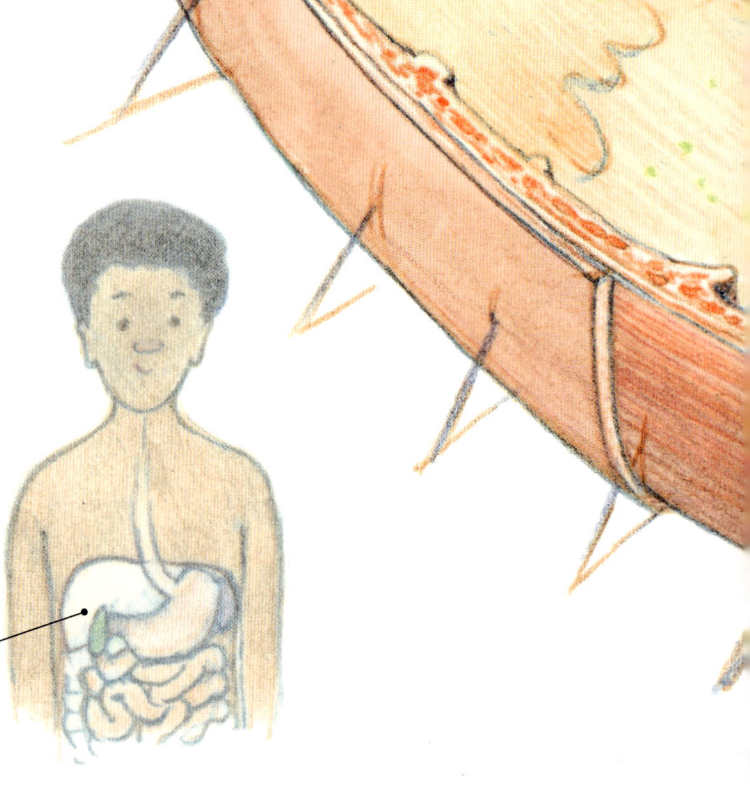

Mais ou menos do tamanho de um kiwi, a vesícula biliar (na página oposta) é uma bolsa muscular ligada ao fígado. Ela armazena, concentra e libera a bile, um líquido esverdeado produzido pelo fígado. Quando o quimo chega ao duodeno, a vesícula biliar se contrai, empurrando o conteúdo pelo duto biliar comum. Além de produtos de excreção, a bile também contém sais biliares que, no intestino delgado, convertem glóbulos de gordura em pequenas gotículas que são quebradas de modo muito mais fácil pelas enzimas que digerem gordura.

Aglomerados de células no pâncreas produzem o suco pancreático, que é liberado no duodeno através da abertura compartilhada com o duto biliar comum. O suco pancreático contém enzimas que quebram carboidratos, proteínas, gorduras e ácidos nucleicos. Assim como a pepsina no estômago, as enzimas que digerem proteínas são ativadas apenas no duodeno, para evitar que destruam as células que as produziram.

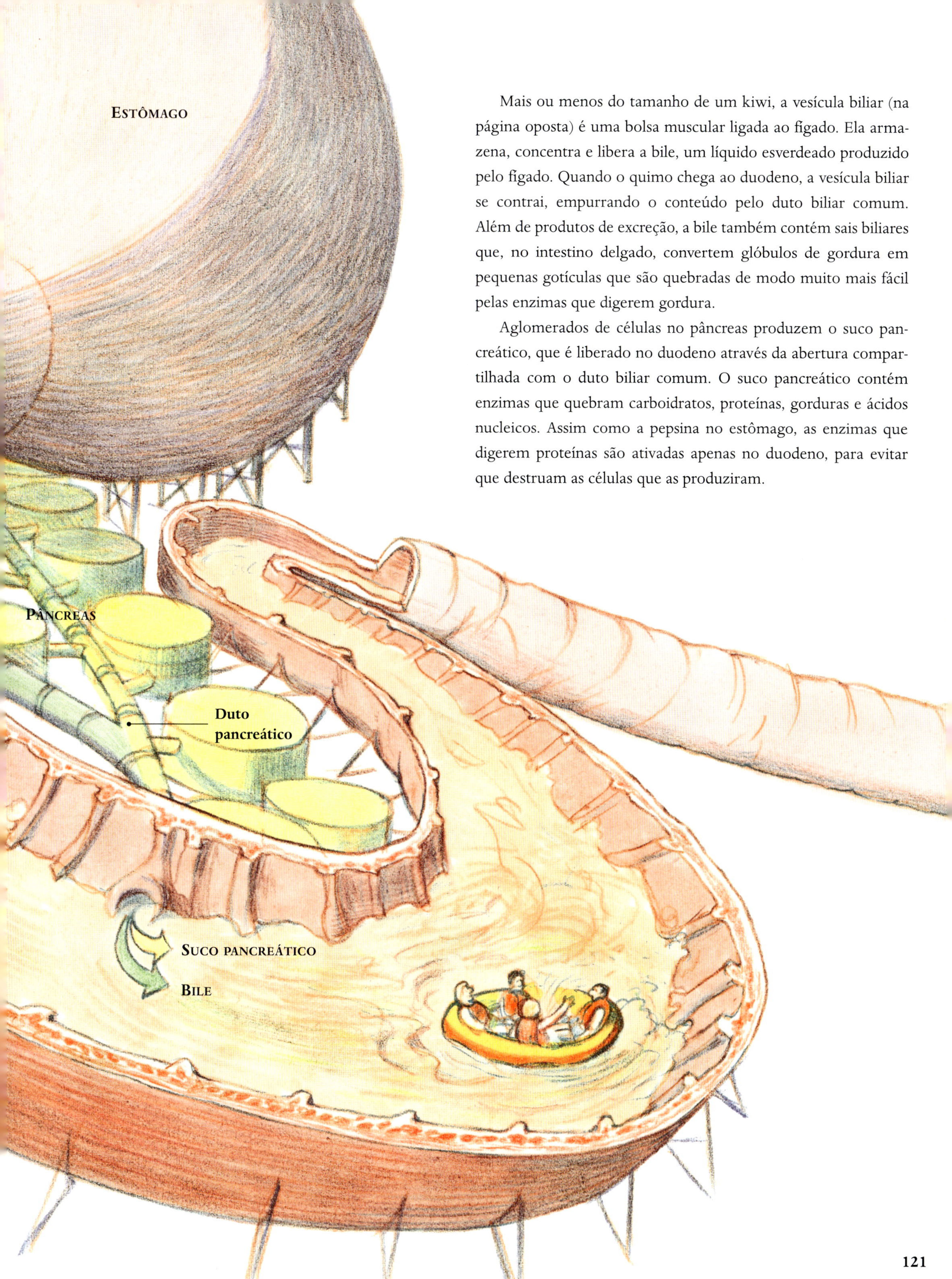

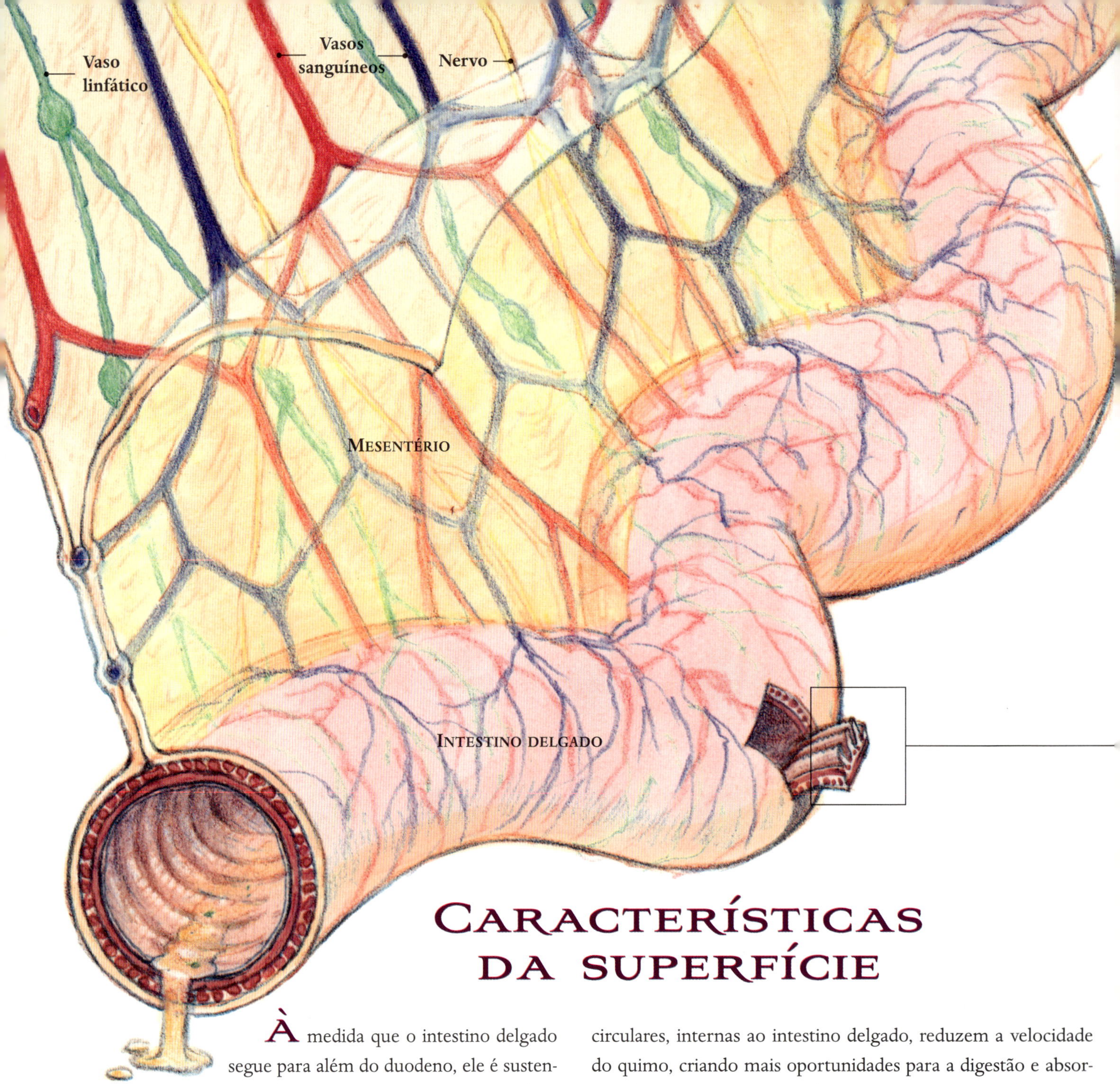

Características da superfície

À medida que o intestino delgado segue para além do duodeno, ele é sustentado pela parede posterior do abdome através de uma membrana de camada dupla chamada mesentério. Entre as duas camadas do mesentério há vasos sanguíneos e linfáticos, que levam o alimento recém-digerido, e nervos, que trazem comandos para as paredes musculares do intestino se moverem, continuando a digestão.

Graças ao seu comprimento considerável, o intestino delgado tem tempo suficiente tanto para digerir o alimento como para absorver os produtos da digestão. Sua superfície interna é surpreendentemente grande – composta por dobras e vilosidades – e também tem um papel importante no processo. Dobras circulares, internas ao intestino delgado, reduzem a velocidade do quimo, criando mais oportunidades para a digestão e absorção dos nutrientes. Revestidas por um suco intestinal aguado, essas dobras apresentam milhares de projeções muito pequenas, chamadas vilosidades, que formam o espaço tanto para o estágio final da digestão quanto para a absorção de seus produtos.

Assim como no esôfago, mas não com tanta força, os movimentos peristálticos fazem com que o alimento se mova ao longo do intestino delgado. Além disso, a contração da musculatura circular em algumas seções do intestino delgado produz um efeito de segmentação que sacode o quimo para a frente e para trás, misturando-o com as enzimas do suco pancreático e pondo-o em contato com as vilosidades.

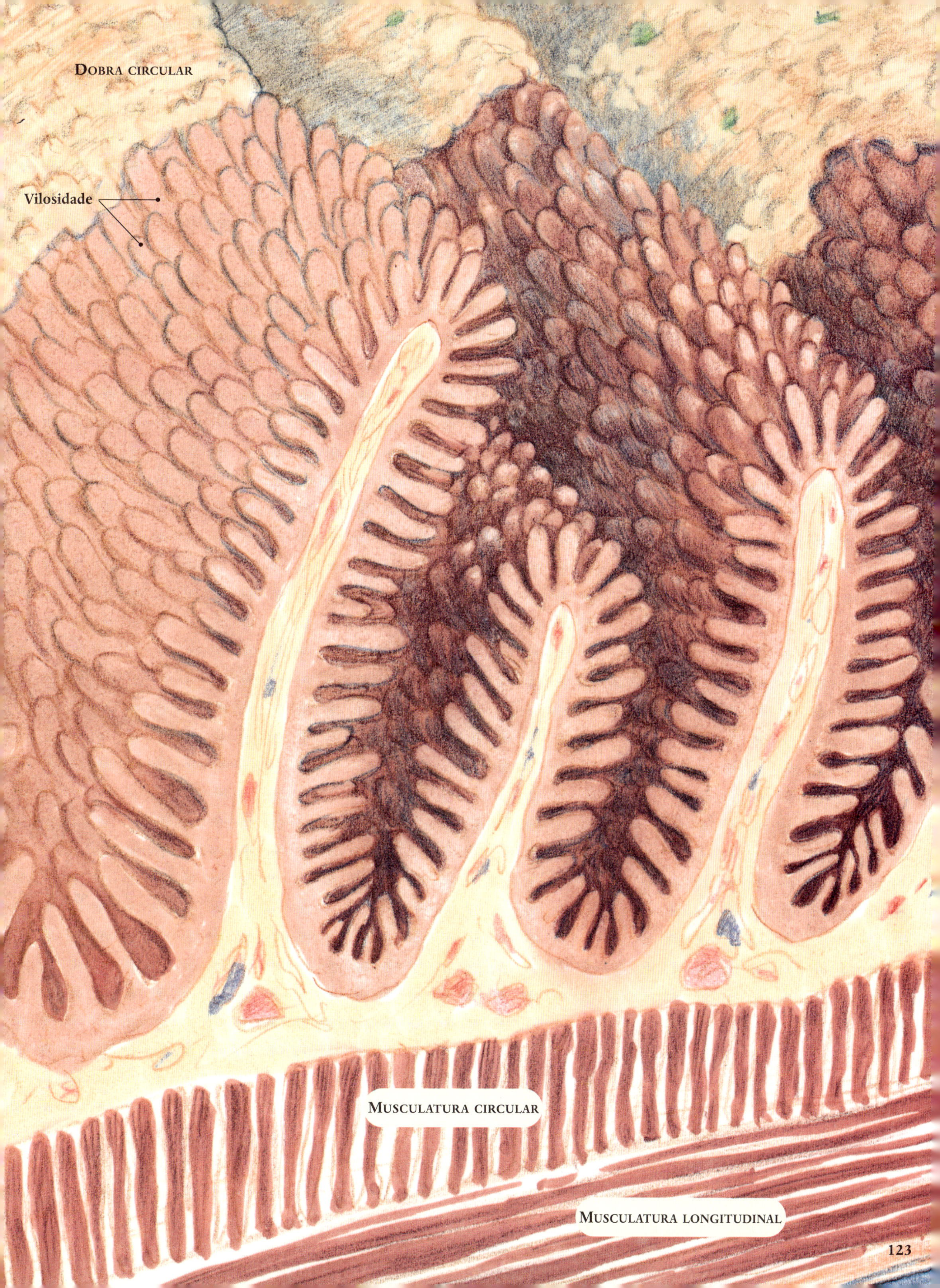
Dobra circular
Vilosidade
Musculatura circular
Musculatura longitudinal

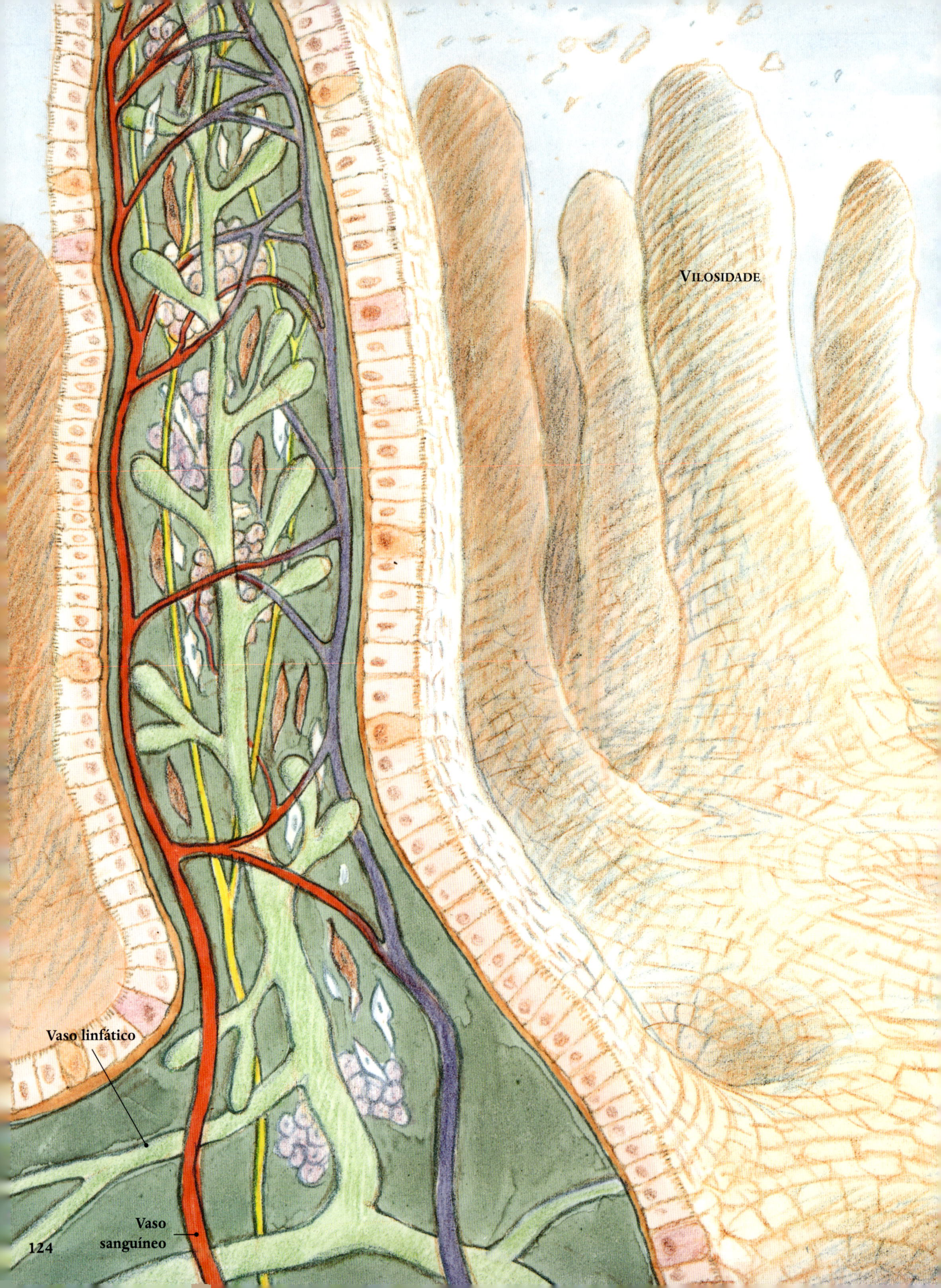

Vilosidade
Vaso linfático
Vaso sanguíneo

CRUZANDO A FRONTEIRA

Cada uma das pequenas vilosidades que se projetam da parede do intestino delgado tem as próprias vilosidades. Ao microscópio, a superfície das células epiteliais que recobrem uma vilosidade revela uma massa de microvilosidades. Sobre essas microvilosidades se encontram as enzimas que completam o processo de digestão dos carboidratos, que resulta em glicose, e a digestão de proteínas em aminoácidos. A digestão dos ácidos graxos já foi finalizada pelas enzimas do suco pancreático. Ao fornecer uma superfície enorme em que a digestão e a absorção dos produtos finais podem acontecer lado a lado, as microvilosidades aumentam grandemente a eficiência de ambos os processos.

No interior de cada vilosidade há uma rede de capilares sanguíneos e um ramo do sistema linfático. A glicose e os aminoácidos são absorvidos para o interior dos capilares e levados ao fígado para serem processados. Os ácidos graxos são remontados em moléculas de gordura e passam pelos vasos linfáticos antes de serem liberados na corrente sanguínea. As vilosidades também absorvem a maior parte da água contida nos alimentos, na saliva, no suco gástrico e em outras secreções, assim como os sais biliares que auxiliaram na digestão das gorduras. Estes, numa boa prática de economia doméstica, são enviados de volta ao fígado para reciclagem.

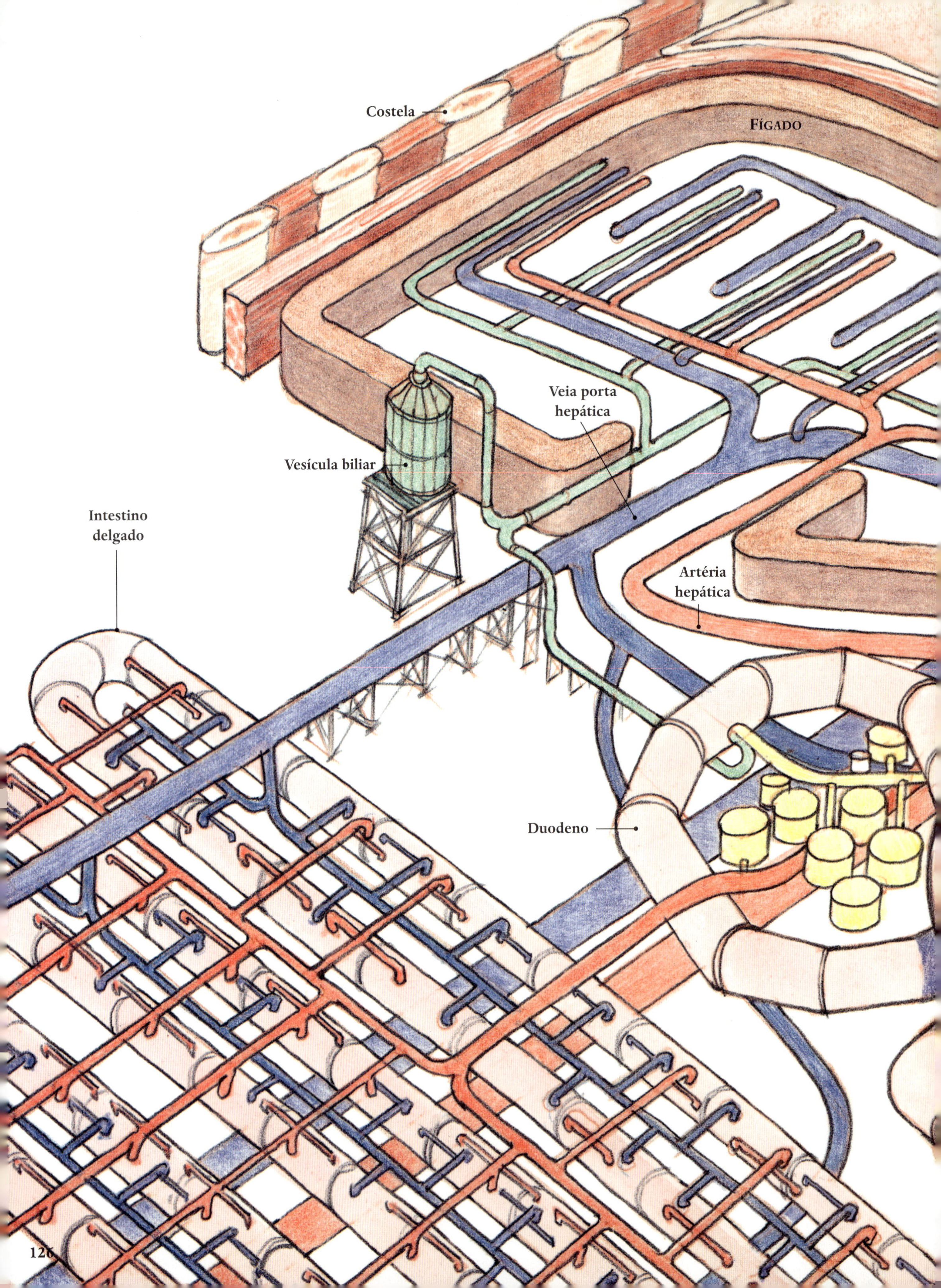
Costela
Fígado
Veia porta hepática
Vesícula biliar
Intestino delgado
Artéria hepática
Duodeno

Zona industrial

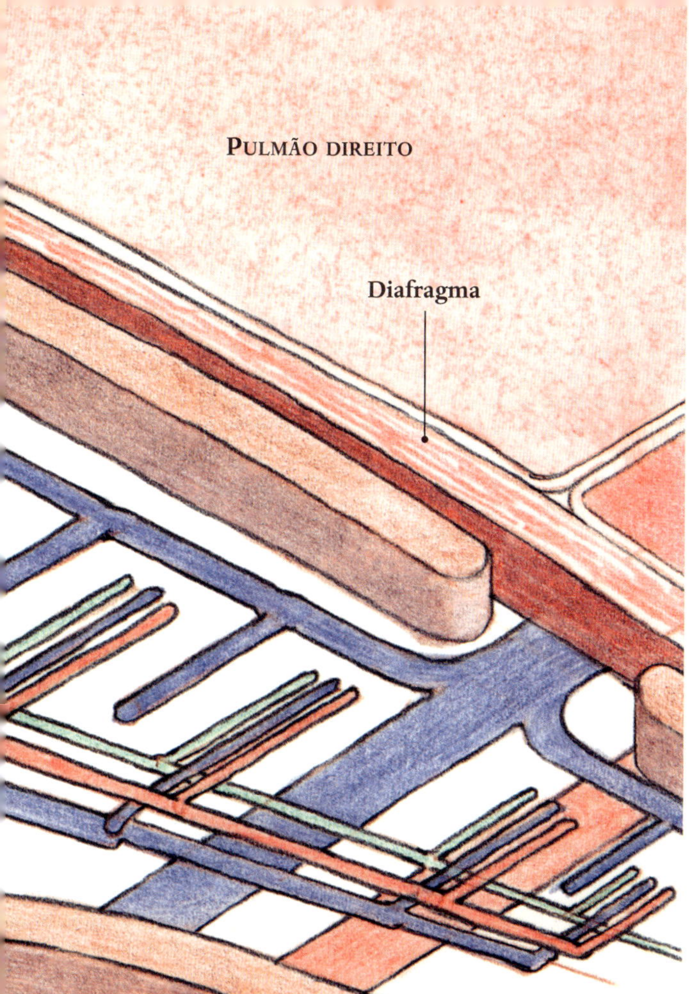

Vermelho-escuro e em formato de cunha, o fígado é o maior dos nossos órgãos internos e usina principal de processamento e produção do corpo humano. Sua única contribuição direta para a digestão é o fornecimento de bile para o duodeno, mas o fígado tem centenas de outras funções. A mais importante delas é monitorar e ajustar a composição química do sangue. Por exemplo, as células do fígado têm a função vital de armazenar, redirecionar e transformar os nutrientes que vêm pela corrente sanguínea após serem absorvidos do sistema digestório. Sem essa intervenção, cada refeição poderia causar um pico nos níveis de açúcar e outros nutrientes na corrente sanguínea, o que poderia ser catastrófico para o bem-estar de nossas células.

Diferente da maioria dos outros órgãos, o fígado recebe sangue de duas fontes diferentes – sangue rico em oxigênio que chega do coração através da artéria hepática e sangue pobre em oxigênio, mas rico em nutrientes, que chega do trato digestório através da veia porta hepática. No interior do fígado, essas duas correntes se misturam. O sangue processado então sai do fígado em direção ao coração, numa jornada curta.

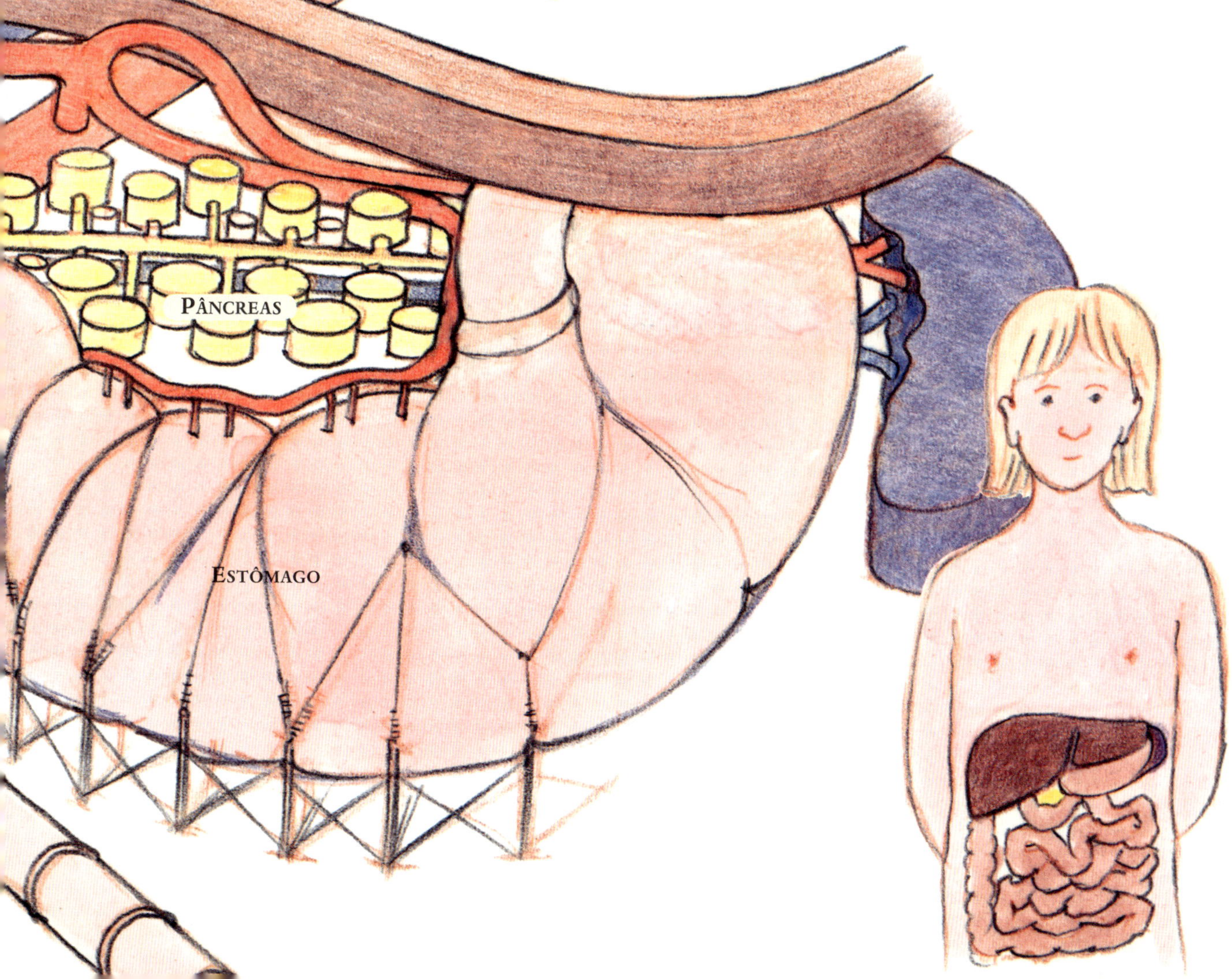

Em direção
ao coração
Veia central
Vênula
Arteríola
Ramo do
duto biliar
Lóbulo

Usina de processamento

Visto por fora, o fígado não dá pistas sobre o que acontece no seu interior, exceto pelo vermelho forte, que mostra a riqueza do suprimento de sangue no seu tecido. Sob o microscópio, por outro lado, tudo se revela. Aqui podemos ver os operários do fígado, os "faz-tudo" do mundo celular. São chamados hepatócitos, células organizadas em milhares de unidades hexagonais chamadas lóbulos, cada um do tamanho de uma semente de alpiste. No interior do lóbulo, camadas de hepatócitos revestem uma trama de capilares largos e permeáveis (que "vazam") que convergem em direção a uma veia central. Nos cantos de cada lóbulo há três vasos, dois que trazem sangue para o fígado e um que leva a bile para fora. Uma arteríola traz o sangue do coração, enquanto uma vênula traz sangue do trato digestório. À medida que o sangue passa pela trama de capilares a caminho da veia central, os hepatócitos têm tempo suficiente para limpá-lo e ajustar a sua composição. Na direção oposta, a bile secretada pelos hepatócitos viaja em tubos estreitos com destino aos hepatócitos.

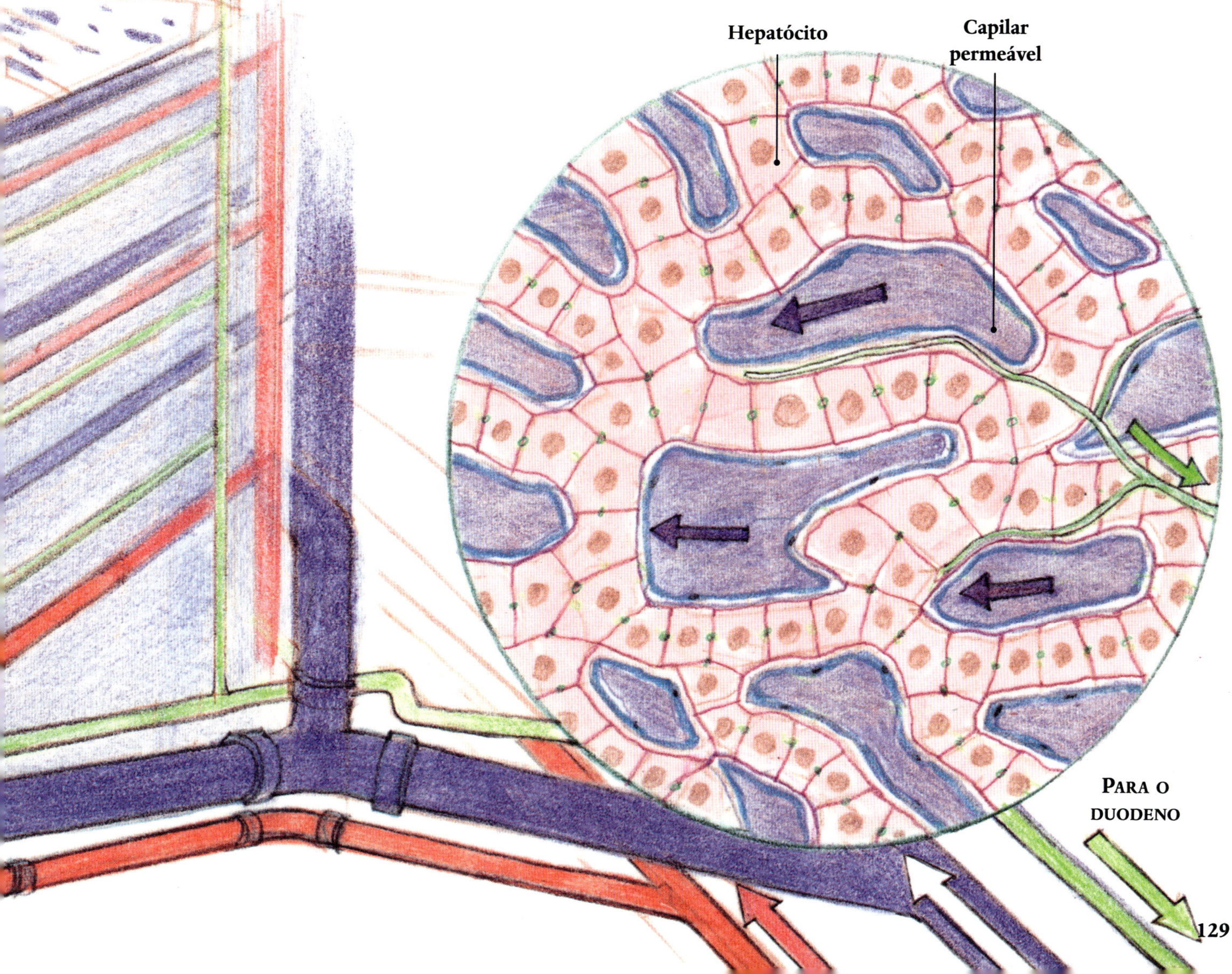

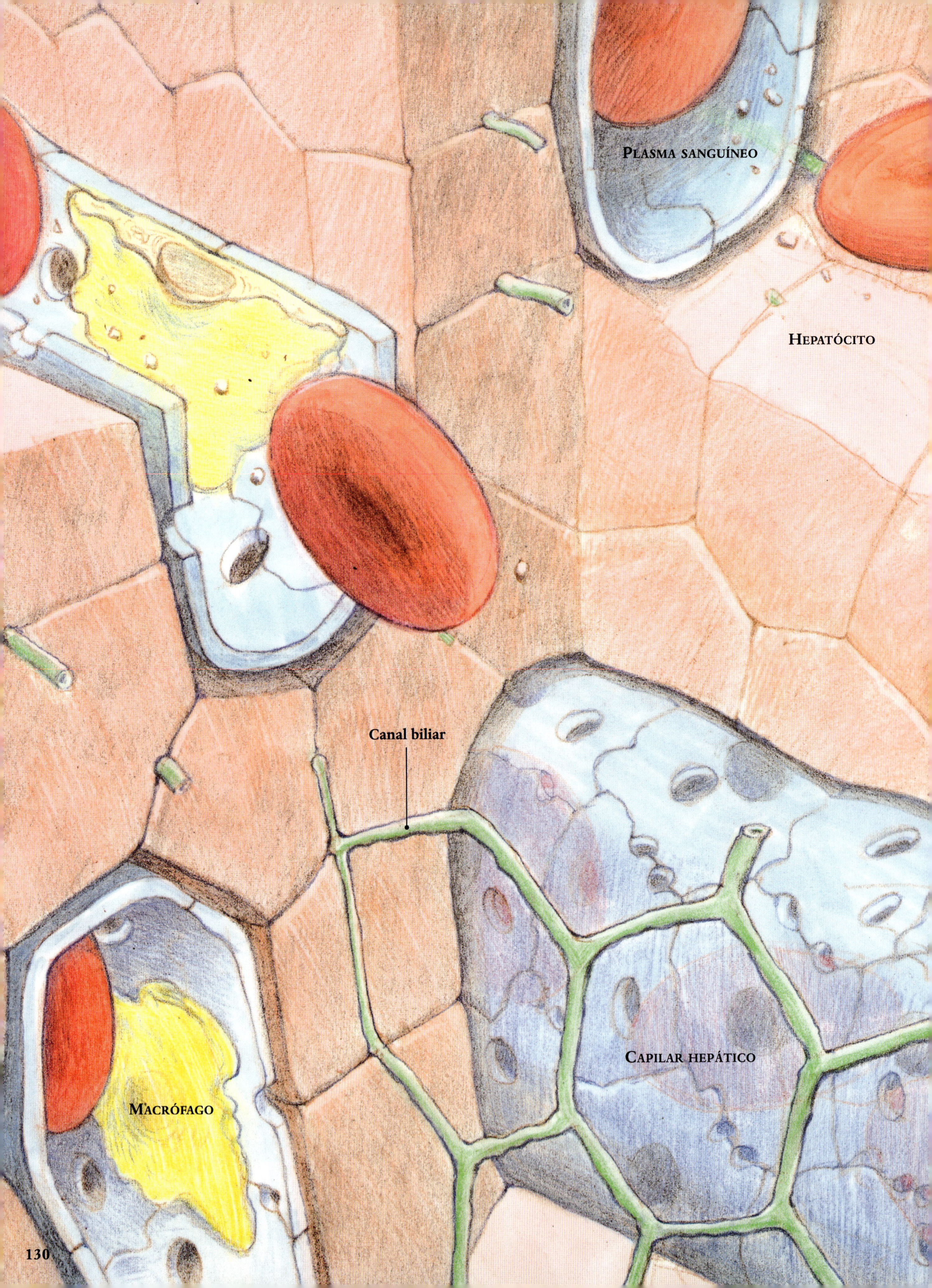
Plasma sanguíneo
Hepatócito
Canal biliar
Capilar hepático
Macrófago

CÉLULAS HEPÁTICAS

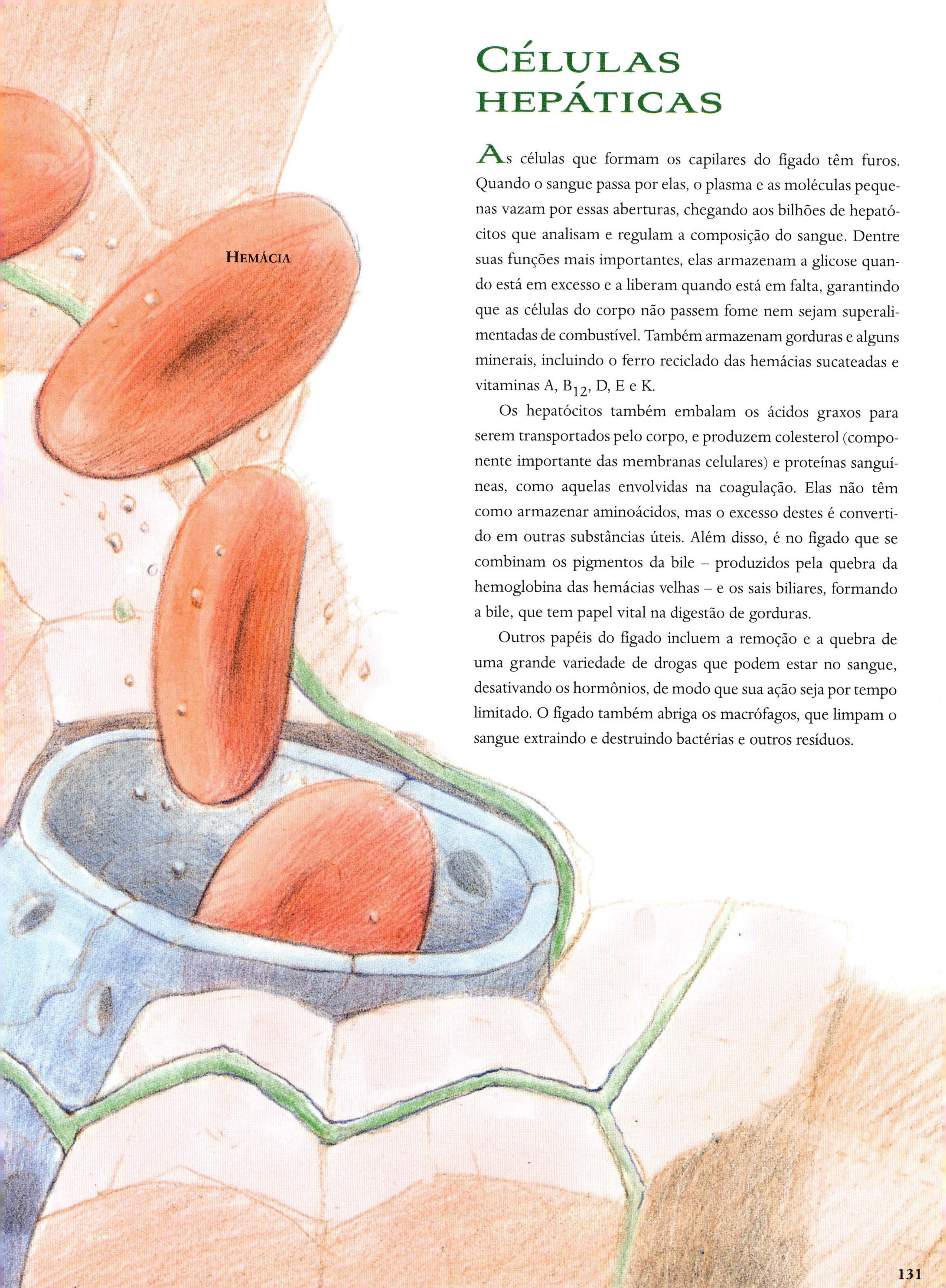

As células que formam os capilares do fígado têm furos. Quando o sangue passa por elas, o plasma e as moléculas pequenas vazam por essas aberturas, chegando aos bilhões de hepatócitos que analisam e regulam a composição do sangue. Dentre suas funções mais importantes, elas armazenam a glicose quando está em excesso e a liberam quando está em falta, garantindo que as células do corpo não passem fome nem sejam superalimentadas de combustível. Também armazenam gorduras e alguns minerais, incluindo o ferro reciclado das hemácias sucateadas e vitaminas A, B_{12}, D, E e K.

Os hepatócitos também embalam os ácidos graxos para serem transportados pelo corpo, e produzem colesterol (componente importante das membranas celulares) e proteínas sanguíneas, como aquelas envolvidas na coagulação. Elas não têm como armazenar aminoácidos, mas o excesso destes é convertido em outras substâncias úteis. Além disso, é no fígado que se combinam os pigmentos da bile – produzidos pela quebra da hemoglobina das hemácias velhas – e os sais biliares, formando a bile, que tem papel vital na digestão de gorduras.

Outros papéis do fígado incluem a remoção e a quebra de uma grande variedade de drogas que podem estar no sangue, desativando os hormônios, de modo que sua ação seja por tempo limitado. O fígado também abriga os macrófagos, que limpam o sangue extraindo e destruindo bactérias e outros resíduos.

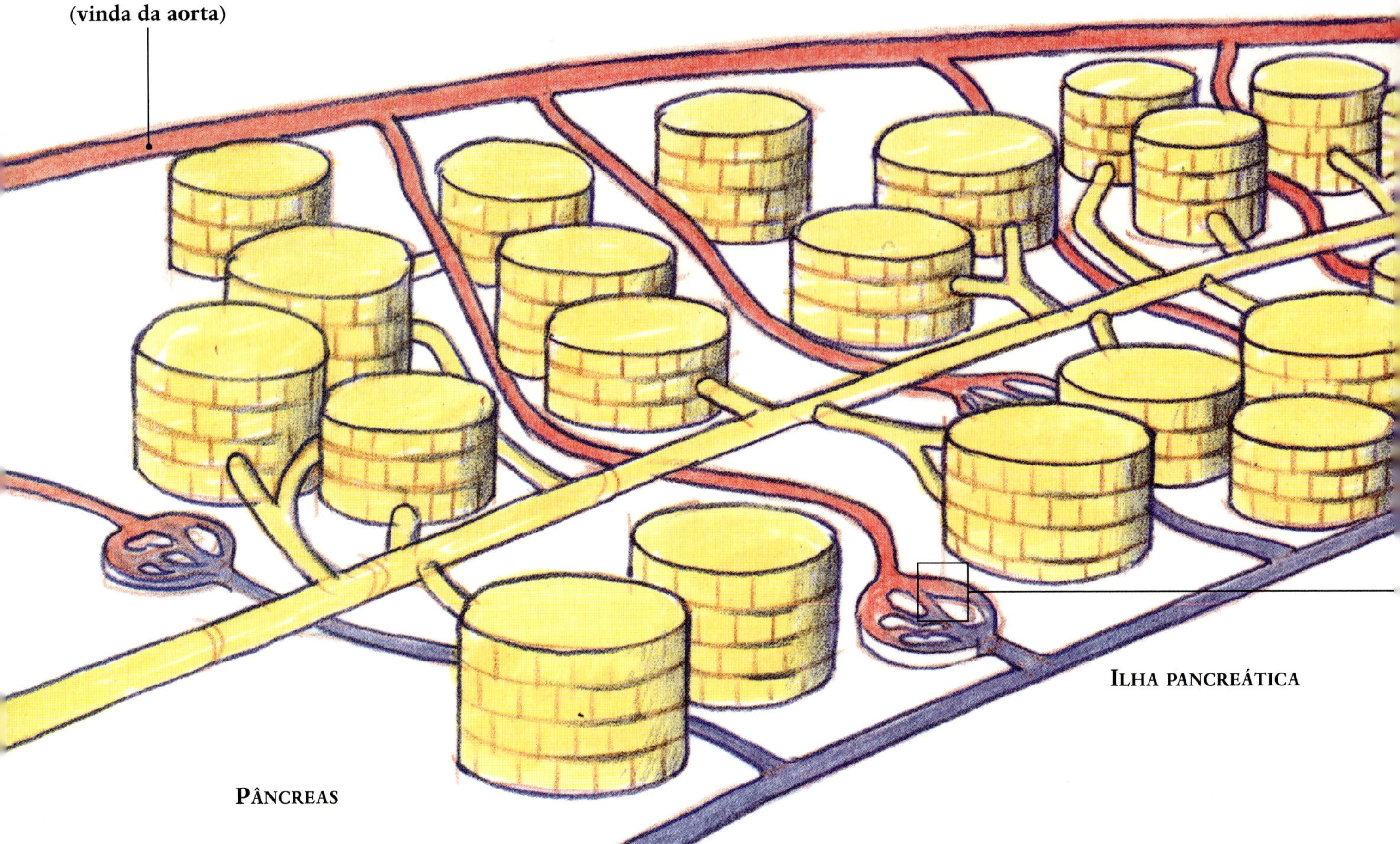

De volta ao pâncreas

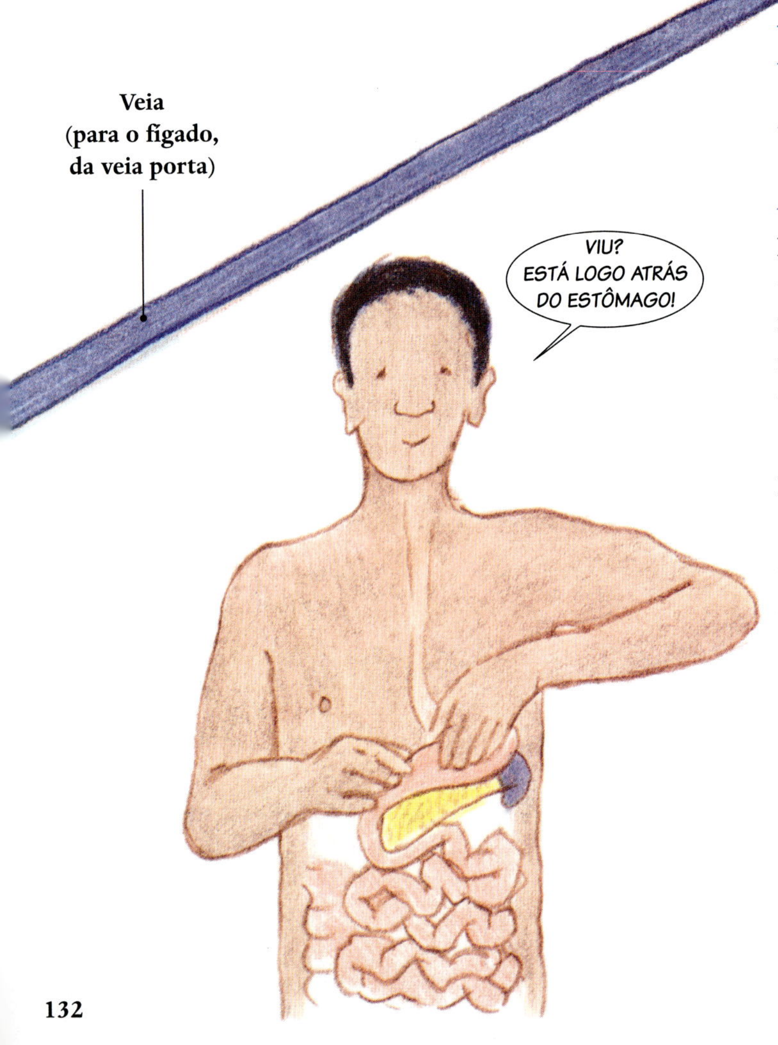

Além de produzir enzimas digestivas e liberá-las no duodeno, o pâncreas tem outro papel importante. Espalhadas entre os grupos de células secretoras de enzimas, há cerca de um milhão de glândulas muito pequenas, chamadas ilhas pancreáticas, que liberam dois hormônios importantíssimos, chamados glucagon e insulina, que garantem que nossas células nunca ficam sem combustível.

Uma célula sem glicose é como um carro sem gasolina; ela simplesmente para de funcionar. Como a glicose é a fonte principal de energia da célula, precisa estar disponível 24 horas por dia. Sem a interferência do glucagon e da insulina, os níveis de glicose no sangue disparariam logo após as refeições e despencariam entre elas. Níveis muito altos de glicose inibem sua absorção pelas células, e níveis muito baixos são insuficientes para suprir as necessidades das células. O que os hormônios do pâncreas fazem, através de suas ações opostas, é manter um nível mais ou menos constante de glicose no sangue, a fim de garantir que nossas células tenham um fornecimento constante, independente de estarmos famintos ou de estômago cheio, dormindo ou em atividade.

Hormônios do pâncreas

No interior das ilhas pancreáticas há dois tipos de células produtoras de hormônios. As células alfa produzem glucagon, um hormônio que dispara o aumento da glicose no sangue. As células beta liberam insulina, que reduz a quantidade de glicose na circulação. Ambos os hormônios são secretados em capilares que conduzem à veia porta hepática, a caminho do fígado. Tanto as membranas celulares das células alfa quanto as das células beta são dotadas de sensores que "percebem" a quantidade de glicose no sangue que passa por elas, de modo a "saberem" quanto hormônio liberar.

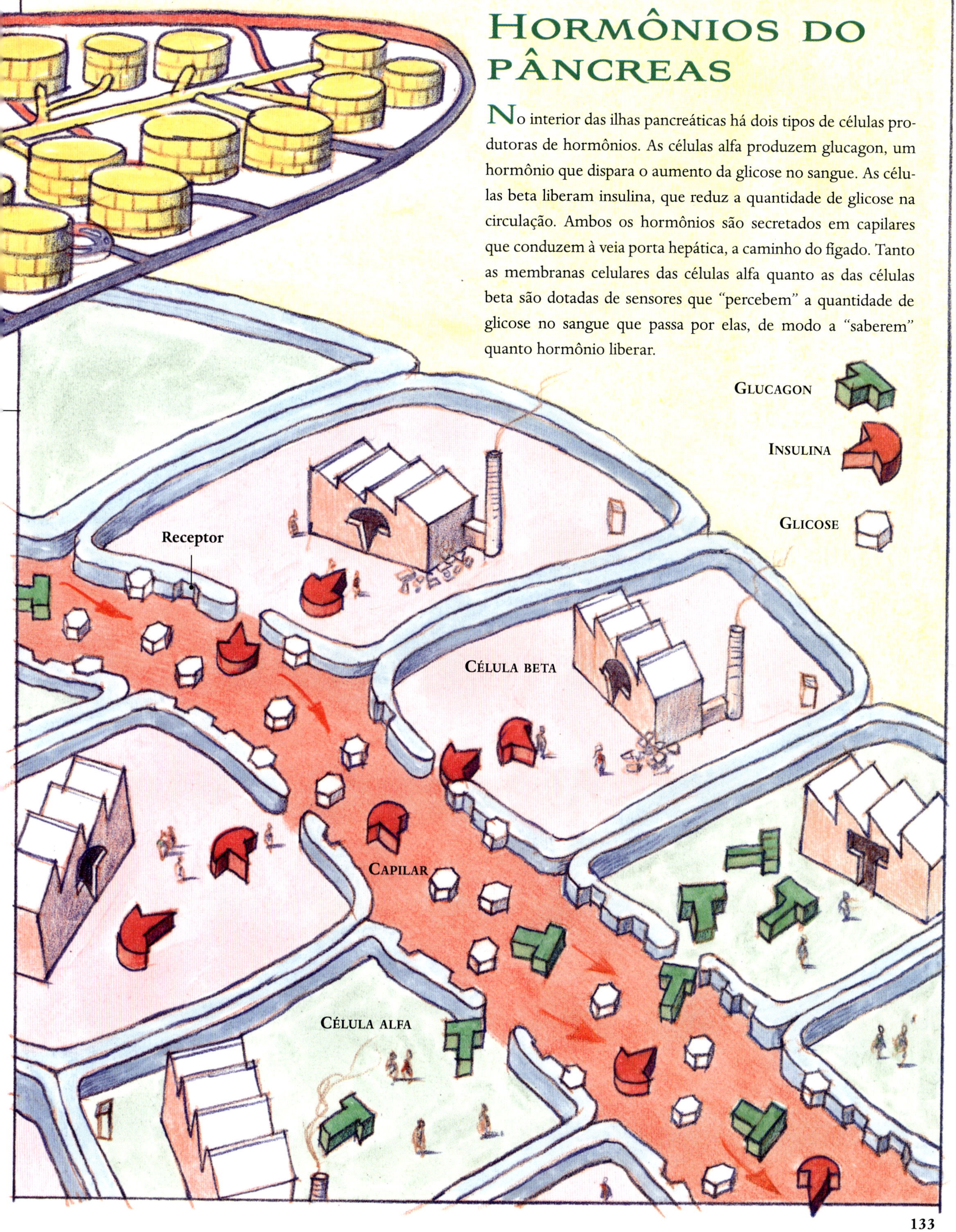

CONTROLANDO A GLICOSE

1. PÂNCREAS

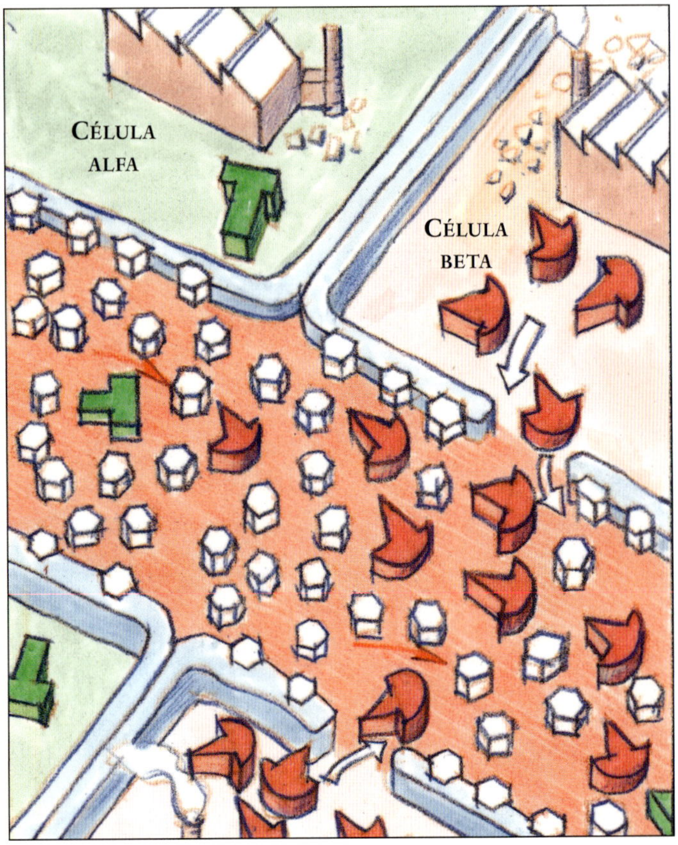

Quando o sangue passa por elas, tanto as células alfa quanto as células beta do pâncreas agem como pequenos sensores de combustível. Conforme as moléculas de glicose preenchem, ou não, os sensores nas membranas, as células respondem de maneiras opostas. Quando a glicose está em alta, as células beta aumentam a liberação de insulina, o que, por sua vez, avisa as células do fígado e outras para tomarem medidas no sentido de reduzir os níveis de glicose no sangue. Quando a glicose está escassa, as células alfa liberam mais glucagon, que sinaliza às células hepáticas que aumentem os níveis de glicose no sangue. Funcionando juntos em tempo integral, os dois hormônios produzem o equilíbrio essencial dos níveis de glicose no sangue de forma muito elegante.

GLICOSE DEMAIS (APÓS AS REFEIÇÕES)

1. As células beta reagem aos níveis altos de glicose, liberando mais insulina, enquanto a produção de glucagon pelas células alfa diminui.
2. A insulina se liga às células do fígado, o que dispara a produção de glicogênio a partir da glicose do sangue. O glicogênio é a forma como a glicose é armazenada nas células do fígado; trata-se de uma molécula grande, composta de moléculas de glicose ligadas umas às outras.
3. A insulina se liga às células dos tecidos, incentivando a absorção de glicose e o seu uso na produção de energia.

Os níveis de glicose no sangue baixam.

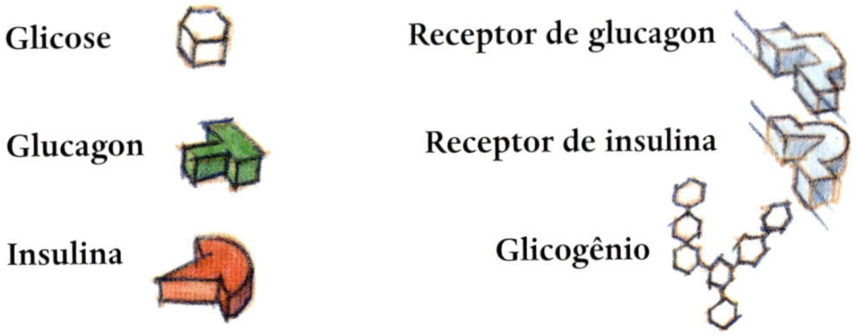

GLICOSE DE MENOS (ENTRE AS REFEIÇÕES)

1. As células alfa reagem aos baixos níveis de glicose liberando quantidades extras de glucagon enquanto diminui a produção de insulina pelas células beta.
2. O glucagon se liga às células hepáticas, disparando a quebra do glicogênio em glicose e a liberação da glicose no sangue.
3. O glucagon não tem como alvo as células dos tecidos, mas os níveis baixos de insulina significam que essas células não reduzem a glicose no sangue.

Os níveis de glicose no sangue sobem.

A insulina e o glucagon não duram muito tempo na corrente sanguínea. Eles são retirados pelo fígado em questão de minutos, de modo a não se acumularem e não interferirem no processo sensível de controle da glicose.

2. Fígado

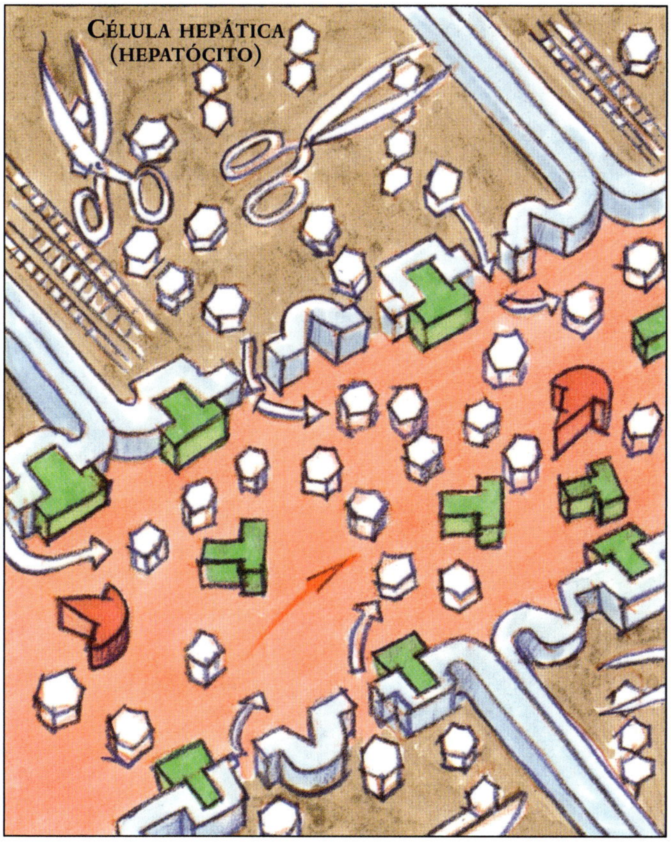

3. Tecidos

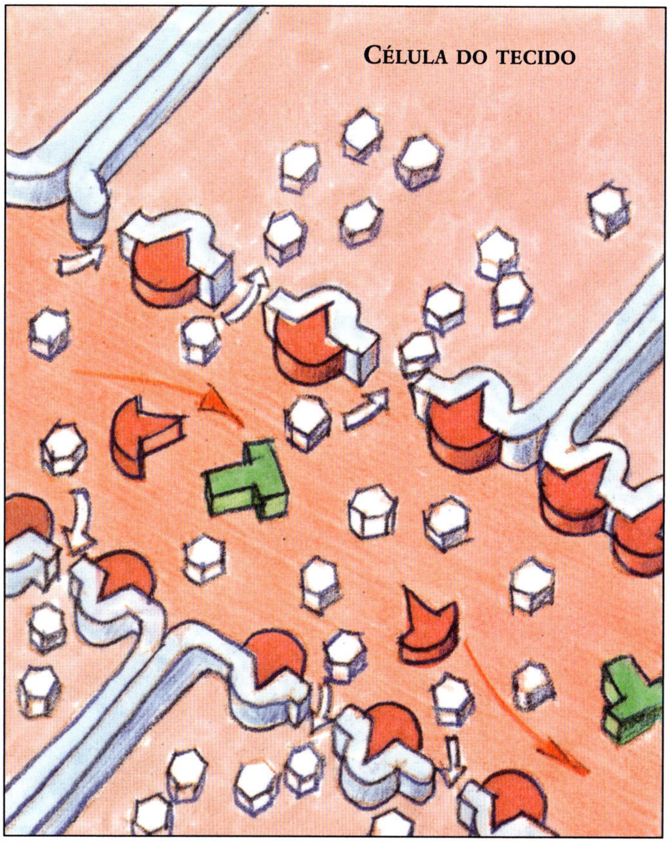

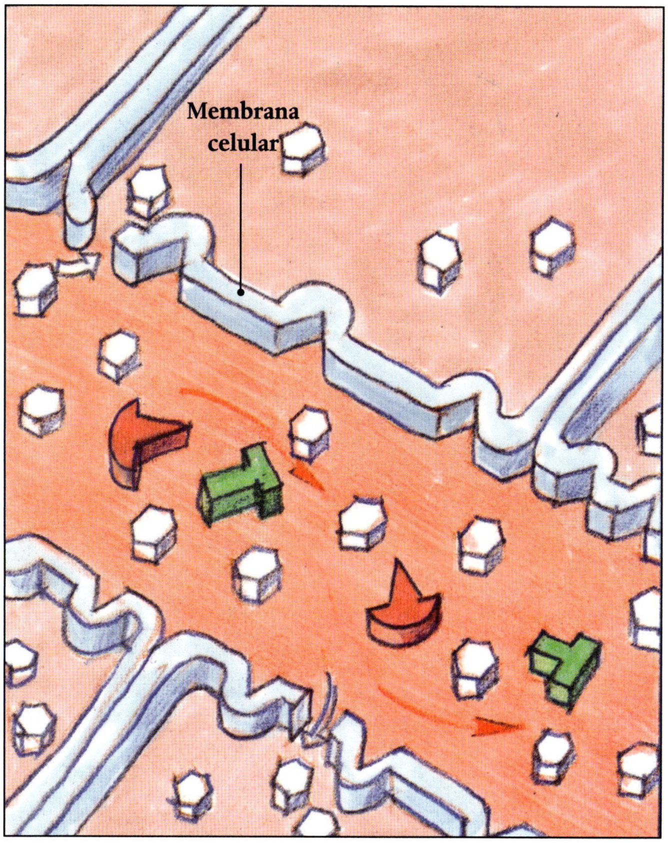

Dentro dos rins

O alimento digerido fornece as matérias-primas para o metabolismo. Um dos resíduos mais importantes do metabolismo é a ureia, produzida no fígado a partir dos aminoácidos em excesso. Como os resíduos do metabolismo podem envenenar o corpo, é essencial que sejam eliminados de forma rápida e eficiente. Nossos rins fazem uma parte crucial desse serviço através da filtragem contínua do sangue. Além de remover os resíduos, eles retiram o excesso de água e de sais do sangue, mantendo inalterados a concentração e o volume do sangue. A mistura de resíduos e água forma a urina, que os rins encaminham para descarte.

Cada rim se divide em três zonas – o córtex, a medula (ou pirâmide renal) e a pelve renal. O córtex e a medula abrigam um milhão de néfrons, que são as minúsculas unidades filtradoras que produzem a urina. A pelve renal, que é oca, serve de funil para levar a urina até o ureter, que a levará ao seu destino seguinte.

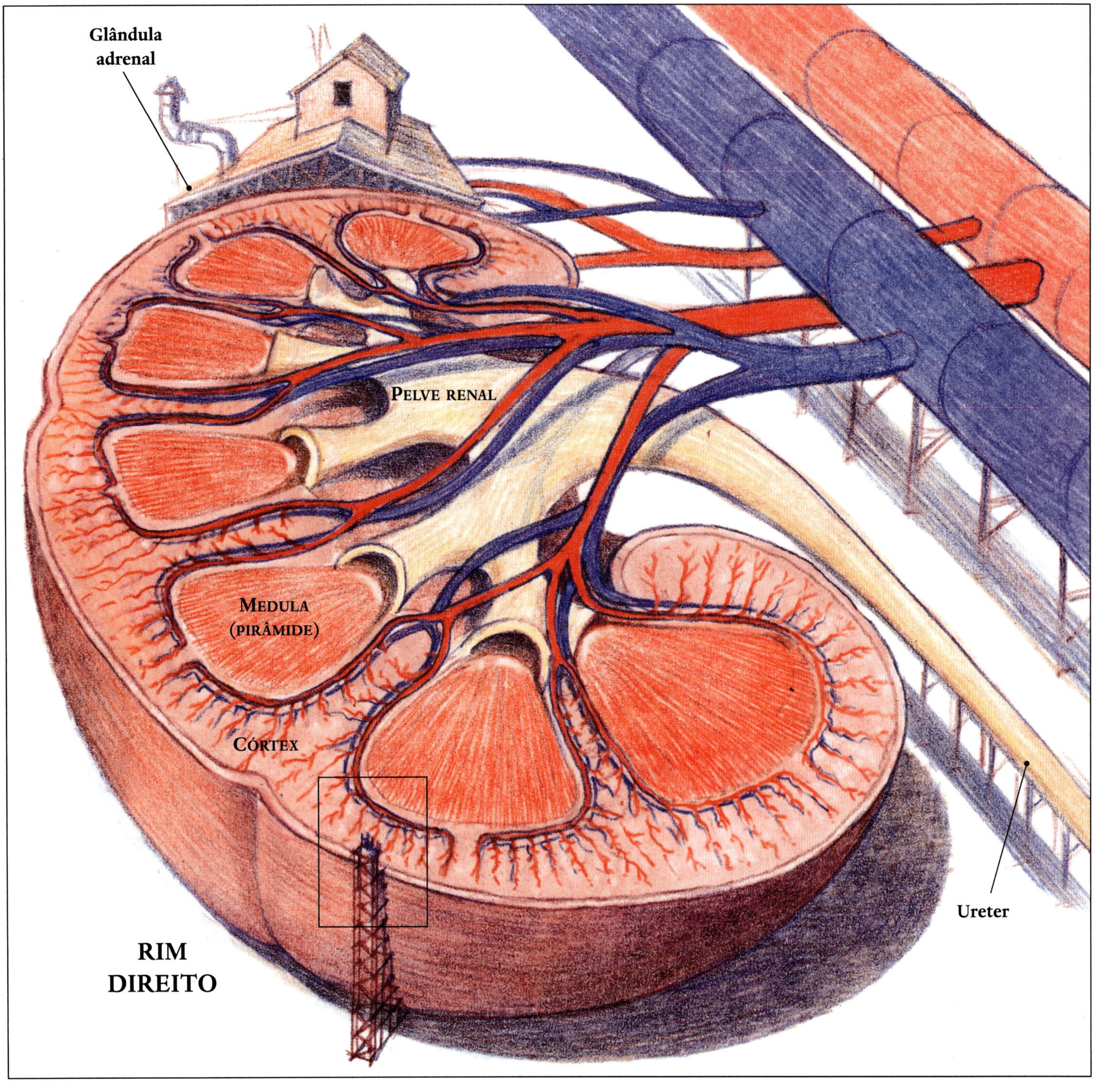

MEDULA
(PIRÂMIDE)
CÓRTEX
NÉFRON
DUTO COLETOR
BANHEIROS

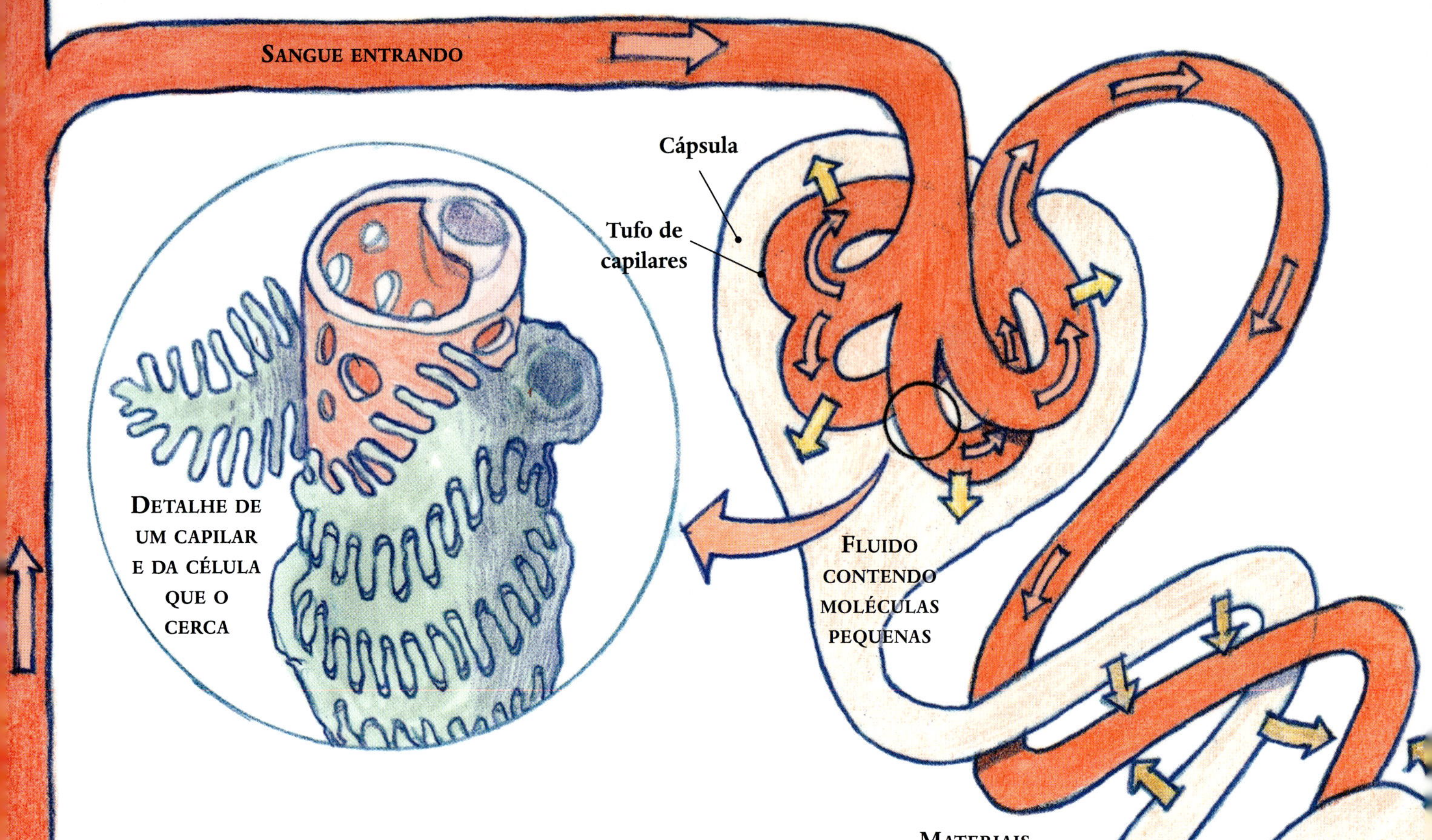

FAZENDO URINA

Cada um dos néfrons dos rins é feito de um tufo de capilares e de um túbulo longo. A primeira parte do túbulo forma uma cápsula ao redor dos capilares. O sangue é empurrado pelos capilares sob alta pressão, o que força o fluido com as moléculas menores (mas não as células sanguíneas) para fora e para dentro da cápsula.

Como o fluido não contém apenas resíduos, mas também substâncias que não podem se perder, como glicose e aminoácidos, pode parecer que o mecanismo de produção de urina desperdiça materiais importantes. Mas nem tudo se perde. Quando o fluido passa na primeira porção do túbulo, toda a glicose, os aminoácidos e outros materiais essenciais são reabsorvidos para a corrente sanguínea. Conforme o túbulo desce e sobe, em uma alça, um pouco da água e dos sais também é retirado de volta, sobrando apenas a urina – uma mistura de ureia, água e sais – para descer em direção ao duto coletor. Assim, o volume e a concentração da urina são ajustados de acordo com nosso estado, se estamos com calor e desidratados, ou confortáveis e hidratados, ou em algum estado intermediário. Em um dia médio, nossos rins processam o volume equivalente a doze banheiras de sangue para produzir uma quantidade de urina que cabe numa garrafa grande de refrigerante.

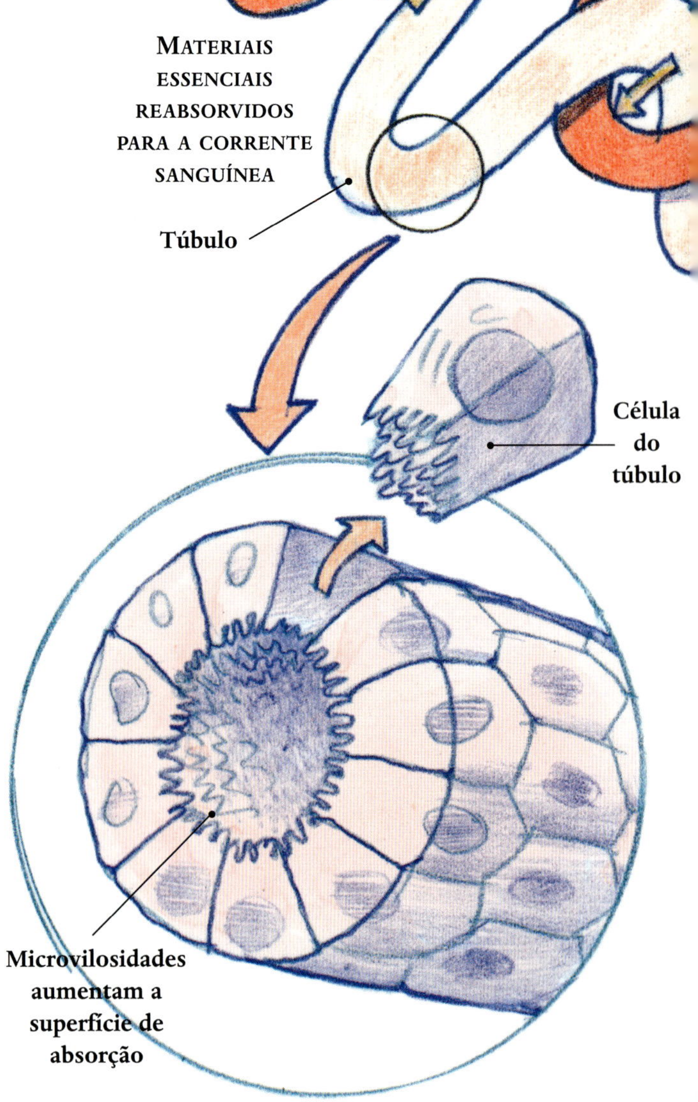

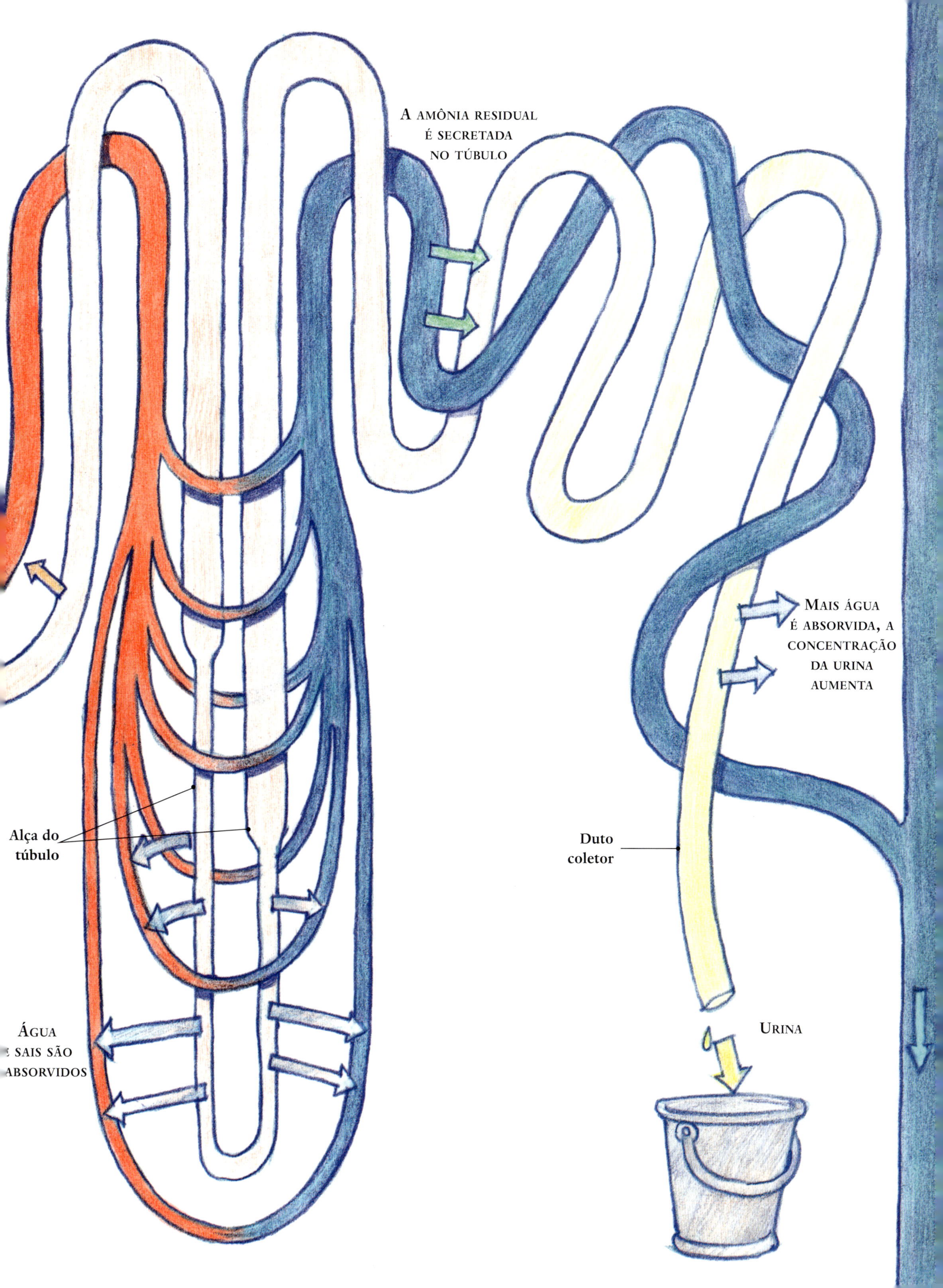
A amônia residual
é secretada
no túbulo
Mais água
é absorvida, a
concentração
da urina
aumenta
Alça do
túbulo
Duto
coletor
Água
e sais são
absorvidos
Urina

PRECISO IR ALI

Ninguém escapa do inevitável. Várias vezes por dia paramos o que estamos fazendo para ir ao banheiro e urinar. Pode parecer inconveniente, mas é muito melhor do que um pinga-pinga constante. O fluxo constante da urina que vem dos rins é canalizado por dois tubos chamados ureteres e armazenado na bexiga até ser descartado através da uretra quando urinamos.

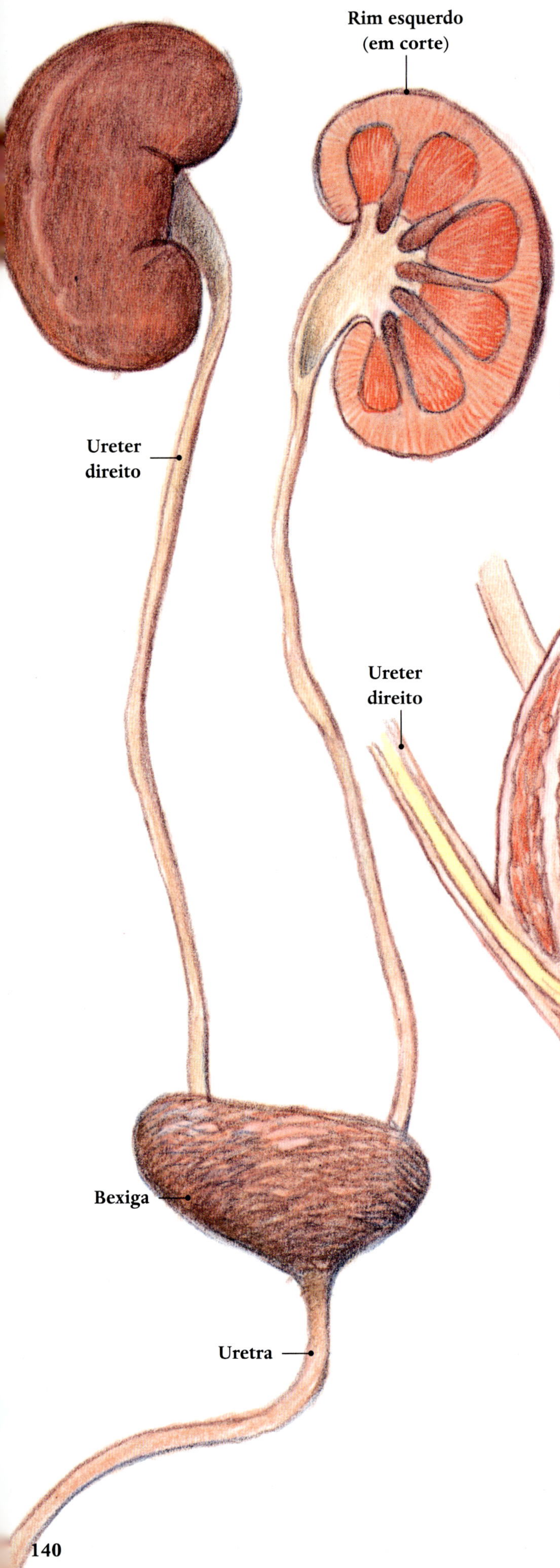

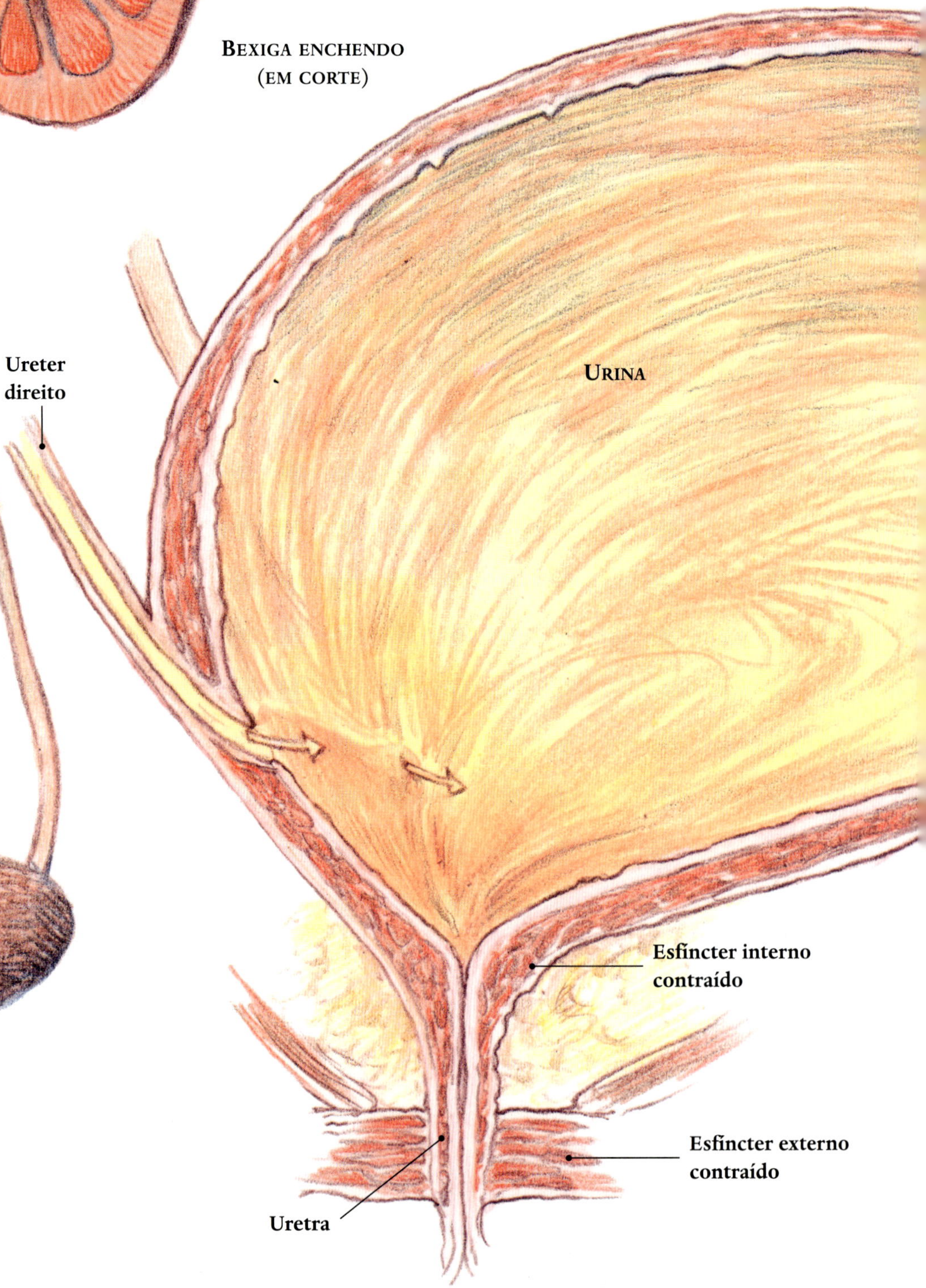

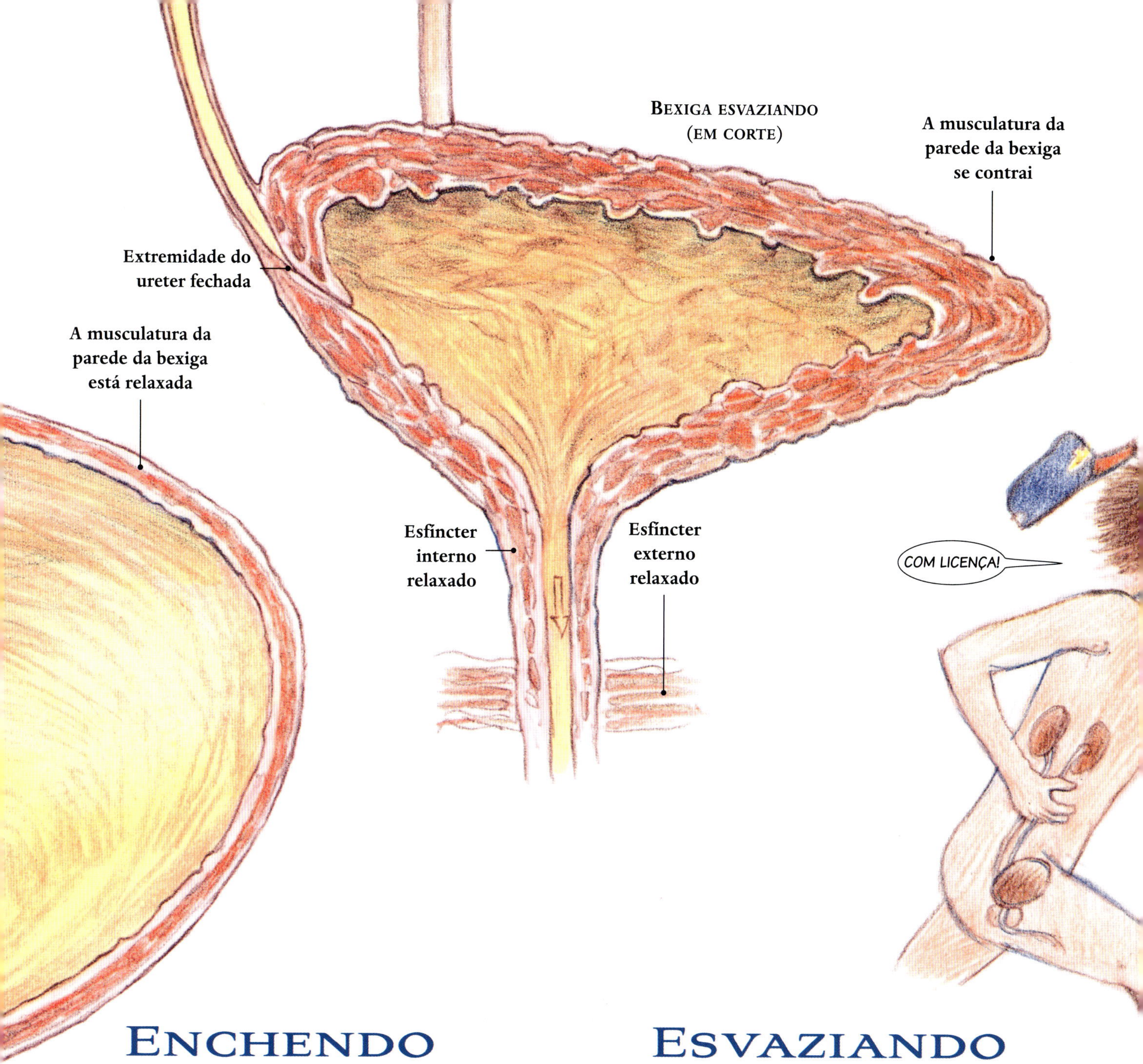

ENCHENDO

Cada ureter traz a urina do rim, através de movimentos peristálticos, até uma abertura atrás da bexiga, que é uma bolsa de armazenamento musculosa e muito flexível. A pressão da urina no interior da bexiga fecha essa abertura o suficiente para evitar que a urina flua de volta, mas ainda permite a entrada dela. A uretra é o tubo que leva a urina para fora. Ela é fechada acima por um esfíncter interno, que circunda a junção entre a bexiga e a uretra, e abaixo por um esfíncter externo, controlado por nós. Com a musculatura de sua parede relaxada, a bexiga se torna mais arredondada conforme se enche de urina. Há sensores de alongamento na musculatura da parede da bexiga que informam ao sistema nervoso se ela está cheia.

ESVAZIANDO

Inicialmente, a bexiga mantém a musculatura da sua parede relaxada e os esfíncteres fechados. Mas, depois que um volume razoável de urina se acumulou, um aviso de que estamos com vontade de urinar é enviado ao cérebro. Sinais involuntários do tronco cerebral contraem a musculatura da parede da bexiga e relaxam os esfíncteres. Se quisermos, somos capazes de anular esse reflexo e manter o esfíncter externo (que é voluntário) fechado. Mas, conforme mais urina se acumula, a necessidade de esvaziar a bexiga se torna urgente. Enfim, acabamos por relaxar o esfíncter externo e permitir a contração rítmica da parede da bexiga, que empurra a urina para fora pela uretra. A bexiga logo volta ao seu tamanho original, as dobras internas reaparecem e ela começa a se encher novamente.

Rota de saída

Quando a comida chega ao final do intestino delgado, só resta uma mistura aguada de material indigerível e células mortas do intestino. Os movimentos peristálticos periodicamente empurram esses resíduos por uma válvula de sentido único para o intestino grosso, a última parte do trato digestório.

Com o dobro da espessura do intestino delgado, mas com apenas um quarto do seu comprimento, o intestino grosso é o caminho pelo qual os resíduos sólidos deixam o corpo. Ele se inicia com o formato de um bolso pequeno, chamado ceco, e continua pelo cólon. O intestino grosso emoldura o intestino delgado, subindo pelo lado direito da cavidade abdominal, passando por baixo do estômago e descendo do lado esquerdo até o cólon sigmoide. Aqui os resíduos são armazenados temporariamente antes de serem descarregados no reto, que se abre para o mundo externo. A camada de músculos longitudinais do cólon está limitada às bandas mais externas, que, quando contraídas parcialmente, dividem o cólon em secções que parecem bolsos.

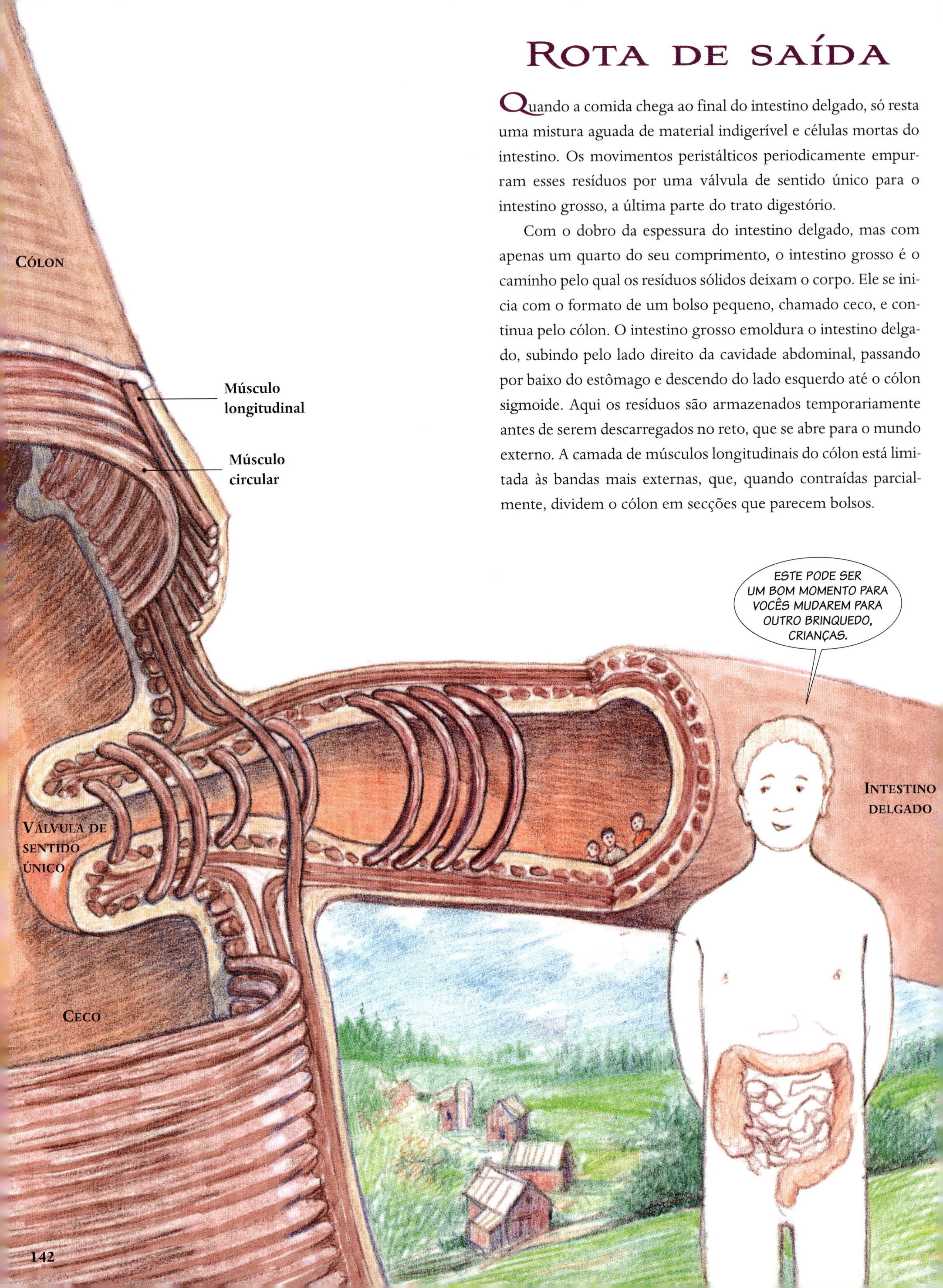

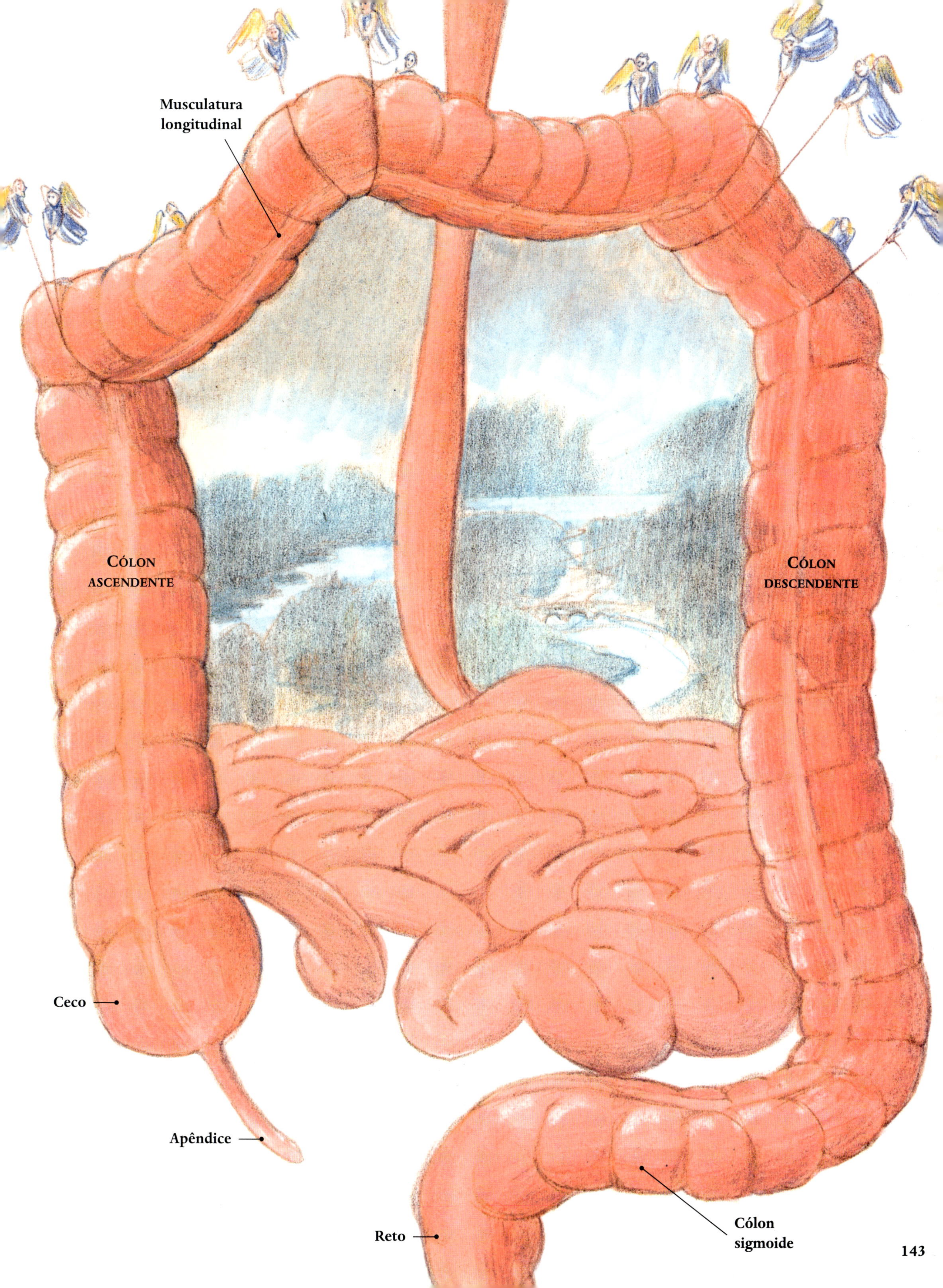
Musculatura longitudinal
CÓLON ASCENDENTE
CÓLON DESCENDENTE
Ceco
Apêndice
Reto
Cólon sigmoide

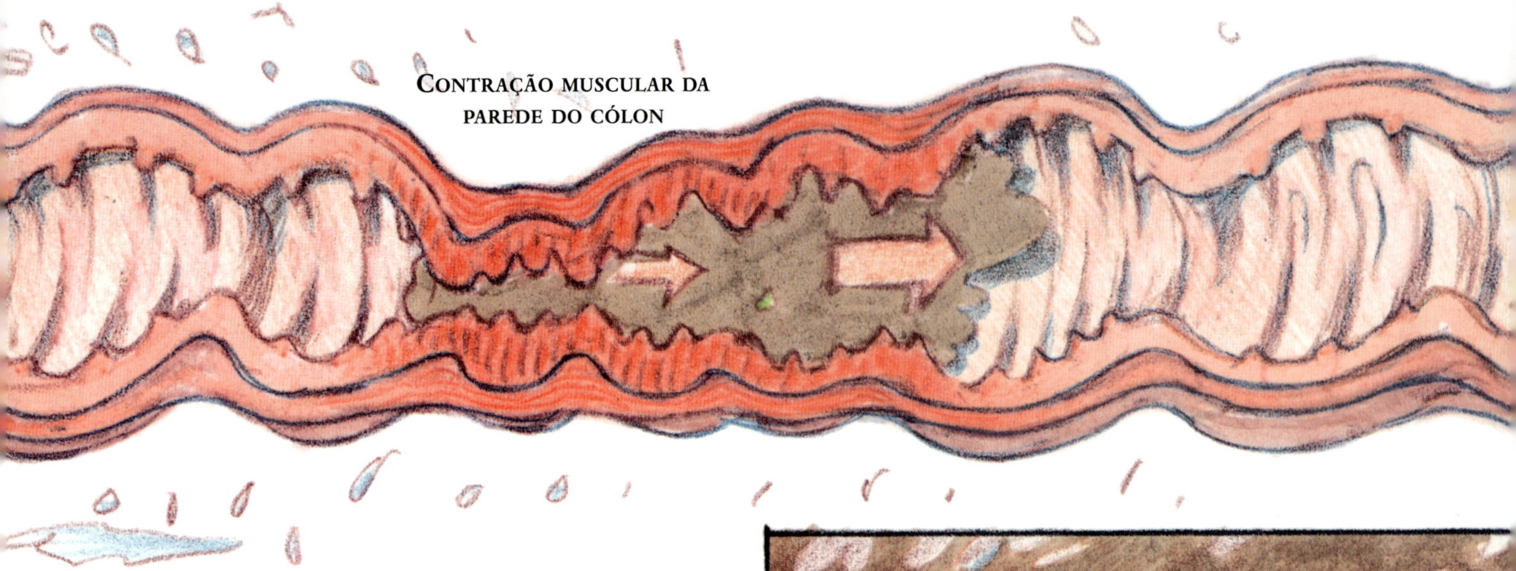

FAZENDO FEZES

Uma mudança óbvia de terreno acontece quando passamos do intestino delgado para o intestino grosso. Não há dobras circulares com vilosidades. Isso reflete o fato de que o cólon (que é a seção mais longa do intestino grosso) não tem função digestiva. O que ele faz, na verdade, é empurrar o material a ser descartado em direção ao ânus, para que seja jogado para fora do corpo. Nesse percurso, a água é absorvida de volta para a corrente sanguínea através do revestimento intestinal. Assim, o corpo evita a desidratação e os resíduos (agora chamados de fezes), que estavam numa forma quase líquida, passam a quase sólidos e ficam mais fáceis de serem controlados.

Quente e úmido, o cólon é o lar ideal para trilhões de bactérias que geralmente vivem em paz com seu hospedeiro. As bactérias produzem as substâncias que dão às fezes e aos gases seus odores característicos e também usam os pigmentos da bile para dar a coloração marrom às fezes. Elas também trabalham nos resíduos, liberando açúcares e vitaminas que podemos aproveitar.

As contrações musculares das paredes do intestino grosso geralmente produzem o movimento lento das fezes, o que faz com que dê tempo de absorver a água. Mas, três ou quatro vezes por dia, uma onda forte de peristaltismo – chamada movimento de massa – empurra as fezes para o cólon sigmoide, onde ficam armazenadas até serem liberadas pela defecação. Esses movimentos de massa são disparados pela chegada de comida ao estômago. Durante o período de doze a 36 horas que leva para ir do ceco até o ânus, cada 300 g de resíduos aguados são convertidos em 100 g de fezes. Até metade desse peso é constituído de bactérias mortas e vivas.

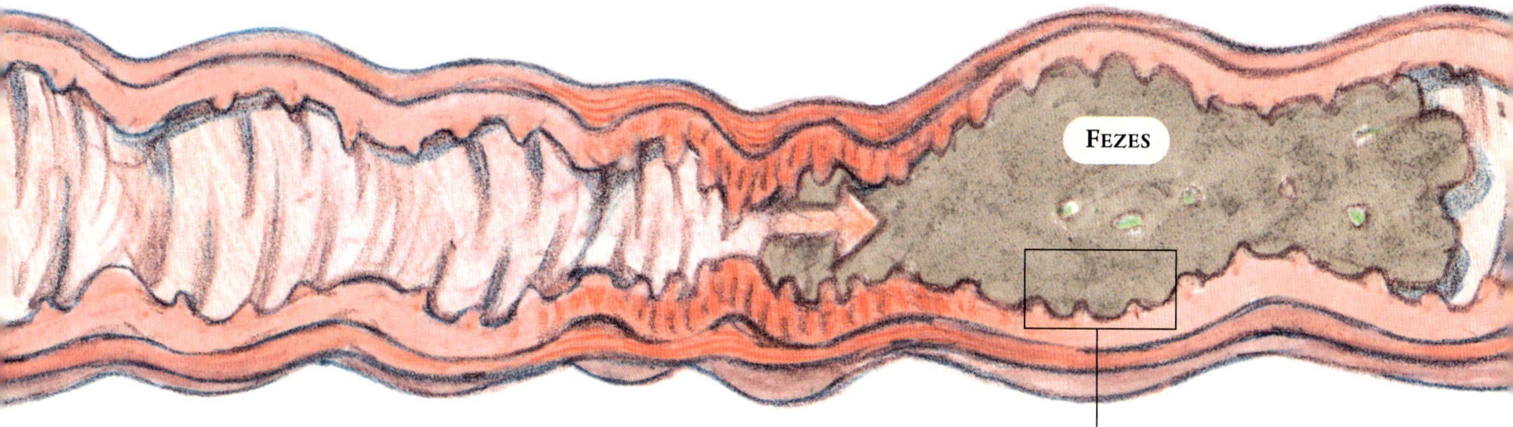
FEZES

HÁ UMA LUZ NO FIM DO TÚNEL?
FEZES
Bactérias
DESCULPE, QUERIDA, MAS ACHO QUE VOU CHEGAR TARDE. ESTAMOS MUITO ATRASADOS AQUI.
CÉLULAS DE REVESTIMENTO DO CÓLON

Fim da viagem

O ato final do processo digestivo é conhecido de todos nós. Trata-se da defecação, a eliminação das fezes do reto passando pelo curto canal anal e através do ânus. Ao redor do ânus há dois esfíncteres que funcionam como cordões que fecham uma bolsa. O esfíncter interno é controlado automaticamente. O esfíncter externo é controlado voluntariamente. Exceto se o dono for um bebê, que usa fraldas porque ainda não aprendeu a controlar o esfíncter externo.

Quando "sentamos" no banheiro, tomamos a decisão consciente de relaxar o esfíncter externo e deixar a contração do reto expulsar as fezes pelo ânus. Há duas fontes de auxílio extra. A primeira é a contração dos músculos abdominais e do diafragma, que fornecem mais pressão para baixo sobre o reto, especialmente quando "fazemos força". A outra é a contração do músculo levantador do ânus, que puxa o canal anal, auxiliando na expulsão das fezes. Quando terminamos, lavamos as mãos, porque as fezes estão cheias de bactérias que podem nos fazer mal.

Reflexo de defecação

Quando o reto está vazio, ambos os esfíncteres estão contraídos e o ânus permanece fechado. Mas, quando as fezes são empurradas para o reto, elas forçam a parede do reto e disparam uma sequência de respostas chamadas coletivamente de reflexo de defecação.

1. Sensores de alongamento na parede retal mandam estímulos sensoriais para a medula espinhal.
2. Sinais vindos da medula espinhal fazem com que a musculatura da parede do cólon sigmoide e da parede retal se contraia, espremendo as fezes.
3. Os mesmos sinais fazem com que o esfíncter interno relaxe.
4. Quando a pressão no reto aumenta até um determinado nível, o esfíncter externo também começa a relaxar.
5. No momento em que os sinais sensoriais chegam ao cérebro, começamos a sentir a necessidade de defecar.
6. Por sorte, há sinais motores que vão na direção oposta e fazem com que o esfíncter externo permaneça contraído firmemente até decidirmos defecar.

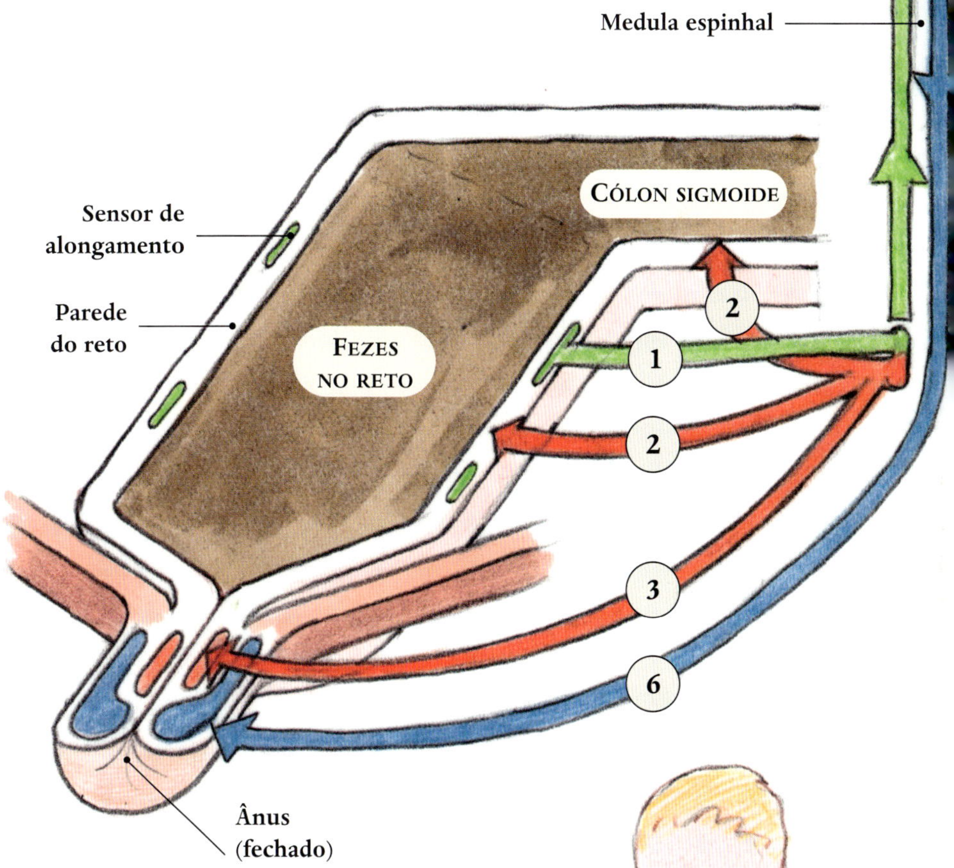

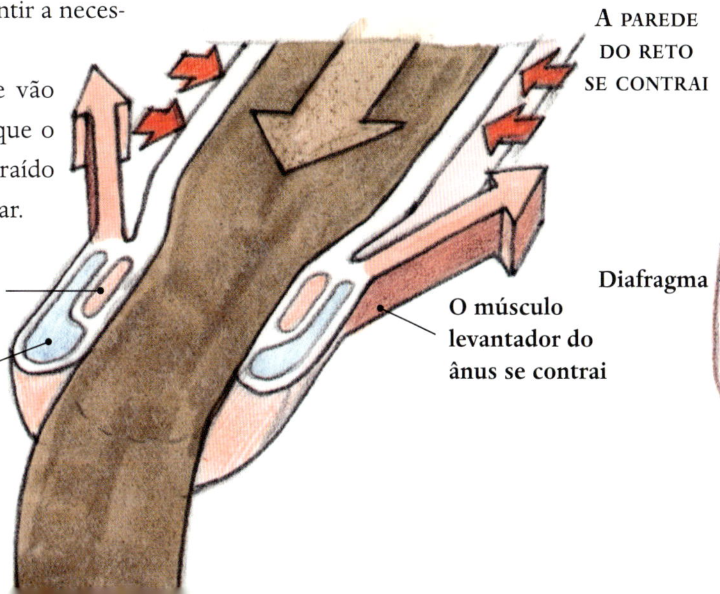

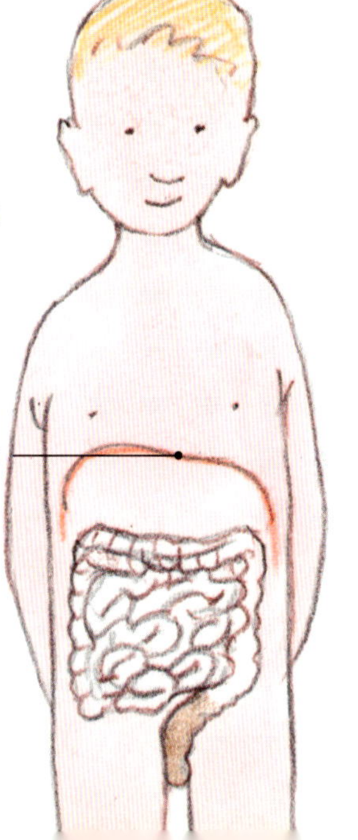

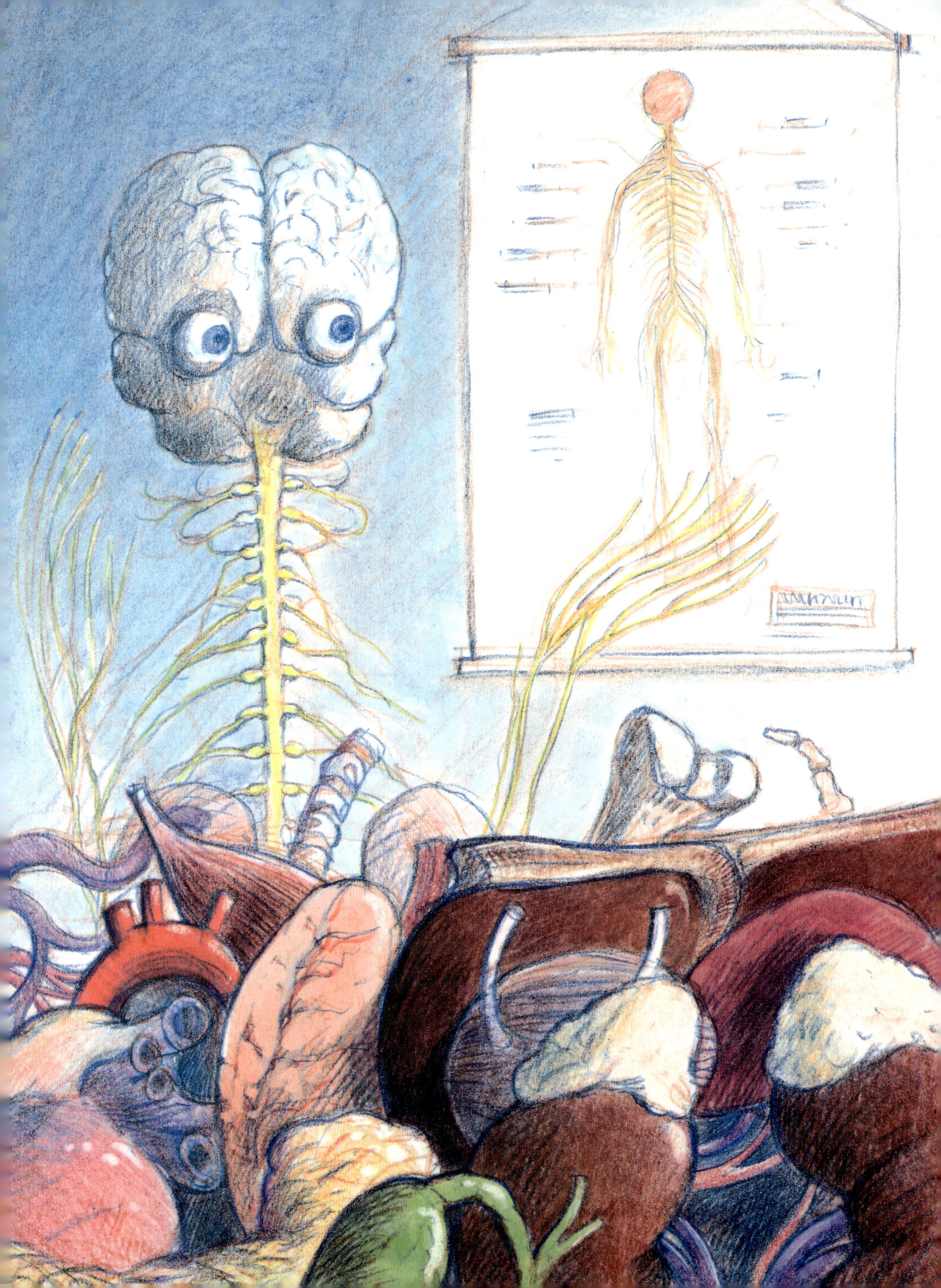

Capítulo 4

Quem manda aqui?

Nos últimos duzentos anos, pesquisadores engenhosos vêm estudando o cérebro e construindo uma compreensão inédita sobre sua arquitetura e seu funcionamento, bem como de todo o sistema nervoso. Agora sabemos como essa rede de comunicação super-rápida nos permite sentir gosto de limão, sentir dor, lembrar datas de aniversário, ler e escrever livros, contar piadas ruins e contemplar o universo, e como seu "piloto automático" interno garante o funcionamento do corpo até mesmo quando estamos dormindo.

Claro que ainda há muitos mistérios a serem desvendados sobre o funcionamento do cérebro. Mas, se formos as criaturas mais inteligentes sobre a Terra (como gostamos de acreditar), será apenas uma questão de tempo até que encontremos as soluções para esses mistérios.

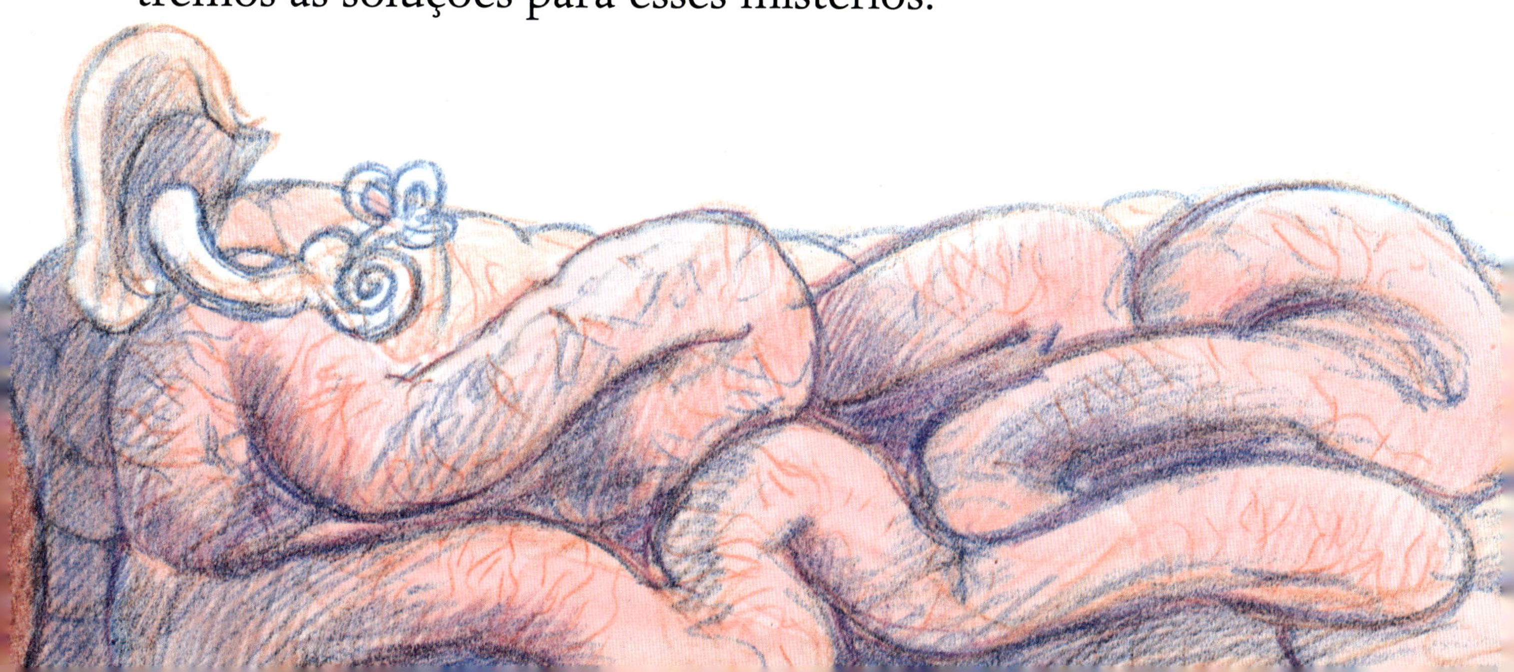

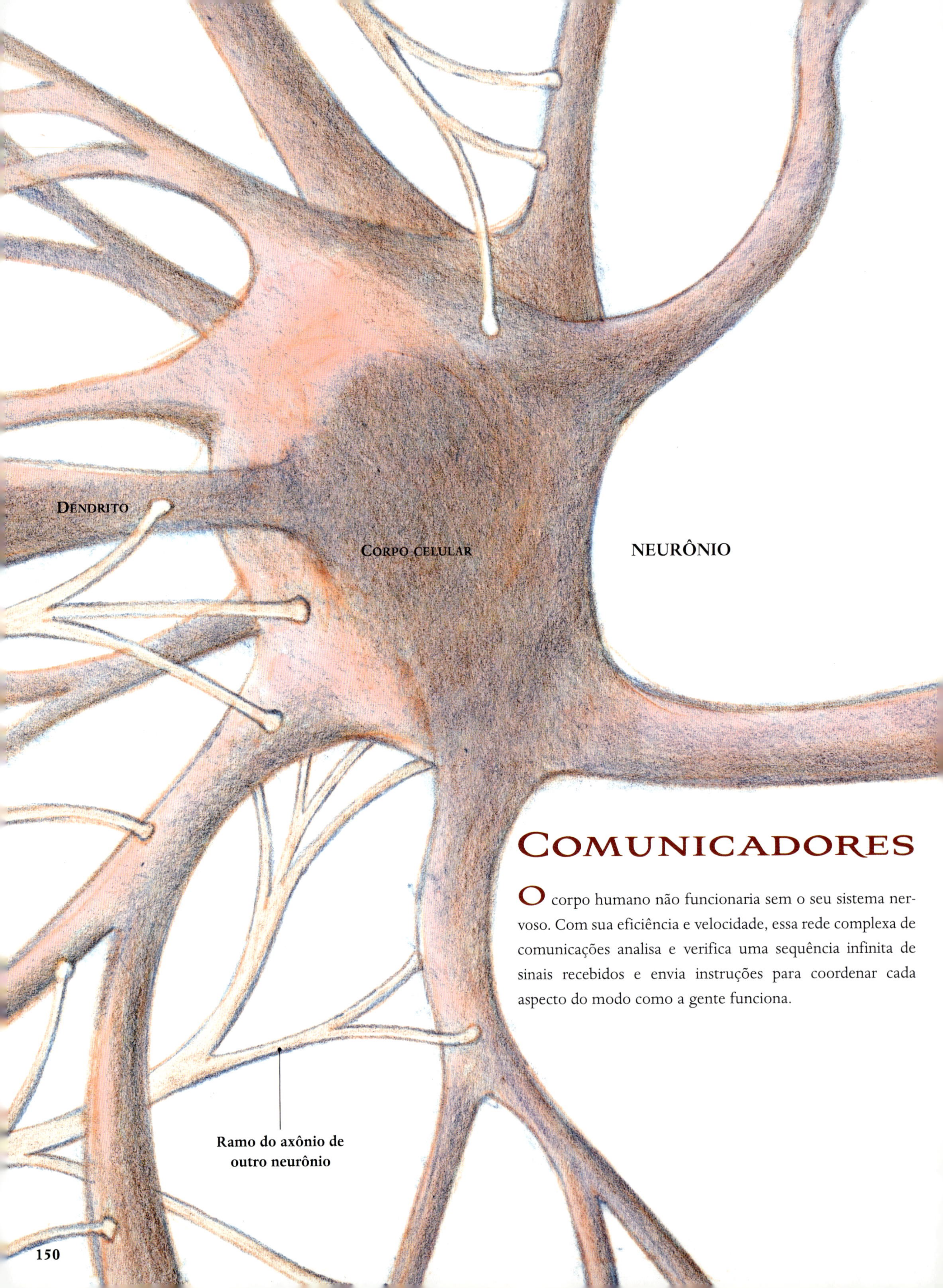

COMUNICADORES

O corpo humano não funcionaria sem o seu sistema nervoso. Com sua eficiência e velocidade, essa rede complexa de comunicações analisa e verifica uma sequência infinita de sinais recebidos e envia instruções para coordenar cada aspecto do modo como a gente funciona.

Constituído do cérebro e da medula espinhal, bem como dos nervos que os conectam a todas as partes do corpo, o sistema nervoso consiste, basicamente, de uma rede de células interconectadas chamadas neurônios. Como todas as células, os neurônios são microscópicos, mas alguns, como os que descem pelas suas pernas e "conversam" com seus dedinhos do pé, são muito longos. Um neurônio recebe sinais de outros neurônios através de projeções chamadas dendritos. Esses sinais, então, passam pelo corpo celular até uma projeção longa chamada axônio, que os transmite para o tecido sob seu controle ou para o próximo neurônio.

A capacidade de um neurônio de receber, levar e passar adiante os sinais elétricos de alta velocidade depende da distribuição de íons nos dois lados da membrana celular. Há íons positivos e negativos, mas os íons positivos – de sódio e de potássio – são os que nos interessam aqui. Quando o neurônio está em repouso e não transmitindo, os íons de sódio predominam do lado de fora da membrana e os íons de potássio predominam do lado de dentro. Os membros dos dois grupos passam para o lado oposto da membrana, numa tentativa de igualar os números dos dois lados. Os íons de potássio, contudo, escapam muito mais facilmente do que os íons de sódio conseguem entrar. Isso faz com que haja mais íons positivos do lado de fora, o que cria um excesso de cargas negativas no interior da célula.

Embora haja, na membrana, bombas que bombeiam sódio para fora e puxam íons de potássio para dentro, elas não conseguem eliminar esse desequilíbrio, apenas estabilizá-lo. Dessa maneira, quando um neurônio está em repouso, seu interior tem uma carga negativa em relação ao seu exterior.

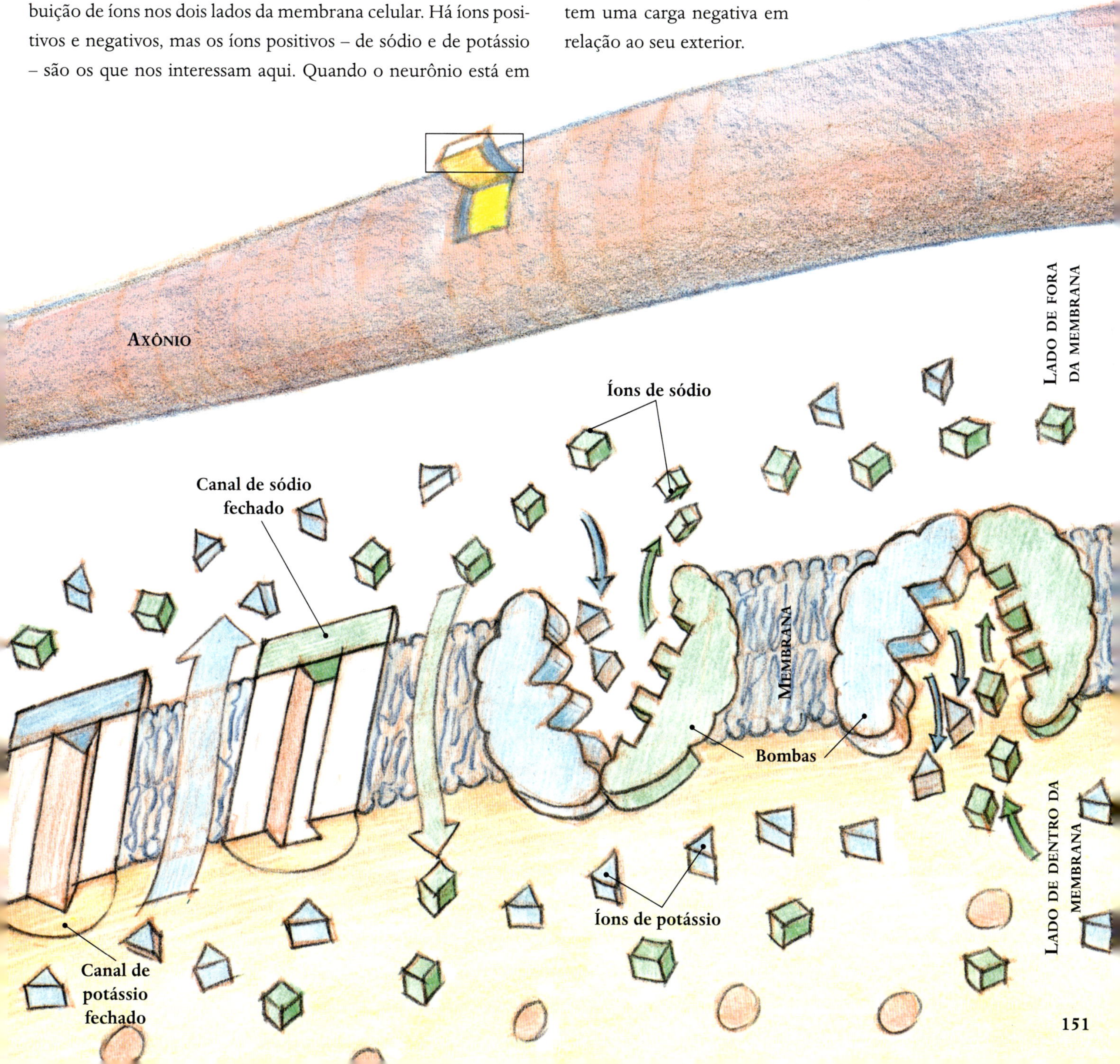

Enviando sinais

Quando um neurônio recebe um sinal de outro, seu equilíbrio elétrico é perturbado. A carga positiva dentro do seu axônio aumenta, causando a abertura imediata dos canais de sódio na membrana, que normalmente estão fechados. Assim, os íons de sódio correm para dentro. Como resultado, o interior do axônio fica muito mais positivo que o lado de fora. Com essa mudança repentina de carga elétrica, os canais de sódio se fecham com rapidez e os canais de potássio se abrem brevemente. A passagem de íons de potássio faz com que a superfície interior da membrana retorne ao seu estado original quase de imediato. Com a mesma presteza, todos os íons fujões são bombeados de volta às posições originais de repouso, prontos para a próxima perturbação.

A mudança de carga elétrica, de negativa a positiva, e de volta a negativa, dura apenas um milissegundo e ocorre em apenas um ponto da membrana. Portanto, como essa mudança de carga elétrica se transforma num sinal que corre ao longo do axônio? Os íons positivos de sódio que correm para dentro durante a alteração de cargas são atraídos pelos íons negativos na região próxima da membrana, fazendo com que a superfície interna naquele ponto fique menos negativa em relação ao exterior. Novamente, o balanço é perturbado. Isso faz com o que o interior da membrana mais adiante fique menos negativo, e assim por diante, até que o sinal chegue à sinapse no fim do caminho.

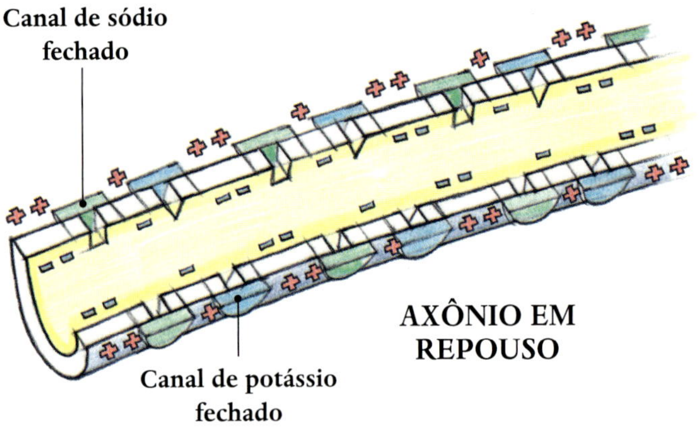

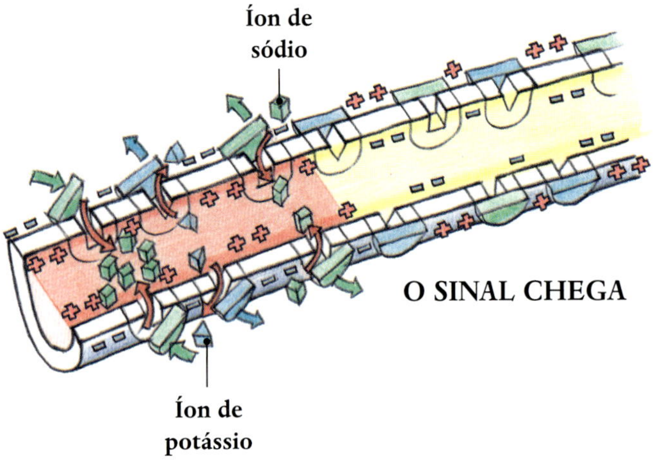

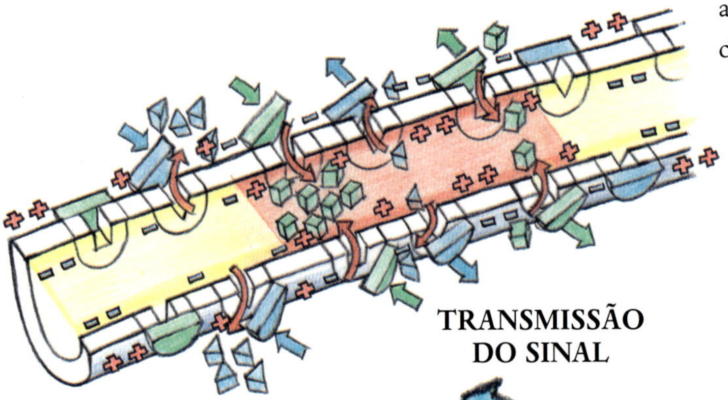

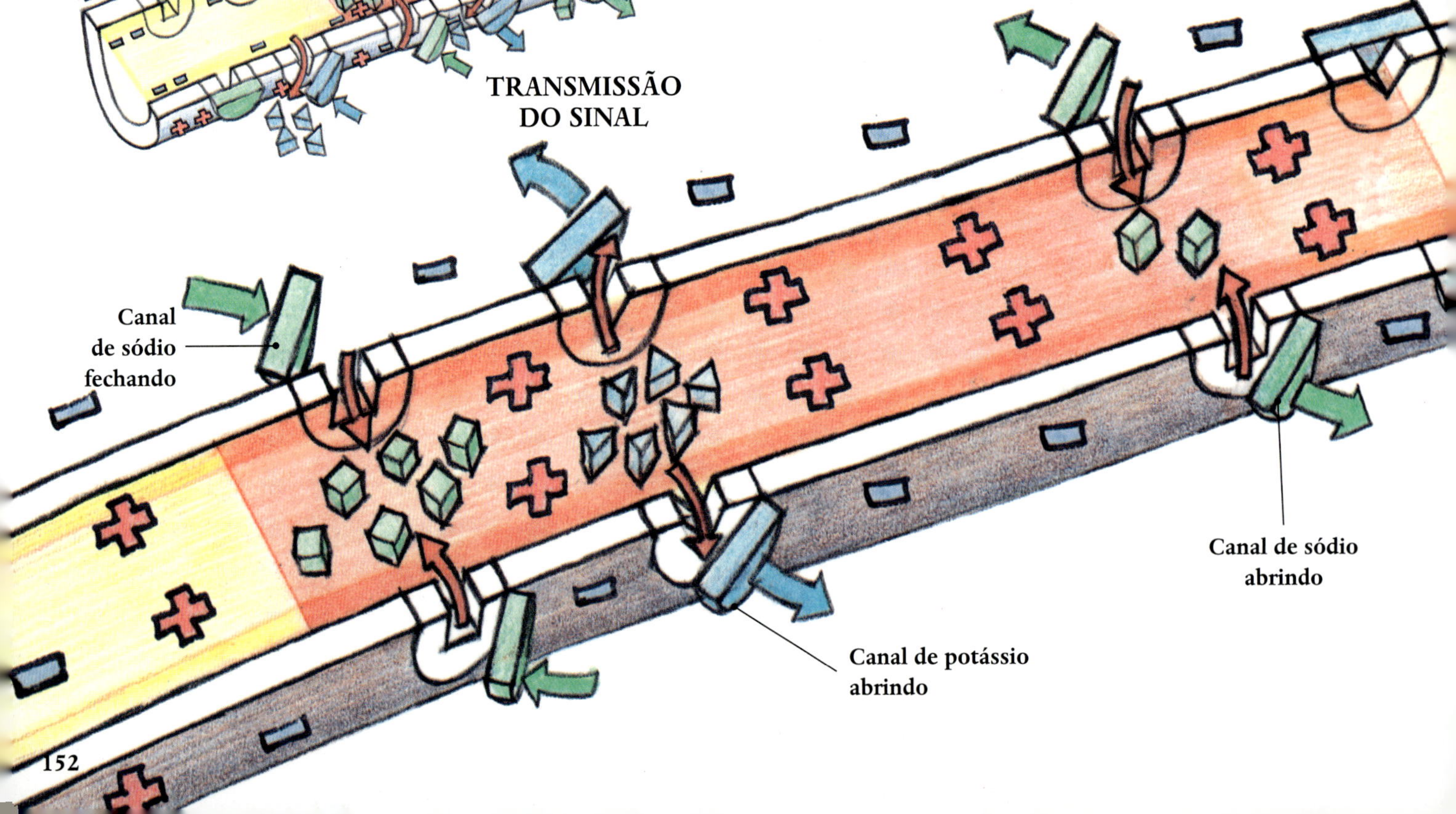

Na sinapse, um neurônio se comunica com o outro, mas eles não chegam a se tocar. Embora o espaço que os separa – chamado fenda sináptica – seja minúsculo, é suficiente para interromper o avanço do sinal. A extremidade bulbosa do axônio do neurônio número 1 contém bolsas fechadas por membranas, chamadas vesículas sinápticas, cheias de moléculas de neurotransmissores. A chegada do sinal faz com que as vesículas sinápticas se fundam à membrana do neurônio, abrindo-se e liberando os neurotransmissores na fenda sináptica. Estes chegam rapidamente ao dendrito do neurônio número 2 e se ligam aos seus receptores. Então, os canais na membrana do dendrito se abrem, permitindo a entrada de íons e perturbando o equilíbrio normal de cargas elétricas, o que, por sua vez, estimula o axônio do neurônio número 2 a enviar o próprio sinal, que vai correr ao longo deste até a próxima sinapse.

Após esse evento, que dura apenas um milissegundo, as moléculas de neurotransmissores na fenda sináptica são destruídas ou recuperadas e recicladas. Vesículas abertas se formam novamente e voltam a se encher com moléculas de neurotransmissores.

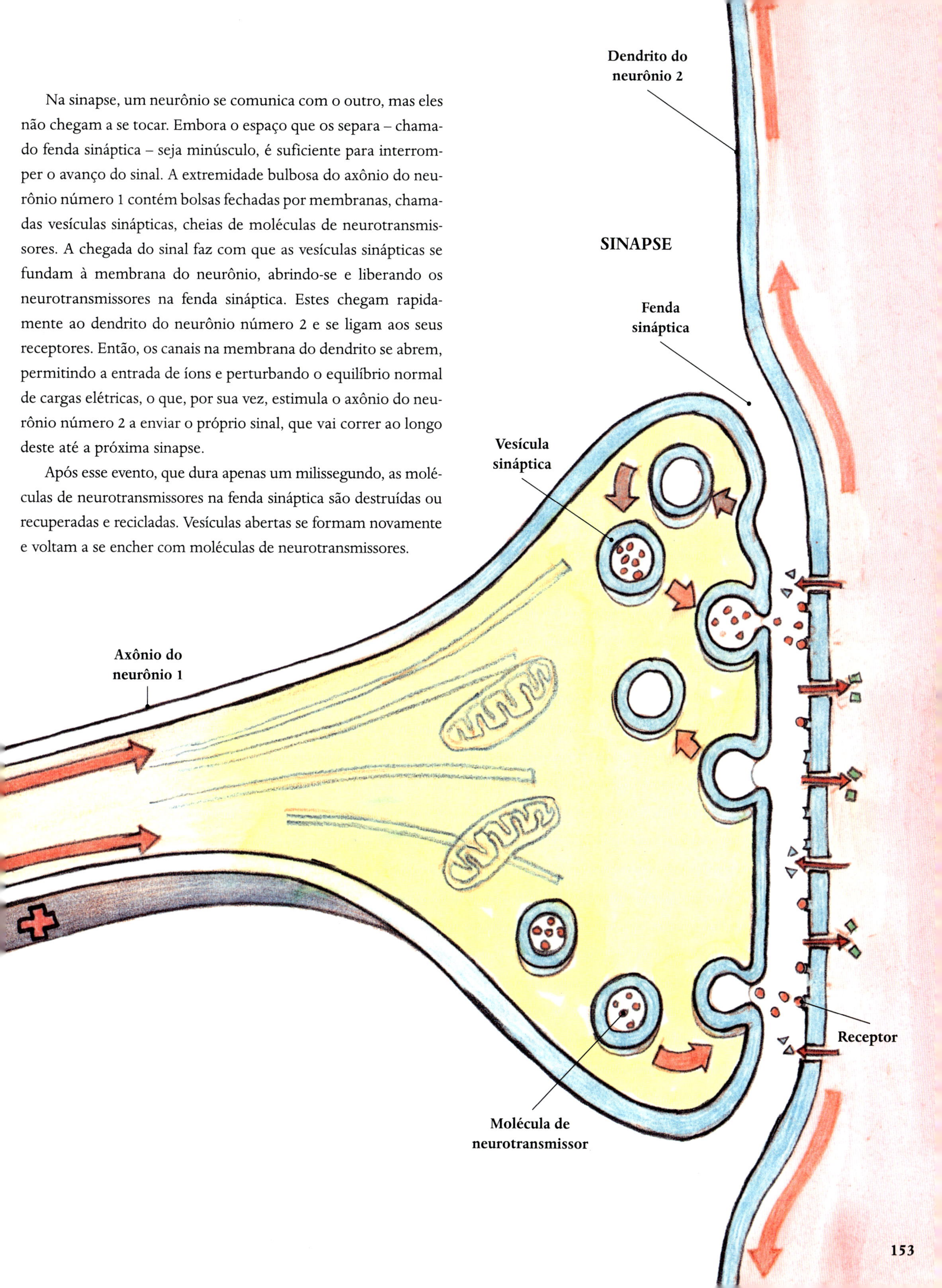

Dendrito
Neurônio do cérebro
Sinapse
Axônio
Astrócito
Isolamento ao redor do axônio

Rede neural

O cérebro tem por volta de 100 bilhões de neurônios, que formam uma rede de comunicação com uma capacidade de processamento sem precedentes. Cada neurônio pode fazer contato com centenas ou milhares de outros, através de seus dendritos e axônios. É esse número incrível de conexões que dá origem à capacidade fantástica do cérebro. A maior parte da atividade acontece em seis camadas de células nervosas – a massa cinzenta –, que forma o córtex cerebral, a fina camada externa do cérebro. Emergindo abaixo do córtex, longos axônios levam e trazem sinais, de e para outras partes do cérebro e do corpo. Os axônios são envoltos por material isolante que aumenta a velocidade com que seus sinais viajam. Juntos, esses axônios formam a massa branca.

Numerosos como são, os neurônios do cérebro dependem de uma quantidade dez vezes maior de células de suporte, incluindo astrócitos (com forma de estrelas) que sustentam e alimentam os neurônios, garantindo que eles operem com o máximo de eficiência.

"De camadas a lobos"

Juntos, o córtex cerebral e a camada de massa branca abaixo deste formam o telencéfalo, a maior porção do cérebro e a que fica mais em cima. Para caber no espaço limitado da caixa craniana, o córtex se dobra, formando diversos sulcos e saliências, as circunvoluções cerebrais. O maior desses sulcos divide o telencéfalo em duas metades, ou hemisférios cerebrais. Outros sulcos grandes ajudam a delimitar os lobos frontal, parietal, occipital e temporal de cada hemisfério, que recebem os nomes dos ossos do crânio acima deles.

O córtex do hemisfério esquerdo sente e controla o lado direito do corpo e vice-versa, porque a maioria dos axônios que chegam e saem do cérebro troca de lado no trajeto pelo tronco cerebral ou pela medula espinhal. Na maioria de nós, o córtex esquerdo controla a linguagem escrita e falada, as habilidades em ciência, matemática e de solução de problemas, enquanto o córtex direito lida com a arte, a música, a intuição, a criatividade e o reconhecimento de fisionomias. Através do corpo caloso, a massa de axônios que liga os dois hemisférios, o córtex esquerdo, mais lógico, domina e controla o seu parceiro de espírito livre, garantindo que a mão esquerda saiba o que a mão direita está fazendo.

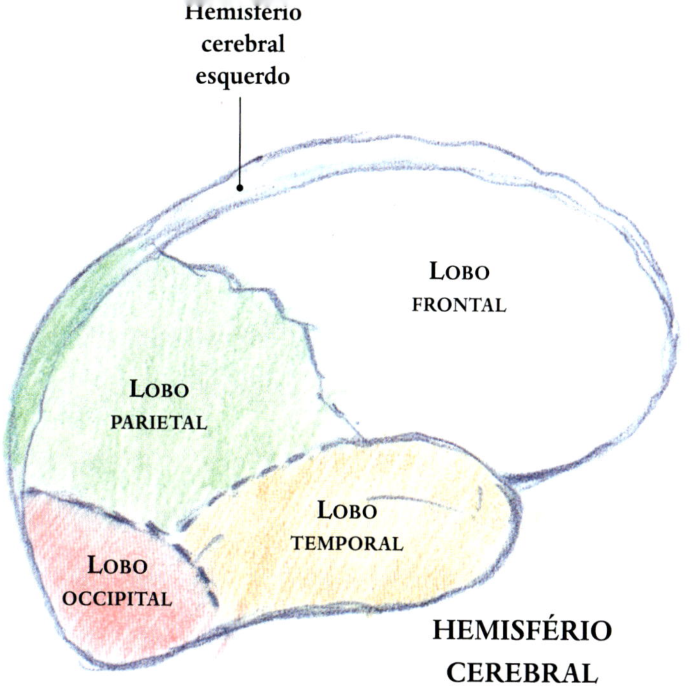

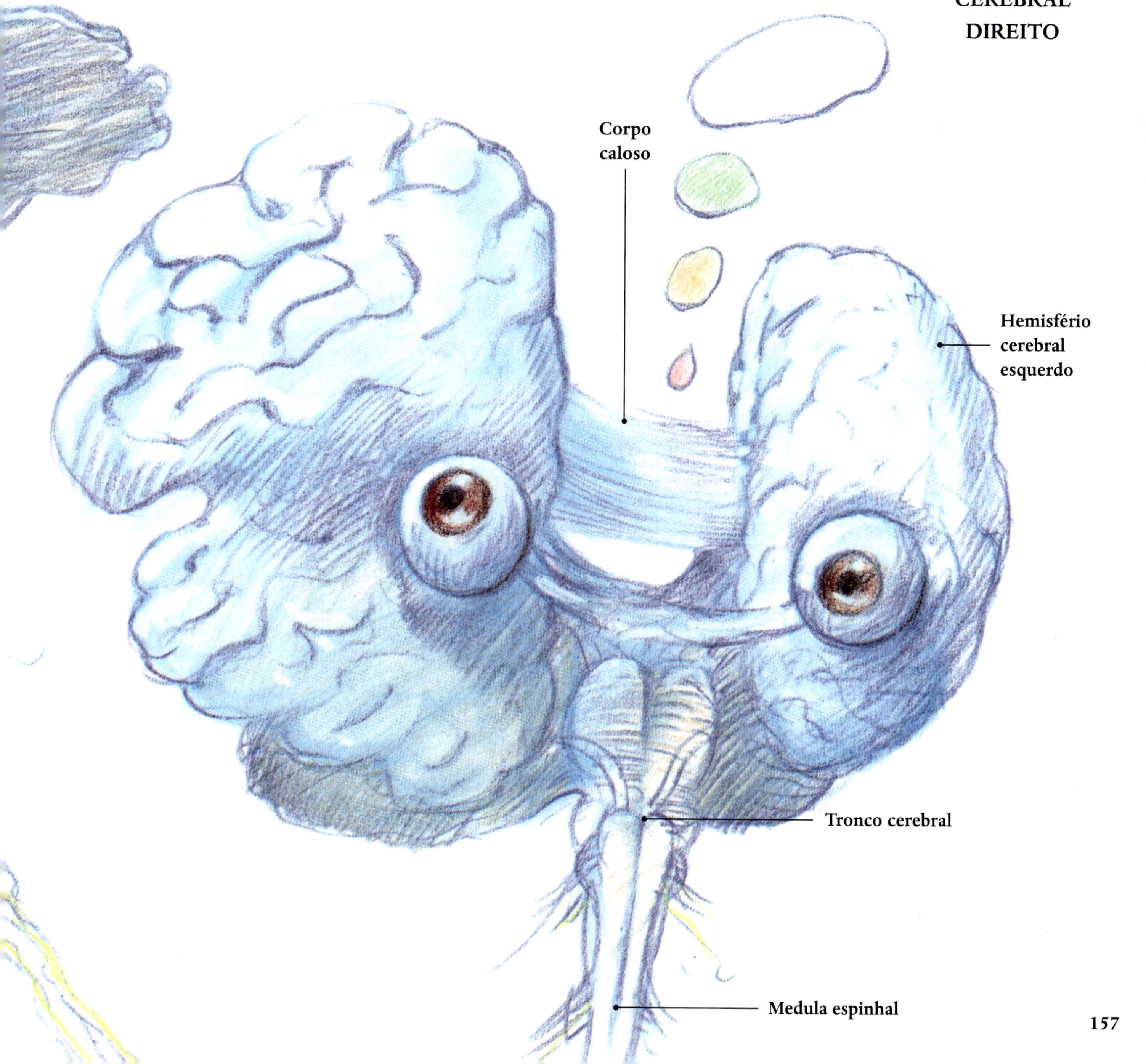

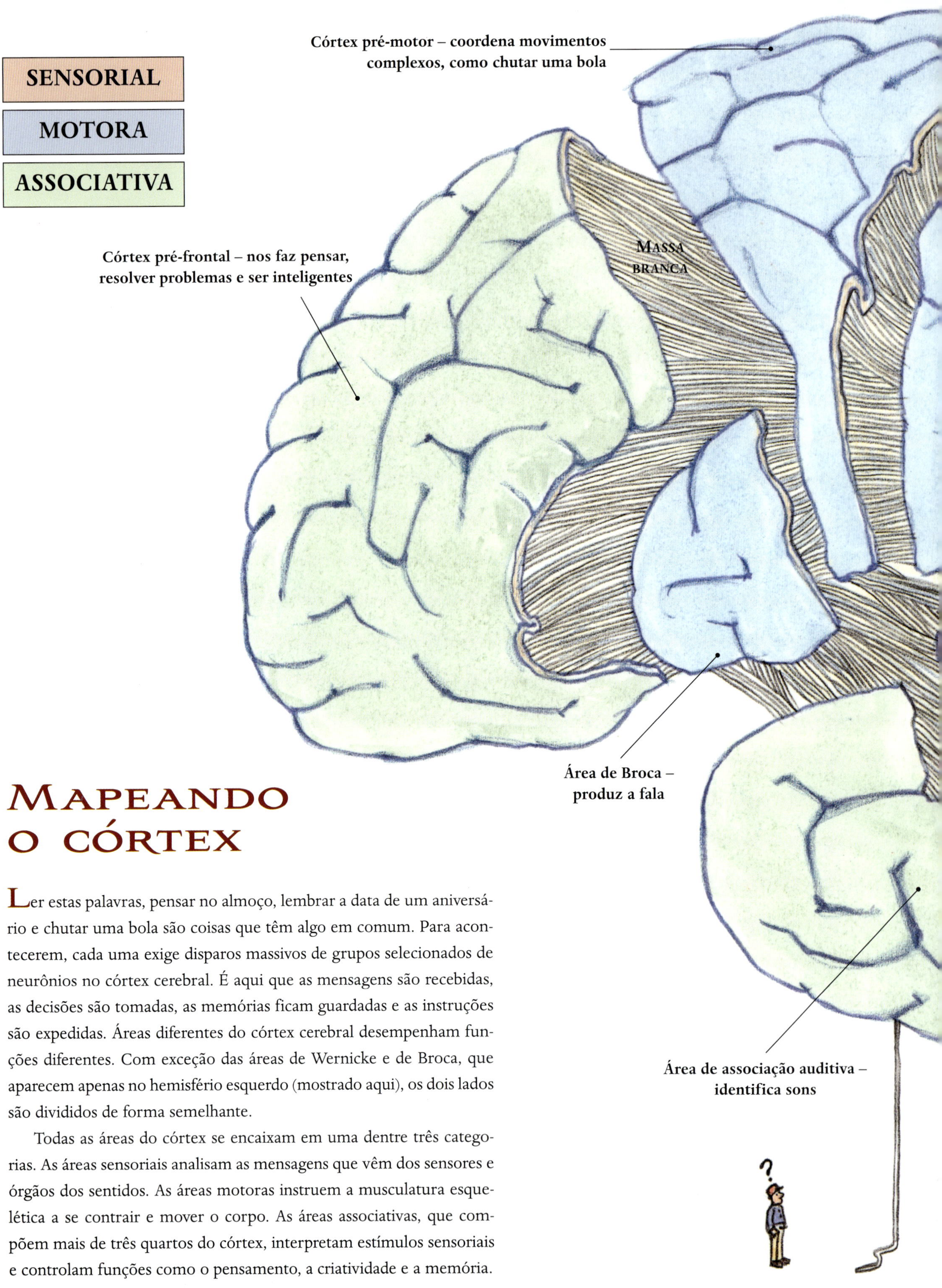

Mapeando o córtex

Ler estas palavras, pensar no almoço, lembrar a data de um aniversário e chutar uma bola são coisas que têm algo em comum. Para acontecerem, cada uma exige disparos massivos de grupos selecionados de neurônios no córtex cerebral. É aqui que as mensagens são recebidas, as decisões são tomadas, as memórias ficam guardadas e as instruções são expedidas. Áreas diferentes do córtex cerebral desempenham funções diferentes. Com exceção das áreas de Wernicke e de Broca, que aparecem apenas no hemisfério esquerdo (mostrado aqui), os dois lados são divididos de forma semelhante.

Todas as áreas do córtex se encaixam em uma dentre três categorias. As áreas sensoriais analisam as mensagens que vêm dos sensores e órgãos dos sentidos. As áreas motoras instruem a musculatura esquelética a se contrair e mover o corpo. As áreas associativas, que compõem mais de três quartos do córtex, interpretam estímulos sensoriais e controlam funções como o pensamento, a criatividade e a memória.

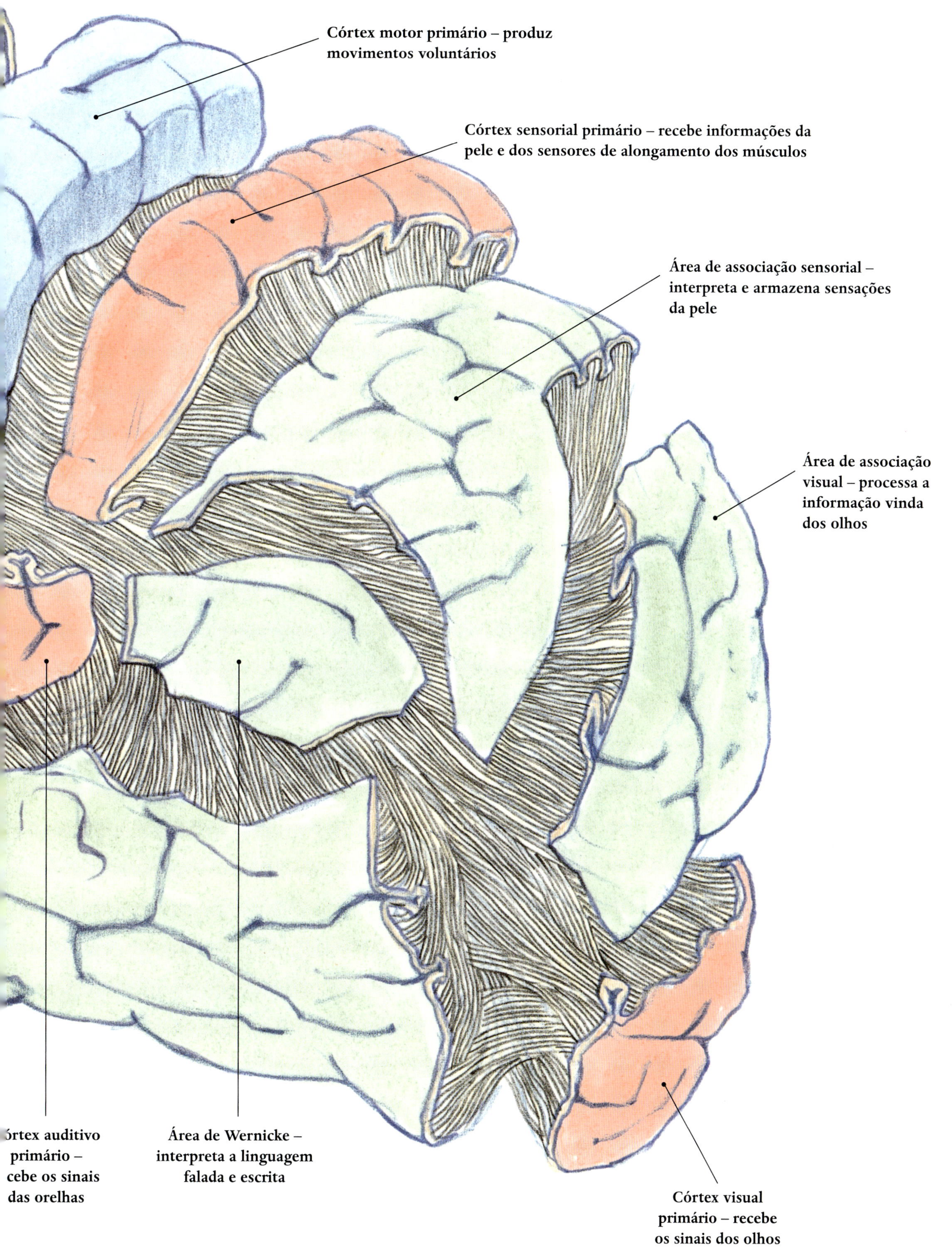
Córtex motor primário – produz movimentos voluntários
Córtex sensorial primário – recebe informações da pele e dos sensores de alongamento dos músculos
Área de associação sensorial – interpreta e armazena sensações da pele
Área de associação visual – processa a informação vinda dos olhos
órtex auditivo primário – cebe os sinais das orelhas
Área de Wernicke – interpreta a linguagem falada e escrita
Córtex visual primário – recebe os sinais dos olhos

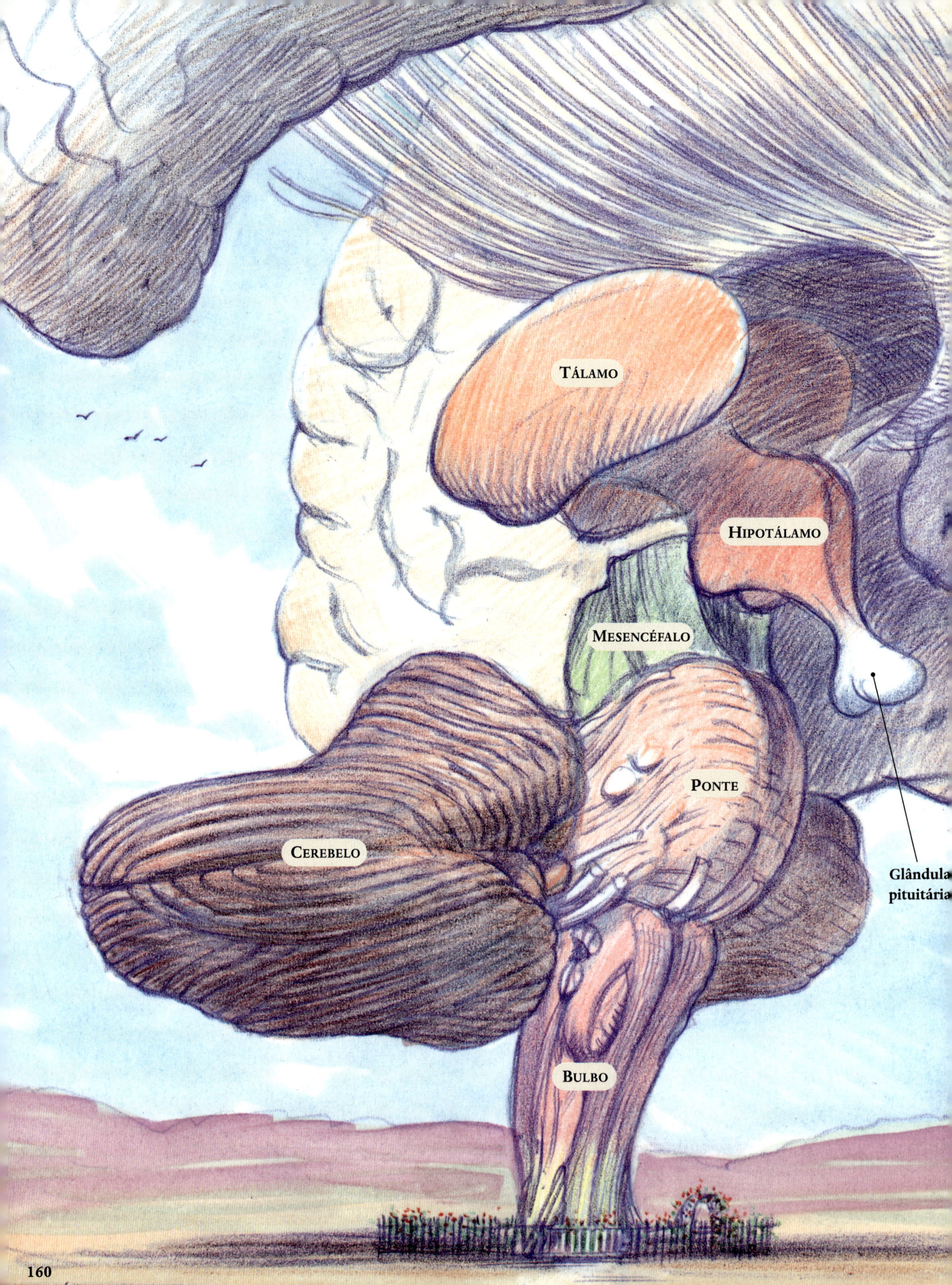
Tálamo
Hipotálamo
Mesencéfalo
Ponte
Cerebelo
Glândula
pituitária
Bulbo

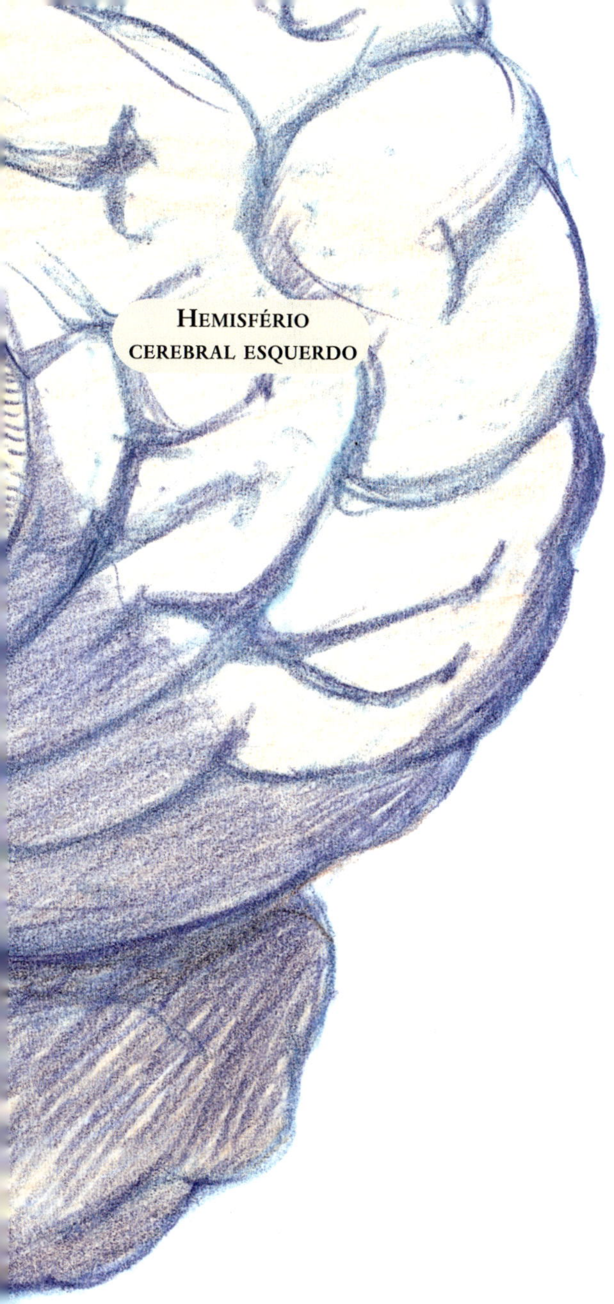

ESTRUTURAS INTERNAS

Nem todas as partes funcionais do cérebro aparecem nas cristas e vales da massa cinzenta. O tálamo, o hipotálamo, o tronco cerebral (também conhecido como tronco encefálico) e o cerebelo são "estruturas internas" que também desempenham papéis-chave.

O tálamo e o hipotálamo estão aninhados entre os hemisférios cerebrais, acima do tronco cerebral. A cada segundo, o cérebro é bombardeado com uma massa de informações sensoriais sobre o que está acontecendo dentro e fora do corpo. O tálamo, com sua forma oval, retransmite essas informações para o córtex cerebral. Ao mesmo tempo, edita e filtra a entrada de informações, evitando que o cérebro sofra uma sobrecarga e "trave". Logo abaixo do tálamo está o hipotálamo, investido de uma importância completamente desproporcional ao seu tamanho reduzido. Por exemplo, ele é o centro de controle do sistema nervoso autônomo (SNA), o ramo do sistema nervoso que controla automaticamente a frequência cardíaca, a pressão arterial, a frequência da respiração e muitos outros processos em resposta a mudanças internas ou externas ao corpo. Entre muitas outras coisas, o hipotálamo controla nossas sensações de fome ou sede, mantém nossa temperatura constante e nos faz acordar após uma boa noite de sono.

O tronco cerebral – mesencéfalo, ponte e medula oblonga (ou bulbo) – fornece os caminhos para os axônios, que transportam mensagens entre a medula espinhal e as partes mais "altas" do cérebro. Sob a supervisão do hipotálamo, o tronco cerebral também regula muitas funções automáticas das quais dependemos para sobreviver, incluindo o sono. O mesencéfalo é um centro de reflexos que controla o movimento dos olhos e da cabeça conforme as coisas mudam ao nosso redor. A ponte retransmite sinais entre o córtex motor e o cerebelo. O bulbo regula a frequência cardíaca, a frequência da respiração e a pressão sanguínea.

O cerebelo, com seus dois lobos, direito e esquerdo, fica atrás da ponte e do bulbo. Este "cérebro em miniatura" permite que o corpo mantenha sua postura e se mova de maneira coordenada.

Sustento e nutrição

Se o nosso cérebro não flutuasse em algum líquido, poderia ter o mesmo destino de uma baleia encalhada e sucumbir ao próprio peso. Em vez de água salgada, nosso cérebro está imerso em um fluido claro chamado líquido cerebroespinhal (ou liquor), que o protege.

O líquido cerebroespinhal é composto de sangue cuidadosamente filtrado através de grupos de capilares especiais. Esses capilares são cercados por uma camada de células muito próximas entre si que impedem a entrada de qualquer coisa no sangue que possa ser prejudicial ao cérebro. Cerca de meio litro de líquido cerebroespinhal é produzido por dia em quatro cavidades chamadas ventrículos. Estas se ligam entre si ao espaço ao redor do sangue e ao canal central da medula espinhal.

O líquido cerebroespinhal flui dos ventrículos para o espaço na parte de baixo do crânio, onde funciona como um amortecedor, protegendo o cérebro de pancadas e trancos. Embora os neurônios do cérebro já demandem, sozinhos, uma quantidade enorme de sangue – vinte por cento do sangue que sai do coração é enviado a um órgão com apenas dois por cento do peso do corpo –, o líquido cerebroespinhal também ajuda a nutrir o cérebro ao banhar sua superfície. Uma vez utilizado, ele passa para canais largos chamados seios, onde se mistura ao sangue que está voltando ao coração.

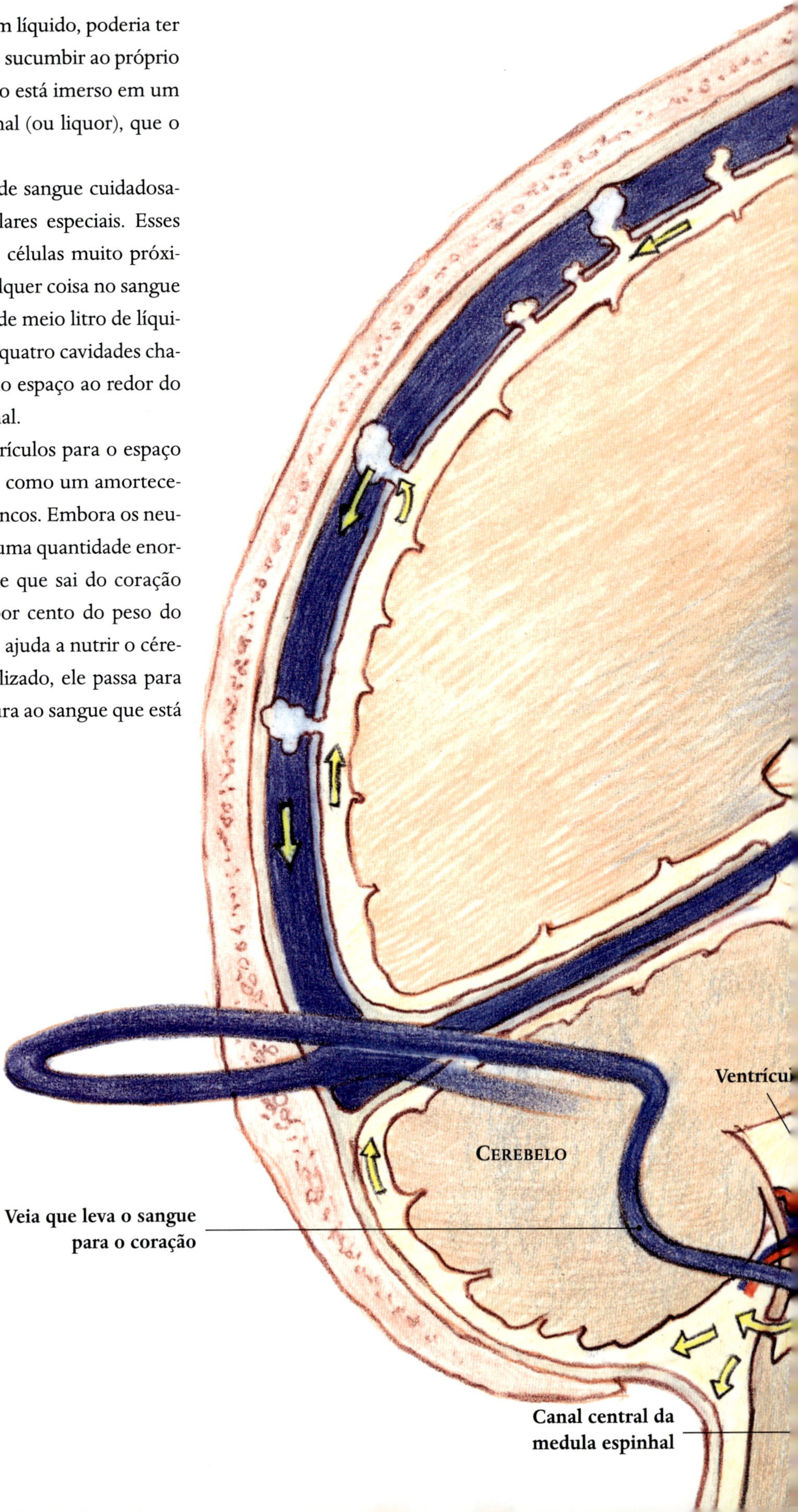

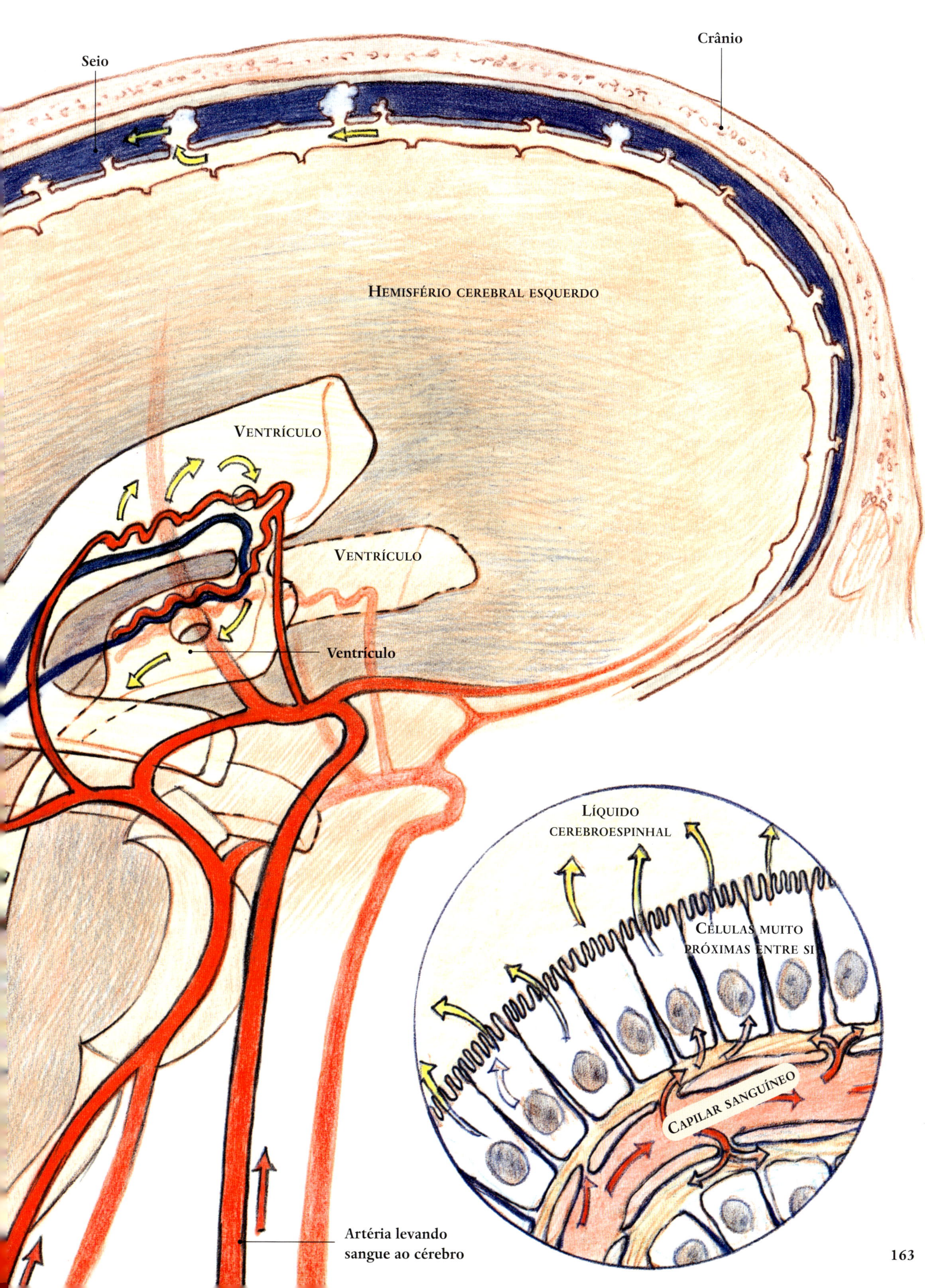
Seio
Crânio
Hemisfério cerebral esquerdo
Ventrículo
Ventrículo
Ventrículo
Líquido cerebroespinhal
Células muito próximas entre si
Capilar sanguíneo
Artéria levando sangue ao cérebro

PROTEÇÃO DO CÉREBRO

A comparação pode parecer desagradável, mas, se você pudesse cutucar seu cérebro, teria a sensação de tocar em gelatina morna. Essa delicadeza significa que a menor pressão poderia causar danos sérios, com a destruição de neurônios, que são insubstituíveis. Para proteger o cérebro, nossas células produzem um estojo forte de múltiplas camadas que absorve impacto.

Uma pancadinha na parte lateral da cabeça revela a resistência sólida da camada externa desse estojo, o crânio. A cúpula que protege o crânio é feita de ossos finos e curvos com bordas serrilhadas que se unem em articulações imóveis chamadas suturas. Essa estrutura organizada confere uma resistência enorme ao crânio.

Abaixo do osso há uma série de membranas. A primeira destas é a dura-máter, espessa e resistente, com duas camadas. A camada interna se dobra para dentro em alguns locais, formando compartimentos que limitam o movimento do cérebro, como um cinto de segurança prende uma pessoa em um carro. Abaixo da dura-máter fica a aracnoide, e abaixo dela fica a pia-máter, que envolve o cérebro.

O espaço entre a aracnoide e a pia-máter apresenta uma teia de fibras, é invadido por grandes vasos sanguíneos e é preenchido por líquido cérebro-espinhal. Isto funciona como um amortecedor líquido que apoia o cérebro e evita que ele bata no crânio quando a cabeça se acelera ou desacelera.

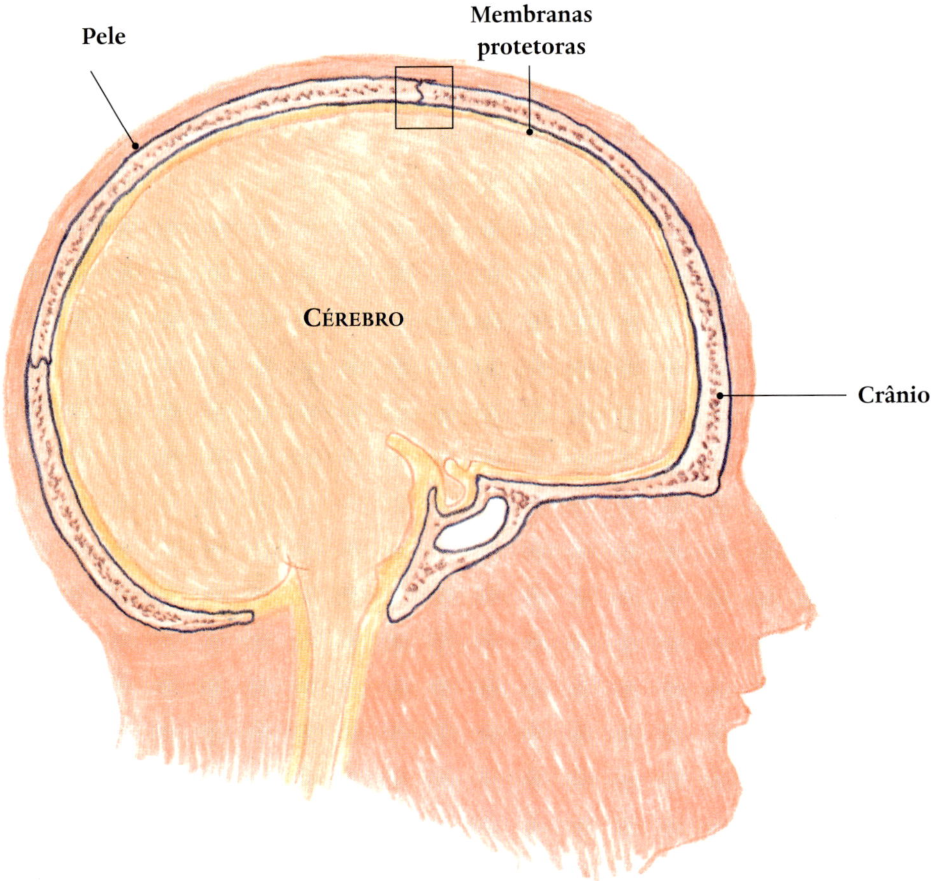

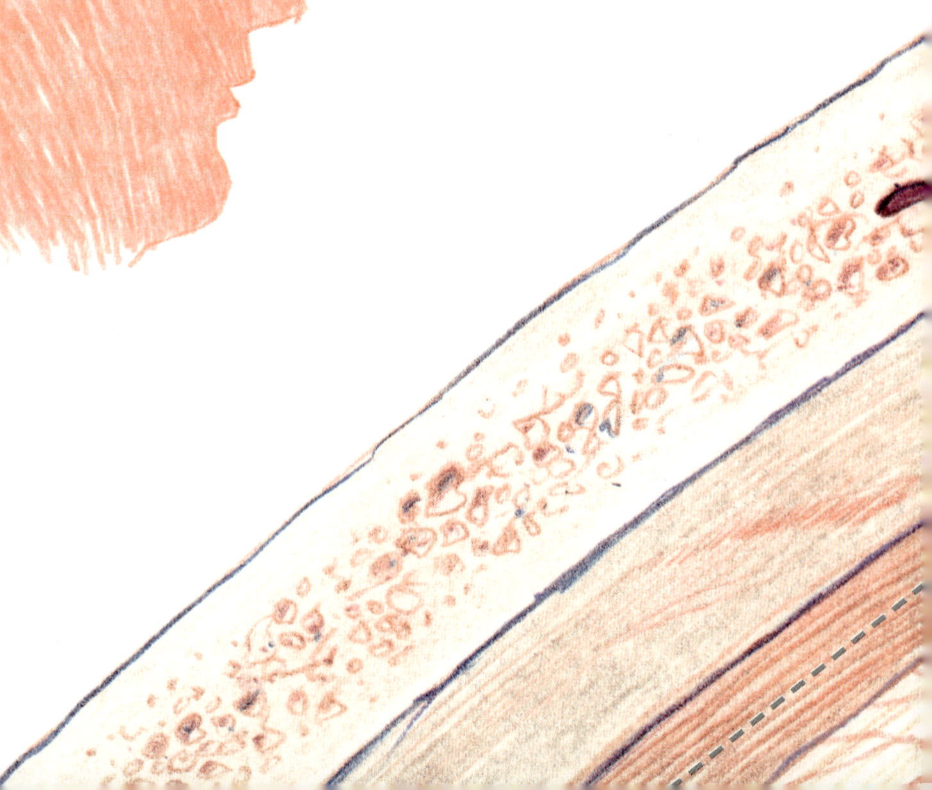

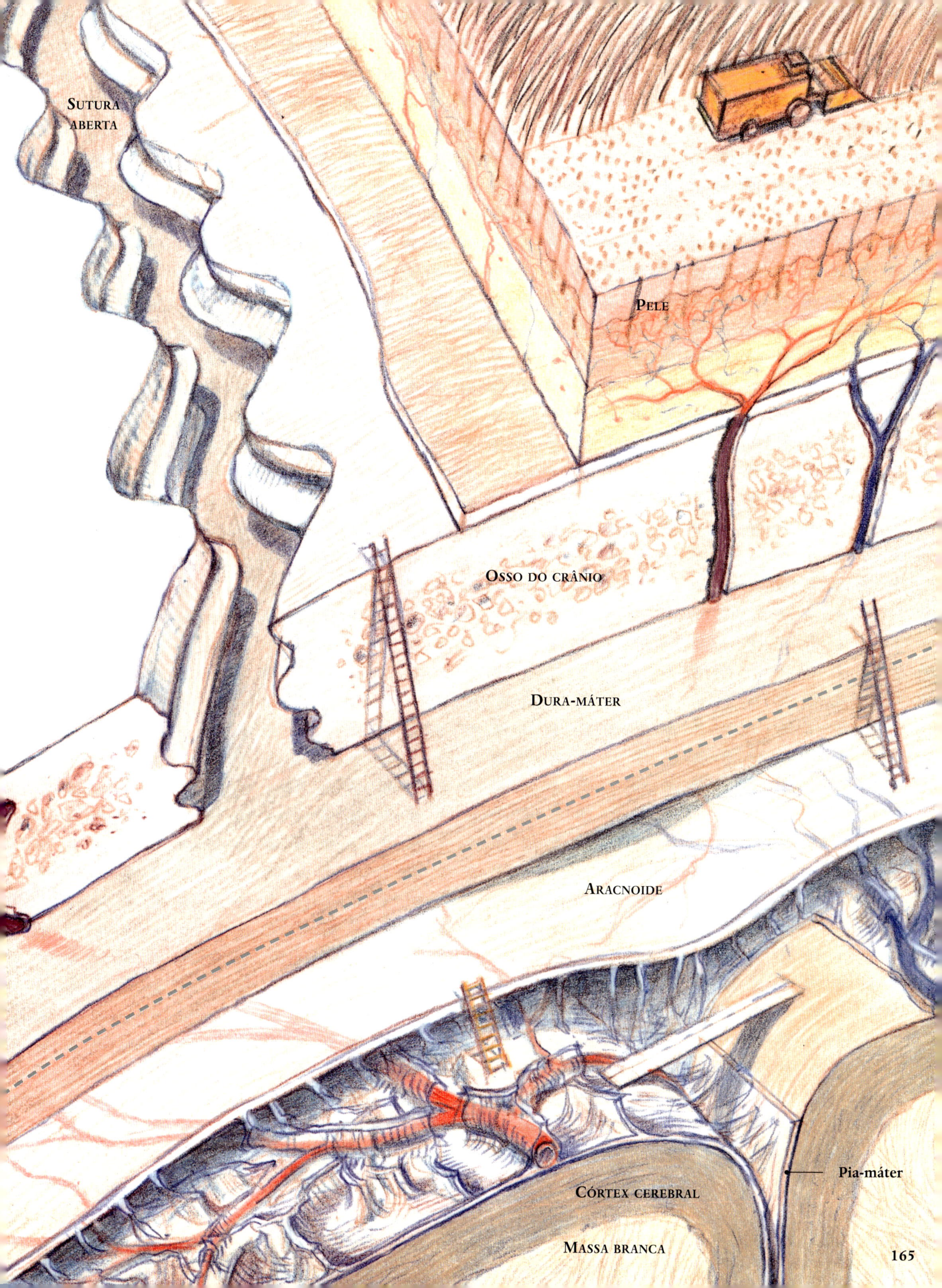
Sutura aberta
Pele
Osso do crânio
Dura-máter
Aracnoide
Pia-máter
Córtex cerebral
Massa branca

FAZENDO SENTIDOS

O choro de uma criança. O azul do mar em um dia de sol. Ovos podres. Um pêssego suculento. A maciez do veludo. Nós conseguimos experimentar estes e milhões de outros estímulos por causa dos nossos sentidos – a audição, a visão, o olfato, o paladar e o tato.

Nossa ligação com o mundo externo depende de receptores sensoriais diferentes, que respondem a estímulos diferentes. Os mecanorreceptores na orelha, na pele e nos órgãos internos disparam quando são distorcidos pelo toque, alongamento, pressão ou vibração. Os fotorreceptores nos olhos são estimulados pela luz. Os quimiorreceptores na língua e no nariz respondem a substâncias dissolvidas em água.

Os termorreceptores na pele detectam mudanças de temperatura. Os nociceptores na pele e nos órgãos internos reagem a estímulos dolorosos.

Os receptores de tato da pele são apenas dendritos modificados na ponta de neurônios sensoriais. Mas os receptores da audição, da visão, do olfato e do paladar são células diferentes e especializadas. Os receptores do olfato se projetam na cavidade nasal enquanto os receptores do paladar estão agrupados nos botões gustativos da língua. Os receptores da visão e os da audição estão localizados em órgãos especializados, os olhos e as orelhas.

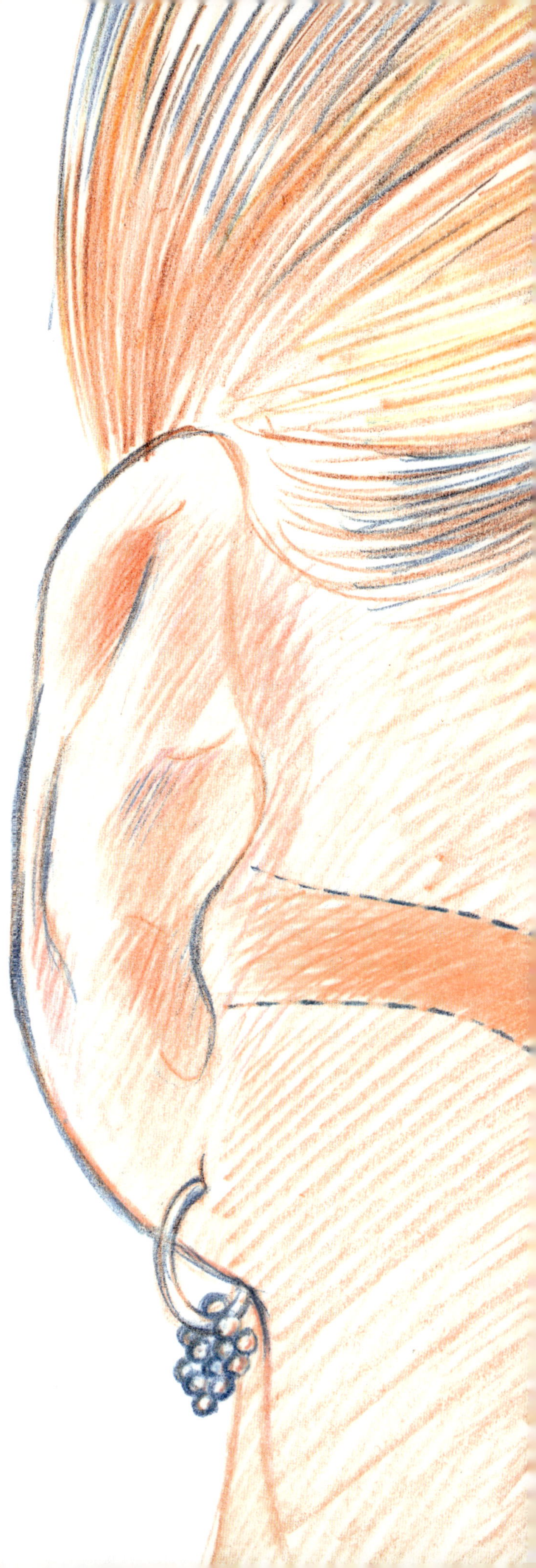

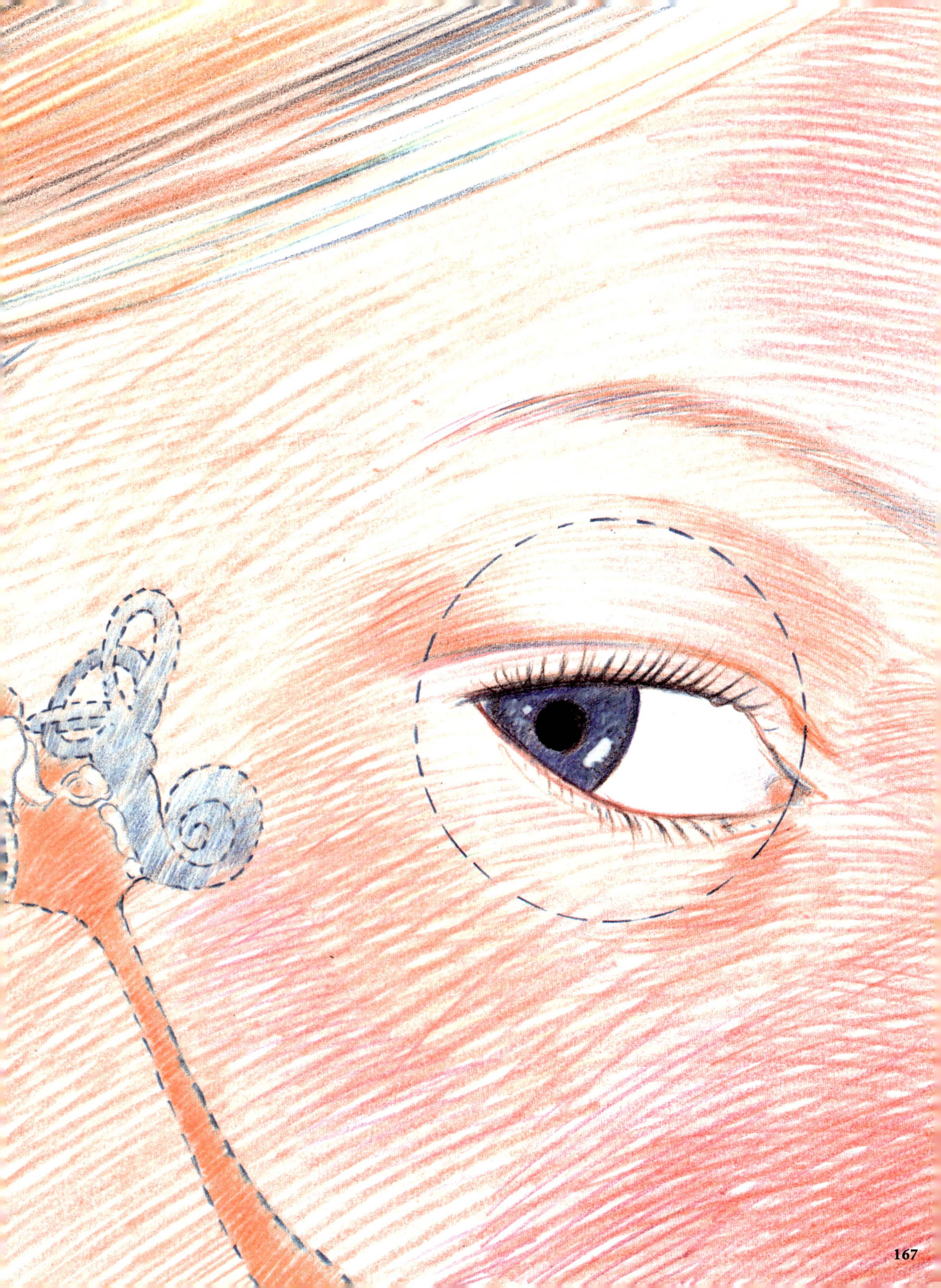

Músculo
Tímpano
Canal auditivo
ESTÁ ME OUVINDO AGORA?
Músculo

ONDAS E VIBRAÇÕES

Jogue uma pedra na água e você verá ondas que se propagam para fora a partir do ponto onde a pedra caiu. Puxe e largue uma corda de vilão e ondas invisíveis se propagarão pelo ar, serão capturadas pelas orelhas e, finalmente, interpretadas como som pelo cérebro.

Seja qual for a fonte, as ondas de som são captadas pela orelha externa e correm através do canal auditivo, cujo fundo é fechado pelo tímpano. O tímpano é uma membrana fina e esticada que vibra quando atingida por ondas de som.

Atrás do tímpano fica a orelha média, um espaço cheio de ar onde uma cadeia de três ossos muito pequenos ligam o tímpano à membrana que cobre a janela oval na entrada da orelha interna. Quando o tímpano vibra, a cadeia de ossinhos se move para dentro e para fora, como um pistão, amplificando as vibrações e transmitindo-as à janela oval. Dois músculos pequenos mantêm os movimentos dos ossinhos limitados quando ouvimos ruídos muito altos. Assim, são evitados danos às estruturas delicadas da orelha interna.

A orelha interna consiste em um labirinto de canais, cercado de osso, revestido de membranas e preenchido com fluido. Um ramo leva aos canais semicirculares que constituem nossos órgãos de equilíbrio, enquanto o outro ramo, a cóclea, com sua forma espiralada, é onde o som é detectado.

A cóclea é dividida longitudinalmente em três compartimentos paralelos. O primeiro começa na janela oval e se estende à extremidade da espiral. Lá, ele se conecta com um segundo compartimento que faz a viagem de volta, terminando em outra membrana que cerra uma janela. Entre esses dois está o compartimento que abriga os receptores que convertem as vibrações do som em sinais elétricos.

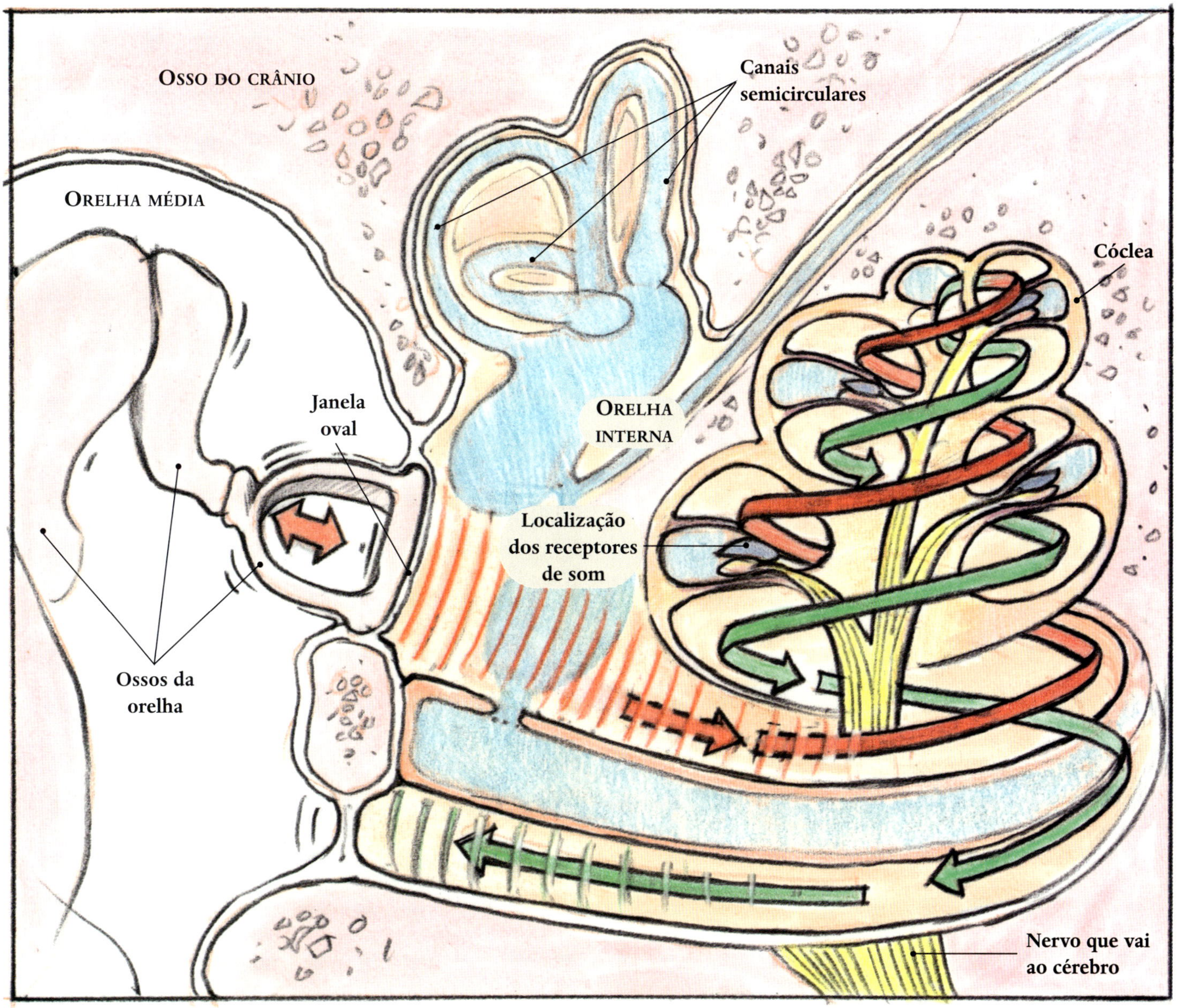

Ouvindo coisas

A cada vez que uma onda sonora chega à orelha, a janela oval se move para dentro e para fora, gerando ondas de pressão na cóclea. Essas ondas são detectadas por linhas de células ciliadas que se localizam no interior do compartimento central da cóclea, sobre sua membrana inferior. No topo de cada célula há "pelos" – chamados cílios –, que têm comprimentos variados. As pontas dos cílios mais longos estão emaranhadas em uma membrana gelatinosa que forma um arco acima e se ligam aos cílios mais curtos por fibras minúsculas. Na sua base, cada célula forma uma sinapse com um neurônio sensorial.

A chegada de ondas de pressão provoca a vibração da membrana basal e o movimento das células ciliadas, fazendo com que seus cílios mais longos se curvem de um lado a outro. Esses movimentos esticam as fibras entre os cílios que abrem canais na membrana gelatinosa. Isso causa a liberação de moléculas de neurotransmissores na sinapse do neurônio sensorial, que gera sinais que são levados ao cérebro.

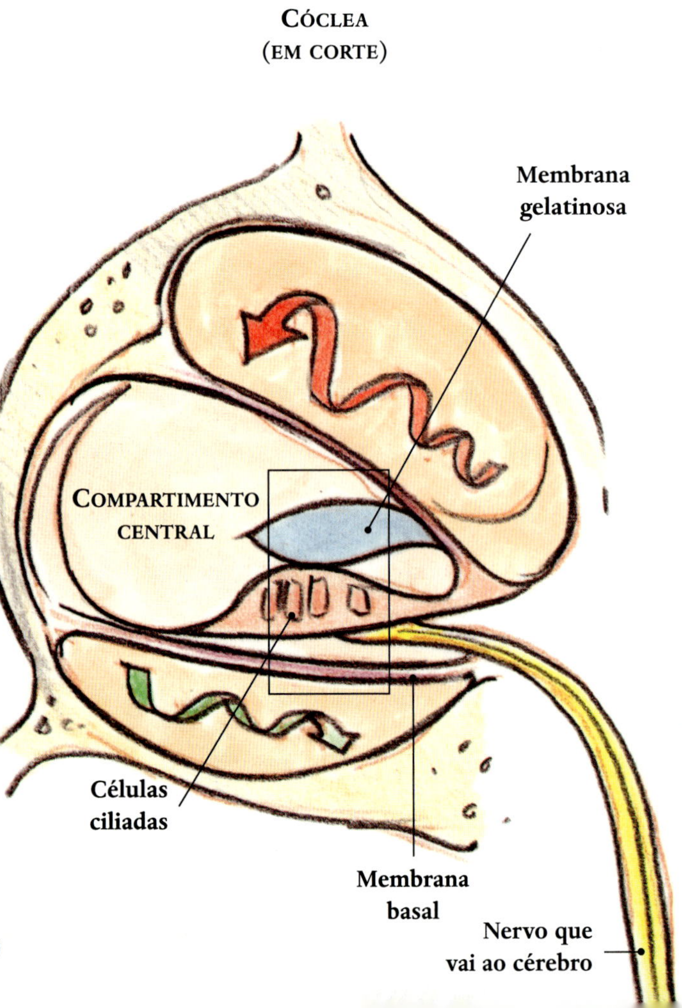

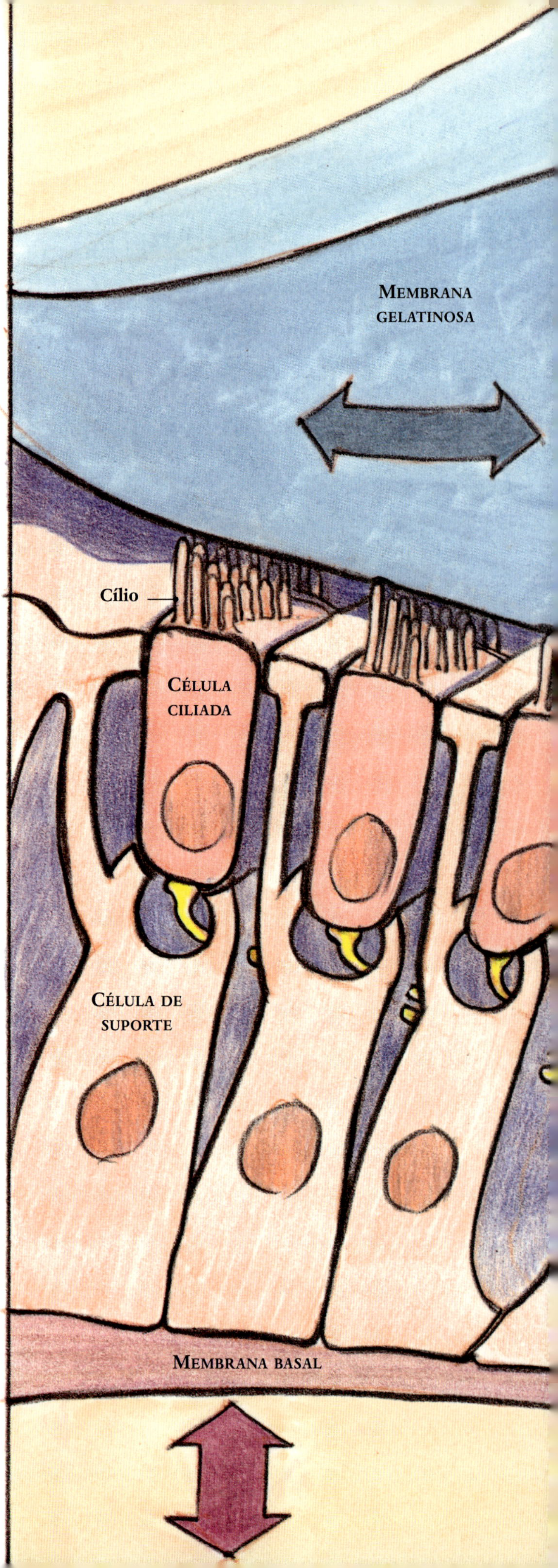

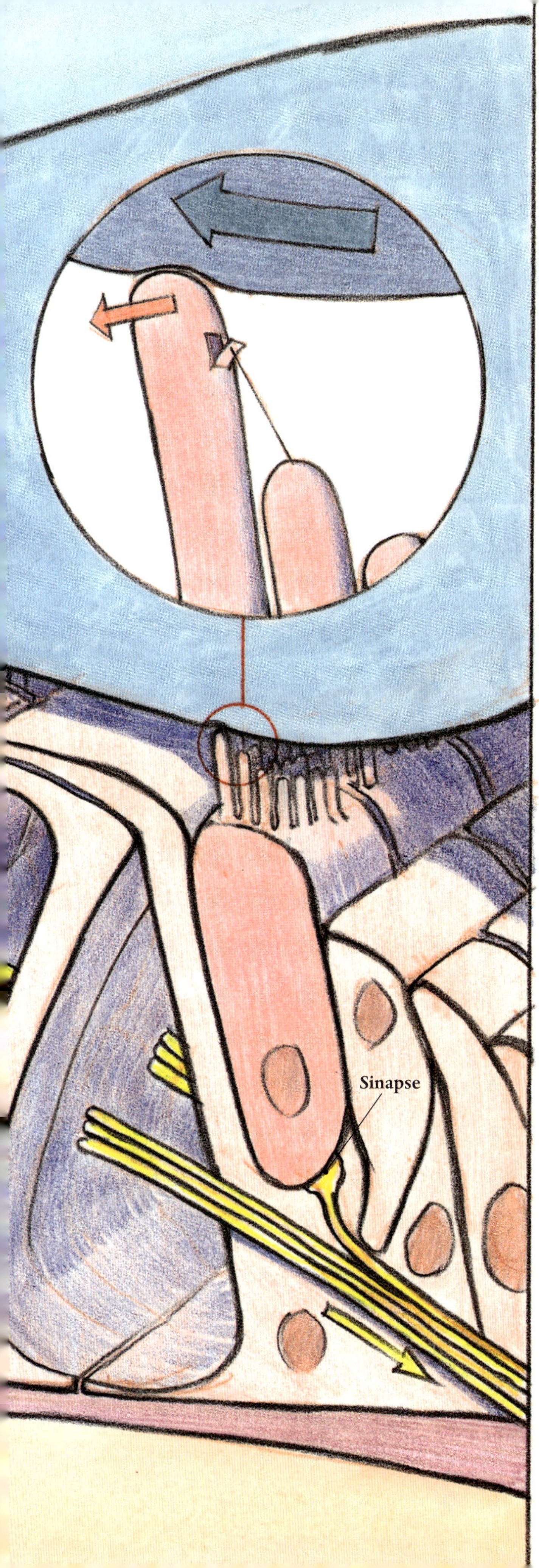

Passando pelo bulbo, pelo mesencéfalo e pelo tálamo, os sinais oriundos das duas orelhas chegam ao córtex auditivo primário, nos dois lados do cérebro. É aqui que tomamos consciência da frequência, do volume e da direção dos sons. Frequências diferentes são identificadas por células em locais específicos no compartimento central da cóclea – sons de altas frequências excitam as células ciliadas próximas da janela oval; sons de frequências mais baixas afetam as células mais próximas à extremidade da cóclea. Sons mais altos fazem as membranas vibrarem com maior vigor, "sacudindo" as células ciliadas e fazendo-as disparar com maior velocidade. A direção do som é determinada dependendo de qual orelha detecta o som primeiro, mesmo que por uma fração de segundo.

O córtex de associação auditiva fica adjacente ao córtex auditivo primário. Essa é a área do cérebro que nos permite distinguir entre o som da fala humana, o de pneus derrapando e o de um alfinete ao cair no chão.

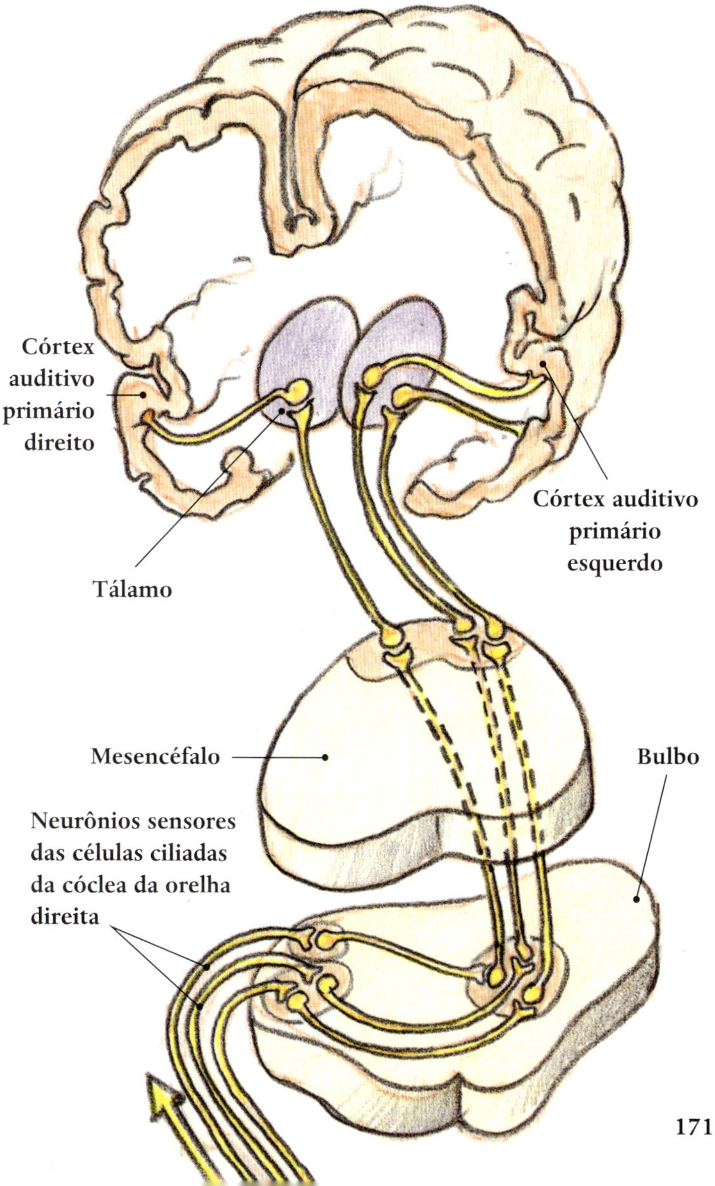

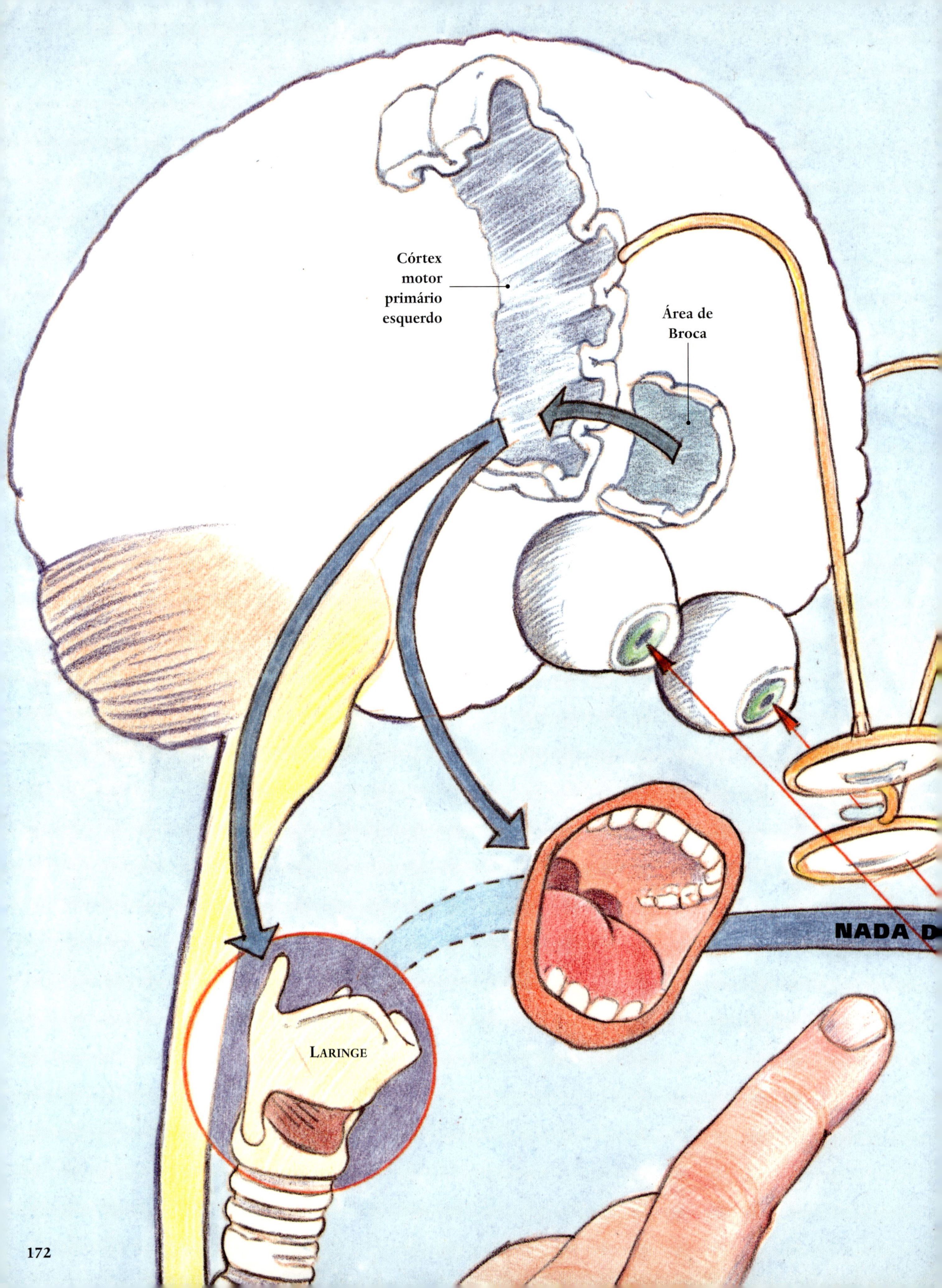
Córtex motor primário esquerdo
Área de Broca
Laringe
NADA D

A PALAVRA FALADA

Apenas os humanos desfrutam do luxo de se comunicarem uns com os outros através de uma linguagem estruturada com o próprio repertório de palavras. Assim como ainda não compreendemos diversos aspectos do funcionamento do cérebro, ainda há muito a aprender sobre como produzimos e compreendemos palavras, expressões e frases inteiras. Aqui, veremos o que parece acontecer quando alguém fala conosco e respondemos.

O "córtex da linguagem" consiste nas áreas de Broca e de Wernicke, cada uma delas com o nome do médico do século XIX que a descobriu, e ambas localizadas no hemisfério cerebral esquerdo, em lados diferentes do córtex auditivo primário. Os sinais sonoros, vindos da orelha, passam pelo tálamo, até o córtex auditivo. Se esses sinais representam "fala" e não apenas sons sem sentido, eles são retransmitidos à área de Wernicke, que atribui significados às palavras e estrutura as frases. Essa informação, então, vai à área de Broca, onde se articula uma resposta adequada à mensagem ouvida. Daí, os sinais são enviados às áreas do córtex motor, que controlam os músculos da laringe, bem como da mandíbula, dos lábios e da língua, transformando sons grosseiros em fala reconhecível.

A área de Wernicke também analisa estímulos do córtex visual. Assim, se você vê algo escrito que se relaciona com o que está ouvindo, a mensagem é amplificada e a compreensão é mais clara.

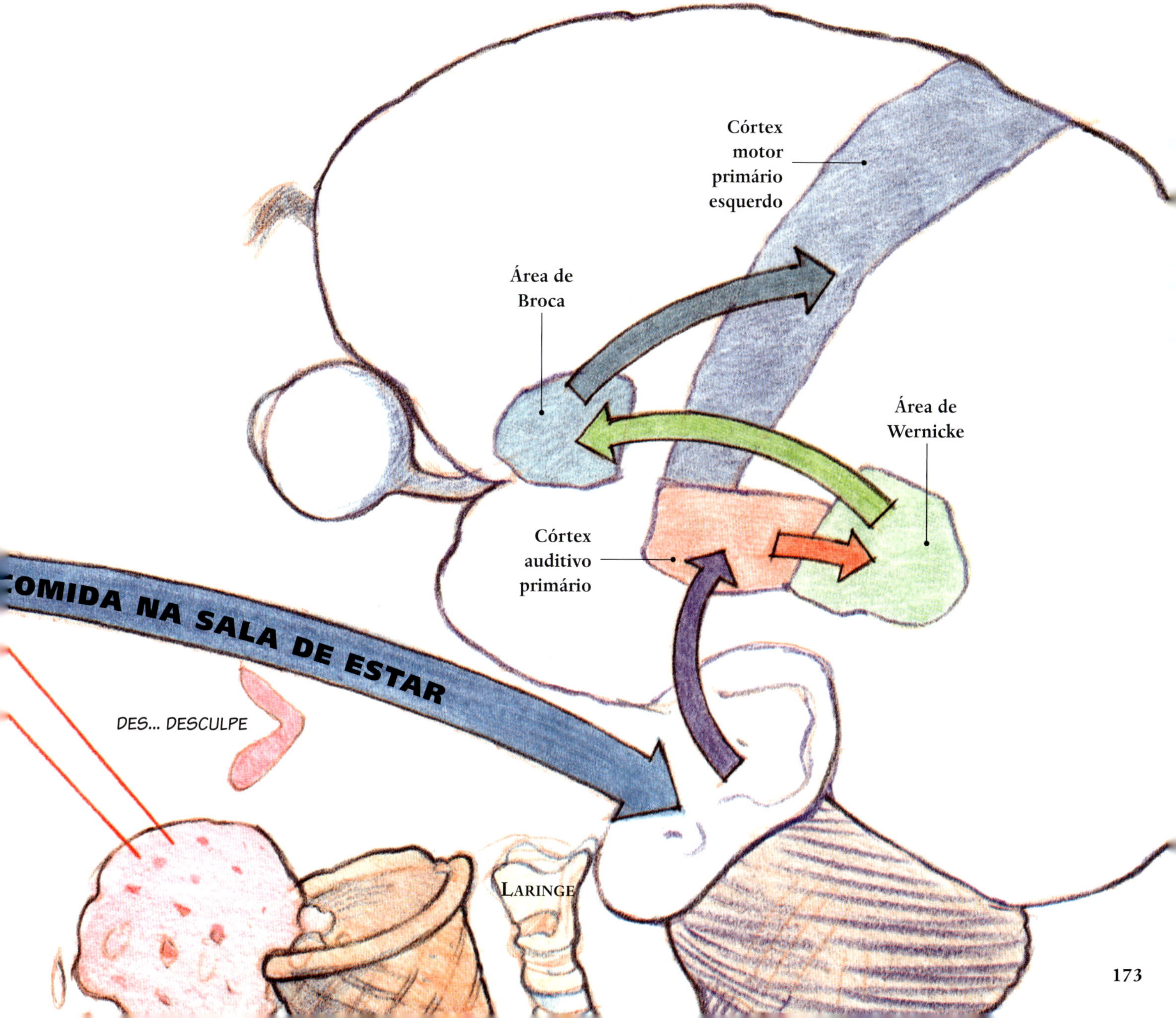

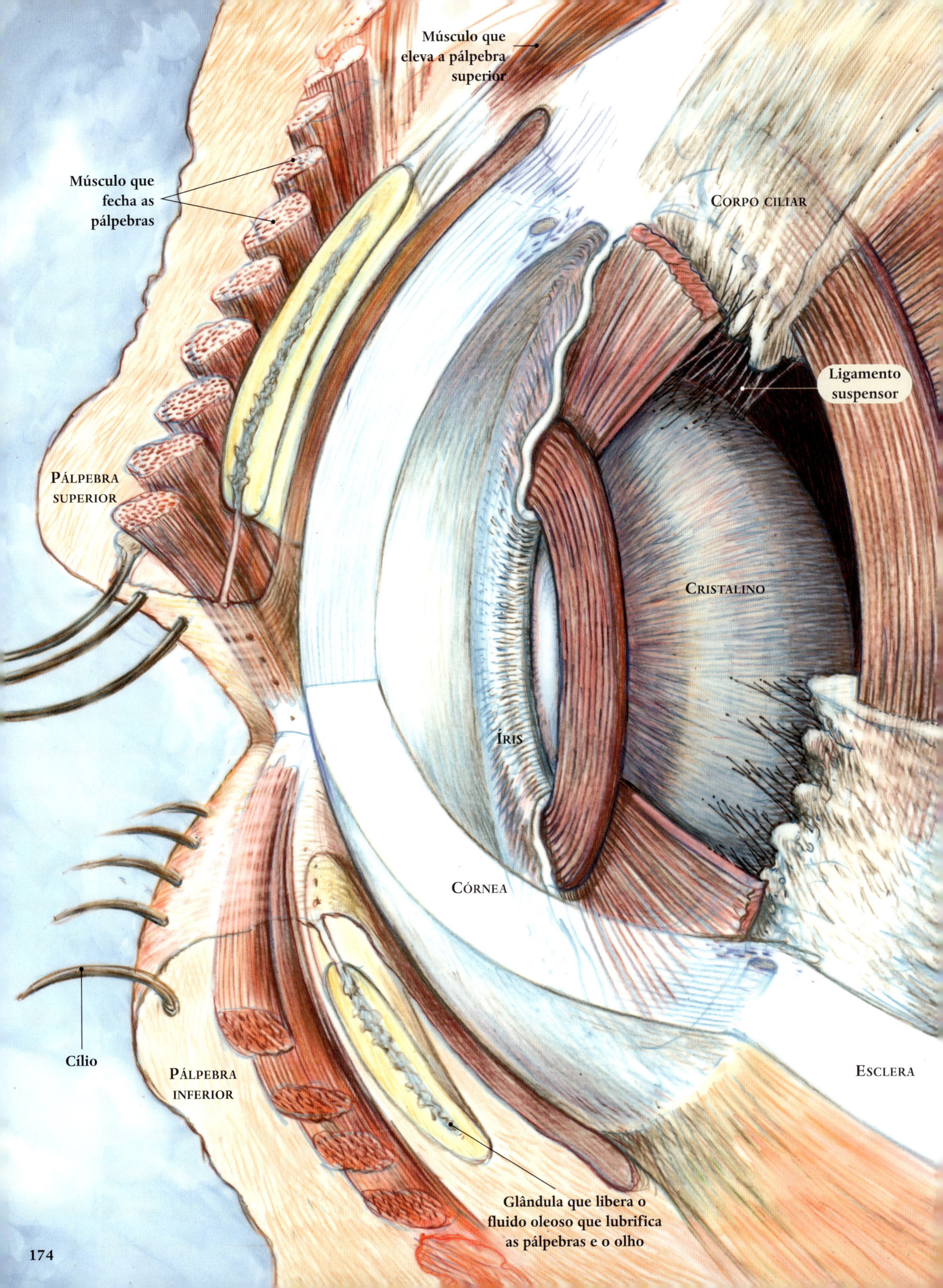
Músculo que eleva a pálpebra superior
Músculo que fecha as pálpebras
Corpo ciliar
Ligamento suspensor
Pálpebra superior
Cristalino
Íris
Córnea
Cílio
Pálpebra inferior
Esclera
Glândula que libera o fluido oleoso que lubrifica as pálpebras e o olho

DIANTE DOS OLHOS

Sempre que conversamos, a menos que sejamos tímidos ou tenhamos algo a esconder, olhamos nos olhos da pessoa com quem estamos falando. Ou, mais precisamente, à parte do globo ocular que não fica escondida no interior da cavidade ocular e é exposta após cada vez que as pálpebras piscam. A cavidade ocular – também chamada órbita – é uma cavidade óssea no crânio, estofada com gordura.

Logo atrás de cada pálpebra fica a esclera, a túnica protetora branca e resistente que encapsula todo o globo ocular, à exceção da parte frontal, onde a córnea transparente constitui uma janela circular através da qual os raios de luz podem entrar.

Atrás da córnea, a íris – a parte "colorida" do olho – regula a quantidade de luz que passa pela sua abertura central – a pupila – até a superfície fotossensível da retina, no fundo do olho.

Nossos olhos devem ser capazes de funcionar em todos os tipos de luz, e a íris garante que não nos ceguemos com a luz intensa nem fiquemos sem enxergar quando a luz é fraca.

O ajuste do tamanho da pupila é automático. Trata-se de um exemplo perfeito do equilíbrio promovido pelas divisões do controlador automático do corpo, o sistema nervoso autônomo. Sob o seu controle estão dois grupos de fibras de músculos lisos – fibras radiais, que se parecem com os raios da roda de uma bicicleta, e fibras circulares, que se distribuem de forma concêntrica ao redor da pupila.

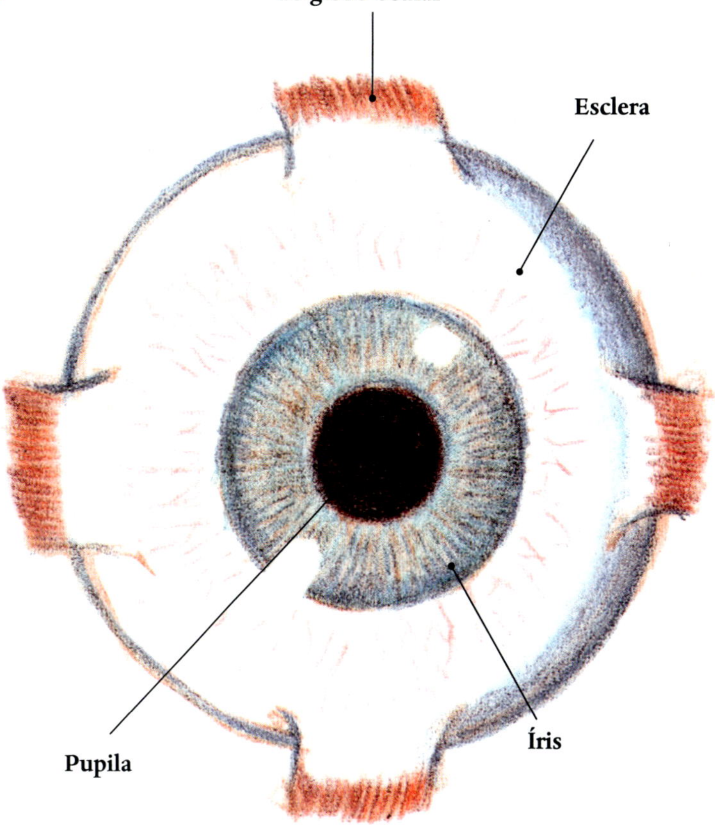

LUZ INTENSA

Quando a luz intensa chega à retina, o sistema nervoso autônomo envia sinais às fibras musculares circulares. Estas então se contraem, reduzindo a pupila e protegendo os delicados sensores de luz no interior do olho.

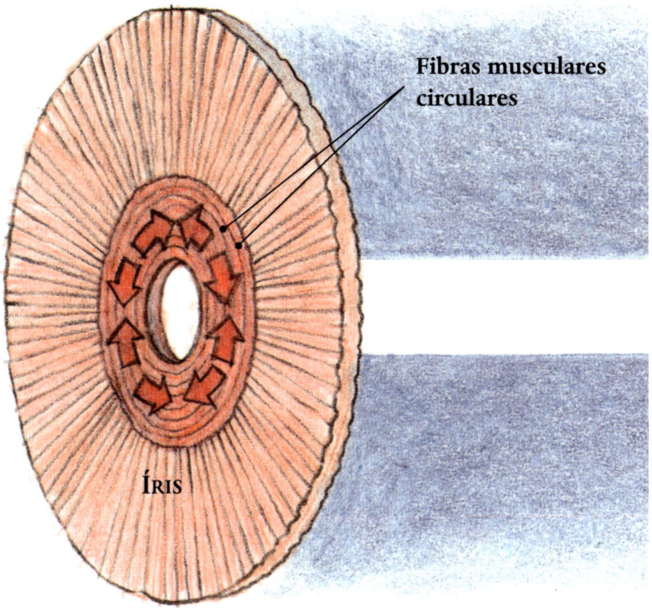

LUZ FRACA

Quando não há muita luz, o sistema nervoso autônomo sinaliza para a contração dos músculos radiais da íris. Estes abrem a pupila, permitindo a entrada de tanta luz quanto possível.

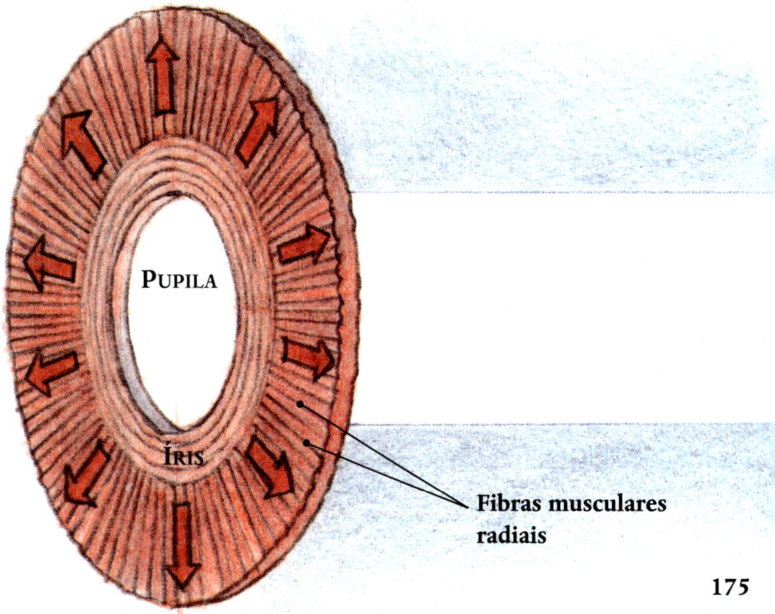

Retina
Corpo ciliar
Ligamento suspensor
Cristalino
VISTA DE TRÁS DO CRISTALINO

EM FOCO

O globo ocular tem dois compartimentos interiores. Um gel transparente, chamado humor vítreo, preenche grande parte do espaço de trás do olho, enquanto o humor aquoso (aguado, como o nome sugere) preenche um espaço menor, na frente do olho. Como estão sob leve pressão, os dois humores empurram para fora, dando forma ao globo ocular. Entre os dois humores, uma lente – chamada cristalino – é mantida na posição vertical pelas finas fibras do ligamento suspensor, que é cercado por um anel de músculo liso chamado corpo ciliar. O cristalino completa a refração dos raios de luz que se iniciou na córnea e projeta uma imagem nítida e invertida sobre a retina, que é a superfície fotossensível que cobre a maior parte da seção posterior do globo ocular. Entre a retina e a esclera fica a escura camada coroide, cujos vasos fornecem a elas nutrientes e oxigênio.

Embora a córnea faça a maior parte do foco, ela não consegue lidar ao mesmo tempo com os raios de luz paralelos vindos de objetos distantes e com os raios de luz divergentes vindos de objetos próximos. O cristalino, obedecendo ao sistema nervoso autônomo, é muito mais versátil.

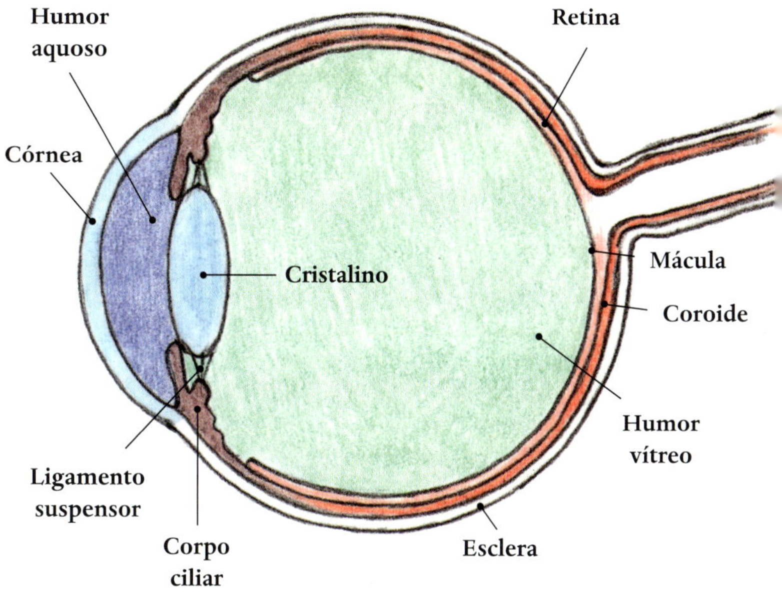

CORTE HORIZONTAL DO GLOBO OCULAR

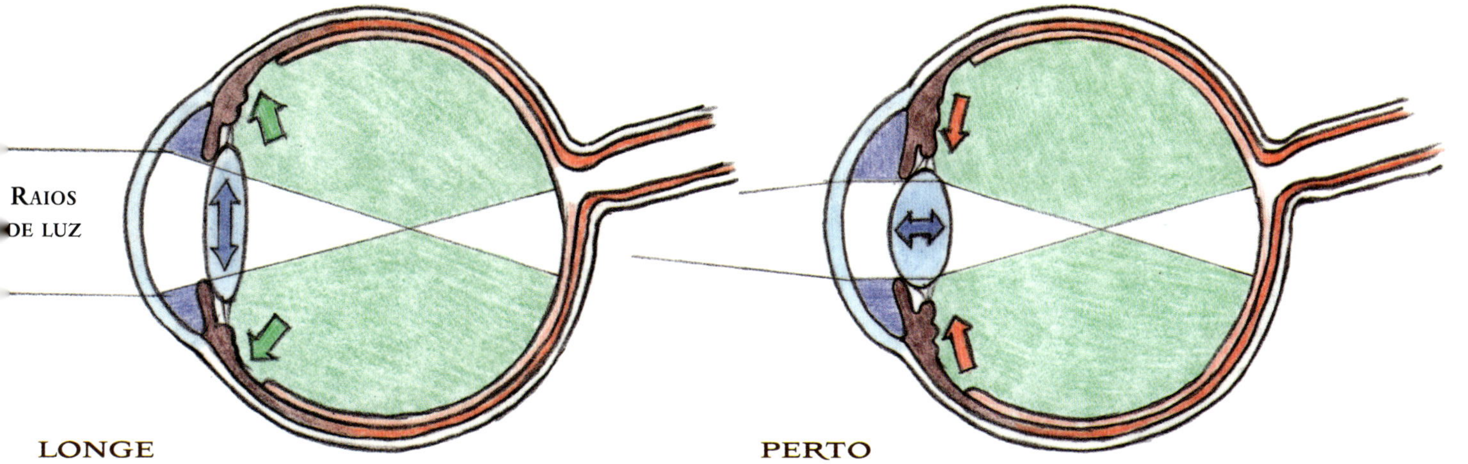

LONGE

Quando olhamos a distância, o corpo ciliar relaxa. Isso permite que a pressão para fora exercida pelos humores expanda o anel muscular, puxando as fibras do ligamento suspensor. O cristalino fica mais fino, minimizando o efeito de refração que possa ter sobre a luz que passa por ele.

PERTO

Quando olhamos objetos próximos, o corpo ciliar é instruído a se contrair. Conforme as fibras do ligamento suspensor se afrouxam, o cristalino (que é naturalmente elástico) fica mais grosso, causando a refração da luz, com maior poder de foco do que tinha quando estava fino.

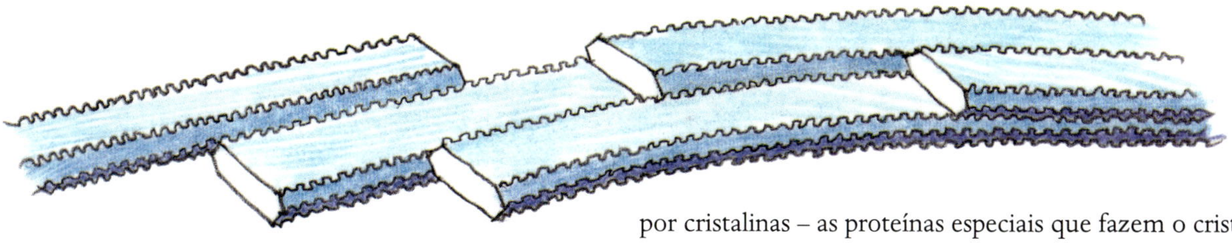

TRANSPARENTE E ELÁSTICO

O cristalino é de células altamente especializadas. Estas ficam entrelaçadas e são longas, estreitas e muito finas. Livres da maior parte de suas estruturas internas, essas células são preenchidas por cristalinas – as proteínas especiais que fazem o cristalino ser ao mesmo tempo transparente e flexível. Como a córnea, o cristalino não recebe fornecimento de sangue, que poderia comprometer sua transparência. Em vez disso, os nutrientes são absorvidos dos humores aquoso e vítreo.

CONES E BASTONETES

A visão é nosso sentido mais importante. Quase três quartos dos receptores sensoriais do corpo são dedicados aos olhos, especificamente à retina, a camada delgada que é o começo do caminho entre a luz e a informação. O segredo do funcionamento da retina são células fotorreceptoras chamadas bastonetes e cones. Os 120 milhões de bastonetes em cada olho funcionam melhor sob luz fraca, sendo especializados em imagens monocromáticas difusas e em visão periférica. Os seis milhões de cones que temos nos olhos funcionam melhor sob luz intensa, detectam as cores e a maior parte dos detalhes. A maioria dos cones está confinada à mácula, a parte da retina sobre a qual a luz incide quando olhamos diretamente para algo. Há três tipos de cones, um para luz vermelha, um para luz azul e um para luz verde. Através da combinação de suas entradas, o cérebro "vê" todas as cores.

As extremidades mais externas dos cones e bastonetes se projetam para o interior de uma camada de células escuras e pigmentadas. Nas outras extremidades, eles fazem sinapses com neurônios que, por sua vez, fazem sinapses com células ganglionares, cujos axônios se unem formando o nervo óptico. Para chegar aos cones e bastonetes, a luz tem de atravessar esses obstáculos.

Os cones e bastonetes têm um segmento interior e um exterior. O segmento exterior contém uma pilha de discos envolvidos por membranas. No interior dessa membrana se encontram os pigmentos visuais, cada um consistindo em uma proteína combinada com a molécula retinal, derivada da vitamina A, que é capaz de absorver luz. Quando a luz atinge os discos, a molécula retinal, que normalmente fica retorcida, se endireita e se solta de sua proteína. Isso altera a carga elétrica da membrana e a carga é passada para uma célula ganglionar que dispara, enviando impulsos nervosos ao cérebro. Os pigmentos visuais se reconstituem rapidamente, prontos para serem reutilizados. Os discos gastos são removidos das pontas dos cones e bastonetes, e seus componentes são reciclados pelas células da camada pigmentada.

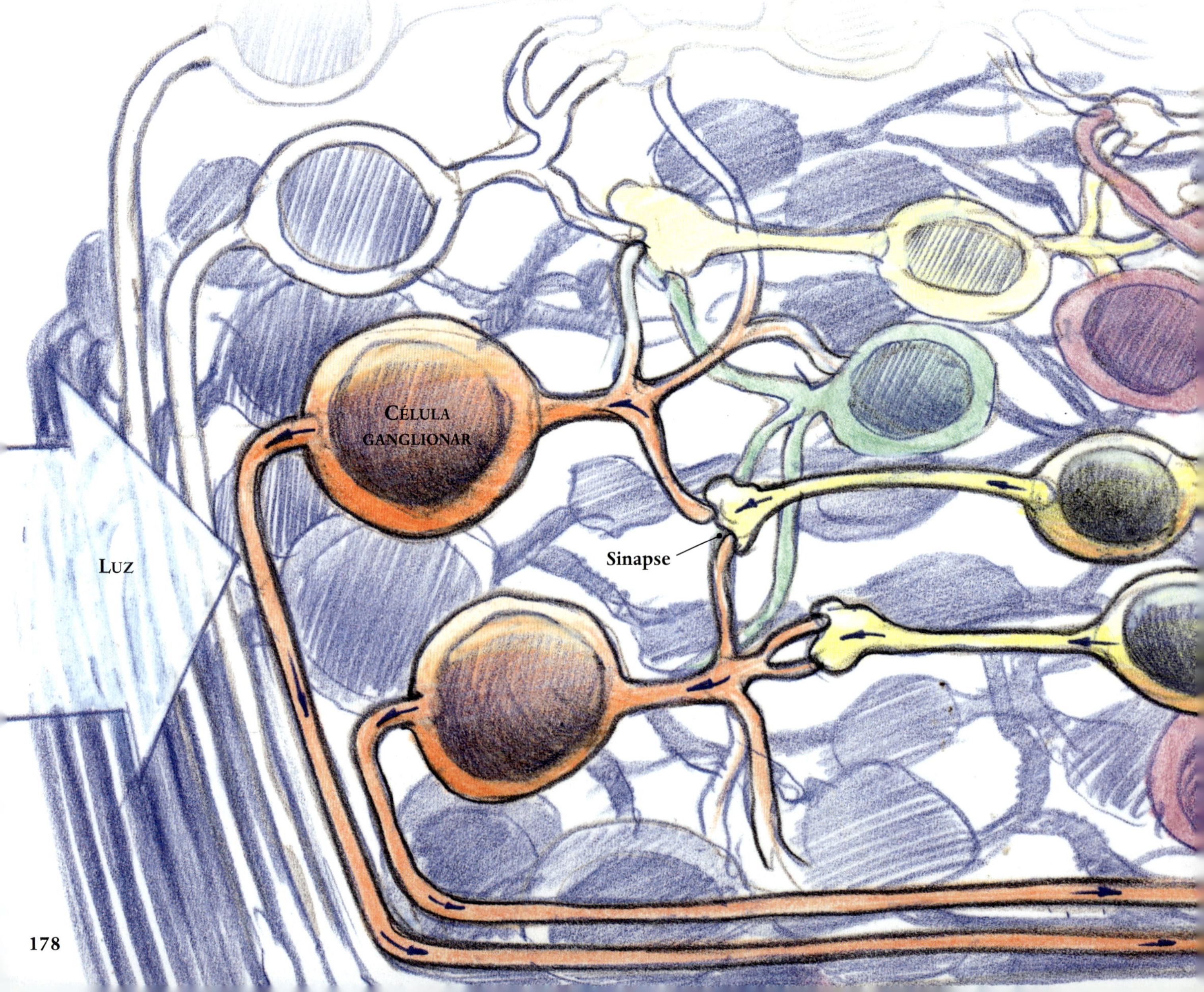

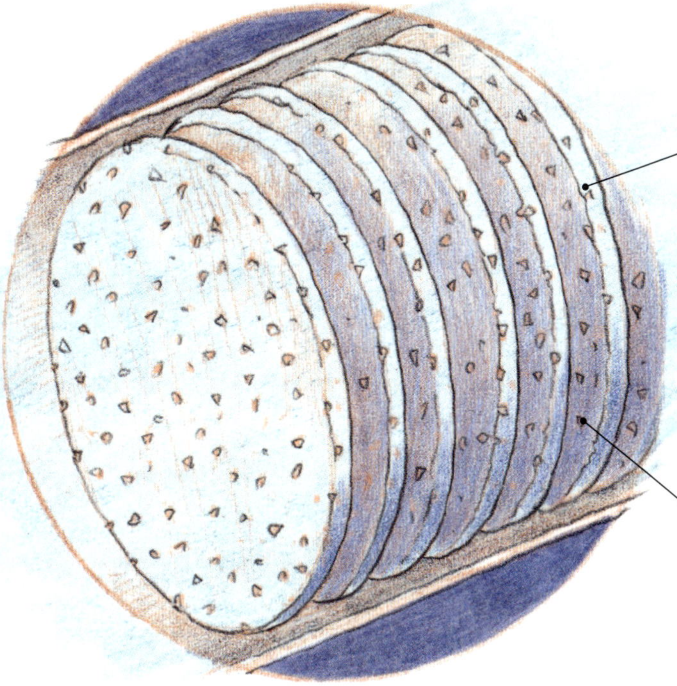

Pigmento visual no escuro

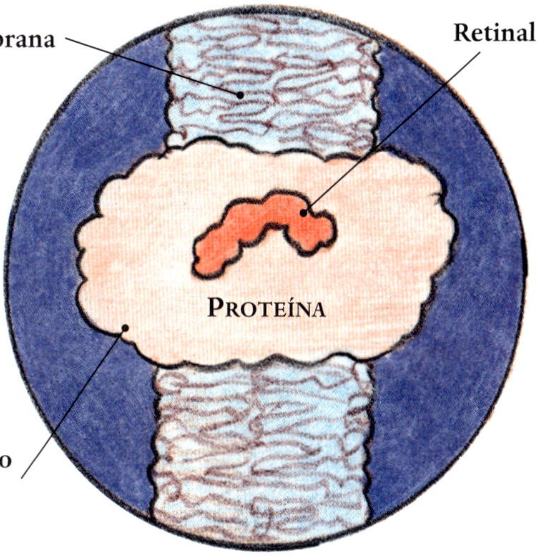

Pigmento visual na luz

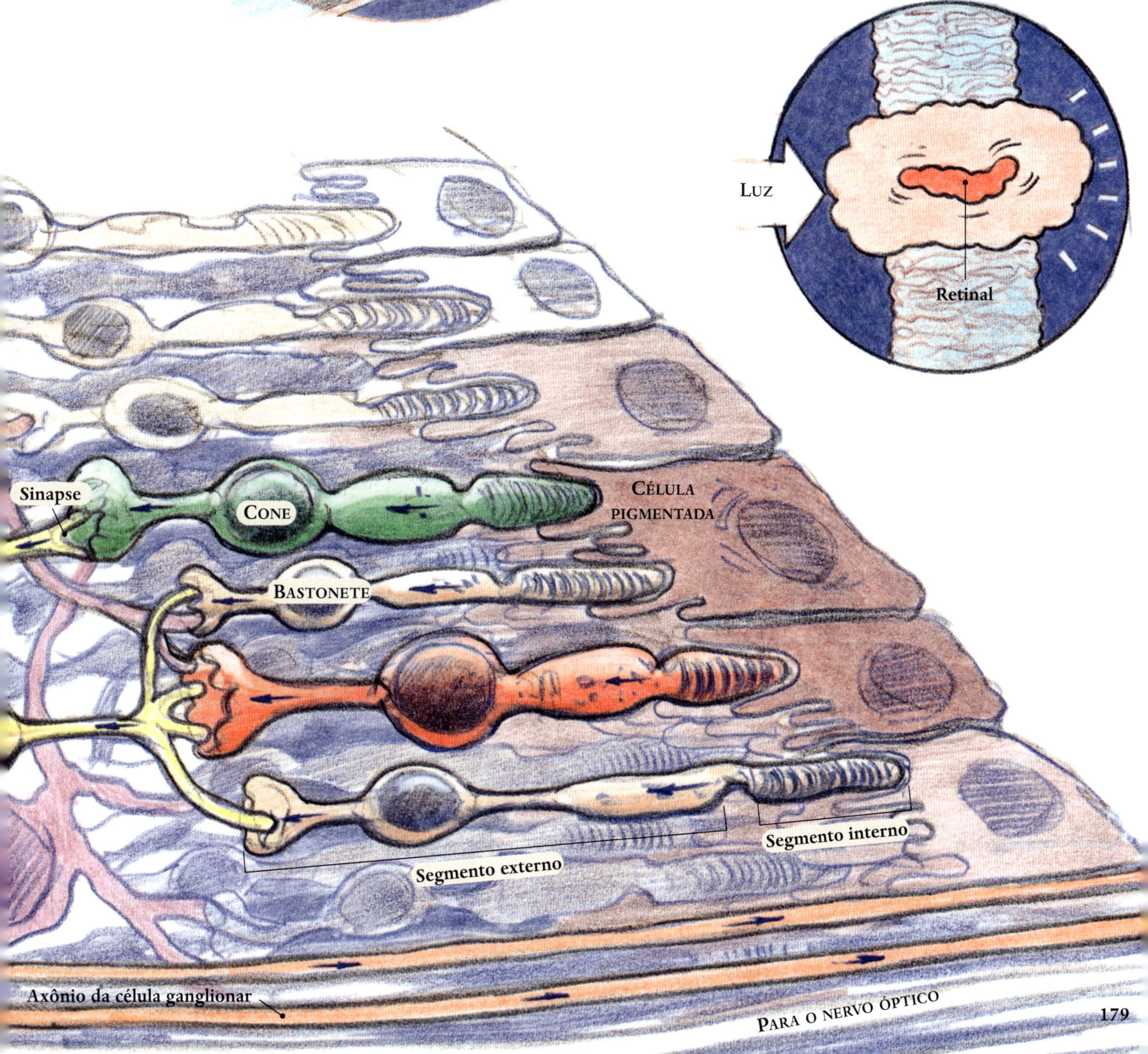

DOS OLHOS AO CÉREBRO

Nossos olhos transformam a luz do mundo externo em sinais que o cérebro transforma em imagens. A fim de evitar a sobrecarga do cérebro com uma sequência inalterada de informação, o processamento começa na retina. Em cada olho, os sinais brutos de todos os 126 milhões de cones e bastonetes passam por apenas um milhão de células ganglionares, num processo que elimina os sinais fracos. Os sinais mais fortes continuam até o cérebro através de um milhão de axônios que formam feixes que vão formar, em cada olho, um dos dois nervos ópticos.

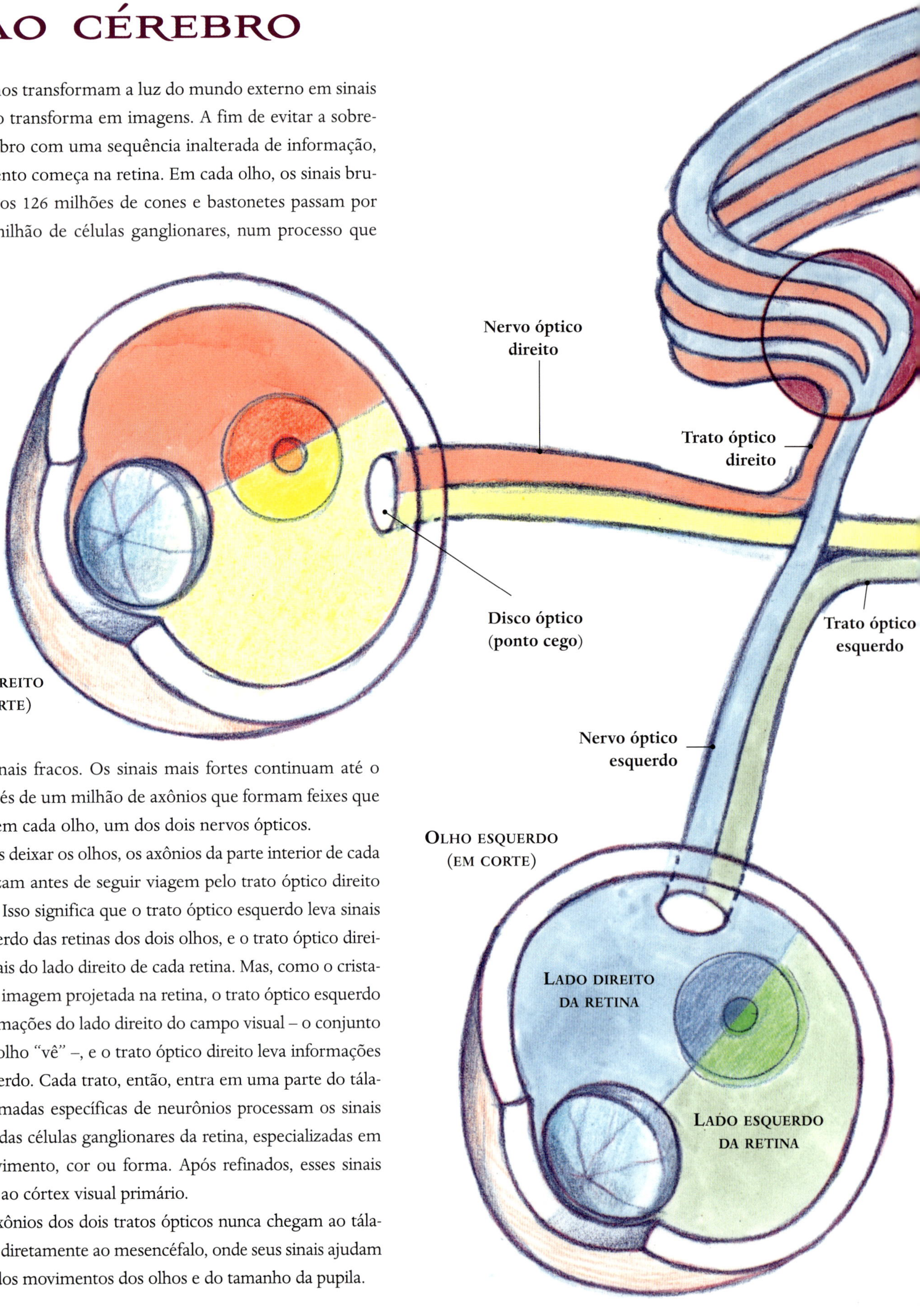

Logo após deixar os olhos, os axônios da parte interior de cada retina se cruzam antes de seguir viagem pelo trato óptico direito ou esquerdo. Isso significa que o trato óptico esquerdo leva sinais do lado esquerdo das retinas dos dois olhos, e o trato óptico direito leva os sinais do lado direito de cada retina. Mas, como o cristalino inverte a imagem projetada na retina, o trato óptico esquerdo carrega informações do lado direito do campo visual – o conjunto do que cada olho "vê" –, e o trato óptico direito leva informações do lado esquerdo. Cada trato, então, entra em uma parte do tálamo, onde camadas específicas de neurônios processam os sinais que chegam das células ganglionares da retina, especializadas em detectar movimento, cor ou forma. Após refinados, esses sinais são enviados ao córtex visual primário.

Alguns axônios dos dois tratos ópticos nunca chegam ao tálamo. Eles vão diretamente ao mesencéfalo, onde seus sinais ajudam no controle dos movimentos dos olhos e do tamanho da pupila.

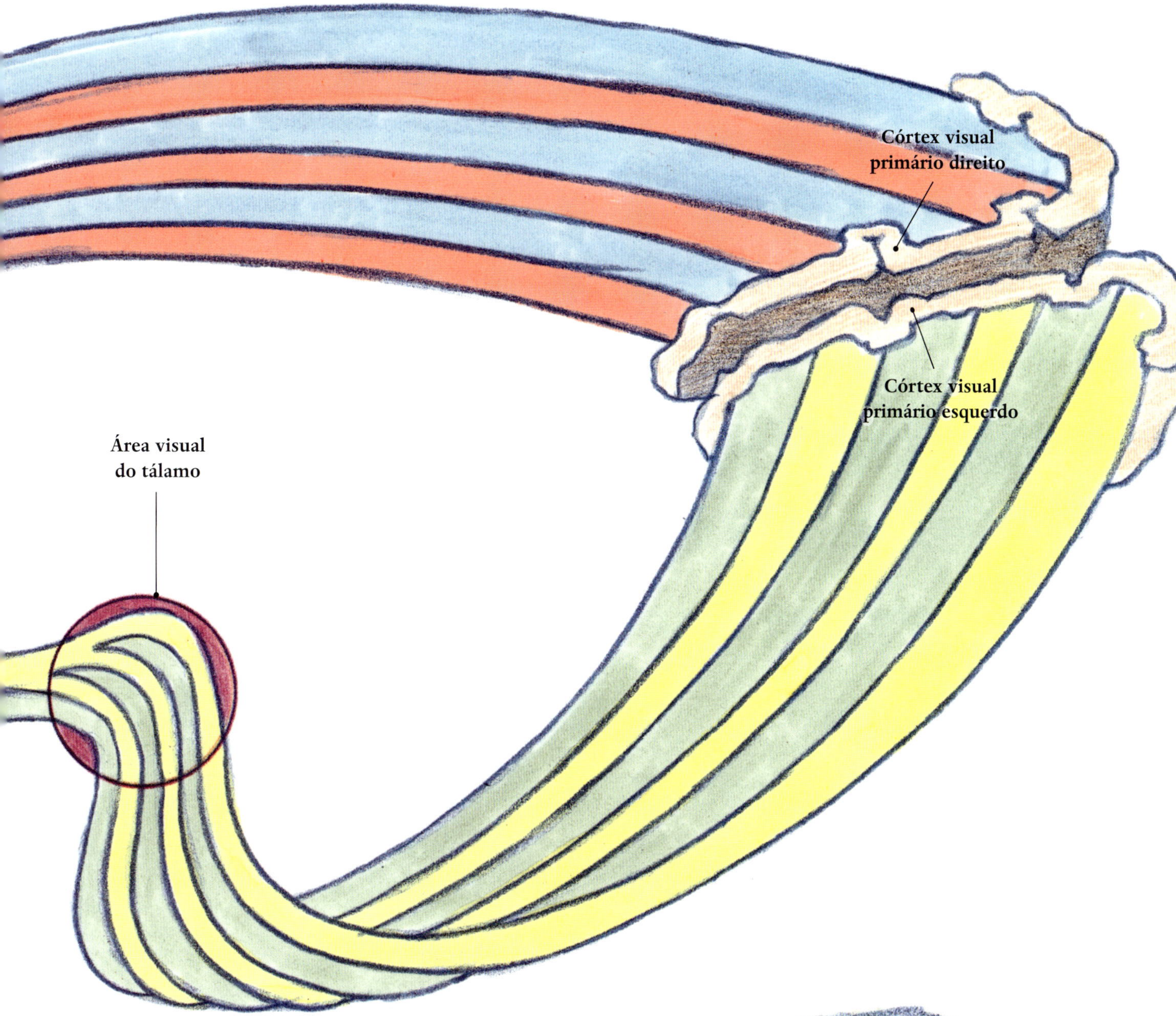

PONTO CEGO

O disco óptico é o local onde os axônios da retina se encontram para deixar o globo ocular, e não tem nem cones nem bastonetes. Como não pode detectar luz, é frequentemente chamado de "ponto cego". Em condições normais, não percebemos sua existência, já que cada olho "cobre" a parte do campo de informação que falta no outro olho e o córtex visual "preenche" a falha.

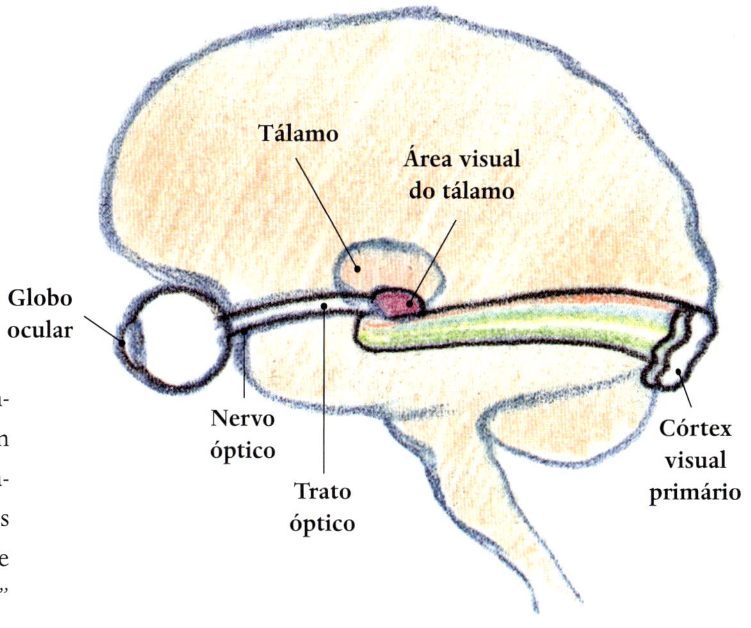

Vendo coisas

Transformar sinais elétricos vindos dos olhos em um filme em cores, em três dimensões e cheio de ação, é um desafio e tanto para o córtex visual, mas não é impossível. Essa tarefa enorme é dividida em operações menores, como problemas mais fáceis de resolver. As informações sobre cor, forma e movimento são processadas separadamente por partes progressivamente mais sofisticadas do córtex. Apenas ao final desse processo o "quadro completo" é montado.

O ponto de partida para a composição de uma imagem é o córtex visual primário, onde cada neurônio recebe estímulos de vários neurônios na área visual do tálamo, o que resulta em uma qualidade mais alta de informação – em vez de responder a pontos de luz, alguns neurônios respondem a faixas de luz em ângulos específicos, outros aos movimentos das faixas de luz e outros às suas cores.

Sequências separadas de informação são então enviadas ao córtex visual secundário. Cada neurônio desse córtex recebe estímulos de muitos neurônios do córtex visual primário, o que, novamente, aumenta a qualidade da informação de modo que esses neurônios agora podem responder, por exemplo, a cantos e bordas. Conforme a informação passa por cada nível subsequente do córtex visual, a mensagem fica mais complexa.

Após o processamento inicial, os sinais do córtex visual seguem duas rotas ligadas em cada hemisfério cerebral. As formas e cores são analisadas ao longo da rota "O QUÊ?" (localizada abaixo), de modo que os objetos possam ser reconhecidos no lobo temporal. Os sinais relacionados com movimento seguem a rota superior "ONDE?" até o lobo parietal, onde o movimento e a navegação são determinados. Partes das rotas "O QUÊ?" e "ONDE?" também comparam estímulos dos olhos direito e esquerdo para dar profundidade e distância à "imagem".

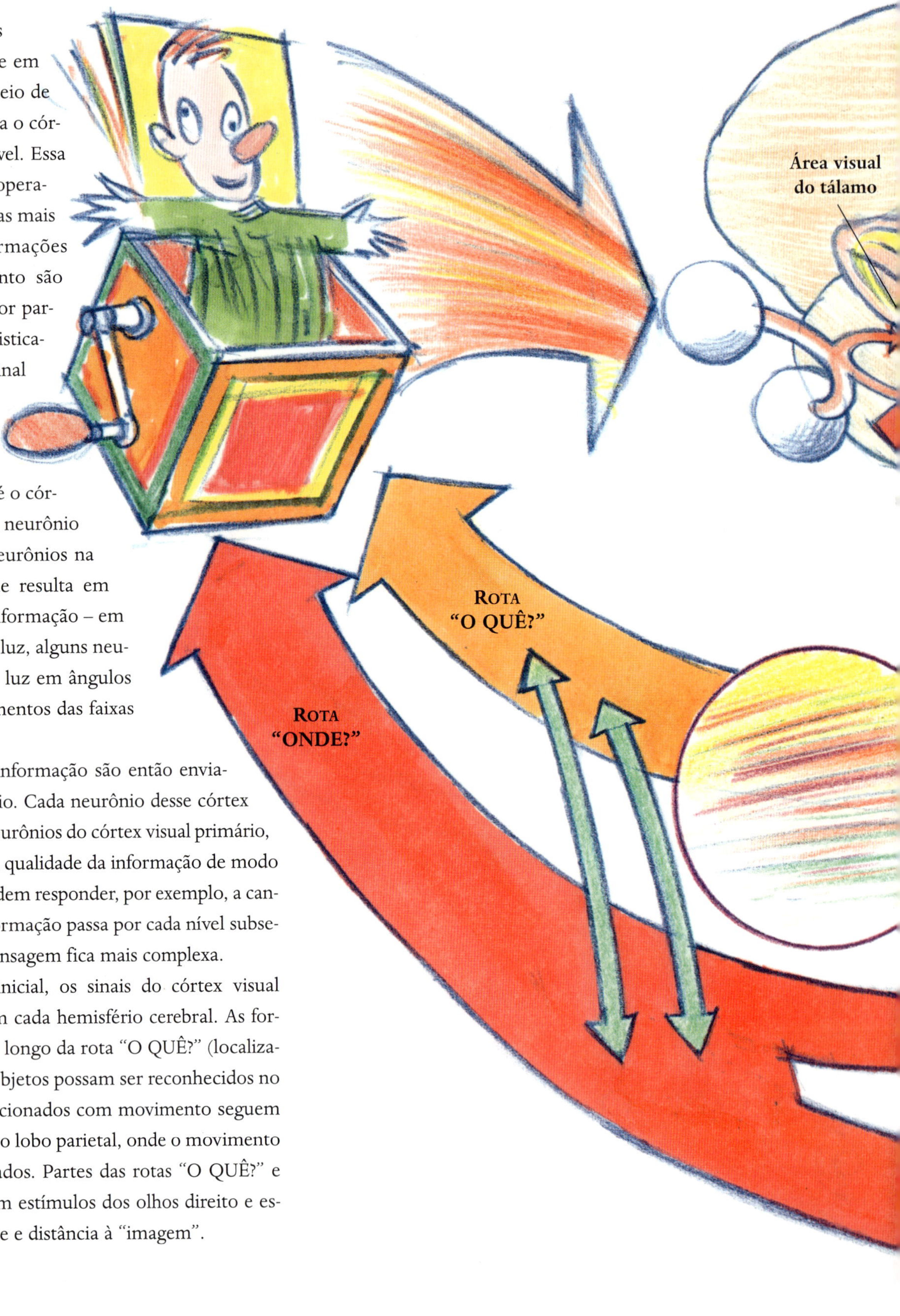

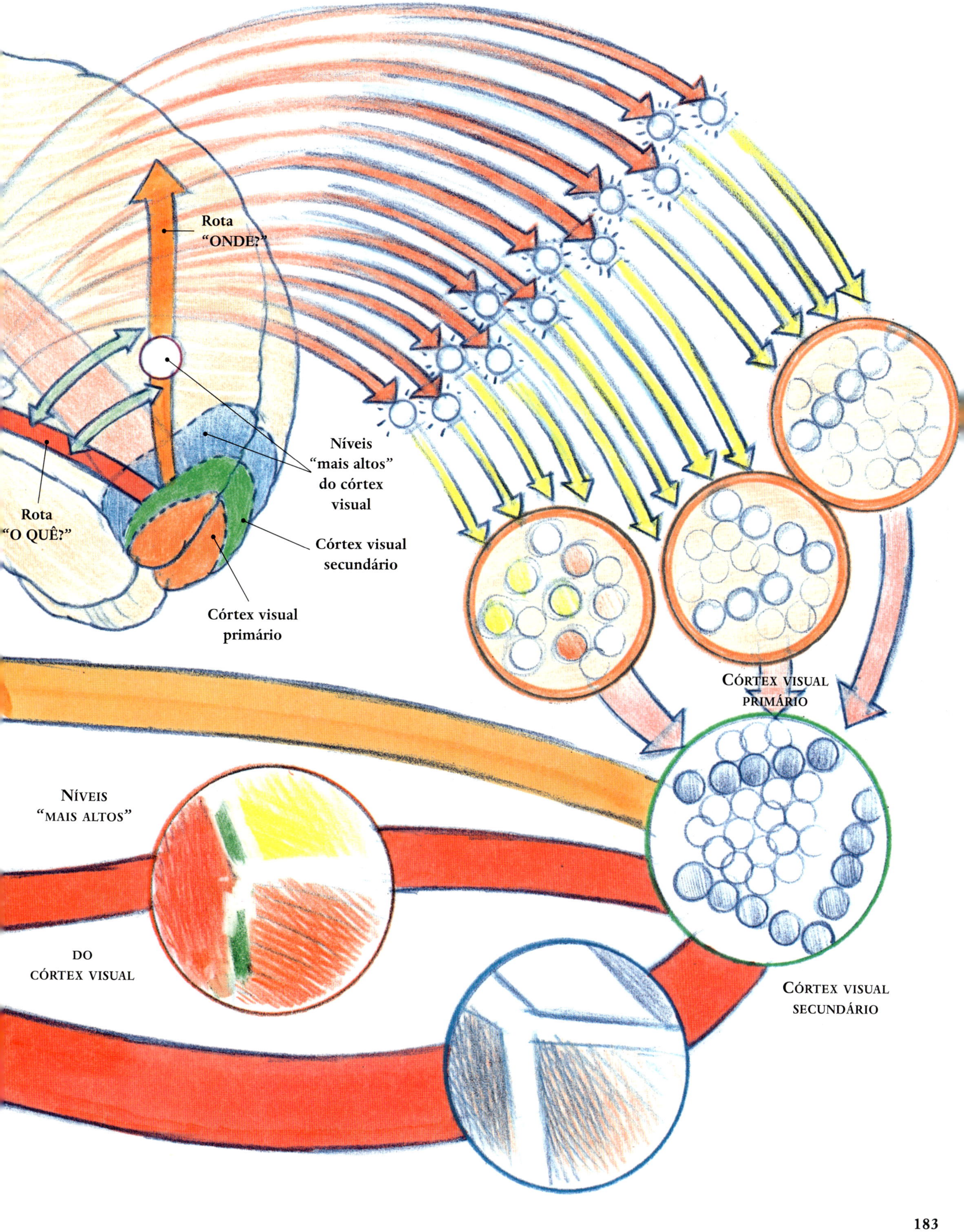

Rota
"ONDE?"
Níveis
"mais altos"
do córtex
visual
Rota
"O QUÊ?"
Córtex visual
secundário
Córtex visual
primário
CÓRTEX VISUAL
PRIMÁRIO
NÍVEIS
"MAIS ALTOS"
DO
CÓRTEX VISUAL
CÓRTEX VISUAL
SECUNDÁRIO

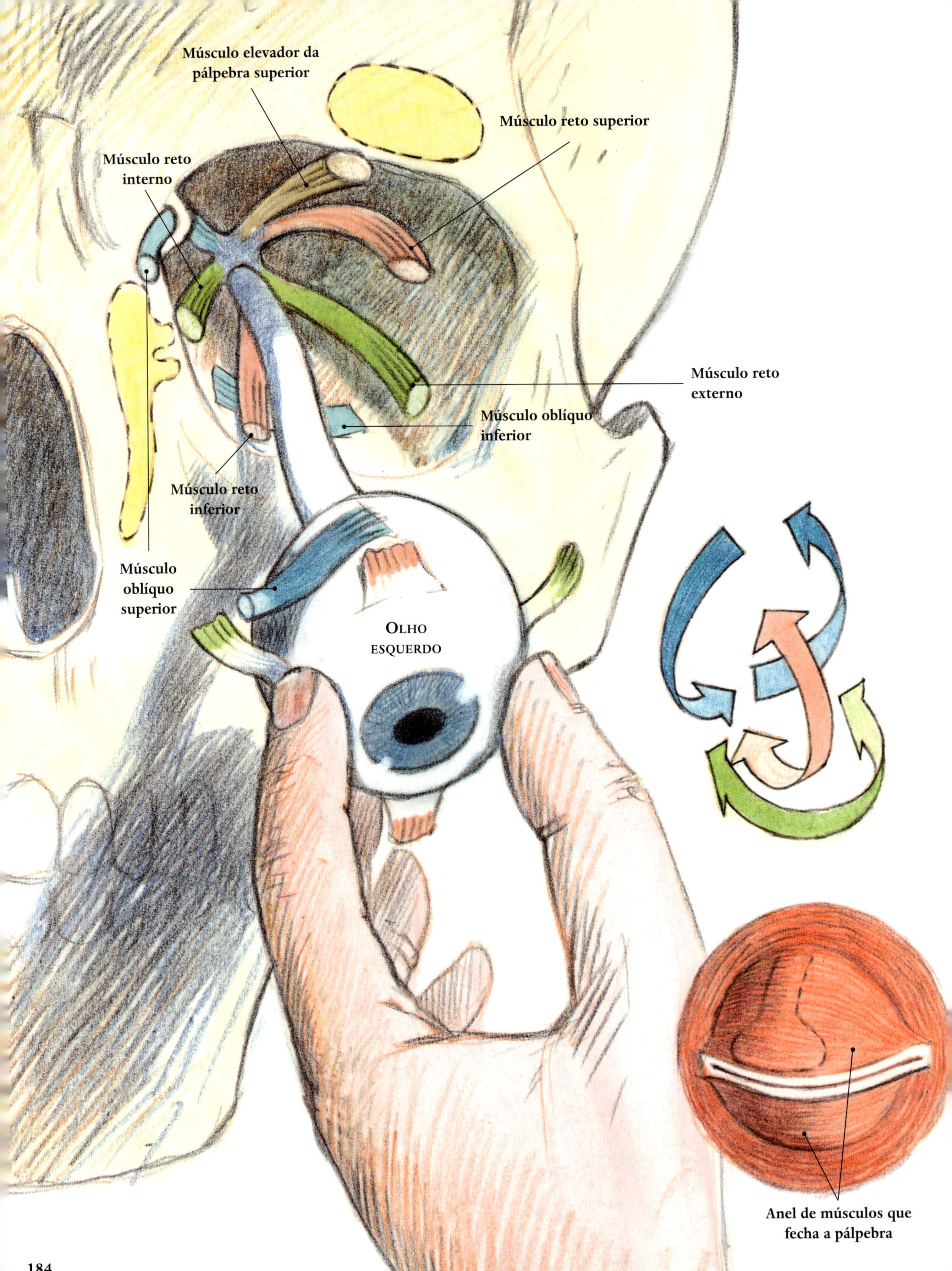
Músculo elevador da
pálpebra superior
Músculo reto superior
Músculo reto
interno
Músculo reto
externo
Músculo oblíquo
inferior
Músculo reto
inferior
Músculo
oblíquo
superior
OLHO
ESQUERDO
Anel de músculos que
fecha a pálpebra

GIRAR E PISCAR

Os olhos não são fixos no lugar, olhando fixamente para a frente. Eles giram nas cavidades, movidos por seis músculos com formato de tiras presos ao osso de um lado e à esclera do outro. Os quatro músculos retos movem o olho para cima, para baixo e lateralmente. Os dois músculos oblíquos movem os olhos ou para baixo e para dentro ou para cima e para fora.

Os músculos dos olhos geram, basicamente, dois tipos de movimento. Os movimentos lentos apontam os olhos para objetos de interesse ou seguem objetos conforme eles se movem à nossa frente. Movimentos abruptos, pequenos e rápidos fazem a varredura de objetos estáticos, de modo que a luz vinda de todas as partes deles chega ao meio da mácula. Sob controle do cérebro, os dois olhos se movem juntos na mesma direção.

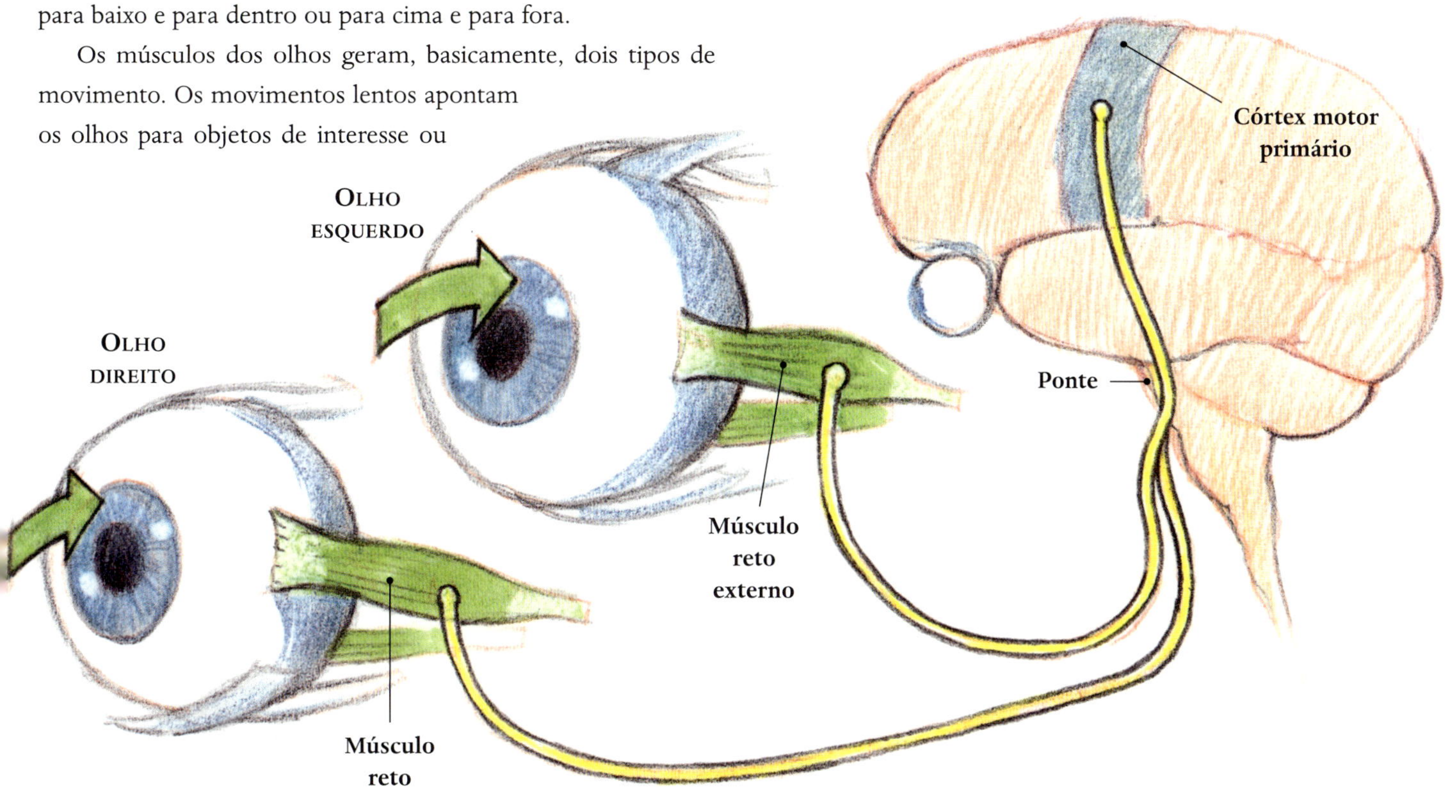

Sem pensar, piscamos automaticamente até quinze vezes por minuto. Como um limpador de para-brisa vertical, a pálpebra superior espalha lágrimas pela superfície do olho, retirando a poeira e substâncias irritantes e mantendo a córnea úmida e lubrificada. Isso acontece tão rápido que a visão não é interrompida. As lágrimas são liberadas continuamente ao longo dos dutos por glândulas lacrimais acima do olho e são drenadas para fora por duas pequenas aberturas no canto interno de cada olho em um duto que se esvazia na cavidade nasal. É por isso que choro – lágrimas em excesso – e nariz escorrendo andam juntos.

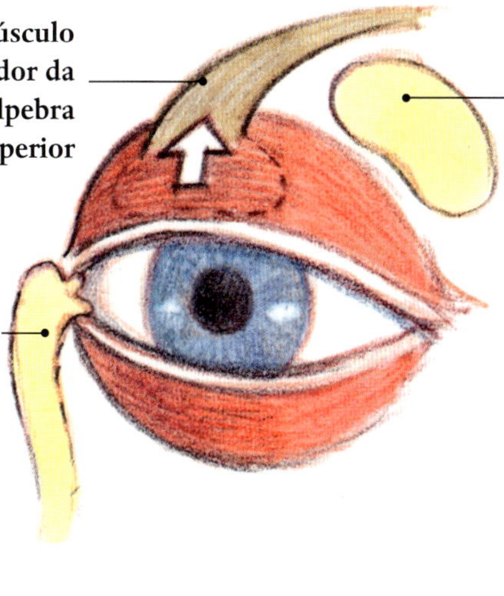

As pálpebras são fechadas por um anel de músculos ao redor da cavidade ocular. Quem levanta a pálpebra superior (que é maior) para abrir os olhos é outro músculo que corre para trás, ao longo da cavidade ocular. A pálpebra inferior não tem um músculo correspondente e não se move para baixo.

Piscar também pode ser provocado por estímulos externos. A incidência súbita de luz intensa ou um objeto que se aproxima rapidamente disparam um reflexo de piscar que protege o olho de danos. E, claro, há as piscadas de um olho só, mais conhecidas como piscadelas!

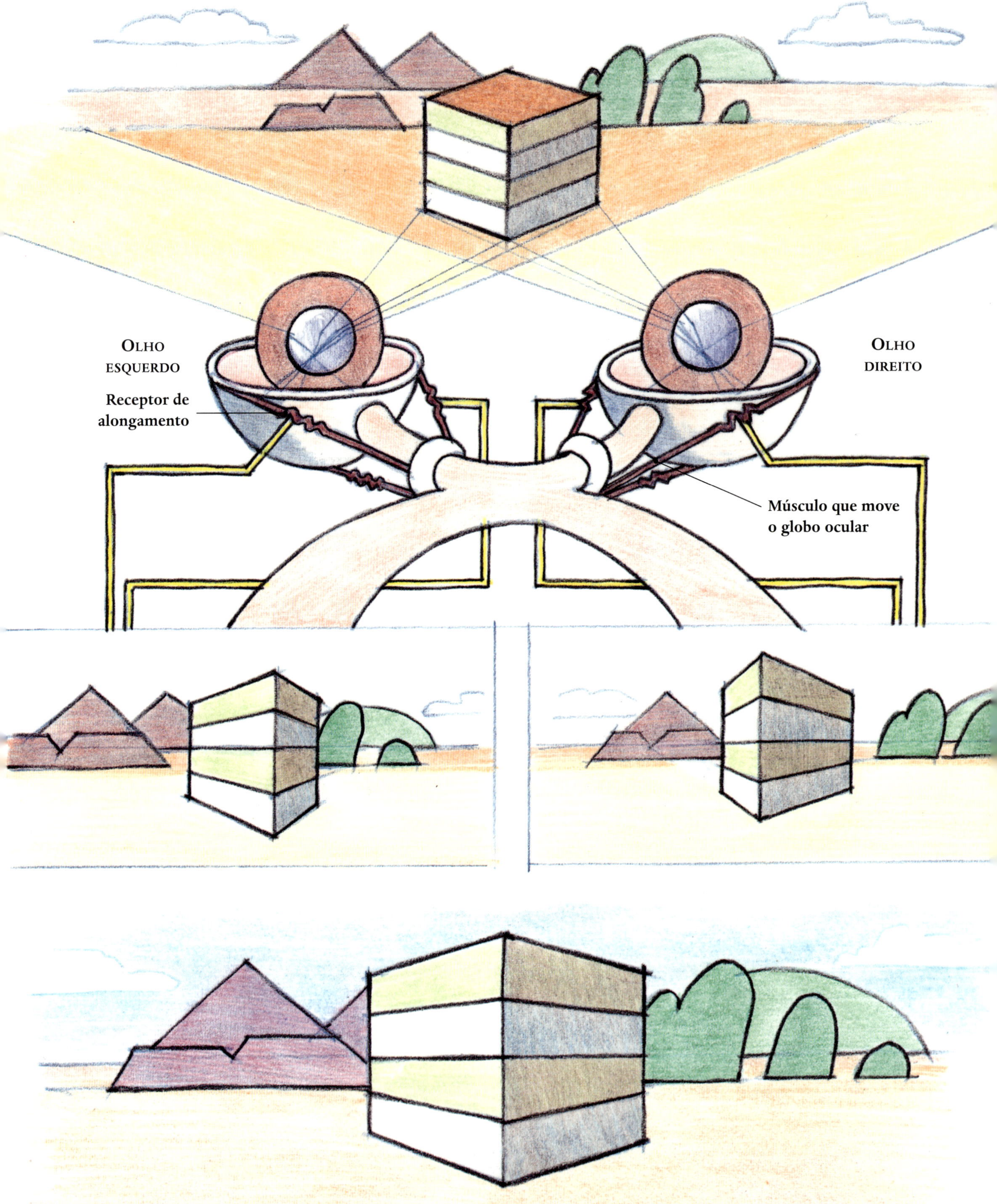
OLHO ESQUERDO
Receptor de alongamento
OLHO DIREITO
Músculo que move o globo ocular

Profundidade e distância

Estender o braço e pegar algo é mais fácil com os dois olhos abertos do que com um olho fechado. Isso acontece porque, ao comparar as informações vindas dos dois olhos, é possível ao nosso cérebro estimar distância e profundidade. O olho esquerdo capta uma imagem do mundo externo que é um pouco diferente daquela captada pelo olho direito, embora as duas imagens se sobreponham parcialmente. O córtex visual usa esses dois pontos de vista ligeiramente diferentes para construir uma imagem estereoscópica, tridimensional, do mundo que nos cerca.

Outras pistas ajudam o cérebro a localizar as coisas espacialmente. Quando olhamos para objetos distantes, nossos olhos apontam direto para a frente. Mas, para observar objetos mais próximos, os dois olhos devem se voltar um pouco em direção ao eixo central do rosto. Os sinais dos sensores de alongamento nos músculos que movem o globo ocular "avisam" o cérebro se estamos olhando para um objeto próximo ou distante. Há outras pistas além dessas, incluindo o esmaecimento das cores e a convergência de linhas paralelas (como trilhos de trem) com o aumento da distância. Mas, para que a visão estereoscópica funcione, é necessário que o objeto que olhamos esteja em foco.

Nossos olhos deveriam colocar em foco a luz vinda de qualquer objeto, próximo ou distante, mas, para muitas pessoas, não é bem assim que funciona. A hipermetropia e a miopia são dois problemas comuns.

Hipermetropia

Se o globo ocular for muito curto, o foco da luz que vem de objetos próximos se forma atrás da retina. O olho tenta, sem sucesso, lidar com isso fazendo com que o cristalino se alargue, para projetar uma imagem mais nítida sobre a retina, mas mesmo assim objetos próximos são vistos como borrões ou "vultos". Óculos ou lentes de contato se tornam necessários para fazer a luz convergir antes de entrar no olho.

Miopia

Se o globo ocular for longo demais, o foco da luz que vem de objetos distantes se forma à frente da retina e aparece sem nitidez. Objetos próximos não oferecem dificuldade, já que a espessura da lente já está aumentada para produzir uma imagem nítida na retina. Nesse caso, óculos ou lentes de contato têm a finalidade de fazer os raios de luz divergirem antes de entrarem no olho.

Fora de foco

HIPERMETROPIA

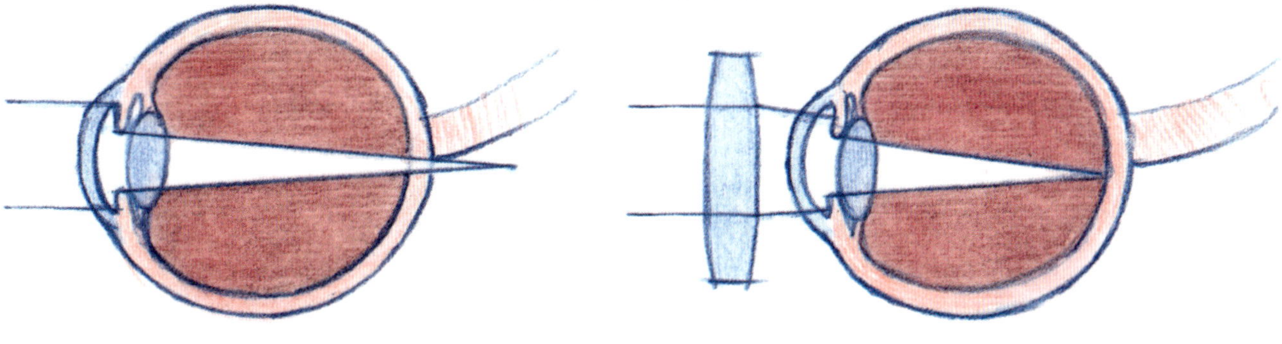

MIOPIA

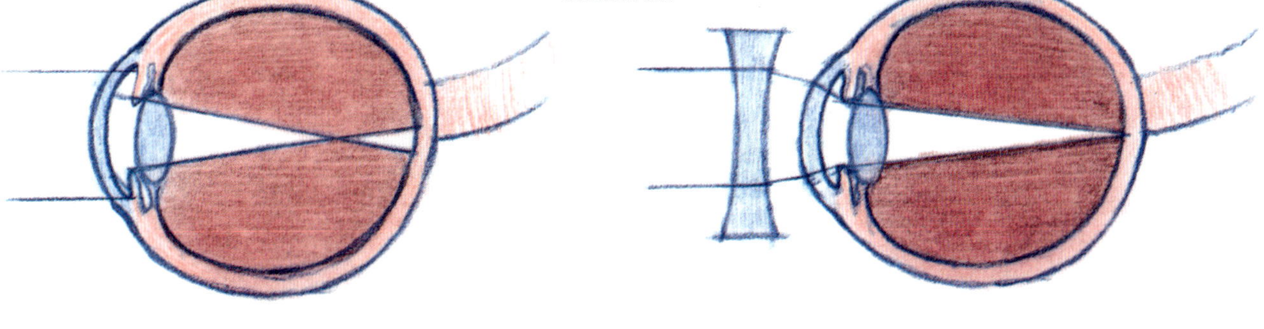

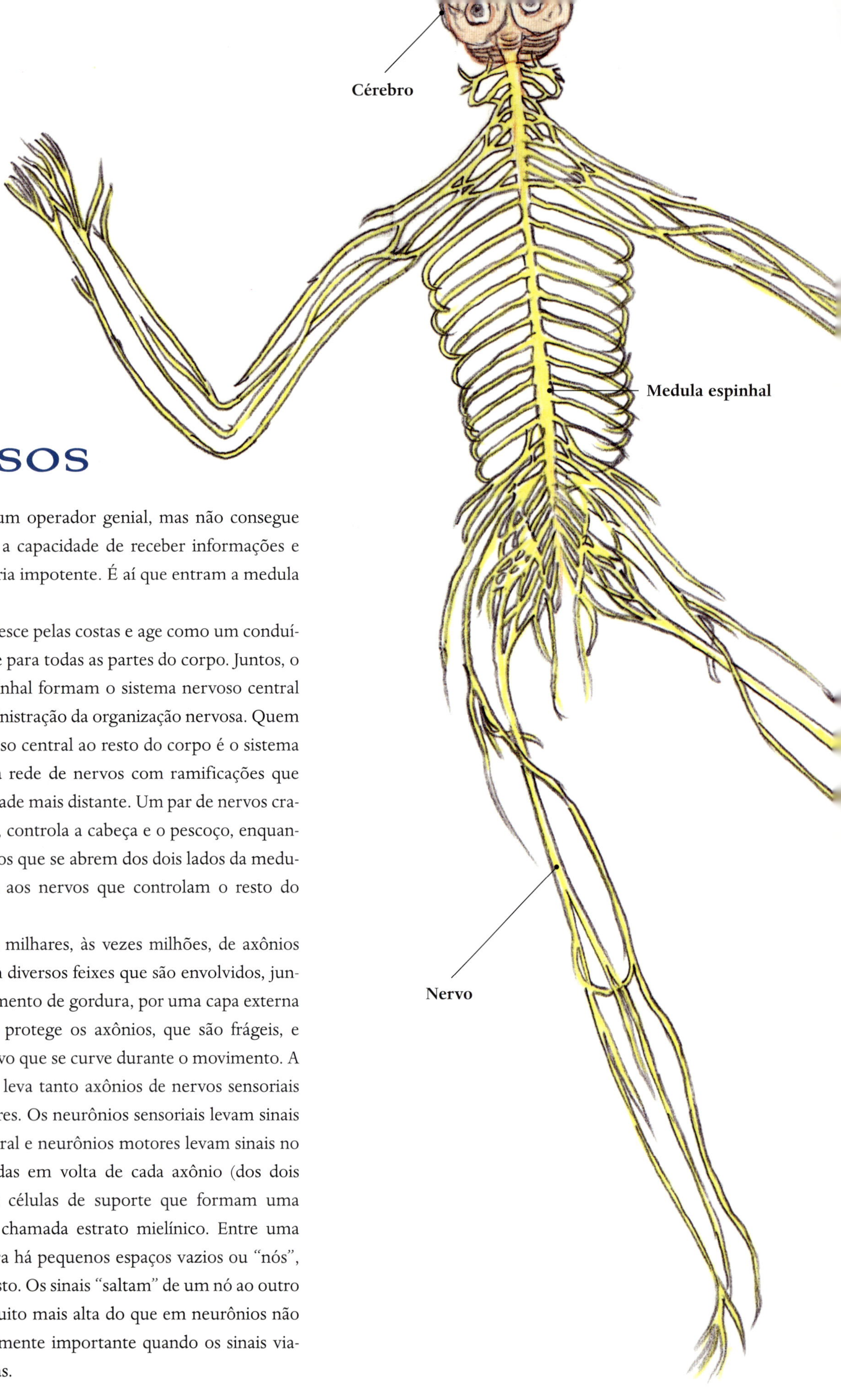

Feixes nervosos

O cérebro pode ser um operador genial, mas não consegue trabalhar sozinho. Sem a capacidade de receber informações e enviar instruções, ele seria impotente. É aí que entram a medula espinhal e os nervos.

A medula espinhal desce pelas costas e age como um conduíte para informações de e para todas as partes do corpo. Juntos, o cérebro e a medula espinhal formam o sistema nervoso central (SNC), a divisão de administração da organização nervosa. Quem conecta o sistema nervoso central ao resto do corpo é o sistema nervoso periférico, uma rede de nervos com ramificações que alcançam até a extremidade mais distante. Um par de nervos cranianos, vindos do cérebro, controla a cabeça e o pescoço, enquanto nervos espinhais curtos que se abrem dos dois lados da medula espinhal dão origem aos nervos que controlam o resto do corpo.

Cada nervo contém milhares, às vezes milhões, de axônios paralelos, agrupados em diversos feixes que são envolvidos, juntamente com um enchimento de gordura, por uma capa externa resistente. Esse arranjo protege os axônios, que são frágeis, e também permite ao nervo que se curve durante o movimento. A maior parte dos nervos leva tanto axônios de nervos sensoriais quanto de nervos motores. Os neurônios sensoriais levam sinais ao sistema nervoso central e neurônios motores levam sinais no sentido oposto. Enroladas em volta de cada axônio (dos dois tipos de neurônios) há células de suporte que formam uma camada de isolamento chamada estrato mielínico. Entre uma célula de suporte e outra há pequenos espaços vazios ou "nós", onde o axônio fica exposto. Os sinais "saltam" de um nó ao outro com uma velocidade muito mais alta do que em neurônios não isolados. Isso é especialmente importante quando os sinais viajam por distâncias longas.

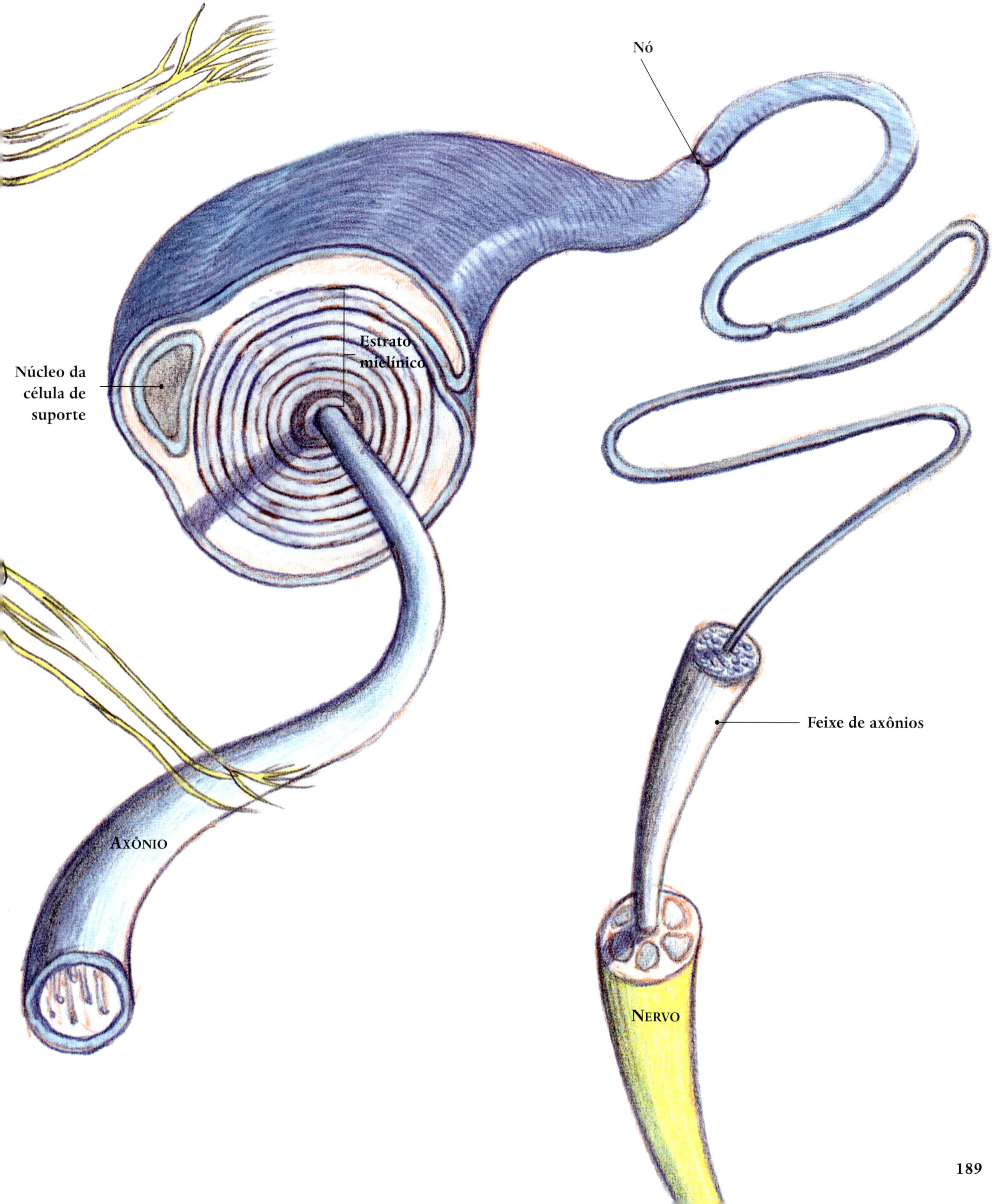
Nó
Estrato mielínico
Núcleo da célula de suporte
Axônio
Feixe de axônios
Nervo

PARA CIMA, PARA BAIXO E DE LADO

A medula espinhal está sempre cheia de atividade. Ela recebe sinais do corpo todo e despacha sinais para o corpo todo. Retransmite sinais do corpo ao cérebro e vice-versa, além de processar parte da informação que chega. Com tanta coisa acontecendo ao mesmo tempo, os caminhos que levam sinais da medula, para a medula e dentro da medula, precisam ser altamente organizados.

Todos os nervos do corpo – exceto os da cabeça e de parte do pescoço – se conectam à medula espinhal através de nervos espinhais curtos, cada um com duas raízes. A raiz dorsal leva à medula espinhal informações sensoriais de receptores de tato, calor ou dor. A raiz ventral leva para o corpo as informações motoras, tais como instruções para movimentar um membro.

Diferente do cérebro, na medula espinhal a massa branca fica por fora, cercando o núcleo de massa cinza, que tem o formato da uma letra H. Os sinais que chegam à medula espinhal vêm através dos axônios dos neurônios sensores que ou fazem sinapses imediatamente com neurônios na massa cinzenta ou correm pela massa branca para chegar a outros neurônios ou mesmo até o cérebro.

Os sinais que saem são despachados através dos axônios de neurônios motores. Seus corpos celulares na massa cinzenta da medula espinhal recebem instruções do cérebro ou de neurônios sensoriais, através de neurônios associativos. Muitos neurônios motores levam sinais aos músculos esqueléticos, que fazem com que estes se contraiam e movimentem o corpo. Os neurônios motores do sistema nervoso autônomo se comunicam com o músculo cardíaco, com a musculatura lisa e com várias glândulas, para regular processos dos quais geralmente nem tomamos conhecimento, como a frequência cardíaca e o tamanho da pupila.

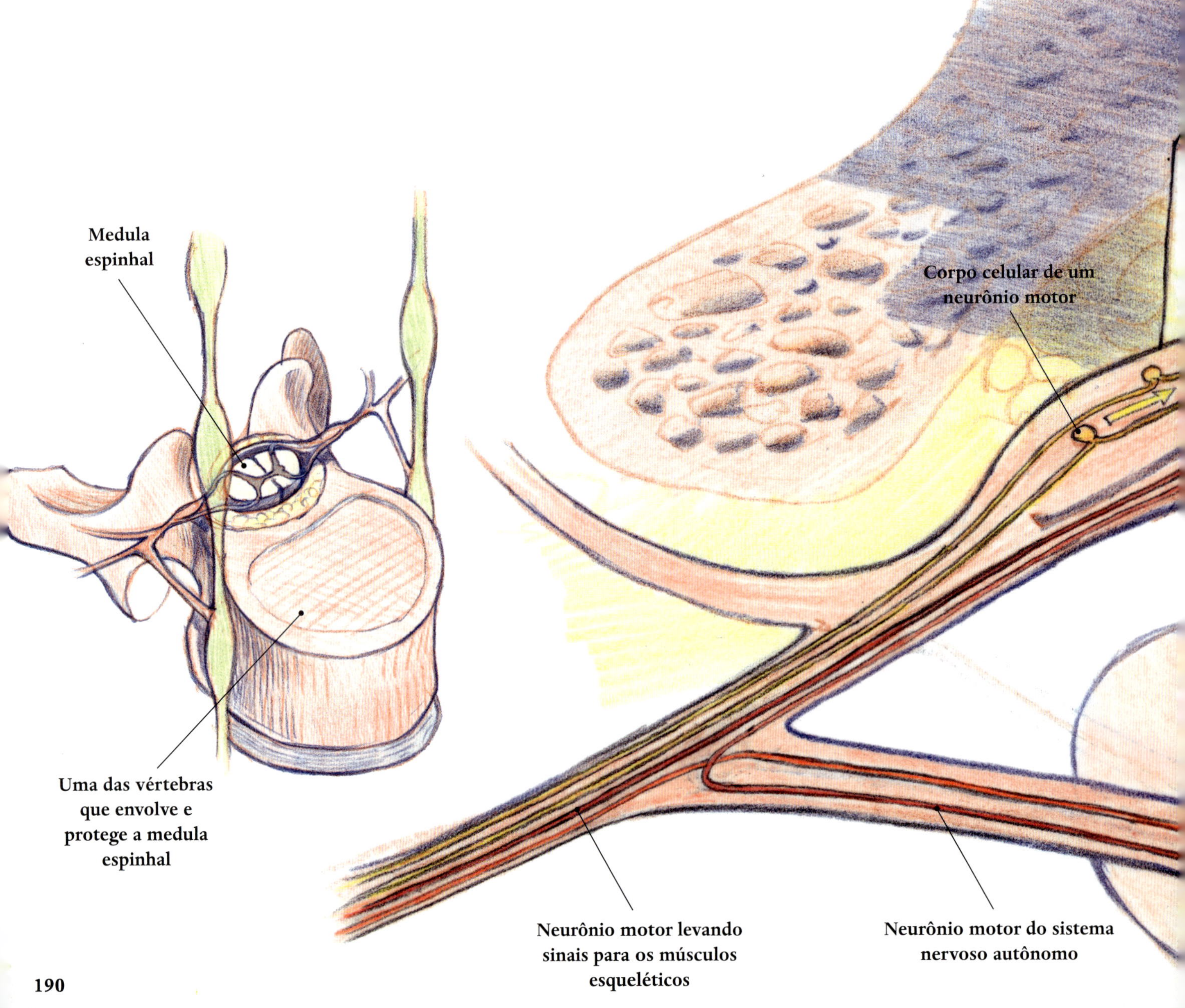

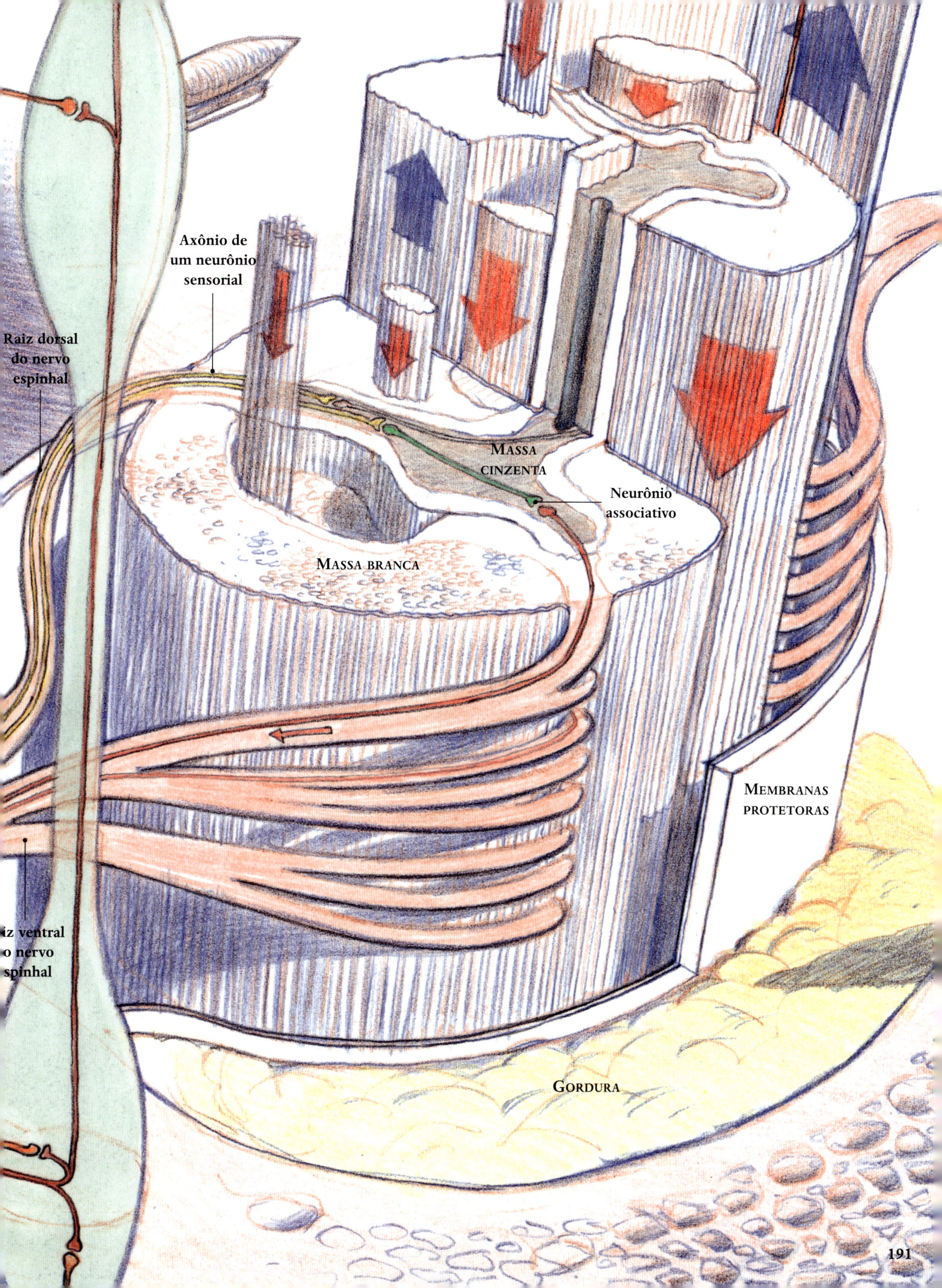
Axônio de um neurônio sensorial
Raiz dorsal do nervo espinhal
Massa cinzenta
Neurônio associativo
Massa branca
Membranas protetoras
iz ventral o nervo spinhal
Gordura

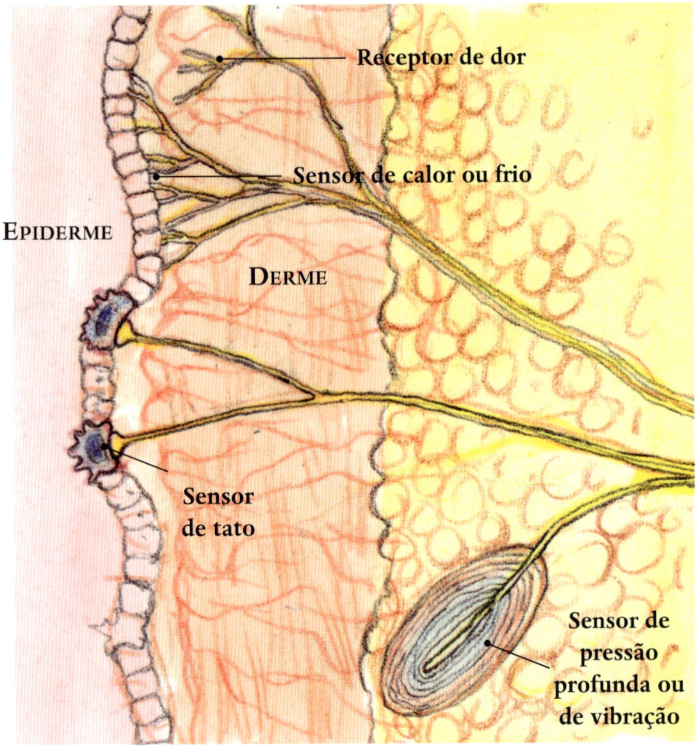

PELE (EM CORTE)

Tato e suavidade

Ao acariciar um gato, você sente a suavidade do seu pelo e o calor de seu corpo. Se ele lamber a sua mão, você sentirá a aspereza de sua língua. Se o gato pegar no sono enquanto você o tiver no colo, você sentirá a pressão do peso dele. E, quando ele começar a ronronar, você sentirá as vibrações. Você tem essas sensações porque sua pele abriga uma bateria de sensores que, quando estimulados, enviam sinais ao córtex sensorial do seu cérebro, onde são decodificados e "sentidos". Alguns receptores percebem toques leves, outros respondem apenas quando são submetidos a grandes pressões, ou a vibração. Outros, ainda, são estimulados por calor ou frio. Ao interpretar estímulos de receptores diferentes, o cérebro nos dá muitas informações sobre os objetos que estamos apalpando. E, quando o gato enterra os dentes ou as unhas na sua mão, há sensores também para isso. Cada seção do córtex sensorial recebe impulsos de nervos

localizados em uma região específica do corpo. A extensão das áreas dedicadas a algumas partes do corpo são completamente desproporcionais ao tamanho dessas partes. A língua, os lábios, as mãos e os dedos têm muito mais representação do que, digamos, os cotovelos ou os joelhos. Isso acontece porque eles têm muito mais receptores sensoriais. As diferenças em representação são claramente mostradas através de um "homúnculo sensorial" (na página oposta). Nesta figura as partes do corpo estão distorcidas de modo que seu tamanho seja proporcional à área que ocupam no córtex sensorial. Ele também tem uma mão bem pesada!

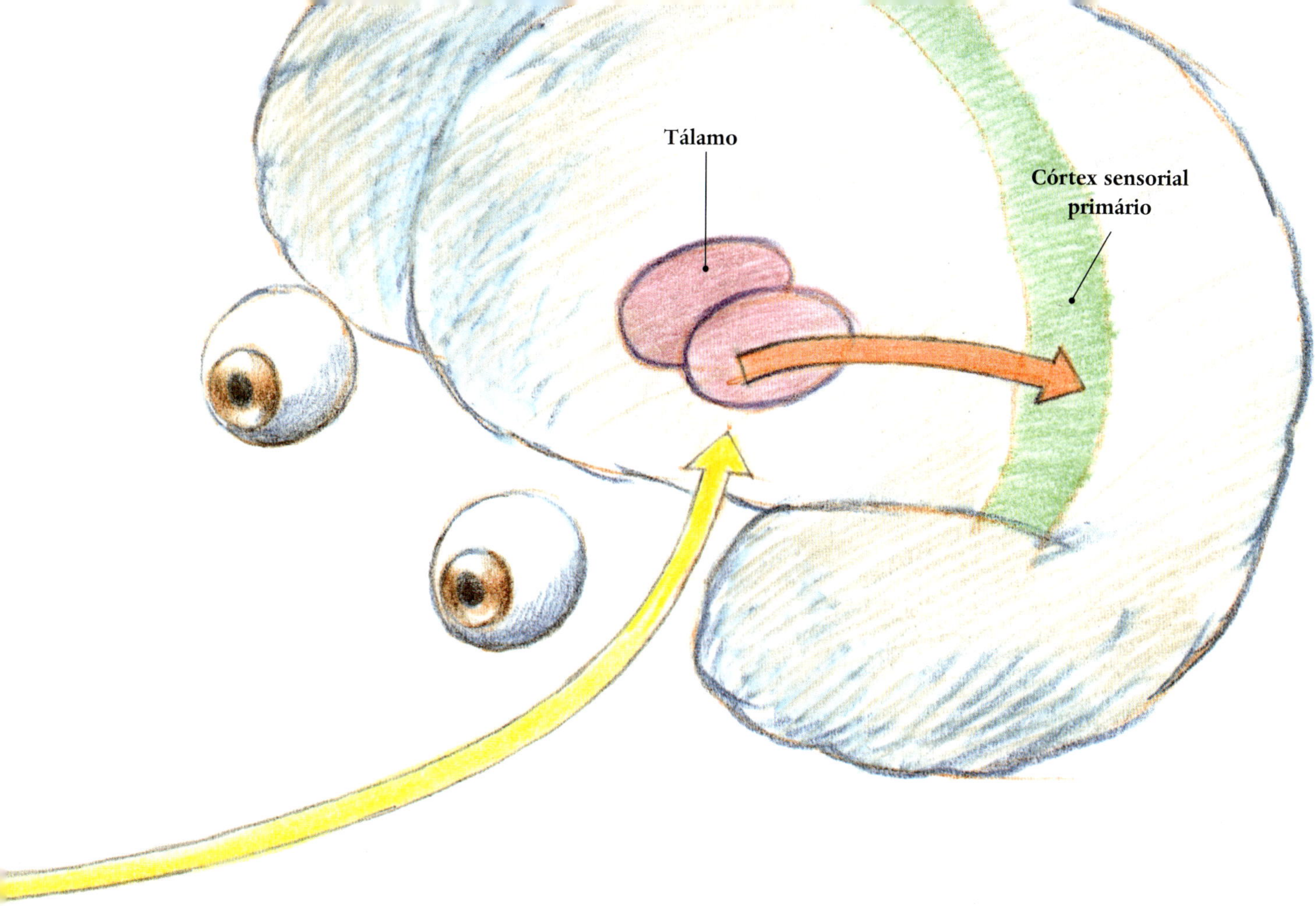
Tálamo
Córtex sensorial primário

ARCO REFLEXO

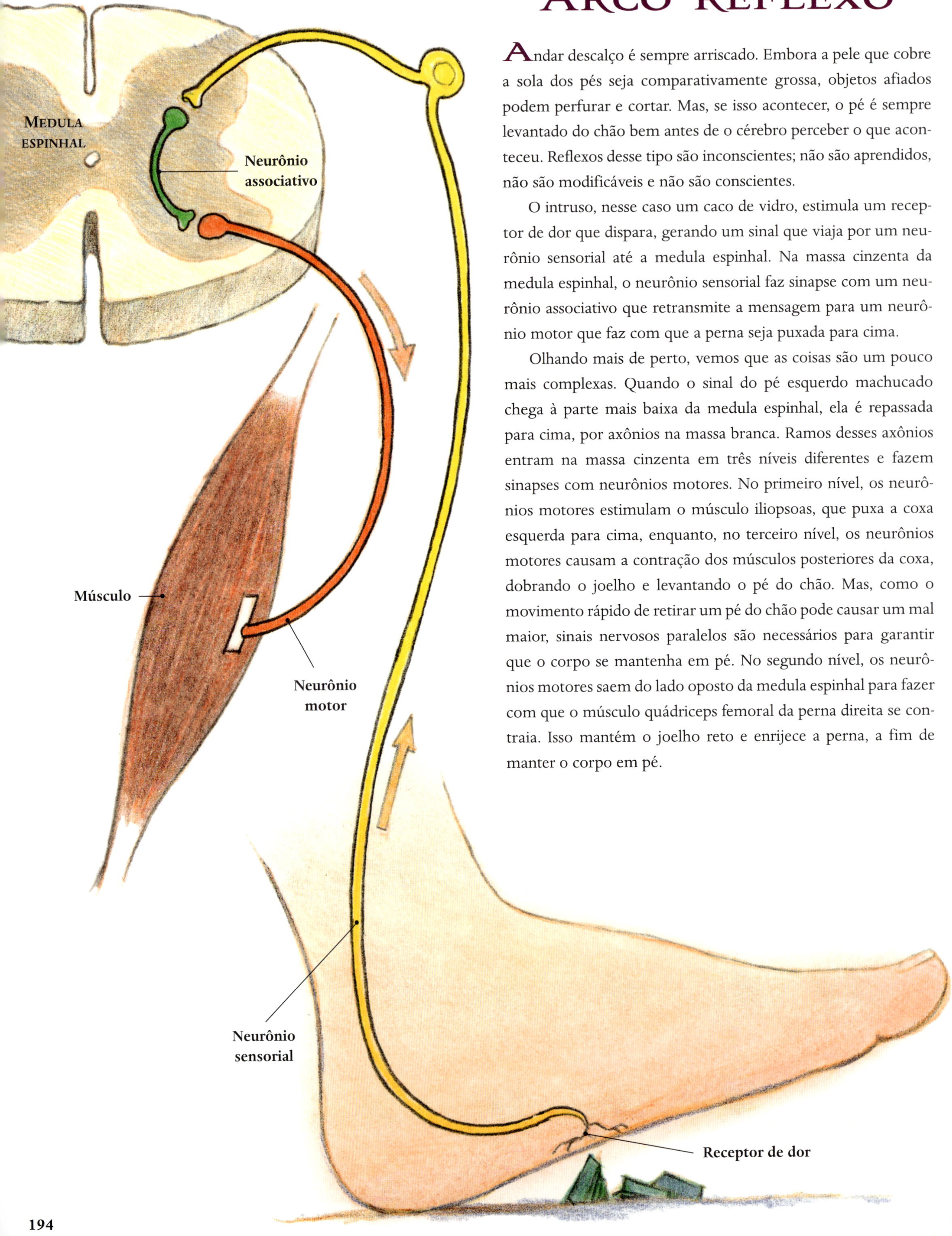

Andar descalço é sempre arriscado. Embora a pele que cobre a sola dos pés seja comparativamente grossa, objetos afiados podem perfurar e cortar. Mas, se isso acontecer, o pé é sempre levantado do chão bem antes de o cérebro perceber o que aconteceu. Reflexos desse tipo são inconscientes; não são aprendidos, não são modificáveis e não são conscientes.

O intruso, nesse caso um caco de vidro, estimula um receptor de dor que dispara, gerando um sinal que viaja por um neurônio sensorial até a medula espinhal. Na massa cinzenta da medula espinhal, o neurônio sensorial faz sinapse com um neurônio associativo que retransmite a mensagem para um neurônio motor que faz com que a perna seja puxada para cima.

Olhando mais de perto, vemos que as coisas são um pouco mais complexas. Quando o sinal do pé esquerdo machucado chega à parte mais baixa da medula espinhal, ela é repassada para cima, por axônios na massa branca. Ramos desses axônios entram na massa cinzenta em três níveis diferentes e fazem sinapses com neurônios motores. No primeiro nível, os neurônios motores estimulam o músculo iliopsoas, que puxa a coxa esquerda para cima, enquanto, no terceiro nível, os neurônios motores causam a contração dos músculos posteriores da coxa, dobrando o joelho e levantando o pé do chão. Mas, como o movimento rápido de retirar um pé do chão pode causar um mal maior, sinais nervosos paralelos são necessários para garantir que o corpo se mantenha em pé. No segundo nível, os neurônios motores saem do lado oposto da medula espinhal para fazer com que o músculo quádriceps femoral da perna direita se contraia. Isso mantém o joelho reto e enrijece a perna, a fim de manter o corpo em pé.

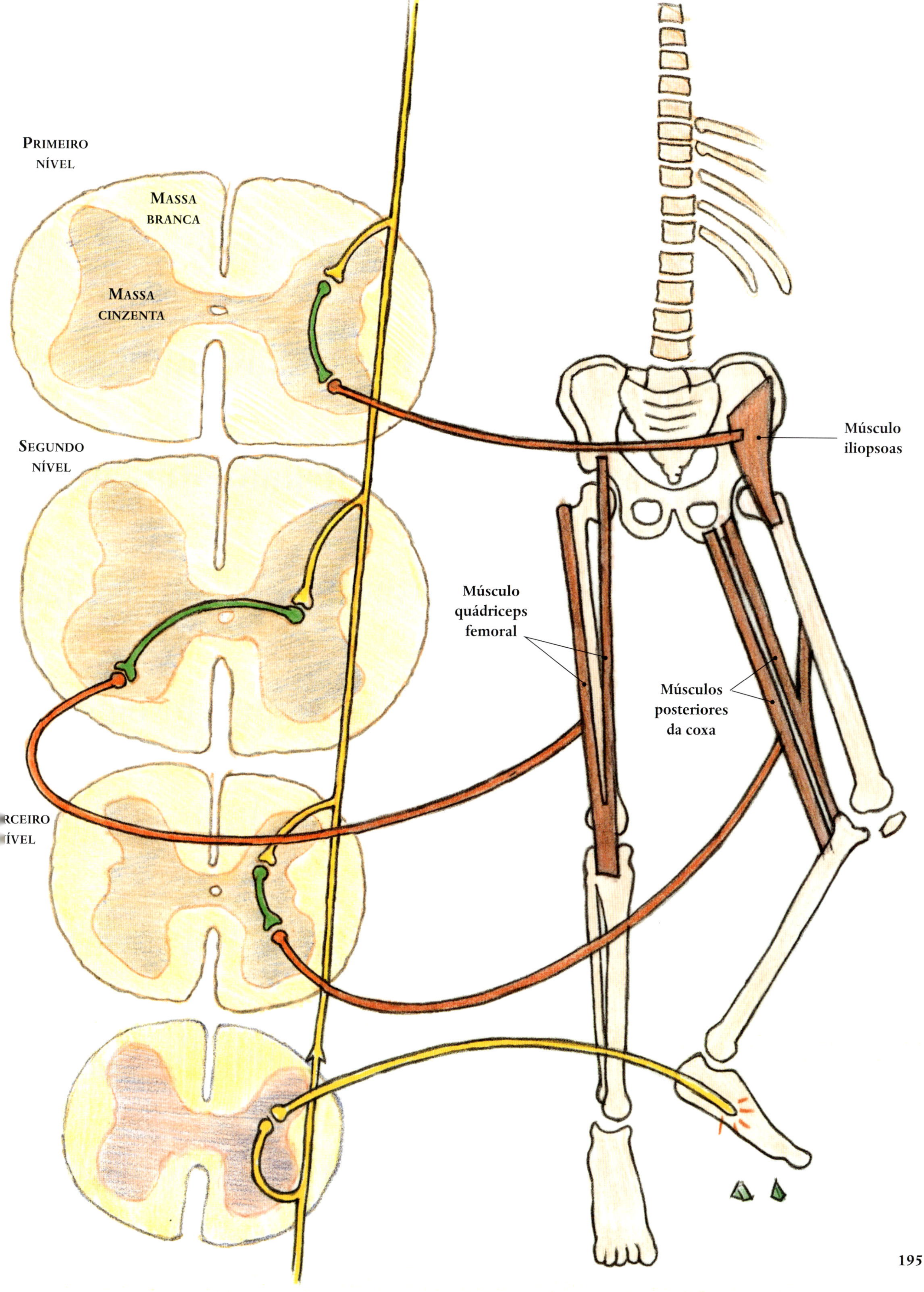

Primeiro nível
Massa branca
Massa cinzenta
Segundo nível
rceiro
ível
Músculo iliopsoas
Músculo quádriceps femoral
Músculos posteriores da coxa

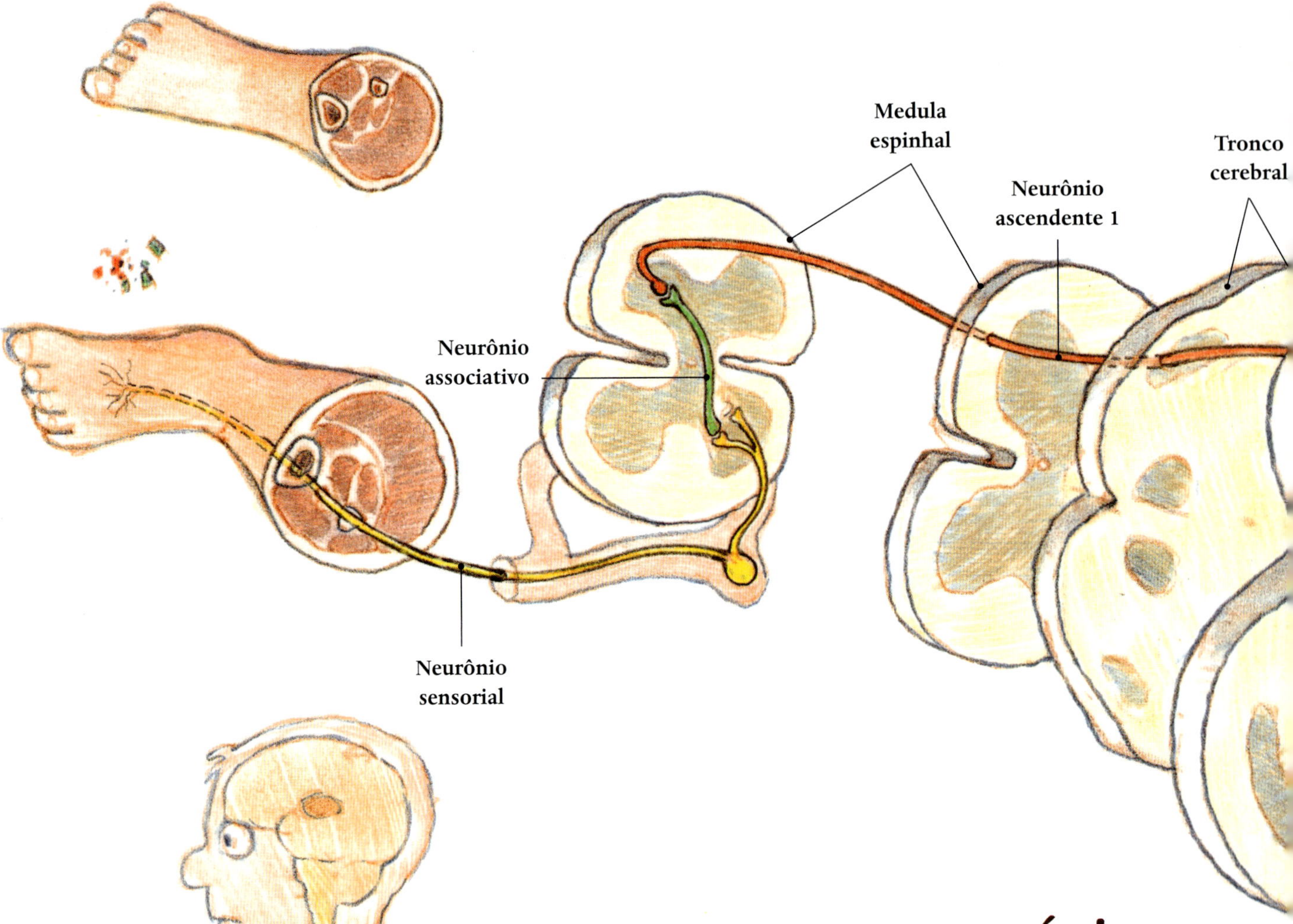

Isto dói!

Se você pisar sobre vidro quebrado, um reflexo automático faz com que levante o pé rapidamente. Para evitar mais estragos, esse reflexo tem prioridade. Mas, uma vez que o pé esteja levantado, outros impulsos nervosos são transmitidos ao cérebro, para que o corte seja percebido.

Quando os cacos de vidro entram na sola do pé esquerdo, os receptores de dor geram sinais que viajam a toda velocidade pelos neurônios sensoriais da região sacra da medula espinhal. Aqui, na massa cinzenta, eles fazem sinapses com neurônios que atravessam a medula, emergem na massa branca e sobem por ela passando por três seções do tronco cerebral antes de chegarem ao tálamo, a "porta de entrada" para o telencéfalo. Daqui, na massa cinzenta, os neurônios levam o sinal ao último trecho da viagem, para a parte do córtex sensorial direito responsável pelo pé esquerdo. Apenas agora, com o pé sangrando já no ar, é que o dono do pé sente a dor. Enquanto isso, as mensagens do córtex motor primário instruem os músculos faciais para que contorçam a boca e os olhos, o que é a primeira forma de comunicar sua dor ao mundo. Mas espere. Há mais coisas ainda!

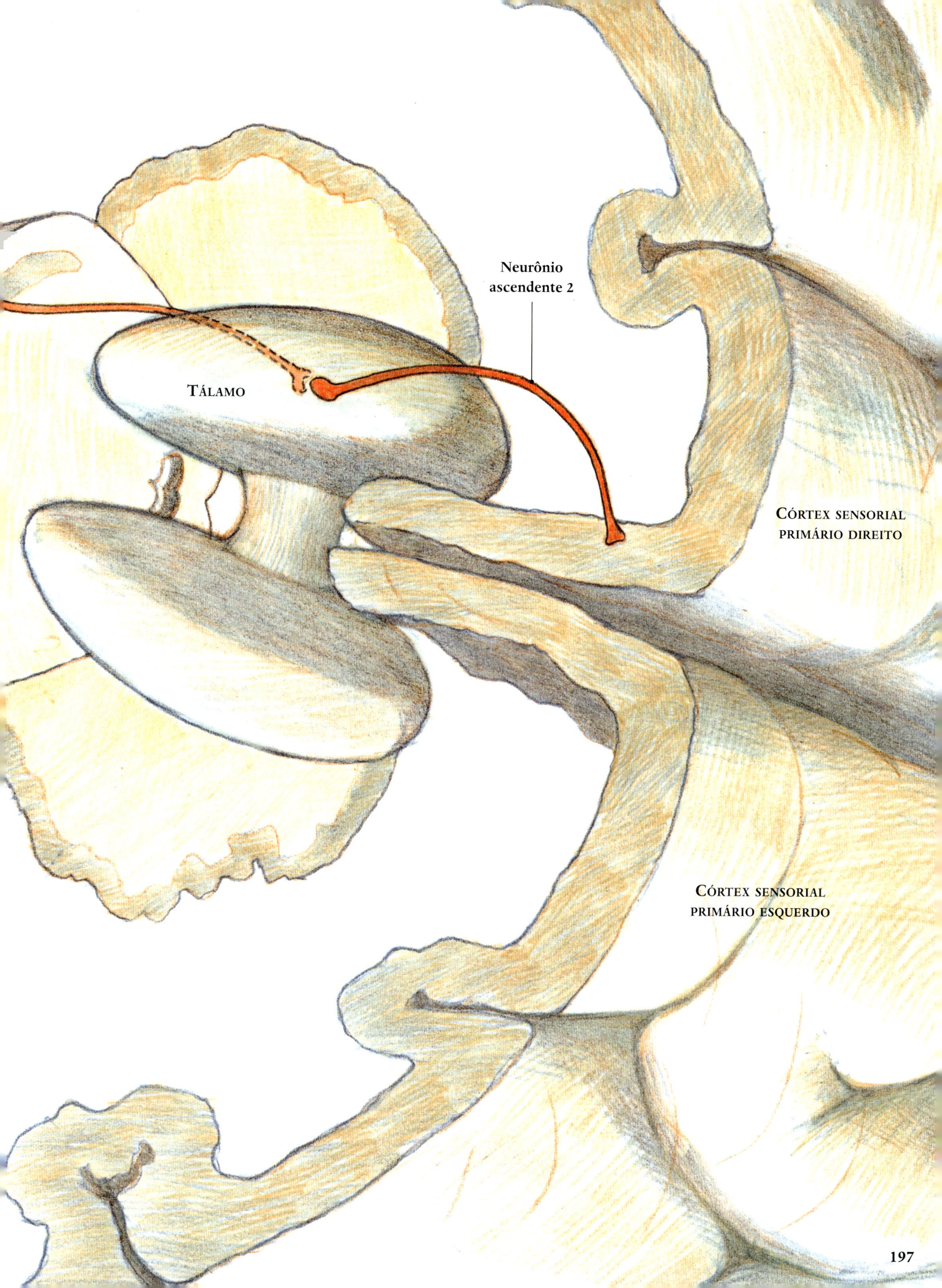
Neurônio
ascendente 2
TÁLAMO
CÓRTEX SENSORIAL
PRIMÁRIO DIREITO
CÓRTEX SENSORIAL
PRIMÁRIO ESQUERDO

BUUUMMM!

Um ruído estranho no meio da noite pode causar medo e, junto com ele, o coração parece que dispara. Um touro correndo em nossa direção causaria uma resposta semelhante. Nos dois casos, o nosso corpo está apenas fazendo o que é natural, reunindo seus recursos seja para enfrentar uma ameaça ou para fugir dela.

Em cada um dos hemisférios cerebrais há um grupo de estruturas que formam o sistema límbico, ou "cérebro emocional". Quando vemos ou ouvimos algo assustador, a amídala, que coordena o medo no sistema límbico, é ativada e alerta o hipotálamo. O hipotálamo, por sua vez, intensifica o funcionamento da divisão do sistema nervoso autônomo, que põe o corpo em alerta. Impulsos nervosos, levados por neurônios do sistema nervoso simpático, rapidamente trazem uma série de mudanças simultâneas no funcionamento rotineiro do nosso corpo.

Em um furor de atividade, as minúsculas vias aéreas no interior do pulmão se alargam para permitir a entrada de mais oxigênio na corrente sanguínea, enquanto a frequência cardíaca aumenta para bombear mais sangue oxigenado para os músculos. Os leitos capilares na pele e no sistema digestório se fecham, desviando o sangue para onde é mais necessário: o coração, o cérebro e os músculos. As arteríolas no interior dos músculos se alargam, aumentando o fluxo de sangue para as células sanguíneas famintas. Uma quantidade extra de glicose é liberada pelas células do fígado, aumentando a quantidade de combustível no sangue. O estado de alerta mental e a taxa metabólica aumentam, enquanto as pupilas dos olhos se alargam, melhorando a visão do mundo externo. E, por último, mas não menos importante, as glândulas adrenais liberam o hormônio epinefrina (também conhecido como adrenalina) na corrente sanguínea para reforçar as ações do sistema nervoso autônomo.

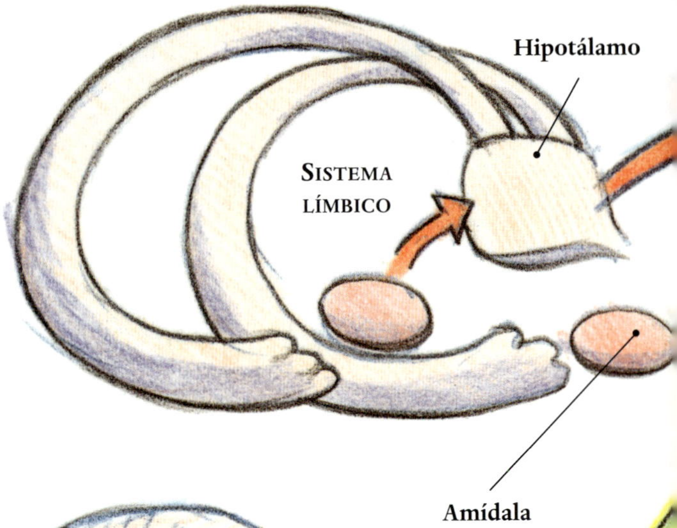

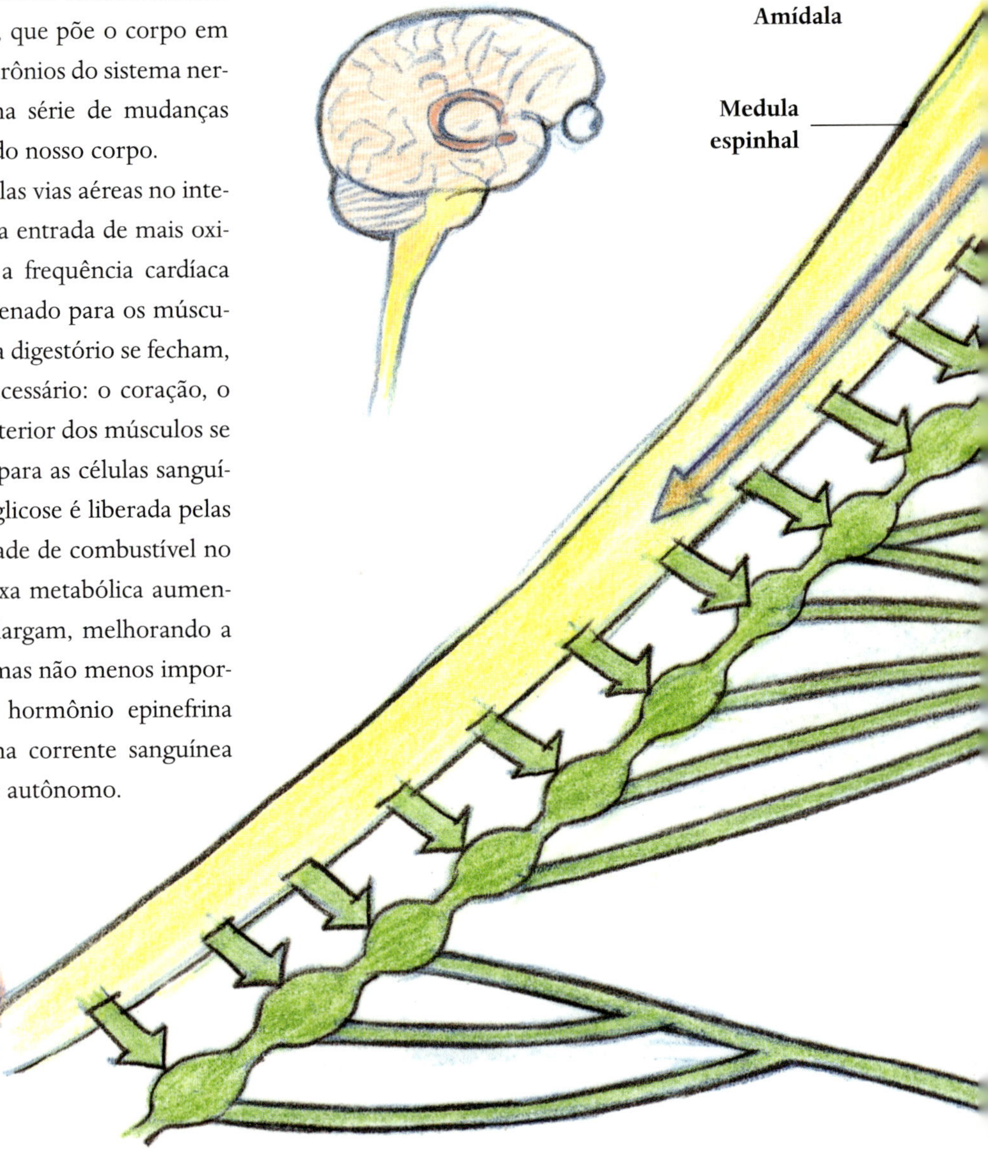

Forte e alerta, o corpo agora está pronto para lutar ou fugir. O córtex pré-frontal, avisado da ameaça pelas regiões visuais e auditivas do cérebro e pelo hipotálamo, agora tem que decidir que atitude tomar.

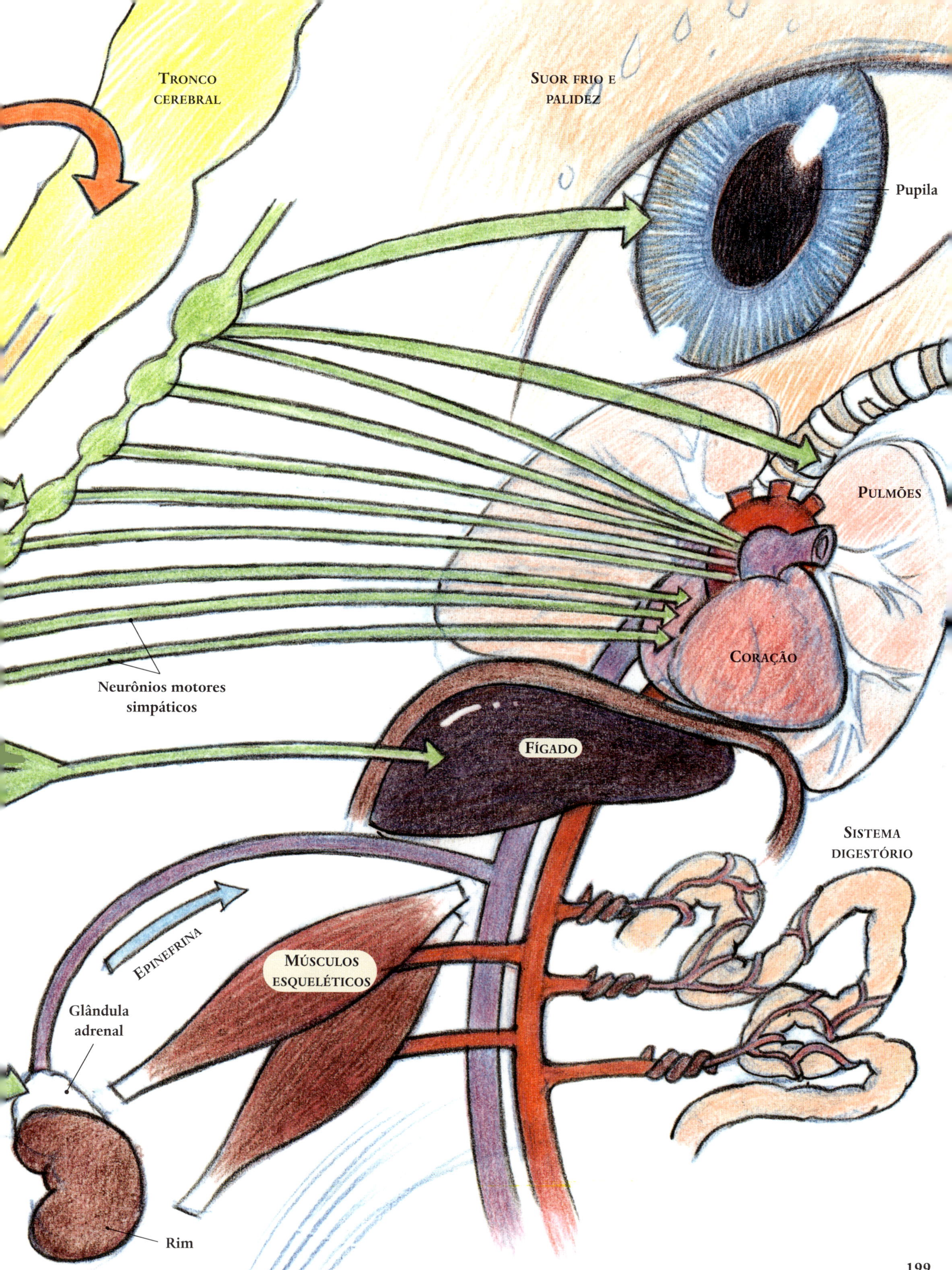
Tronco cerebral
Suor frio e palidez
Pupila
Pulmões
Coração
Neurônios motores simpáticos
Fígado
Sistema digestório
Epinefrina
Músculos esqueléticos
Glândula adrenal
Rim

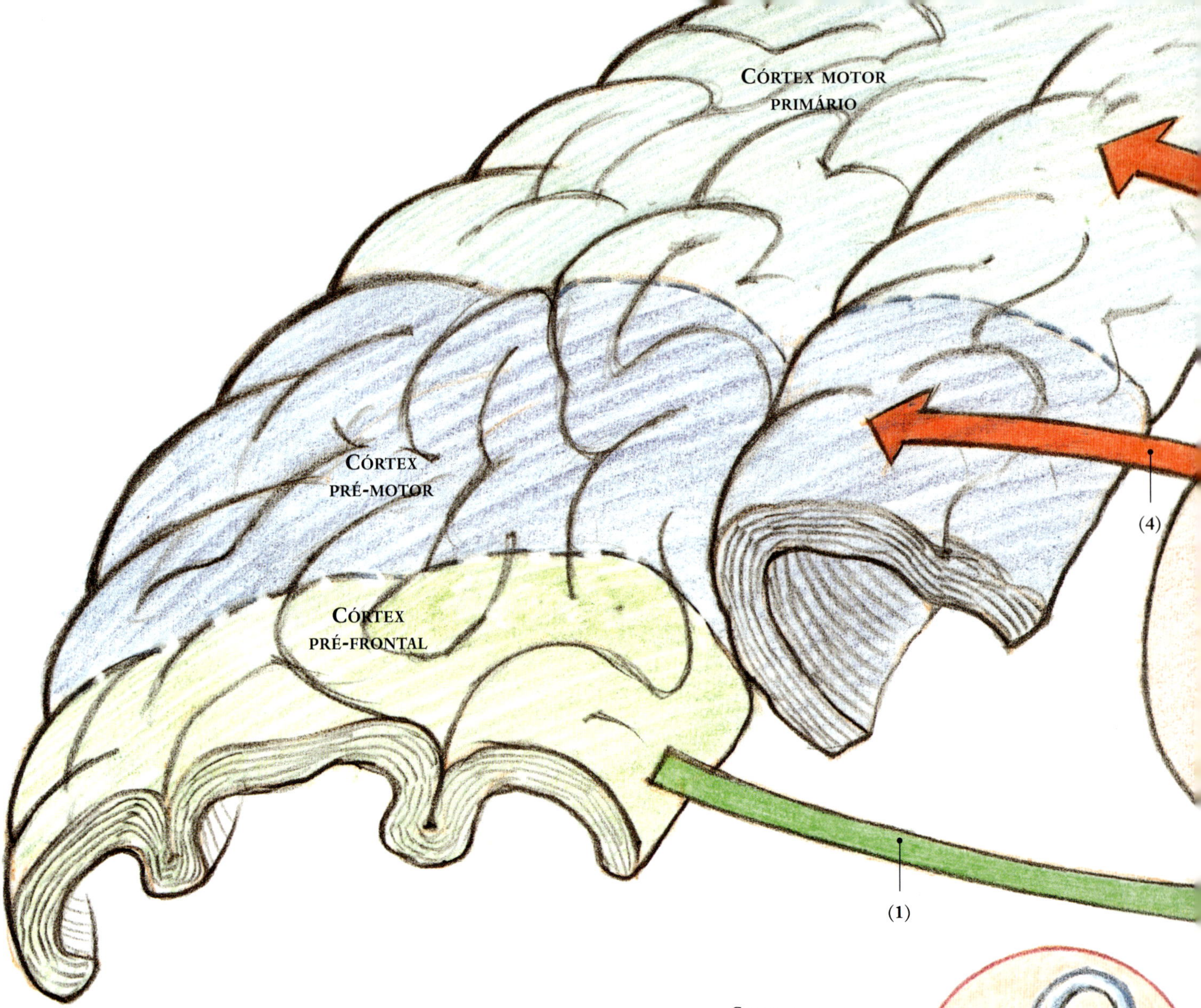

HORA DE CORRER

Imagine se, ao fazer compras *online*, você escrevesse apenas "COMIDA". Algum tempo depois, você encontraria uma pilha desorganizada de itens, em sua maioria indesejados, na sua porta. Agora imagine se o seu cérebro simplesmente mandasse a instrução "MEXA-SE". O caos tomaria conta de tudo, enquanto seus membros ficariam se batendo aleatoriamente, até que você acabasse parecendo um monte confuso de partes do corpo. Na verdade, o planejamento e a execução do movimento pelo cérebro são muito bem controlados.

O córtex pré-frontal, a parte pensante do córtex cerebral, recebeu um aviso de perigo iminente do sistema límbico. Escolhendo a prudência em vez do orgulho, o sistema decide que o corpo deve fugir e envia mensagens (1) ao cerebelo e ao núcleo basal – concentrações de massa cinzenta no interior da massa branca do telencéfalo – perguntando pela melhor estratégia para uma fuga apressada.

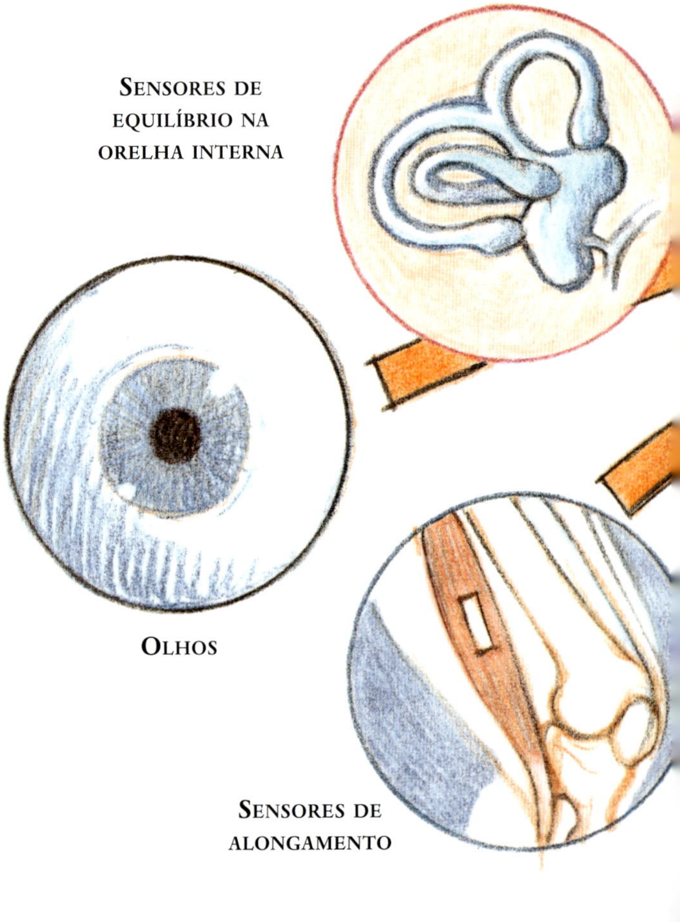

Uma vez portando um plano de ação, o córtex motor primário inicia o movimento. Axônios longos que se projetam de seus neurônios (5) levam os impulsos para baixo pela medula espinhal, onde fazem sinapses com outros neurônios (6). Estes disparam as contrações musculares precisas, necessárias para correr, enquanto uma retroalimentação constante de dados é enviada ao cerebelo, que afina os movimentos a cada passo.

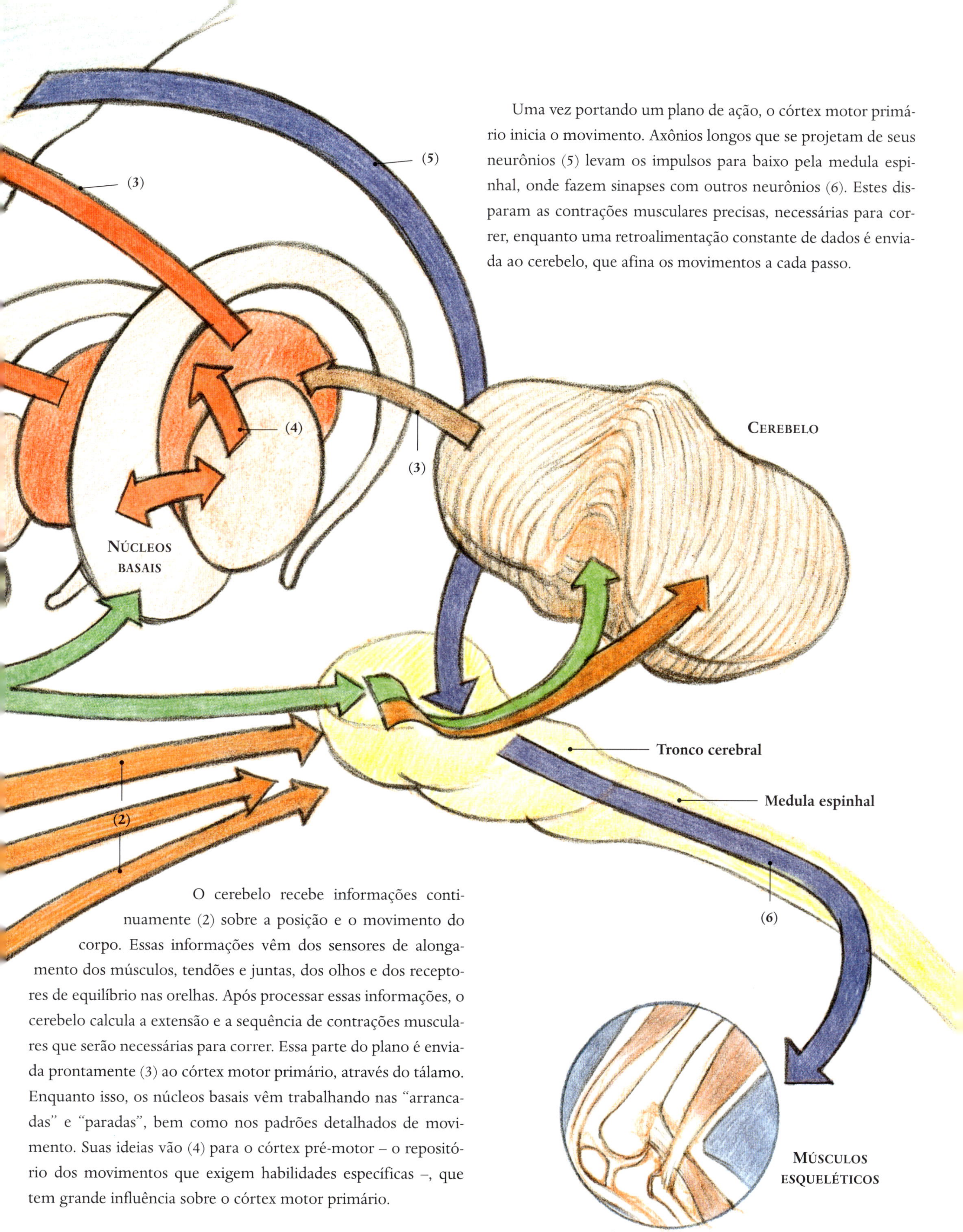

O cerebelo recebe informações continuamente (2) sobre a posição e o movimento do corpo. Essas informações vêm dos sensores de alongamento dos músculos, tendões e juntas, dos olhos e dos receptores de equilíbrio nas orelhas. Após processar essas informações, o cerebelo calcula a extensão e a sequência de contrações musculares que serão necessárias para correr. Essa parte do plano é enviada prontamente (3) ao córtex motor primário, através do tálamo. Enquanto isso, os núcleos basais vêm trabalhando nas "arrancadas" e "paradas", bem como nos padrões detalhados de movimento. Suas ideias vão (4) para o córtex pré-motor – o repositório dos movimentos que exigem habilidades específicas –, que tem grande influência sobre o córtex motor primário.

NO PILOTO AUTOMÁTICO

Não é preciso pensar para acelerar os batimentos cardíacos quando corremos ou para suar quando faz calor. Estes e muitos outros processos corporais são discretamente controlados pelo piloto automático do corpo, o sistema nervoso autônomo. Através de neurônios motores que saem do tronco cerebral e da medula espinhal, ele controla os músculos lisos nos órgãos internos e o músculo cardíaco no coração, além de estimular certas glândulas. Esse sistema tem duas porções com atuações opostas, o sistema nervoso simpático e o parassimpático, que regulam uma à outra funcionando como freio e acelerador para manter as condições no interior do corpo mais ou menos constantes.

O controle da pressão sanguínea mostra o sistema nervoso autônomo em ação. Quando o coração bombeia o sangue, ele cria pressão no interior das artérias. Embora a pressão sanguínea varie naturalmente, dependendo do nosso grau de atividade, as duas partes do sistema nervoso autônomo a mantêm em níveis seguros, evitando que atinja níveis perigosamente altos ou baixos. A pressão sanguínea é monitorada por receptores de pressão nas paredes das artérias aorta e carótida, os quais enviam sinais, através de neurônios sensoriais, para o centro cardiovascular no bulbo. Este, por sua vez, envia estímulos através de neurônios motores do sistema autônomo, que regulam a frequência cardíaca e controlam o fluxo de sangue nas arteríolas dos tecidos.

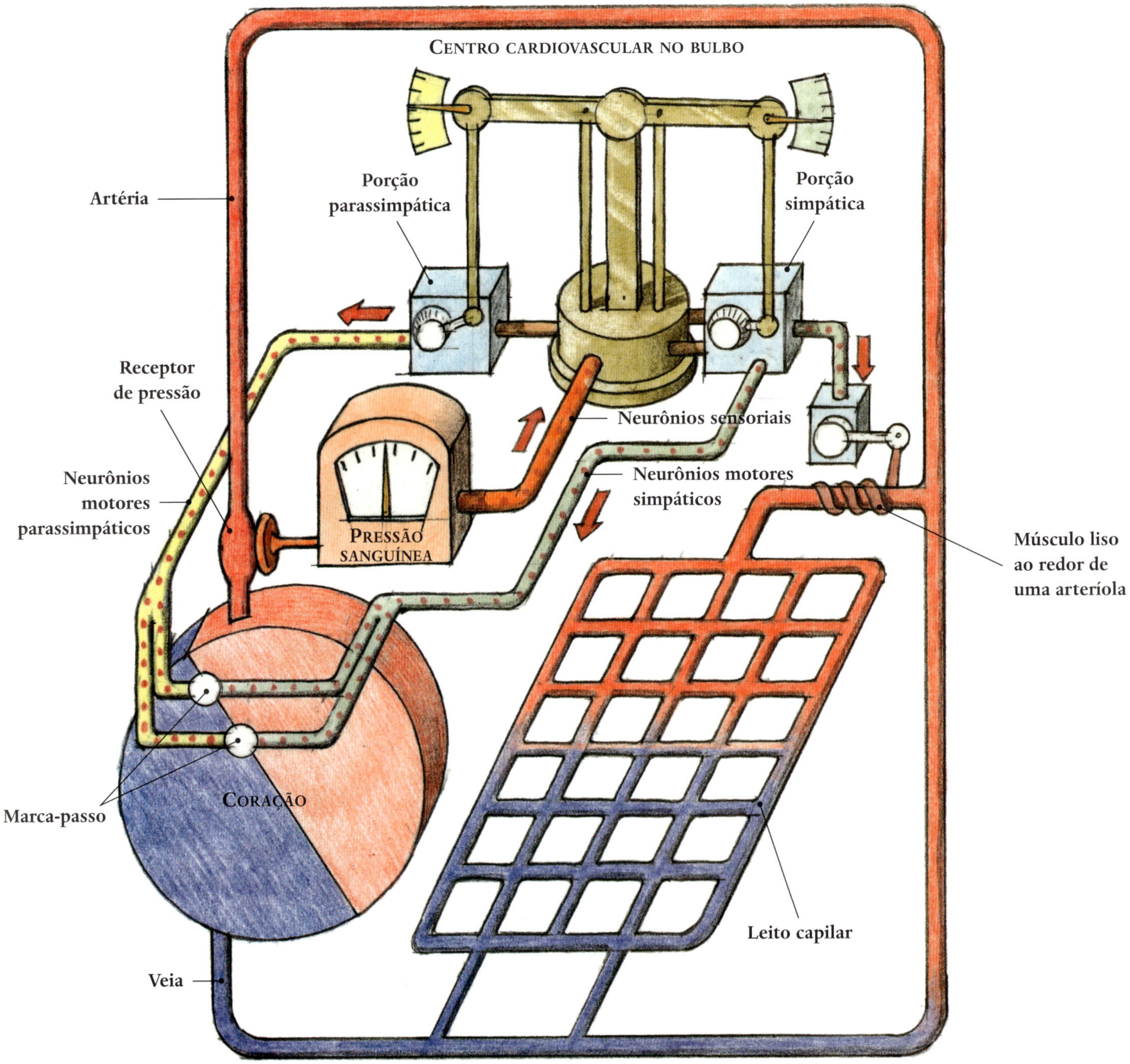

Pressão sanguínea normal

Quando estamos em repouso, os estímulos do sistema parassimpático para o coração (que vêm do centro cardiovascular) dominam os estímulos do sistema simpático, de modo que o marca-passo ajusta a frequência para cerca de setenta batimentos por minuto. Os estímulos do sistema simpático para os músculos das arteríolas as mantêm levemente contraídas, para manter alguma resistência ao fluxo sanguíneo.

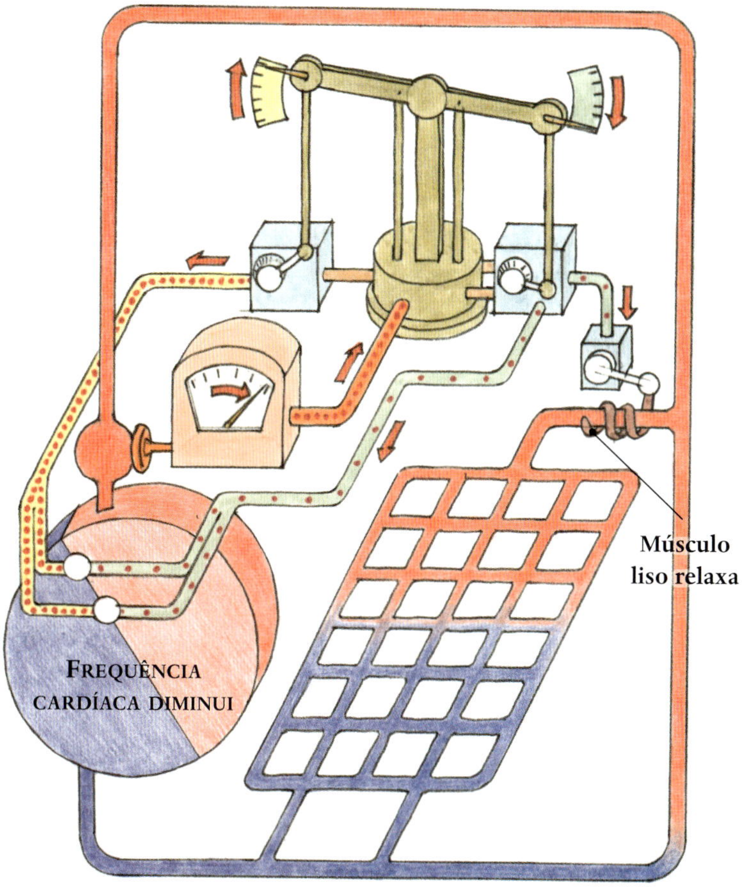

Pressão sanguínea alta

A pressão sanguínea alta estica os receptores de pressão e estes disparam sinais mais rápidos para o centro cardiovascular. Em resposta, o centro aumenta a taxa com que os sinais passam pelos neurônios motores parassimpáticos – e diminui a taxa de disparo dos neurônios motores simpáticos – ao marca-passo natural do coração, de modo que a frequência cardíaca abaixa. O centro cardiovascular também envia menos impulsos pelos neurônios motores simpáticos para os músculos lisos ao redor das artérias, que relaxam e alargam, reduzindo a resistência ao fluxo sanguíneo. Isso, juntamente com a redução da frequência cardíaca, reduz a pressão sanguínea.

Pressão sanguínea baixa

Qualquer queda na pressão sanguínea é acompanhada por uma redução abrupta na emissão de sinais dos receptores de pressão para o centro cardiovascular. Essa queda corta o estímulo parassimpático ao coração e aumenta o estímulo vindo do sistema simpático. Uma série de sinais é enviada através dos neurônios motores simpáticos até o marca-passo, que aumenta a frequência e a força das contrações musculares. O centro cardiovascular também aumenta o estímulo do sistema simpático para os músculos lisos das arteríolas, que se estreitam, oferecendo maior resistência ao fluxo sanguíneo. Isso, juntamente com o aumento na frequência cardíaca, eleva a pressão sanguínea.

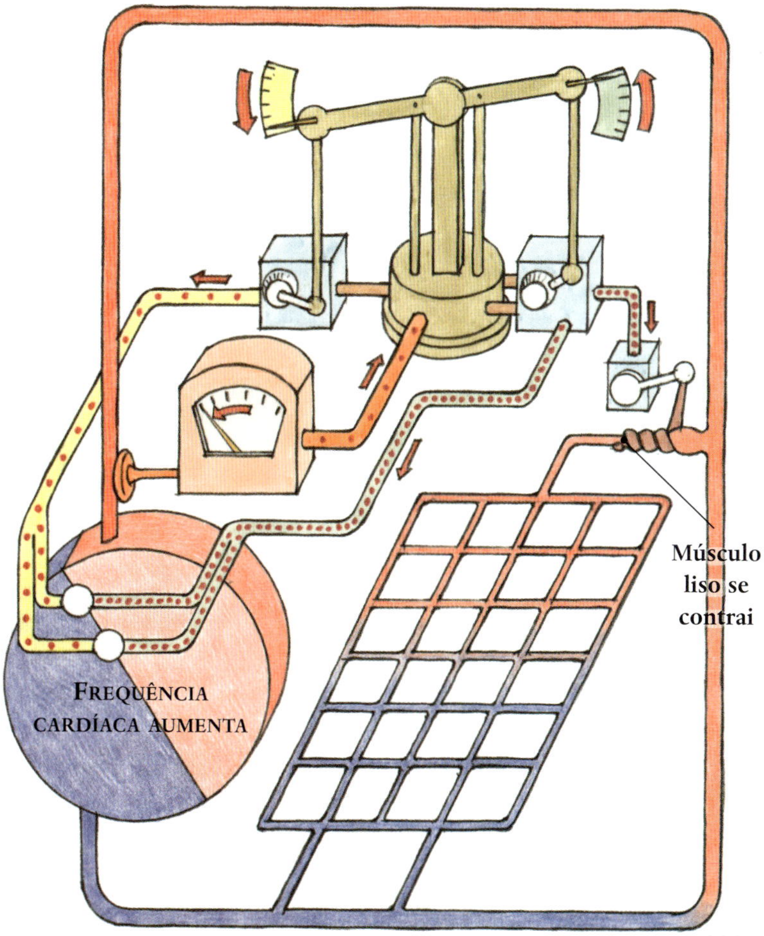

(1)

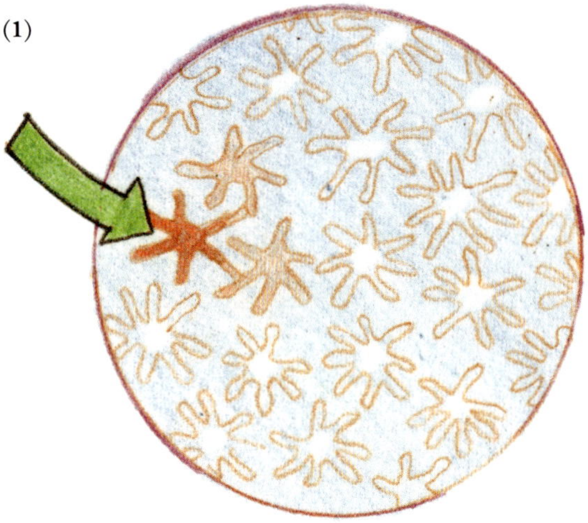

(2)

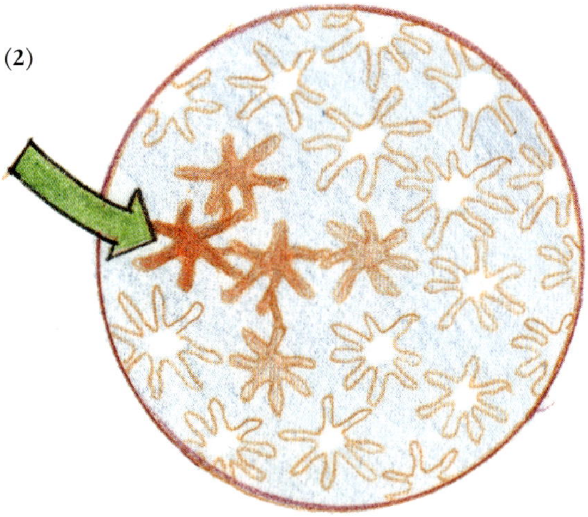

(3)

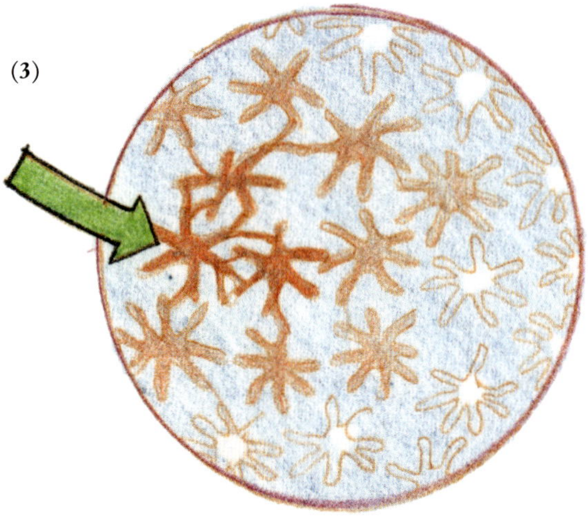

Lembre-se disto

A memória é o registro do que acontece em nossa vida. Sem ela, não teríamos noção de tempo, nem meios para aprender coisa alguma. Não haveria possibilidade de interação social e tampouco a capacidade de achar o caminho de A até B. A maior parte das memórias é de curto prazo, durando apenas segundos ou minutos. Mas eventos mais significativos são armazenados por períodos bem mais longos.

Componentes sensoriais diferentes – visões, sons, cheiros etc. – são interpretados por regiões sensoriais específicas do córtex cerebral. Essas experiências são, então, jogadas de um lado para outro entre as regiões e o hipocampo, que é parte do sistema límbico. Com o tempo, esse jogo de pingue-pongue cerebral estabelece firmemente as memórias no córtex, e a representação no hipocampo desaparece. As lembranças de palavras, ideias e conceitos acontecem basicamente da mesma forma. Contudo, lembranças inconscientes de longo prazo, como lembrar de como andar de bicicleta, são armazenadas no cerebelo, nos núcleos basais e no córtex motor.

Como já vimos, a maioria das nossas memórias é esquecida logo, mas as mais significativas passam de memórias de curto prazo para memórias de longo prazo. Para que isso aconteça, o padrão temporário de atividade neuronal que se estabeleceu na memória de curto prazo precisa se repetir muitas e muitas vezes até construir uma rede que torna esse arranjo permanente. Quando um neurônio sinaliza para dois vizinhos (1), eles se tornam mais sensíveis aos estímulos do primeiro neurônio, de modo que, no futuro, os três têm maior probabilidade de dispararem juntos. Então, os sinais nervosos enviados pelos dois vizinhos aos vizinhos deles podem ligar mais neurônios, e a rede cresce (2). A cada repetição, as sinapses entre os neurônios da rede se tornam mais eficientes e estes desenvolvem ligações mais fortes (3), até que formam uma rede unificada que representa uma memória de longo prazo (4).

Lembranças relacionadas a um mesmo evento são armazenadas em partes diferentes do córtex e interconectadas. Por essa razão, ao provocar uma dessas lembranças, frequentemente muitas outras vêm à tona.

(4)

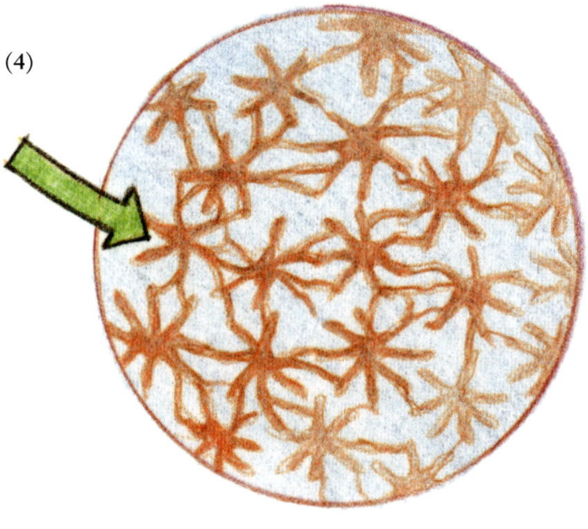

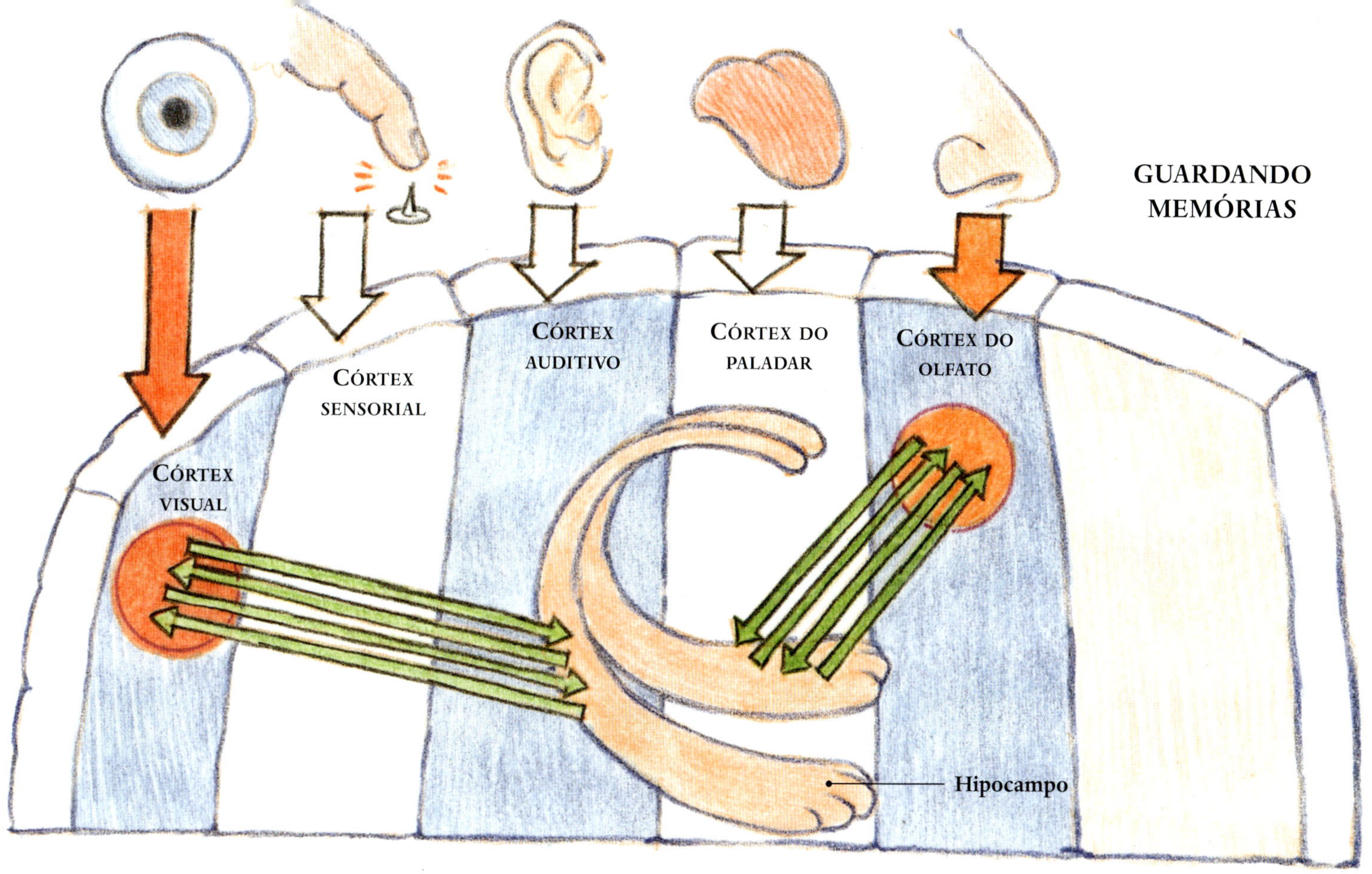
GUARDANDO MEMÓRIAS
Córtex visual
Córtex sensorial
Córtex auditivo
Córtex do paladar
Córtex do olfato
Hipocampo

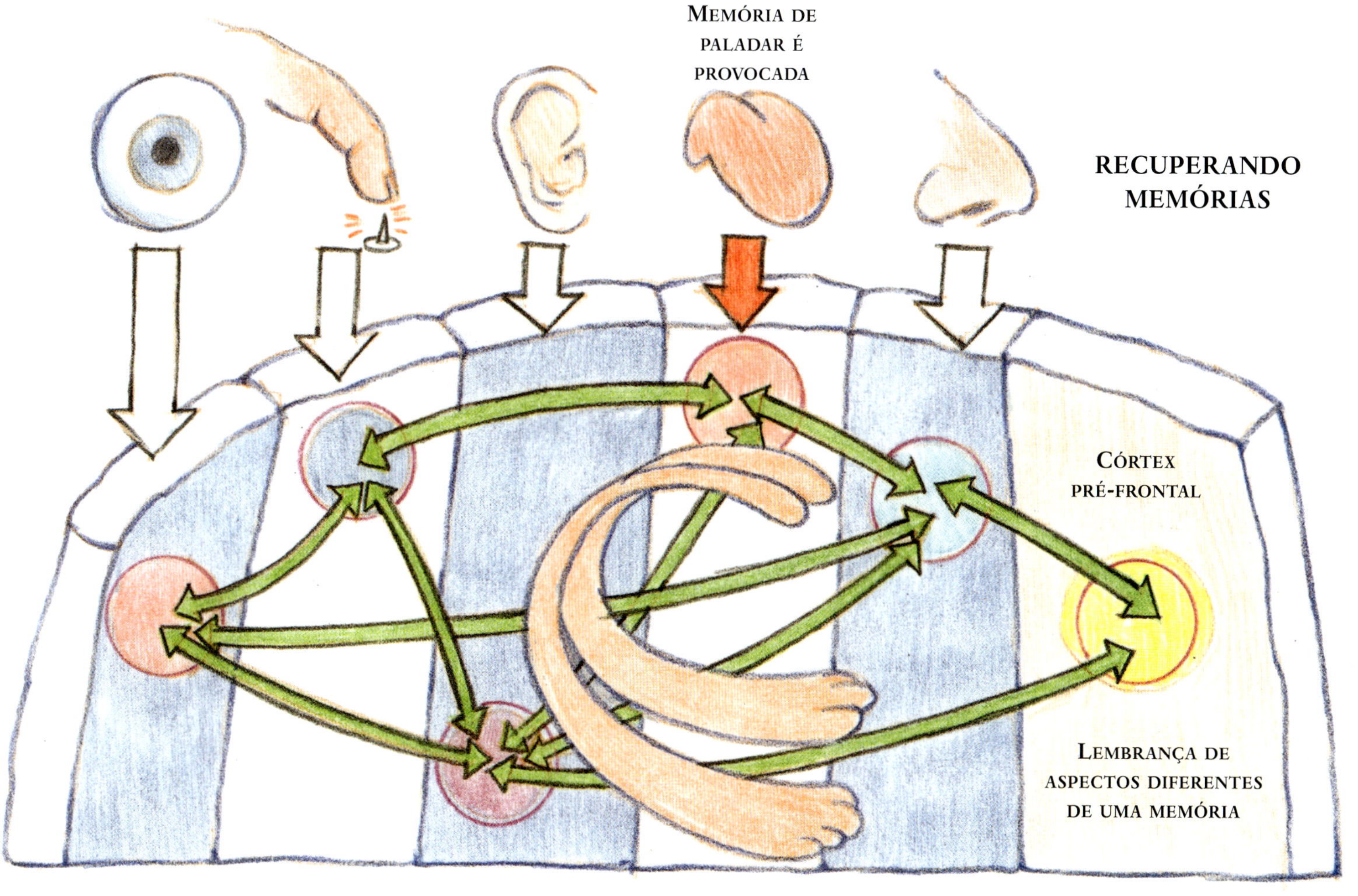
Memória de paladar é provocada
RECUPERANDO MEMÓRIAS
Córtex pré-frontal
Lembrança de aspectos diferentes de uma memória

THIRD!
SUPREME COURT

Boa noite

Ao fim de um longo dia, seguindo ordens do tronco cerebral e do hipotálamo, o cérebro passa do estado acordado para um estado de atividade reduzida, e sentimos que é hora de dormir. O sono é essencial para a saúde. Ele dá uma folga ao corpo e dá ao cérebro a chance de organizar e armazenar a avalanche de informações que foi absorvida durante as horas acordado. Mas o sono não interfere nos processos rotineiros que mantêm equilibradas as condições internas do corpo. O controle do ritmo da respiração e da frequência cardíaca, o monitoramento dos níveis de glicose no sangue e muitos outros processos de regulação seguem ininterruptos, dia e noite.

Durante a noite, dois tipos de sono se sucedem repetidamente: o sono REM (do inglês "rapid eye movement" – movimento rápido dos olhos) e o sono profundo. Ao entrarmos em sono profundo, nossa atividade cerebral, a pressão sanguínea e a temperatura do corpo diminuem, mas ainda assim conseguimos nos mexer na cama. Depois, passamos a um estado quase acordado, indo para o sono REM, quando o cérebro fica mais ativo, mas o corpo fica imóvel. Essa mudança entre o sono profundo e o sono REM ocorre diversas vezes até a hora de acordar.

Bons sonhos

Mesmo privados de informações sensoriais externas quando estamos dormindo, ainda assim temos experiências na forma de sonhos. A maioria dos sonhos acontece durante o sono REM, quando nossos músculos estão paralisados e nós não podemos fazer os movimentos correspondentes aos cenários que o cérebro está criando. Apenas os globos oculares ficam em funcionamento, movendo-se rapidamente para acompanhar cenas imaginárias.

Os sonhos são claramente produto do processamento de sensações, pensamentos, eventos e decisões do dia anterior. Eles parecem obter energia particularmente da repetição interminável das experiências sensoriais que estão a caminho da memória de longo prazo. Provavelmente é a repetição simultânea de experiências discrepantes que agita a mistura de imagens e sons percebidos que, juntamente com as emoções, são a matéria-prima não apenas dos sonhos, mas também dos pesadelos.

Controle químico

O sistema nervoso não tem o monopólio do gerenciamento e da comunicação do corpo. Uma segunda rede, o sistema endócrino, exerce controle através da liberação de mensageiros químicos, chamados hormônios, na corrente sanguínea. Os hormônios alteram o funcionamento interno de células-alvo específicas. Ao fazer isto, o sistema endócrino regula muitos processos importantes, incluindo o metabolismo celular, o crescimento, a puberdade e a reprodução, além da reação do corpo ao estresse.

Embora os dois sistemas de controle estejam interligados e interajam, eles são completamente diferentes. O sistema nervoso, com sua rede de neurônios altamente integrados, carrega sinais elétricos a enorme velocidade e tem resultados de curto prazo. Os hormônios, por outro lado, funcionam muito mais devagar e têm efeitos de duração mais longa. E, longe de ser altamente integrado, o sistema endócrino consiste em um conjunto de órgãos distintos, espalhados pela cabeça, pelo pescoço e pelo tronco. Alguns funcionam exclusivamente como glândulas endócrinas, outros – incluindo o hipotálamo, o pâncreas, os ovários e os testículos – têm apenas parte de suas estruturas dedicadas à produção e liberação de hormônios.

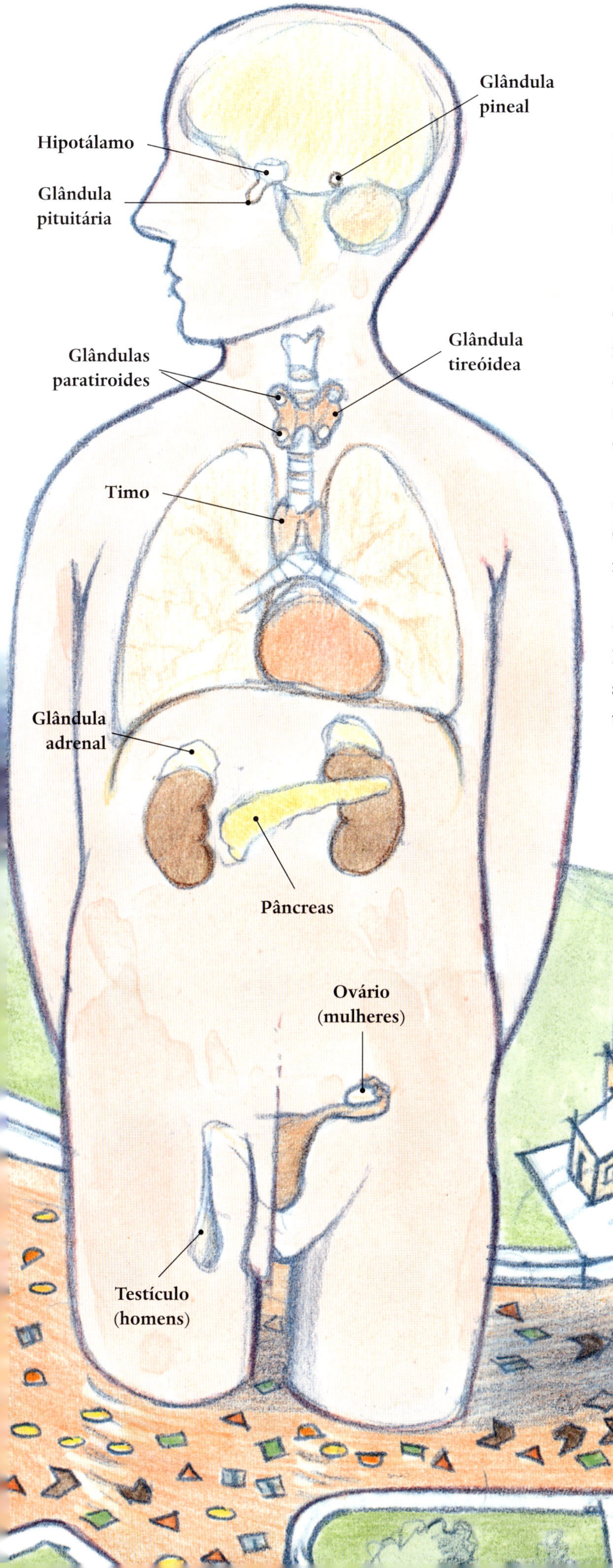

• HIPOTÁLAMO
Parte do cérebro que libera hormônios que controlam a glândula pituitária.

• GLÂNDULA PITUITÁRIA
Também conhecida como hipófise, é a mais importante das glândulas, controlando, ela mesma, algumas outras glândulas endócrinas.

• GLÂNDULA TIREÓIDEA
Controla o metabolismo e os níveis de cálcio no sangue.

• GLÂNDULAS ADRENAIS
Preparam o corpo para o estresse e auxiliam no controle das taxas metabólicas das células.

• OVÁRIOS E TESTÍCULOS
Controlam a reprodução.

• GLÂNDULA PINEAL
Controla o relógio interno do corpo.

• GLÂNDULAS PARATIROIDES
Juntamente com a glândula tireóidea, regulam os níveis de cálcio no sangue.

• TIMO
Mais importante na infância (após o que ela diminui de tamanho), na ativação de partes do sistema imunitário.

• PÂNCREAS
Controla os níveis de glicose no sangue.

Entregando a mensagem

Embora todas as células do corpo estejam expostas a todos os hormônios que circulam no sangue, apenas algumas células-alvo recebem as mensagens. Isso acontece porque as células-alvo possuem receptores aos quais seus hormônios específicos se ligam. Uma vez em contato com seu alvo, o hormônio desencadeia mudanças em uma ou mais das atividades da célula, tais como divisão celular, síntese de proteínas ou ativação de enzimas.

A forma como um hormônio interage com os receptores das células depende apenas de sua estrutura molecular. A maior parte dos hormônios, incluindo a insulina e a epinefrina, é constituída de derivados de aminoácidos. Estes não conseguem entrar pela membrana celular, ficando de fora da célula-alvo. Os demais hormônios – secretados pelos ovários, testículos e pela parte externa das glândulas adrenais – são esteroides, que passam rapidamente pelos lipídios da membrana de suas células-alvo e vão direto para dentro.

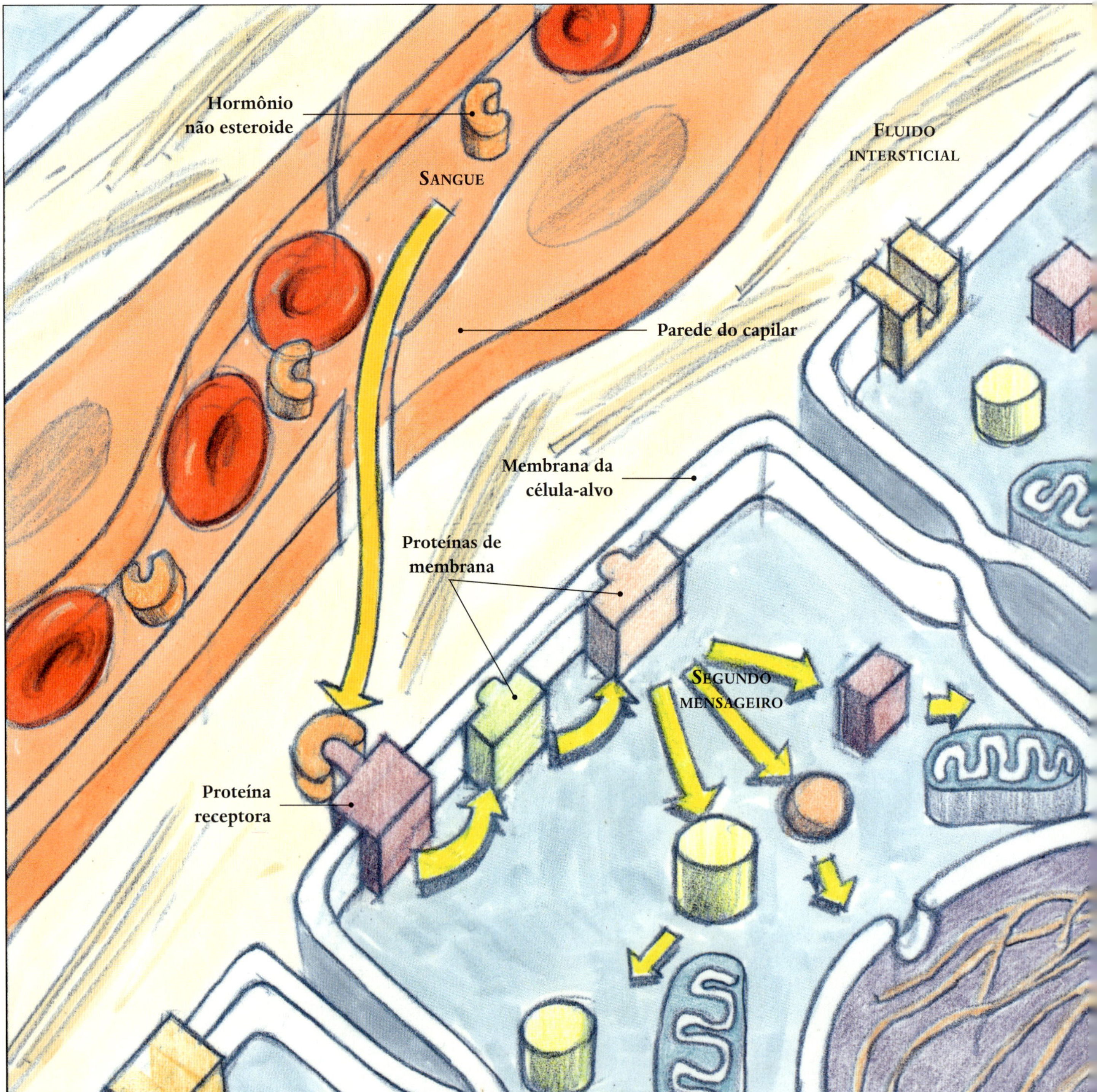

Quando um hormônio não esteroide chega à sua célula-alvo (na página oposta), ele se liga a uma proteína receptora que se projeta da superfície externa da célula. A ligação do hormônio ativa a proteína receptora, alterando sua forma, o que repercute por uma cadeia de outras proteínas de membrana que gera, no citoplasma da célula, um segundo mensageiro. Esse mensageiro, então, ativa (ou desativa) as enzimas que fazem as mudanças desejadas nas atividades da célula.

Hormônios esteroides (abaixo) não fazem cerimônia. Eles passam direto pela membrana e pelo citoplasma da célula-alvo, até entrarem no núcleo. No núcleo, o hormônio se liga a uma proteína receptora que o põe em contato com o diretor-presidente da célula, o DNA. A interação do hormônio com o DNA liga um gene (uma instrução para a produção de uma proteína específica) que, conforme solicitado, altera certo aspecto da rotina da célula.

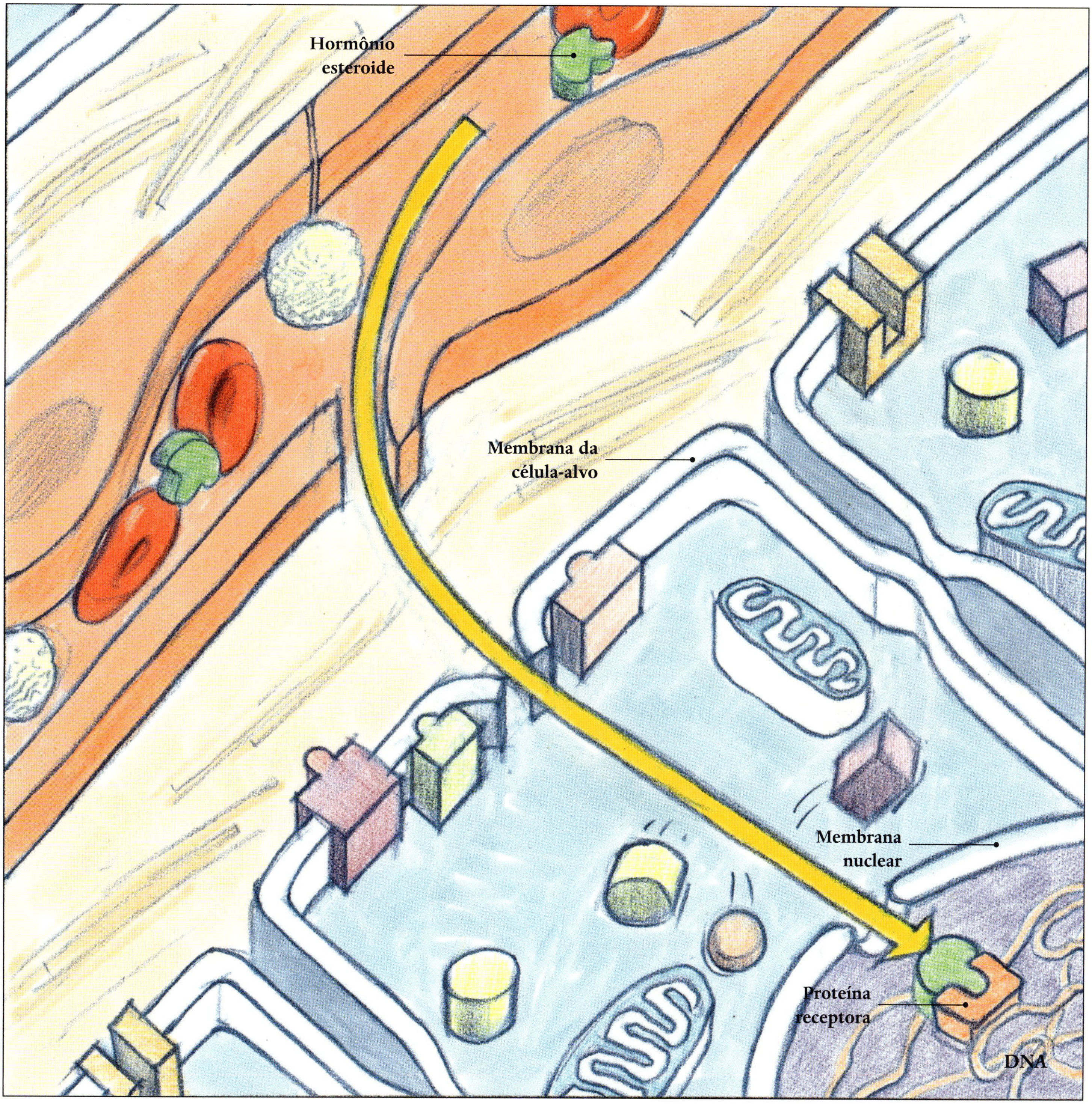

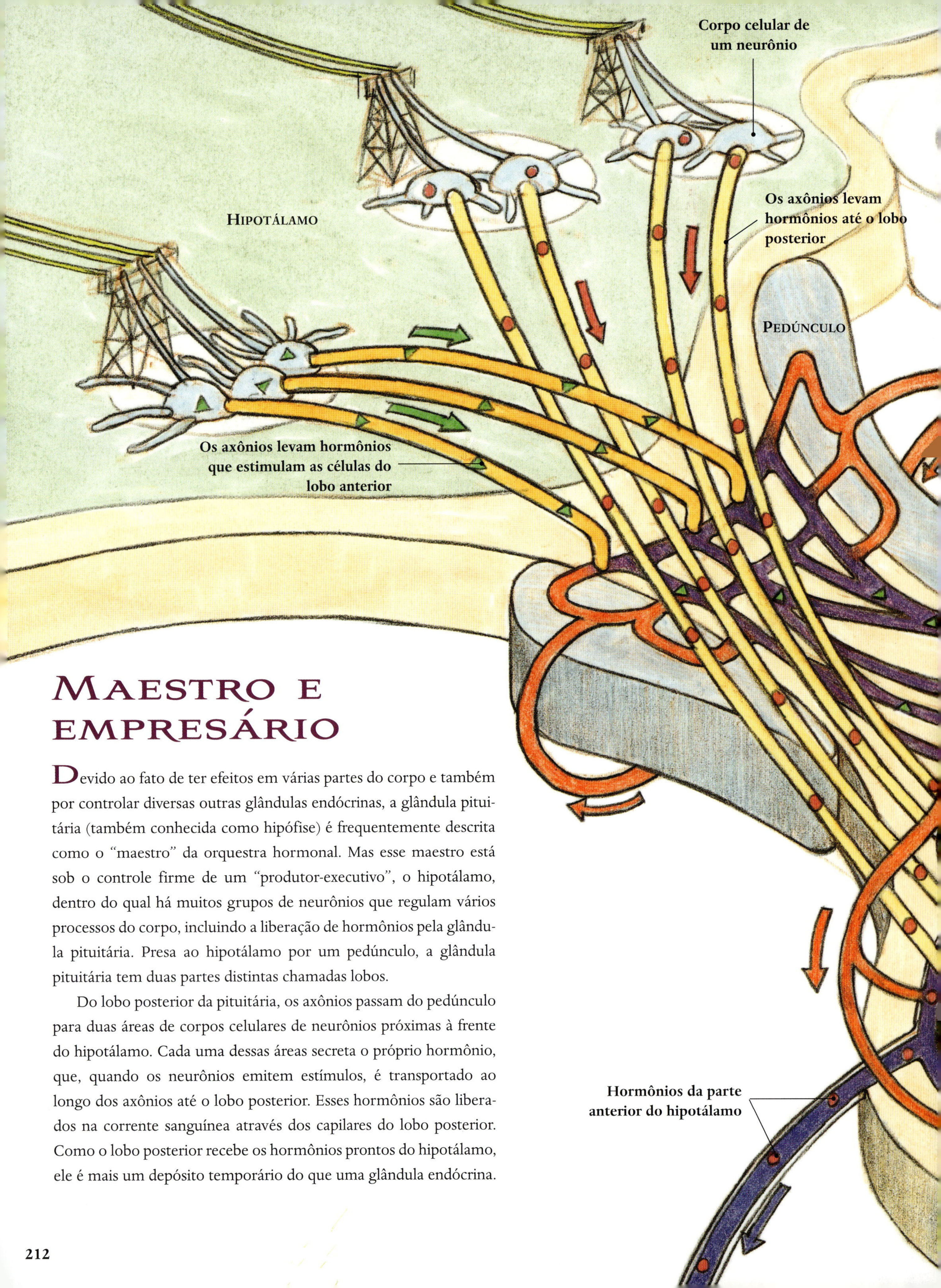

MAESTRO E EMPRESÁRIO

Devido ao fato de ter efeitos em várias partes do corpo e também por controlar diversas outras glândulas endócrinas, a glândula pituitária (também conhecida como hipófise) é frequentemente descrita como o "maestro" da orquestra hormonal. Mas esse maestro está sob o controle firme de um "produtor-executivo", o hipotálamo, dentro do qual há muitos grupos de neurônios que regulam vários processos do corpo, incluindo a liberação de hormônios pela glândula pituitária. Presa ao hipotálamo por um pedúnculo, a glândula pituitária tem duas partes distintas chamadas lobos.

Do lobo posterior da pituitária, os axônios passam do pedúnculo para duas áreas de corpos celulares de neurônios próximas à frente do hipotálamo. Cada uma dessas áreas secreta o próprio hormônio, que, quando os neurônios emitem estímulos, é transportado ao longo dos axônios até o lobo posterior. Esses hormônios são liberados na corrente sanguínea através dos capilares do lobo posterior. Como o lobo posterior recebe os hormônios prontos do hipotálamo, ele é mais um depósito temporário do que uma glândula endócrina.

A comunicação entre o hipotálamo e o lobo anterior da pituitária se dá pela corrente sanguínea. Os neurônios próximos à região posterior do hipotálamo secretam hormônios que viajam pelos axônios e são depositados na rede capilar do pedúnculo. Esses hormônios são, então, levados por veias porta para uma segunda rede de capilares que alimenta as células produtoras de hormônios do lobo anterior. Hormônios recém-chegados do hipotálamo estimulam as células do lobo anterior da glândula pituitária a liberarem os próprios hormônios na corrente sanguínea.

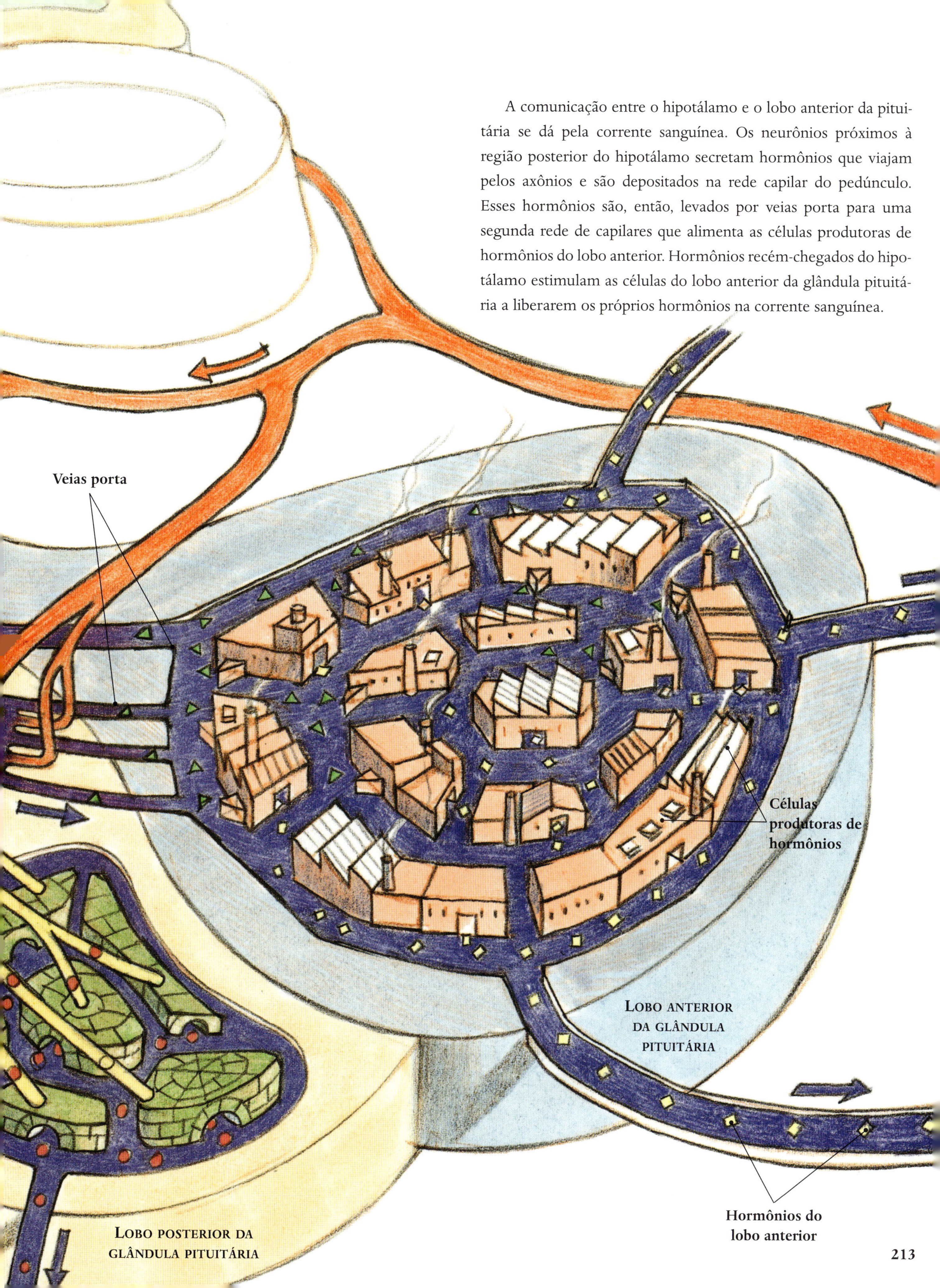

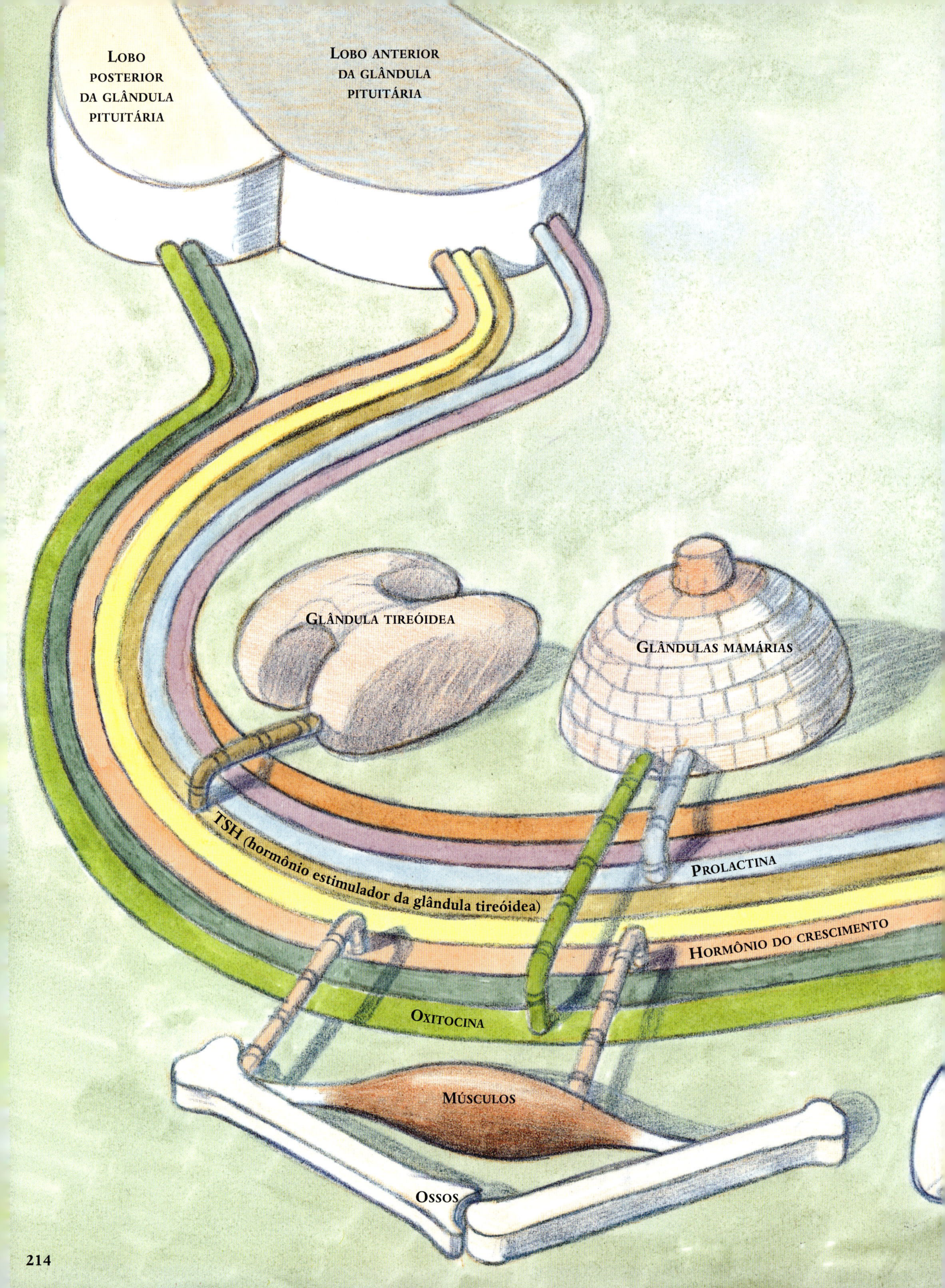
Lobo posterior da glândula pituitária
Lobo anterior da glândula pituitária
Glândula tireóidea
Glândulas mamárias
TSH (hormônio estimulador da glândula tireóidea)
Prolactina
Hormônio do crescimento
Oxitocina
Músculos
Ossos

A PITUITÁRIA É UM PRODÍGIO

A glândula pituitária (ou hipófise) não é maior que uma uva-passa pequena, mas, mesmo assim, domina o sistema endócrino. Ela libera oito hormônios fundamentais, que controlam o crescimento, a reprodução e muito mais.

A oxitocina e o hormônio antidiurético (ADH) são produzidos pelo hipotálamo e armazenados, além de liberados quando necessário, pelo lobo posterior da pituitária. Na hora do parto, a oxitocina provoca as contrações do útero e, então, faz com que as glândulas mamárias liberem leite para alimentar o recém-chegado. O hormônio antidiurético ajuda o corpo a manter a água, aumentando a concentração da urina que sai dos rins quando os níveis de água no sangue caem.

O hormônio do crescimento, um dos hormônios produzidos pelo lobo anterior da pituitária, estimula o crescimento do corpo, intensificando as divisões celulares e a produção de proteínas especialmente nos músculos e nos ossos. Outro hormônio, a prolactina, estimula a produção de leite pelas glândulas mamárias.

Os quatro hormônios restantes do lobo frontal estimulam outras glândulas endócrinas a liberarem os próprios hormônios. O hormônio estimulador da glândula tireóidea (TSH) "diz" a ela para produzir tiroxina, o hormônio que regula a taxa metabólica das células do corpo. O hormônio adrenocorticotrófico (ACTH) faz com que as glândulas adrenais liberem diversos hormônios esteroides que ajudam a regular o metabolismo e a combater o estresse. Nas mulheres, o hormônio folículo-estimulante (FSH) e o luteinizante (LH) agem nos ovários, causando a maturação e a liberação de um óvulo, bem como a liberação do hormônio feminino estrogênio (ou estrógeno). Nos homens, o FSH e o LH agem nos testículos, estimulando a produção de espermatozoides e a liberação de testosterona, o hormônio sexual masculino.

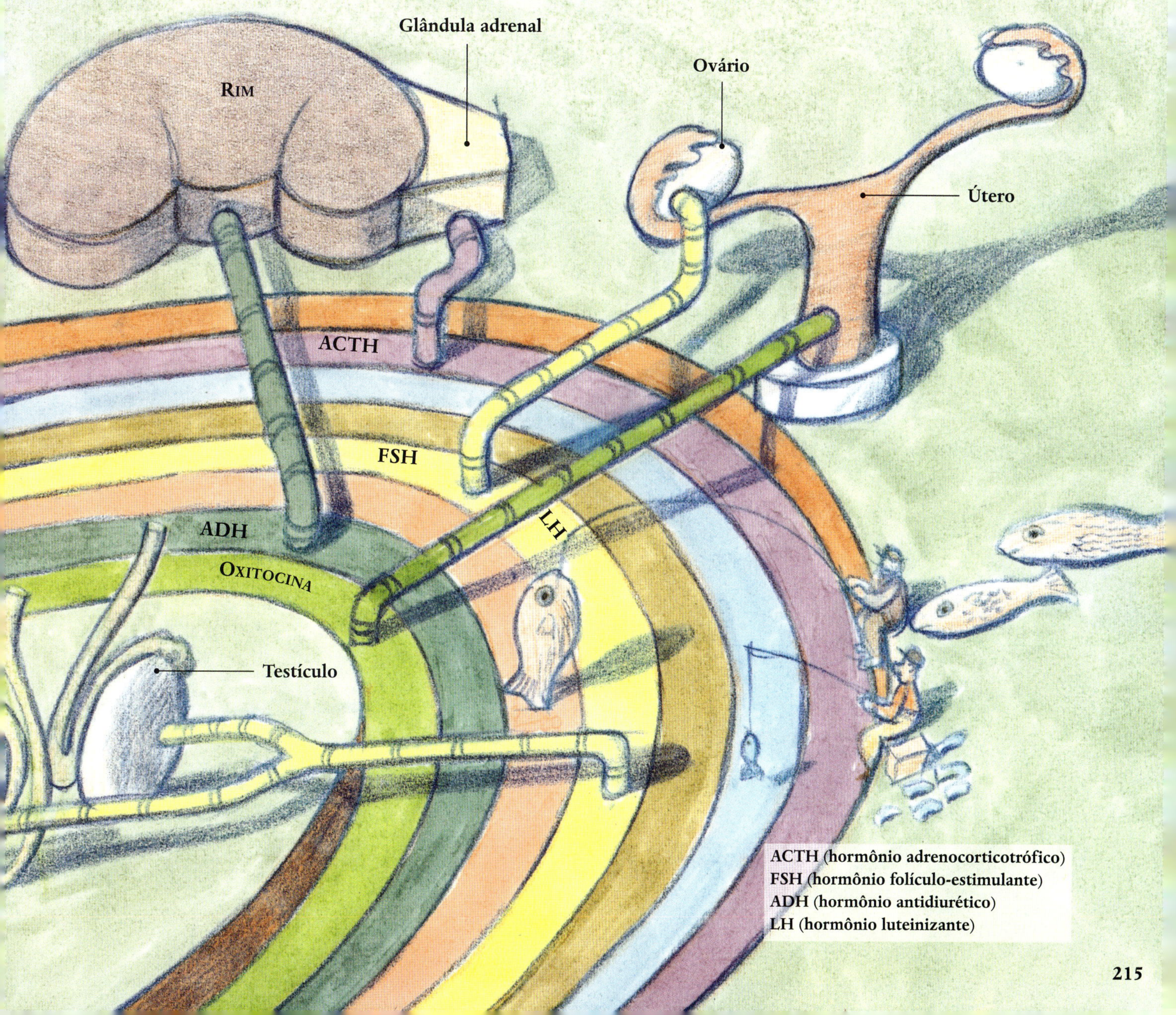

ACTH (hormônio adrenocorticotrófico)
FSH (hormônio folículo-estimulante)
ADH (hormônio antidiurético)
LH (hormônio luteinizante)

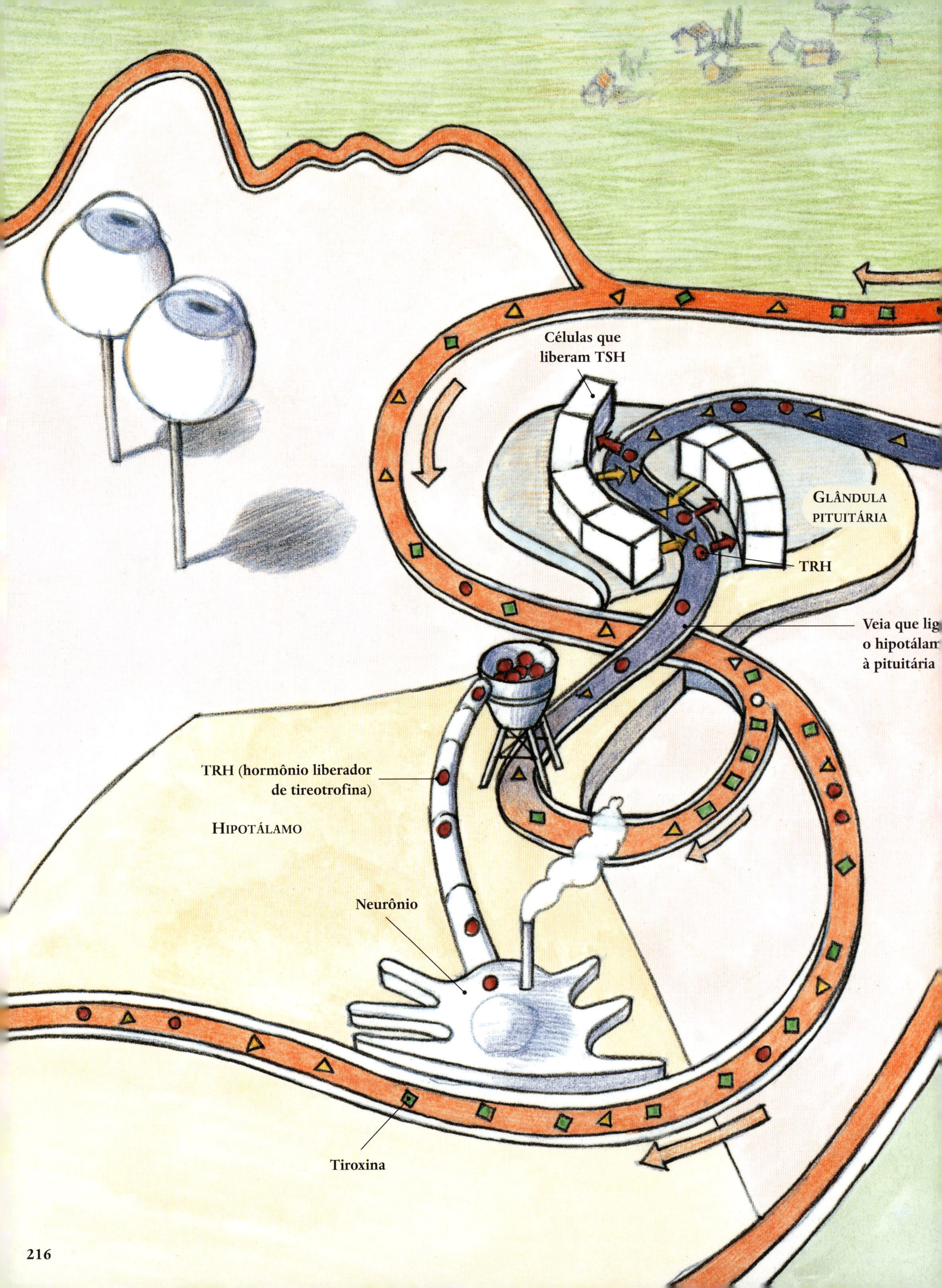
Células que
liberam TSH
Glândula
pituitária
TRH
Veia que lig
o hipotálam
à pituitária
TRH (hormônio liberador
de tireotrofina)
Hipotálamo
Neurônio
Tiroxina

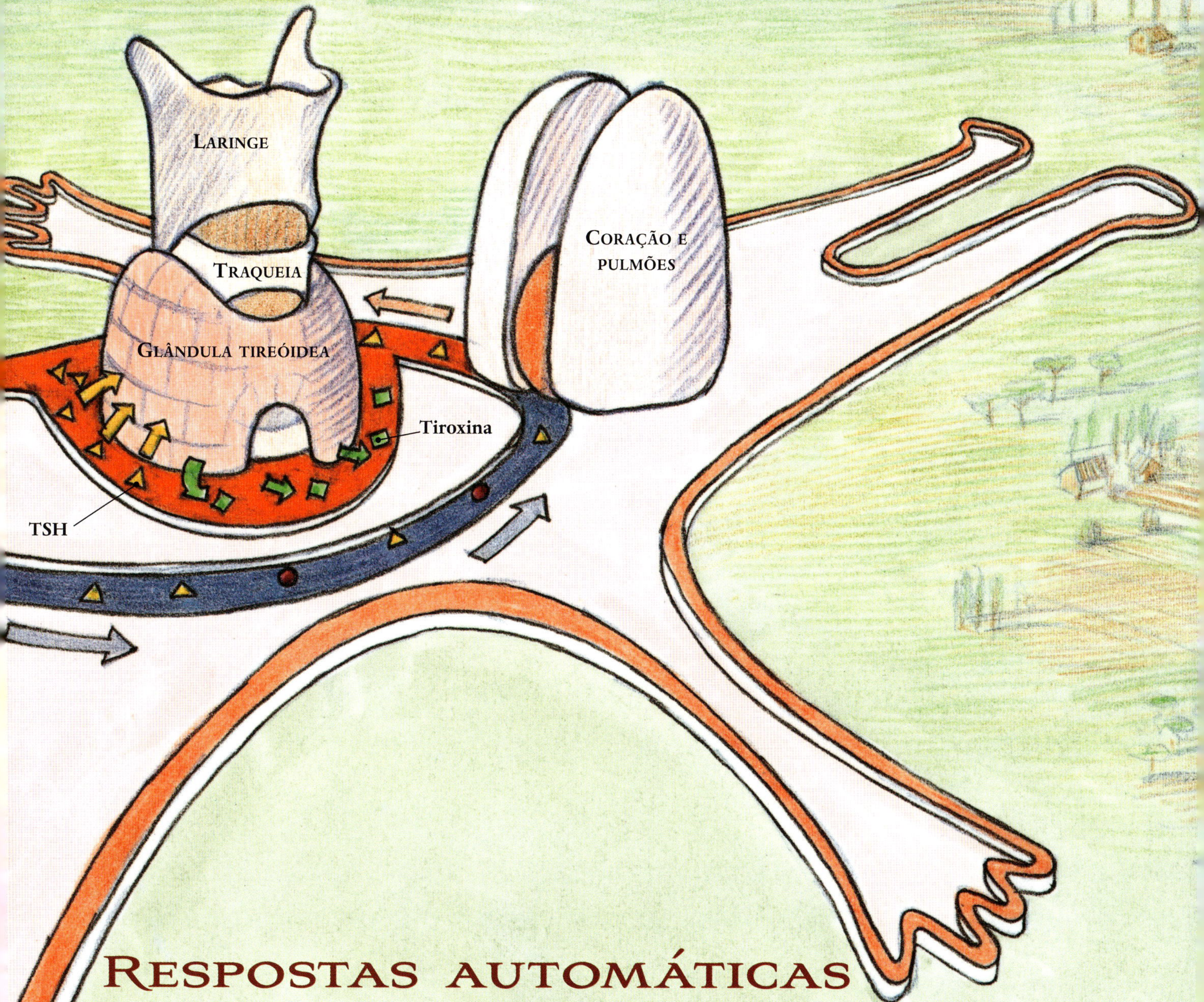

RESPOSTAS AUTOMÁTICAS

Imagine que você está dentro de uma sala com a temperatura "ideal" determinada em 18 °C (65 °F). Quando a temperatura da sala passa desse ponto, um termostato desliga o aquecedor da sala. Conforme o ambiente esfria e sua temperatura atinge um determinado valor mínimo, o termostato liga o aquecedor e a temperatura volta a subir. Esse mecanismo é chamado retroalimentação negativa (ou *feedback* negativo) – uma mudança em um dado sentido que desencadeia uma correção no sentido aposto.

Exatamente da mesma maneira, a retroalimentação negativa controla os níveis de cada um dos hormônios que circula no nosso sangue de modo que estes não têm efeitos grandes demais ou pequenos demais sobre suas células-alvo. Aqui vai um exemplo.

Localizada na traqueia, logo abaixo da faringe, a glândula tireóidea libera a tiroxina. Tendo como alvo a maioria das células do corpo, esse hormônio "acelera" a taxa metabólica dessas células, incentivando-as a "queimar" a glicose, com liberação de energia. Uma quantidade muito pequena de tiroxina deixa a pessoa letárgica, enquanto o excesso faz com que seu coração acelere e que seu corpo se aqueça demais.

Para manter o equilíbrio, os níveis de tiroxina no sangue são monitorados pelo hipotálamo. Se estes descem abaixo do "normal", os neurônios secretam hormônio liberador de tirotropina (TRH) nas veias, que o levam para o lobo frontal da glândula pituitária. O TRH atinge e estimula as células no interior da glândula pituitária, que secretam o TSH (hormônio estimulador da tireoide). O sangue leva o TSH, passando pelo coração e pelos pulmões, para a glândula tireóidea, onde este dispara a liberação de tiroxina.

Se a concentração de tiroxina no sangue sobe além dos níveis necessários, isso é percebido pelo hipotálamo, que corta imediatamente a secreção de TRH. Como consequência, a secreção de TSH e de tiroxina também cai.

Capítulo 5

Posições de combate

Nós dividimos este planeta com milhões de espécies diferentes, incluindo bactérias, vírus e outros microrganismos. Apesar de serem invisíveis a olho nu, alguns desses organismos minúsculos podem nos causar danos se invadirem nosso corpo. Tais organismos são chamados patógenos. Como os patógenos podem estar à espreita no ar que respiramos, na comida que comemos e nos líquidos que bebemos, bem como em qualquer coisa que tocamos ou que nos toca (no caso de alguns animais), essa ameaça está presente o tempo todo.

Por sorte, somos todos protegidos por diversos níveis de segurança. As barreiras externas (a mais aparente é a pele) mantêm a maioria dos patógenos a distância. Se essas barreiras forem ultrapassadas, um mecanismo interno de reparo conserta os danos enquanto células de defesa buscam e destroem os invasores. Registradores internos mantêm os dados dos invasores para que, no futuro, a destruição deles seja ainda mais rápida e eficiente.

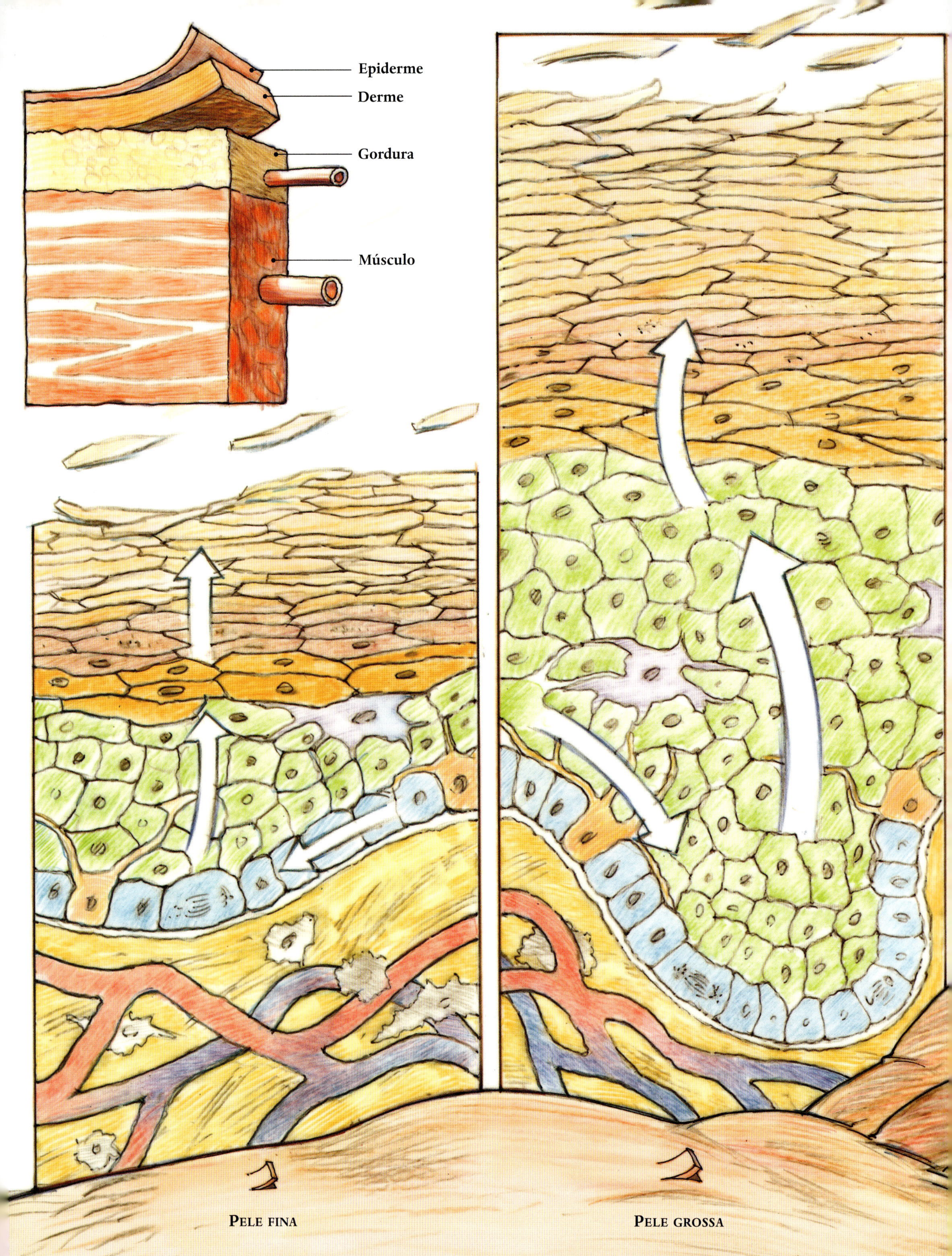

Pele fina

Pele grossa

DESGASTE

Nossa pele é o órgão mais pesado do nosso corpo. Sendo lavável, impermeável, resistente a germes e com capacidade de autorreparação, a pele é a primeira linha de defesa, protegendo nossos delicados órgãos internos das ameaças do mundo exterior. A pele tem duas camadas que ficam presas firmemente uma à outra, a epiderme na superfície externa e a derme logo abaixo. A epiderme é mais grossa na palma das mãos, nos dedos e na sola dos pés. As células da epiderme não têm fornecimento direto de sangue e dependem do trânsito de oxigênio e nutrientes vindos da derme, que é um tecido conjuntivo resistente e maleável dotado de vasos sanguíneos, terminações nervosas e glândulas sudoríparas (que produzem o suor).

A superfície da epiderme está permanentemente sujeita ao desgaste e suas células são repostas constantemente por uma linha de produção contínua de células novas, a partir de células-tronco não especializadas que ficam na porção mais profunda da epiderme. Quando essas células sofrem mitose, algumas das células produzidas ficam no lugar para se dividirem de novo e as outras são empurradas para fora, em direção à superfície da pele. No caminho, elas produzem uma proteína forte e resistente, chamada queratina, que também é encontrada nas unhas, nos cabelos, nos cascos de animais e nos chifres de rinocerontes. Ao migrar para a superfície, essas células se achatam e se enchem com fibras de queratina, perdendo os núcleos e outras estruturas internas pelo caminho. Quando ficam muito longe da fonte de sangue, elas morrem, mas permanecem "grudadas" umas nas outras até que se percam na forma de milhões de flocos de pele que caem do nosso corpo todos os dias. O sacrifício delas é a nossa proteção.

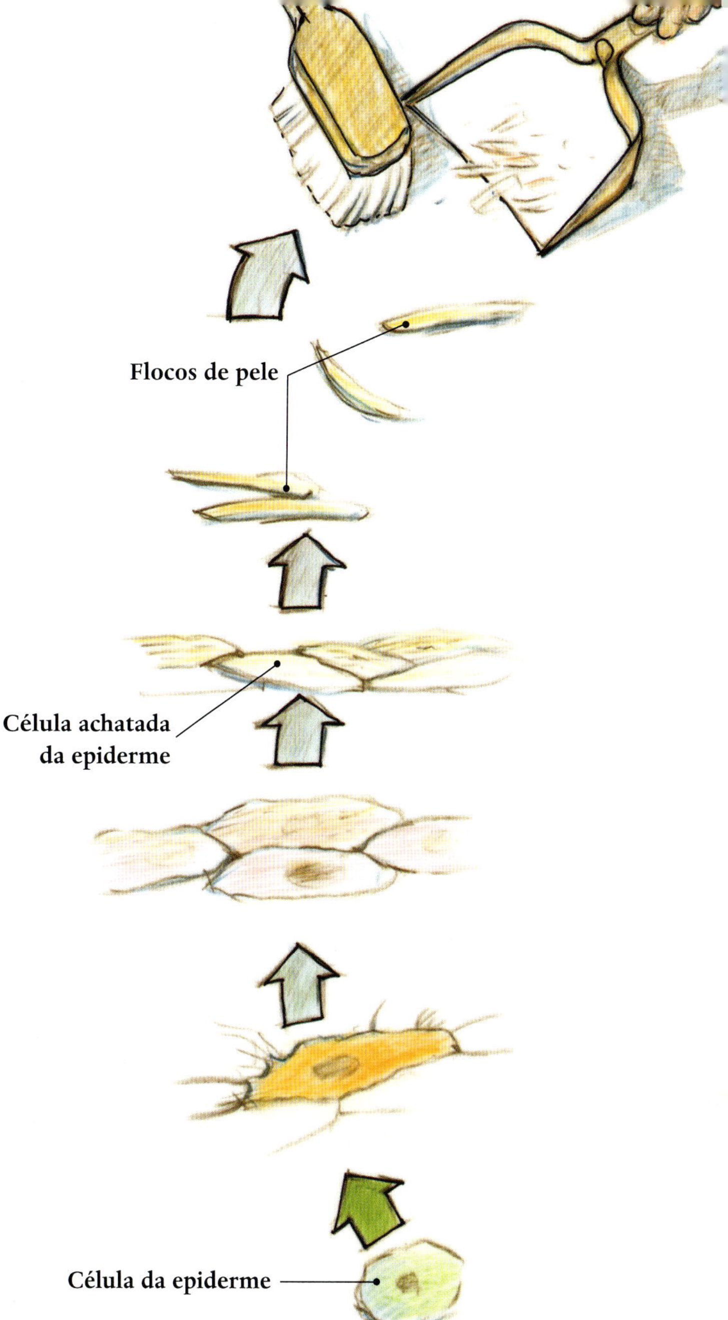

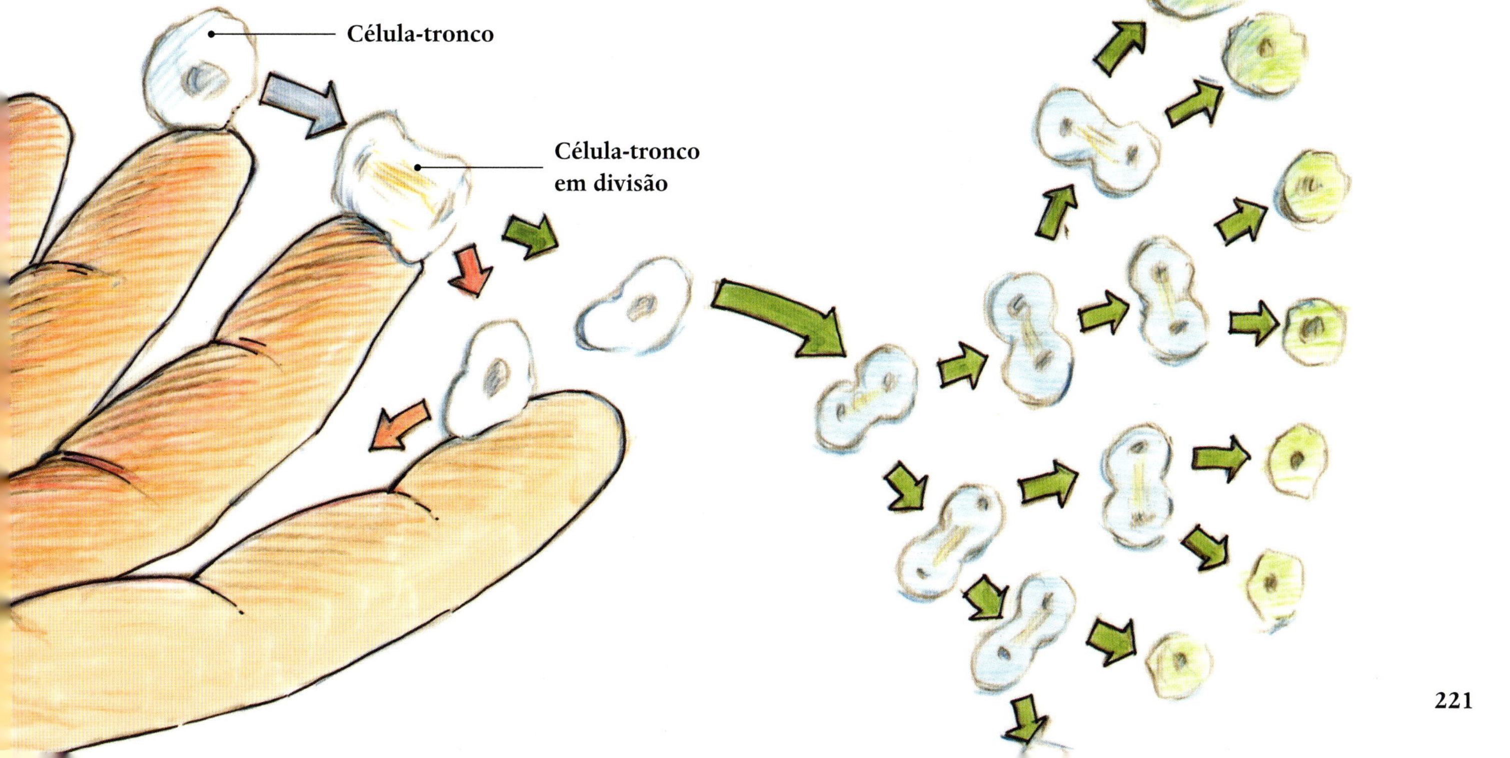

Sangue, suor e pelos

A pele ajuda o corpo a manter sua temperatura interna constante de 37 °C. Junto com o hipotálamo, que serve de termostato, os vasos sanguíneos da pele funcionam como radiadores. Quando o tempo está quente ou quando nos aquecemos com exercícios, os vasos que passam pela derme recebem instruções para se alargarem. O aumento no fluxo de sangue quente libera o excesso de calor corporal no ar.

Um outro mecanismo de controle de temperatura são as glândulas sudoríparas espiraladas, que filtram o plasma sanguíneo produzindo um suor levemente salgado. Quando é liberado pelos poros e sobre a superfície da pele, o suor evapora, "roubando" calor e resfriando o corpo. Se estiver frio do lado de fora, os vasos sanguíneos da pele se estreitam e as glândulas sudoríparas reduzem sua produção. A perda de calor é interrompida e o corpo se aquece.

Muitos mamíferos têm uma camada de pelo que os mantém aquecidos. No nosso caso, a maioria dos pelos que saem de nossa pele são finos e curtos demais para oferecer isolamento térmico adequado. Como estão ligados a sensores de toque localizados na derme, estes pelos são muito mais úteis como armadilhas que detectam insetos no momento em que pousam sobre nossa pele, antes que nos piquem ou ferroem.

Os pelos e cabelos crescem de folículos pilosos que se estendem da epiderme até a derme. No fundo do folículo, as células epiteliais se dividem repetidamente por mitose. Conforme as

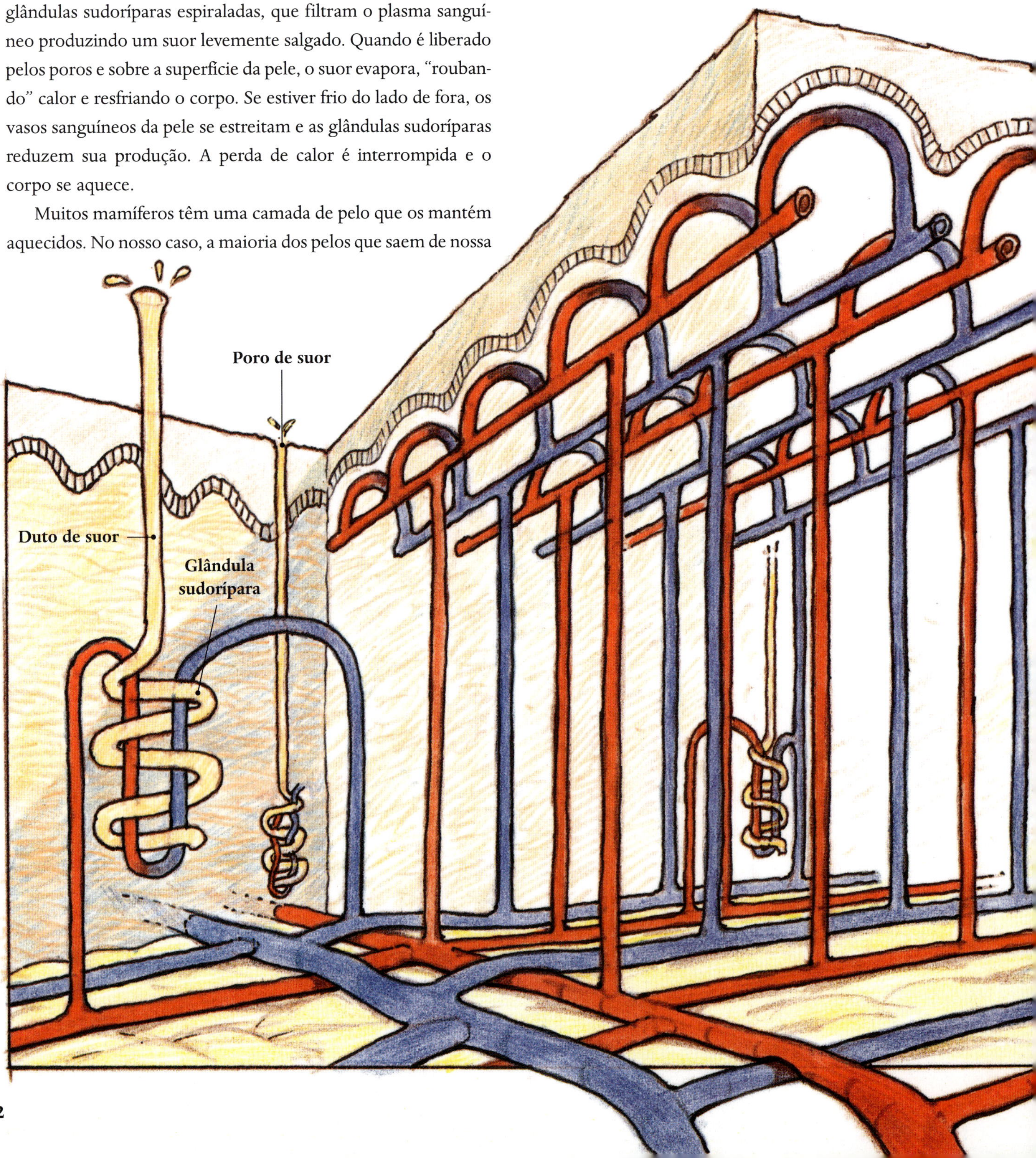

células produzidas se afastam em direção à superfície, se enchendo de queratina e morrendo, elas se fundem umas às outras e são moldadas pelas paredes do folículo, formando um fio de pelo ou cabelo. Há também glândulas que se abrem na parte superior do folículo e liberam óleos que lubrificam pelos, cabelos e pele, tornando-os impermeáveis.

Quando está frio, nossos pelos muitas vezes ficam "de pé" porque seus folículos são puxados por músculos muito pequenos. Em mamíferos mais peludos, isso forma uma camada isolante de ar que reduz a perda de calor. Nós, humanos, só ficamos arrepiados.

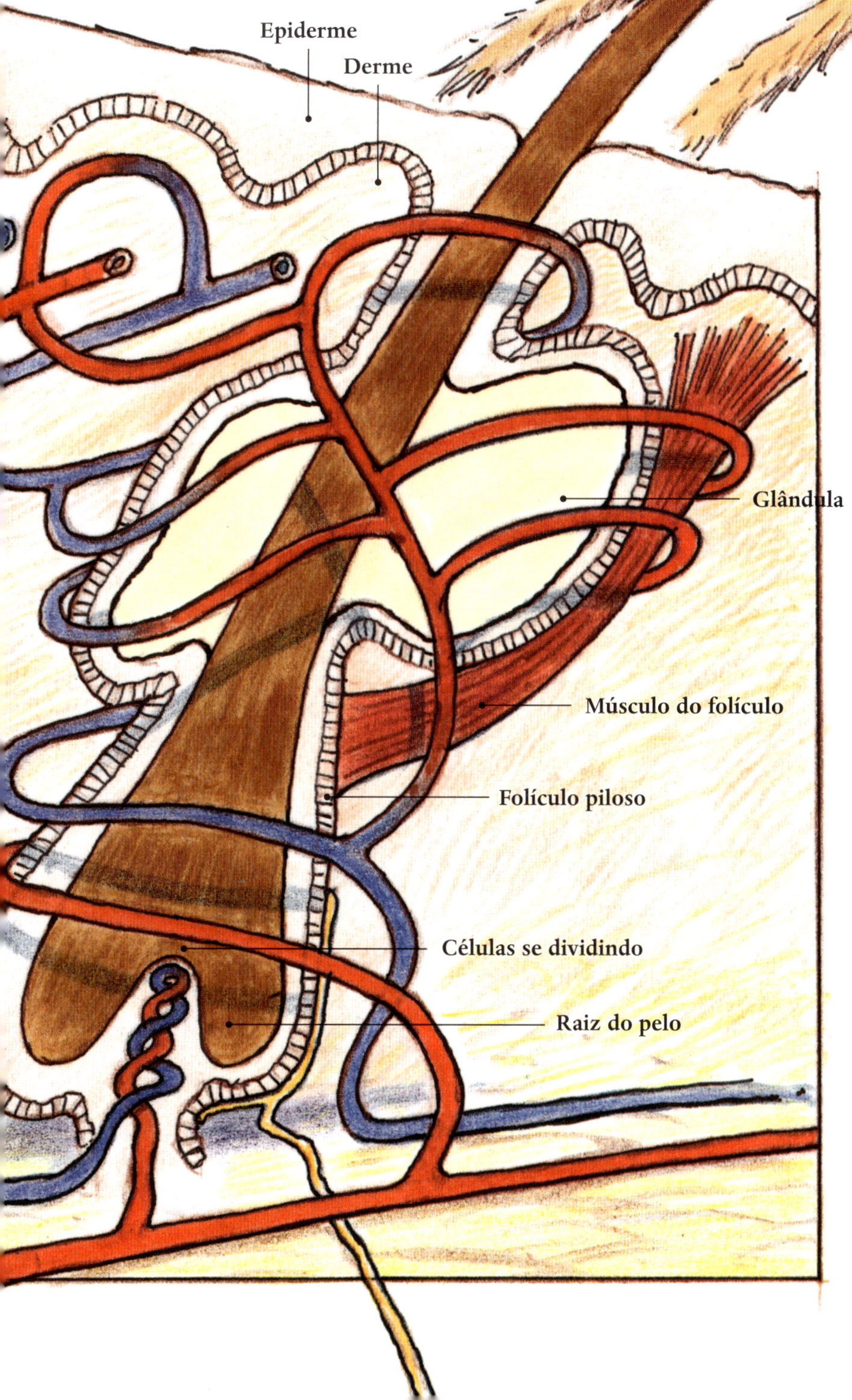

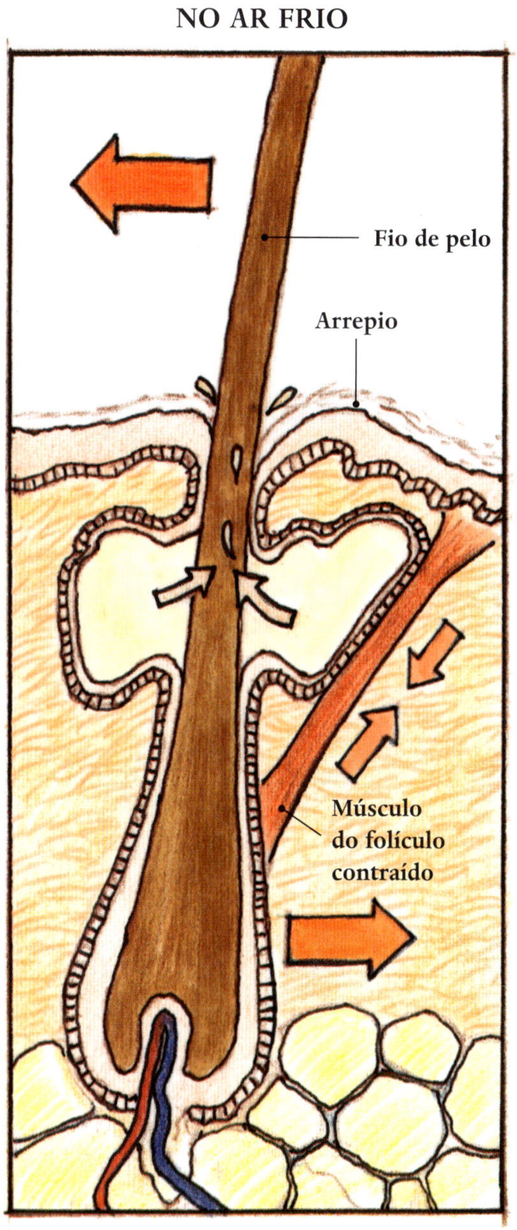

A PAZ INSTÁVEL

Vista de perto, a pele está longe de ser plana e lisa. Ondulada e coberta por flocos soltos de pele, a superfície da epiderme é interrompida por poros de suor e folículos pilosos, dos quais se projetam pelos que parecem troncos de árvore. Bilhões de bactérias se alimentam, crescem e se reproduzem aqui, aparentemente em paz com seu hospedeiro. Elas são particularmente atraídas para áreas úmidas como as axilas, virilhas e entre os artelhos. Outras áreas atraentes ficam ao redor dos poros e folículos pilosos, cujas secreções fornecem nutrientes.

Mas a pele não é um ambiente ideal para bactérias. A perda constante de flocos de pele faz com que ela seja muito instável. A sua secura não estimula a colonização. As secreções, como óleos e suor, são ácidas, além do fato de o suor conter substâncias que matam as bactérias ou, pelo menos, retardam sua multiplicação. Assim, em vez de aceitar passivamente todas as bactérias, a pele tem a capacidade de limitar o crescimento das colônias bacterianas e até mesmo escolher o tipo de bactéria que pode permanecer. Bactérias "boas" são estimuladas a ocupar o espaço que, de outra forma, poderia ser ocupado por patógenos perigosos. Mas o princípio de "o inimigo de meu inimigo é meu amigo" não se mantém quando a barreira da pele é danificada.

FIQUEM JUNTOS, MENINOS, AÍ VEM NOSSO INTERVALO LONGO

Epiderme
Derme
Neutrófilo
Monócito
Mastócito
Arteríola

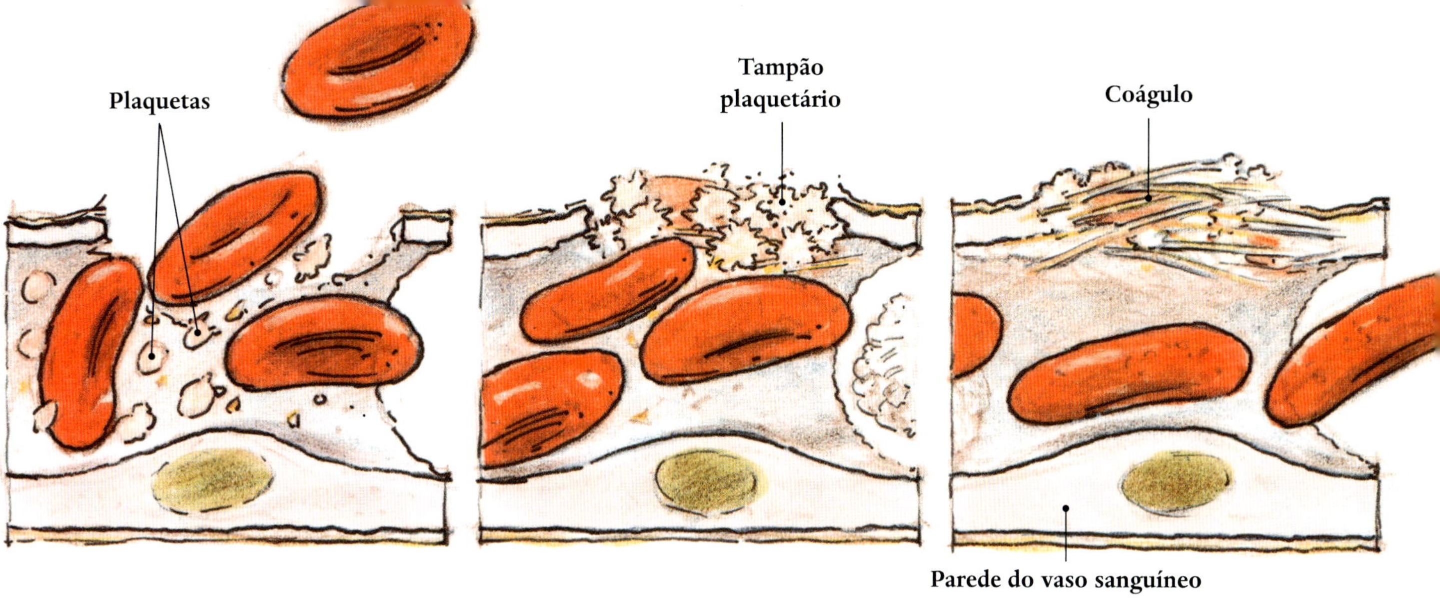

Só um arranhão

Qualquer brecha na barreira da pele que resulte em rompimento de vasos sanguíneos exige a atenção imediata das defesas do corpo. O primeiro item do protocolo de emergência é interromper o vazamento. As plaquetas sanguíneas que chegam ao local do ferimento incham e ganham projeções. As plaquetas, então, se aderem umas às outras e formam um tampão que rapidamente estanca parte do fluxo. O tecido ferido e as plaquetas agrupadas desencadeiam a conversão de uma proteína do plasma em um emaranhado de fibras que aprisiona células sanguíneas e forma um coágulo. À medida que o coágulo se estica, as bordas do ferimento se aproximam e, após, células "de manutenção" chegam para reparar o dano. Quando o serviço está pronto, o coágulo se desmancha ou, se for na superfície da pele, ele seca e forma uma crosta que, no final, acaba caindo.

Enquanto o sangue está coagulando, glóbulos brancos especializados, chamados neutrófilos e monócitos, buscam e destroem bactérias que tenham passado pelas defesas durante a confusão. Como infantaria do sistema imunitário, essas células circulam o tempo todo pela corrente sanguínea, à espera de um encontro desse tipo. Elas são convocadas ao local do ferimento quando outras células, como os mastócitos, liberam compostos químicos que causam uma série de alterações locais. As arteríolas se alargam, aumentando o fluxo de sangue e o aporte de nutrientes para o local. Os capilares ficam mais permeáveis, o que permite que o fluido com nutrientes e oxigênio escoe até a zona do dano.

Atraídos pelo alarme químico, os glóbulos brancos do sangue se prendem às paredes dos capilares até conseguirem passar pelas aberturas nas paredes dos capilares. Uma vez na linha de combate, elas começam sua missão de busca e destruição. Os monócitos são transformados em células ainda maiores e mais esfomeadas chamadas macrófagos. Esse processo, chamado resposta inflamatória, causa vermelhidão, calor, inchaço e dor no local do arranhão. Apesar de ser incômoda, a inflamação é essencial para a destruição de patógenos e para o reparo dos tecidos.

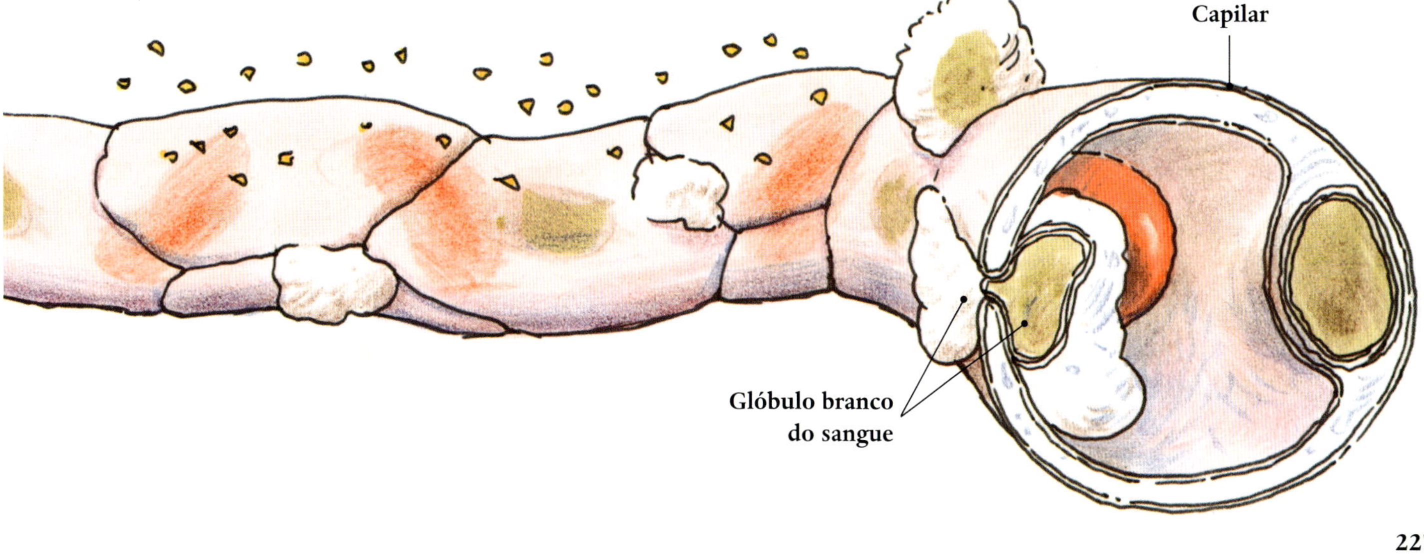

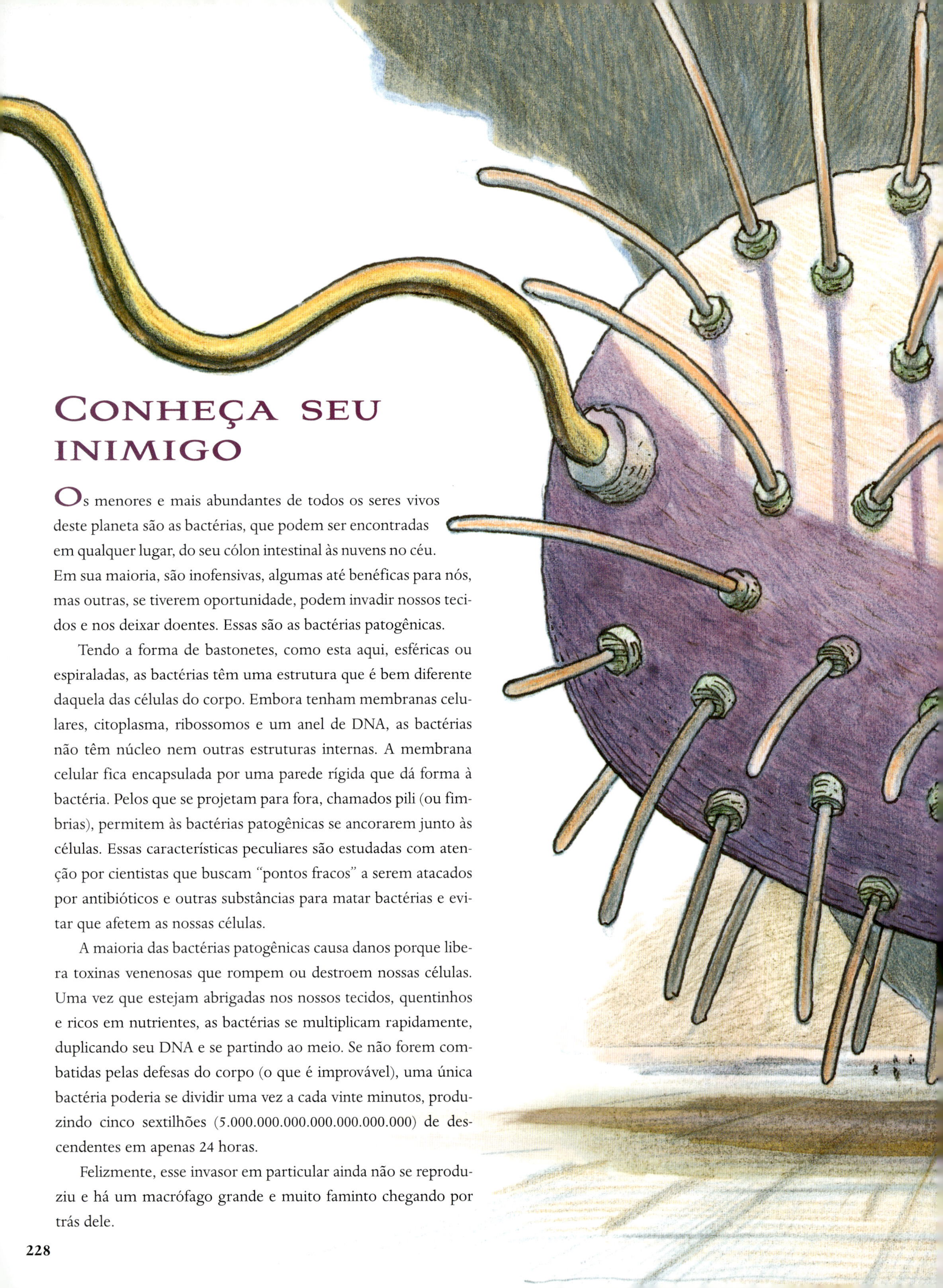

Conheça seu inimigo

Os menores e mais abundantes de todos os seres vivos deste planeta são as bactérias, que podem ser encontradas em qualquer lugar, do seu cólon intestinal às nuvens no céu. Em sua maioria, são inofensivas, algumas até benéficas para nós, mas outras, se tiverem oportunidade, podem invadir nossos tecidos e nos deixar doentes. Essas são as bactérias patogênicas.

Tendo a forma de bastonetes, como esta aqui, esféricas ou espiraladas, as bactérias têm uma estrutura que é bem diferente daquela das células do corpo. Embora tenham membranas celulares, citoplasma, ribossomos e um anel de DNA, as bactérias não têm núcleo nem outras estruturas internas. A membrana celular fica encapsulada por uma parede rígida que dá forma à bactéria. Pelos que se projetam para fora, chamados pili (ou fímbrias), permitem às bactérias patogênicas se ancorarem junto às células. Essas características peculiares são estudadas com atenção por cientistas que buscam "pontos fracos" a serem atacados por antibióticos e outras substâncias para matar bactérias e evitar que afetem as nossas células.

A maioria das bactérias patogênicas causa danos porque libera toxinas venenosas que rompem ou destroem nossas células. Uma vez que estejam abrigadas nos nossos tecidos, quentinhos e ricos em nutrientes, as bactérias se multiplicam rapidamente, duplicando seu DNA e se partindo ao meio. Se não forem combatidas pelas defesas do corpo (o que é improvável), uma única bactéria poderia se dividir uma vez a cada vinte minutos, produzindo cinco sextilhões (5.000.000.000.000.000.000.000) de descendentes em apenas 24 horas.

Felizmente, esse invasor em particular ainda não se reproduziu e há um macrófago grande e muito faminto chegando por trás dele.

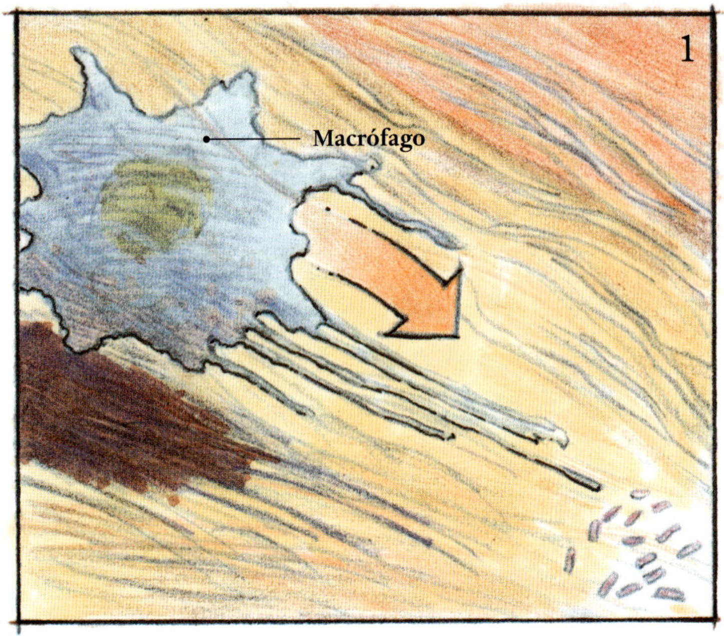

COMIDA EXÓTICA

Para um macrófago, qualquer coisa que venha de fora é para ser comida. Quando as bactérias entram no corpo e acham o caminho para os tecidos, elas deixam uma trilha química que é detectada por receptores na membrana celular de um macrófago que está fazendo patrulhamento. Em resposta, nosso intrépido caçador reorganiza seu citoesqueleto e envia pseudópodos (extensões semelhantes a tentáculos) em direção à sua presa.

Se os receptores nos pseudópodos reconhecem marcadores incriminadores na superfície da bactéria, eles se ligam aos marcadores. Essa aderência é ainda mais forte se a bactéria já foi coberta com proteínas chamadas anticorpos. Além de tornarem as bactérias mais atraentes para os macrófagos, os anticorpos também tornam mais fácil ao macrófago capturá-las.

Uma vez capturada, a bactéria é levada para o interior do macrófago e empacotada em um vacúolo formado por uma dobra da membrana celular para dentro. No interior do citoplasma, esse vacúolo se funde com um lisossoma – um saco de membrana cheio de enzimas digestivas. As enzimas desmancham a bactéria de maneira segura, sem destruir o macrófago. Qualquer componente indigerível é expulso do interior do macrófago quando, como medida de economia, a seção de membrana celular que se dobrou para formar o vacúolo é devolvida ao seu lugar de direito.

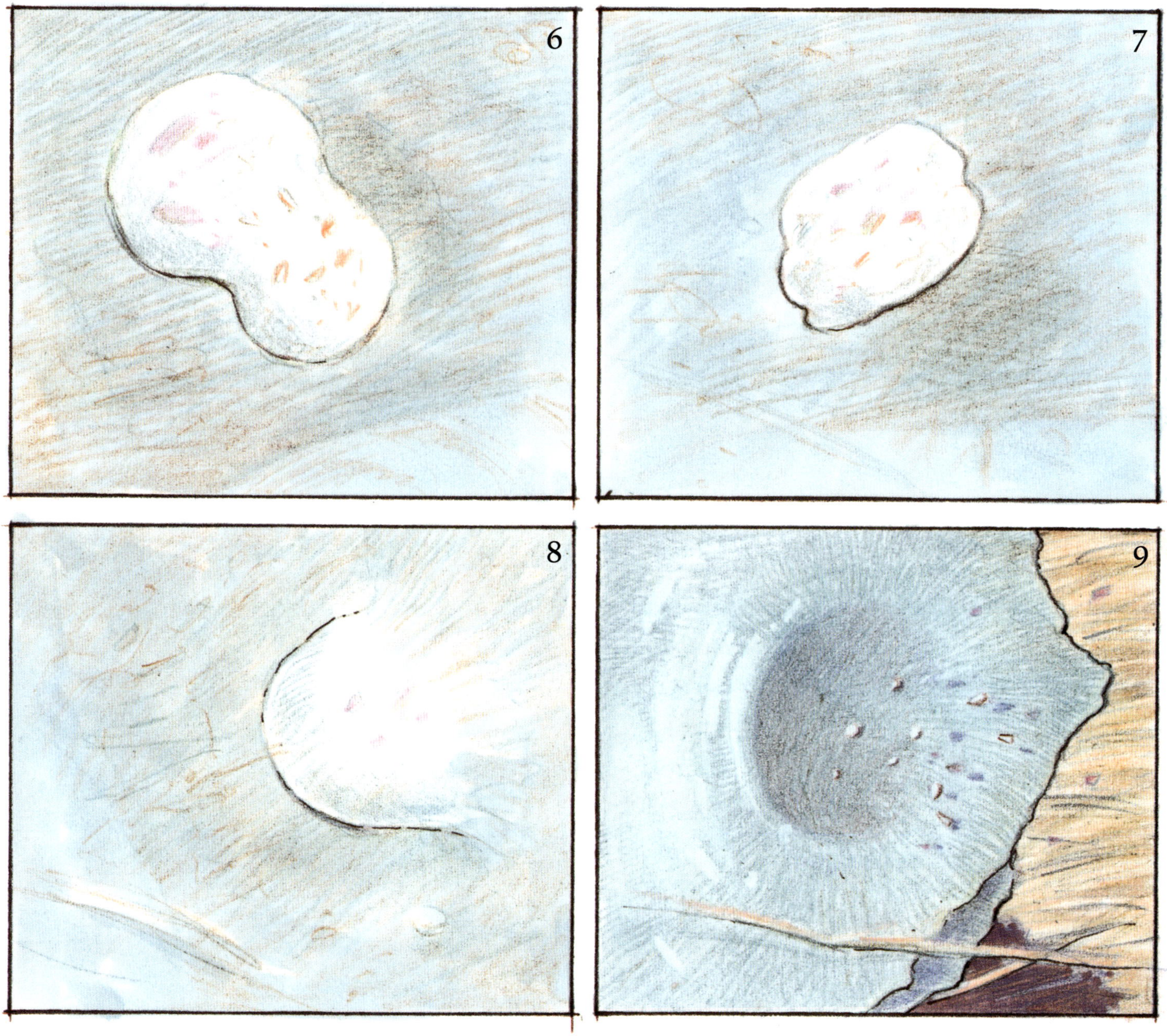

Drenar e defender

Todos os dias, por volta de 24 litros de fluidos do sangue saem dos capilares levando nutrientes essenciais para as células dos tecidos e removendo seus resíduos. Todo esse fluido acaba voltando à corrente sanguínea e a maior parte dele volta pelos próprios capilares, mas cerca de 3 ou 4 litros escapam no caminho. O trabalho vital de drenar esse excesso de fluido dos tecidos e devolvê-lo à corrente sanguínea, restaurando o volume e a concentração do sangue, é realizado pela segunda rede de transporte do corpo, o pouco conhecido sistema linfático.

Os ramos mais finos dessa rede consistem nos chamados capilares linfáticos, que se entrelaçam com os capilares sanguíneos e as células dos tecidos. As extremidades dos capilares mais distantes do coração são fechadas e há pequenas projeções semelhantes a abas nas paredes que agem como válvulas de sentido único, permitindo que o fluido entre, mas não que saia. Uma vez aprisionado no interior dos capilares, esse fluido que estava em excesso nos tecidos passa a ser chamado de linfa, uma mistura aguada de proteínas plasmáticas, glóbulos brancos e resíduos. A linfa é levada por uma rede de vasos cada vez maiores pela ação dos músculos esqueléticos circundantes. Há válvulas, como as das veias, que evitam o fluxo no sentido oposto. No final, os vasos se unem formando troncos que fluem para dois dutos maiores que despejam a linfa nas veias subclávias direita e esquerda.

A drenagem não é a única função do sistema linfático. A defesa também é uma prioridade. Localizados ao longo dos vasos linfáticos, como contas em um fio, encontram-se pequenas protuberâncias chamadas linfonodos ou nódulos linfáticos, que servem a dois propósitos principais. Elas filtram a linfa que se dirige à corrente sanguínea, removendo bactérias e outros perigos que podem ter escapado à destruição nos tecidos. Além disso, os linfonodos servem de local de proliferação a um tipo de células do sistema imunitário, chamadas linfócitos, e também são os locais de onde essas células são lançadas ao ataque, no caso da presença de patógenos.

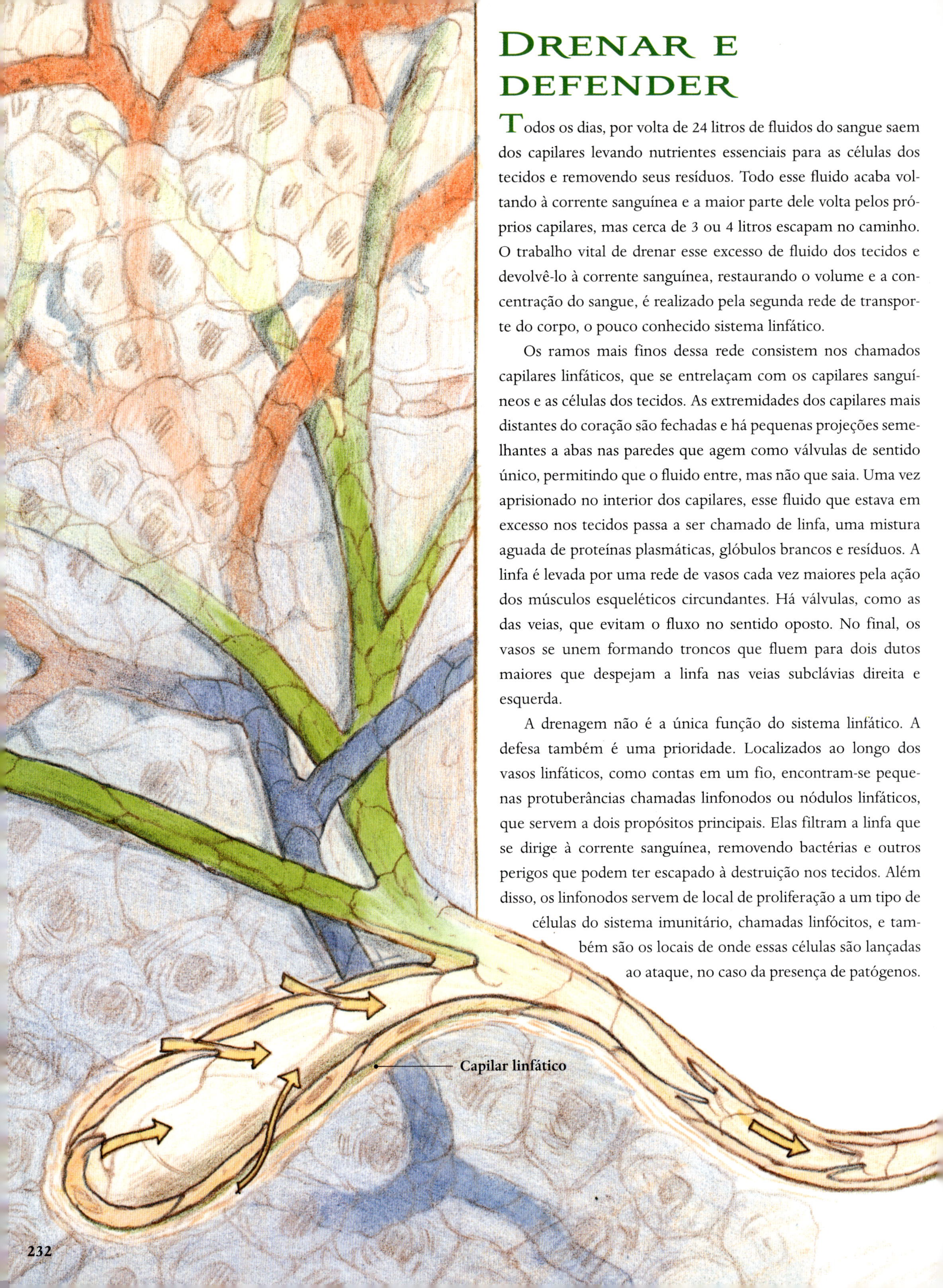

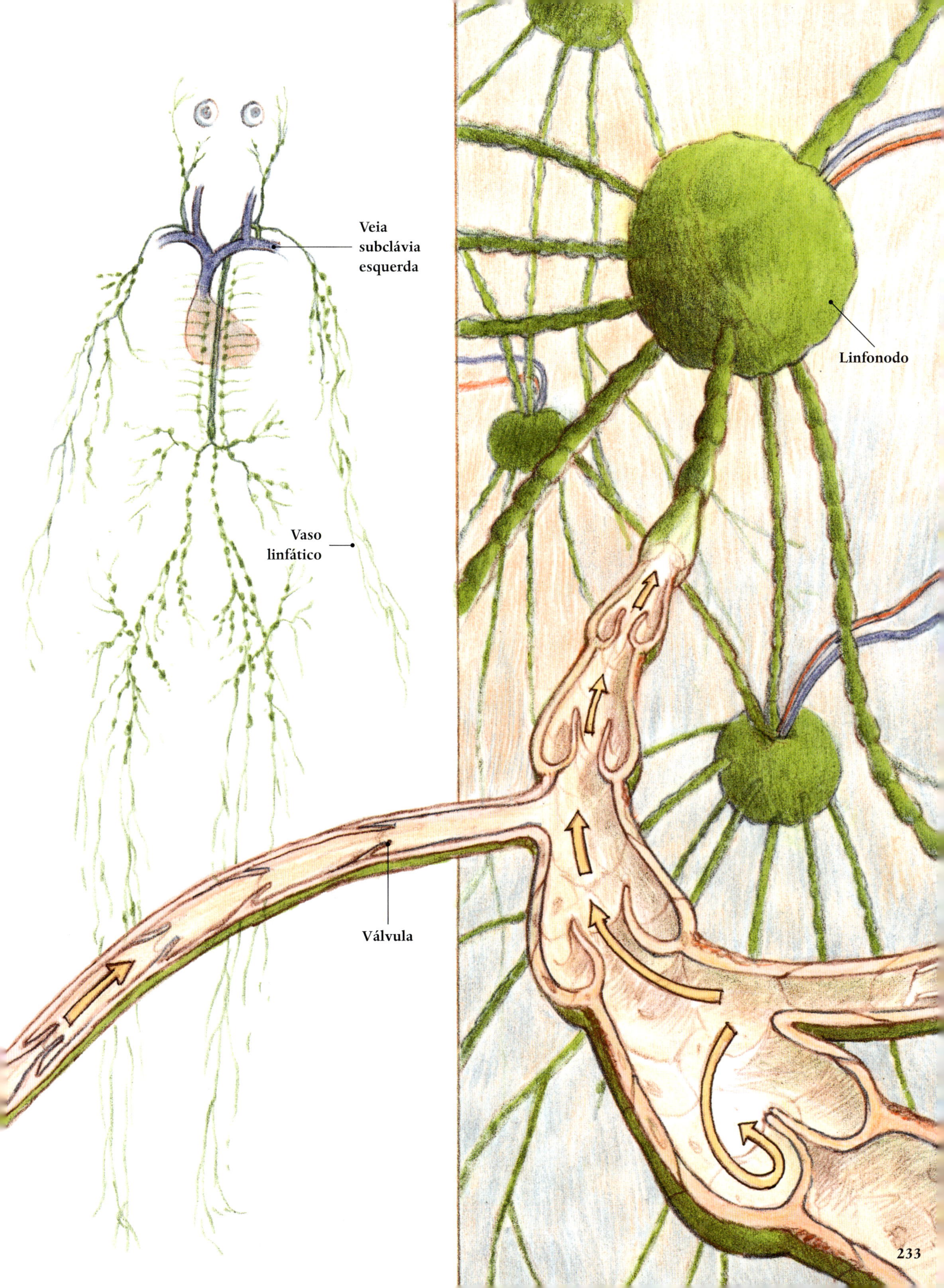

Veia subclávia esquerda
Linfonodo
Vaso linfático
Válvula

LIMPAR E CLONAR

Ao passar pelo linfonodo, a linfa é "limpa" e os patógenos são removidos. Ao mesmo tempo, os linfócitos expostos a patógenos se clonam, fazendo cópias idênticas para combater os inimigos. A linfa entra em cada linfonodo pelo córtex e sai pela medula. O córtex é dividido em compartimentos por extensões da cápsula externa, que é rígida. No interior de cada compartimento, linfócitos móveis e outras células do sistema imunitário ficam presas a um arcabouço de fibras.

Embora, como grupo, os linfócitos possam responder a milhões de antígenos, individualmente, através de seus receptores na superfície celular, eles reagem a apenas um único antígeno de patógeno. Essa capacidade é desenvolvida na maturação da célula na medula óssea (linfócitos B, ou células B) ou no timo (linfócitos T ou células T). Os linfócitos B e T chegam aos linfonodos através da corrente sanguínea e, quando saem do linfonodo, o fazem através de um vaso linfático.

Durante sua estadia, que pode ser longa ou curta, um linfócito pode ser ativado para o ataque por contato (direto ou indireto) com um patógeno específico. A porção mais externa do córtex contém áreas densamente povoadas por linfócitos. Nos centros dessas áreas ficam populações de linfócitos B ativados e em proliferação. A parte mais profunda do córtex contém linfócitos T em processo de multiplicação. A medula abriga grupos de linfócitos B maduros que liberam anticorpos imobilizadores de patógenos.

Entre a sua chegada e a sua partida, a linfa flui em um único sentido, através de canais grandes chamados seios. Uma grande quantidade de fibras cruza os seios e estas servem de apoio para macrófagos que engolfam os patógenos ao passarem. O número de vasos linfáticos que entram em um linfonodo é maior que o número de vasos que saem dele. Esse mecanismo simples e inteligente desacelera a passagem da linfa, dando tempo às células do sistema imunitário para fazerem o seu serviço.

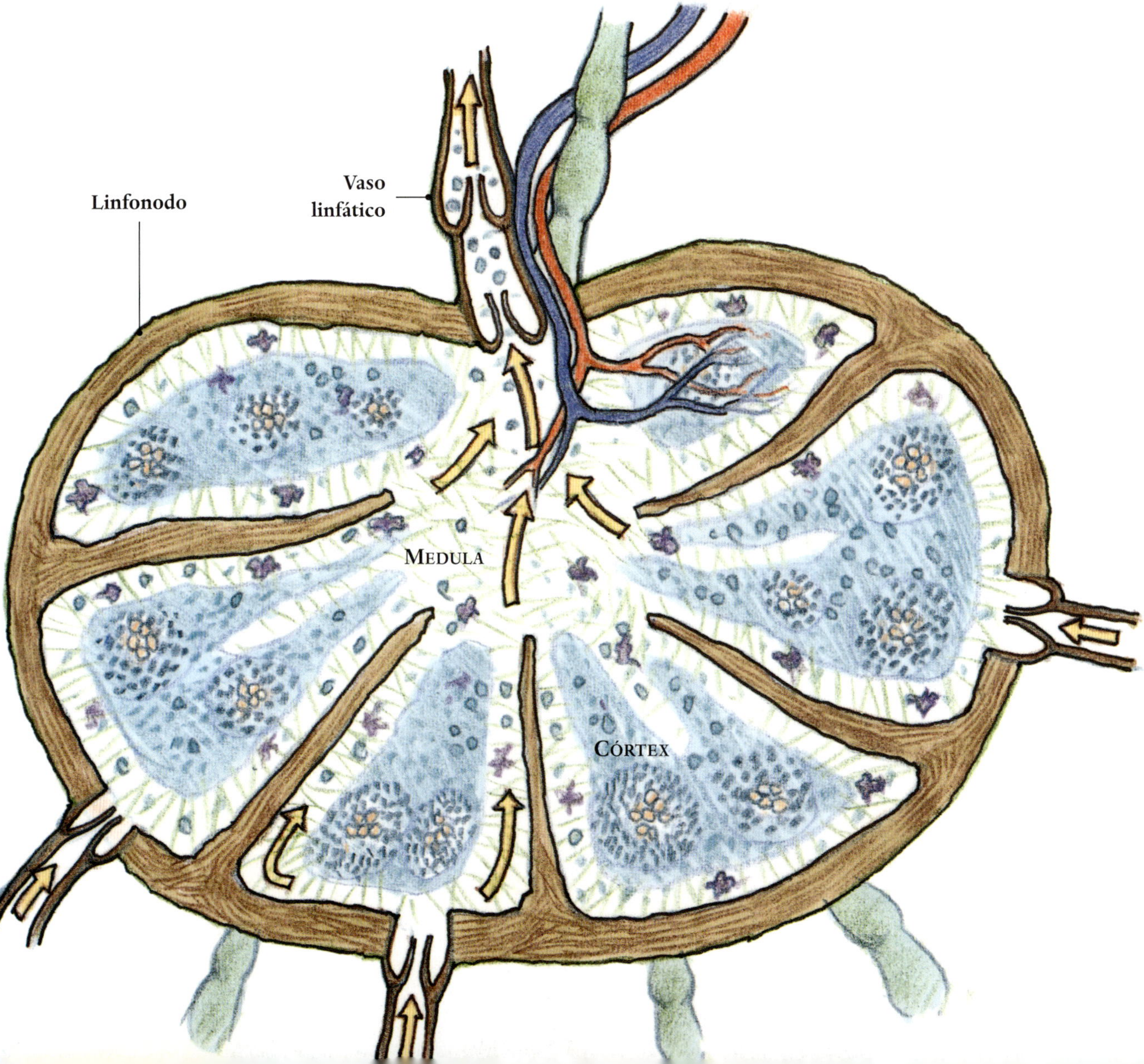

LINFÓCITO
MACRÓFAGO

O ATAQUE DOS ANTICORPOS

Quando bactérias invasoras entram em um linfonodo, ou no baço, nas tonsilas (amídalas) ou em outro tecido linfático, elas encontram linfócitos B. Se os receptores na superfície das células B corresponderem aos antígenos na superfície da bactéria, o receptor e o antígeno se ligam como chave e fechadura. Então, o linfócito B engolfa a bactéria ligada, quebra-a em pedaços menores e exibe os antígenos bacterianos na própria superfície. Mas o linfócito B ainda não está pronto para a ação.

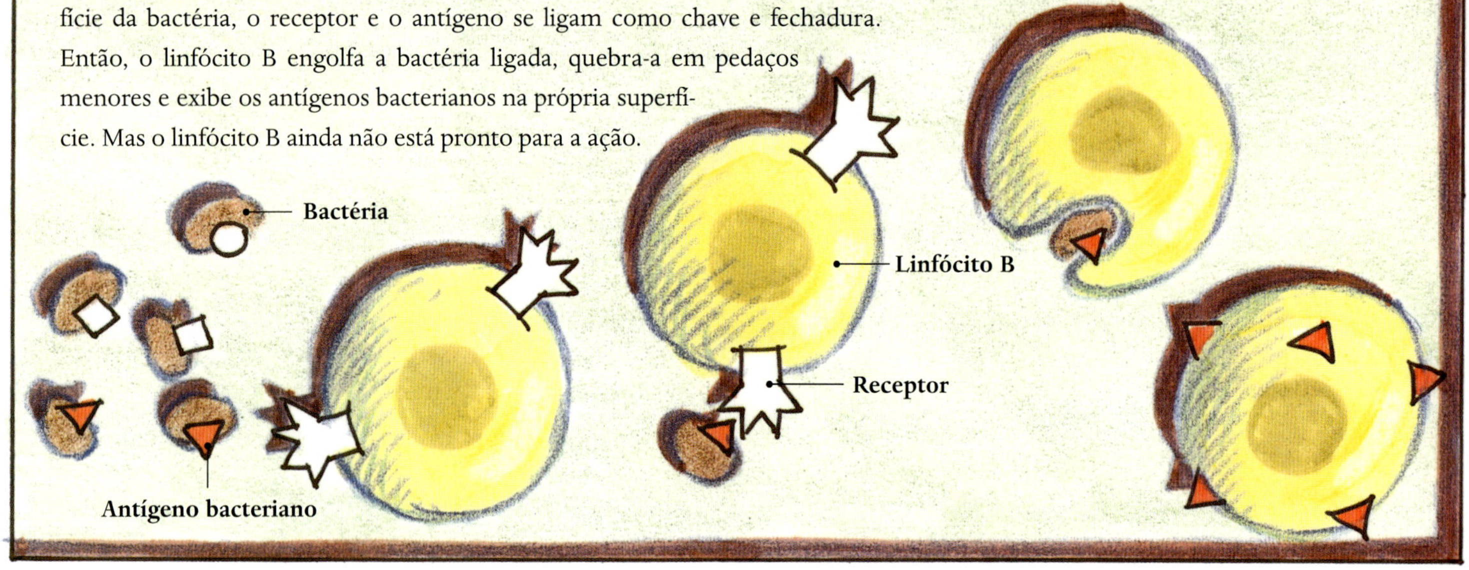

Enquanto isso, na pele, uma célula dendrítica capturou e engolfou uma bactéria do mesmo tipo e ela também exibe os antígenos do invasor em sua superfície. Ao entrar em um linfonodo, essa célula apresenta os antígenos a um linfócito T "helper" (ou linfócito T auxiliar), que é um tipo de linfócito que ajuda a coordenar toda resposta imune. Uma vez ativado pelo encontro, o linfócito T "helper" se clona imediatamente.

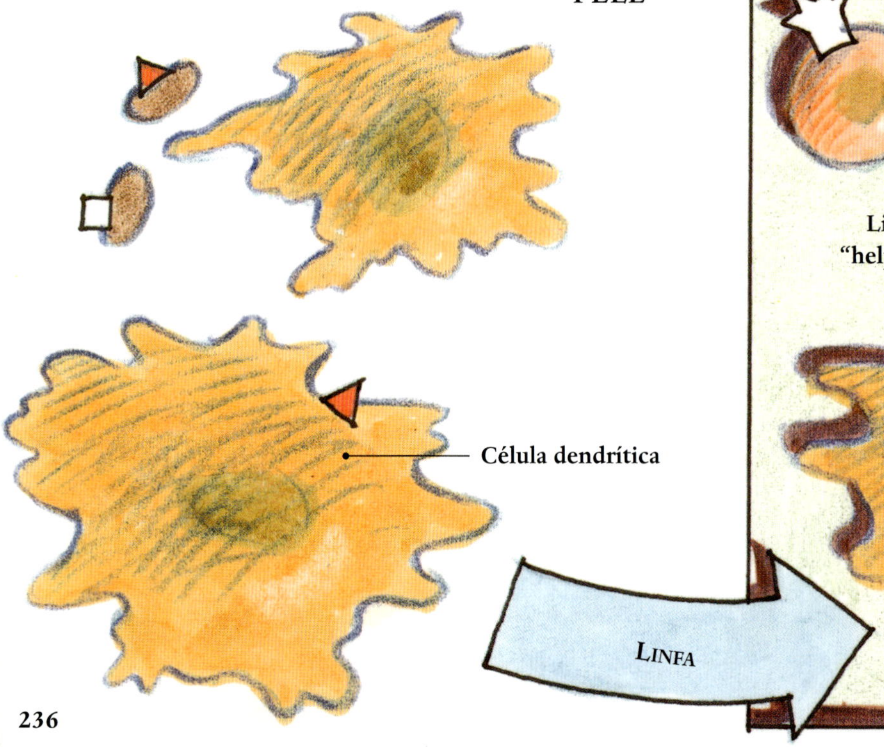

Então, o linfócito T "helper" ativado se liga a um dos linfócitos B ativados originalmente pelo mesmo antígeno, estimulando-o. Incitado a agir, o linfócito B passa a se dividir rapidamente, produzindo grandes células plasmáticas das quais cada uma passa a produzir duas mil moléculas de anticorpos por segundo. Em um ataque em massa, esses anticorpos são levados para fora do linfonodo tanto pelo sangue quanto pela linfa e se ligam às respectivas bactérias, marcando-as para serem destruídas por macrófagos comedores de micróbios.

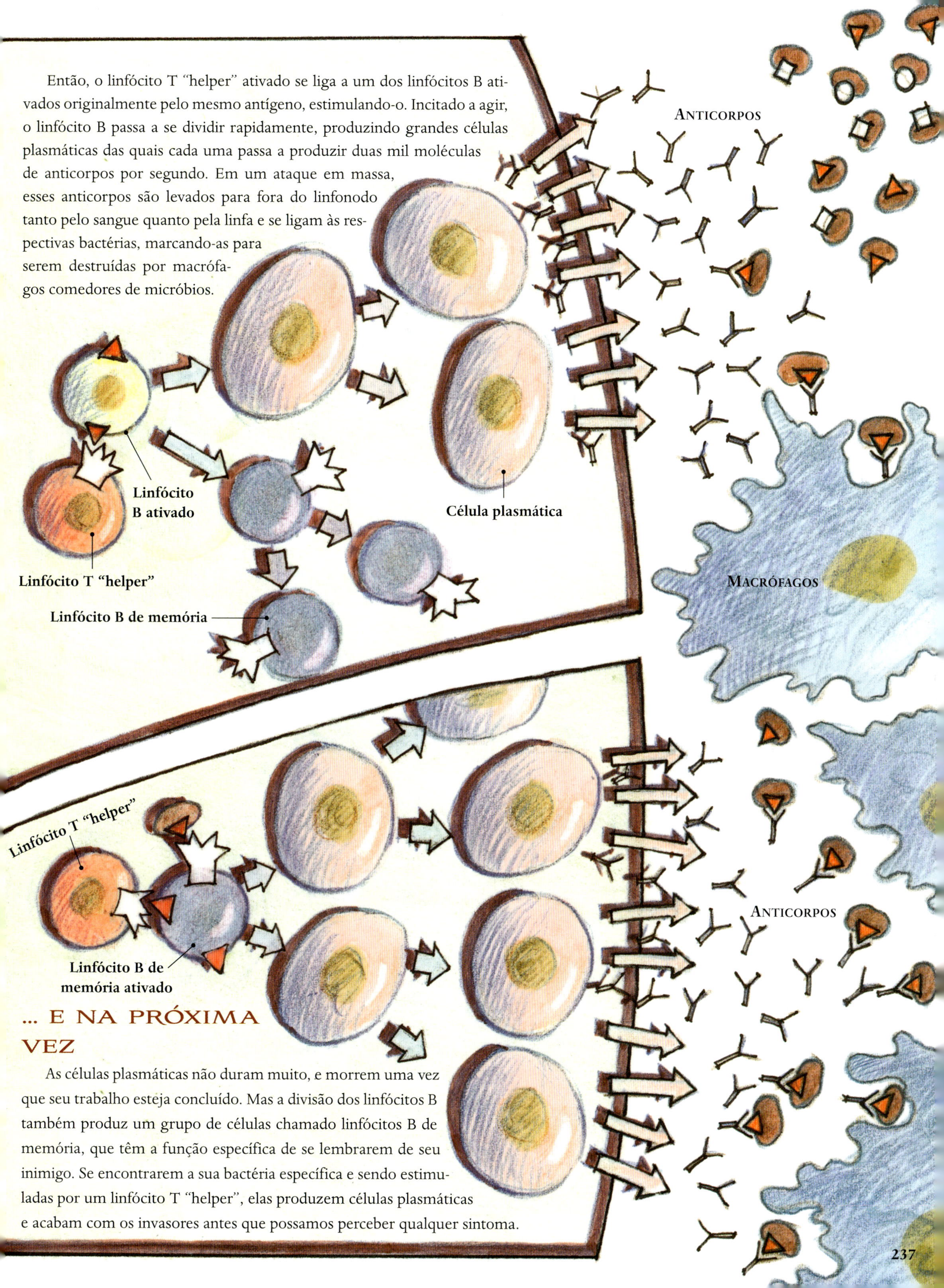

... E NA PRÓXIMA VEZ

As células plasmáticas não duram muito, e morrem uma vez que seu trabalho esteja concluído. Mas a divisão dos linfócitos B também produz um grupo de células chamado linfócitos B de memória, que têm a função específica de se lembrarem de seu inimigo. Se encontrarem a sua bactéria específica e sendo estimuladas por um linfócito T "helper", elas produzem células plasmáticas e acabam com os invasores antes que possamos perceber qualquer sintoma.

ALERTA DE GRIPE

Pense em um espirro traiçoeiro. Uma coceirinha dentro do nariz dispara um reflexo repentino de expulsão do ar dos pulmões que expulsa a irritação para fora pelas narinas. Milhares de gotículas minúsculas (chamadas perdigotos) são imediatamente disparadas em nossa direção e algumas delas podem muito bem abrigar um pelotão de vírus da gripe (influenza).

Os vírus são diferentes das bactérias. Para começar, eles não são células e se parecem mais com pacotes químicos do que com organismos vivos. Eles não se alimentam, não respiram e não fazem excreção, além de não apresentarem mitocôndrias, ribossomos nem ATP. Mas, mesmo assim, são patógenos. Para se replicarem, os vírus precisam não apenas invadir uma célula viva, mas também assumir o controle das funções internas desta, um processo que geralmente termina com a destruição da célula hospedeira. Isso, junto com os efeitos da resposta do sistema imunitário, produz os sintomas da doença, seja esta a gripe, o resfriado, o sarampo, a caxumba ou qualquer uma das infecções virais que atacam os humanos.

Embora as formas dos vírus variem, eles têm a mesma estrutura básica. O vírus da gripe mostrado aqui é cerca de cem vezes menor que uma hemácia. No seu centro fica o material genético, neste caso oito fitas de RNA que carregam os dez genes necessários para construir um vírus novo. Alguns vírus usam DNA em vez de RNA. Ao redor da parte central há uma cobertura protetora, feita de proteína, chamada capsídeo. Os vírus da gripe, assim como muitos outros tipos de vírus, também são envolvidos por um envelope membranoso "roubado" da célula hospedeira e que ajuda a invadir outras células e a evitar que o vírus seja detectado. Dois tipos de proteínas de superfície, chamados H e N, se projetam pela membrana externa (como cravos espetados em uma laranja) e agem como antígenos. Há várias versões tanto da proteína H como da proteína N, e elas são usadas para identificar os tipos particulares de gripe, como a H5N1 (ou gripe aviária), que é uma forma de gripe de aves que pode infectar os humanos.

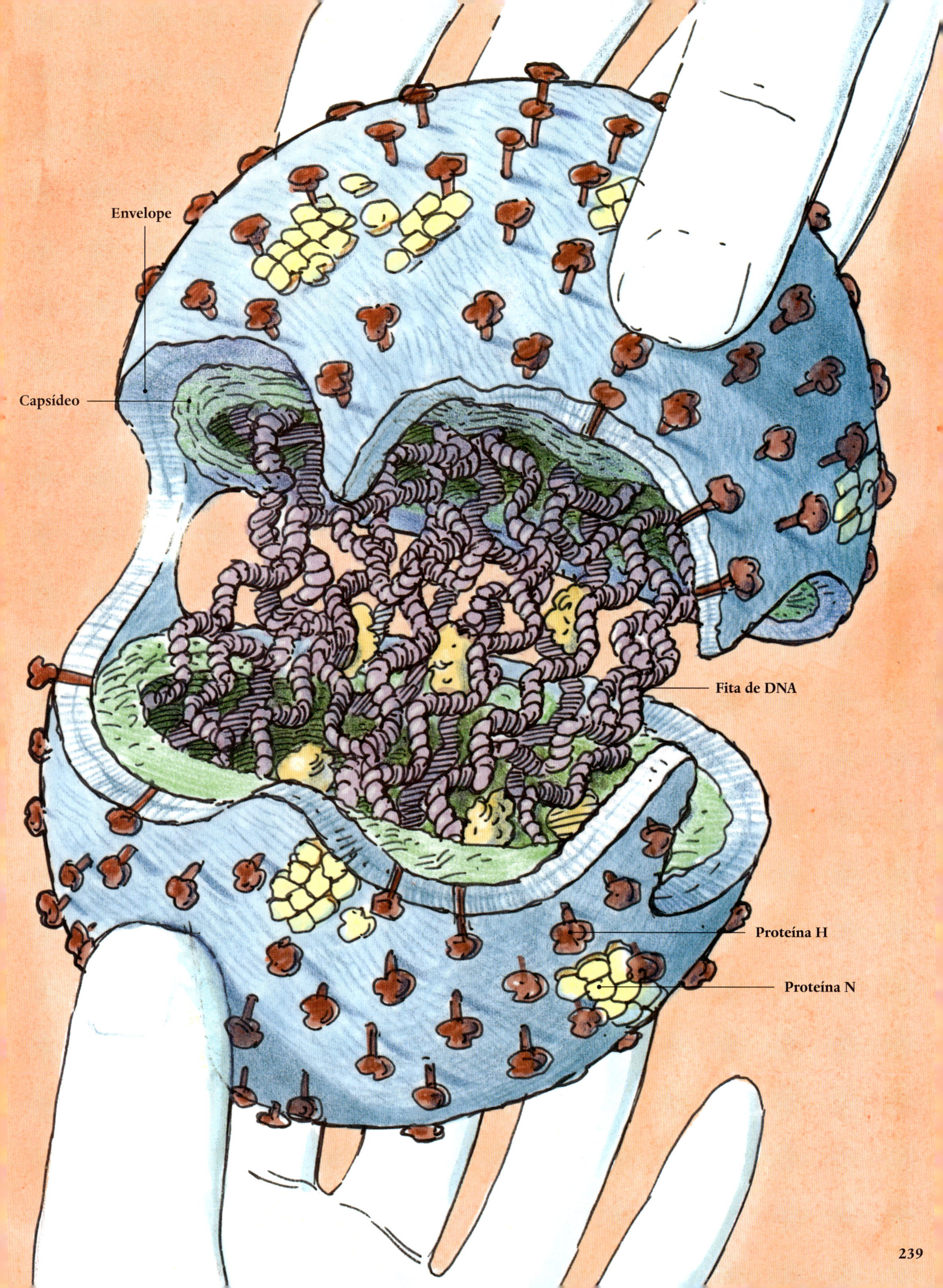
Envelope
Capsídeo
Fita de DNA
Proteína H
Proteína N

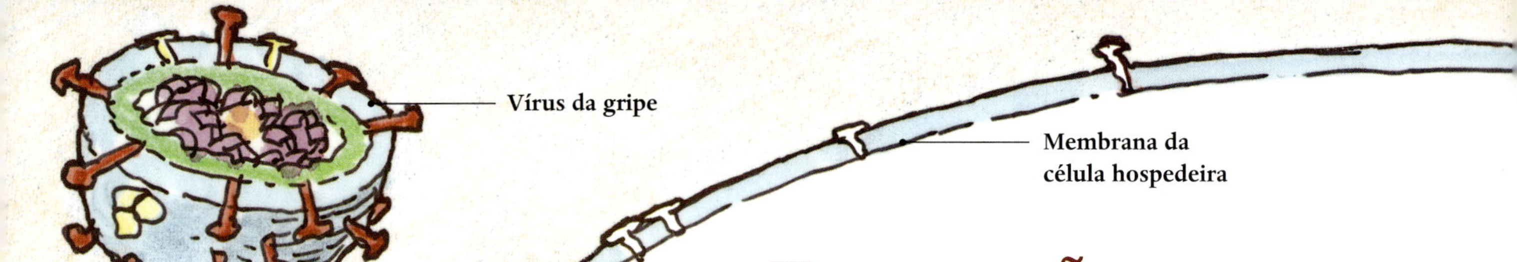

Explosão populacional

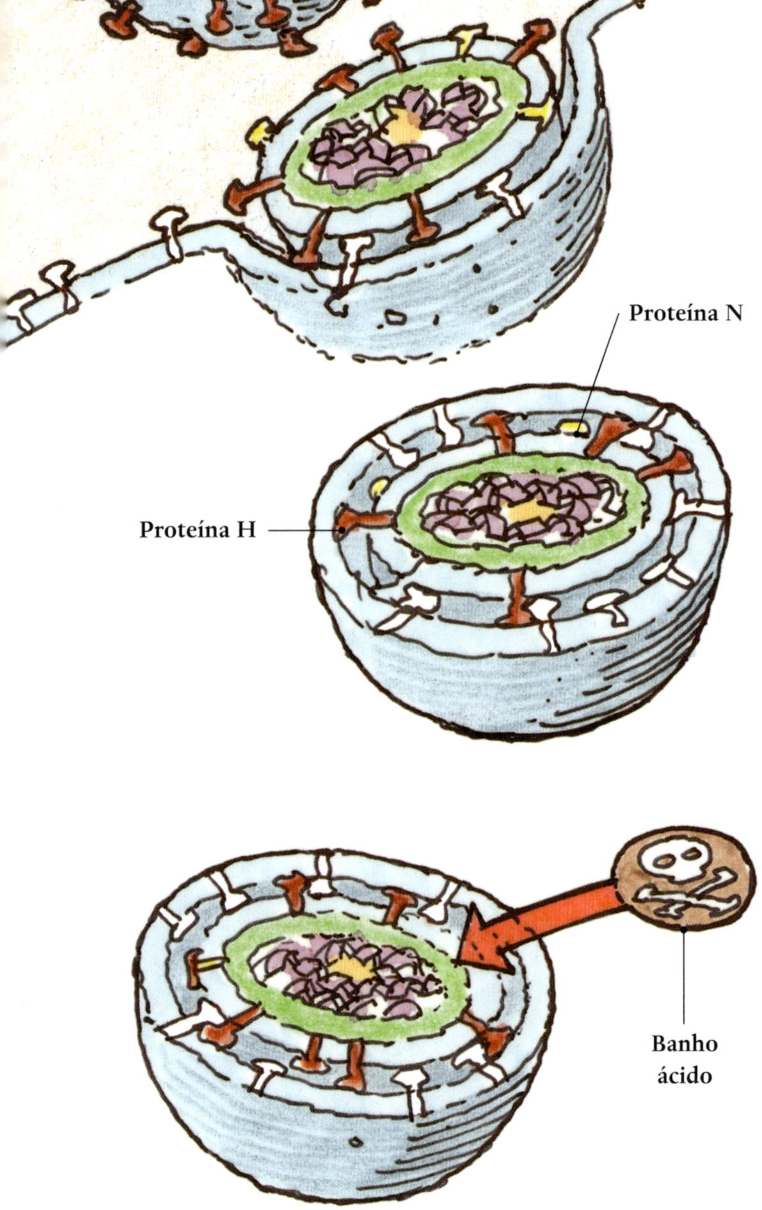

Se tivermos a má sorte de inspirar um vírus da gripe, ele provavelmente vai se fixar no revestimento do nosso nariz, da nossa garganta ou da traqueia, onde sua proteína H vai se ligar à membrana de uma célula. Fazendo o que é natural, a célula vai incluir o vírus em um vacúolo e tratá-lo com um banho ácido. Em vez de ser destruído, contudo, o vírus (que não é bobo) vai despejar seu conteúdo de RNA e proteínas no citoplasma da célula hospedeira.

Agora, as fitas de RNA do vírus estão livres para entrar no núcleo, junto com as enzimas copiadoras de RNA do próprio vírus. Usando os nucleotídeos da célula hospedeira como matéria-prima, as fitas de RNA e as enzimas do vírus começam a trabalhar, produzindo muitas cópias do RNA mensageiro dos dez genes virais. Essas fitas de RNA mensageiro migram então para o citoplasma, onde usam os ribossomos do hospedeiro para produzir milhares de cópias das proteínas virais.

As novas proteínas H e N se dirigem para a membrana celular, na qual se incluem. As outras proteínas vão para o núcleo, onde muitas cópias das fitas de RNA viral estão sendo produzidas. As novas proteínas do capsídeo montam pacotes, que vão conter um conjunto de oito fitas de RNA viral recém-produzidas.

Os capsídeos carregados viajam, então, do núcleo até a superfície da célula, onde cada um é cercado por um pedaço da membrana da célula hospedeira contendo as proteínas H e N de superfície. Ao final, as proteínas N "cortam" a membrana, liberando o vírus para buscar um novo hospedeiro. Essa sequência é repetida milhares de vezes, perfurando a membrana da célula hospedeira e finalmente destruindo-a.

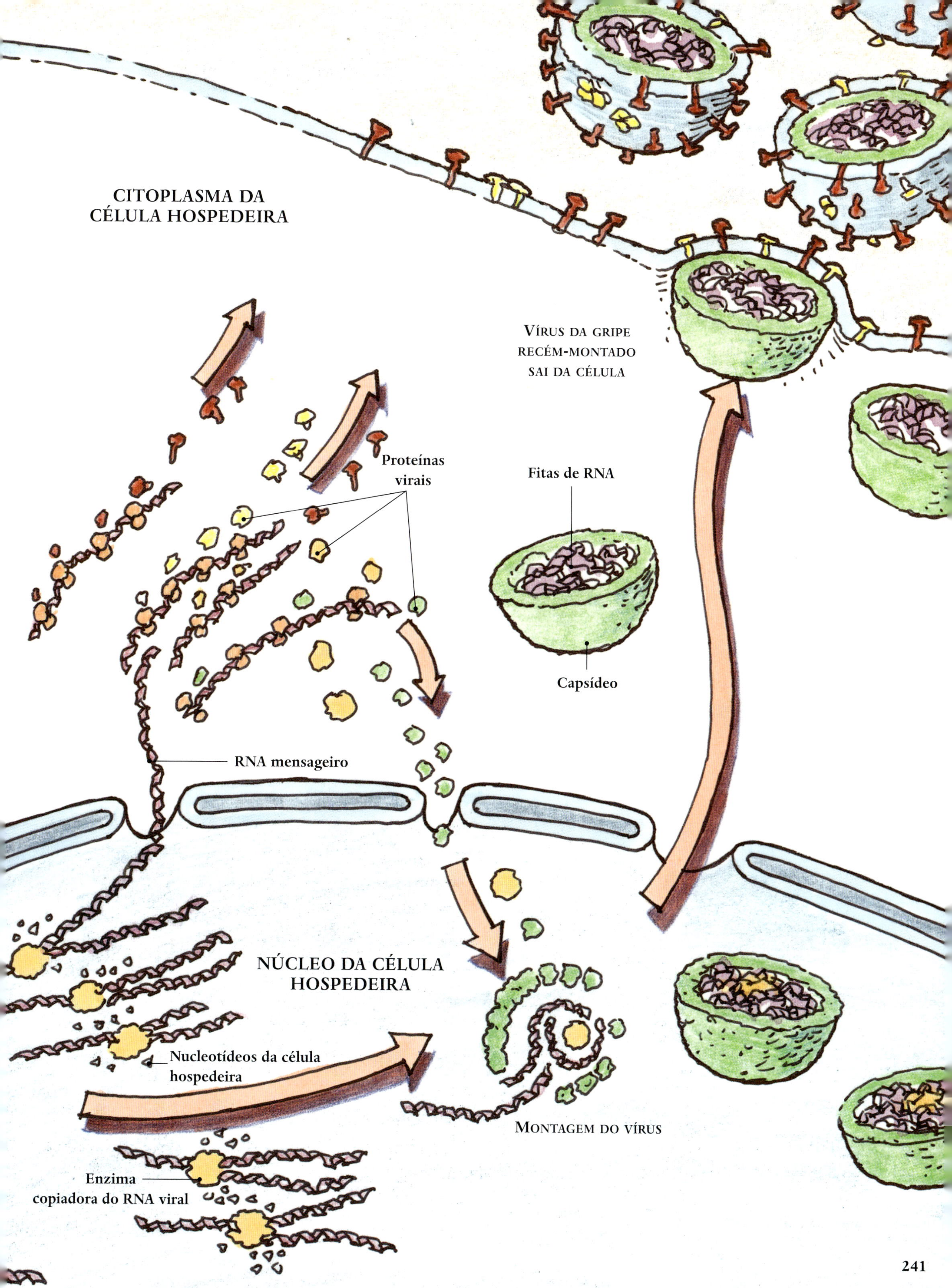
CITOPLASMA DA
CÉLULA HOSPEDEIRA
VÍRUS DA GRIPE
RECÉM-MONTADO
SAI DA CÉLULA
Proteínas
virais
Fitas de RNA
Capsídeo
RNA mensageiro
NÚCLEO DA CÉLULA
HOSPEDEIRA
Nucleotídeos da célula
hospedeira
MONTAGEM DO VÍRUS
Enzima
copiadora do RNA viral

CÉLULAS ASSASSINAS

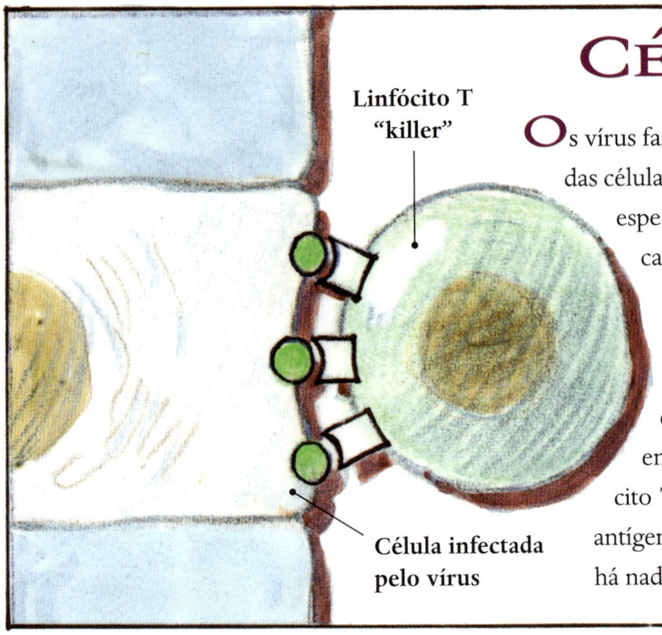

Os vírus fazem cópias múltiplas deles mesmos enquanto estão escondidos no interior das células, onde os anticorpos não podem vê-los. É necessária a "força de operações especiais" dos linfócitos T chamados linfócitos T "killer" ["assassinas"] para buscar e destruir células infectadas do corpo e desativar suas fábricas de vírus.

Sempre em busca de fontes de problemas, os linfócitos T "killer" e os linfócitos T "helper" passam todo o tempo viajando pelo sangue e pela linfa do corpo, infiltrando-se em tecidos onde há sinais de infecção. Se uma célula do corpo estiver infectada por vírus, ela exibirá alguns dos antígenos virais em sua membrana. Isso identifica a célula como anormal para qualquer linfócito T "killer" que estiver passando e tenha receptores correspondentes a esses antígenos virais. Embora um linfócito T "killer" se ligue a uma célula infectada, não há nada mais que ele possa fazer até receber um sinal de uma célula T "helper".

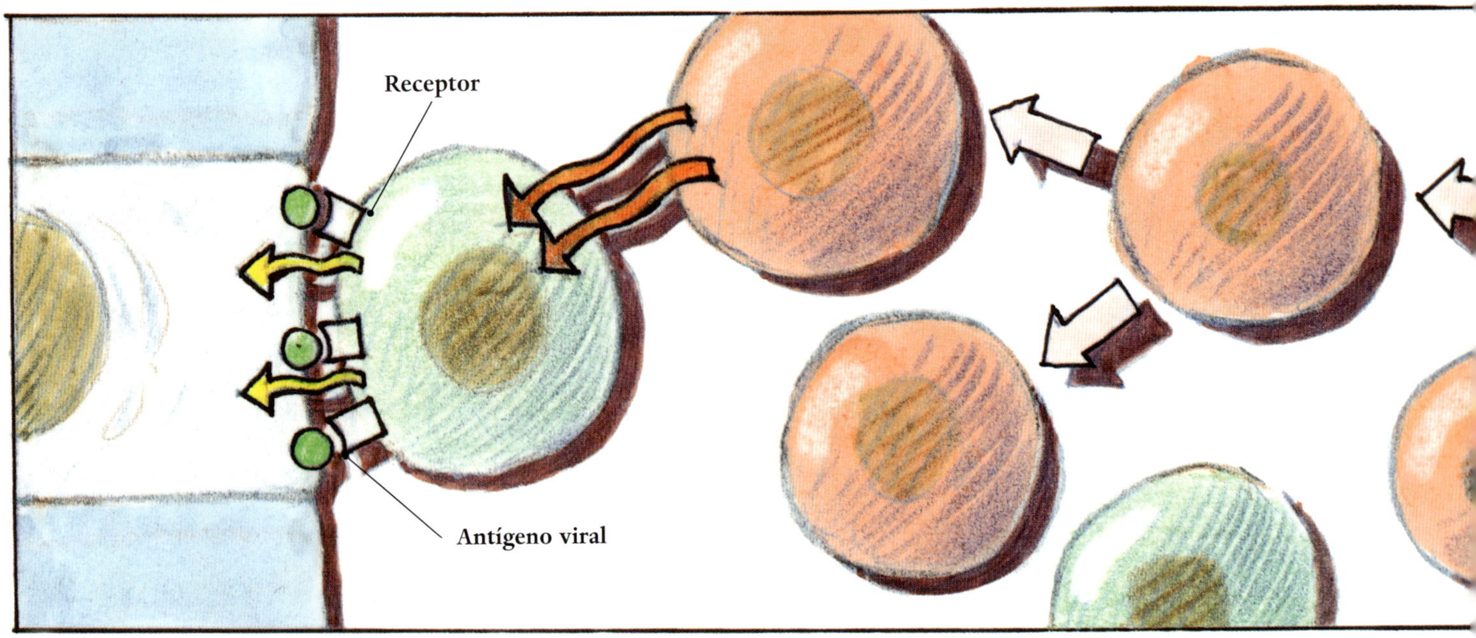

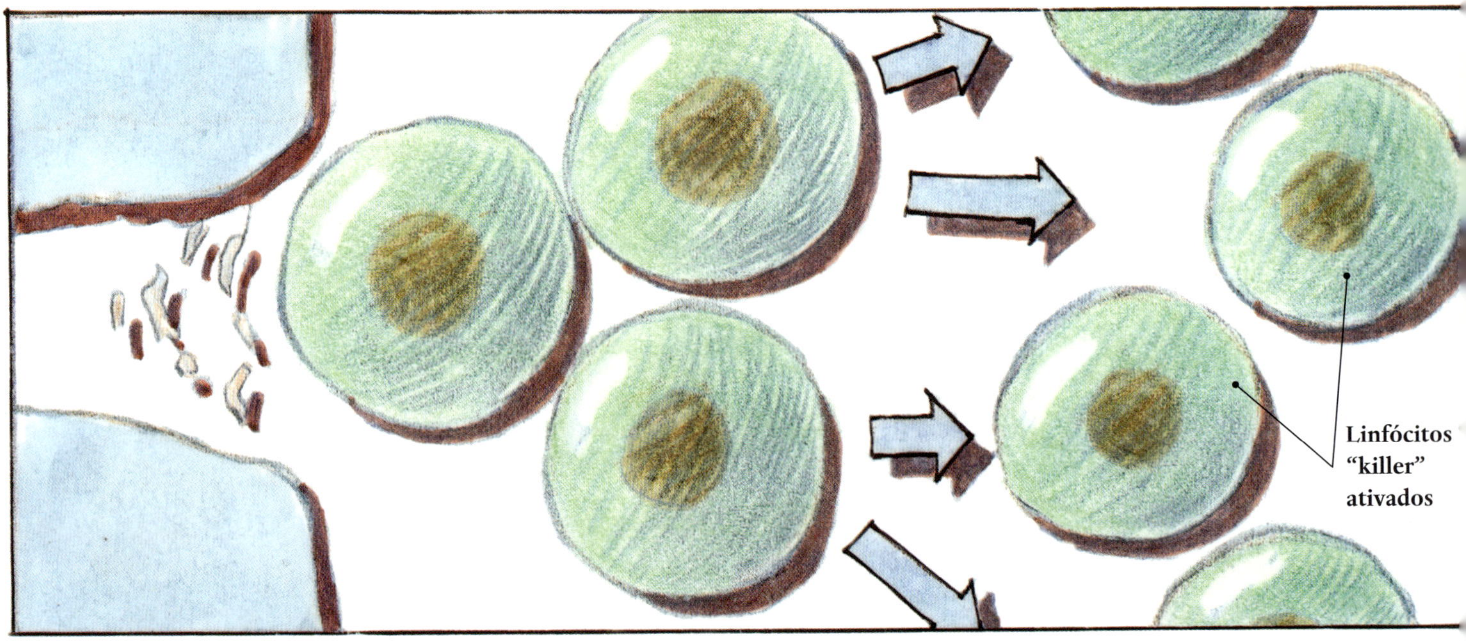

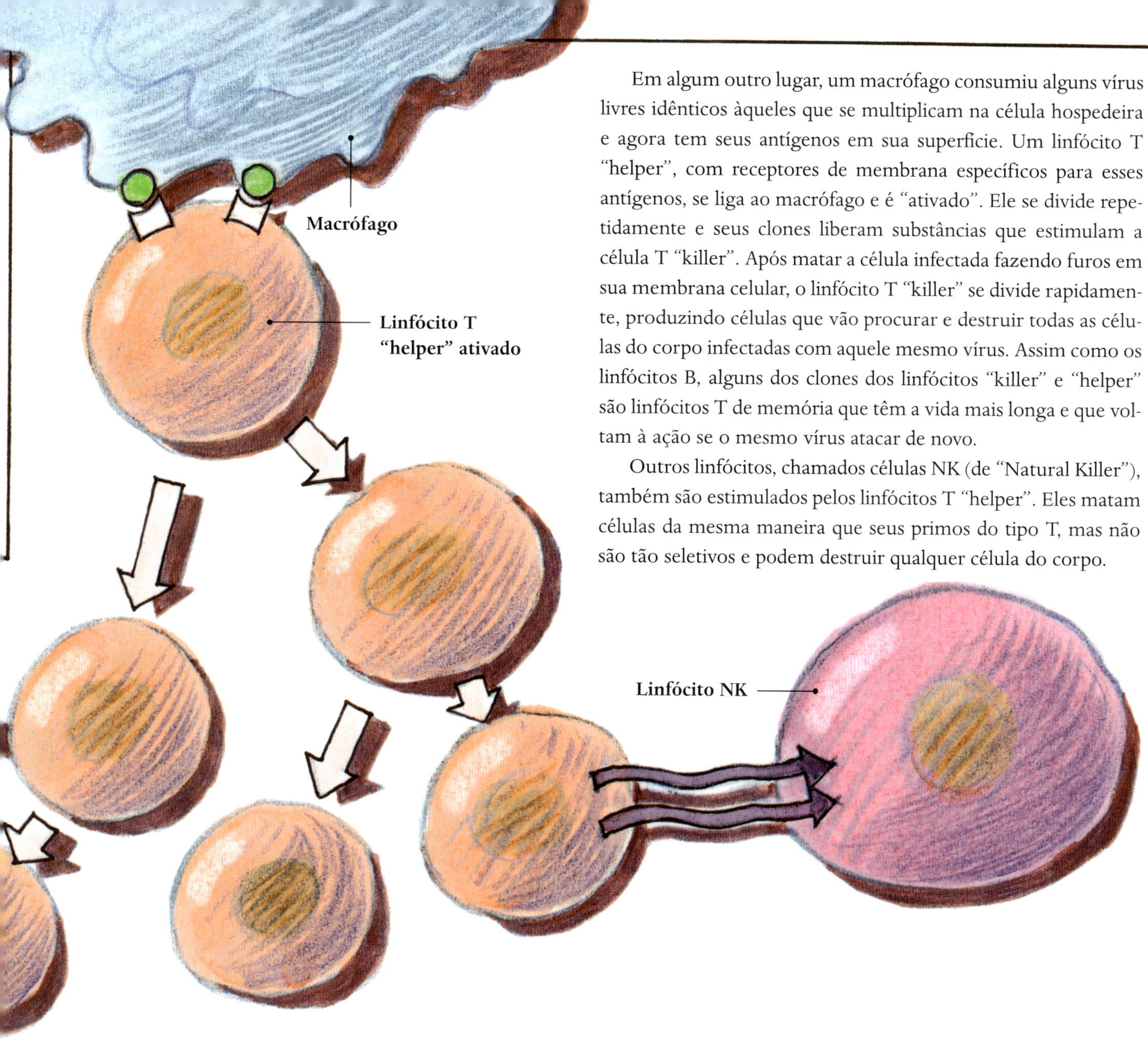

Em algum outro lugar, um macrófago consumiu alguns vírus livres idênticos àqueles que se multiplicam na célula hospedeira e agora tem seus antígenos em sua superfície. Um linfócito T "helper", com receptores de membrana específicos para esses antígenos, se liga ao macrófago e é "ativado". Ele se divide repetidamente e seus clones liberam substâncias que estimulam a célula T "killer". Após matar a célula infectada fazendo furos em sua membrana celular, o linfócito T "killer" se divide rapidamente, produzindo células que vão procurar e destruir todas as células do corpo infectadas com aquele mesmo vírus. Assim como os linfócitos B, alguns dos clones dos linfócitos "killer" e "helper" são linfócitos T de memória que têm a vida mais longa e que voltam à ação se o mesmo vírus atacar de novo.

Outros linfócitos, chamados células NK (de "Natural Killer"), também são estimulados pelos linfócitos T "helper". Eles matam células da mesma maneira que seus primos do tipo T, mas não são tão seletivos e podem destruir qualquer célula do corpo.

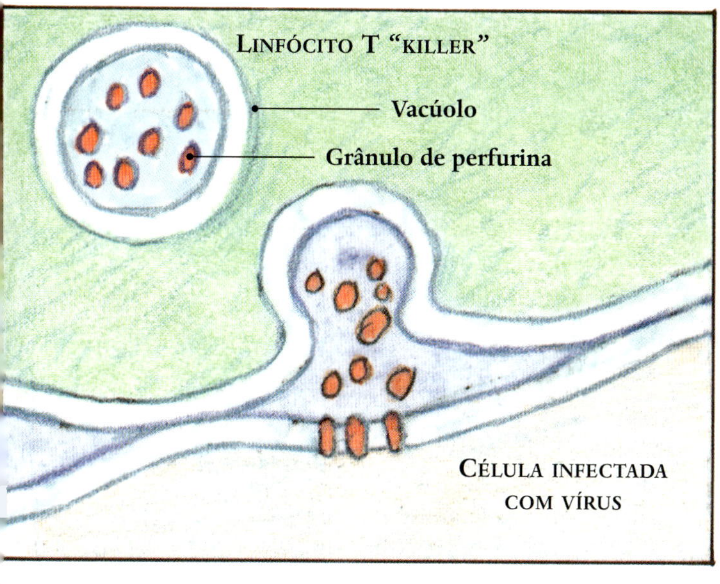

Armas químicas

Uma vez que um linfócito T "killer" esteja ligado à sua presa, vacúolos contendo grânulos de uma substância chamada perfurina se fundem com a membrana do linfócito, liberando seu conteúdo no espaço entre as duas células. Enquanto o linfócito T se solta da célula, para buscar outras células infectadas, a perfurina abre canais na membrana da célula infectada, o que permite que a água invada a célula, fazendo com que a célula inche, se rompa e morra.

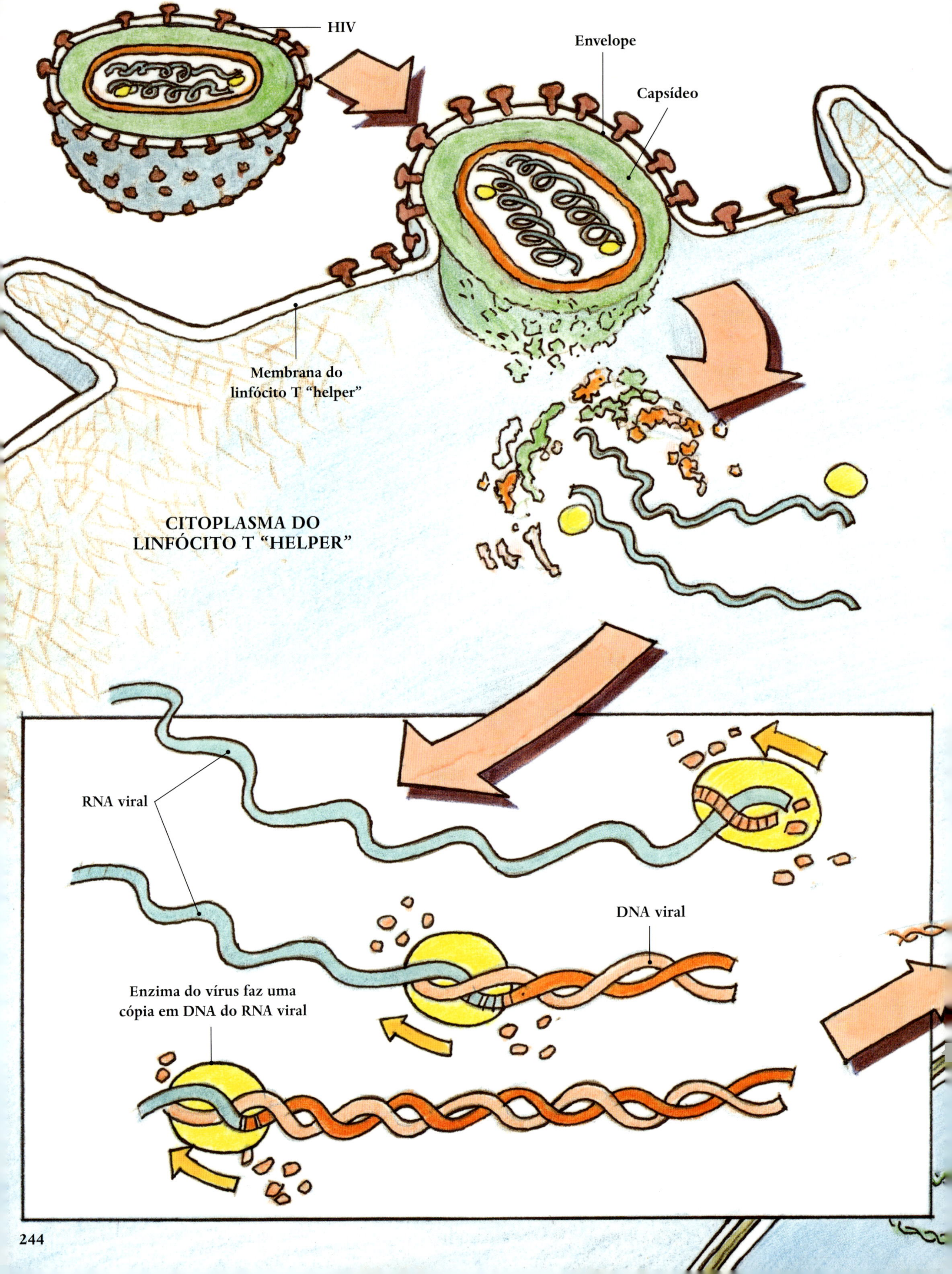
HIV
Envelope
Capsídeo
Membrana do
linfócito T "helper"
CITOPLASMA DO
LINFÓCITO T "HELPER"
RNA viral
DNA viral
Enzima do vírus faz uma
cópia em DNA do RNA viral

Defesas enfraquecidas

Como ativadores de linfócitos B e linfócitos T "killer", os linfócitos T "helper" fazem a manutenção do sistema imunitário. Infelizmente, eles não são invencíveis. Seu principal inimigo é o vírus da síndrome de imunodeficiência humana (mais conhecido como HIV). Uma vez tendo chegado ao corpo através de contato com sangue, sêmen, fluidos vaginais ou leite materno, o HIV se liga a um linfócito T "helper", se funde com sua membrana celular e libera seu RNA e suas proteínas no citoplasma da célula hospedeira.

No citoplasma, o RNA é convertido rapidamente em DNA de fita dupla, que migra para o núcleo e se funde ao DNA do próprio linfócito T "helper". Os genes no DNA "implantado" são copiados como fitas de RNA mensageiro, que voltam para o citoplasma para serem traduzidas em proteínas virais. O DNA implantado é então usado como molde para fazer várias cópias do RNA do vírus. Esse RNA é empacotado, junto com as proteínas produzidas, em milhares de vírus novos. Conforme eles deixam a célula para infectar outros linfócitos T "helper", os vírus novos destroem sua célula hospedeira.

A resposta inicial do corpo à infecção pelo HIV é elevar a produção de linfócitos T "helper". Mas, após anos de ataques, os linfócitos T "helper" acabam morrendo mais rápido do que é possível produzi-los. Quando seus números caem abaixo de um determinado nível, o sistema imunitário não consegue mais se defender de ataques e a pessoa é vítima de uma série de infecções, conhecida como Síndrome da Imunodeficiência Adquirida (SIDA, ou AIDS, na sigla em inglês), doença que acabará por matar a pessoa.

Embora não haja cura para a infecção pelo HIV, há drogas novas que agem sobre estágios diferentes da replicação do vírus, evitando que este alcance uma posição de vantagem e dando aos doentes a esperança de um sobrevida razoável.

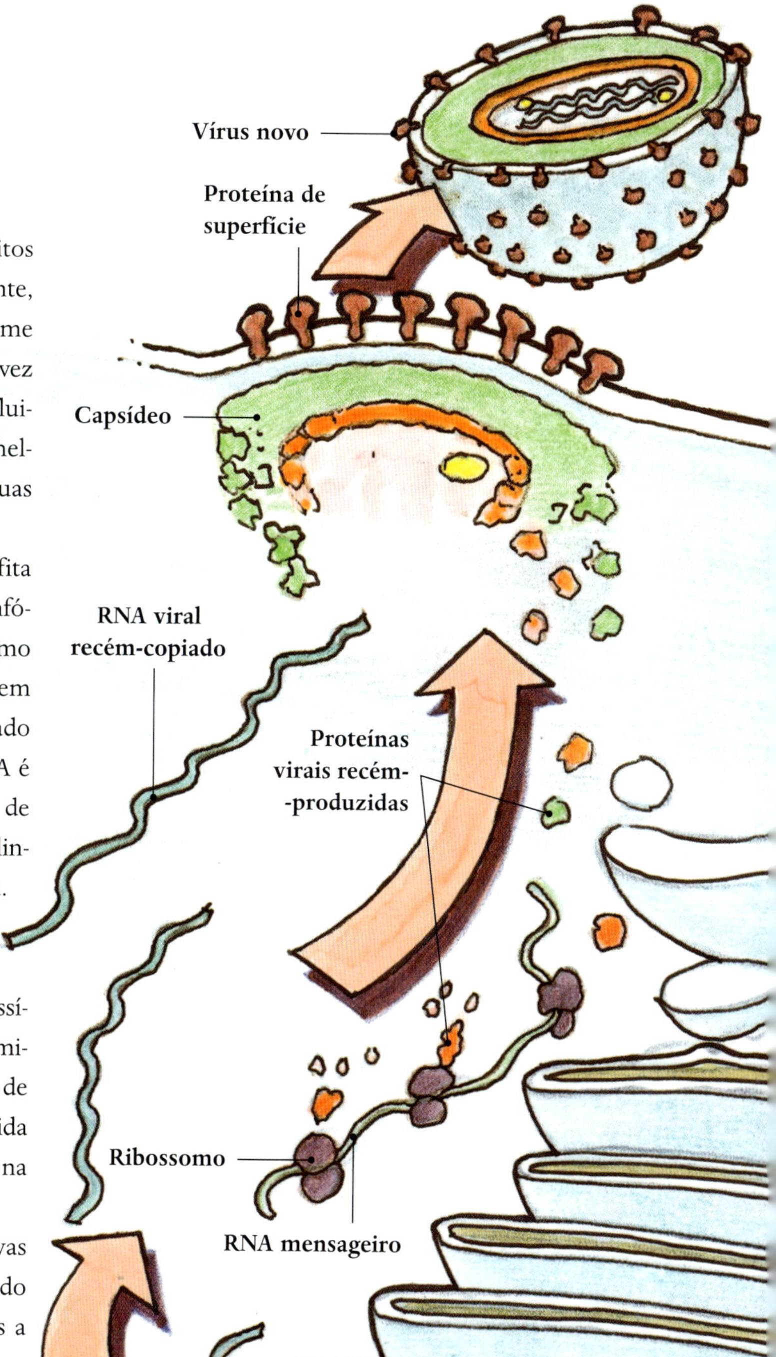
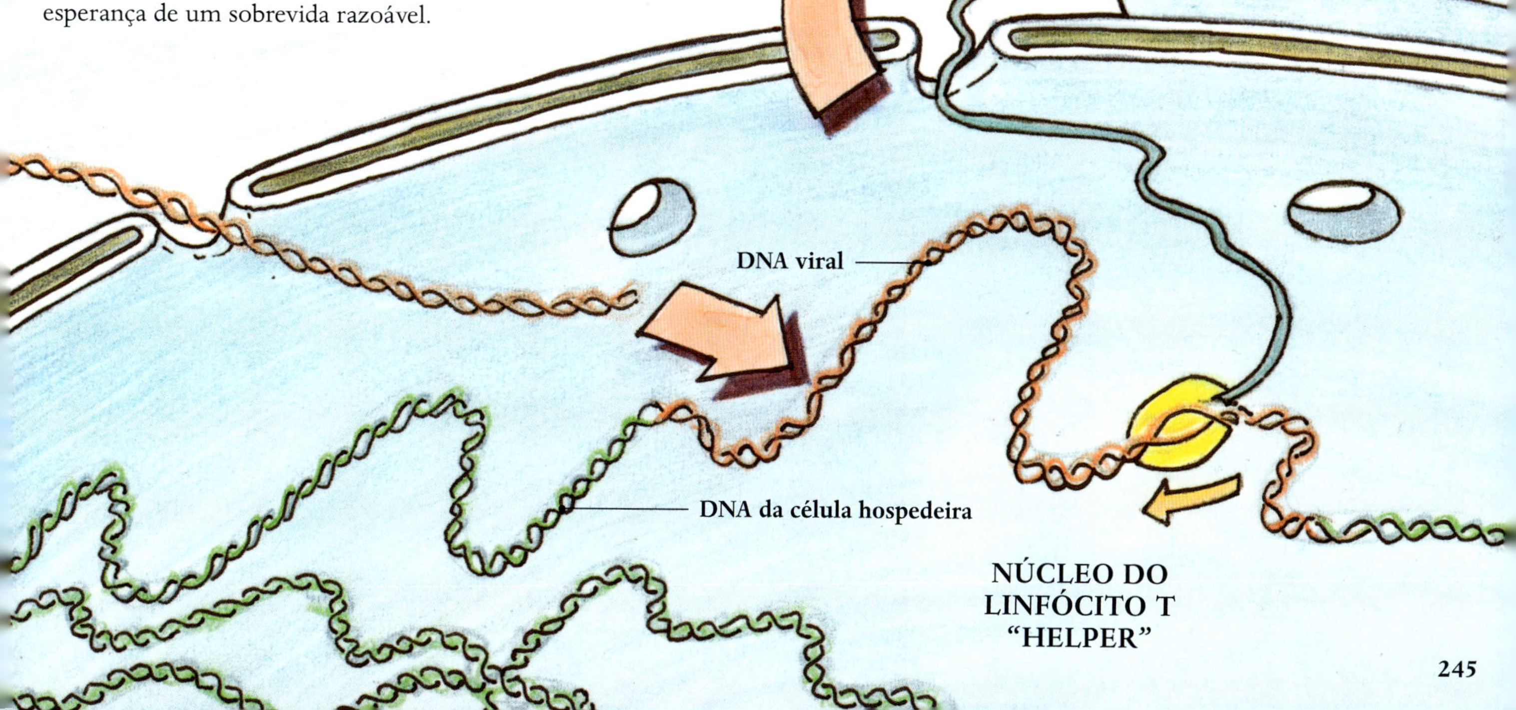

Raios danosos

Os patógenos não são a única ameaça ao nosso bem-estar. Entre as diversas ameaças ambientais está a radiação ultravioleta (UV) invisível da luz solar. Embora as células da epiderme possam nos proteger dos desgastes rotineiros, elas são quase transparentes. Os raios UV, ao penetrarem nessas células, têm o potencial de danificar o DNA dos núcleos de células mais profundas da pele. Naturalmente, o corpo toma algumas precauções para reduzir esse perigo.

Algumas células, chamadas melanócitos, com forma de aranha e localizadas na base da epiderme, produzem um pigmento escuro chamado melanina, que, com um toque róseo do sangue, dá cor à pele. O mais importante, contudo, é que a melanina absorve os raios UV (ultravioleta).

A melanina é feita em vesículas delimitadas por membrana que migram pelas "pernas" do melanócito. Uma vez liberada, a melanina é absorvida pelas células da epiderme ao redor e se acumula na parte superior dessas células. Isso cria um "guarda-sol" que impede que os raios UV atinjam o núcleo abaixo. Quando as células da epiderme se achatam e se movem em direção à superfície da pele, elas levam a melanina com elas.

Quanto mais nos expomos aos raios UV, mais os melanócitos precisam trabalhar para nos proteger. O número de melanócitos não aumenta, apenas a quantidade de melanina – e a profundidade do bronzeado – que eles produzem. Mas, enquanto o bronzeado tem vida curta, a superexposição ao sol pode trazer um suvenir mais duradouro das férias – danos ao DNA com prováveis sérias consequências.

Veranista

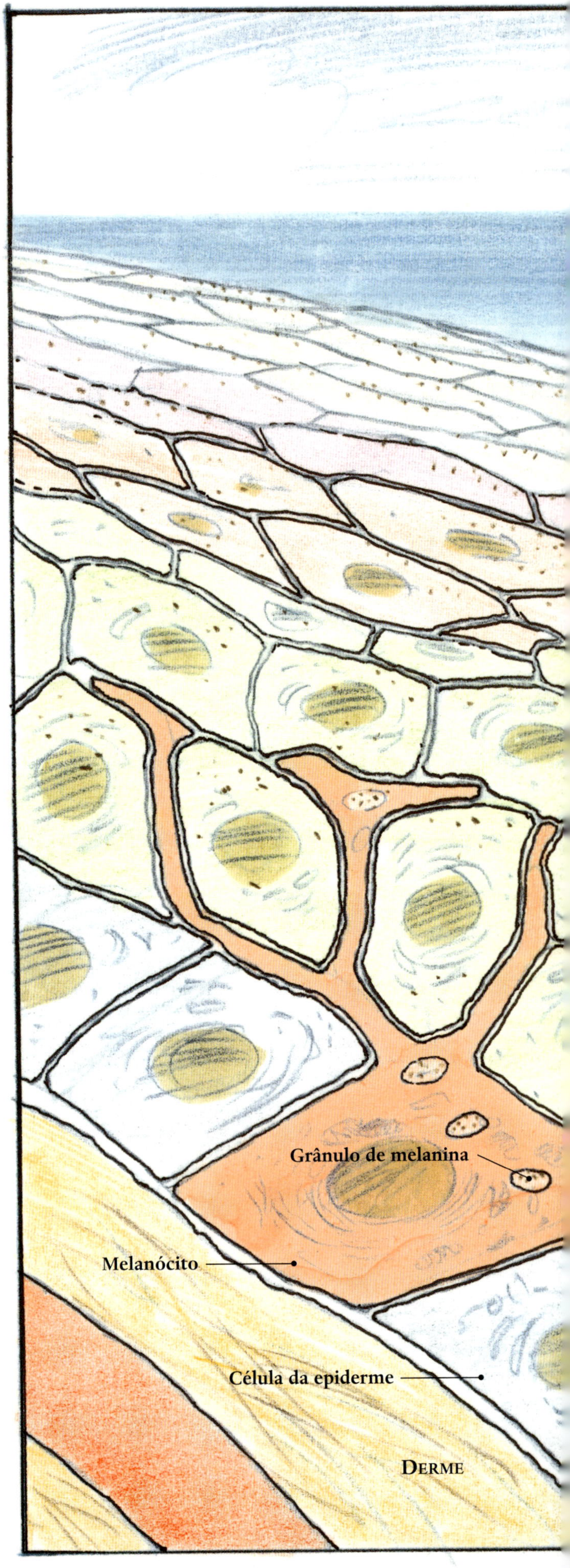

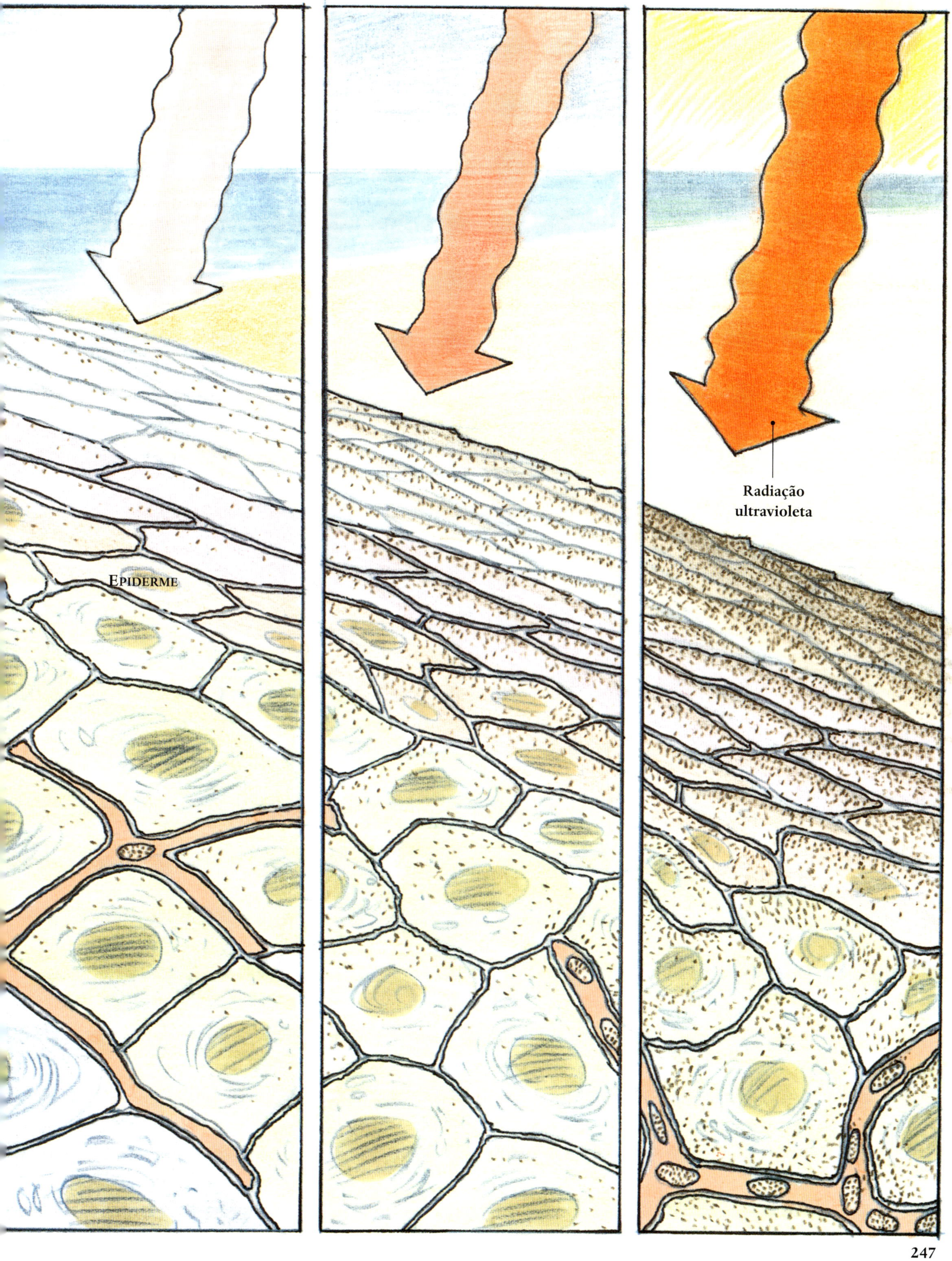
EPIDERME
Radiação
ultravioleta

Inimigo na trincheira

Vinte por cento dos seres humanos morrem de câncer. Embora haja diversos tipos de câncer, uns mais sinistros que outros, todos se iniciam com a transformação de uma célula normal do corpo em uma célula com um desvio. Essa transformação é resultado de diversas mudanças no DNA da célula chamadas mutações. As mutações geralmente se acumulam com o tempo, ocorrendo devido a uma série de fatores que podem incluir a luz do sol, alguns vírus e substâncias cancerígenas. Como as células do câncer têm marcadores anormais em sua superfície, elas são geralmente identificadas como "estrangeiras" e destruídas por linfócitos T ou NK antes que possam causar problemas. Mas algumas conseguem evitar a atenção do sistema imunitário.

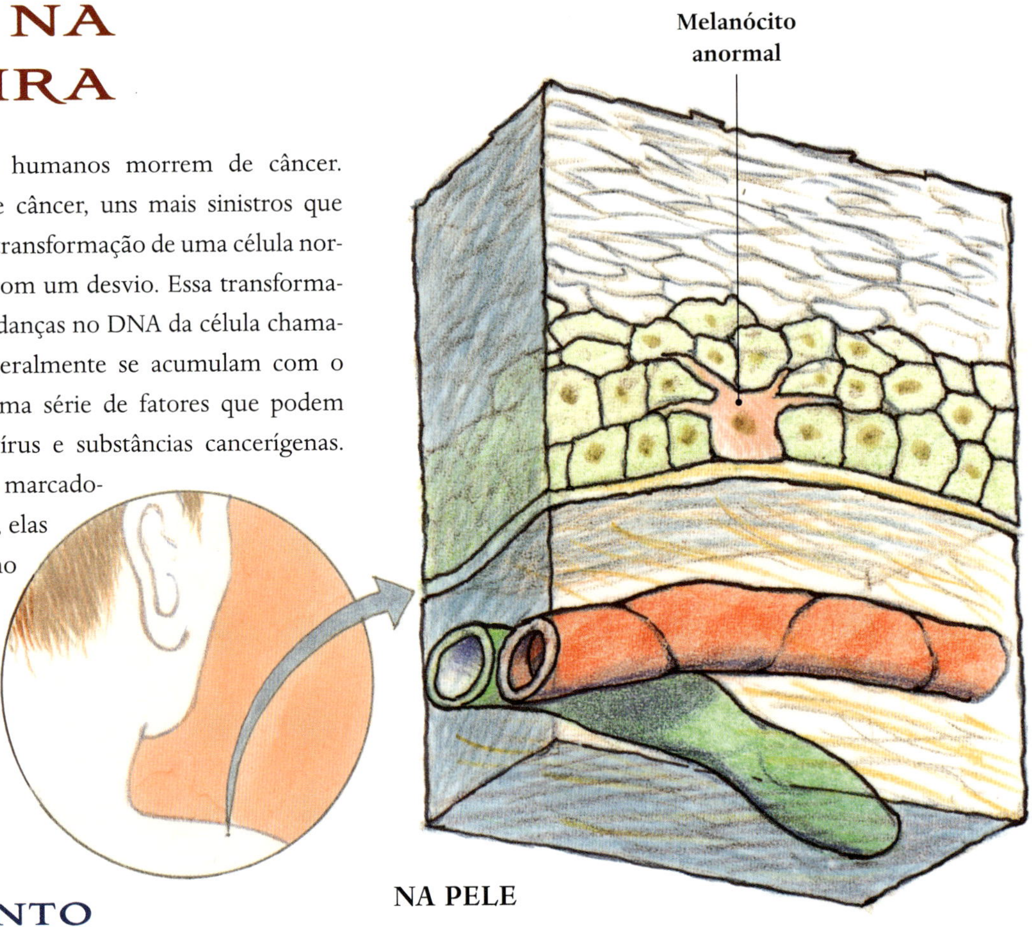

NA PELE

O crescimento do tumor

Seja resultado de exposição prolongada à luz do sol ou devido a mudanças espontâneas, um dos melanócitos mostrados aqui não está mais seguindo as regras. Os genes que controlavam sua divisão e seu crescimento sofreram mutações que o transformaram em versões em que é possível a multiplicação ilimitada. O resultado é o crescimento de um tumor maligno – neste caso, de um tipo chamado melanoma. À medida que esse tumor abre caminho para o interior da derme, algumas células malignas escapam e são levadas pelos vasos linfáticos ou pela corrente sanguínea. As que atingirem linfonodos se esconderão e se multiplicarão.

EM OUTROS LUGARES DO CORPO

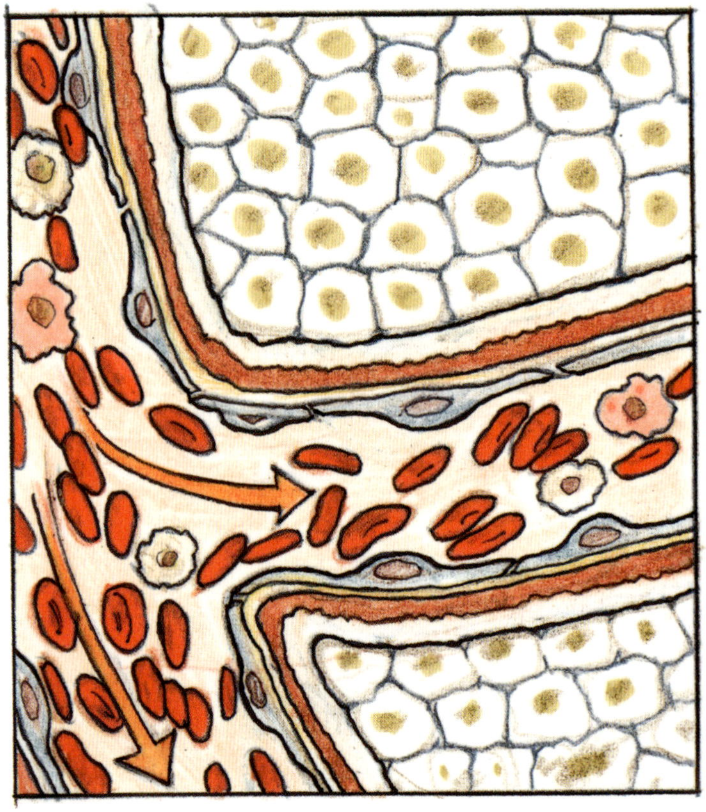

Locais novos

Essas e outras células originais que escaparam do tumor de pele são levadas pelo sangue a outros tecidos, onde as células do melanoma se espremem para sair pelas paredes dos capilares. Uma vez no tecido, elas se dividem rapidamente e constroem um tumor secundário. Antes que muito tempo se passe, esse intruso mortal está consumindo quantidades desproporcionais dos recursos do corpo.

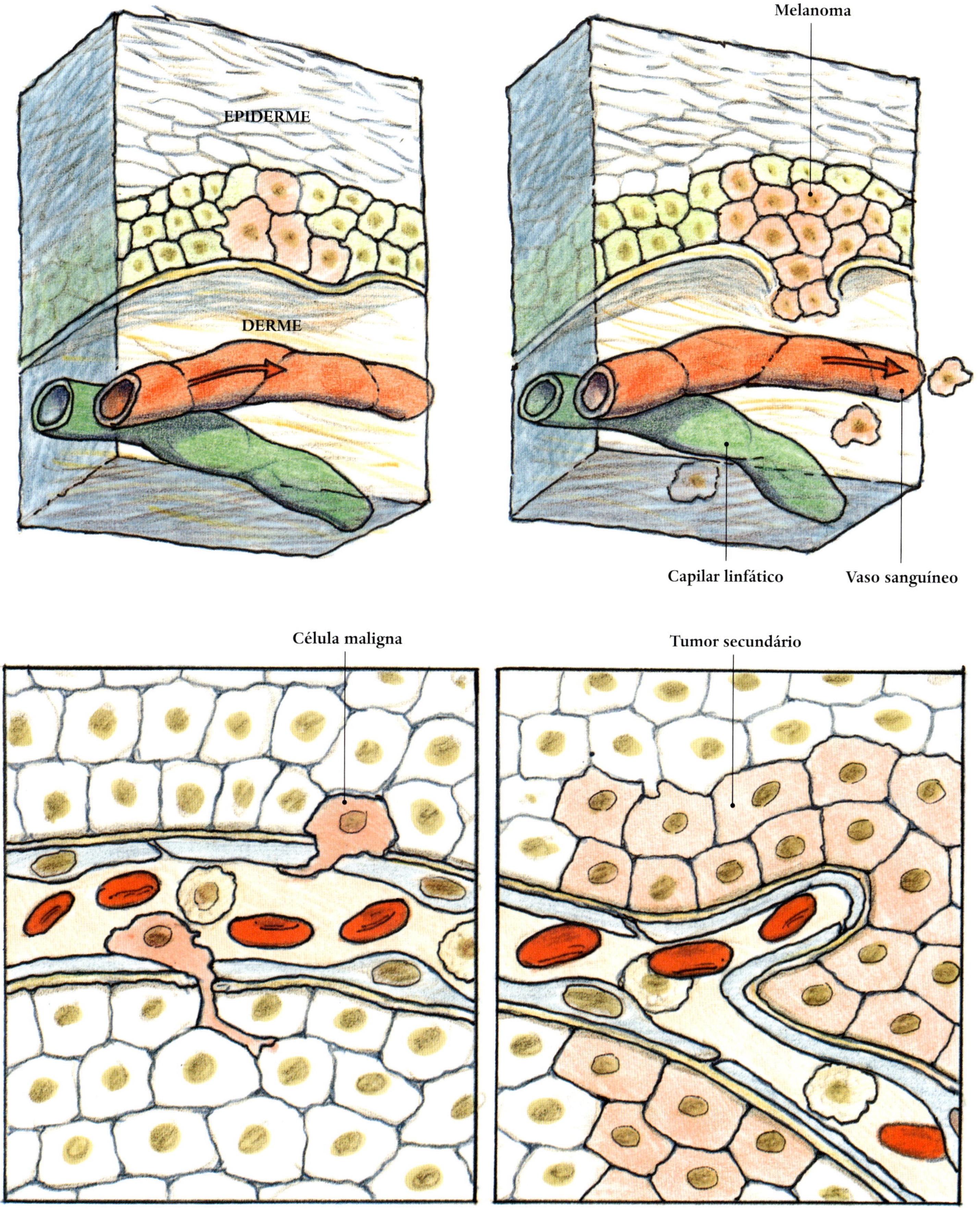
EPIDERME
DERME
Melanoma
Capilar linfático
Vaso sanguíneo
Célula maligna
Tumor secundário

Reação exagerada

O sistema imunitário é o nosso grande defensor, mas, às vezes, ele vai longe demais. Em algumas pessoas, pode lançar um ataque contra substâncias que são completamente inofensivas. Essa reação exagerada chama-se alergia e causa desconforto, além de ser potencialmente perigosa.

A asma é um problema cada vez mais comum que pode ser desencadeado por uma resposta alérgica a partículas suspensas no ar. Ao serem aspirados, grãos de pólen, esporos de mofo, flocos da pele de um bichinho de estimação ou outras partículas podem passar pelos filtros do sistema respiratório. Essas partículas serão engolfadas pelos macrófagos nos tecidos das vias aéreas e exibidas nas membranas desses macrófagos, bem como apresentadas como antígenos aos linfócitos T "helper". Na maioria das pessoas, os linfócitos T "ignoram" os antígenos por serem muito pequenos e insignificantes. Mas, nas pessoas com asma, os antígenos agem como alérgenos, substâncias que disparam uma resposta alérgica. Um linfócito T "helper" ativado promove a divisão de um linfócito B, produzindo células plasmáticas que liberam anticorpos. Esses anticorpos se ligam à superfície de mastócitos nas paredes dos brônquios e bronquíolos. O seu dono está agora sensibilizado ao alérgeno e pronto para reagir.

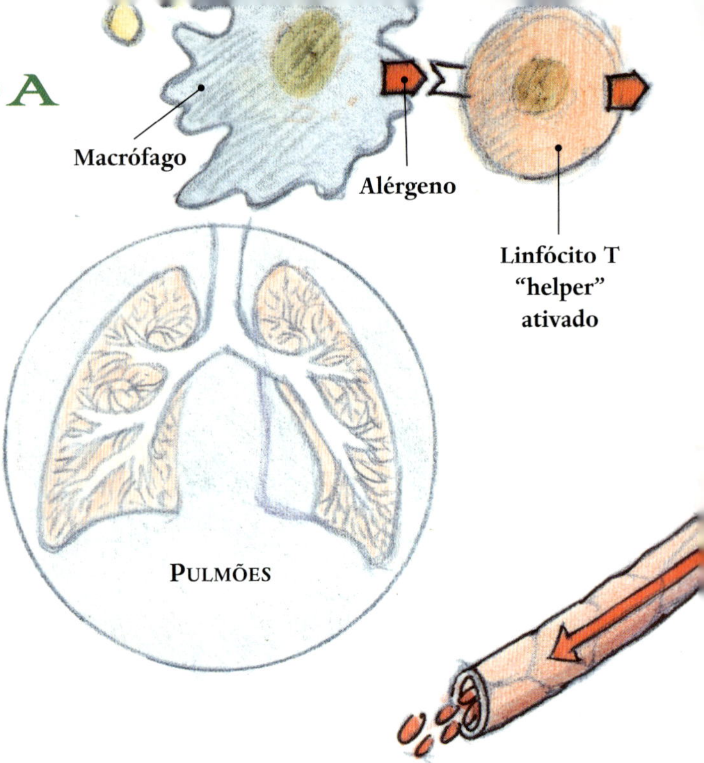

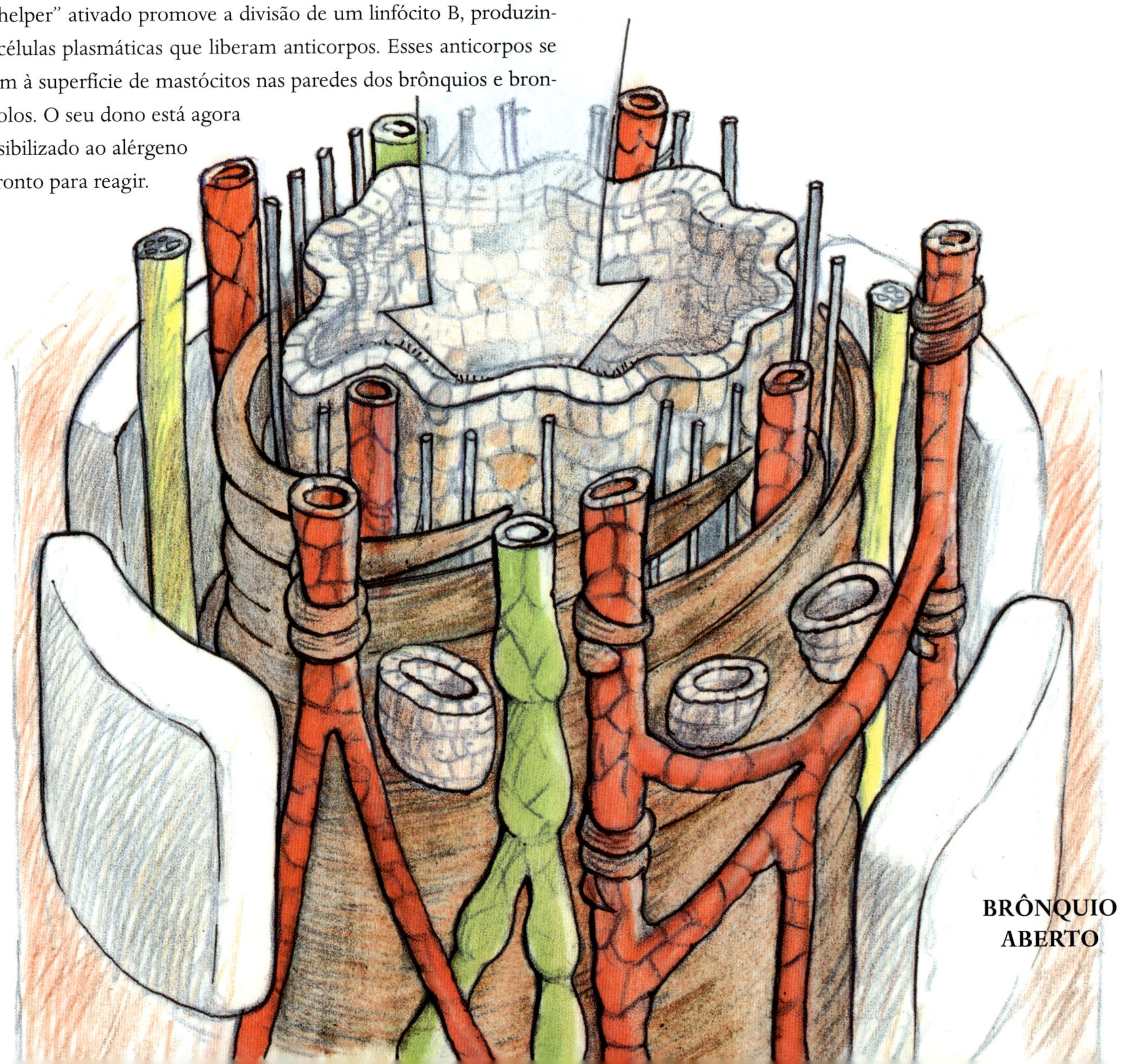

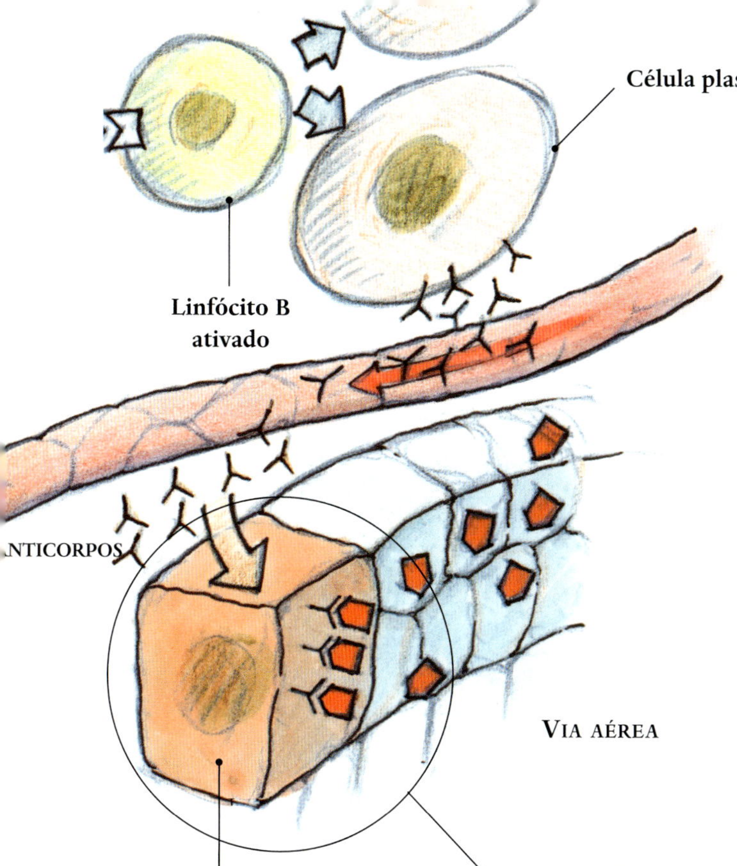

Da próxima vez que o alérgeno for aspirado pela pessoa sensibilizada, ele vai se ligar aos anticorpos correspondentes na superfície de um mastócito. Acreditando estar sob ataque, o mastócito libera histamina e outras substâncias que iniciam uma resposta inflamatória. Os revestimentos dos brônquios e bronquíolos incham e ficam vermelhos enquanto seus vasos sanguíneos dilatam e seus capilares "vazam" fluido. As células e as glândulas do revestimento liberam quantidades excessivas de um muco viscoso nas vias aéreas. E a musculatura lisa distribuída em espiral nas paredes dos brônquios e bronquíolos se contrai, deixando-os mais estreitos. Tudo isto resulta em chiados e aperto no peito, fôlego curto e, às vezes, pânico devido ao estreitamento dos tubos por onde passa a respiração.

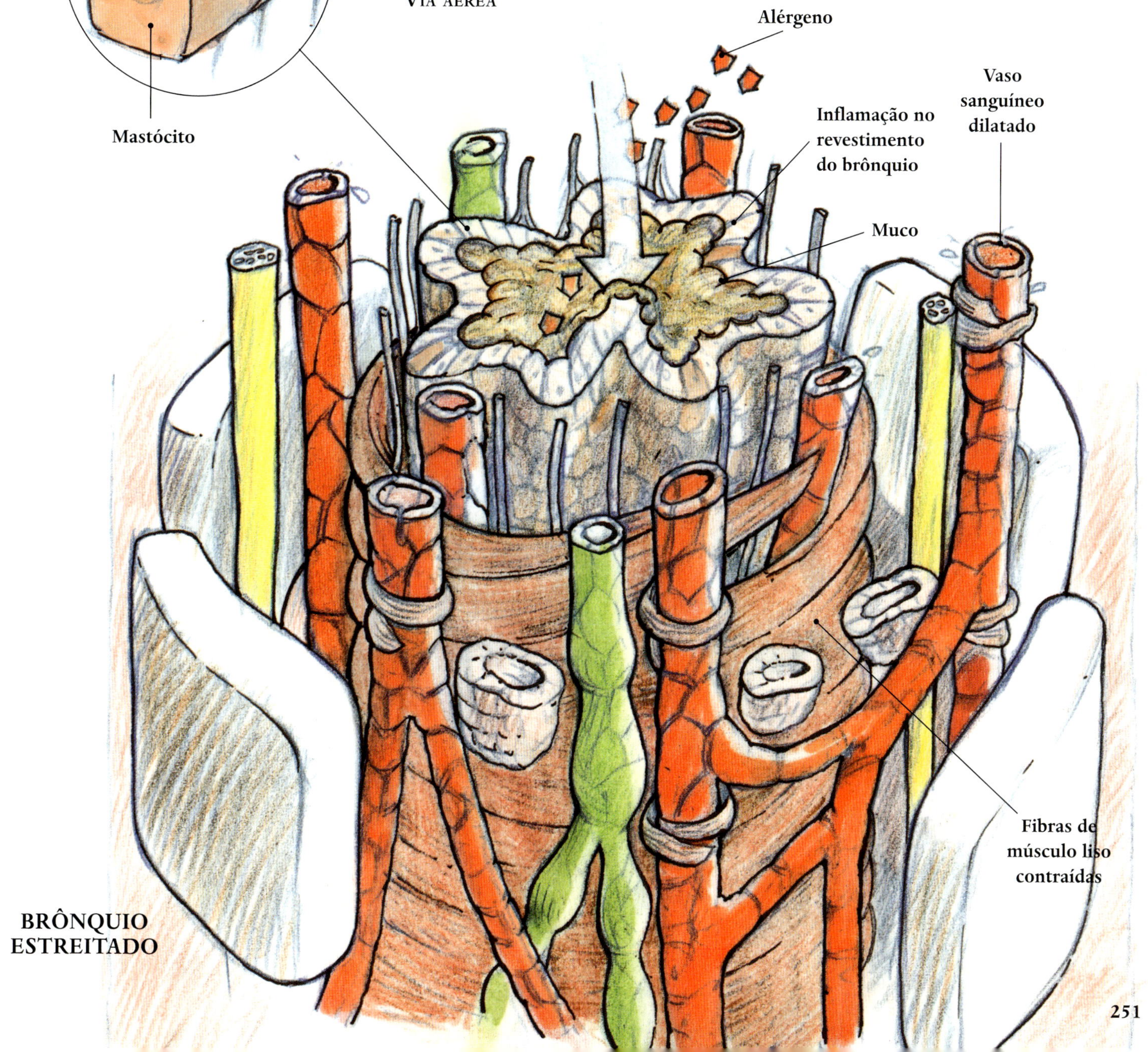

MÚSCULO
DERME
EPIDERME

Cópia de segurança

Da primeira vez que os patógenos invadem o corpo, eles pegam o sistema imunitário de surpresa. Os linfócitos B "ingênuos" (que nunca tiveram contato com patógenos) demoram dias para apresentar uma resposta primária e liberar anticorpos contra um inimigo desconhecido. Mas, se esse patógeno voltar a atacar, o sistema imunitário – agora com a lembrança clara do seu inimigo – está pronto para a ação. Sua resposta secundária é um golpe mortal que derruba o patógeno e nós nem chegamos a sentir os sintomas.

Mas as coisas nem sempre funcionam dessa forma. Alguns patógenos muito virulentos se estabelecem com tal velocidade e ferocidade que a resposta primária do sistema imunitário acaba sendo ineficaz, fraca e demorada, especialmente nos indivíduos mais vulneráveis, as crianças e os adolescentes. Há algumas décadas, doenças infecciosas como o sarampo e a coqueluche ainda matavam crianças nos países desenvolvidos. Hoje, graças às vacinas, essa ameaça não existe mais.

As vacinas exploram, de forma engenhosa, o fato de que a resposta secundária do sistema imunitário a uma segunda exposição a um determinado patógeno é muito mais rápida e vigorosa do que da primeira vez. O truque, então, é criar uma primeira exposição controlada que não cause nenhum mal à criança. Isso é feito com a vacina, um líquido que contém versões atenuadas ou mortas de um patógeno que ainda apresentam os antígenos importantes mas não causam a doença.

A vacina é injetada logo abaixo da derme ou no músculo esquelético. Sendo levada pela linfa a um linfonodo, o patógeno atenuado é identificado e se liga a seu primeiro linfócito B. Após ser ativado por um linfócito T "helper", o linfócito B se divide, dando origem às células plasmáticas que produzem anticorpos. Os linfócitos B ativados também dão origem aos importantes linfócitos B de memória, que permitem que o sistema imunitário fique preparado para o caso de um ataque pela versão "de verdade" do patógeno.

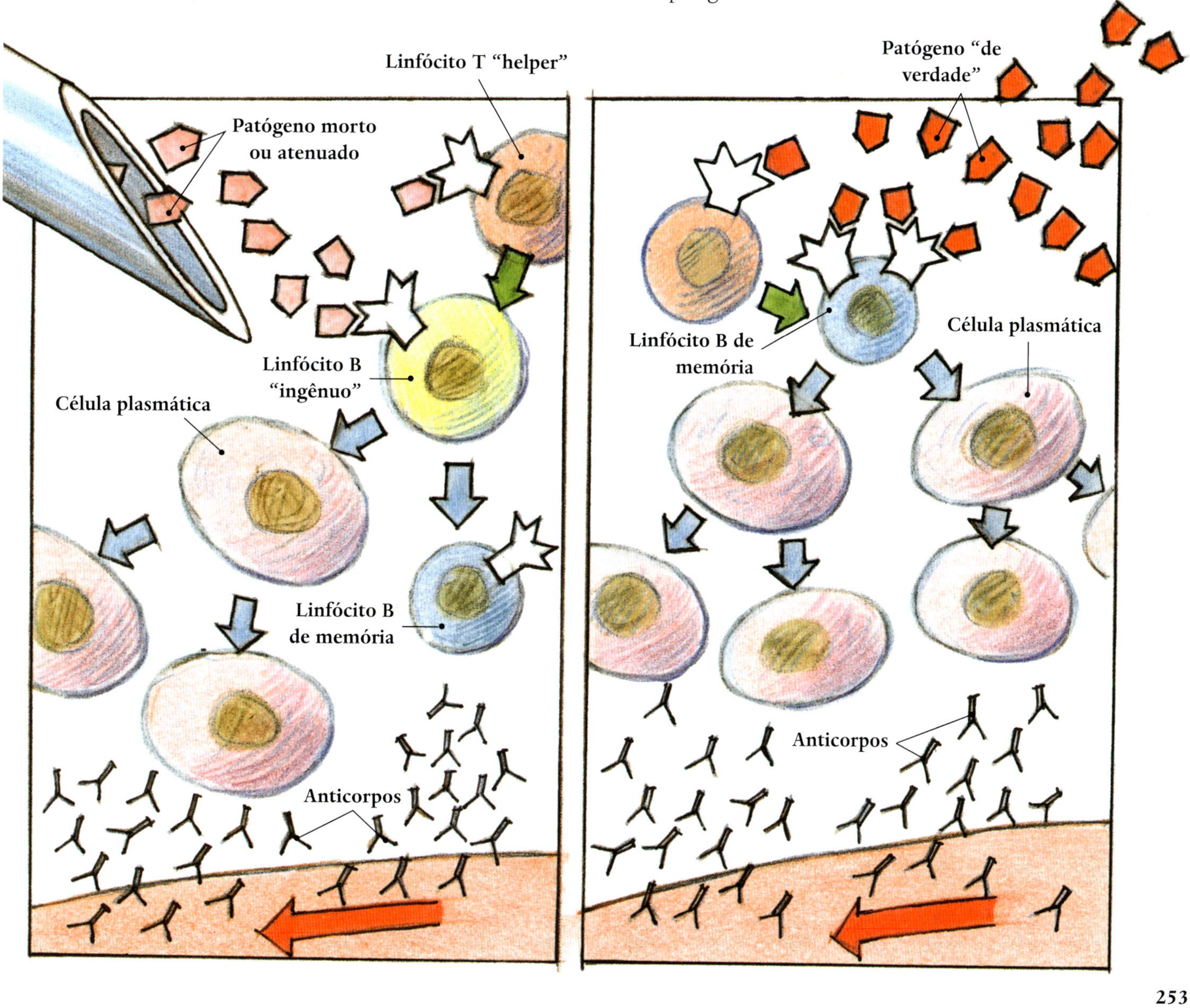

Capítulo 6

Seguindo adiante

Além dos movimentos cotidianos de andar e correr, nós, humanos, somos capazes de rastejar, engatinhar, saltar, escalar, mergulhar e até mesmo dar piruetas. Podemos também explorar a flexibilidade e a destreza de nossas mãos e dedos para usar palitos para comer comida oriental, pôr linha em uma agulha, ou, quando tudo o mais parece exigir um esforço excessivo, apertar os botões no controle remoto da televisão.

Todos os nossos movimentos exigem a interação coordenada das duas partes principais do nosso sistema estrutural: esqueleto e músculos. Com um sinal do sistema nervoso, os músculos se encurtam, puxando e mudando a posição de um ou mais ossos. Essa sequência básica está por trás de todo e qualquer movimento que fazemos, e geralmente acontece sem pensarmos. Graças à nossa coordenação e ao nosso senso de ritmo, podemos nos mover pela pista de dança de modo confiante ou simplesmente virar a página.

Pilares e escoras

Devido à forma como geralmente vemos os ossos, é fácil pensar neles como secos e sem vida, mas eles não são nem uma coisa nem outra. Úmidos e contendo tanto vasos sanguíneos quanto linfáticos, bem como nervos, os ossos são órgãos, tanto quanto o coração e o cérebro.

Um terço do material que constitui o tecido ósseo consiste em fibras de colágeno que fornecem flexibilidade e resistência. Os outros dois terços são os sais minerais, principalmente fosfato de cálcio, que conferem dureza aos ossos. Conforme os ossos crescem, esses dois materiais se entrelaçam e se dispõem de forma a fornecer o máximo de resistência e, ao mesmo tempo, manter o peso total baixo. O resultado é uma camada externa densa de osso compacto ao redor de um núcleo muito mais leve de osso esponjoso.

Protegido por uma membrana rica em vasos sanguíneos, chamada periósteo, o osso compacto é o segundo tecido mais duro no corpo humano, depois do esmalte dos dentes. Ele é feito de pilares paralelos microscópicos chamados sistemas de Havers. Parecidos com troncos de árvores muito pequenos, os sistemas de Havers são constituídos por camadas concêntricas. Fibras de colágeno correm em diagonal entre as camadas, mudando de direção entre uma e outra, uma característica que confere resistência à torção. No centro de cada sistema de Havers há um canal (canal central) que leva a vasos e nervos. Entre as camadas concêntricas, há células chamadas osteócitos, que fazem a manutenção do osso. Cada osteócito ocupa o próprio espaço e se comunica com outros osteócitos através de uma extensão fina pela qual transfere oxigênio, nutrientes e resíduos através de junções de hiato.

Enquanto os sistemas de Havers seguem a direção do comprimento do osso, o emaranhado de escoras e vigas que constituem a parte esponjosa do osso se orienta por linhas de estresse. Esse tipo de arranjo reforça a resistência geral do osso sem aumentar muito o seu peso. Os espaços no interior do osso esponjoso são preenchidos com medula óssea amarela, que armazena gordura, ou medula óssea vermelha, que produz hemácias. Nos ossos longos, a medula também preenche uma cavidade aberta que corre ao longo do centro do osso.

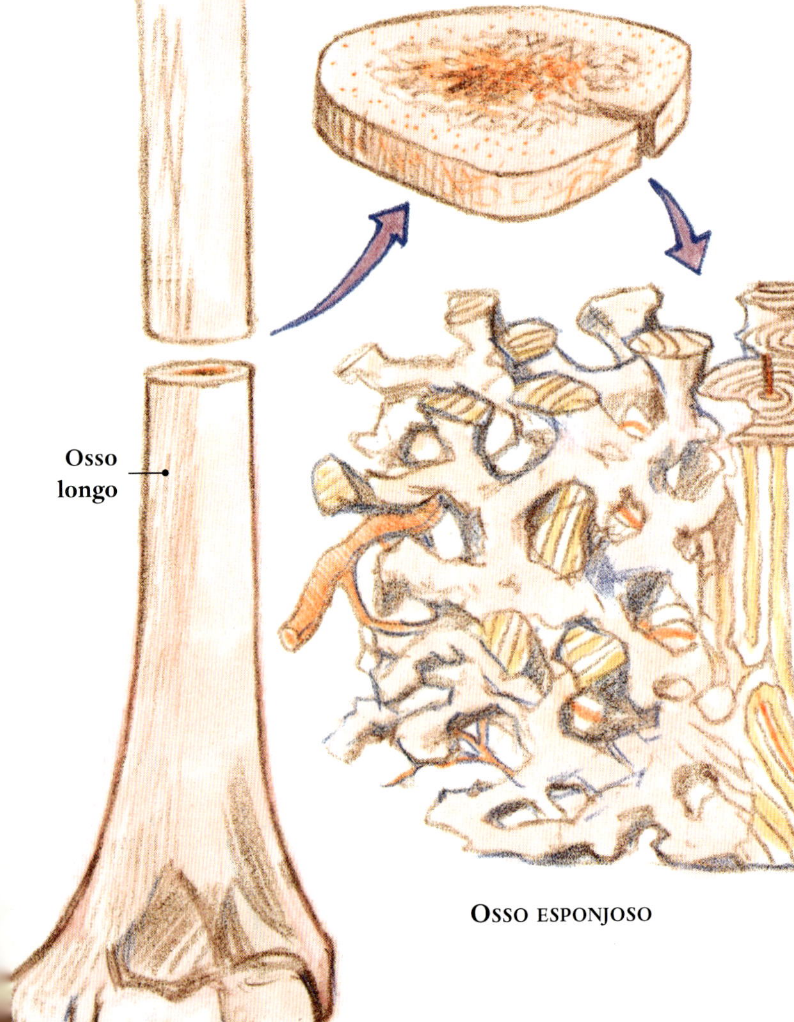

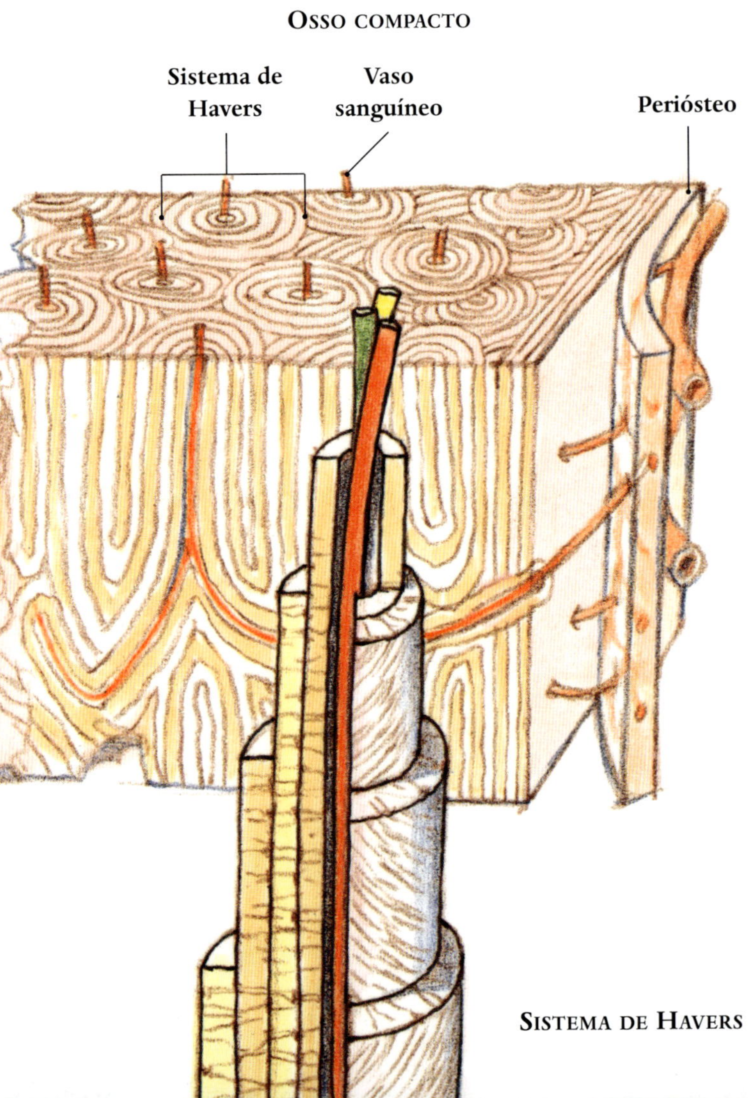

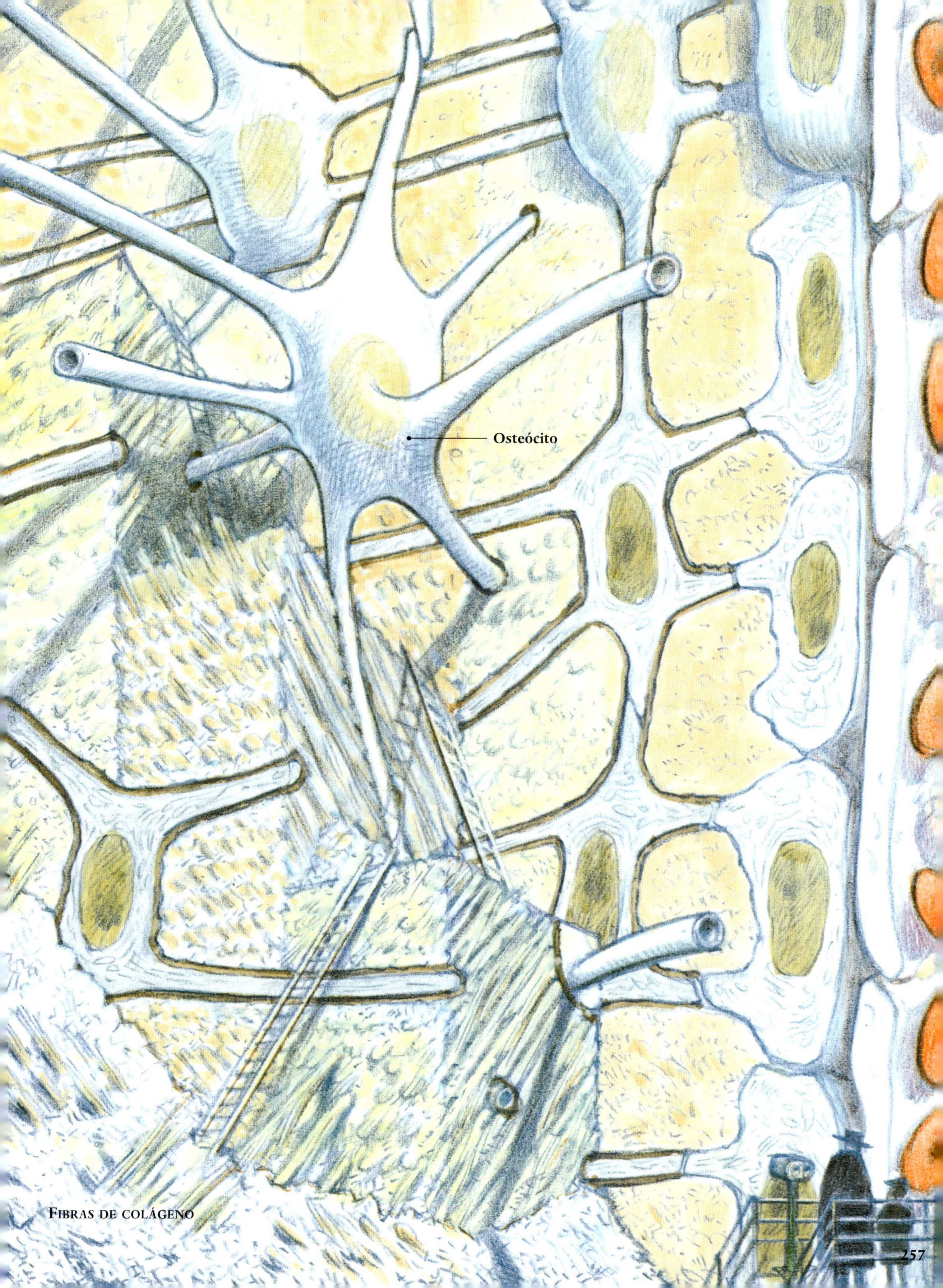
Osteócito
Fibras de colágeno

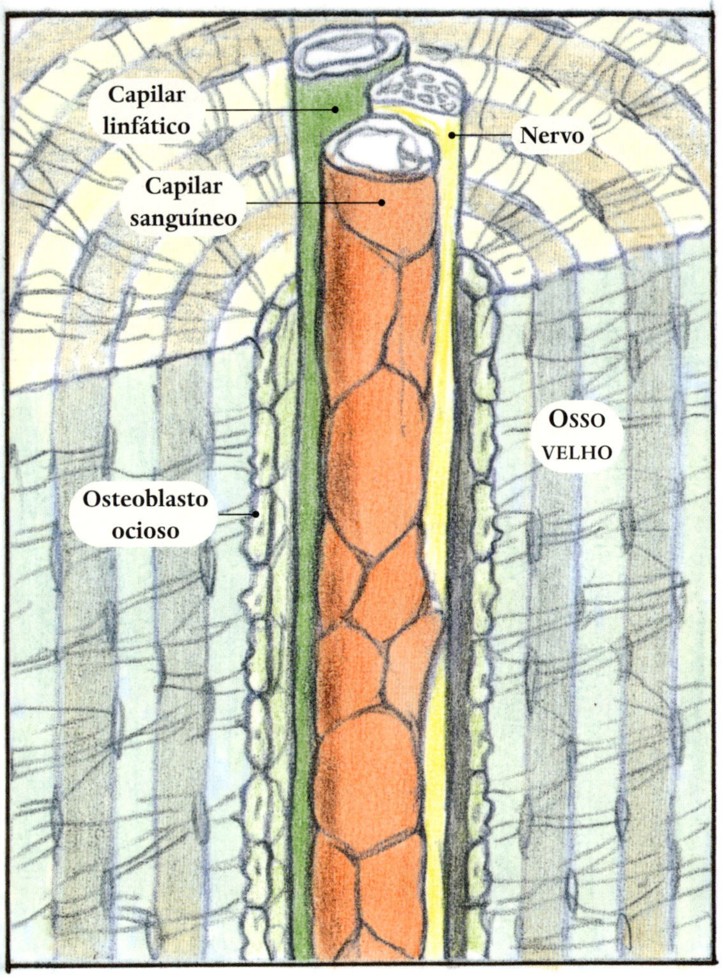

REMODELANDO!

Lá pelos nosso vinte anos, nossos ossos já pararam de crescer, assim como o resto do corpo. Mas isso não significa que os ossos serão os mesmos para sempre. Na verdade, eles estão sempre se ajustando em resposta às cargas impostas a eles quando andamos ou ficamos em pé. Esse processo é chamado remodelamento ósseo (ou remodelação óssea) e começou quando ainda estávamos engatinhando. Diferentes forças e tensões mudam a forma e a estrutura dos ossos ao porem em ação dois tipos de células. Esses tipos são os osteoclastos, que desmancham o tecido ósseo velho, e os osteoblastos, que formam ossos novos. Os dois tipos de células trabalham juntos em um exercício de equilíbrio.

Os osteoclastos se prendem à superfície do osso e secretam enzimas que digerem o colágeno e ácidos que solubilizam os sais de cálcio. Conforme entram no osso, os túneis que os osteoclastos criaram são invadidos por outras células, incluindo osteoblastos ativados. Trabalhando logo atrás da linha dos osteoclastos, essas células menores com a capacidade de construir ossos depositam tecido ósseo novo. As que acabam "enterradas" no processo tornam-se os osteócitos que vão fazer a manutenção do tecido ósseo novo. Conforme o trabalho avança, ramificações de capilares crescem por dentro dos túneis, fornecendo oxigênio e nutrientes para as equipes de demolição e de construção.

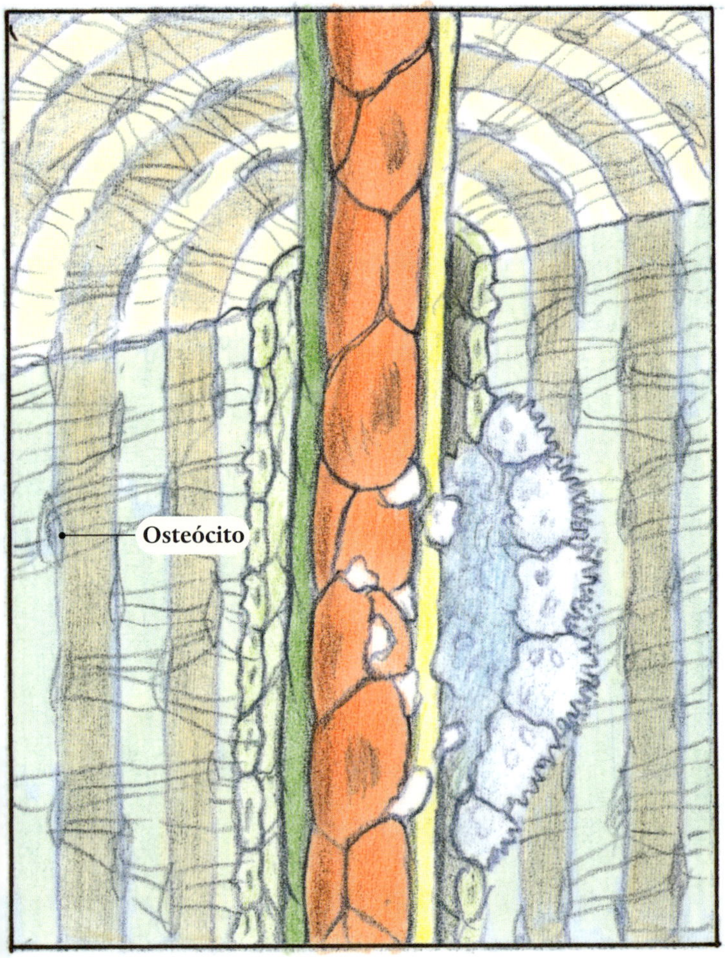

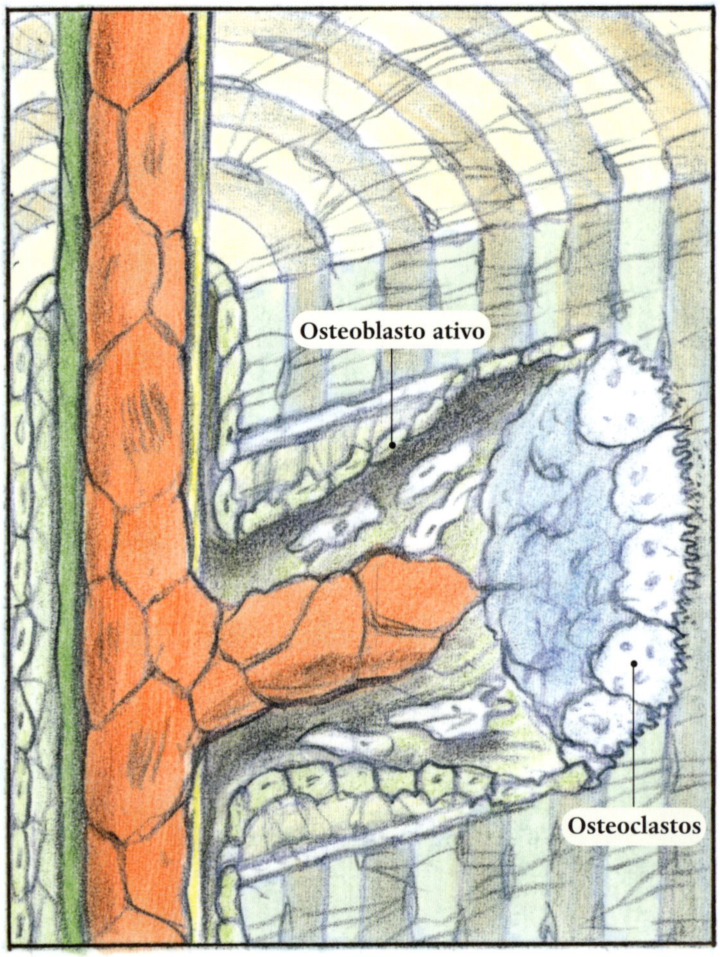

As forças e tensões exercidas pela tração dos músculos, pela gravidade e pelo peso do corpo determinam onde os ossos precisam ser remodelados para torná-los mais fortes. Mas um outro mecanismo controla a atividade dos osteoclastos e osteoblastos a fim de manter os níveis de cálcio na corrente sanguínea. Os íons de cálcio são essenciais para muitos processos do corpo, incluindo contração muscular, impulsos nervosos, coagulação do sangue e divisão celular; e 99% desse cálcio está armazenado nos ossos. Se os níveis de cálcio no sangue caem, o hormônio PTH é liberado pelas glândulas paratireóideas, o que inicia a atividade dos osteoclastos. Quando os níveis de cálcio se elevam, a glândula tireóidea libera calcitonina, que inibe os osteoclastos e estimula a produção de tecido ósseo novo.

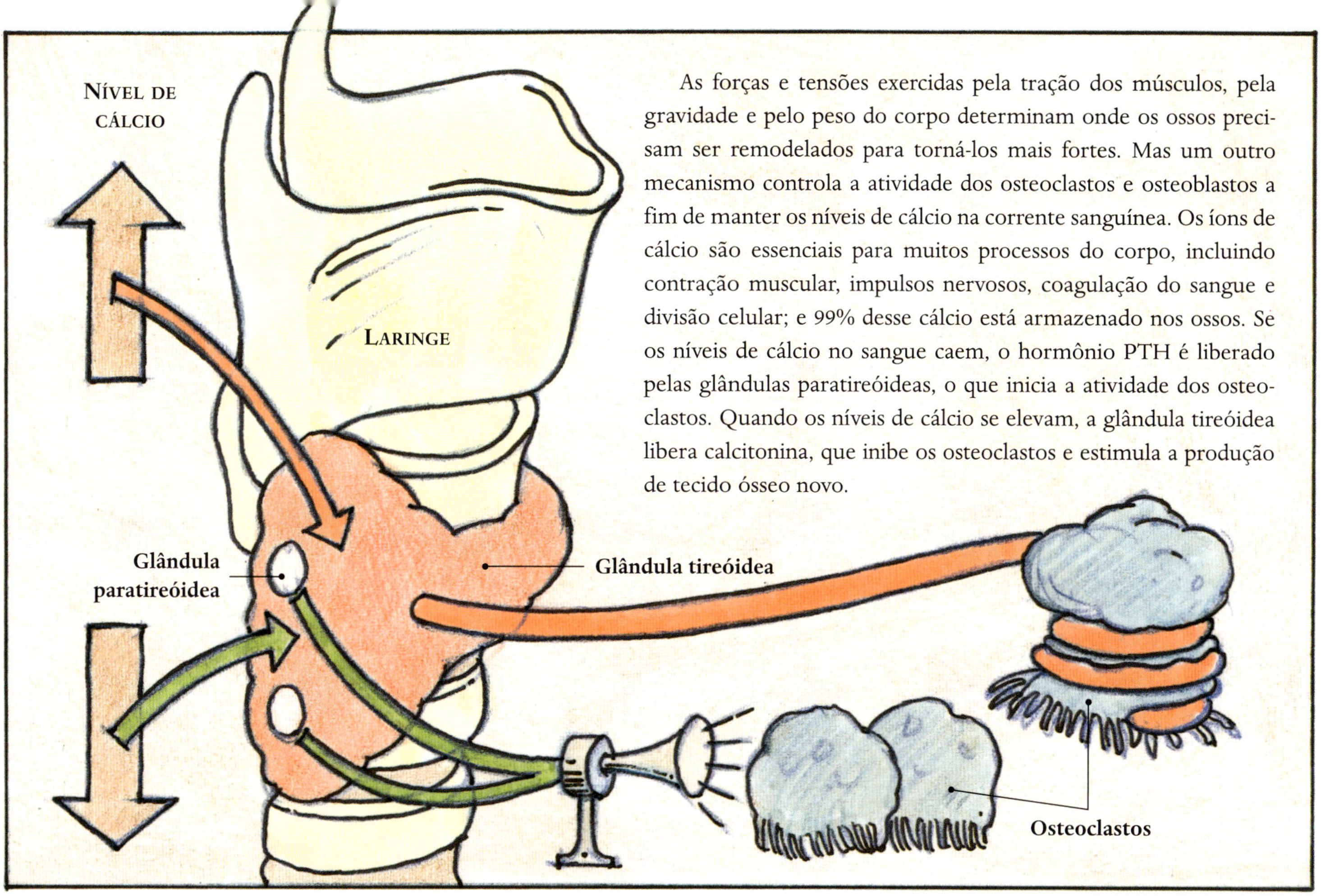

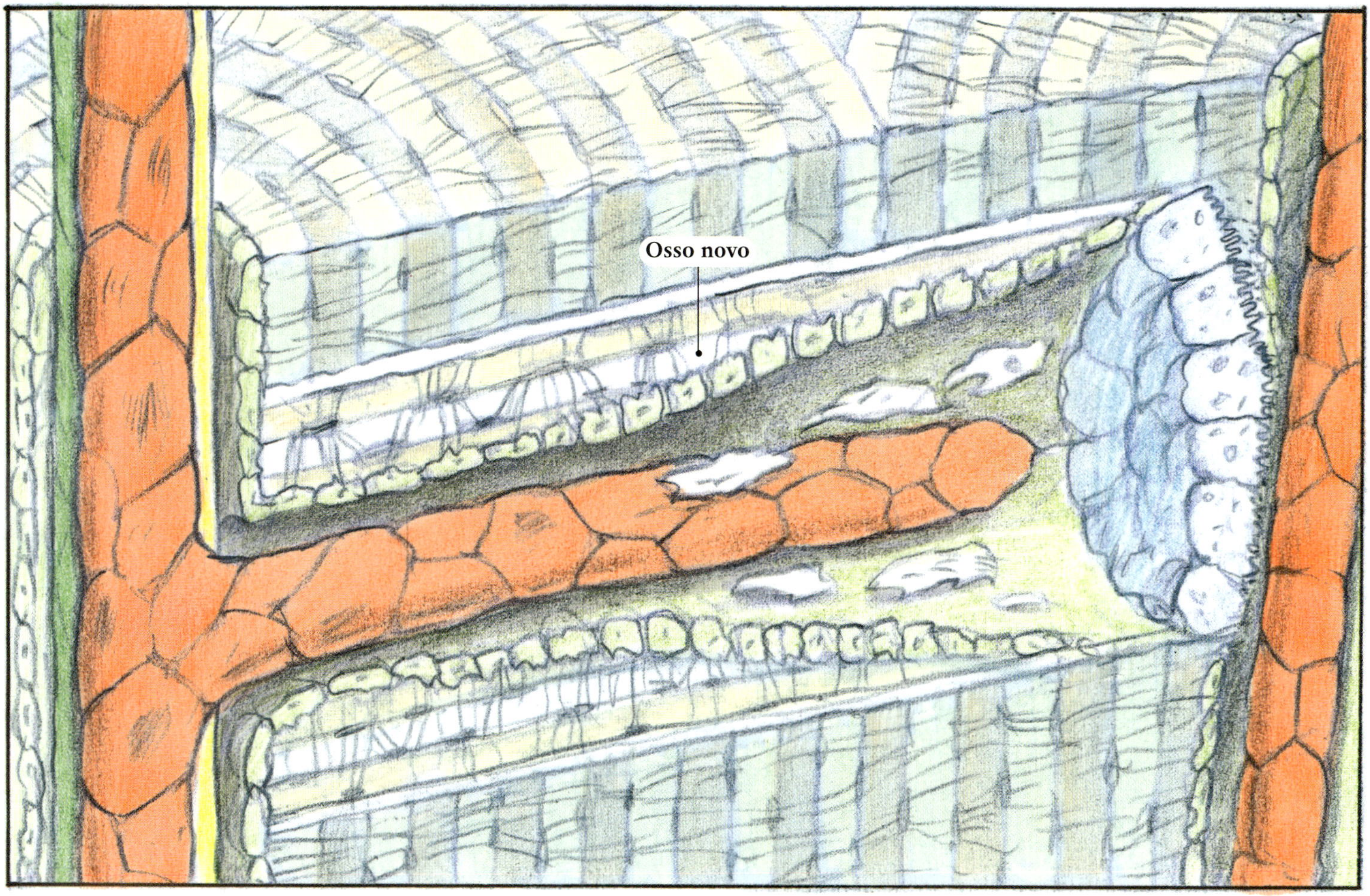

DA FIBRA AO FILAMENTO

A maior parte da carne sobre nossos ossos é músculo. É tanto músculo que corresponde a até metade do peso do nosso corpo. Presentes em diversas formas e tamanhos, os músculos se encurtam sob comando, se alongam quando necessário e voltam ao seu comprimento normal quando em repouso.

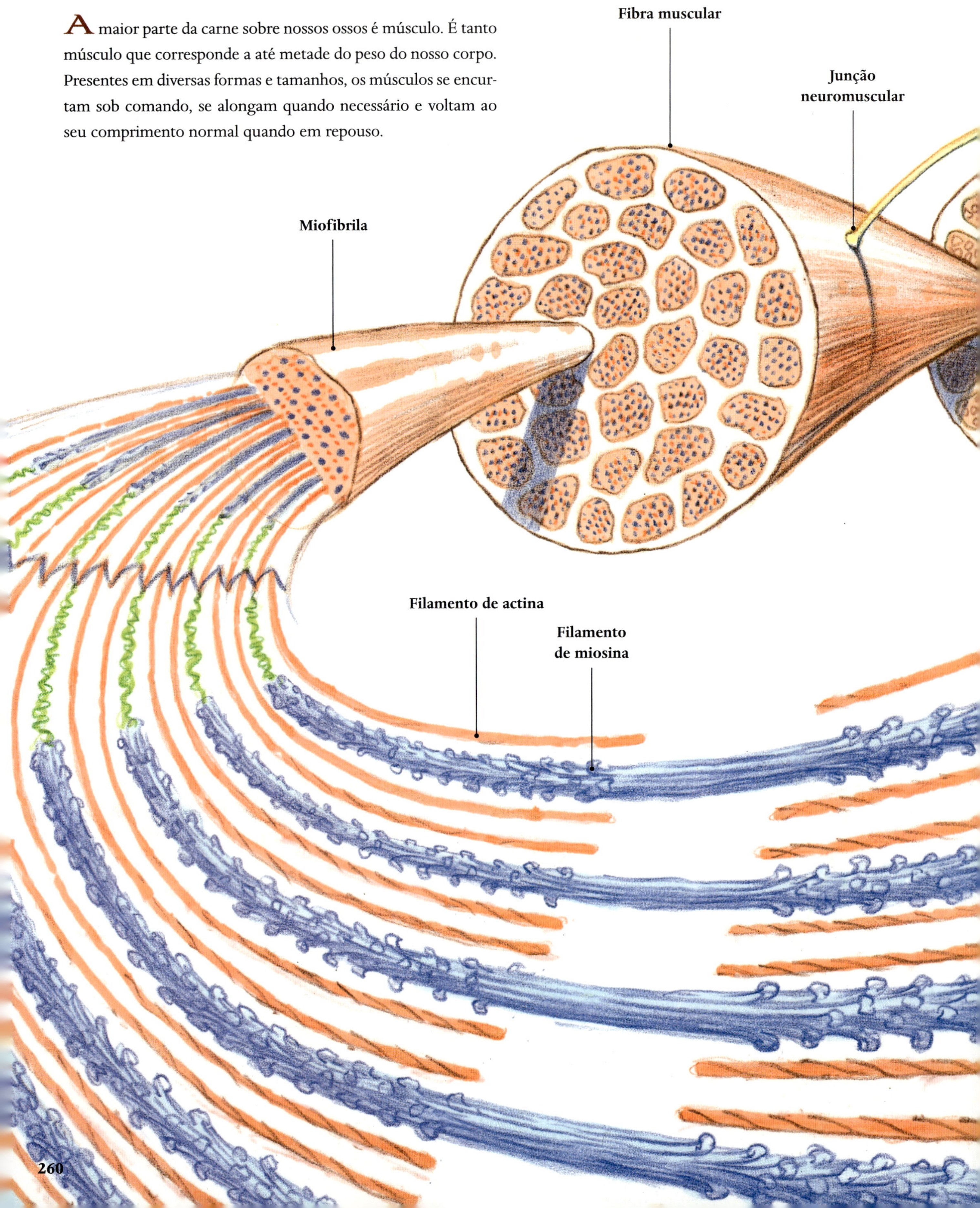

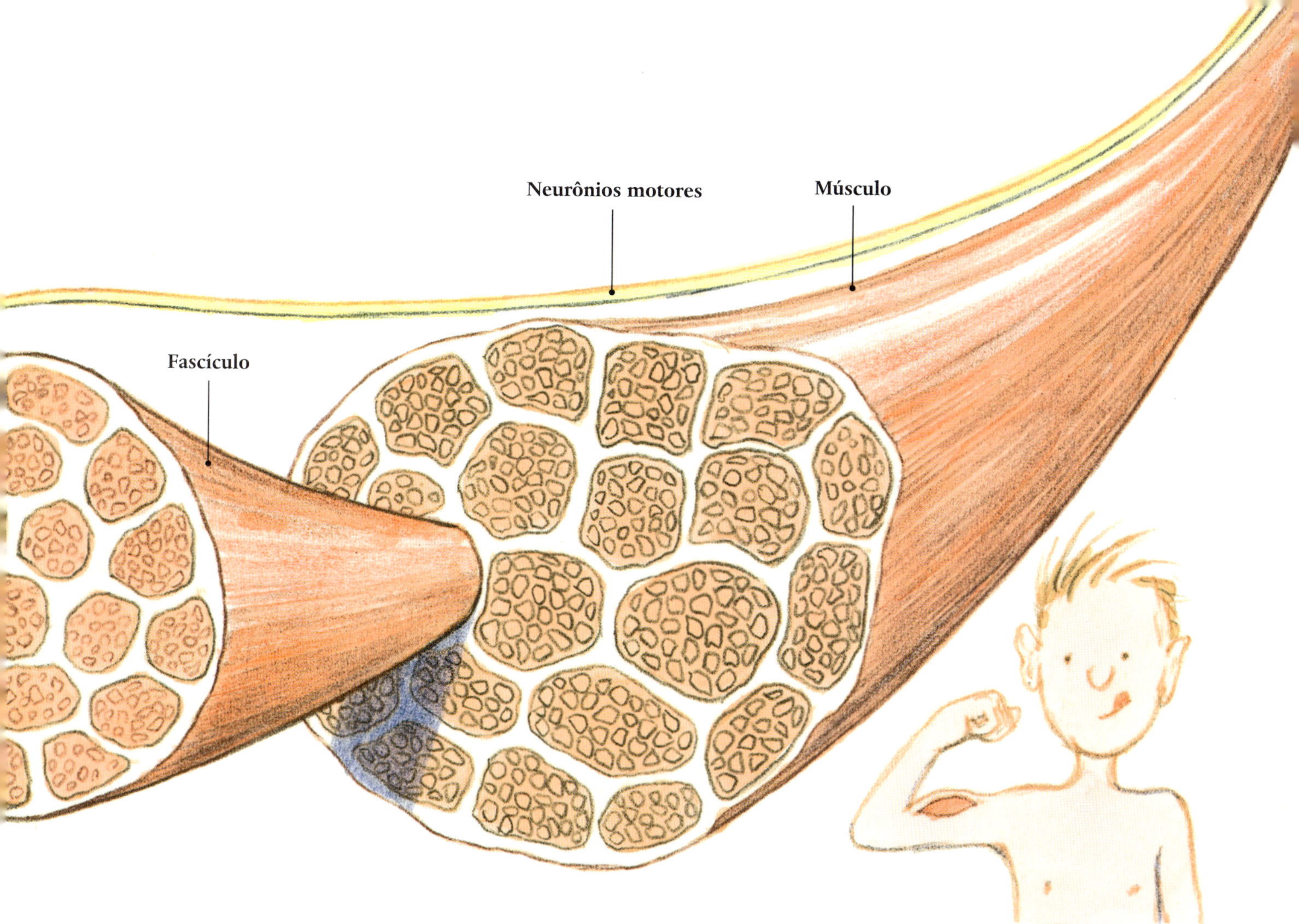

Cada músculo esquelético é um feixe de fascículos musculares, e cada fascículo é um feixe de células especializadas chamadas fibras musculares, que têm uma organização interna sofisticada que garante o máximo em força de tração. Cada fibra muscular está recheada de barras paralelas chamadas miofibrilas e cada uma delas contém um arranjo de filamentos paralelos. Os filamentos mais grossos são feitos da proteína "motor", a miosina, enquanto os mais finos são feitos de actina. Os filamentos no interior de cada miofibrila são organizados em segmentos curtos chamados miômeros.

É a interação da miosina com a actina que faz com que os músculos se contraiam, mas a contração não é espontânea. Cada fibra está "plugada" em um neurônio motor através de uma junção neuromuscular parecida com uma sinapse. Quando um impulso nervoso chega do cérebro ou da medula espinhal, ele faz com que a extremidade terminal de um axônio libere moléculas de neurotransmissor que disparam uma mudança na carga elétrica da membrana das fibras musculares – igual a um impulso nervoso. Transmitida por dobras da membrana para dentro da fibra, essa mudança de carga causa a interação da miosina com a actina.

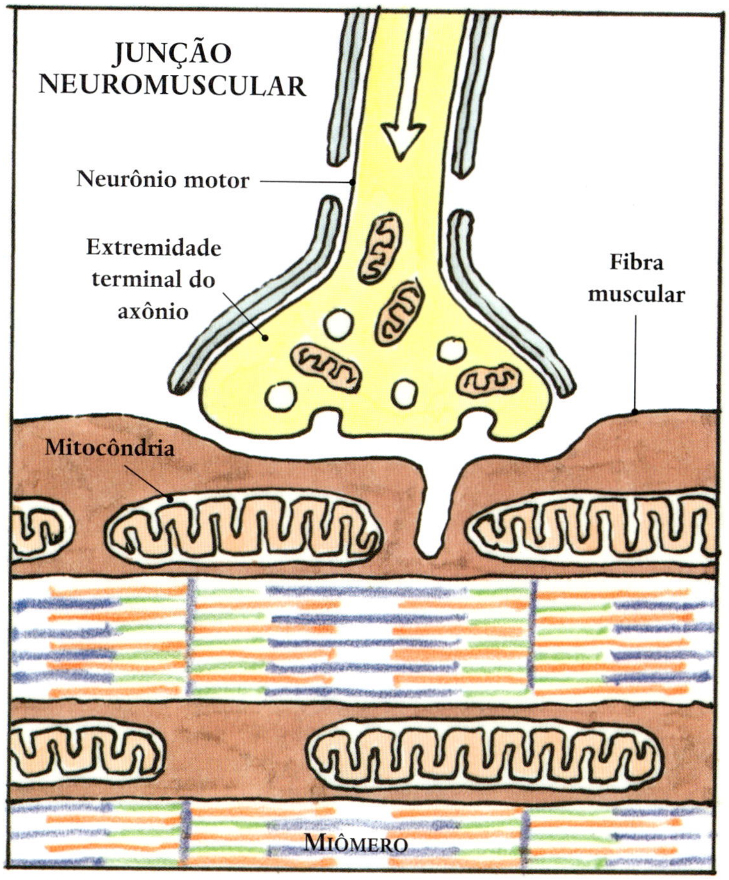

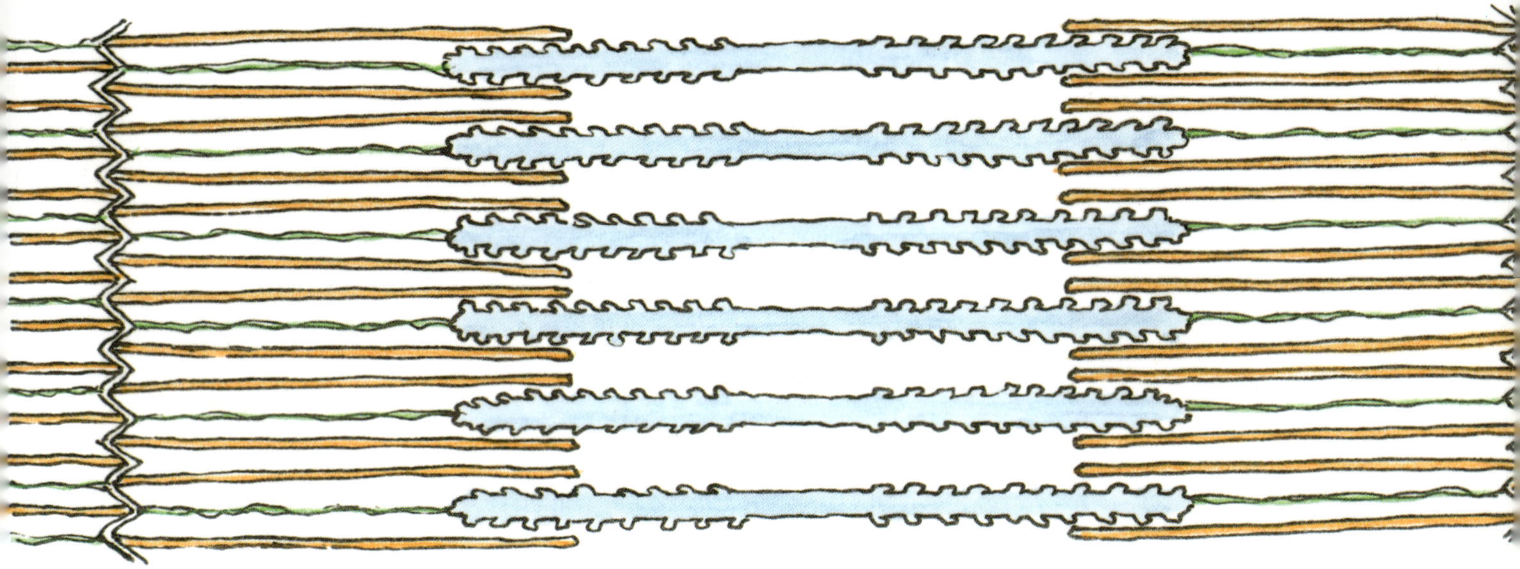

Força de tração

A molécula de miosina tem a aparência de dois tacos de golfe enrolados um no outro. São necessárias cerca de duzentas dessas moléculas para fazer um filamento. As duas cabeças de cada molécula são capazes de se ligar em sítios de ligação específicos no filamento de actina, mas apenas se não forem bloqueadas pela tropomiosina, uma proteína com forma de mola em espiral.

Mesmo quando o músculo está relaxado, cada cabeça de miosina permanece ativada pela quebra de ATP em ADP e fosfato. A energia liberada por essa ação coloca a cabeça de miosina em uma posição ereta, como que "engatilhada" (1).

Quando um impulso nervoso estimula um músculo a se contrair, íons de cálcio são liberados. Estes se ligam a sítios específicos na tropomiosina, movendo a fita toda para um lado e expondo os sítios de ligação. Agora, cada cabeça de miosina pode formar uma ligação cruzada com o filamento de actina (2).

Isso muda a forma das cabeças, fazendo com que elas se dobrem em direção ao centro do miômero, puxando o filamento de actina junto com elas. Quando isso acontece, o ADP e o fosfato são liberados da cabeça de miosina para serem reciclados (3).

Quando essa sequência de eventos se completa, uma nova molécula de ATP se liga às cabeças de miosina, fazendo com que estas afrouxem a ligação com os sítios de ligação da actina, de modo que a ligação cruzada se desfaz (4). Novamente, o ATP se quebra em ADP e fosfato, e a cabeça de miosina é reativada. Agora ela está pronta a se ligar ao próximo sítio de ligação e seguir em sua caminhada pelo filamento de actina (5).

É fazendo e desfazendo essas ligações cruzadas da miosina com a actina repetidamente que os miômeros se encurtam, causando a contração muscular. Quando os impulsos nervosos cessam, os íons de cálcio são removidos, a tropomiosina bloqueia novamente os sítios de ligação e o músculo relaxa.

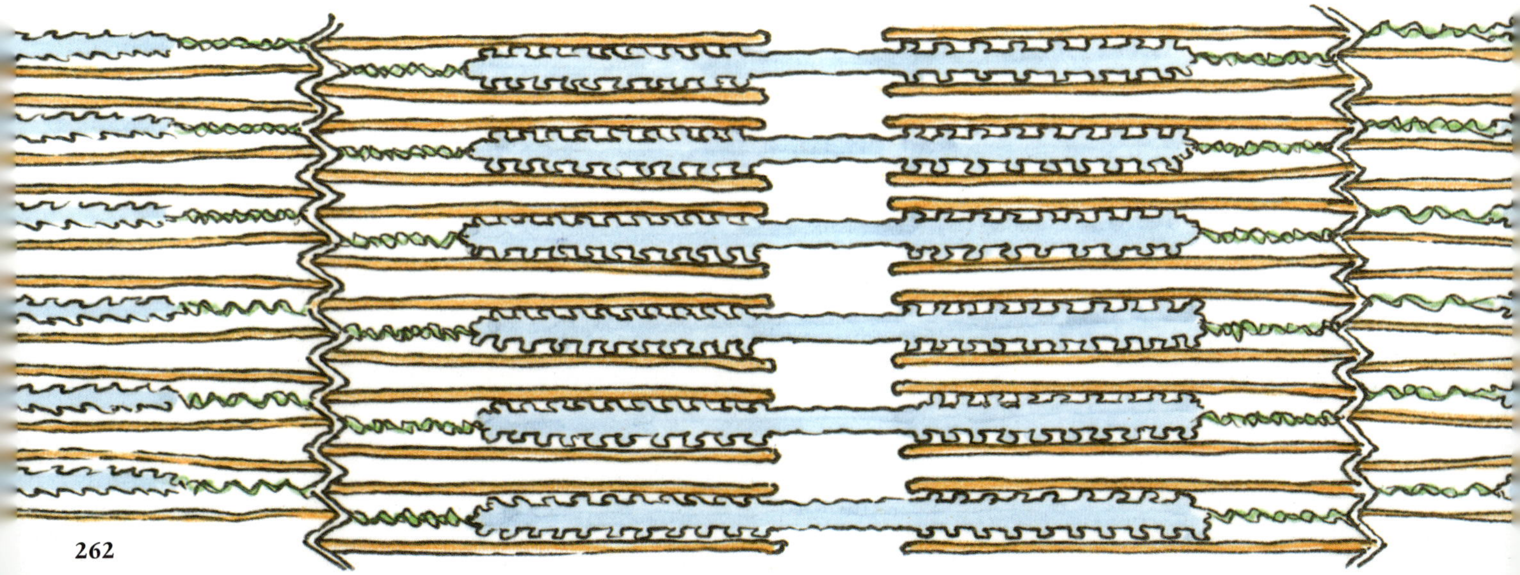

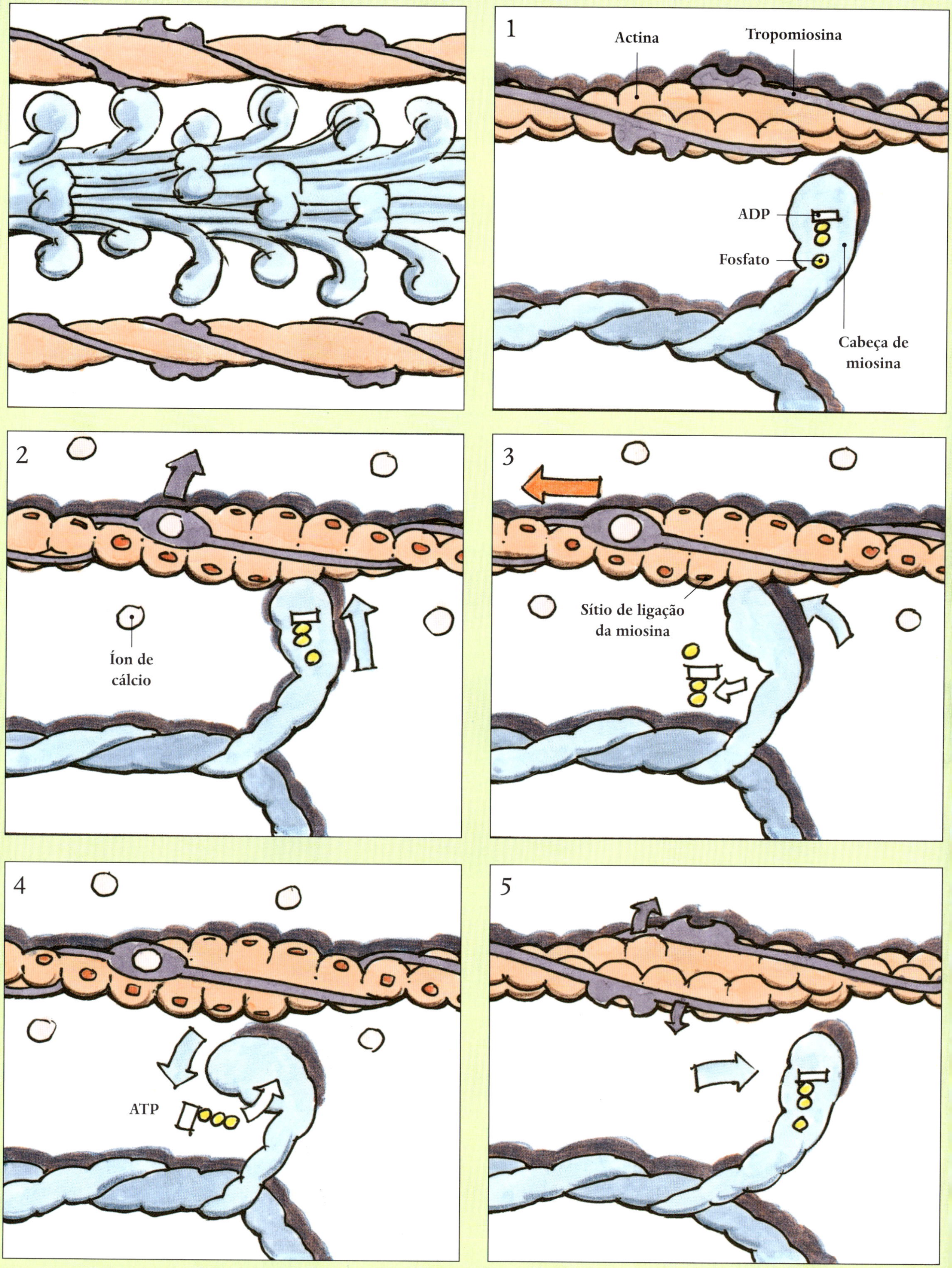
1
Actina
Tropomiosina
ADP
Fosfato
Cabeça de miosina
2
Íon de cálcio
3
Sítio de ligação da miosina
4
ATP
5

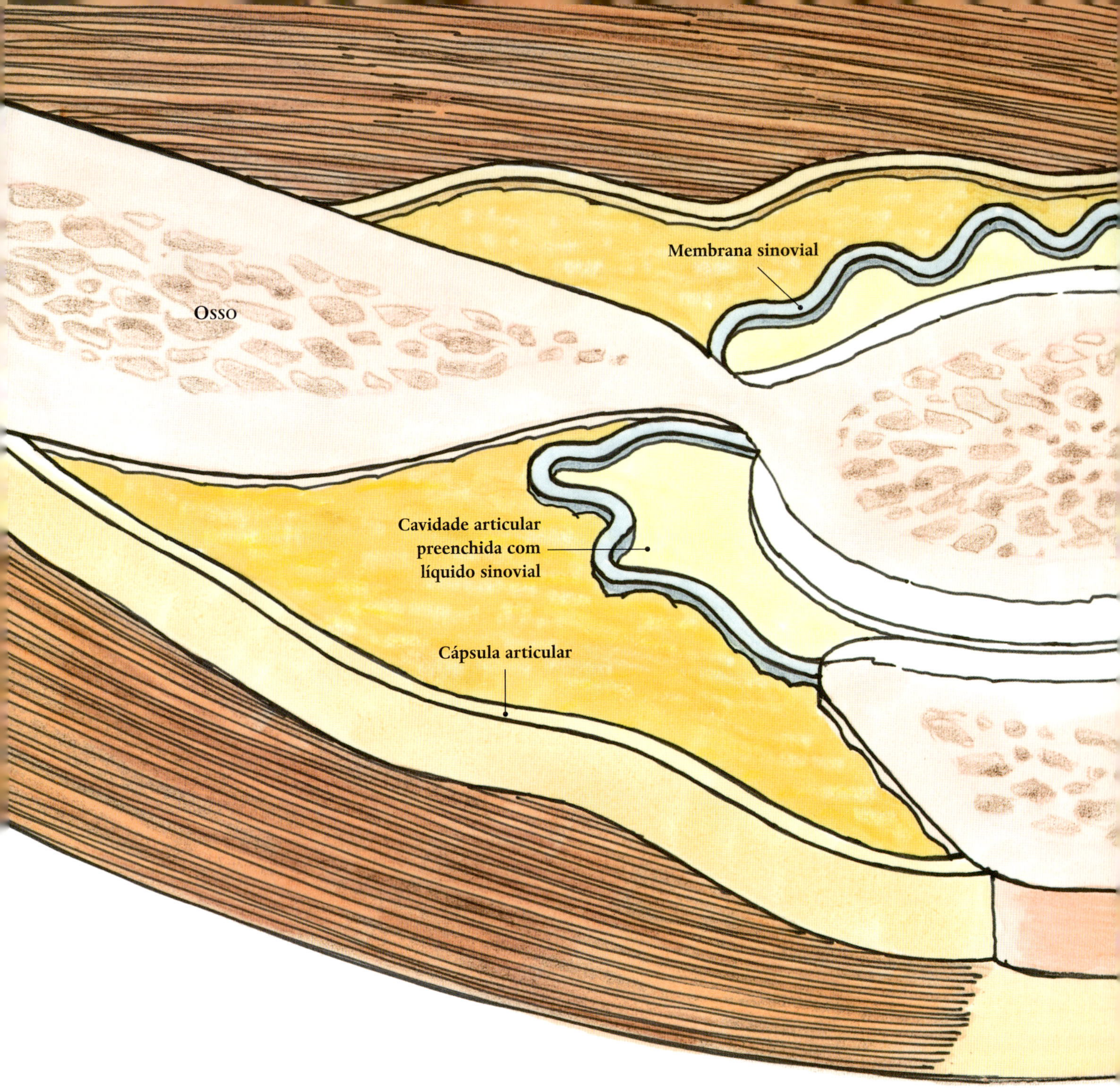

MOVIMENTOS SUAVES

As articulações são formadas pelo encontro de dois ou mais ossos. Além de fornecerem graus diferentes de estabilidade, as articulações, em sua maioria, são construídas de forma a resistir ao desgaste porque permitem que um osso se mova sobre outro com menos atrito que dois cubos de gelo deslizando um sobre o outro. A estabilidade depende, em parte, de uma cápsula fibrosa resistente que envolve cada articulação e mantém os ossos juntos. A maioria das cápsulas articulares é reforçada por faixas de tecido conjuntivo rico em colágeno, chamadas ligamentos.

Dentro da articulação as extremidades dos ossos são revestidas de uma cartilagem especial, de aspecto vítreo e separadas por um espaço estreito. A cápsula articular é revestida por uma membrana que secreta um líquido sinovial oleoso nessa cavidade. Durante o movimento, esse líquido é forçado para fora, como a água de uma esponja espremida, e vai lubrificar a superfície lisa da cartilagem.

Fazer com que os ossos se movam é o trabalho dos músculos que se estendem sobre a articulação. Esses músculos ficam ancorados aos ossos por extensões resistentes – e reforçadas com colágeno-

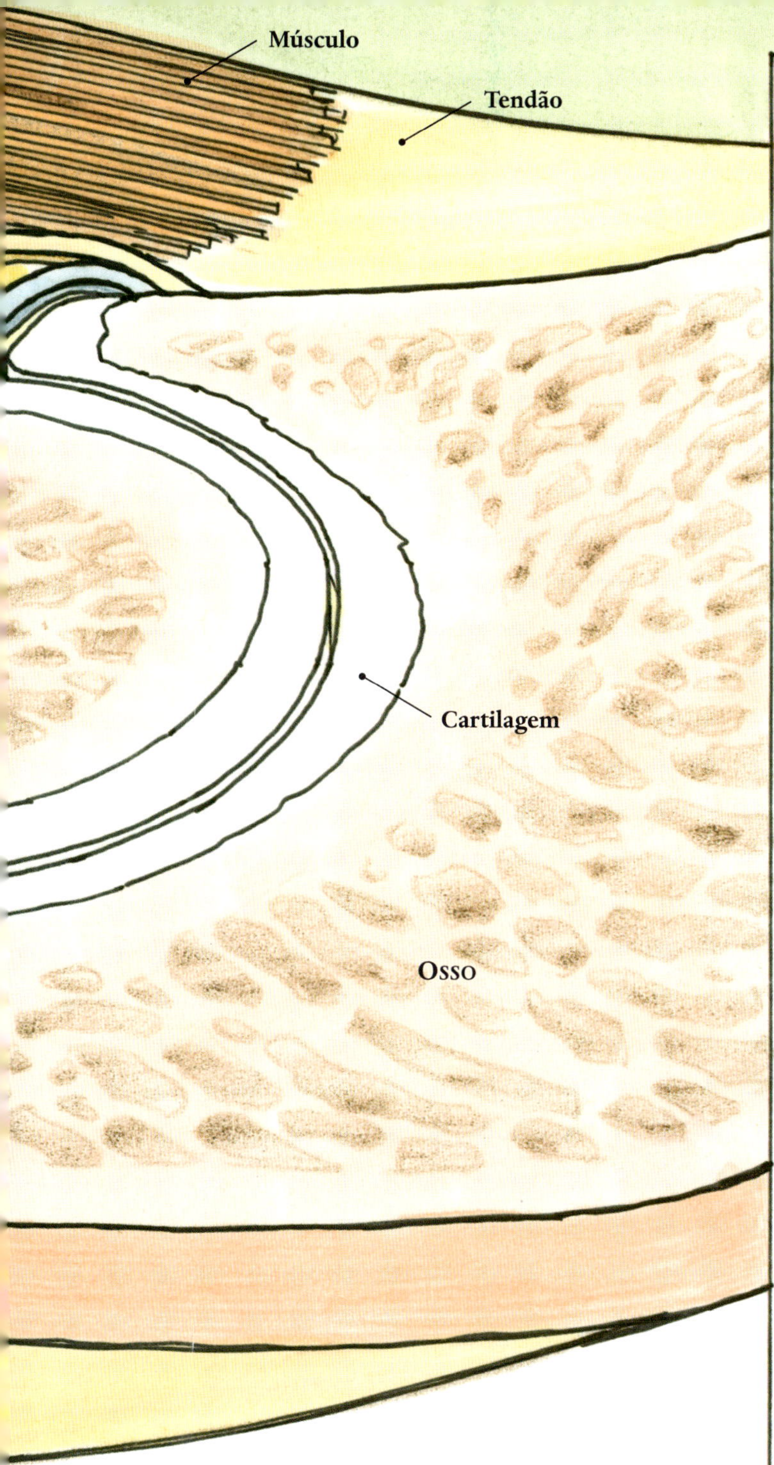

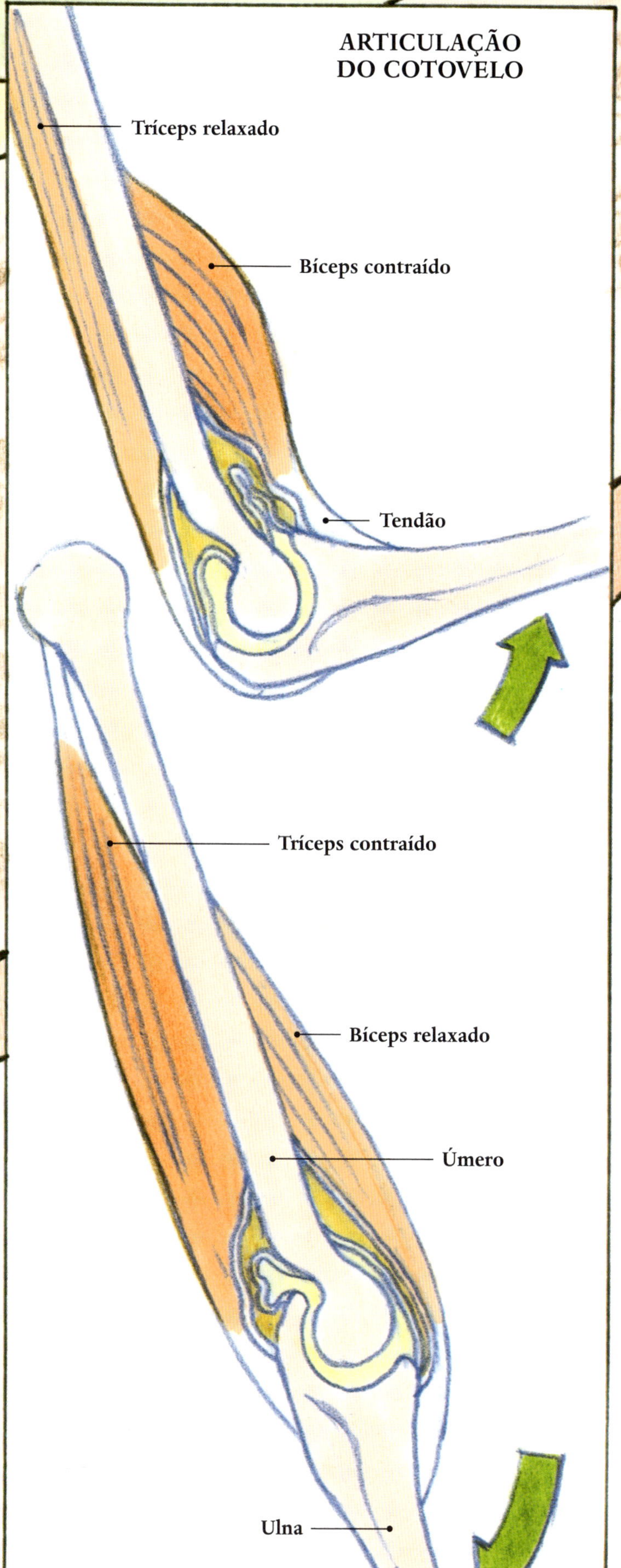

no – do revestimento externo dos músculos chamadas tendões. Quando um músculo se contrai, ele encurta e alarga, e puxa o que estiver ligado a ele. No caso do braço, o músculo bíceps braquial (ou simplesmente bíceps) se estende do osso úmero, na parte alta do braço, passando pela articulação do cotovelo, e se insere em um dos ossos do antebraço (a ulna). Se o úmero não se mover, a contração do bíceps vai mover o antebraço. Como os músculos só podem puxar (e nunca empurrar), a ação do bíceps precisa ser compensada por um músculo opositor, neste caso o tríceps. Quando o tríceps se contrai e o bíceps relaxa, o braço é estendido.

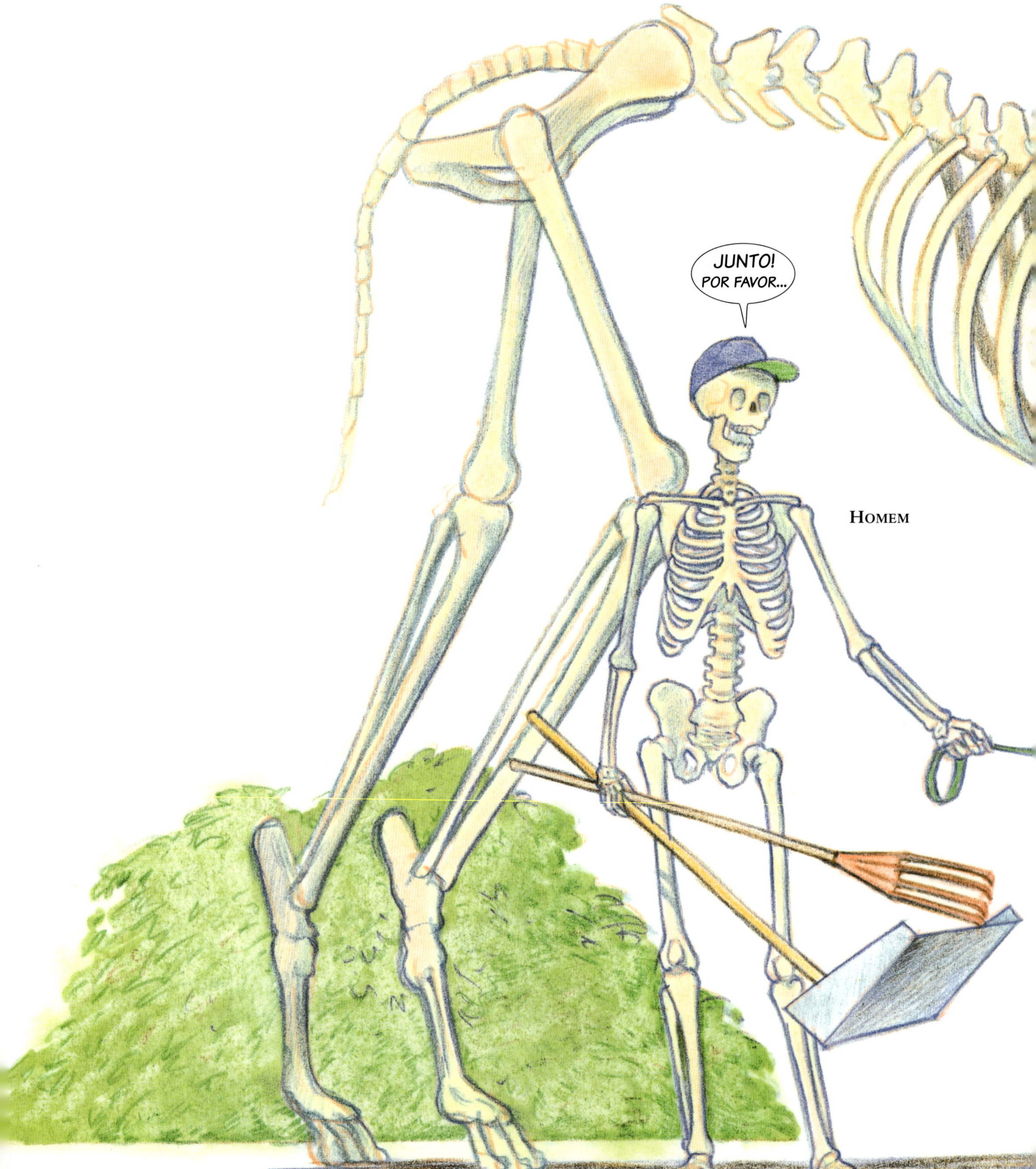
JUNTO!
POR FAVOR...
HOMEM

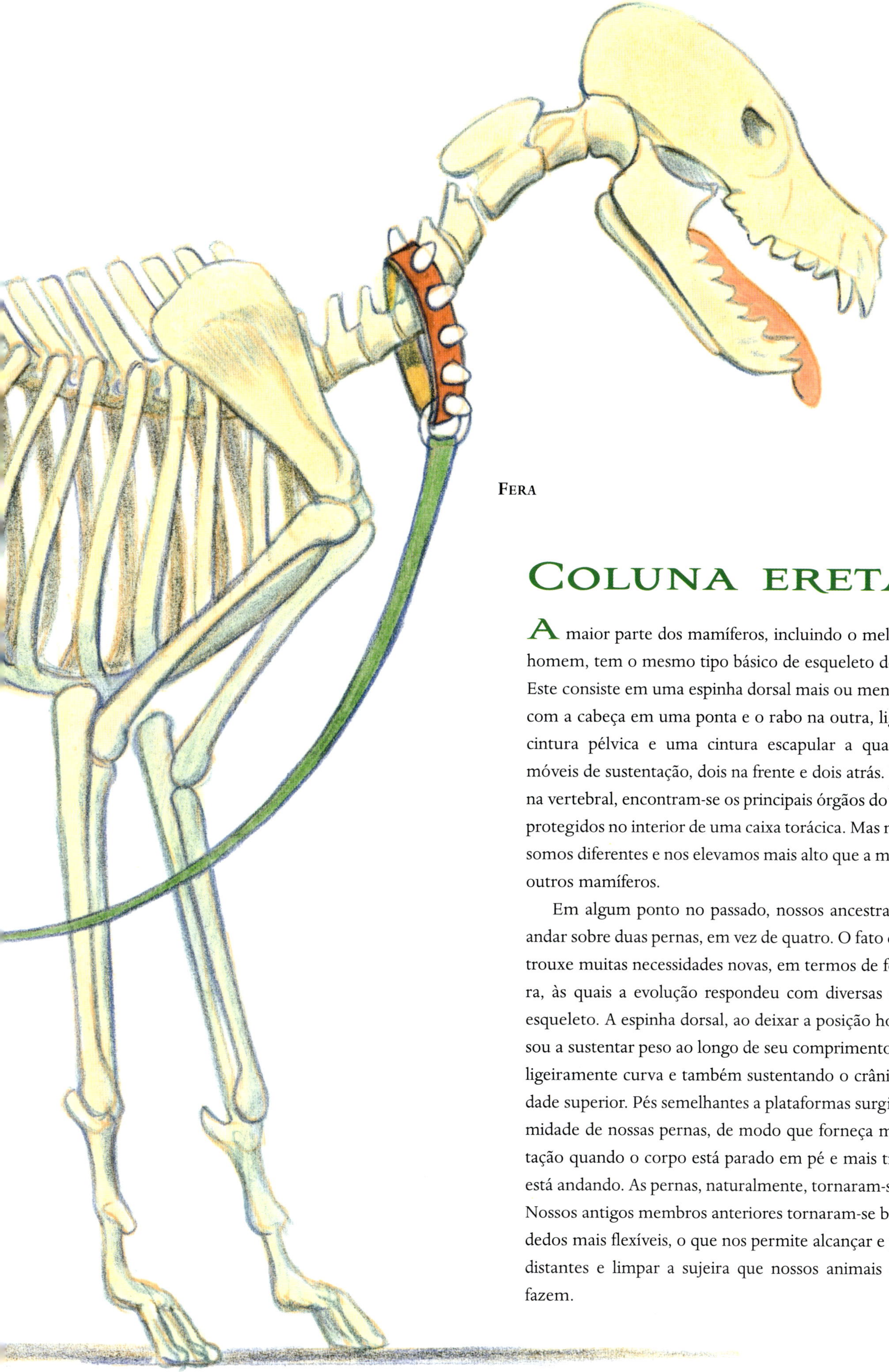

COLUNA ERETA

A maior parte dos mamíferos, incluindo o melhor amigo do homem, tem o mesmo tipo básico de esqueleto de sustentação. Este consiste em uma espinha dorsal mais ou menos horizontal, com a cabeça em uma ponta e o rabo na outra, ligada por uma cintura pélvica e uma cintura escapular a quatro membros móveis de sustentação, dois na frente e dois atrás. Presos à coluna vertebral, encontram-se os principais órgãos do corpo, alguns protegidos no interior de uma caixa torácica. Mas nós, humanos, somos diferentes e nos elevamos mais alto que a maior parte dos outros mamíferos.

Em algum ponto no passado, nossos ancestrais passaram a andar sobre duas pernas, em vez de quatro. O fato de ficar em pé trouxe muitas necessidades novas, em termos de forças e postura, às quais a evolução respondeu com diversas alterações no esqueleto. A espinha dorsal, ao deixar a posição horizontal, passou a sustentar peso ao longo de seu comprimento, tornando-se ligeiramente curva e também sustentando o crânio na extremidade superior. Pés semelhantes a plataformas surgiram na extremidade de nossas pernas, de modo que forneça melhor sustentação quando o corpo está parado em pé e mais tração quando está andando. As pernas, naturalmente, tornaram-se mais fortes. Nossos antigos membros anteriores tornaram-se braços, mãos e dedos mais flexíveis, o que nos permite alcançar e pegar objetos distantes e limpar a sujeira que nossos animais de estimação fazem.

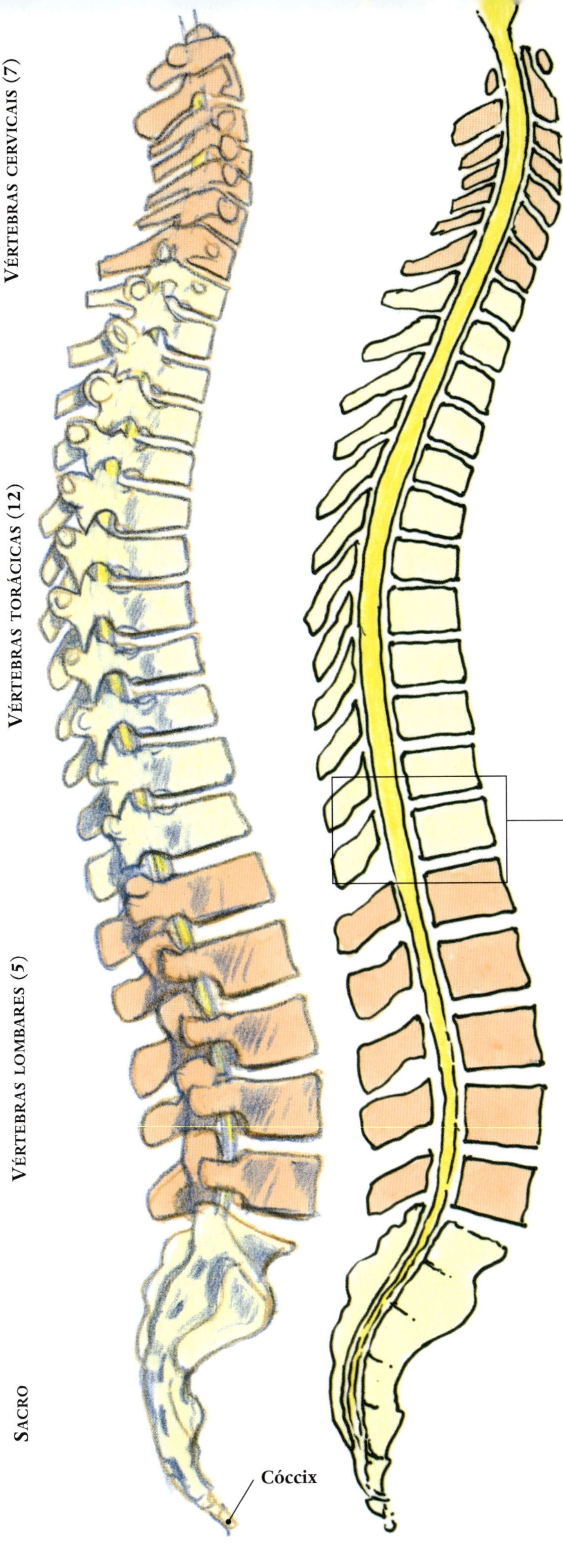

Coluna sinuosa

A cabeça e o tronco são sustentados por uma pilha com aparência instável de 26 ossos de formas estranhas, as vértebras. Diferente das colunas de construção, a coluna vertebral (ou espinha dorsal) não é nem sólida, nem dura. A coluna vertebral não é nem mesmo reta. As vértebras formam quatro segmentos ligeiramente curvos, que desempenham funções diferentes. As vértebras cervicais sustentam a cabeça e o pescoço, enquanto as vértebras torácicas se ligam às costelas. As vértebras lombares da parte baixa das costas sustentam a maior parte do peso do corpo, enquanto as vértebras fundidas do sacro fazem a ligação entre a coluna vertebral e a pelve. O diminuto cóccix é um vestígio de quando nossos ancestrais tinham cauda.

Embora cada vértebra tenha proporções ligeiramente diferentes, todas, exceto uma, têm um corpo resistente que suporta peso,

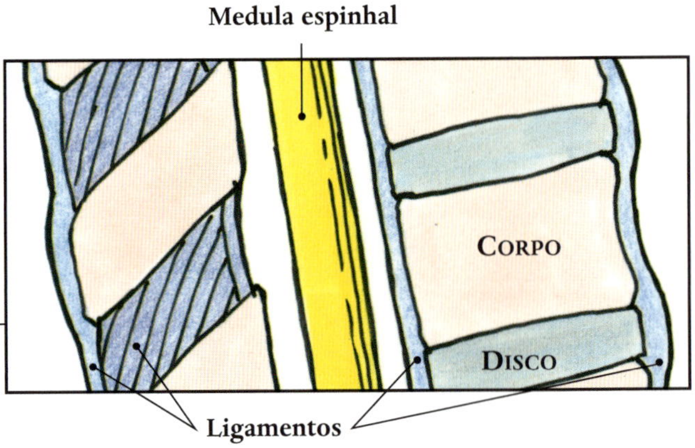

e o arco vertebral que circunda e protege o forame vertebral, no interior do qual está a medula espinhal. O movimento limitado entre cada par de vértebras adjacentes é possível devido a um disco de cartilagem que é duro na borda exterior e flexível no centro. Combinados, esses pequenos movimentos nos permitem dobrar o corpo para a frente, torcer o tronco e até mesmo dar saltos mortais de costas. Os discos intervertebrais também agem absorvendo o choque de movimentos como andar, correr ou saltar. Projeções entrelaçadas dos arcos vertebrais controlam os movimentos entre vértebras adjacentes. As facetas entre essas projeções que são cobertas de cartilagem são banhadas em líquido sinovial, para reduzir o atrito.

Uma série de ligamentos mantêm todas essas peças juntas e evita movimentos excessivos em qualquer direção. Esses ligamentos correm pela frente e por trás da espinha dorsal, assim como entre as projeções. Os músculos das costas também estão ligados a essas projeções, reforçando os ligamentos e permitindo o movimento.

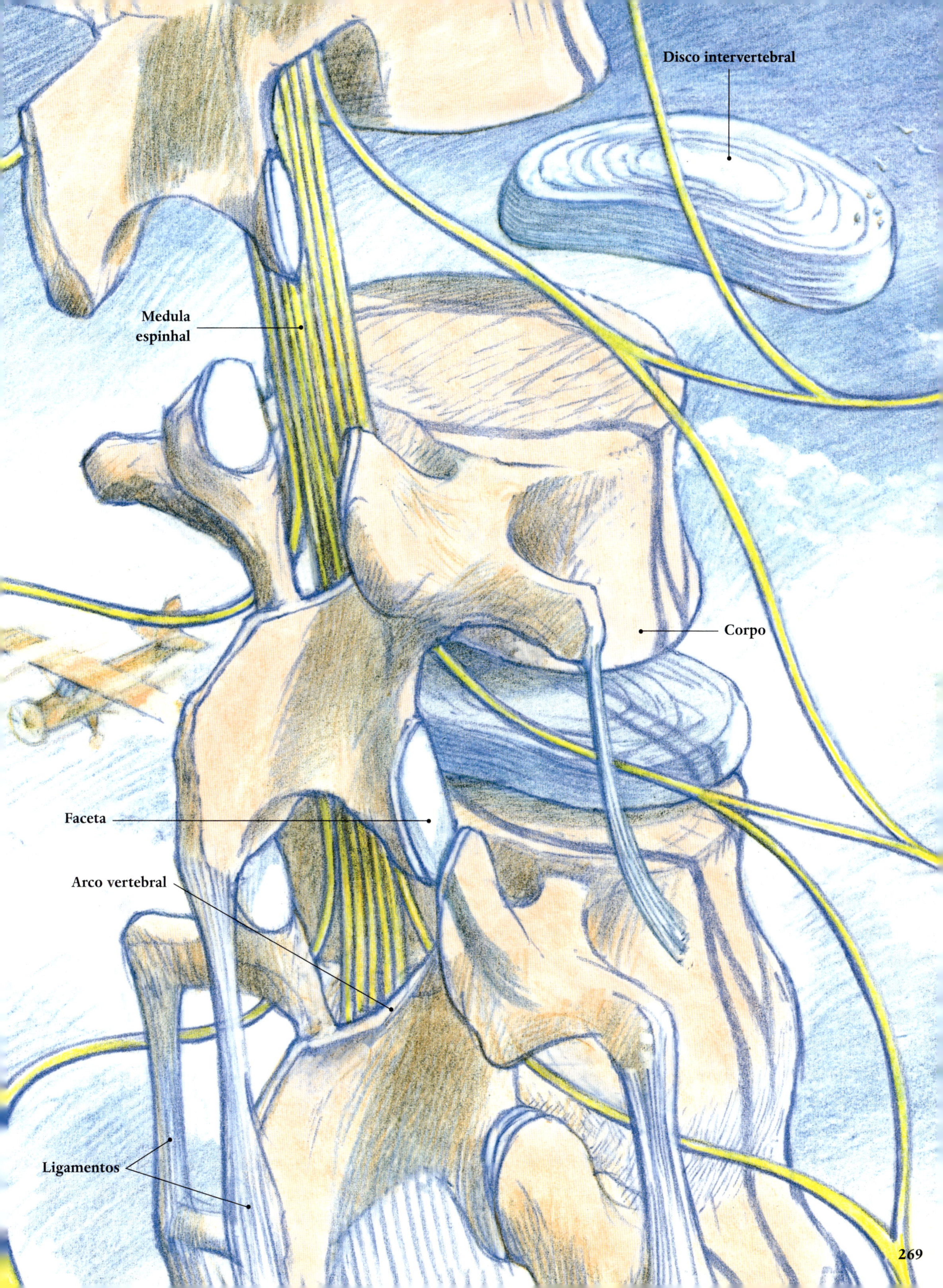
Disco intervertebral
Medula
espinhal
Corpo
Faceta
Arco vertebral
Ligamentos

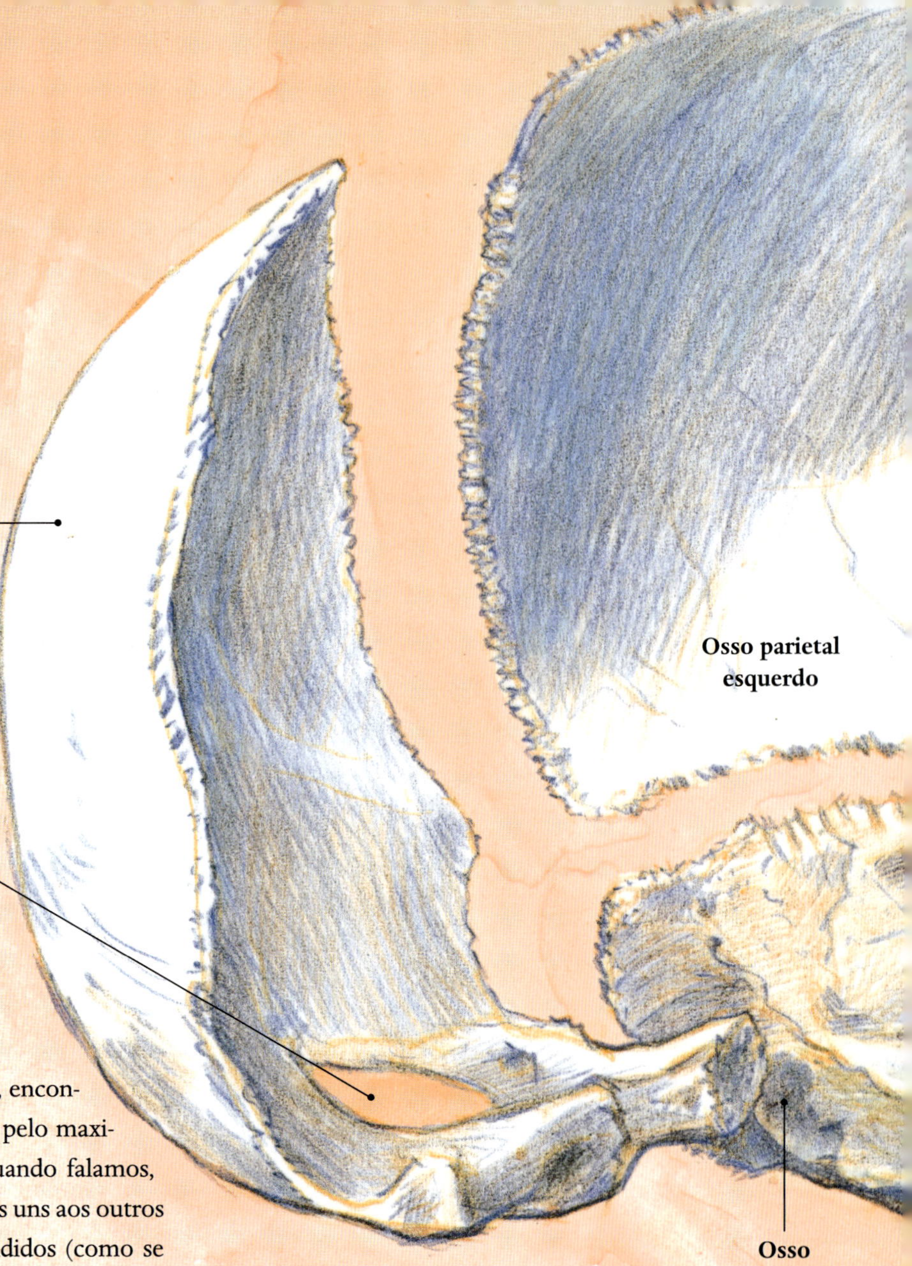

QUARTEL-GENERAL

Apoiados sobre o osso atlas, no topo da coluna, encontram-se os 22 ossos que formam o crânio. Exceto pelo maxilar inferior (mandíbula), que precisa se mover quando falamos, comemos ou bebemos, esses ossos são todos presos uns aos outros no início da infância e ficam completamente fundidos (como se estivessem soldados uns aos outros) quando chegamos à idade adulta, o que confere grande resistência ao crânio como um todo. Há pequenas aberturas para a passagem de nervos e vasos sanguíneos espalhadas pela estrutura toda, e a maior delas, na base do crânio, permite a ligação do cérebro à medula espinhal.

O crânio tem duas partes principais. A primeira é a caixa craniana, que é constituída de oito ossos e que circunda, sustenta e protege o cérebro. A "cúpula" é formada por quatro placas ósseas finas e curvadas e dois ossos temporais, que também abrigam os órgãos de audição e equilíbrio. Os ossos frontais formam a testa; dois ossos parietais, junto com os ossos temporais, formam os lados e o topo do crânio; e o osso occipital forma a parte posterior e a base. A medula espinhal entra no crânio através de uma abertura no osso occipital. As partes restantes do crânio são o osso esfenoide (com a forma de uma borboleta), que se liga a todos os outros ossos do crânio, e o osso etmoide, também muito complexo, que forma parte da cavidade nasal.

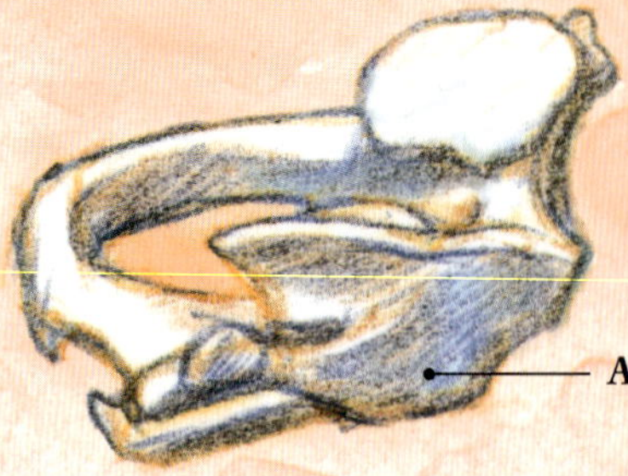

A segunda parte do crânio é formada por catorze ossos que formam o rosto e as mandíbulas. Dois ossos zigomáticos fazem o contorno das bochechas enquanto duas maxilas fundidas formam o maxilar superior, que, assim como a mandíbula, tem uma fileira de dentes. Os ossos restantes da face se combinam com os ossos do crânio para formar a cavidade nasal e as cavidades oculares. Músculos pequenos, ancorados aos ossos da face e do crânio, esticam a pele produzindo os movimentos sutis e precisos que podem transformar um sorriso de alegria numa expressão de tristeza.

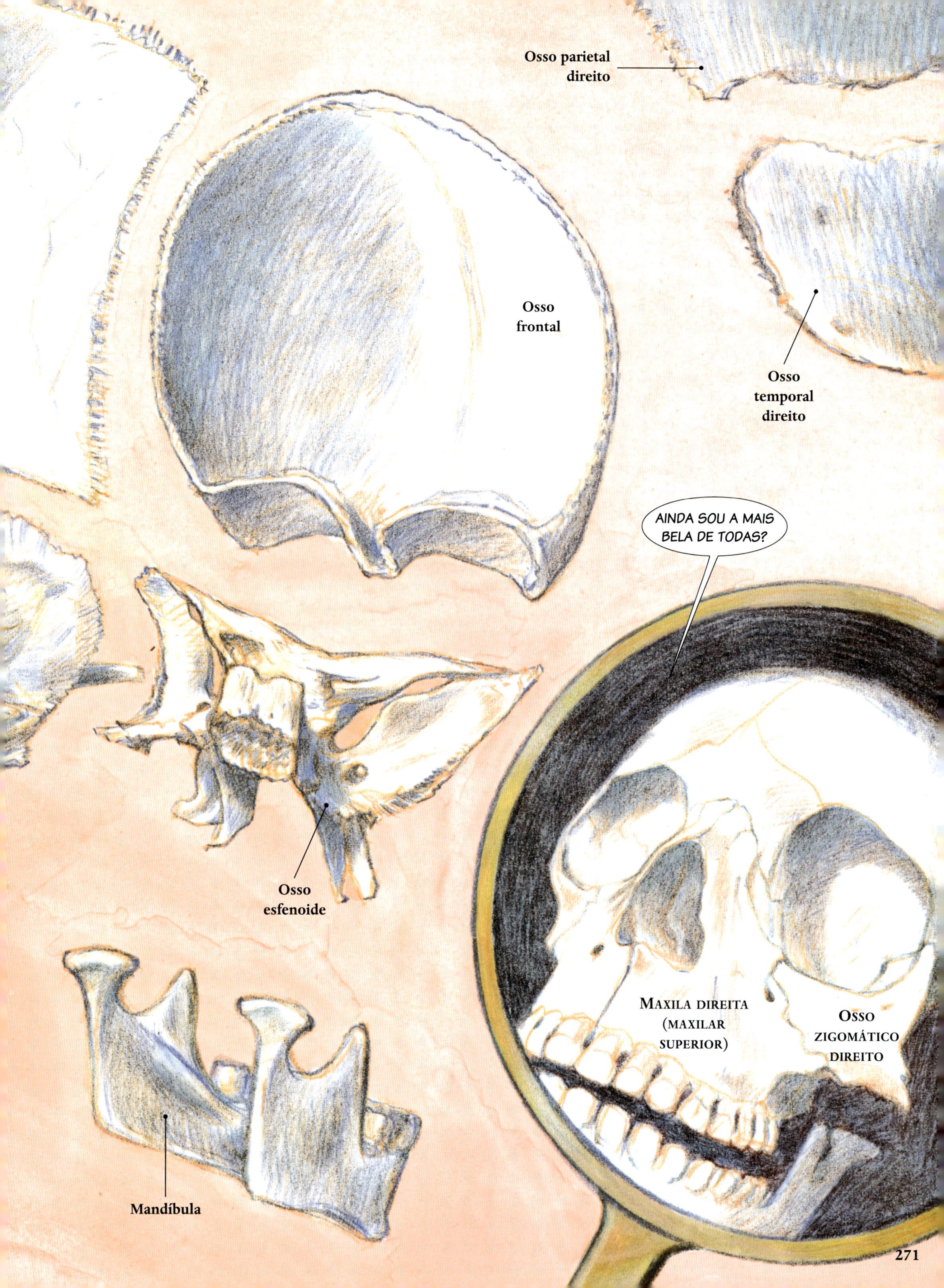
Osso parietal direito
Osso frontal
Osso temporal direito
AINDA SOU A MAIS BELA DE TODAS?
Osso esfenoide
Maxila direita (maxilar superior)
Osso zigomático direito
Mandíbula

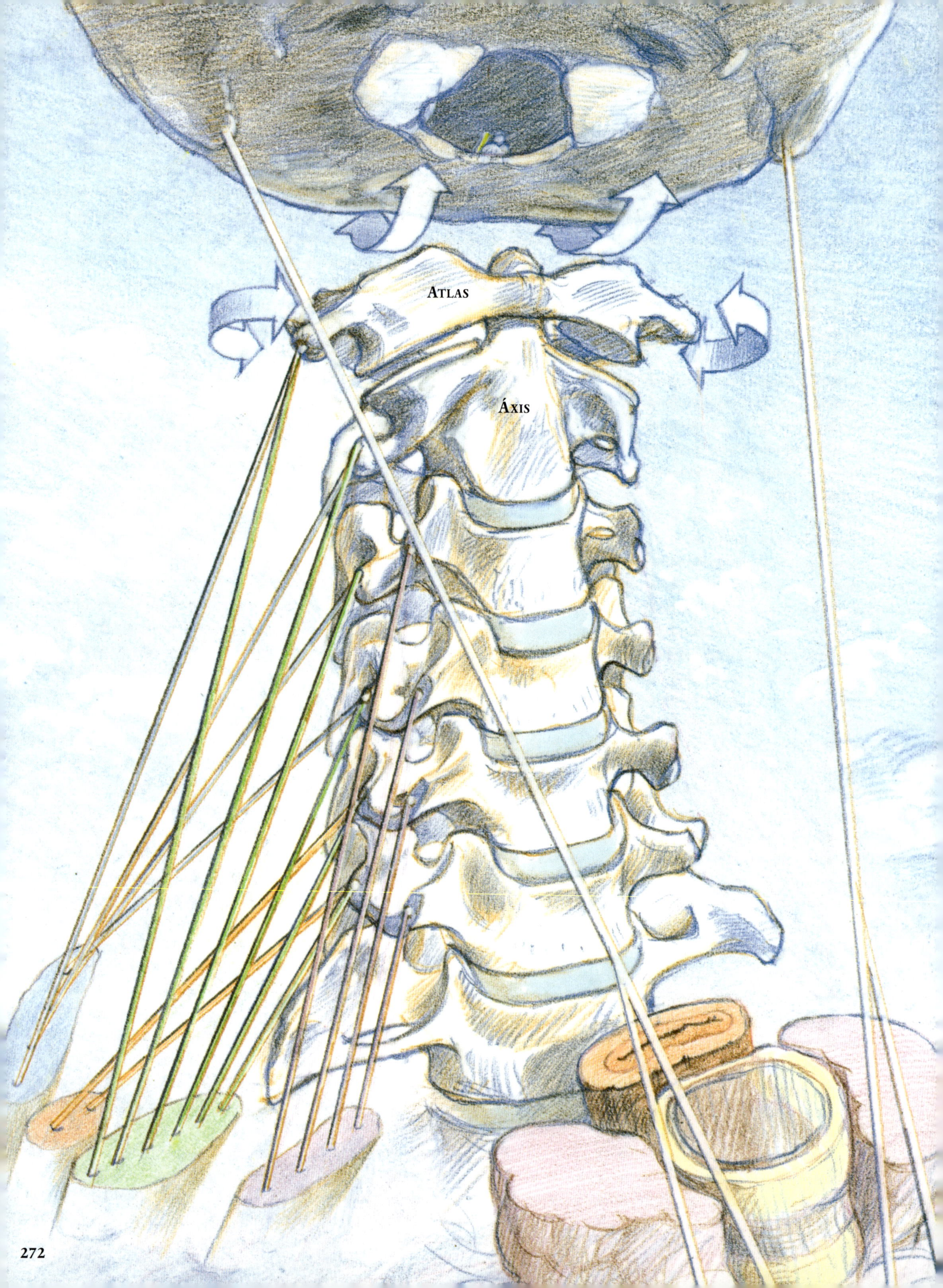
Atlas
Áxis

Sim e não

Uma cabeça humana é, em média, um pouquinho menor que uma bola de futebol, mas pesa dez vezes mais. Ela é sustentada e se assenta sobre as vértebras cervicais. Para manter a cabeça mais ou menos equilibrada sobre os pés e os quadris, a cabeça e o pescoço dependem de vários ligamentos e músculos que conferem estabilidade ao conjunto. Ao mesmo tempo, contudo, a cabeça precisa estar livre para efetuar movimentos controlados para que nossos olhos possam observar o mundo ao nosso redor e possamos dizer "sim" ou "não" apenas com acenos da cabeça.

Esses movimentos simples são possíveis graças às duas primeiras vértebras cervicais. O atlas, na extremidade superior da porção cervical da coluna, dá apoio ao crânio e permite que este se mova para a frente e para trás. A próxima vértebra é chamada áxis. O áxis sustenta o atlas e permite a rotação de um lado para o outro. O atlas e o áxis são diferentes um do outro e de todas as outras vértebras. O atlas é um anel ósseo, sem corpo vertebral, enquanto o pequeno corpo do áxis se estende em uma projeção vertical contra a qual o atlas se movimenta. Também não há disco intervertebral entre eles. Abaixo do áxis, são possíveis apenas os movimentos normais de curvatura e torção.

Há uma série de músculos sobrepostos que fazem esses movimentos. Estes se originam dos ossos da coluna ou dos ossos dos ombros e movimentam a cabeça ou as vértebras cervicais.

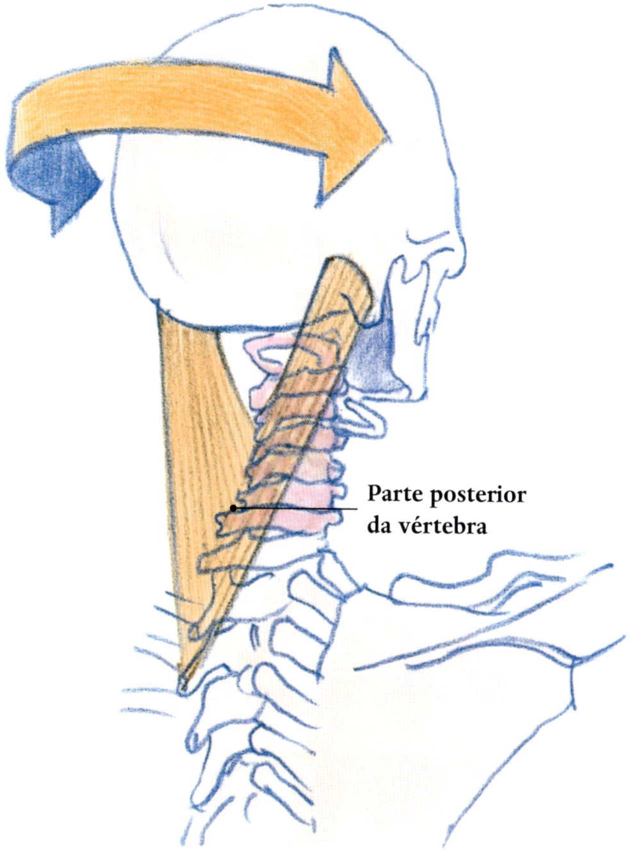

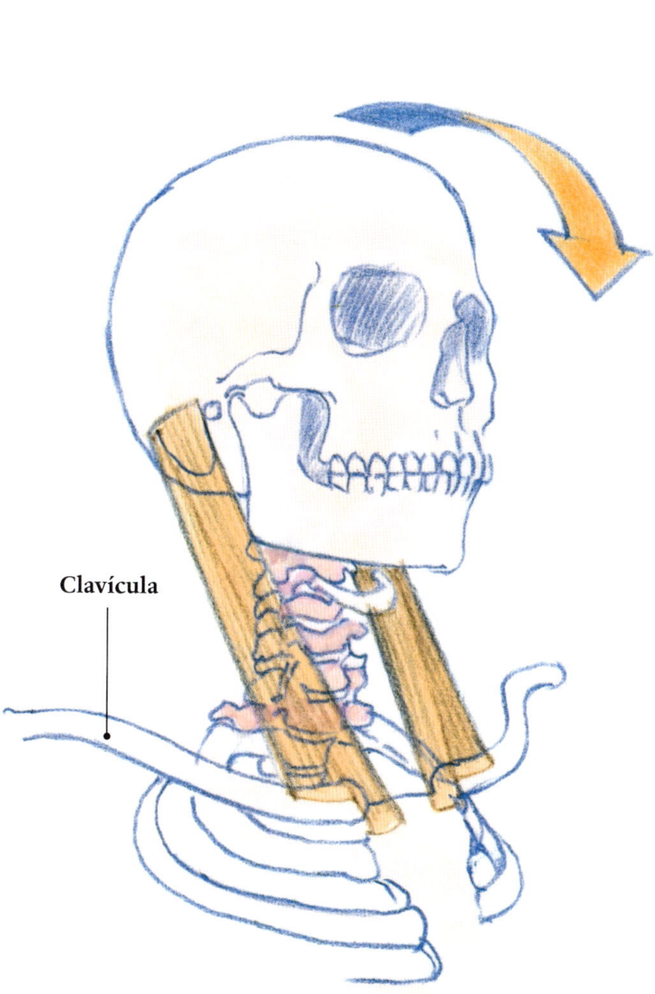

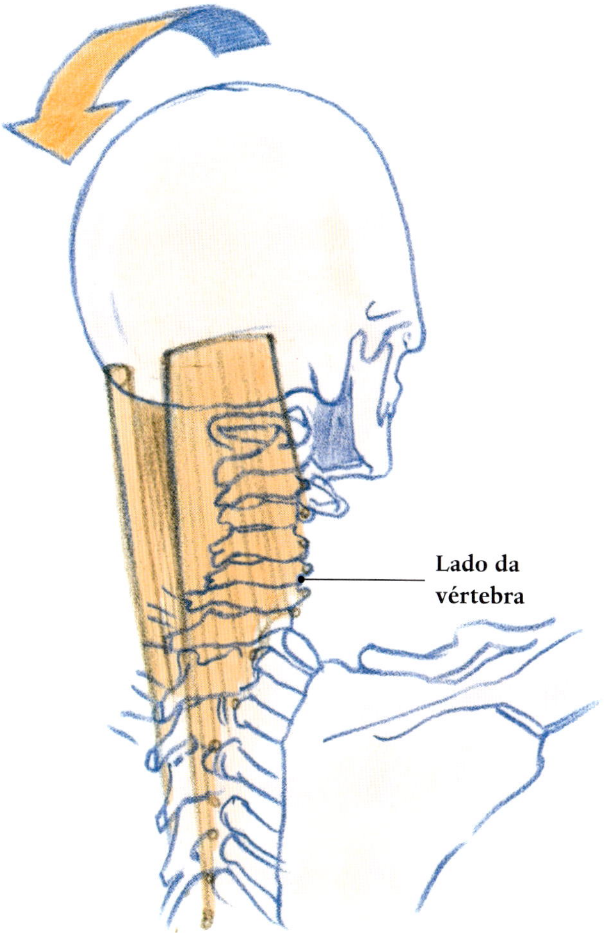

Esterno
Ligamentos
do ombro
Bainha sinovial
(bainha do tendão)

UM OMBRO NO QUAL SE APOIAR

A flexibilidade do ombro é o que nos permite mover os braços para a frente, para trás, para os lados e em círculos. Mas essa flexibilidade tem um preço. Além de ser a articulação com maior mobilidade em todo o corpo, o ombro também é a menos estável. Ela se forma onde a cabeça redonda do úmero se encaixa na cavidade da escápula (omoplata). Junto com as clavículas, as escápulas, finas e triangulares, formam a cintura escapular que prende os braços ao resto do corpo. Como não precisa carregar o peso do corpo quando andamos, a cintura escapular pode ser mais leve e mais flexível que a cintura pélvica, menos flexível, onde as pernas se ligam ao corpo. Apenas a clavícula fica ligada a um eixo principal do esqueleto por uma articulação de verdade. As escápulas se movem livremente, mantidas no lugar apenas por músculos. Isso permite a grande mobilidade não apenas do braço, mas também do ombro todo.

Vários ligamentos e tendões, incluindo o tendão do bíceps, passam pela articulação do ombro, tornando-a mais estável e evitando que a "bola" saia do "soquete". Três ligamentos fracos reforçam a cápsula fina e frouxa que fica ao redor da articulação, enquanto ligamentos superiores mais fortes sustentam parte do peso do braço. Dos nove músculos que têm origem na cintura escapular e se inserem no úmero, quatro, chamados músculos do manguito rotador, são específicos para manter a estabilidade da articulação. A caminho do úmero, seus tendões se fundem com a cápsula, reforçando-a ainda mais.

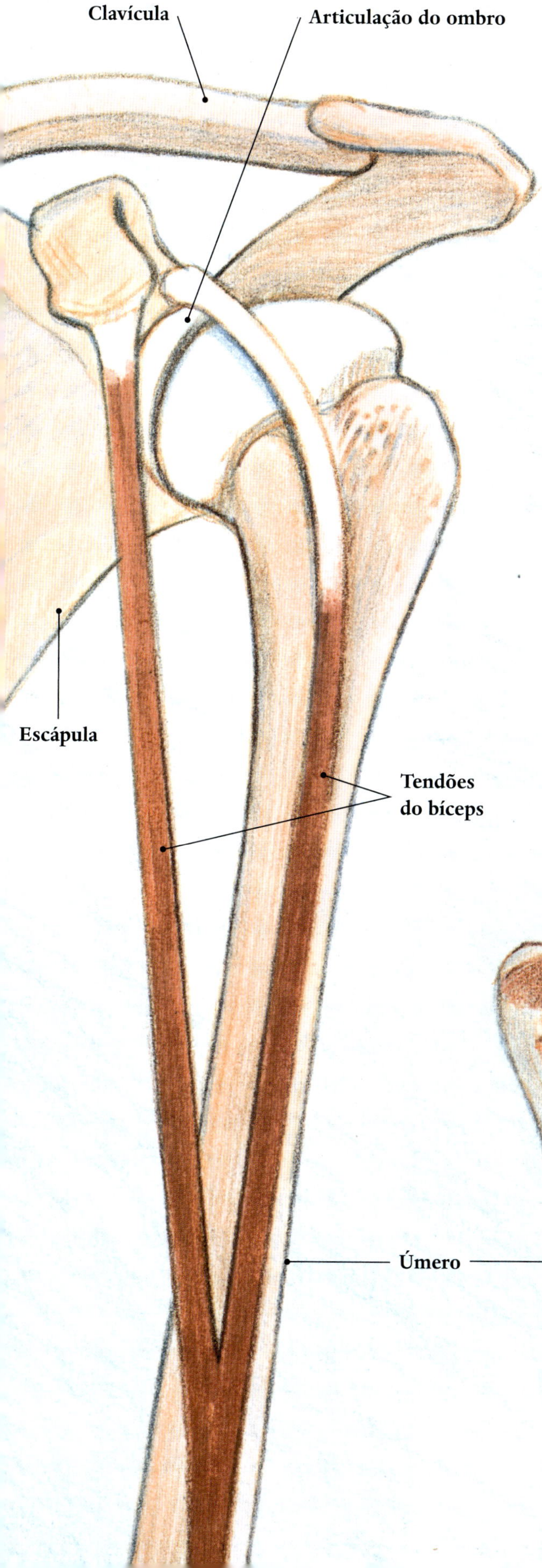

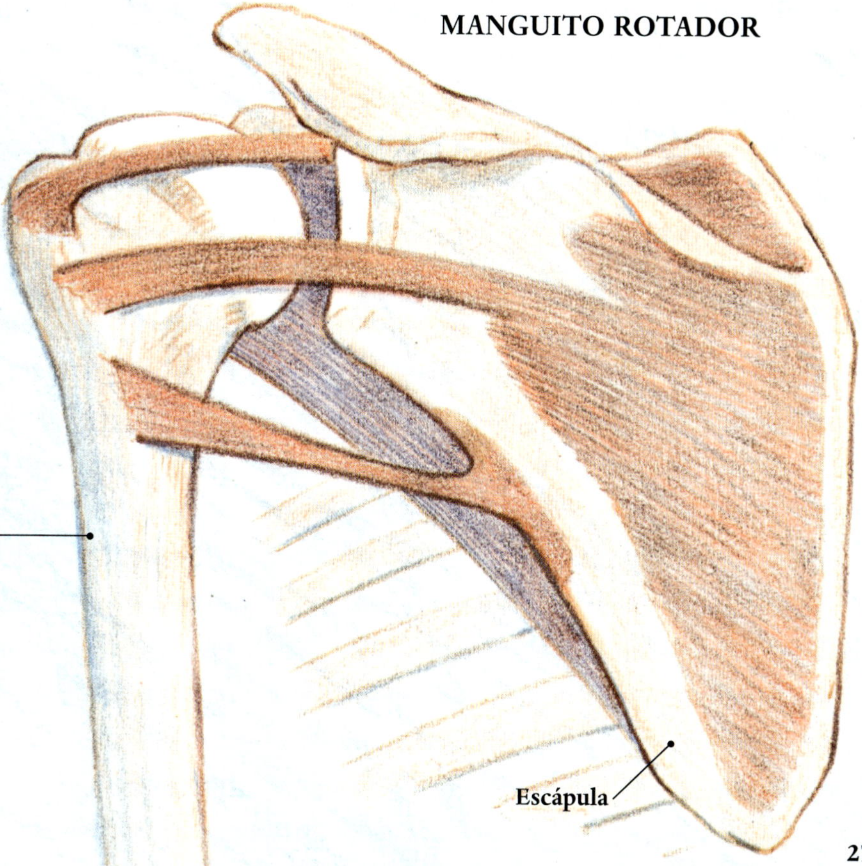

A MAÇÃ DE NEWTON

O braço é constituído de três ossos longos. O úmero, que vai do ombro ao cotovelo, constitui a porção superior do braço. O rádio e a ulna, indo do cotovelo ao pulso, constituem o antebraço. A flexibilidade do ombro combinada com os vários graus de movimento permitidos por cerca de trinta articulações do braço e da mão permitem ao membro superior uma gama incrível de movimentos. Mas, devido ao fato de os músculos do membro superior (assim como todos os músculos) trabalharem ou juntos, ou em oposição,

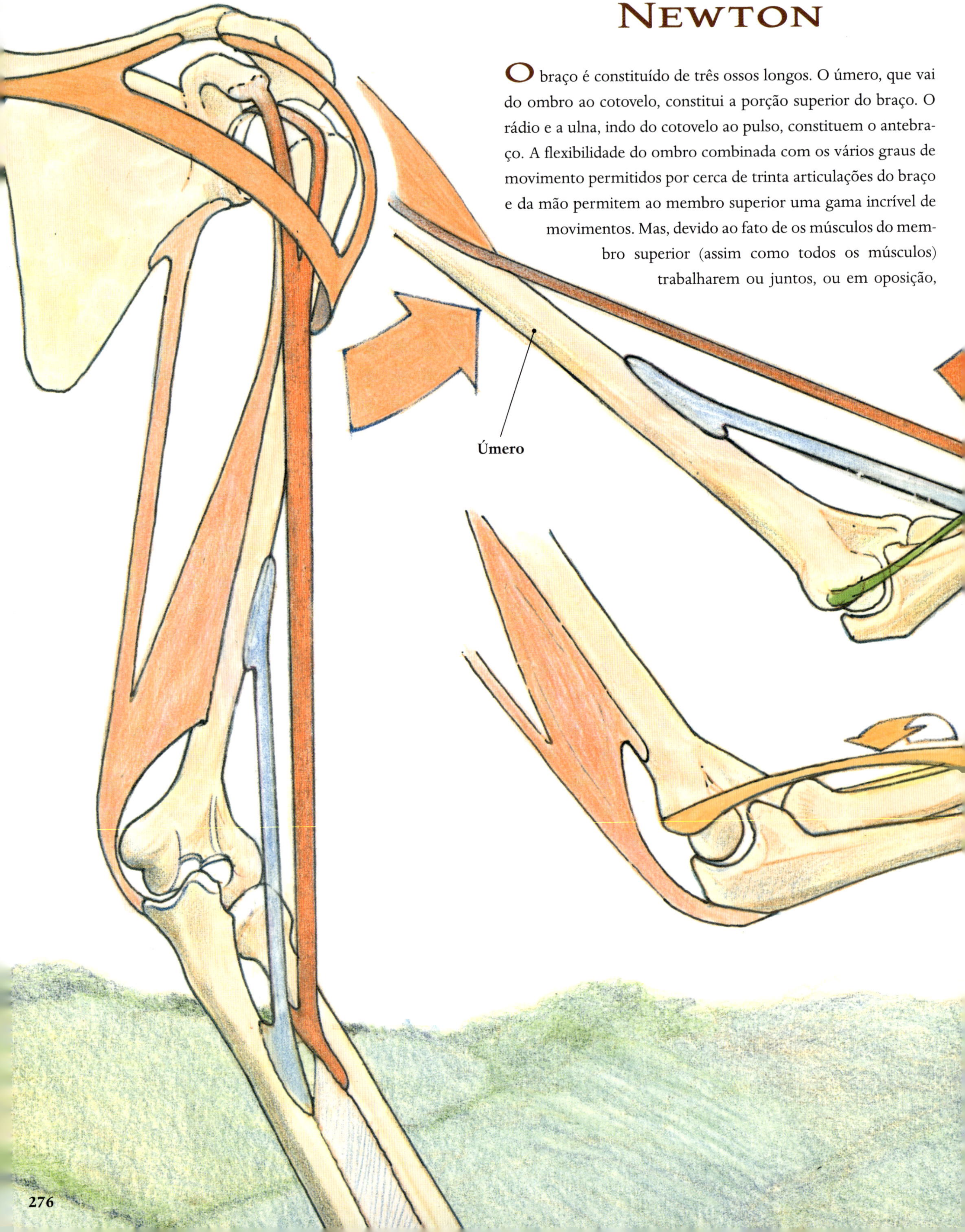

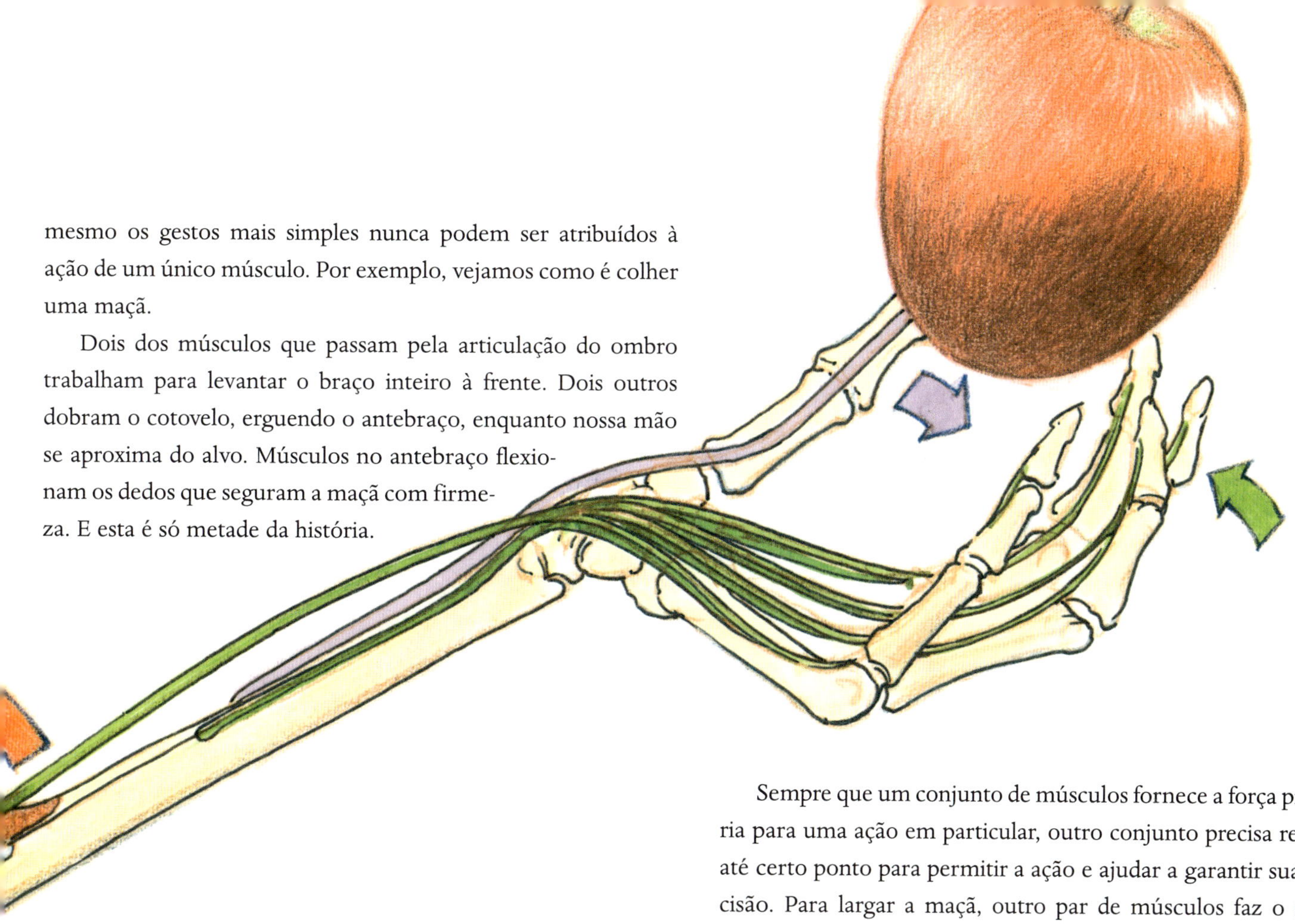

mesmo os gestos mais simples nunca podem ser atribuídos à ação de um único músculo. Por exemplo, vejamos como é colher uma maçã.

Dois dos músculos que passam pela articulação do ombro trabalham para levantar o braço inteiro à frente. Dois outros dobram o cotovelo, erguendo o antebraço, enquanto nossa mão se aproxima do alvo. Músculos no antebraço flexionam os dedos que seguram a maçã com firmeza. E esta é só metade da história.

Sempre que um conjunto de músculos fornece a força primária para uma ação em particular, outro conjunto precisa relaxar até certo ponto para permitir a ação e ajudar a garantir sua precisão. Para largar a maçã, outro par de músculos faz o rádio rodar ao redor da ulna de modo que nossa mão se volte para baixo. Músculos na parte posterior do antebraço assumem o controle a partir daqui, estendendo (e, assim, abrindo) os dedos e deixando que a maçã caia.

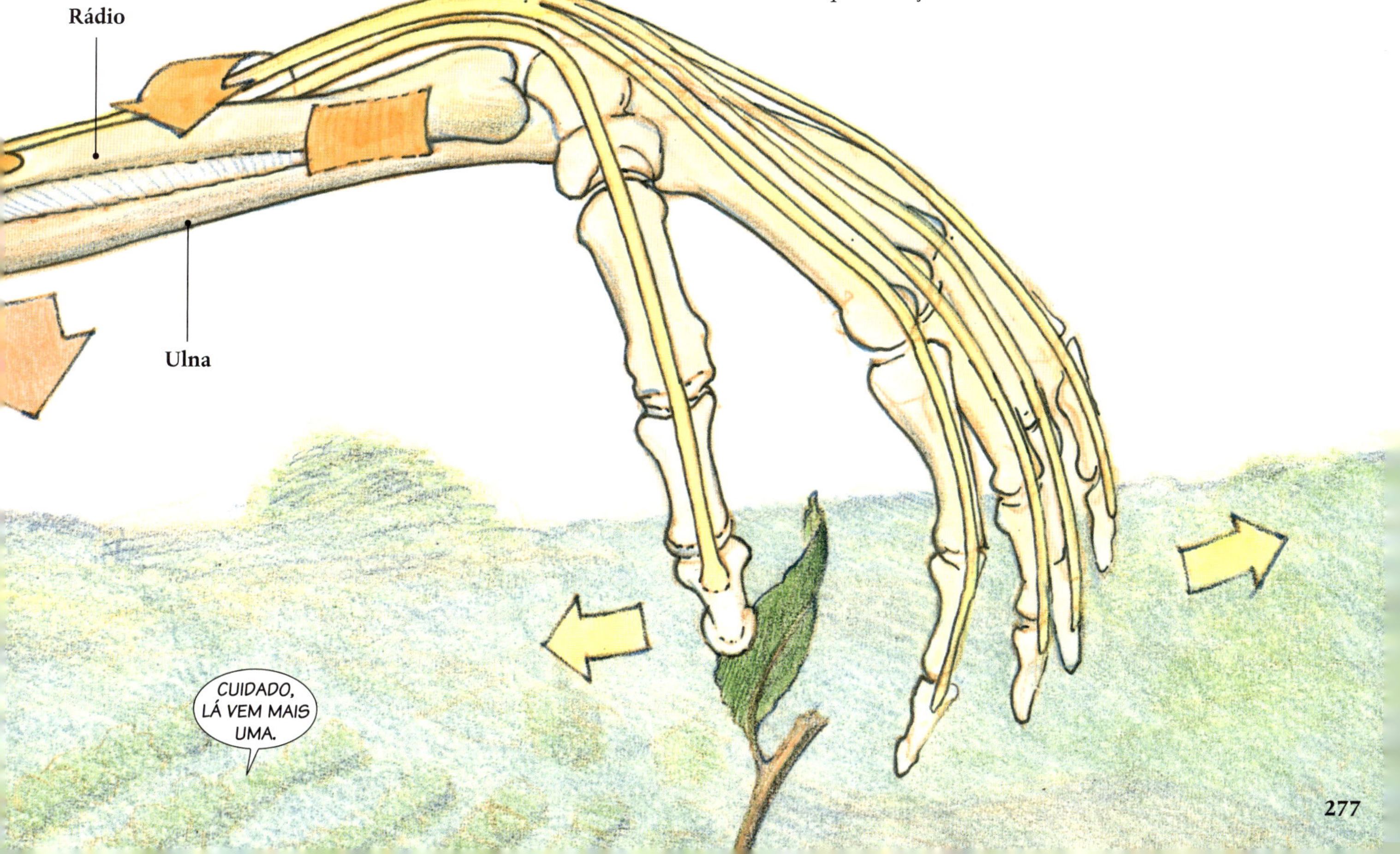

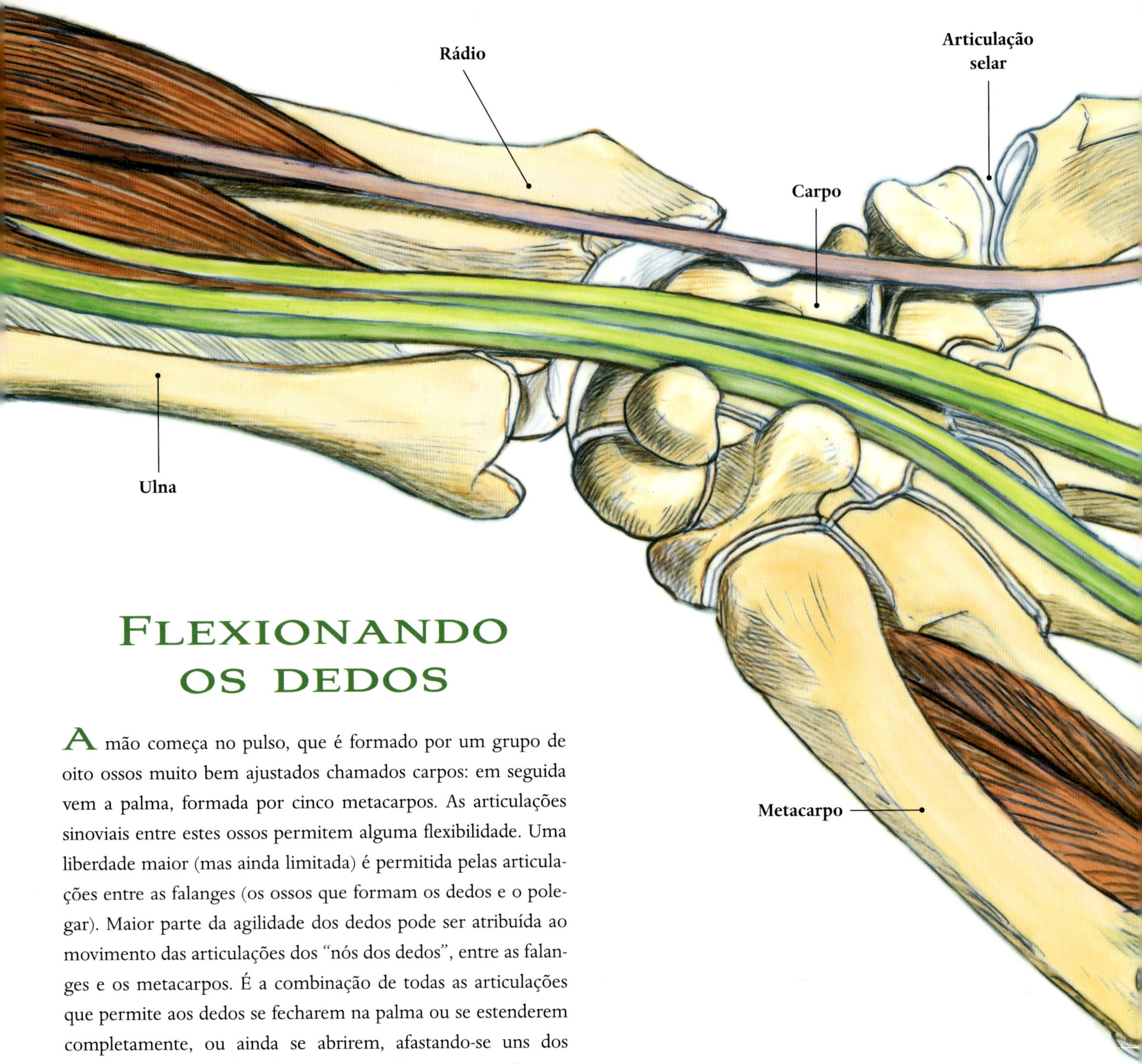

FLEXIONANDO OS DEDOS

A mão começa no pulso, que é formado por um grupo de oito ossos muito bem ajustados chamados carpos: em seguida vem a palma, formada por cinco metacarpos. As articulações sinoviais entre estes ossos permitem alguma flexibilidade. Uma liberdade maior (mas ainda limitada) é permitida pelas articulações entre as falanges (os ossos que formam os dedos e o polegar). Maior parte da agilidade dos dedos pode ser atribuída ao movimento das articulações dos "nós dos dedos", entre as falanges e os metacarpos. É a combinação de todas as articulações que permite aos dedos se fecharem na palma ou se estenderem completamente, ou ainda se abrirem, afastando-se uns dos outros. Mas, seja pondo linha em uma agulha ou segurando uma corda, as mãos devem sua grande versatilidade à orientação e operação do polegar opositor. Uma articulação flexível, do tipo selar (em forma de sela), na base do polegar, permite que este passe completamente à frente da palma e que toque as pontas dos outros dedos.

Se a maioria dos músculos que operam os dedos ficasse nas mãos, estas pareceriam inchadas como se estivessem enfaixadas. O volume relativamente pequeno das mãos é devido ao fato de que os músculos que flexionam os dedos e os pulsos estão localizados principalmente na parte anterior do antebraço, enquanto os extensores estão localizados na parte posterior. Tanto os músculos flexores como os extensores continuam em tendões finos e longos que passam pelo pulso e vão até os vários ossos dos dedos. Eles passam pelo pulso por um túnel cujos lados são definidos pelos carpos e cujo teto é formado por uma faixa de ligamentos que evita que os tendões saiam do lugar quando os músculos se contraem. Há alguns músculos na palma da mão que controlam movimentos mais precisos, incluindo os movimentos do polegar. Os músculos do antebraço são responsáveis por operações de mais força, como segurar coisas pesadas, puxar uma corda, etc.

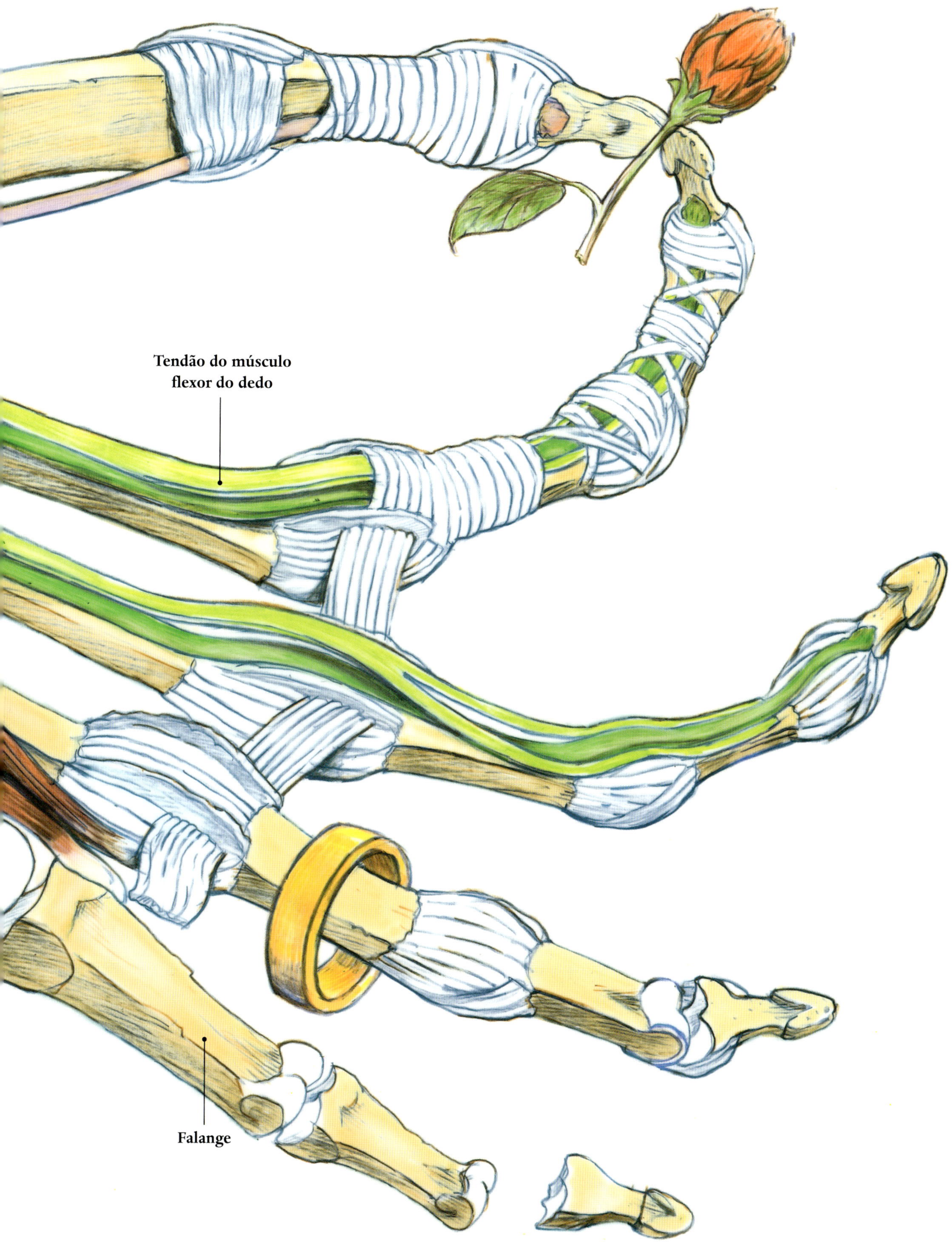

Tendão do músculo flexor do dedo
Falange

UMA BASE FORTE

Ponha as mãos nos quadris e você sentirá as "asas" de sua cintura pélvica. Como não deve ser surpresa, tendo a função de transmitir o peso da parte de cima do corpo para as pernas, e também tendo que manter as pernas separadas o suficiente para que possamos equilibrar esse peso, essa parte do nosso esqueleto é grande, forte e rígida.

A cintura inteira, conhecida de forma mais geral como pelve óssea (ou esqueleto da pelve), é constituída pelos dois ossos do quadril (ou da bacia) – cada um composto de três ossos fundidos – e o sacro. Os ossos da bacia estão ligados à frente por uma articulação de cartilagem que permite muito pouco movimento. Nas costas, eles se prendem à porção superior do sacro através de articulações sinoviais, cujos movimentos são inibidos por alguns dos ligamentos mais fortes do corpo.

Além de servir de ligação entre a coluna vertebral e as pernas, esse conjunto de ossos com forma de bacia (de onde vem seu nome mais popular) fornece pontos de apoio para vários músculos, incluindo aqueles que nos permitem ficar na posição vertical. A cintura pélvica também sustenta e protege órgãos como a bexiga. A grossa base muscular (como um "soalho") que atravessa a abertura inferior da pelve evita que os órgãos sejam empurrados para fora e para baixo por contrações musculares ou pela gravidade.

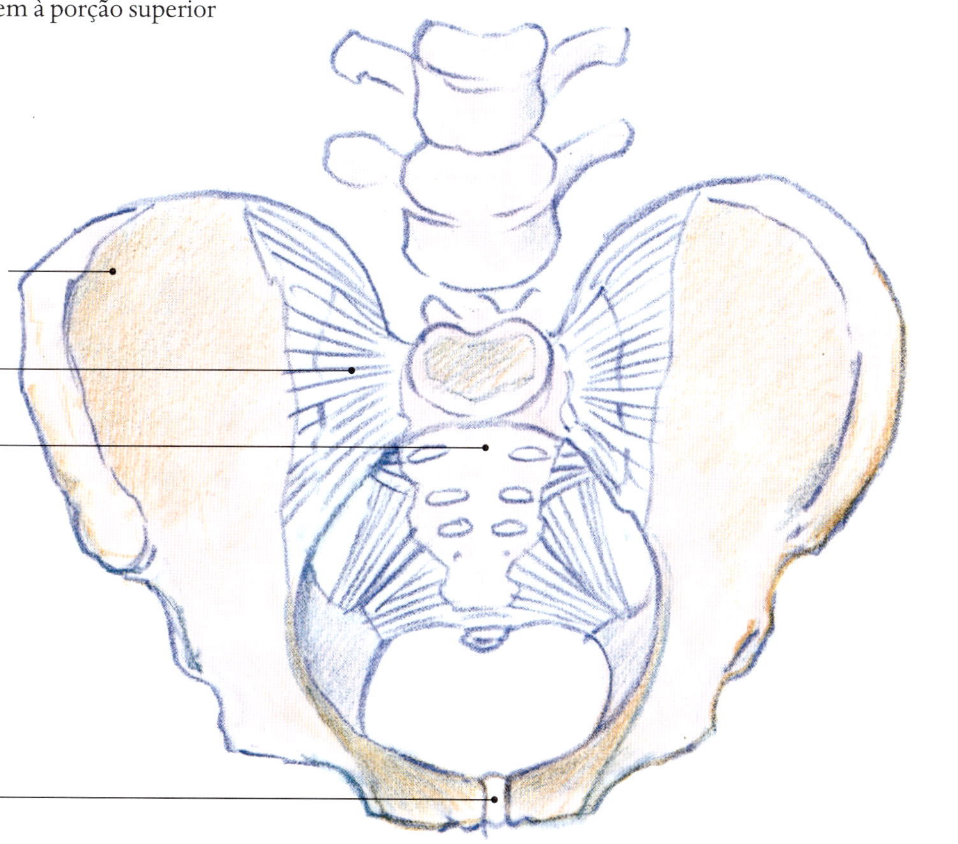

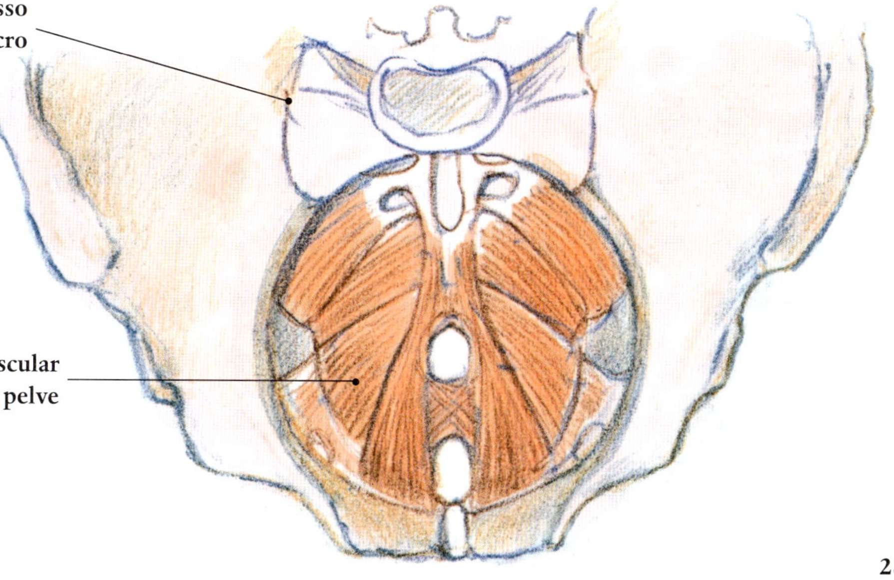

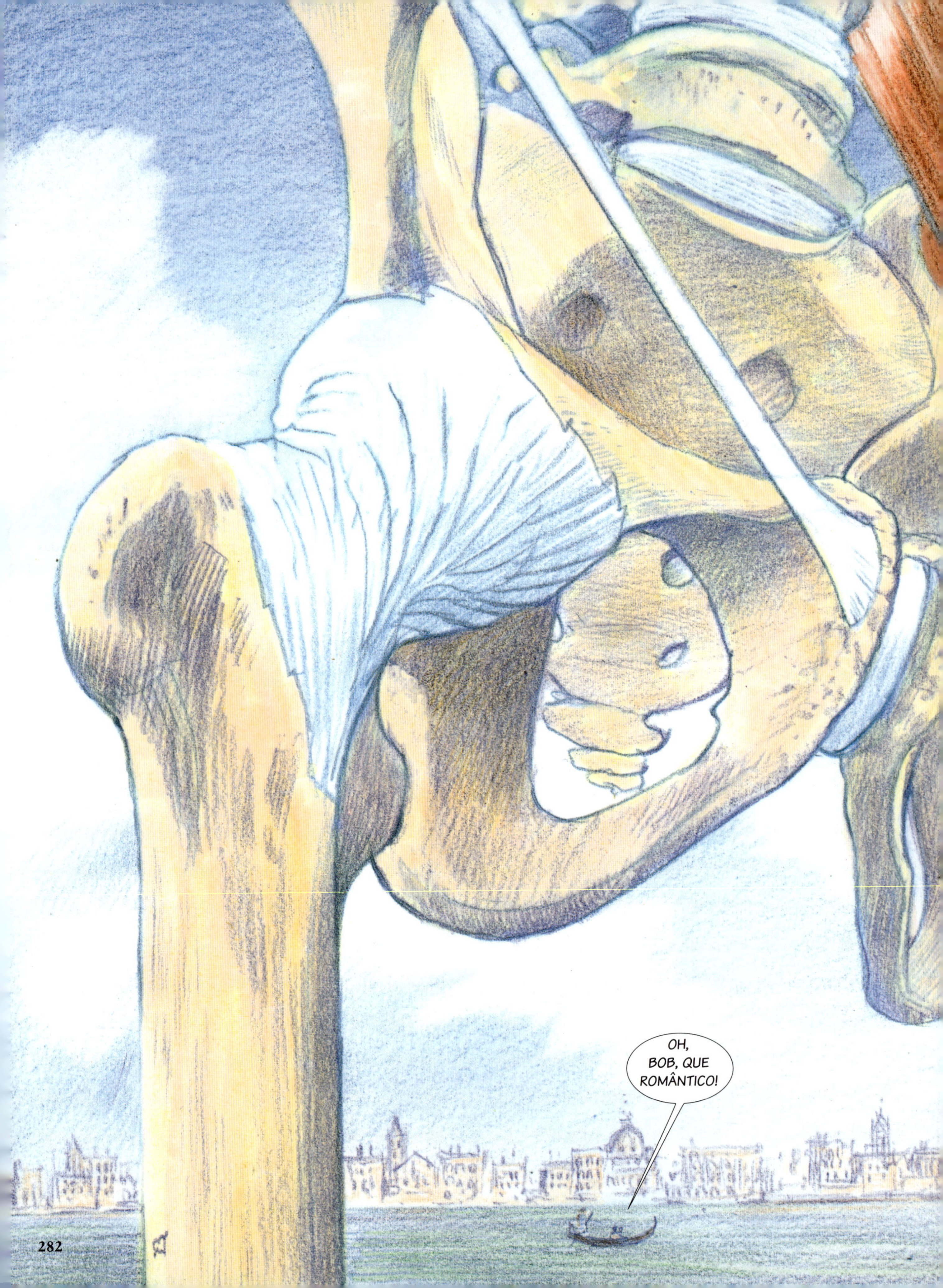
OH, BOB, QUE ROMÂNTICO!

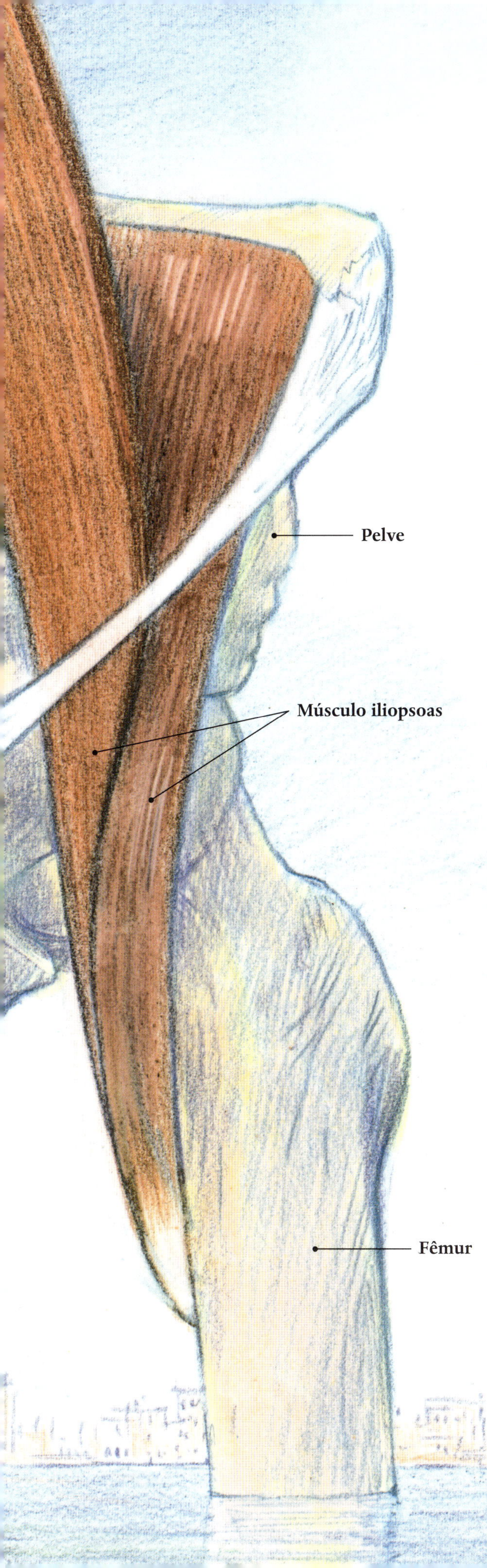

Uma ponte para as pernas

É preciso muita força e energia para sustentar e mover o corpo. A pelve e as coxas, com seus músculos, tendões e ligamentos, têm as duas coisas. Encaixes profundos, um em cada lado da cintura pélvica, recebem as cabeças redondas dos ossos das coxas chamados fêmures. Essas articulações são reforçadas por ligamentos, bem como por tendões e músculos que passam por elas. Emboras as articulações do quadril tenham muito menos liberdade de movimento que as dos ombros, elas têm muito mais estabilidade, o que nos permite ficar em pé, andar, correr e até pular.

A cabeça do fêmur (o osso da coxa) e o segmento em curva que a liga ao corpo do fêmur consistem principalmente de ossos esponjosos. Os suportes que compõem esses ossos são alinhados para suportar forças direcionadas da articulação para baixo até o corpo do fêmur, o qual, com a camada externa de seu osso compacto, resiste à compressão vertical.

Alguns dos músculos mais fortes do corpo estão ancorados na pelve e chegam até os fêmures e mesmo além deles. Na frente, o músculo iliopsoas flexiona a perna na articulação do quadril, enquanto o quádriceps femoral puxa a tíbia e estende a perna. Na parte de trás, os músculos das nádegas, que são chamados glúteos e são os maiores músculos do corpo, nos impulsionam para cima quando nos levantamos da posição sentada ou quando escalamos, enquanto os músculos ligados aos tendões da perna estendem a perna em relação ao quadril e a dobram na altura do joelho.

Outra função essencial dos ossos da bacia aparece na hora do parto. A pelve feminina é mais larga e mais rasa que a masculina, embora menos forte, o que facilita a passagem de um bebê com ombros relativamente largos e cabeça grande.

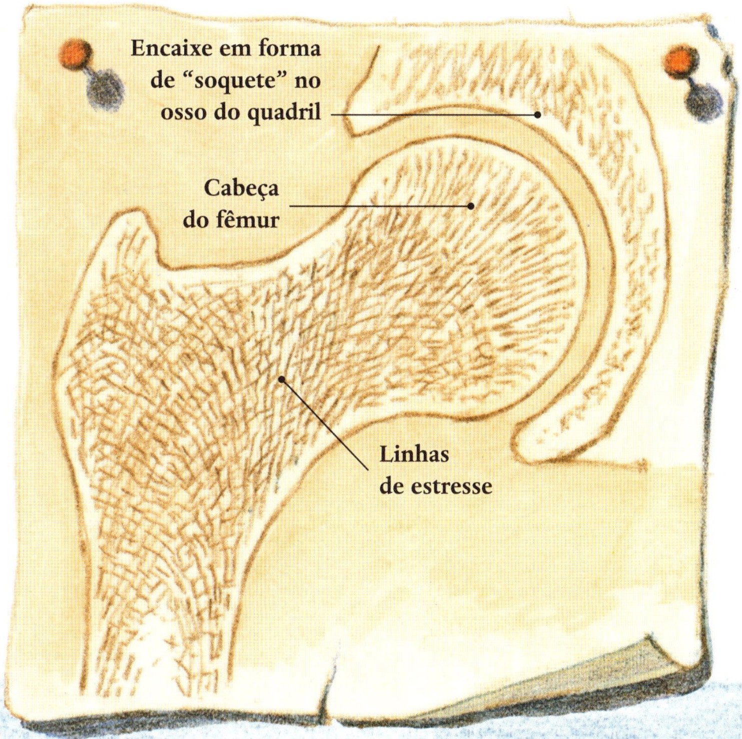

Dobrar e travar

Quando ficamos em pé, andamos ou corremos, nossos joelhos precisam sustentar a força para baixo correspondente ao peso do corpo todo. Ao mesmo tempo, essa articulação entre o fêmur (osso da coxa) e a tíbia (osso da "canela") precisa se flexionar e estender – além de rodar um pouco – para que possamos nos movimentar. Não é surpresa, portanto, que o joelho seja a maior articulação do corpo, e a mais complexa.

As projeções convexas na extremidade do fêmur formam articulações semelhantes a dobradiças com as superfícies ligeiramente côncavas no topo da tíbia. Cartilagens em forma de ferradura, chamadas meniscos, conferem maior profundidade às superfícies côncavas, evitando o deslizamento lateral do fêmur sobre estas. Há uma outra articulação entre o fêmur e o osso da frente do joelho, chamado patela. Esse osso pequeno desliza pela extremidade do fêmur e ajuda a proteger a articulação do joelho.

Força e estabilidade adicionais são conferidas por um grupo de ligamentos, incluindo o ligamento patelar, que é uma continuação do tendão do músculo forte que estende os joelhos. Outros ligamentos externos "preenchem as lacunas" da cápsula articular e evitam que o joelho se dobre para a frente, no sentido "errado". No interior da articulação os ligamentos cruzados, com forma de X, evitam que as superfícies do fêmur e da tíbia deslizem para a frente e para trás. Os tendões dos músculos que passam pela articulação do joelho também dão algum reforço.

A articulação do joelho tem outra característica: um dispositivo embutido de economia de energia. Quando ficamos em pé, com todo o peso sobre os joelhos, os fêmures se torcem ligeiramente para dentro sobre as tíbias, apertando os ligamentos e comprimindo os meniscos. Isso trava o joelho em uma estrutura rígida e fornece suporte contínuo. Dessa forma podemos ficar em pé sem precisar gastar muita energia com contrações musculares. Para verificar a utilidade e eficiência dessa característica, tente medir quanto tempo você consegue ficar em pé com os joelhos dobrados.

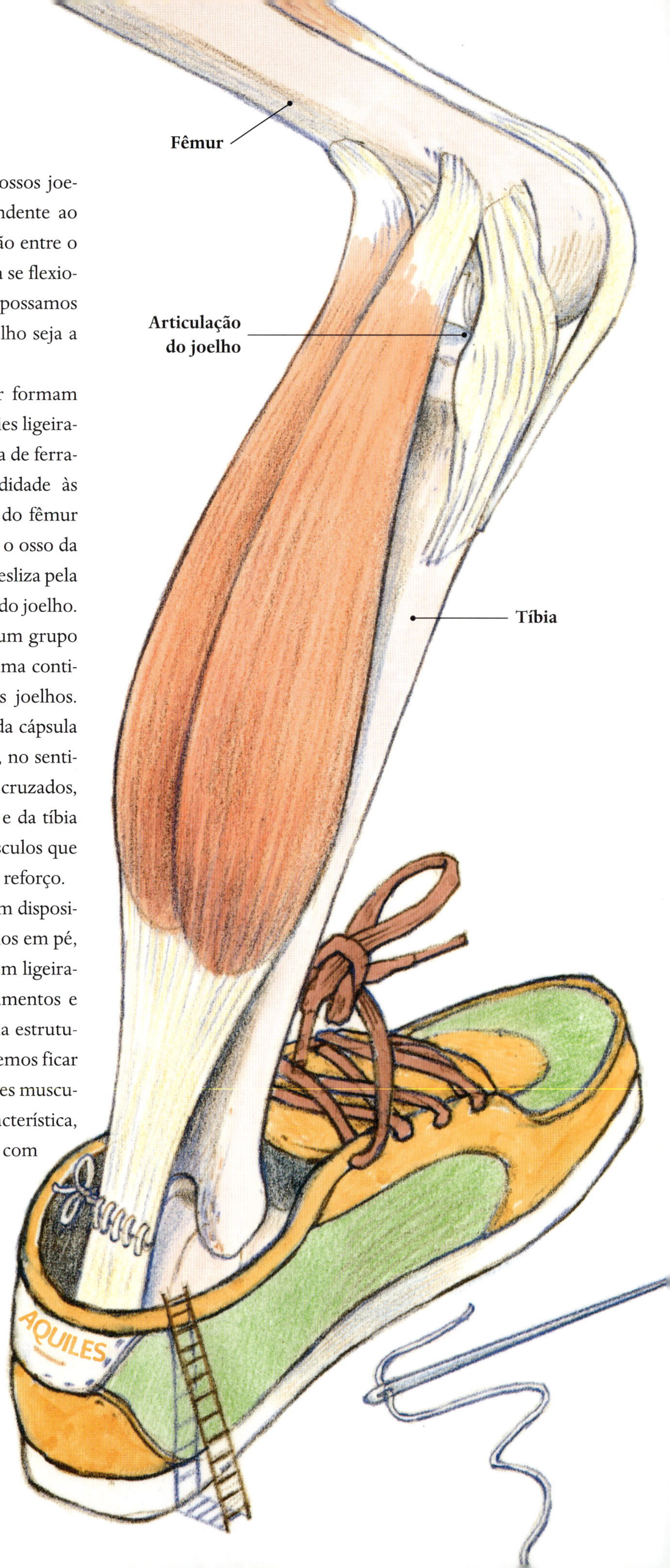

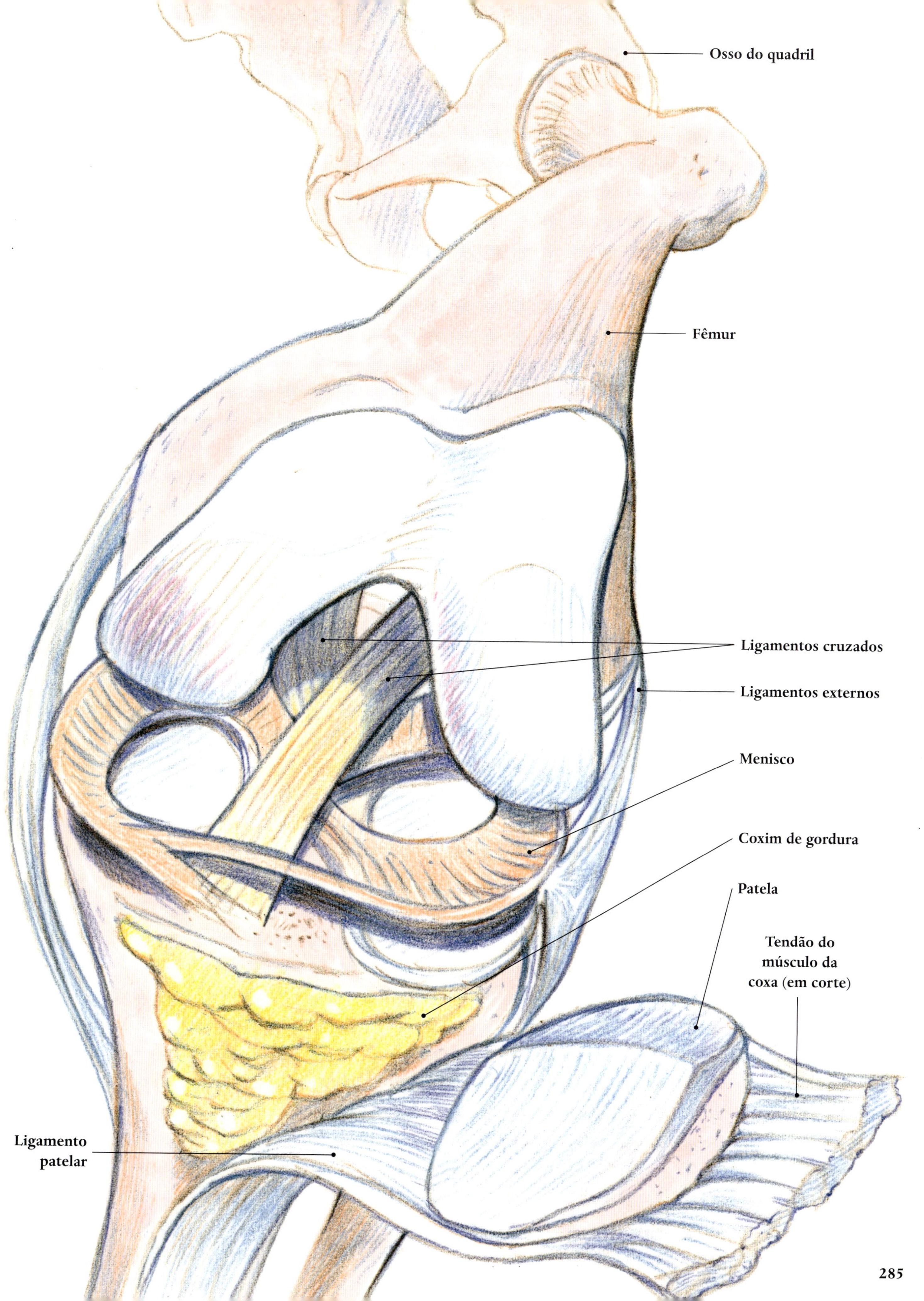
Osso do quadril
Fêmur
Ligamentos cruzados
Ligamentos externos
Menisco
Coxim de gordura
Patela
Tendão do
músculo da
coxa (em corte)
Ligamento
patelar

DISTRIBUIR O PESO

Diferentes dos nossos parentes chimpanzés, não podemos usar tanto as mãos quanto os pés para agarrar objetos com facilidade. Nossos pés são primariamente para andar, correr e, se for absolutamente necessário, dançar. Essas duas plataformas móveis estão articuladas às extremidades dos dois ossos da parte inferior da perna, a tíbia e a fíbula. Os músculos ligados à parte da frente e de trás da perna puxam essas plataformas para sustentar nosso peso, evitar que caiamos para a frente, impulsionar nosso corpo à frente quando andamos e absorver choques no caminho.

Superficialmente, as estruturas ósseas dos pés e mãos parecem muito semelhantes, com 26 ossos nas mãos e 27 nos pés. As diferenças mais evidentes são encontradas entre o calcanhar do pé e o pulso. No pé, sete ossos tarsais, ou tarsos (em oposição aos oitos carpos no pulso), incluem o tálus, osso grande que se articula com os ossos da perna, formando o tornozelo, e, abaixo dele, o calcâneo, que é ainda maior e através do qual o peso do corpo é apoiado no chão. Os cinco longos metatarsos (ossos da sola do pé) são mais paralelos que os metacarpos divergentes da mão. São presos e estabilizados por ligamentos que evitam que também alarguem o pé, esparramando-se para fora. As falanges dos pés são muito mais curtas que as das mãos, o que torna praticamente impossível agarrar objetos, mas permite que os artelhos tenham um papel crucial no ato de andar.

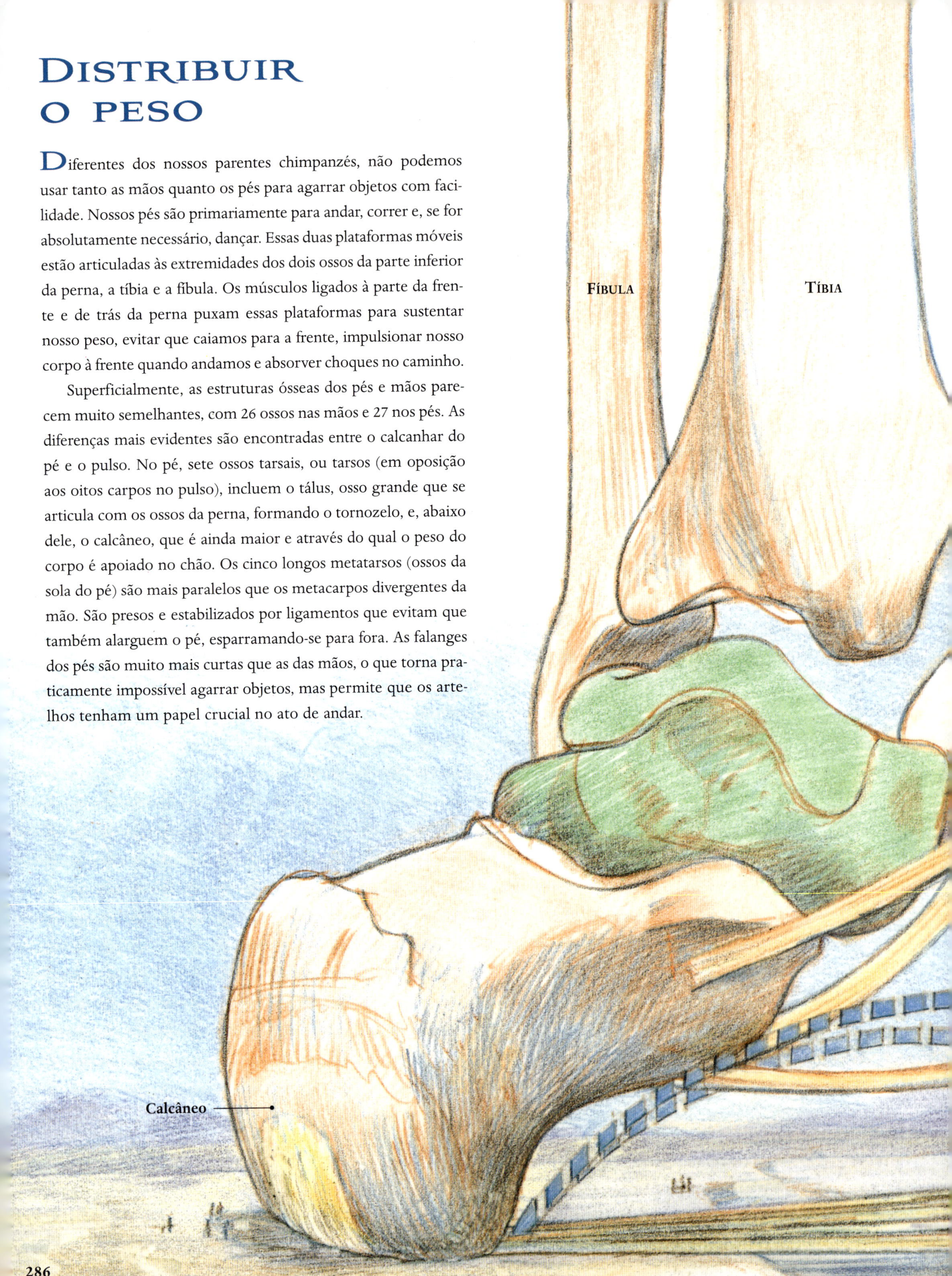

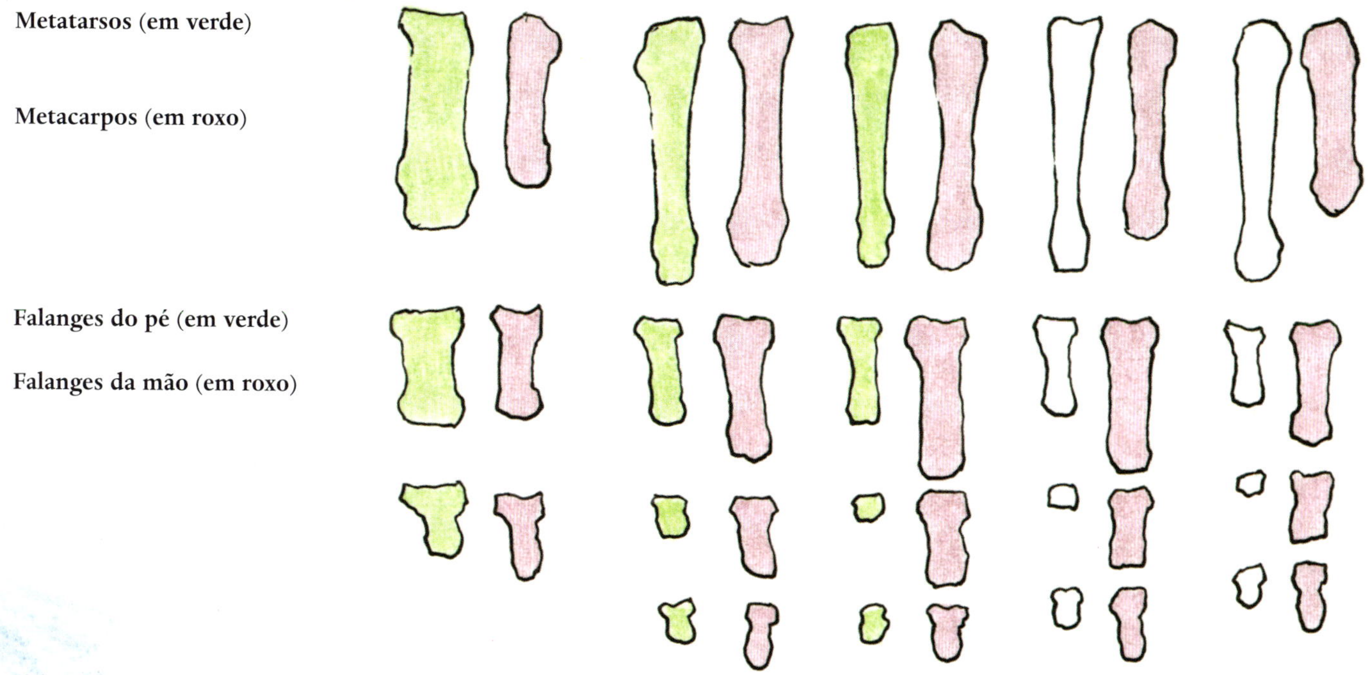

Graças aos seus arcos, os pés têm um molejo intrínseco que distribui o peso do corpo. Três arcos, dois longitudinais e um transversal, são criados pelas formas entrelaçadas dos ossos dos pés, junto com a sustentação de ligamentos e tendões. Eles mantêm a sola do pé fora do solo, de modo que, quando os empurramos para baixo, eles podem ceder um pouco, e voltar à sua posição quando nos elevamos. Isso não apenas adiciona um molejo às passadas como também nos permite andar em terrenos irregulares sem tropeçar.

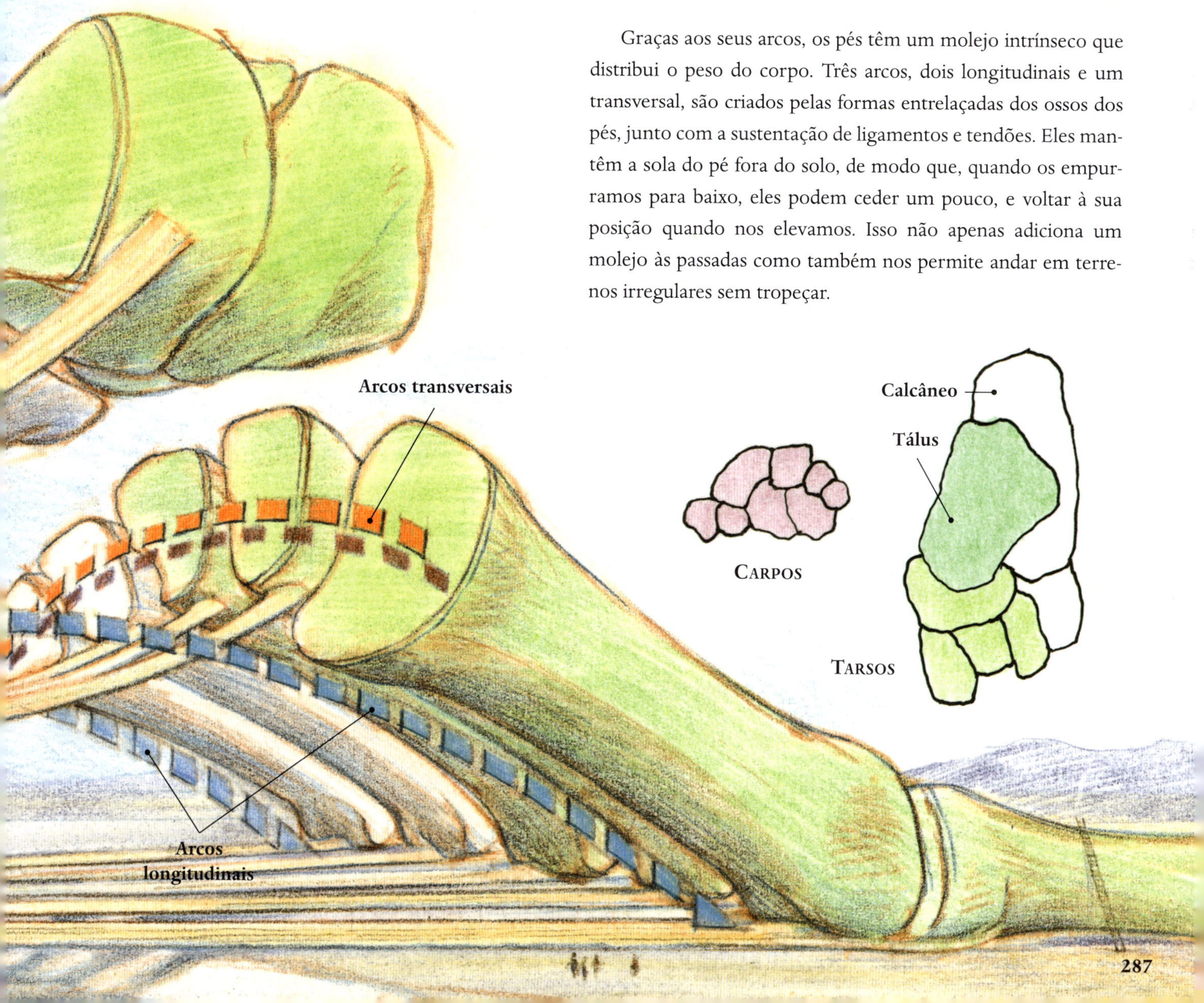

Passo a passo

Quando ficamos em pé, naturalmente posicionamos nosso peso diretamente acima dos quadris. Se começamos a tombar para a frente, instintivamente colocamos uma perna adiante para nos apoiarmos. Esse é o primeiro passo para andar, algo que aprendemos cedo na infância e no que logo paramos de prestar atenção, deixando por conta do cérebro a tarefa de coordenar com precisão a sequência e o tempo das contrações musculares que garantem que não caiamos de cara no chão.

O ato de andar tem duas partes. A primeira delas consiste em um "balanço" da perna, quando estamos com um pé no chão e jogamos o outro à frente deste. A segunda parte é a do "suporte duplo", quando, por um período curto, temos ambos os pés apoiados no chão ao mesmo tempo. E é aí que começamos (1).

Conforme os músculos flexores do quadril (entre eles o iliopsoas) puxam a segunda perna para a frente, como um pêndulo, a primeira perna fica enrijecida e seu pé, que está plantado firmemente no chão, passa a ser o pé de trás (2). O músculo quádriceps femoral da primeira perna se contrai e estende a perna enquanto ela se move para a frente ao mesmo tempo que os

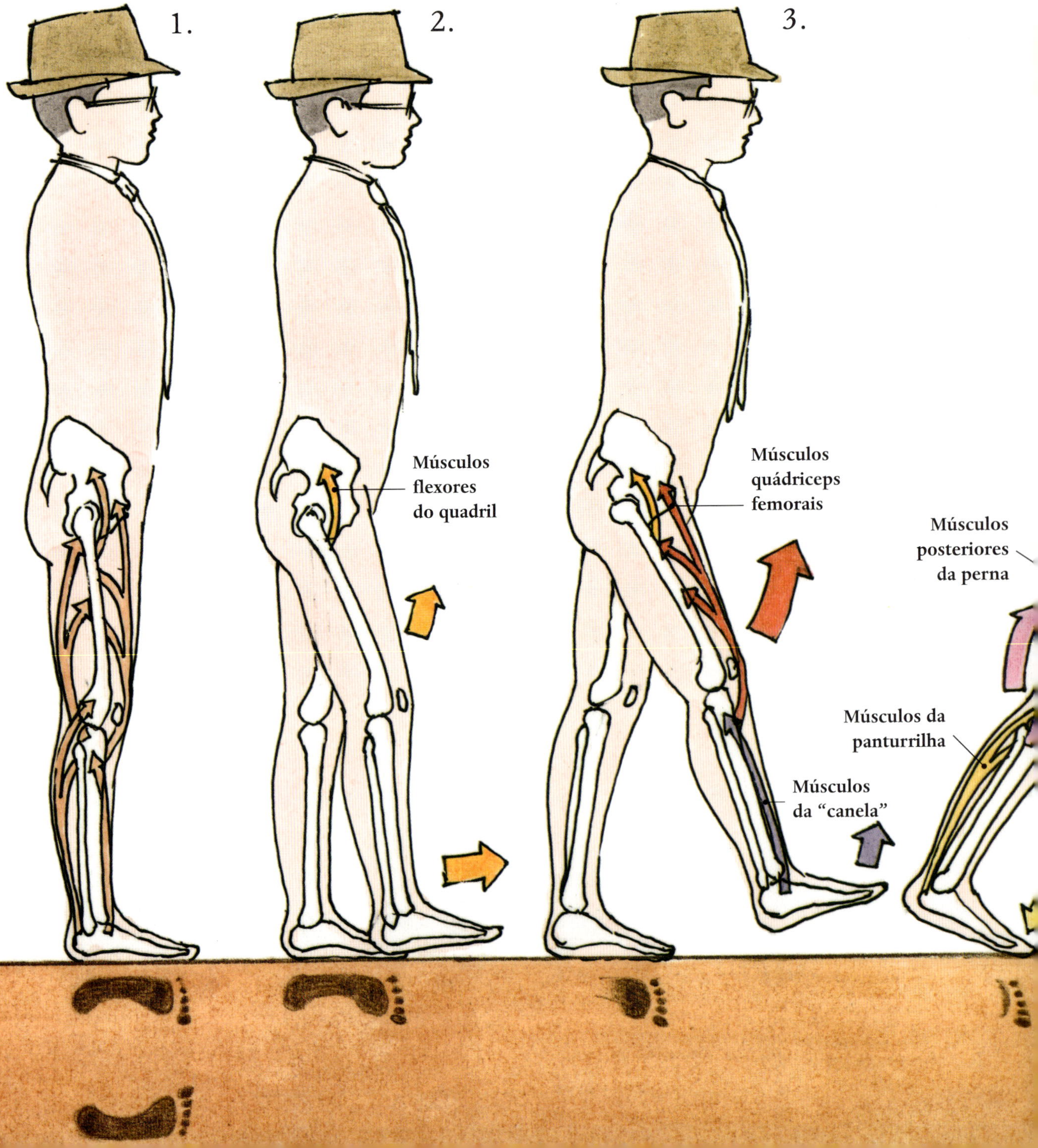

músculos da frente da porção inferior da perna levantam o pé e os artelhos, evitando assim que se arrastem pelo chão (3).

Quando um pé chega ao solo à frente do outro, o segundo pé, que está temporariamente na posição de pé de trás, está prestes a sair do chão (4). Enquanto os músculos da parte posterior da perna puxam a coxa para trás e dobram o joelho, músculos fortes na panturrilha estendem o pé em relação à perna, de modo que levantamos o calcanhar do chão e ficamos na ponta do pé. A força muscular é, então, transmitida para a frente do pé, empurrando-o "para o alto e avante". Os últimos pontos de contato são os artelhos.

Uma caminhada vira uma corrida quando o balanço da perna em pêndulo se acelera. Os dois pés passam parte do processo no ar ao mesmo tempo, fazendo com que as pernas saltem assim que completem o contato com o chão (algo como um pula-pula), o que depende do molejo dos tendões.

4.

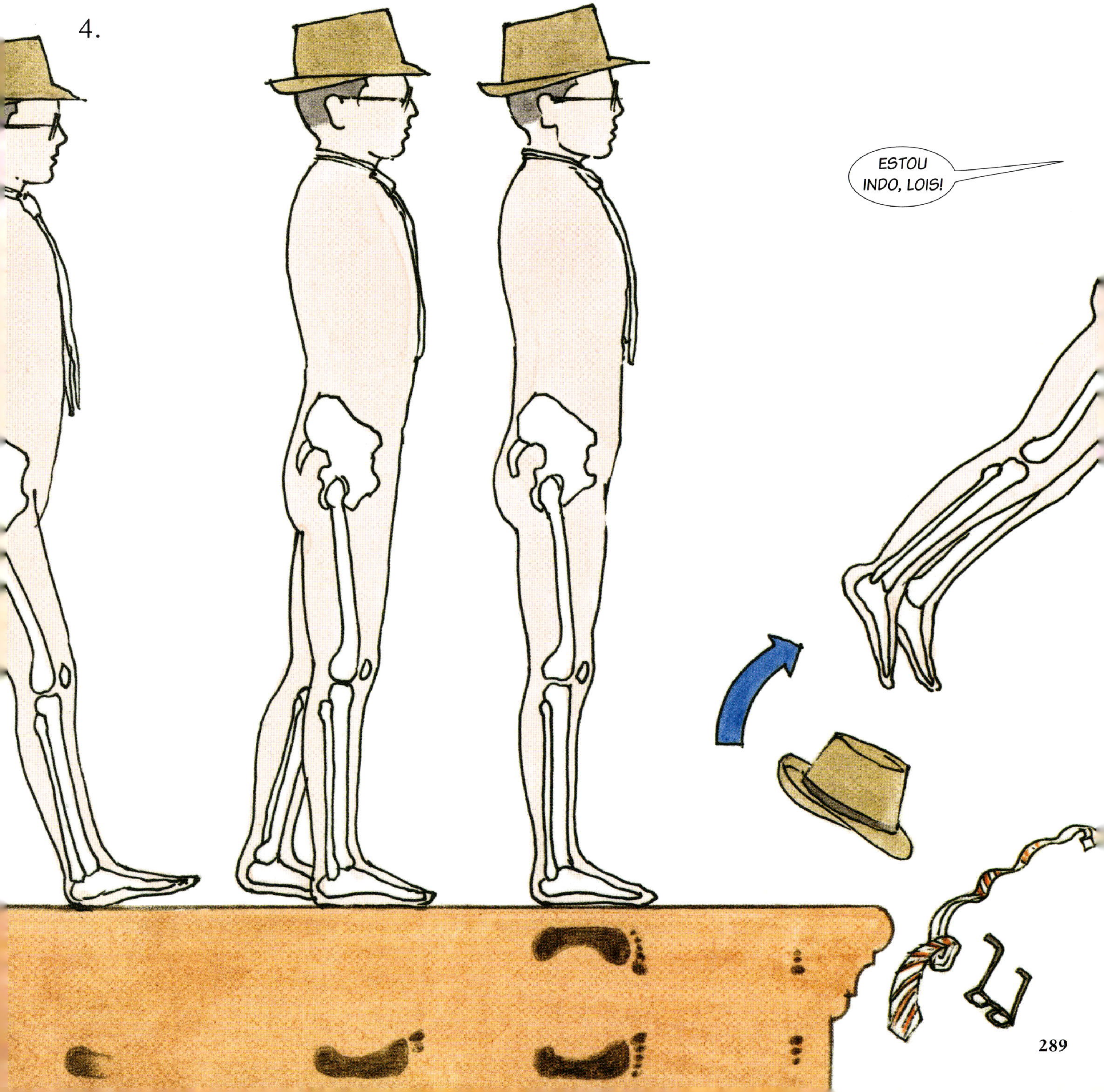
ESTOU
INDO, LOIS!

Capítulo 7

Linha de sucessão

Seres humanos têm um tempo limitado de vida, da infância passando pela adolescência, a idade de jovens adultos, a meia-idade, a velhice. Inevitavelmente vêm a morte, mas não a extinção. A reprodução é a garantia que temos da continuidade da nossa espécie, para além dos limites do tempo de uma vida normal. Duas células, uma do pai e uma da mãe, se fundem para gerar um indivíduo inédito, composto de muitos trilhões de células. Assim, enquanto uma geração está se despedindo do espetáculo, outra espera nas coxias.

DELA E

O sistema genital tem duas características distintas: ele vem em dois modelos, o masculino e o feminino, e permanece em latência nos dois sexos desde o nascimento até ser posto em ação no início da adolescência pela tempestade hormonal da puberdade. Apesar das diferenças, ambos os sistemas genitais (feminino e masculino) produzem e liberam células sexuais especializadas que se unem, produzindo bebês. O sistema genital da mulher libera óvulos até que ela chegue à menopausa, por volta dos cinquenta anos; a produção de esperma de um homem pode durar a vida toda.

Localizado primariamente no interior do corpo, os órgãos genitais femininos incluem dois ovários, duas tubas uterinas, um útero e uma vagina. A parte externa do sistema genital feminino, a vulva, inclui dobras protetoras chamadas lábios.

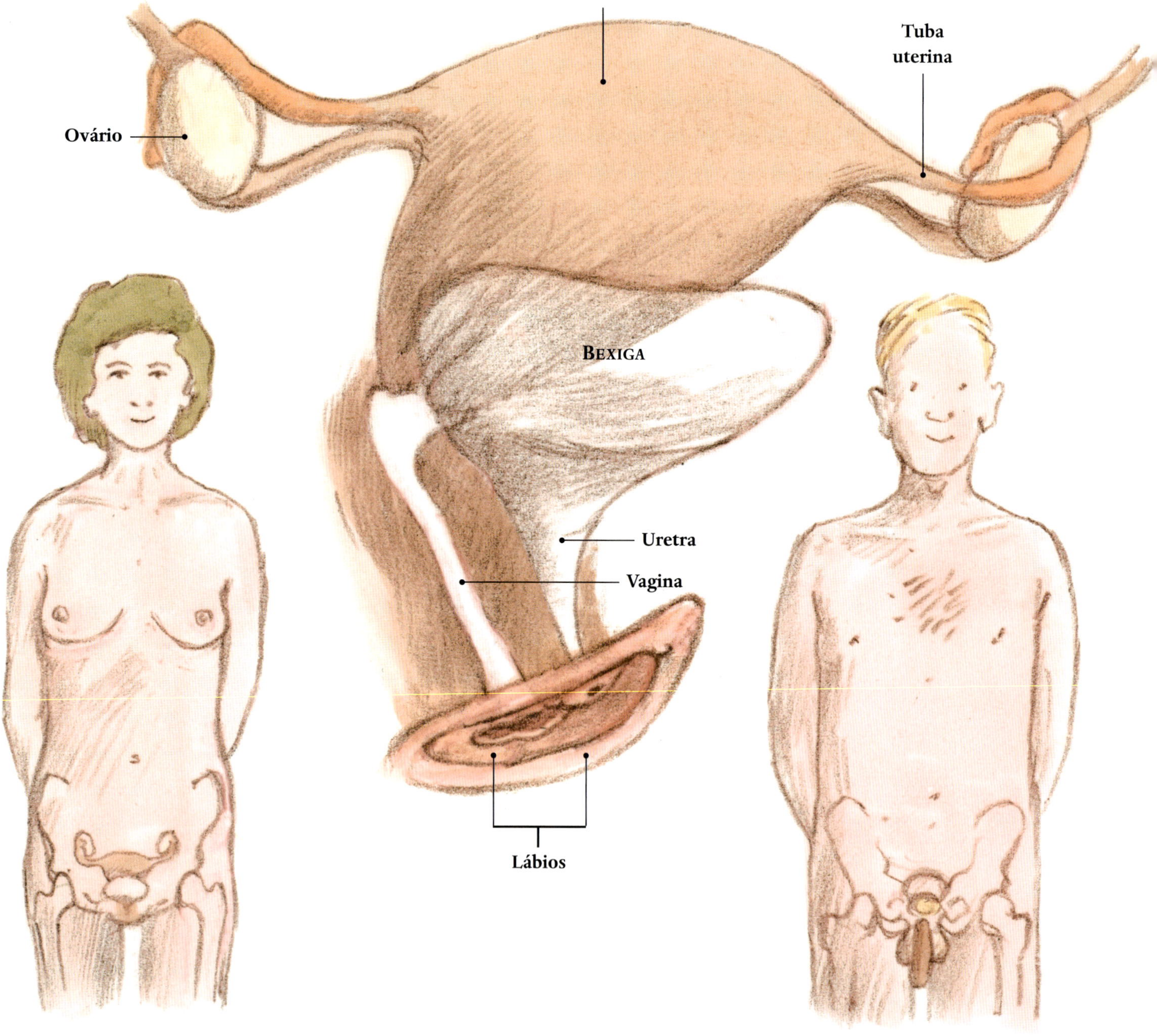

DELE

Não há como confundir as partes externas do sistema genital masculino, um saco escrotal contendo dois testículos que produzem espermatozoides e o pênis. Internamente, há um sistema de tubos e glândulas que liga os testículos ao pênis. A saída final para o esperma, a uretra, corre pelo meio do pênis e é compartilhada com o sistema urinário.

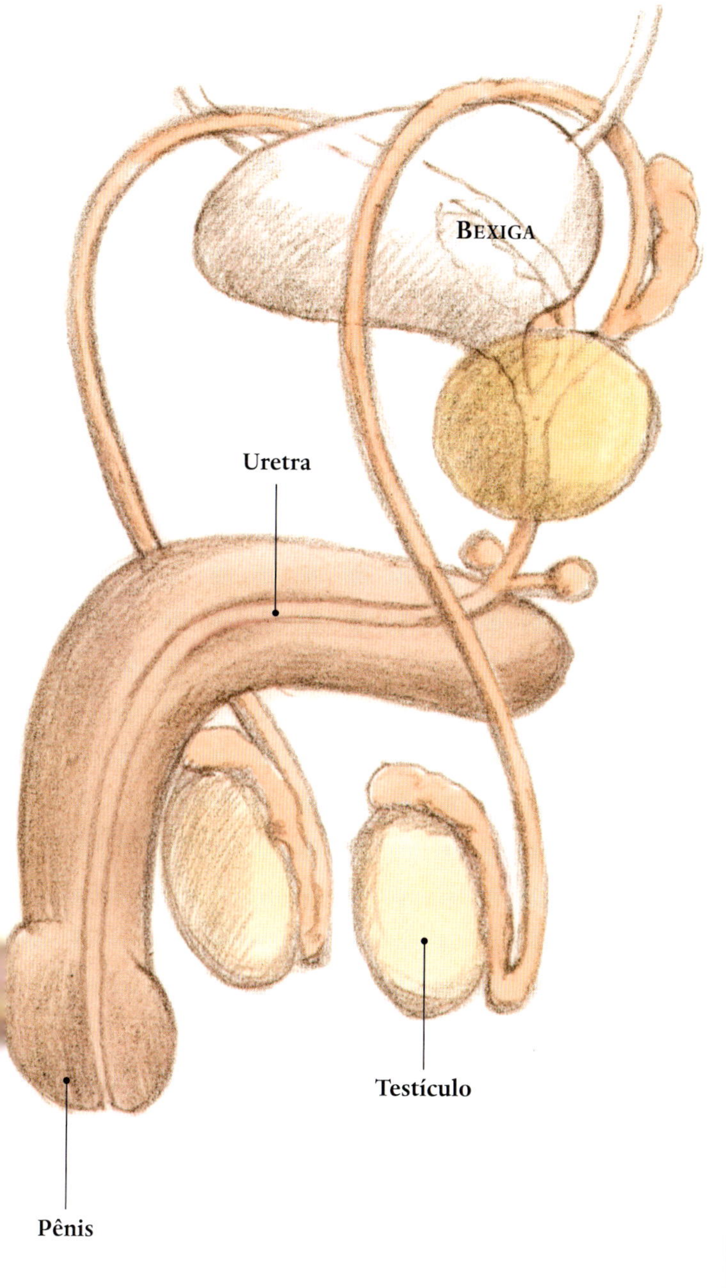

MEIO A MEIO

Todas as células do corpo têm 46 cromossomos em seu núcleo. Metade deles veio da mãe e metade veio do pai. Cada um dos 23 cromossomos maternos tem um parceiro paterno semelhante. Esses parceiros, chamados cromossomos homólogos, carregam genes que controlam as mesmas características no corpo, mas nem sempre as mesmas versões dessas características. Por exemplo, embora membros de um par de homólogos carreguem os genes que determinam a cor dos olhos, um dos parceiros pode favorecer olhos azuis e o outro, olhos castanhos, ou ambos podem favorecer a mesma cor.

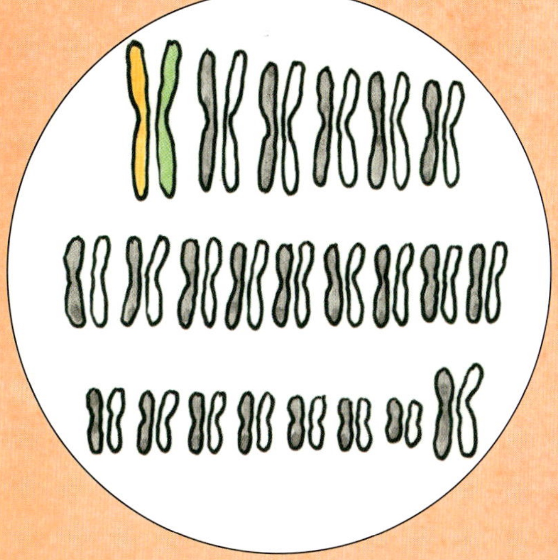

Ao produzir células reprodutivas, chamadas gametas, o corpo mistura os ingredientes dos cromossomos, mesclando a composição genética destes e melhorando as chances de sobrevivência. Esse processo exige um tipo especial de divisão celular chamado meiose, que ocorre apenas nos ovários e testículos. Enquanto a mitose produz duas células-filhas idênticas, a meiose produz quatro células reprodutivas que não são idênticas e têm apenas metade dos cromossomos de seu "pai".

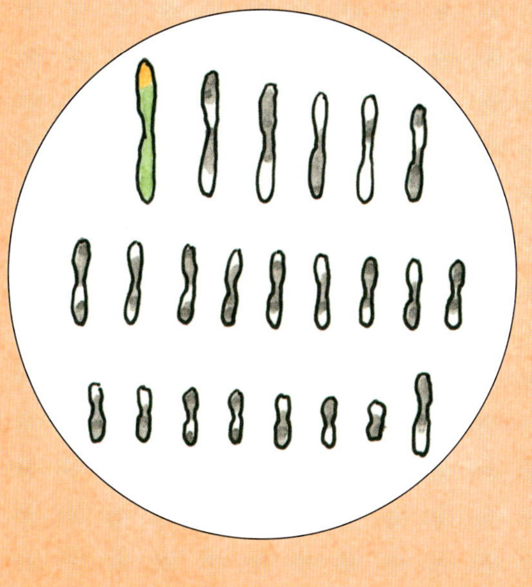

O MISTURADOR DA MEIOSE

A meiose é o processo que produz gametas. Ela envolve duas divisões específicas – chamadas I e II – e, como na mitose, ambas são o resultado de uma série de fases. Nesta ilustração, um par de cromossomos homólogos é usado para representar o que acontece com os 23 pares. Cada cromossomo consiste de duas partes idênticas e ligadas entre si pelo centro chamadas cromátides.

DIVISÃO I

1 e 2. Prófase I

Quando a música começa, o cromossomo materno e o paterno se aproximam um do outro e colocam as extremidades de suas cromátides ao redor umas das outras.

(1) Pedaços das cromátides se quebram e são trocados entre os parceiros, em um processo chamado permutação (ou *crossing-over* em inglês). No final, um fuso de microtúbulos é montado (2).

3. Metáfase I

Sem nenhuma ordem nem orientação aparente, os cromossomos homólogos se reúnem no centro da célula.

4. Anáfase I

Os parceiros então são puxados pelo fuso para lados opostos da célula. A célula agora se divide, formando duas células novas, cada uma com 23 cromossomos maternos e paternos, com as variações adicionadas pela permutação.

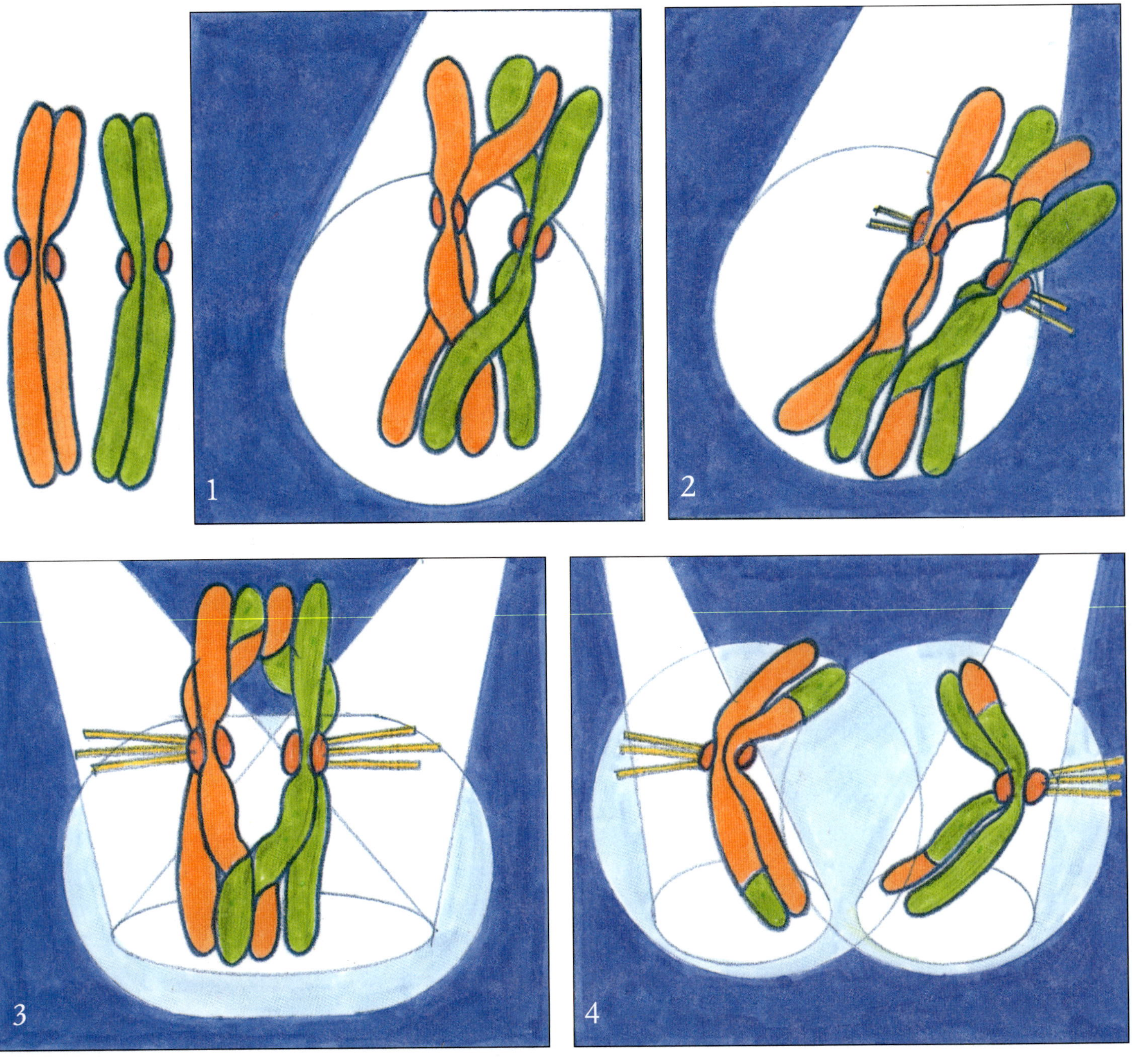

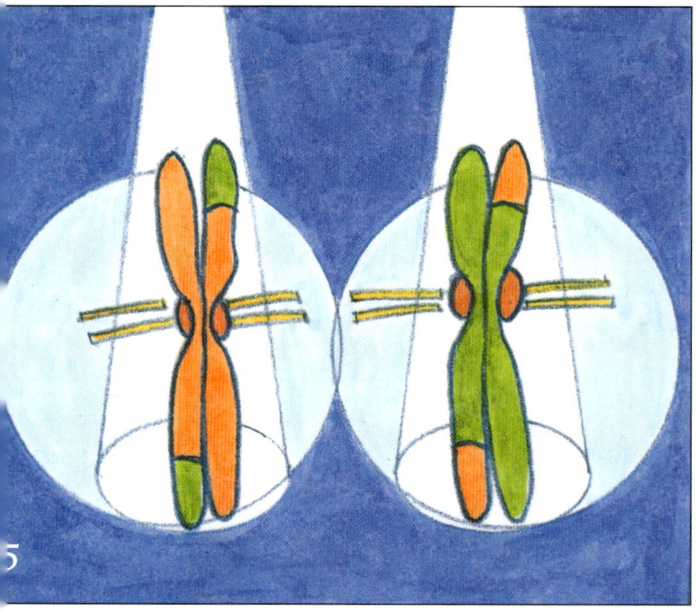

DIVISÃO II

5. Metáfase II

Os cromossomos das duas células se alinham no equador, com um fuso novo.

6. Anáfase II

As cromátides de cada um dos cromossomos se separam e são puxadas para lados opostos da célula. Cada cromátide agora é um cromossomo independente.

7. Gametas

A divisão do citoplasma produz quatro células, cada uma com seu conjunto de 23 cromossomos com uma mistura de versões diferentes de genes específicos. Um desses cromossomos ajudará a determinar o sexo da criança no momento da fertilização. No óvulo há um cromossomo X e no espermatozoide pode haver um cromossomo X ou Y.

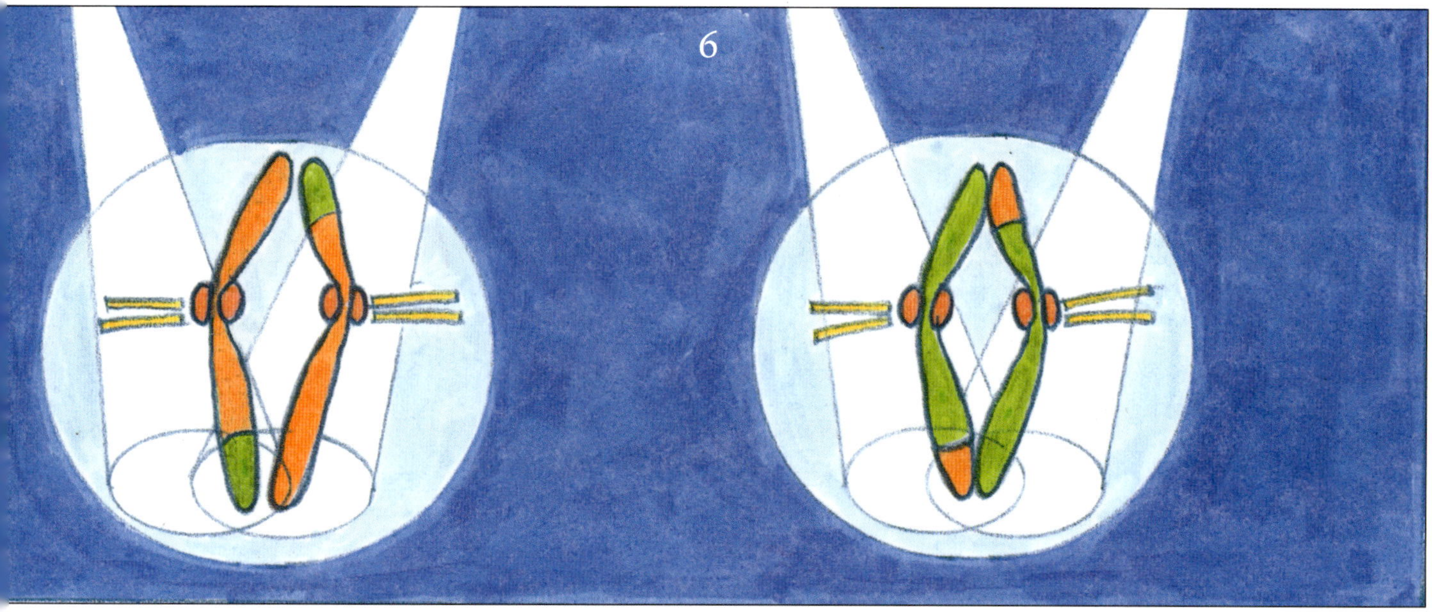

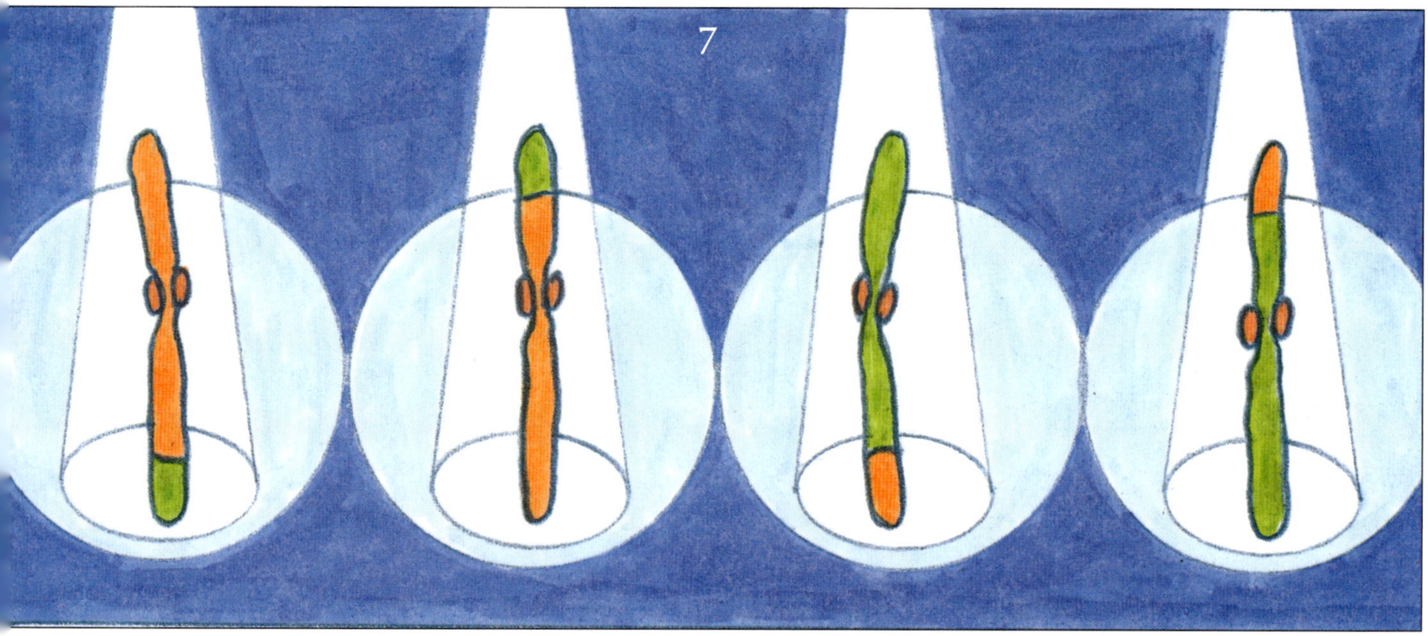

Vinte e oito dias

Aproximadamente a cada 28 dias, o sistema genital da mulher passa por duas sequências de eventos, chamadas ciclos, ligadas entre si e que preparam o sistema para a possibilidade de fecundação. Esses dois ciclos são controlados por dois hormônios da glândula pituitária – o hormônio luteinizante (LH) e o hormônio folículo-estimulante (FSH) – e o estrógeno e a progesterona dos ovários.

Ciclo ovariano

Ao nascer, os ovários de uma menina contêm milhares de óvulos imaturos empacotados em bolsas chamadas folículos. Uma vez por mês, um dos hormônios da pituitária (o FSH) estimula alguns desses folículos a crescer e amadurecer. Aos poucos, estes vão ficando pelo caminho, exceto por um folículo grande e cheio de fluido que forma uma protuberância no lado do ovário. O estrogênio, secretado pelas células do folículo, estimula a liberação do segundo hormônio da pituitária (o LH). Este desencadeia a ovulação por volta do décimo quarto dia. Após liberar o seu óvulo, o folículo rompido se "sela", fechando-se novamente, e passa a liberar progesterona (ver na página oposta). Se não ocorrer fecundação, como é geralmente o caso, o folículo selado desaparece e o ciclo recomeça.

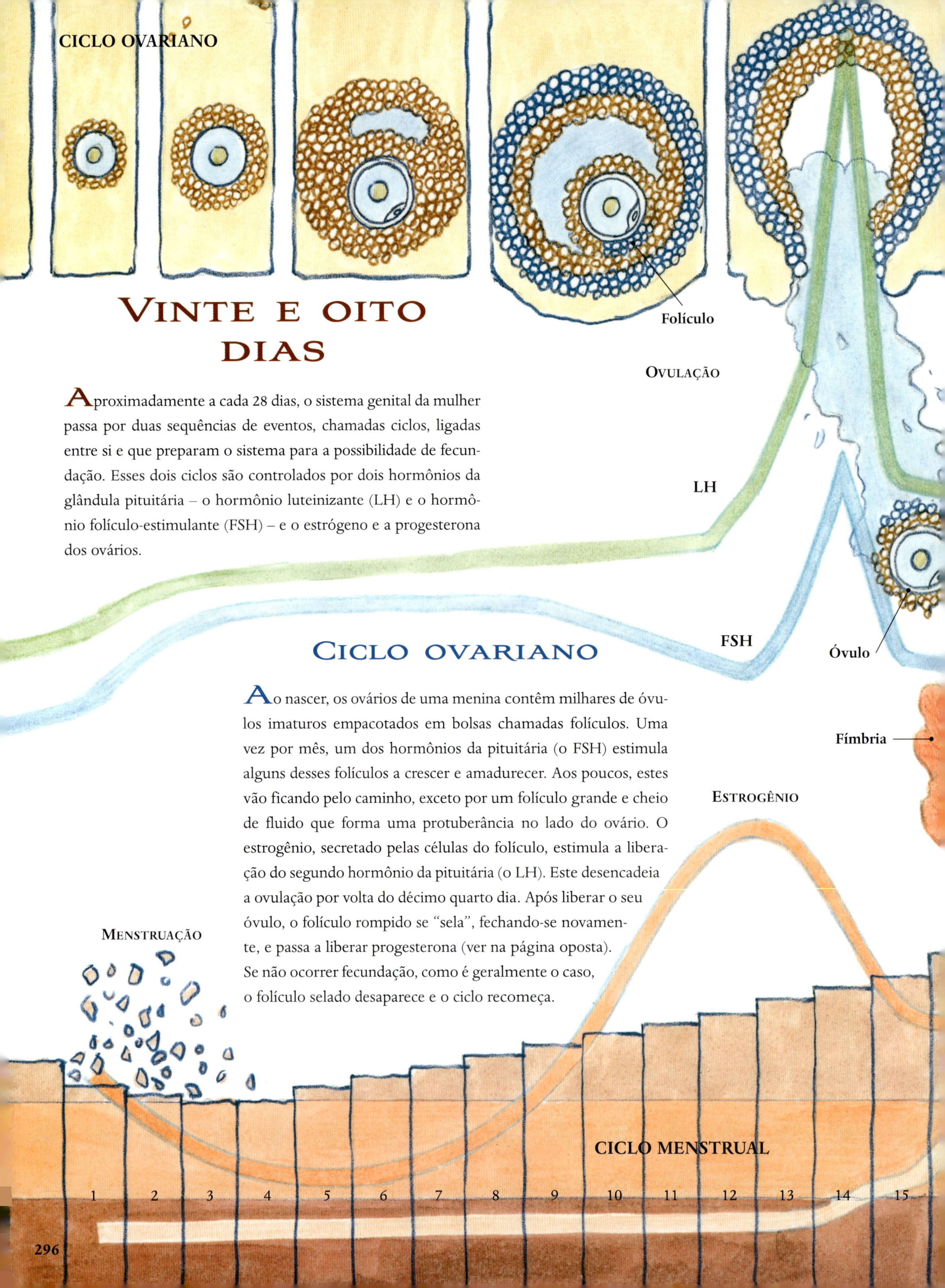

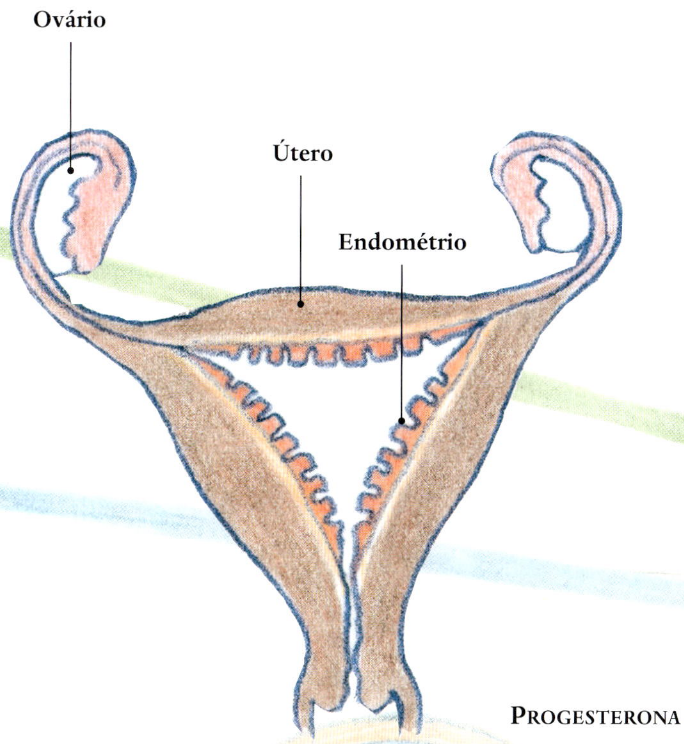

Ciclo menstrual

Enquanto o ciclo ovariano prepara um óvulo para ser liberado, o ciclo menstrual prepara o útero para receber o óvulo, se acontecer a fecundação. O estrogênio e a progesterona liberados no ciclo ovariano controlam o tempo do ciclo menstrual, garantindo a cooperação entre os dois ciclos.

As mudanças que acontecem durante o ciclo menstrual afetam o revestimento do útero. Nos primeiros cinco dias do ciclo, esse revestimento, ou endométrio, se desintegra. Isso resulta no sangue e nas células do tecido que passam pela vagina durante o período conhecido como menstruação. Estimulado pelo estrogênio, o endométrio se reconstrói, tornando-se mais espesso e gerando um rico fornecimento de sangue. Após a ovulação, a progesterona faz com que o endométrio fique ainda mais aveludado, com mais vasos sanguíneos e glândulas que liberam fluidos nutritivos. Estes começam a preparar o meio para o óvulo fecundado, esperado lá pelo vigésimo primeiro dia. Se não acontece a fecundação, os preparativos cessam. Conforme os níveis de estrogênio e progesterona caem, um ciclo reprodutivo se encerra e o próximo se inicia.

O ÓVULO SOLITÁRIO

Uma vez que um óvulo maduro sai do seu ovário, ele deve entrar na tuba uterina se quiser chegar ao útero. Para facilitar essa tarefa e guiar o óvulo, as tubas uterinas têm a forma afunilada e suas bordas são orladas com extensões no formato de dedos chamadas fímbrias. Embora estas cerquem o ovário, elas não formam uma ligação segura. Um óvulo recém-liberado poderia escapar para o espaço entre os órgãos abdominais e se perder para sempre.

Para reduzir esse risco, as paredes musculares das tubas uterinas se contraem, fazendo com que as fímbrias cubram e "explorem" a superfície do ovário. Ao mesmo tempo, o movimento dos cílios das células epiteliais que cobrem o funil cria uma corrente que traz o óvulo à segurança.

Os cílios continuam movendo o óvulo em direção ao útero auxiliados pelos movimentos das paredes da tuba uterina, semelhantes àqueles que fazem a comida se mover pelo esôfago. As células do revestimento interno que não estão envolvidas no movimento do óvulo liberam nutrientes que o alimentam.

Se, como costuma ser o caso, a fecundação não acontece dentro de 24 horas após a ovulação, o óvulo passa pelo último segmento mais estreito da trompa. Como sua oportunidade passou, o óvulo solitário entra no útero, onde se desintegra e suas partes constituintes são reabsorvidas.

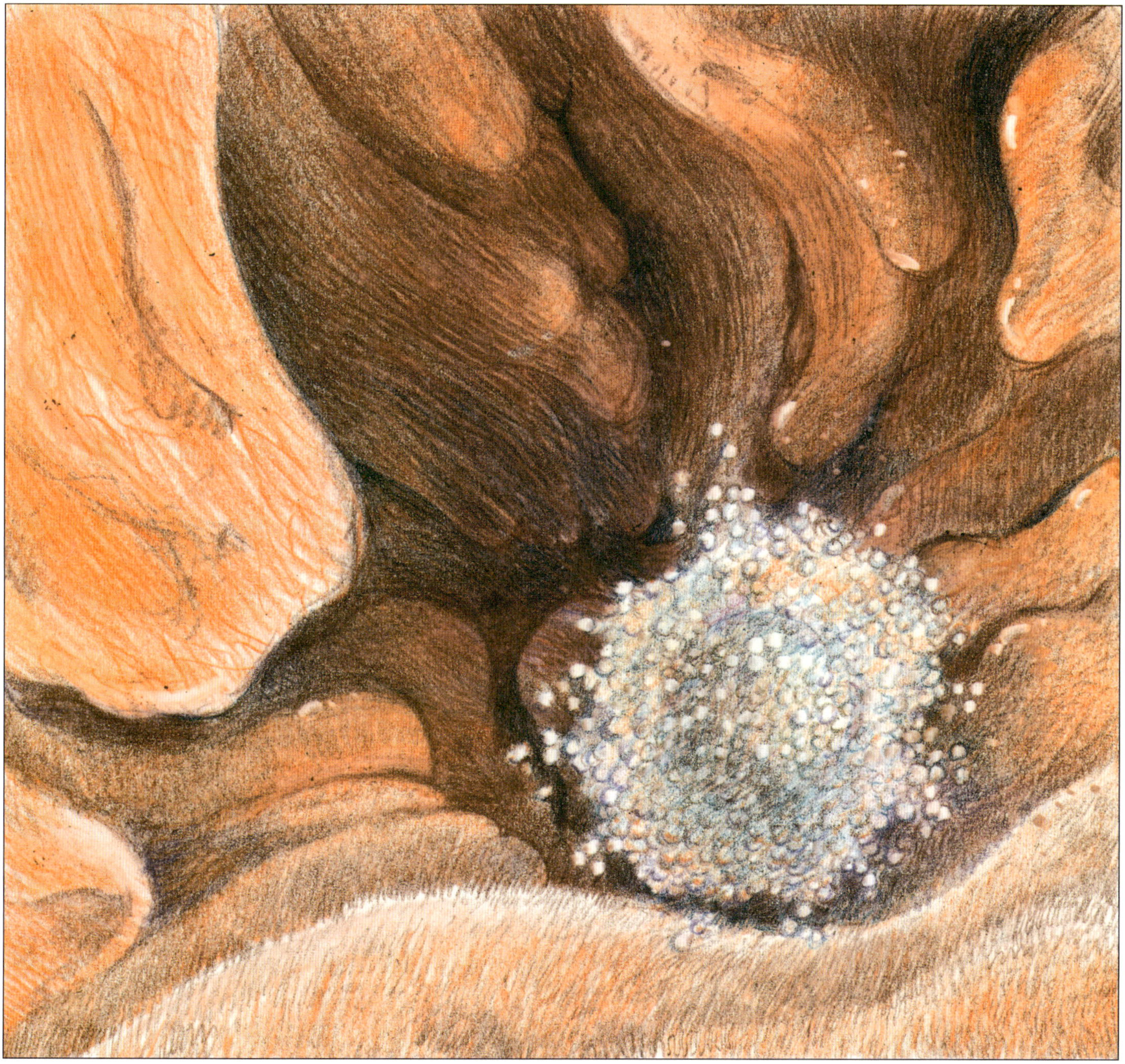

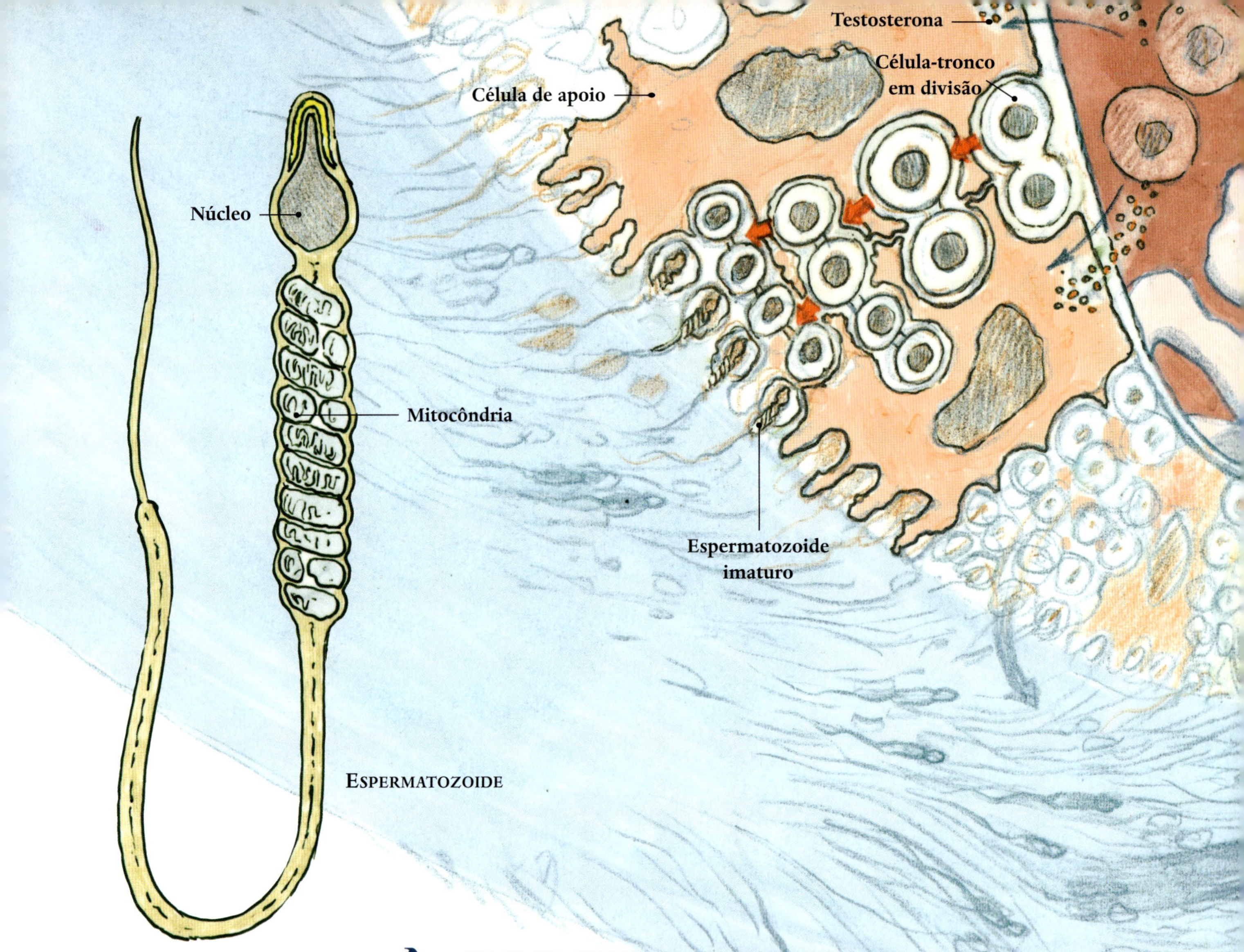

A BIOGRAFIA DE UM ESPERMATOZOIDE

Elegante e aerodinâmico, o gameta masculino é perfeito para sua função. A "cabeça" achatada contém o núcleo no interior do qual estão os 23 cromossomos. Uma "cauda" longa e ágil dá movimento ao espermatozoide e, entre a "cabeça" e a "cauda", uma espiral de mitocôndrias fornece energia.

Da puberdade em diante, milhões de espermatozoides são produzidos pelos testículos todos os dias. Os testículos estão divididos em mais de 250 câmaras com a forma de cunha, cada uma contendo até quatro túbulos seminíferos enrolados. As paredes desses túbulos são as fábricas de espermatozoides. Células-tronco adjacentes à cobertura externa do túbulo se dividem por mitose. Algumas de suas células-filhas se movem para o interior, dividindo-se por meiose e produzindo células esféricas que, com o tempo, perdem seu citoplasma e ganham uma cauda, tornando-se os espermatozoides imaturos que são liberados na cavidade central do túbulo. Durante os dois ou três meses que esse processo demora, células de apoio nutrem e protegem os futuros espermatozoides.

Livres, mas incapazes de se impulsionarem pelos túbulos seminíferos, espermatozoides imaturos são levados em um fluido até o epidídimo, uma massa de túbulos em forma de vírgula que se localiza sobre a parte superior e posterior de cada testículo. Durante o próximo mês, os espermatozoides amadurecem e finalmente se tornam móveis, antes de irem para o ducto deferente.

Os mesmos hormônios da pituitária envolvidos no ciclo ovariano – o FSH e o LH – estimulam, aqui, a liberação do hormônio masculino testosterona, provenientes das células ao redor dos túbulos seminíferos. Além de estimular a produção de espermatozoides, a testosterona mantém as características sexuais secundárias masculinas, como os pelos da face e a voz grossa.

Epidídimo
Ducto deferente

DISPOSITIVO DE ENTREGA

Produzir e amadurecer espermatozoides são os primeiros passos na contribuição masculina para o processo reprodutivo. O próximo passo é fazer os espermatozoides chegarem ao pênis, uma jornada que eles fazem logo antes de serem esguichados da extremidade do pênis, no processo chamado ejaculação.

Quando necessário, os músculos lisos nas paredes de cada longo ducto deferente empurram os espermatozoides no caminho que devem seguir. Os caminhos em laço se elevam a partir dos testículos e descem pelos dois lados da bexiga, finalmente passando pela próstata, de onde se esvaziam na uretra. A uretra passa pela raiz do pênis e por dentro de um corpo esponjoso, um dos três "cilindros" que correm pelo pênis. Os corpos cavernosos e o corpo esponjoso apresentam muitos espaços vazios e têm um suprimento rico de sangue.

As vesículas seminais liberam um fluido que dá energia aos espermatozoides. Elas também liberam frutose, um açúcar que funciona como combustível de foguetes. Logo antes da ejaculação, a próstata libera na uretra um líquido leitoso, que também ativa os espermatozoides. A mistura desses fluidos com os espermatozoides é chamada sêmen (ou esperma). Como a uretra é usada primariamente para levar a urina, que é ácida, e os espermatozoides não "gostam" de condições ácidas, um fluido alcalino pré-ejaculação é liberado pelas glândulas bulbouretrais para tornar a passagem mais "agradável" aos espermatozoides.

O primeiro segmento de cada ducto deferente é onde os espermatozoides são armazenados por semanas ou meses. Se não forem ejaculados, os espermatozoides mais velhos são desintegrados e seus componentes são reciclados. Esse primeiro segmento também é cercado por um músculo cremaster que ou puxa os testículos para mais perto do corpo ou relaxa para baixá-los. Isso mantém a fábrica de espermatozoides constantemente a uma temperatura de 3 °C (ou 5 °F) abaixo da temperatura do corpo, condição ótima para a produção de espermatozoides.

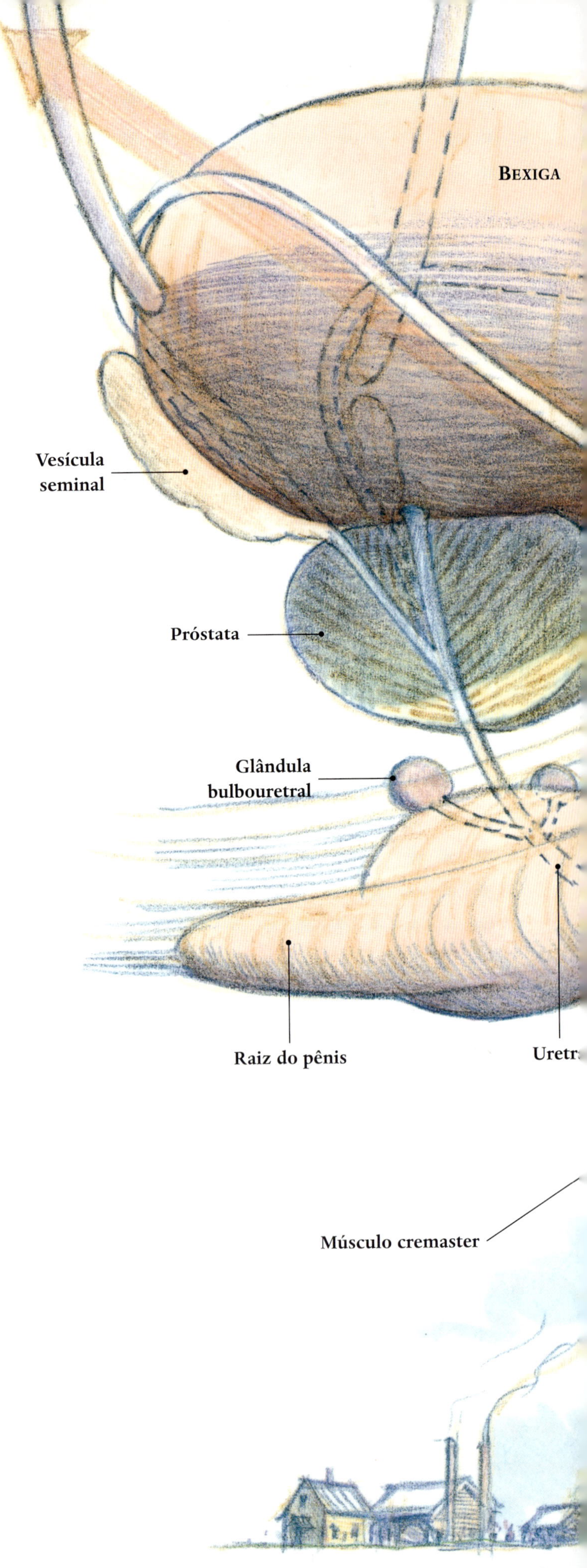

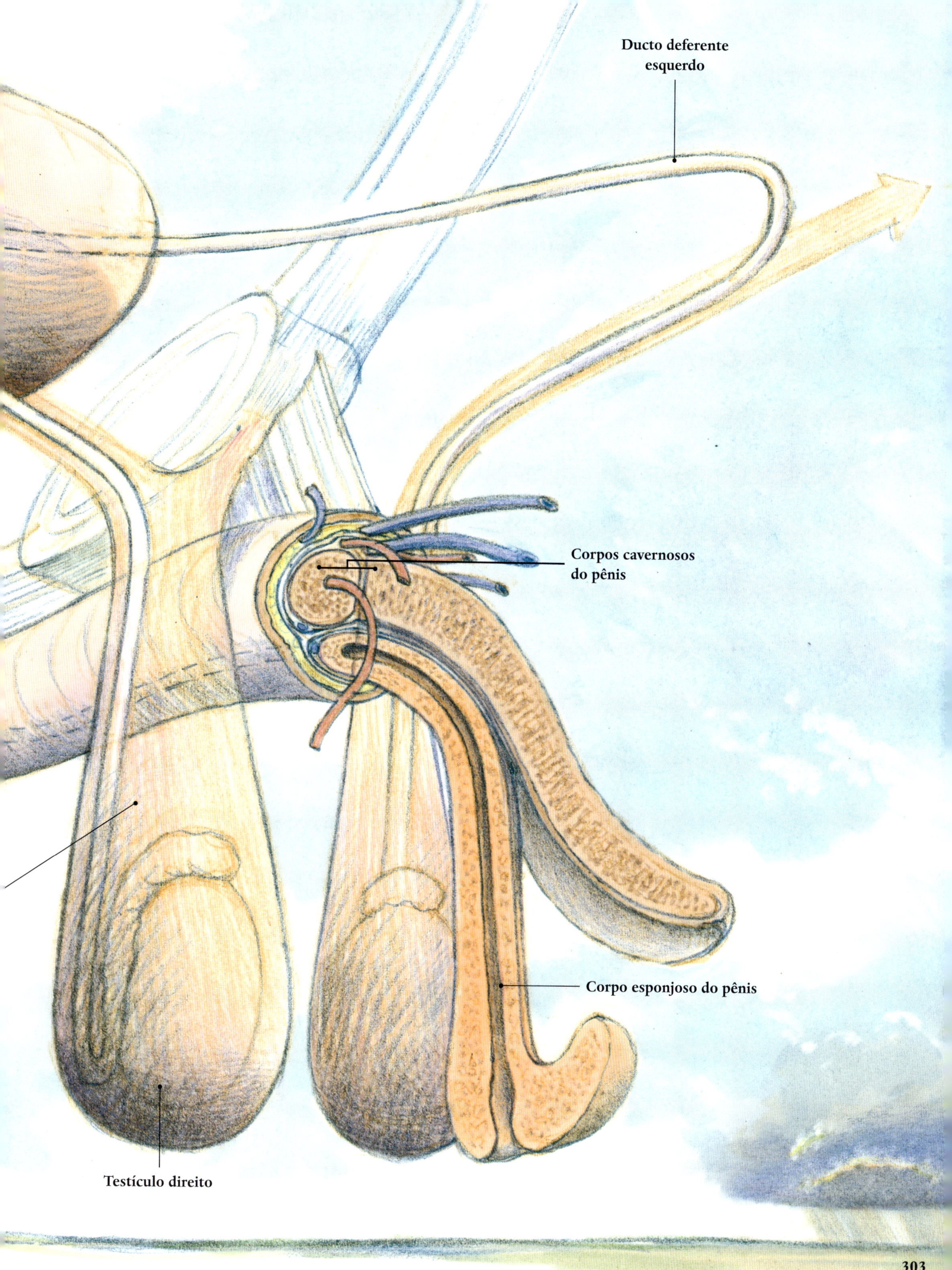
Ducto deferente esquerdo
Corpos cavernosos do pênis
Corpo esponjoso do pênis
Testículo direito

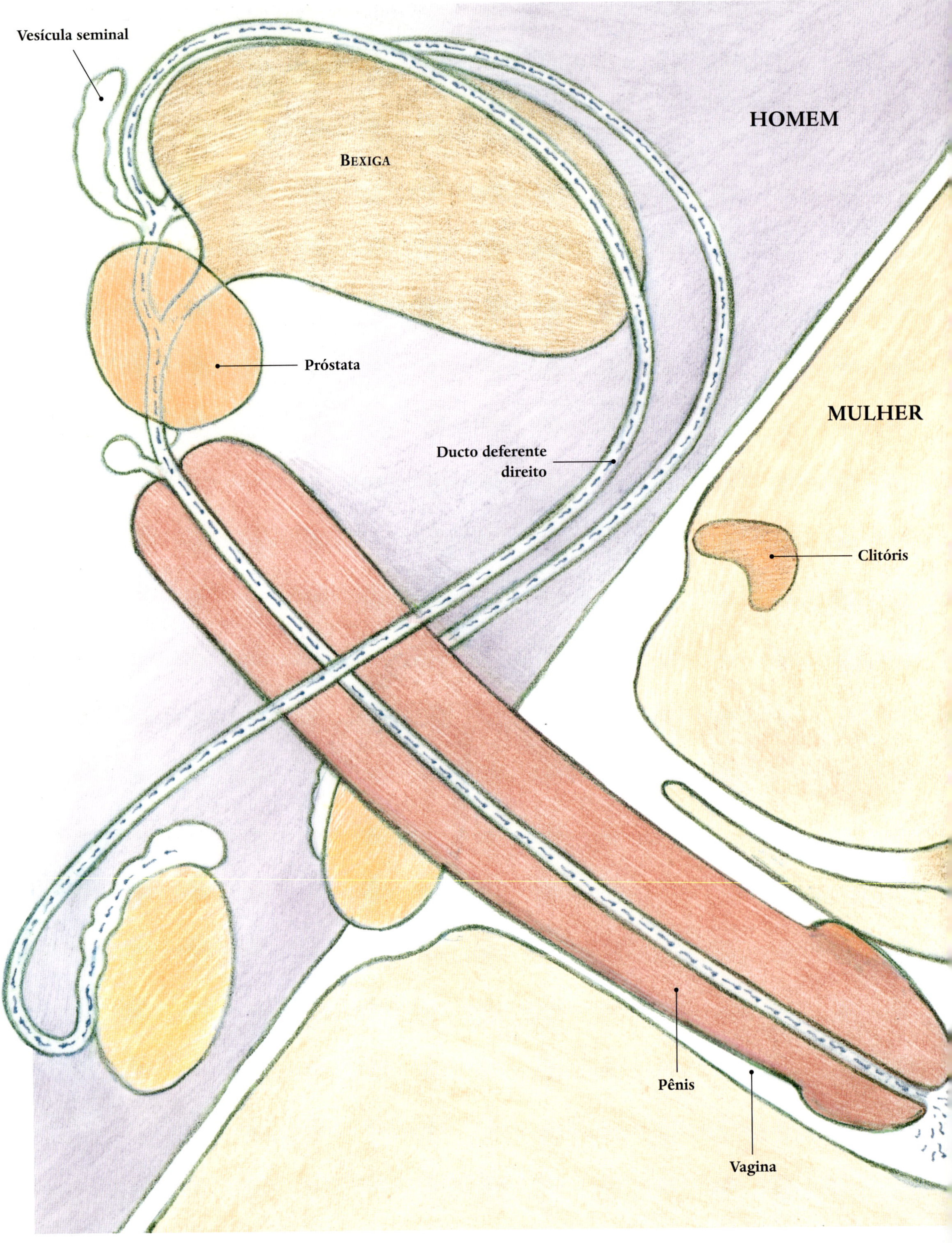
Vesícula seminal
HOMEM
Bexiga
Próstata
MULHER
Ducto deferente direito
Clitóris
Pênis
Vagina

Contato!

A fim de levar os espermatozoides a uma distância do óvulo que possa ser vencida a nado, de modo que a fecundação aconteça, o pênis precisa primeiro ser inserido na vagina. Isto se torna possível através de um processo orquestrado pelo cérebro e pela medula espinhal. O tato, a visão, sons e outros estímulos resultam em uma avalanche de estímulos nervosos que relaxam a musculatura lisa ao redor das arteríolas do pênis, aumentando o fornecimento de sangue. Conforme os corpos cavernosos e o corpo esponjoso se enchem de sangue, as veias lá localizadas sofrem uma constrição temporária, o que evita a saída do sangue. Isso faz com que o pênis fique maior e mais rígido, de modo a poder ser empurrado para dentro da vagina. Na mulher, os mesmos estímulos causam a ereção do clitóris (que é muito sensível) e a lubrificação da vagina, que agora está pronta para receber o pênis ereto.

A movimentação para a frente e para trás do pênis no interior da vagina envia um fluxo de estímulos para a medula espinhal e para o cérebro do homem. Quando esses estímulos alcançam um nível crítico, eles levam os ductos deferentes e as vesículas seminais, além da próstata, a se contraírem, empurrando o sêmen contendo espermatozoides para a uretra. Então, em um processo chamado ejaculação, os músculos na base do pênis se contraem repetidamente e de forma vigorosa, empurrando milhões de espermatozoides pela uretra e para fora, pela extremidade do pênis, para dentro da vagina e do colo do útero. Agora a longa viagem até as tubas uterinas pode começar.

Imediatamente após a ejaculação, o estímulo do pênis decai, a musculatura lisa constringe as arteríolas e os espaços cheios de sangue se esvaziam. O pênis volta ao seu estado normal de flacidez.

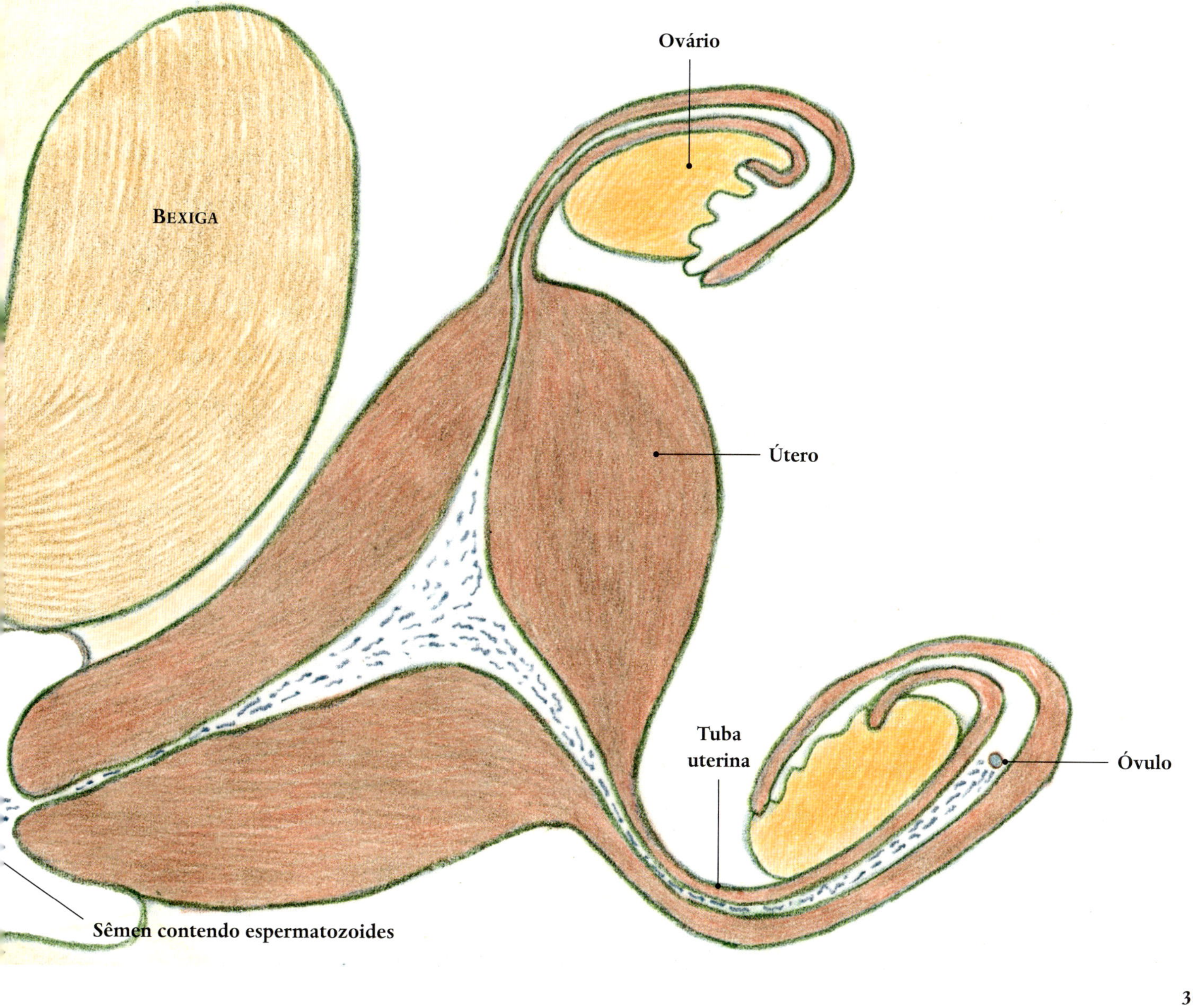

A INCRÍVEL JORNADA

Milhões de espermatozoides ejaculados trocam o conforto dos ductos reprodutivos de um homem pelo ambiente mais severo da vagina. Muitos escapam para fora pela entrada. Outros sobrevivem por um período curto em meio às secreções ácidas da vagina. Mesmo assim, alguns espermatozoides alcançam o colo do útero e nadam pelo muco que preenche o canal do colo do útero, chamado canal cervical. Durante a maior parte do tempo, esse muco do canal cervical é espesso, ácido e quase impenetrável. Mas por alguns dias ao redor do momento da ovulação a barreira de muco se tona mais fina e mais alcalina, enfim, mais receptiva. Os espermatozoides que não são fracos, sem cauda, com duas cabeças, ou que não apresentam algum outro tipo de problema, têm uma chance de sobreviver por tempo suficiente para fazer a viagem de treze centímetros pelo útero e pela tuba uterina até o óvulo. Enquanto isso, o tempo corre. Os espermatozoides só vivem por um período de 24 a 72 horas. E há mais problemas à frente conforme eles nadam pelo útero.

Dos espermatozoides que passam pelo muco do canal cervical, uns poucos milhares, ou talvez apenas várias centenas, dos nadadores mais robustos conseguirão chegar à trompa de Falópio que abriga o óvulo. A legião dos perdidos inclui espermatozoides que nadaram em círculos, ficaram sem energia, subiram na trompa "errada", em direção ao ovário que não tinha liberado o óvulo naquele mês, ou acabaram comidos por neutrófilos e macrófagos.

Em algum momento da viagem, os espermatozoides bem-sucedidos se transformam de aspirantes em sérios candidatos a fecundadores. A cápsula cheia de enzimas que se localiza na cabeça do espermatozoide fica tão frágil que, com o impacto, ela se romperá facilmente, liberando seu conteúdo voltado à penetração no óvulo. Esses espermatozoides também ficam hiperativos, o que é útil para quem está lutando contra a corrente produzida pelos cílios, que estão empurrando o óvulo em sua direção e na direção de seus competidores.

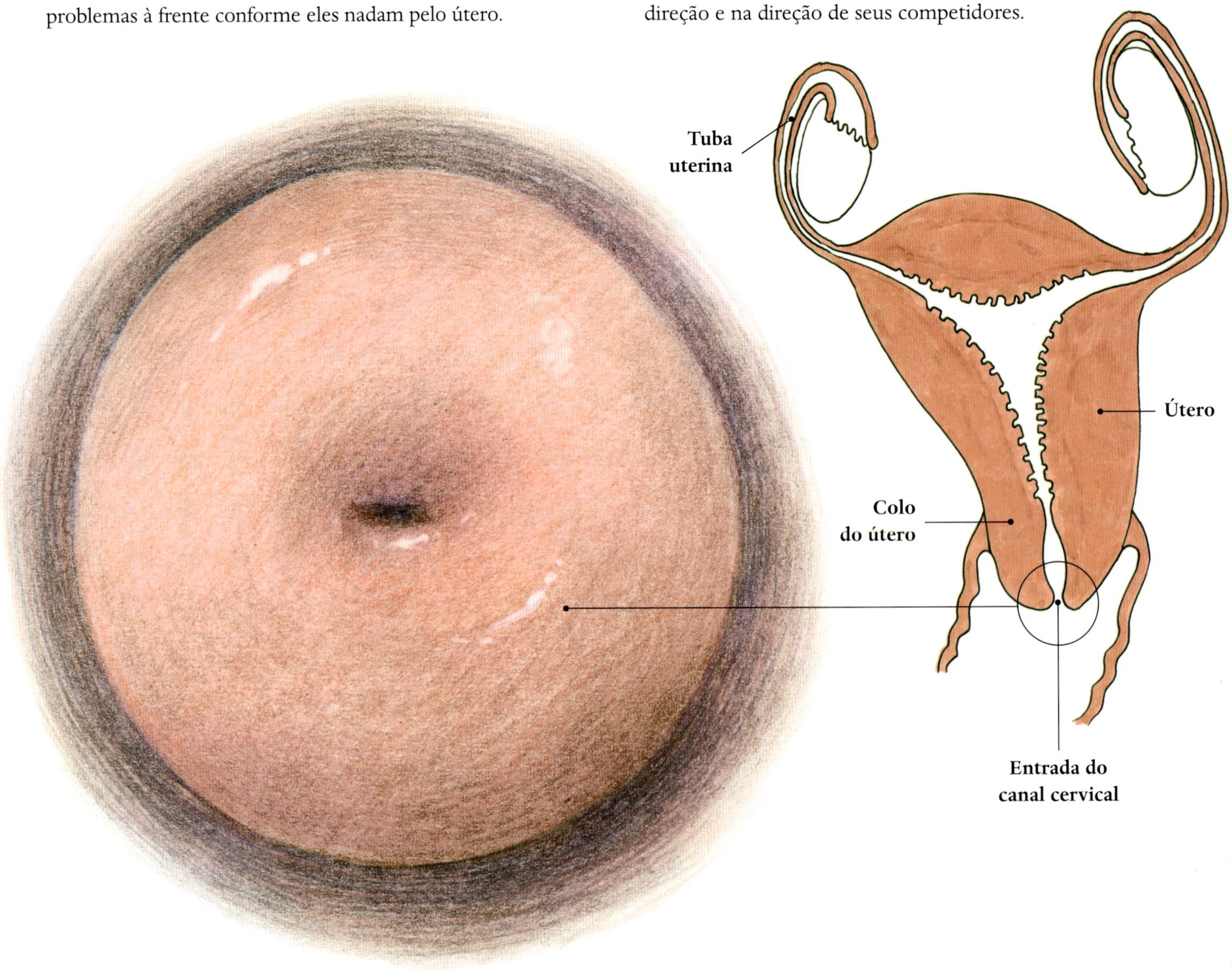

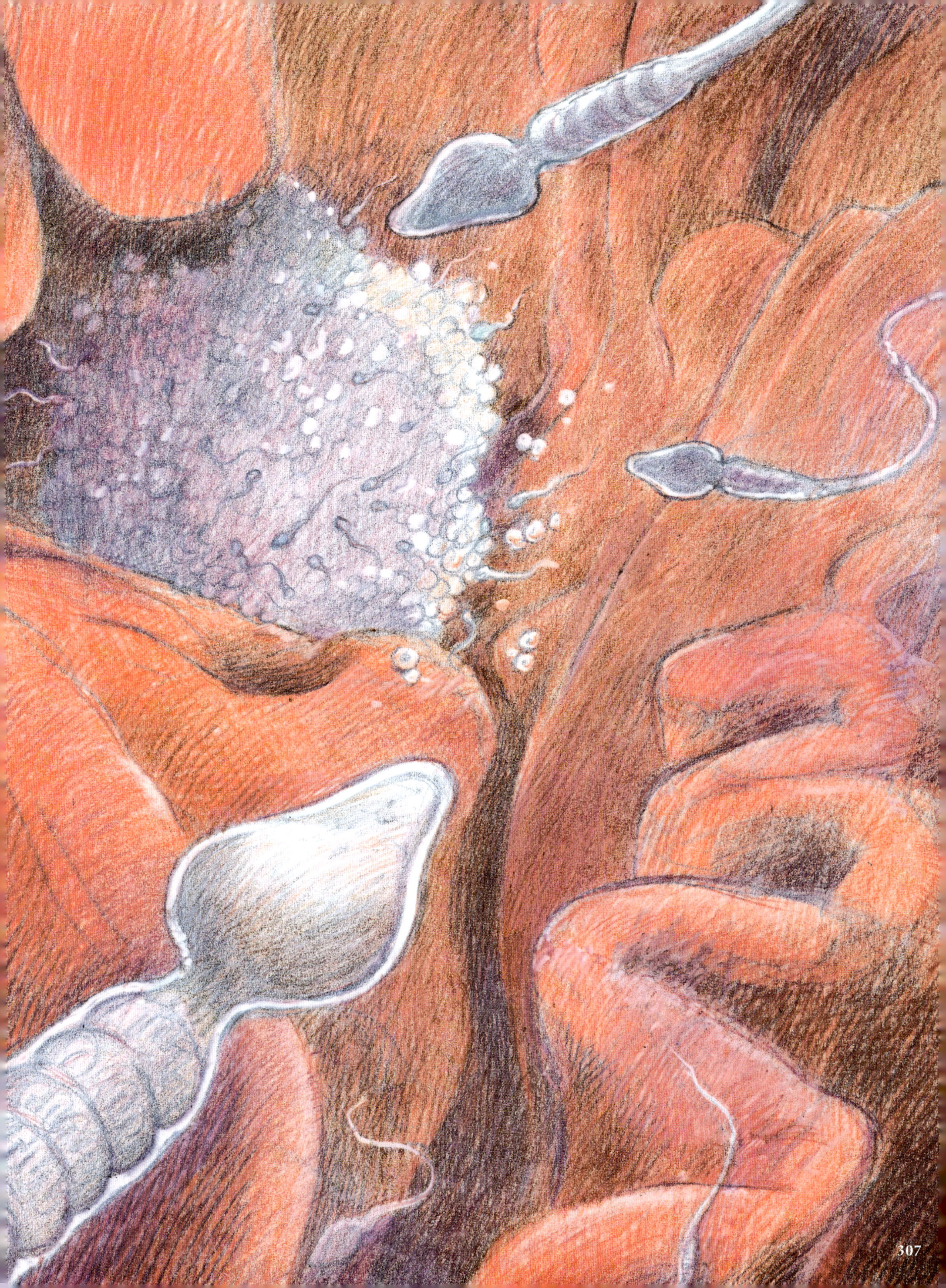

O VENCEDOR LEVA TUDO

Ao final da jornada excruciante chega a oportunidade para a fecundação – realização para um espermatozoide, frustração e perdição para o resto.

1. No interior da seção mediana larga da tuba uterina uma massa de espermatozoides serpenteantes se liga a um óvulo que está rodando, todos na intenção de passar por suas defesas. A barreira externa é a das células do folículo. A barreira interna é uma zona espessa e clara que ficou do lado de fora do óvulo quando ele amadureceu no ovário.

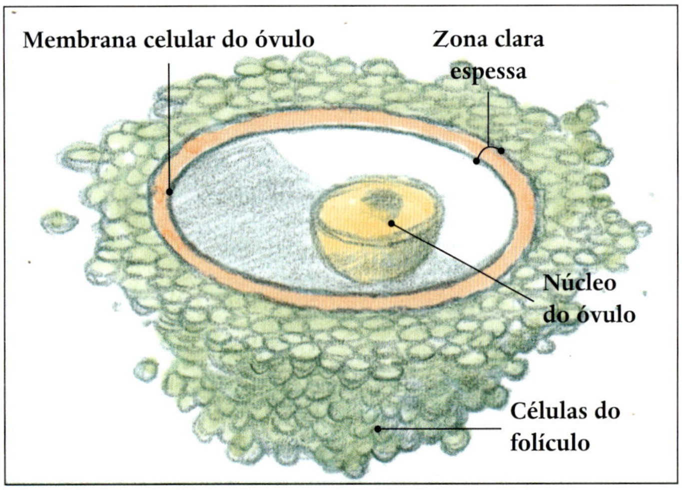

2. Um espermatozoide consegue passar pela barreira de células do folículo. Ao fazer contato com a camada interna, sua cápsula se rompe, liberando enzimas digestivas.

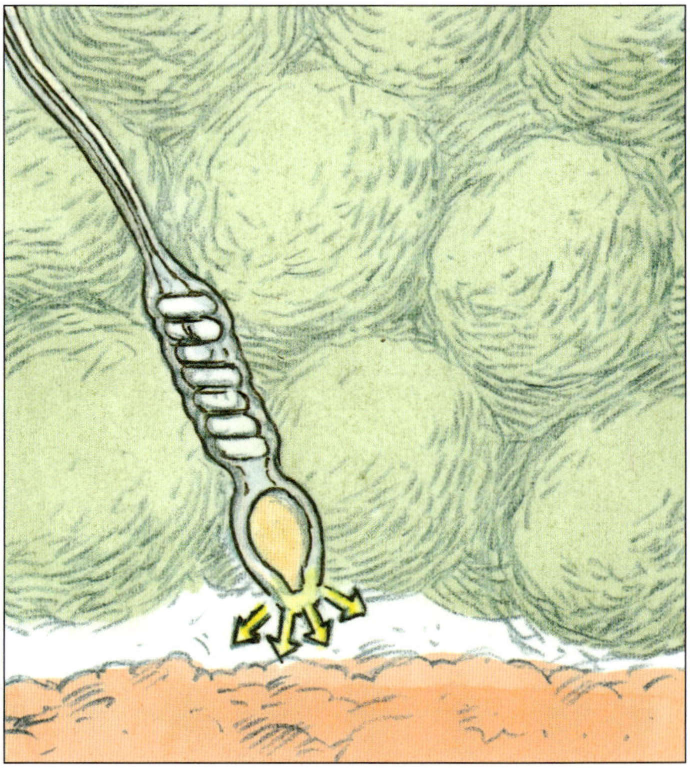

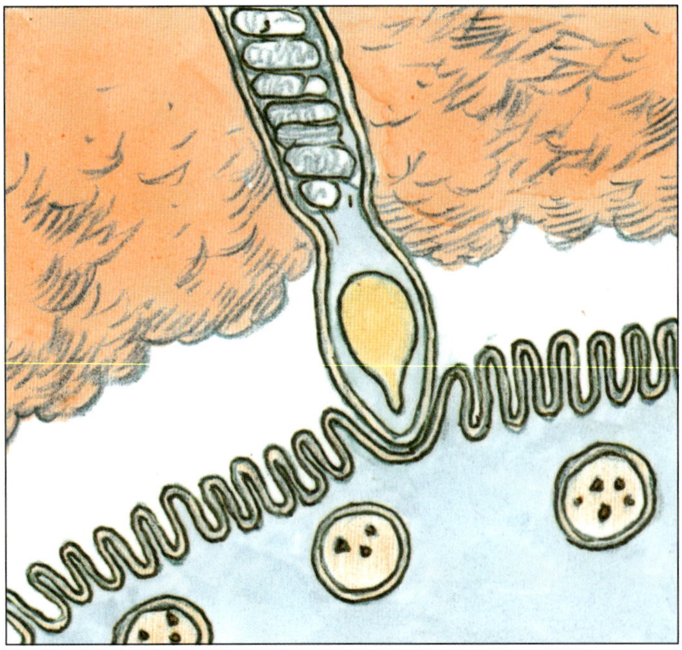

3. Com a camada interna já enfraquecida pelas enzimas liberadas por centenas de espermatozoides que não se deram bem, esse retardatário desgasta com facilidade o caminho pela membrana do óvulo.

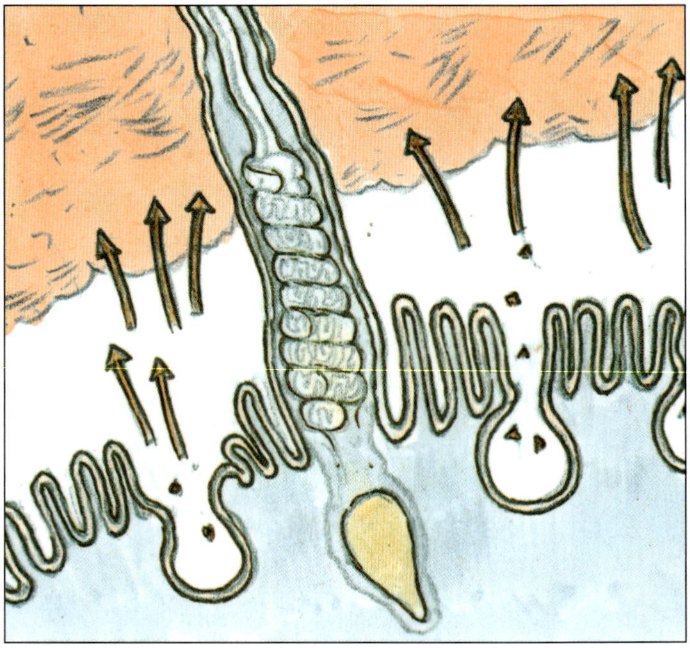

4. Quando o espermatozoide e o óvulo fazem contato, suas membranas se fundem e se rompem e o núcleo e a cauda do espermatozoide são puxados para dentro do óvulo. Ao mesmo tempo, substâncias químicas localizadas sob a membrana celular do óvulo são liberadas, impedindo a ligação de qualquer outro espermatozoide. A ponte levadiça foi levantada.

A cauda do espermatozoide "vencedor" se desintegra e seu núcleo se aproxima do núcleo do óvulo. Suas respectivas membranas nucleares se rompem, cada uma liberando 23 cromossomos que se unem para formar o conjunto completo de 46 cromossomos necessários para fazer um ser humano novo. Se tanto o óvulo quanto o espermatozoide trouxerem cromossomos sexuais X, esse humano será uma mulher. Mas, se o espermatozoide trouxer um cromossomo Y, resultando numa combinação XY, o resultado será um homem.

Os 46 cromossomos de dividem por mitose e o óvulo fecundado se divide em duas células idênticas. Conforme esse futuro embrião passa pela tuba uterina em direção ao útero que o espera, as divisões celulares se repetem mais e mais vezes. Em alguns dias, essas células serão duas, quatro, oito, depois dezesseis e, em algum momento… a quantidade será grande demais para contar.

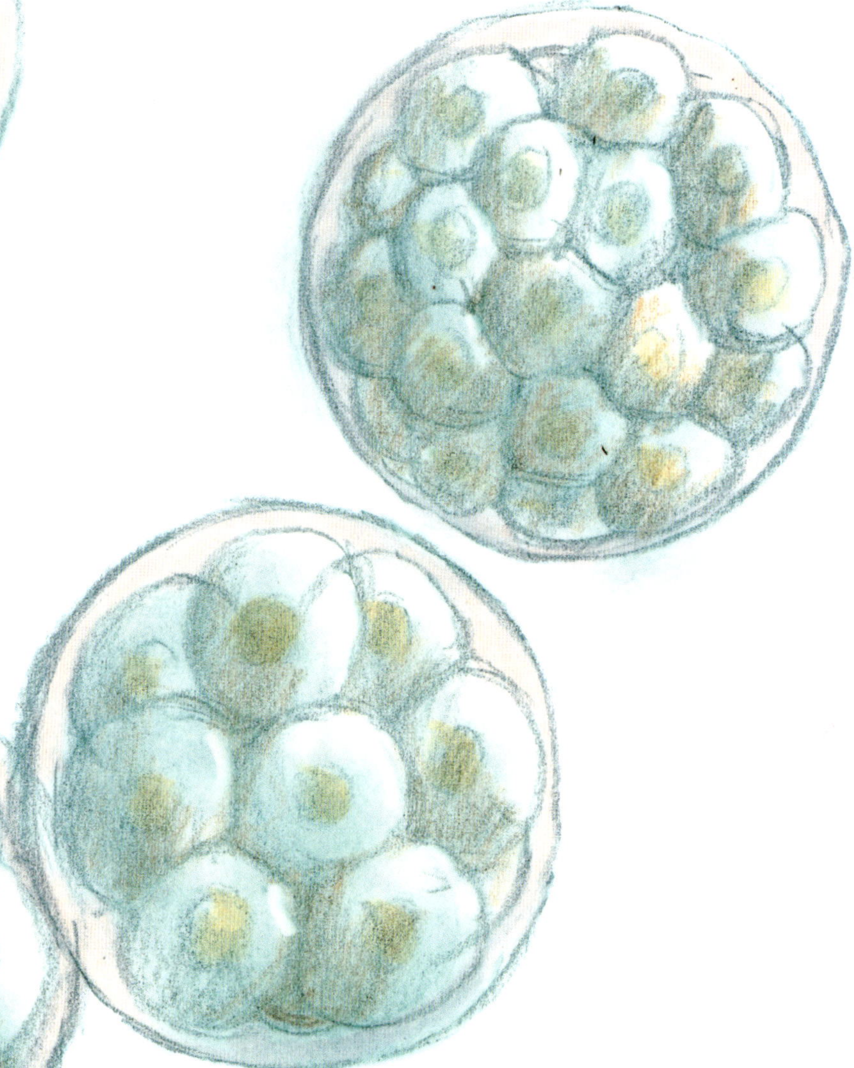

SOLO FÉRTIL

Seis dias após a fecundação, o futuro embrião, do tamanho aproximado do ponto no final desta frase, está flutuando no útero e à beira de se implantar no endométrio e tornar-se um embrião de verdade.

Tudo está pronto para sua chegada. O revestimento do útero atingiu a espessura máxima, obedecendo ao estrogênio e à progesterona liberados pelos ovários. Glândulas longas e ramificadas se estendem da superfície do endométrio até o fundo no tecido abaixo. O número de artérias espiraladas chegando dos vasos mais profundos e correndo paralelas à superfície aumentou muito. As secreções das glândulas e os suprimentos essenciais trazidos pelas artérias espiraladas vão nutrir o embrião até que se possam tomar providências mais permanentes.

Mas, se o óvulo não foi fecundado, ou se o futuro embrião não se implanta no endométrio, o ovário para de secretar progesterona, o hormônio responsável por manter o endométrio espesso e bem suprido. Suas artérias espiraladas entram em espasmo, cortando o suprimento de sangue e fazendo com que a camada recém-formada se solte da parede do útero e passe pela vagina durante a menstruação.

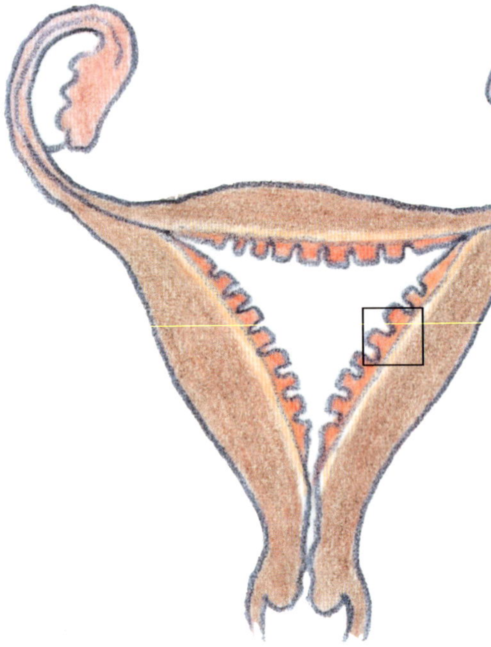

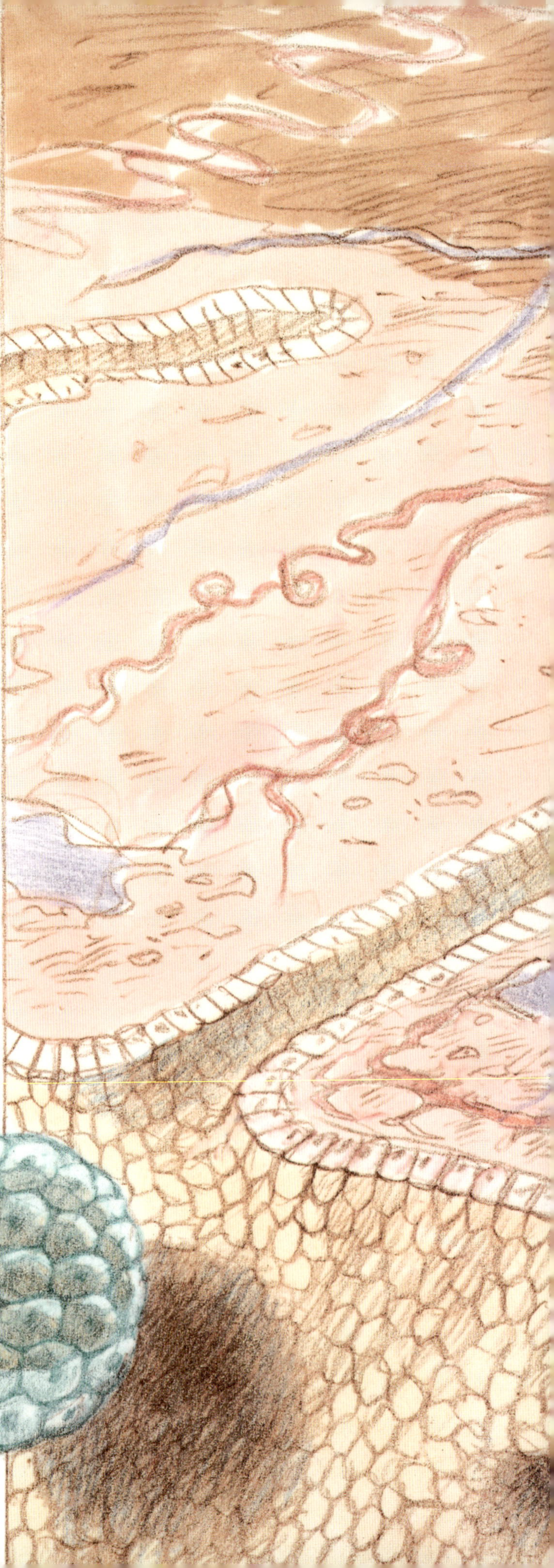

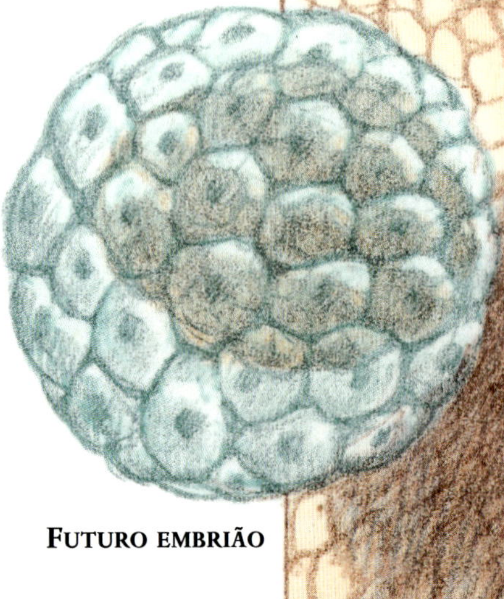

FUTURO EMBRIÃO

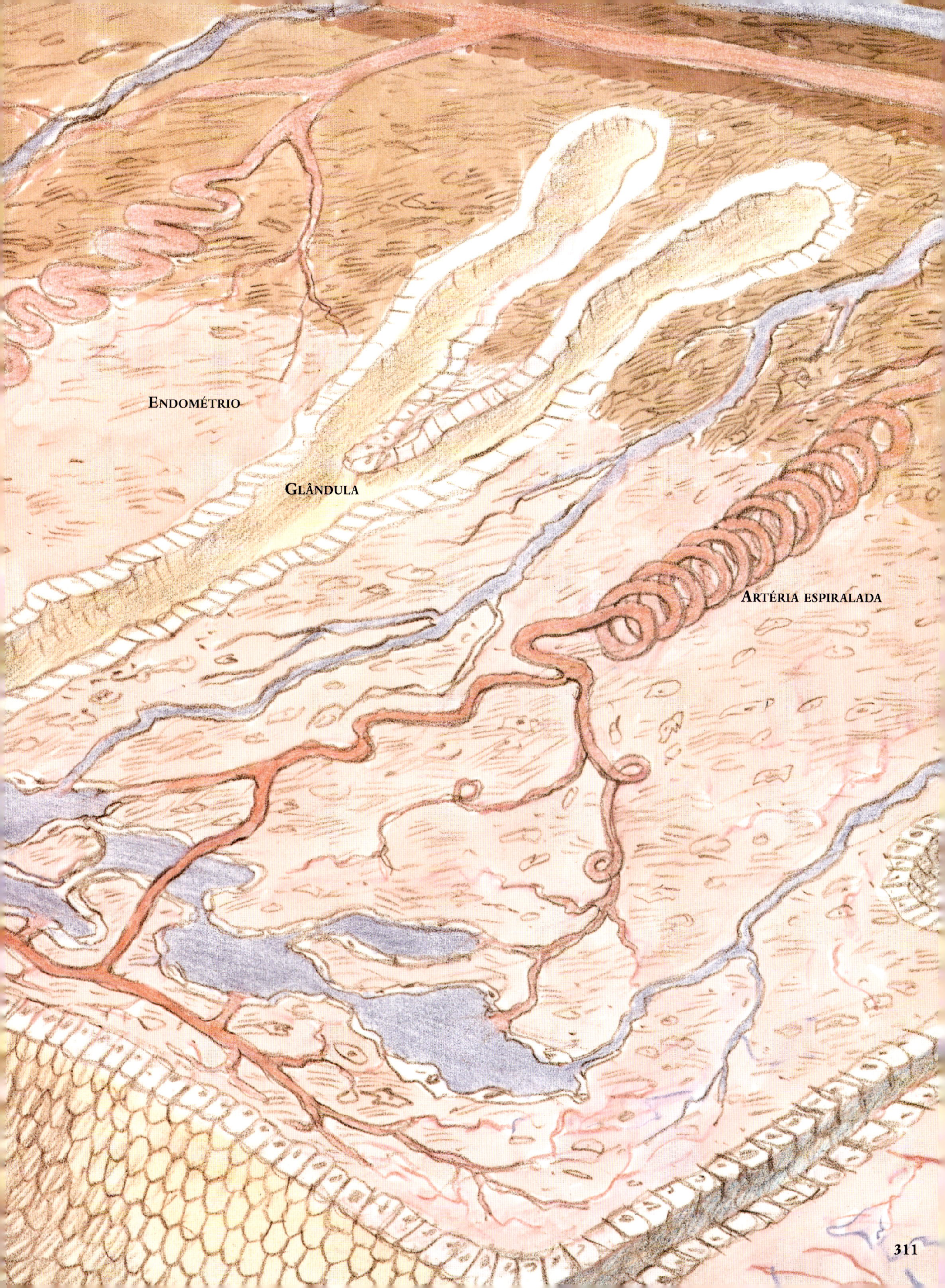
Endométrio
Glândula
Artéria espiralada

FIXANDO RESIDÊNCIA

No momento em que o futuro embrião chega ao útero, ele já se transformou de uma esfera sólida de células em uma estrutura oca chamada blastocisto. Este consiste em uma esfera externa de células cercado por uma massa interna de células que vai se tornar o embrião propriamente dito.

O futuro embrião agora precisa se implantar no endométrio para receber os nutrientes e o oxigênio necessários para prosseguir seu desenvolvimento. Para fazer a implantação, algumas das células da esfera externa do blastocisto se prendem ao endométrio e liberam enzimas que digerem sua superfície.

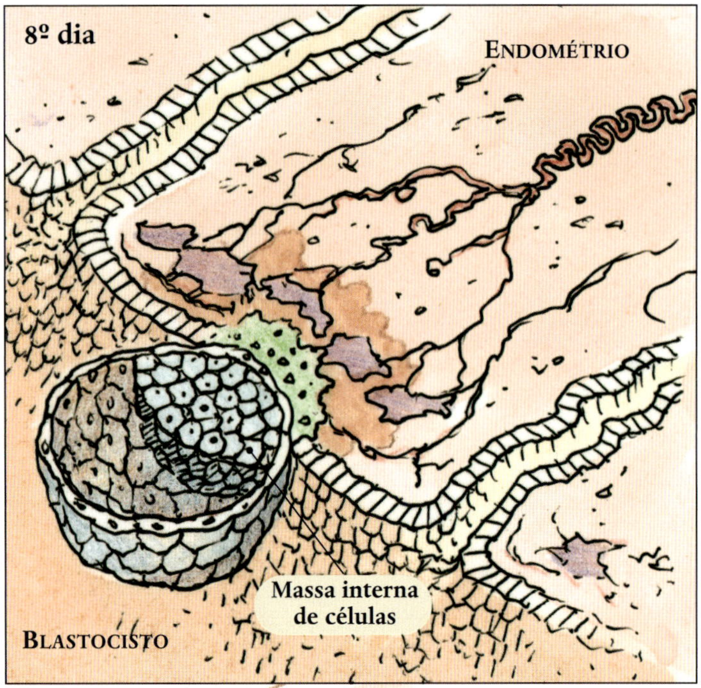

10º dia

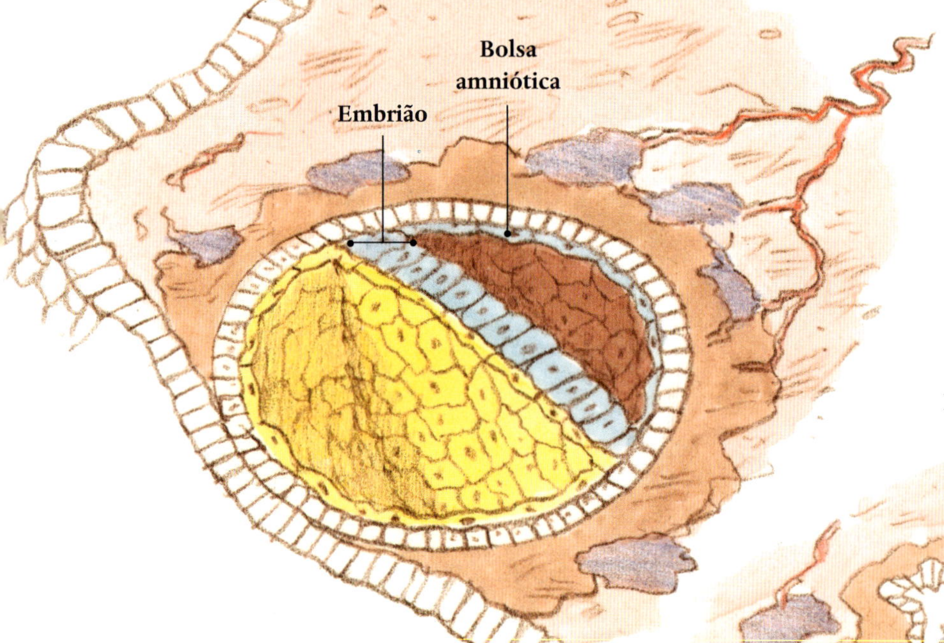

16º dia

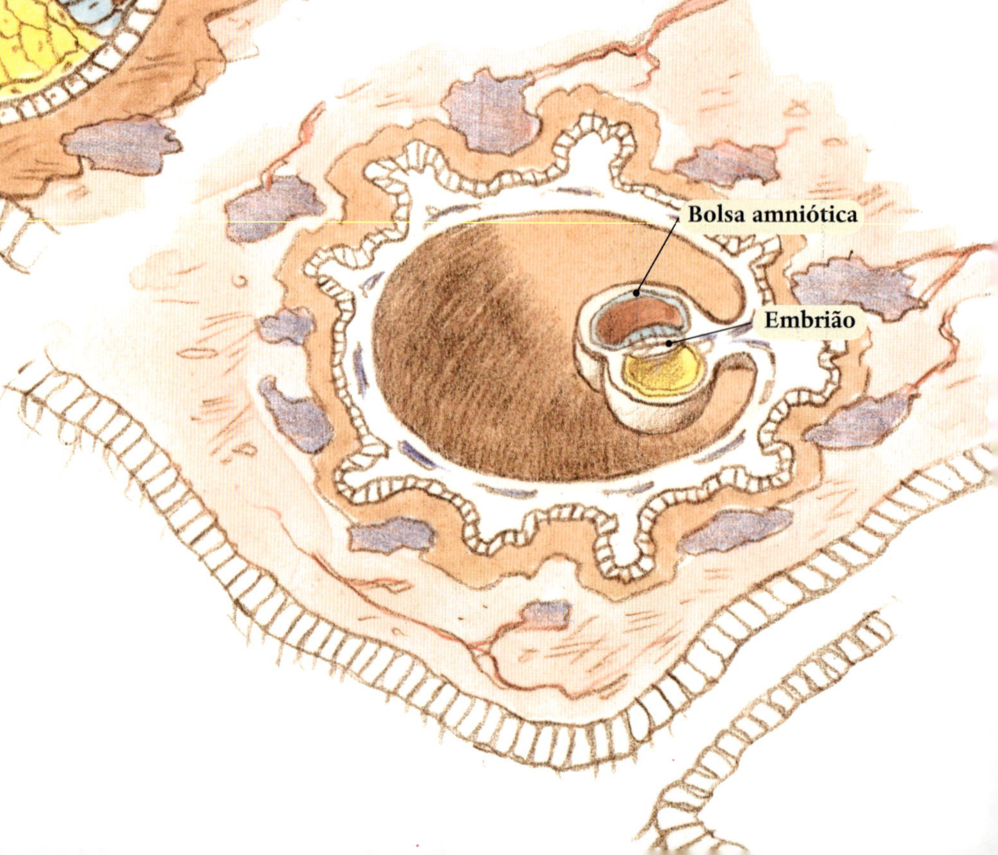

Oito dias após a fecundação, o endométrio já foi comido o suficiente para que o embrião se aloje em seu interior. A parte danificada do endométrio repara a si mesma, fechando-se sobre o embrião e protegendo o hóspede solitário. A esfera externa do blastocisto também libera hormônios que "dizem" ao folículo selado no ovário para se manter intacto e continuar produzindo a progesterona necessária para evitar a menstruação, que interromperia a gravidez antes que essa tivesse a chance de começar. Enquanto isso, as células da massa interna do blastocisto – agora um embrião – não apenas continuam a se multiplicar, mas também se movem e vão se tornando especializadas conforme vão formando tecidos e órgãos. Do lado de fora do embrião, uma bolsa protetora e cheia de líquido, chamada bolsa amniótica, ou âmnio, começa a se desenvolver.

Trinta e dois dias após a fecundação, o embrião – agora do tamanho de uma ervilha pequena – já tem uma cabeça, um tronco, uma cauda minúscula, membros com forma de nadadeiras e, internamente, órgãos e sistemas em desenvolvimento. A camada externa do blastocisto produz vilosidades em forma de dedos para o interior do endométrio. Vasos sanguíneos embrionários localizados nessas vilosidades capturam o oxigênio e os nutrientes, que se difundem de vasos sanguíneos maternos próximos e os transportam ao embrião através de um tubo robusto.

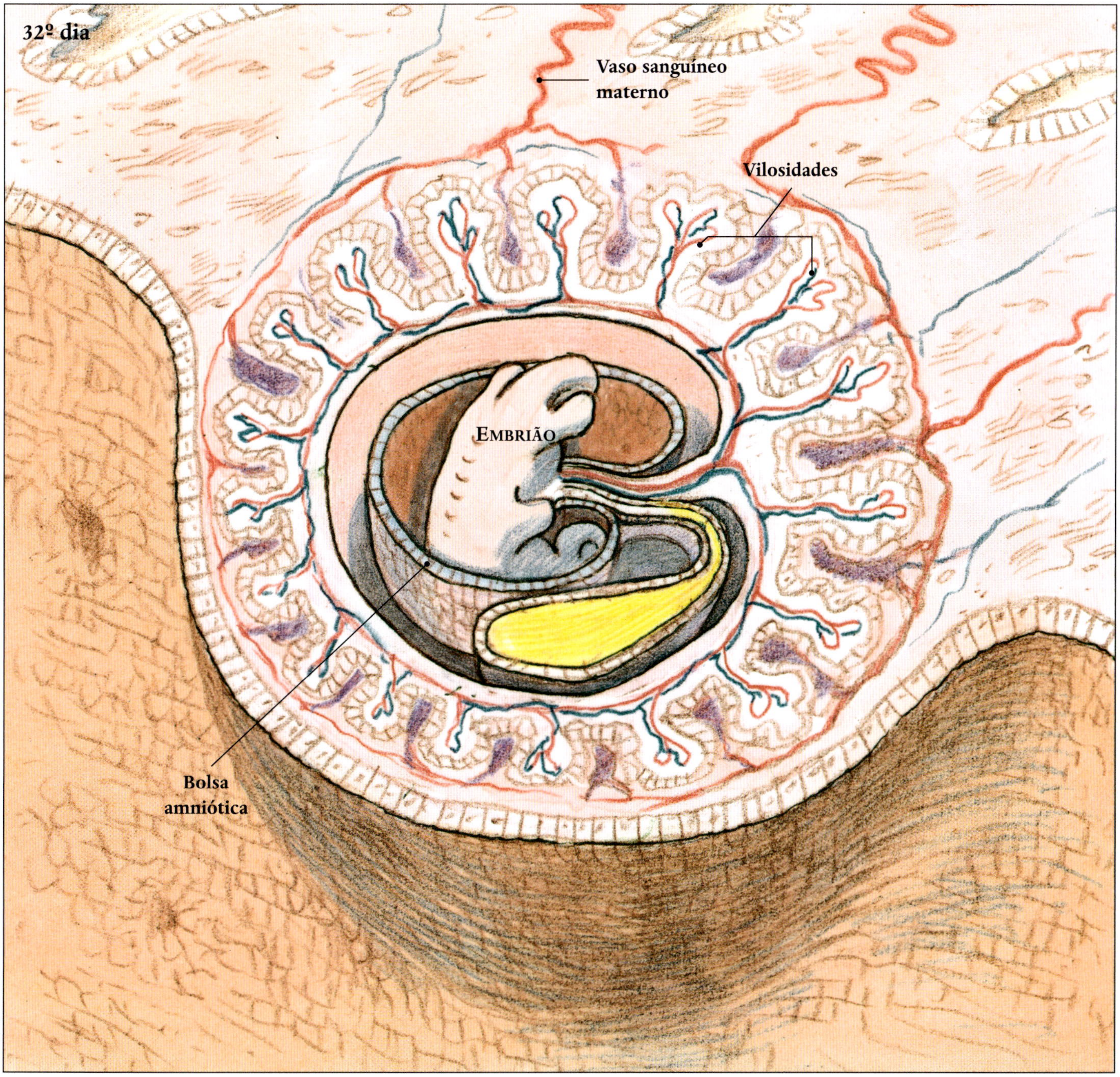

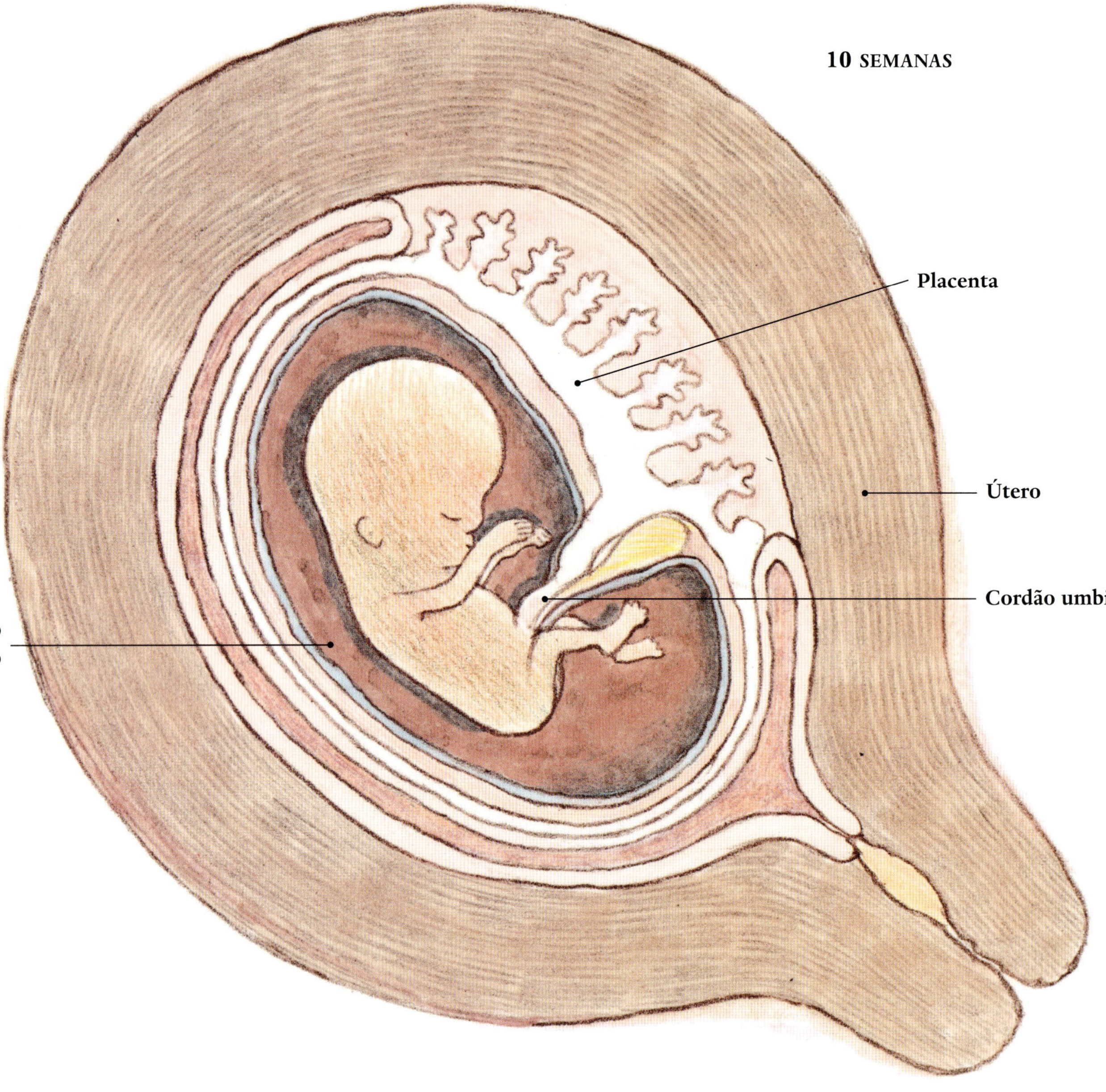

TRABALHO EM ANDAMENTO

Uma vez que um embrião entra na nona semana após a fecundação, ele passa a ser chamado de feto. Dez semanas após a fecundação e flutuando em um mar de líquido amniótico protetor, o feto tem cerca de seis centímetros de comprimento, tem bilhões de células e é seiscentas vezes maior do que o óvulo fecundado de que se originou.

A partir de sua implantação, as células vêm crescendo e se especializando e o pequeno indivíduo que elas moldaram já pode ser reconhecido como humano. Ele já tem feições faciais e é capaz de piscar, engolir e franzir a testa. Os dedos e artelhos já estão separados e as unhas começam a crescer. Os órgãos internos estão todos no lugar e o coração bate há várias semanas.

As vilosidades que inicialmente absorviam nutrientes da circulação da mãe para o embrião agora se desenvolveram em um sistema altamente eficiente de suprimento de nutrientes e remoção de resíduos chamado placenta. No interior da placenta o sangue materno e o do embrião se aproximam, mas nunca se misturam. A difusão garante que os nutrientes e o oxigênio passem da mãe para o feto e que os resíduos passem na direção oposta. Um fluxo de "mão dupla" pelos vasos do cordão umbilical liga a placenta ao feto.

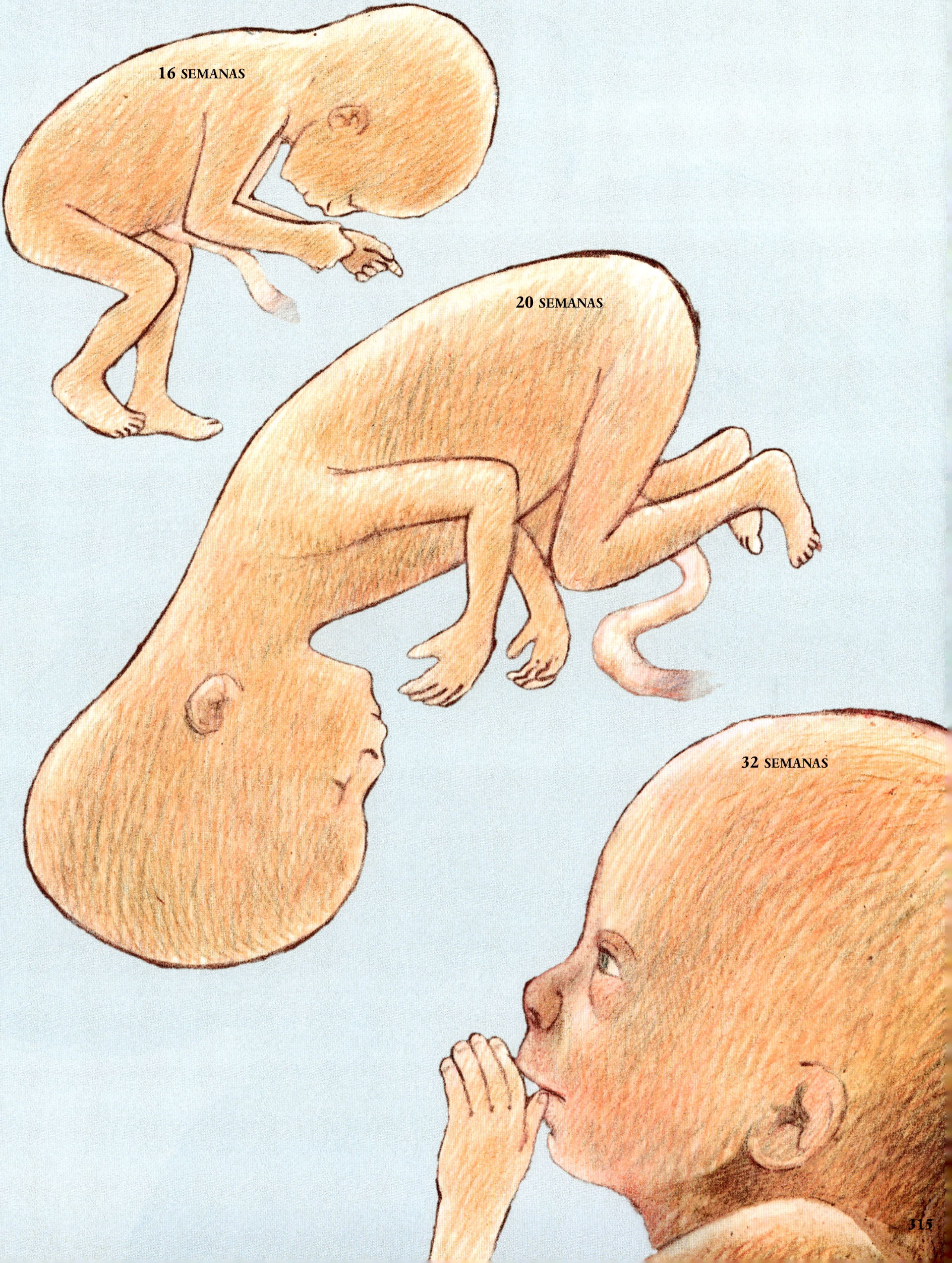
16 SEMANAS
20 SEMANAS
32 SEMANAS

1

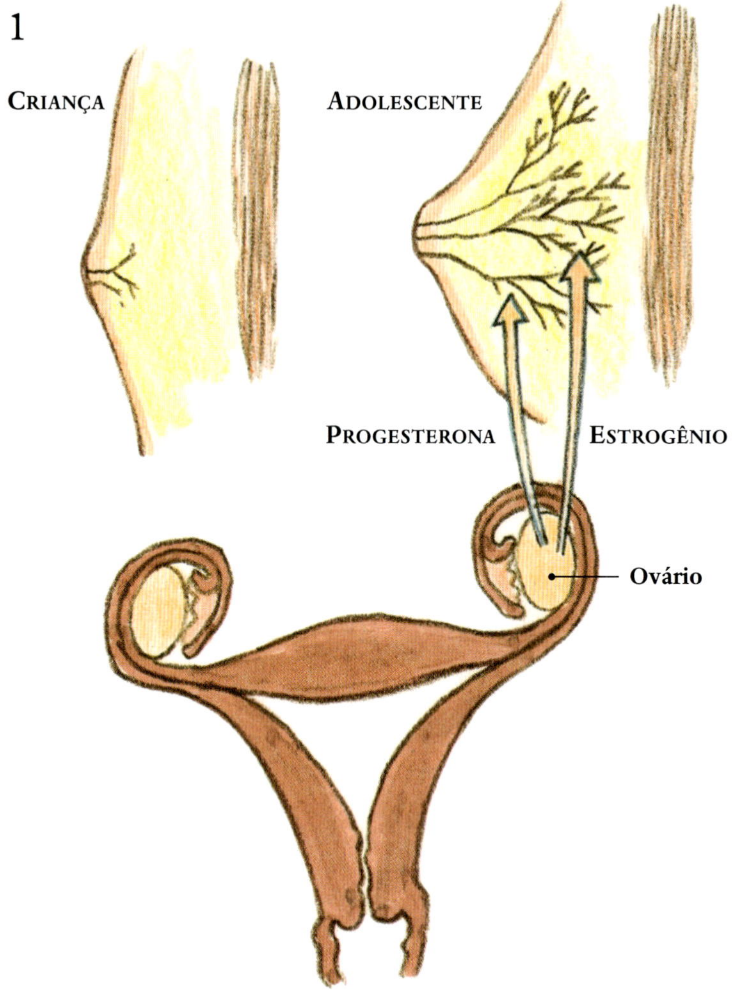

COMIDA CASEIRA

Como outros mamíferos, as fêmeas humanas alimentam, ou têm o potencial de alimentar, seus bebês com leite natural e nutricionalmente balanceado. Ele é produzido no interior de cada mama por uma glândula mamária que consiste em glândulas de leite e seus ductos, os quais se irradiam e se abrem no mamilo. Quando não precisam produzir leite sob encomenda, as mamas são preenchidas primariamente com gordura.

Os preparativos começam na puberdade, quando os níveis crescentes de estrogênio e progesterona estimulam o crescimento das mamas nas meninas (1). Durante a gravidez, níveis mais altos desses mesmos hormônios, produzidos principalmente pela placenta, estimulam a proliferação de glândulas produtoras de leite junto com os ductos que vão entregar o leite quando necessário (2).

Perto do final da gravidez, um hormônio da glândula pituitária chamado prolactina estimula as glândulas mamárias a produzirem leite. Após o nascimento, o estímulo físico dado pelo bebê sugando diretamente dos mamilos dispara a liberação de mais prolactina (através do sistema nervoso e do hipotálamo), o que garante a continuidade do fornecimento de leite. Ele também faz com que a pituitária libere outro hormônio, chamado ocitocina. Este contrai a musculatura lisa ao redor das glândulas para empurrar o leite para o mamilo (3).

2

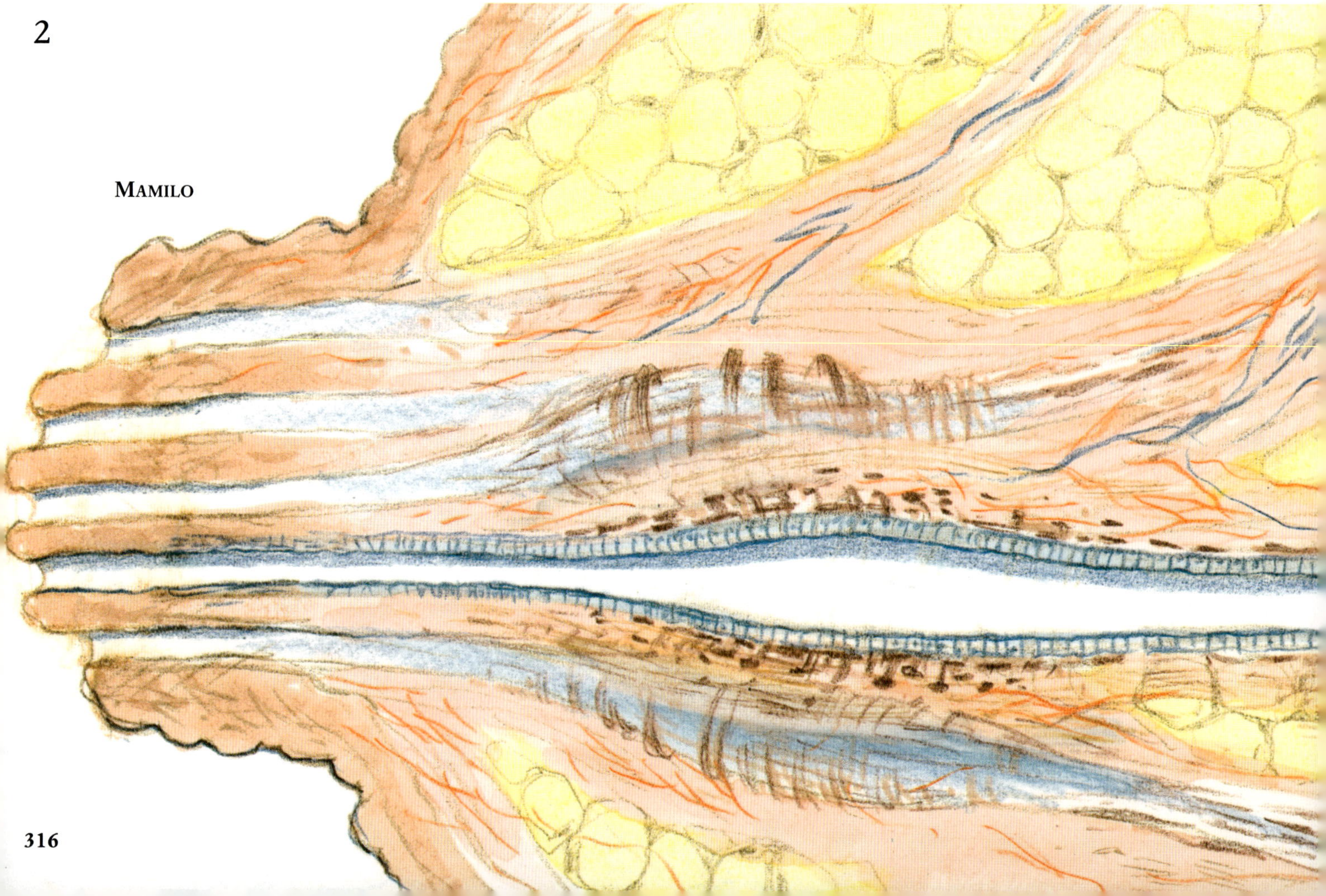

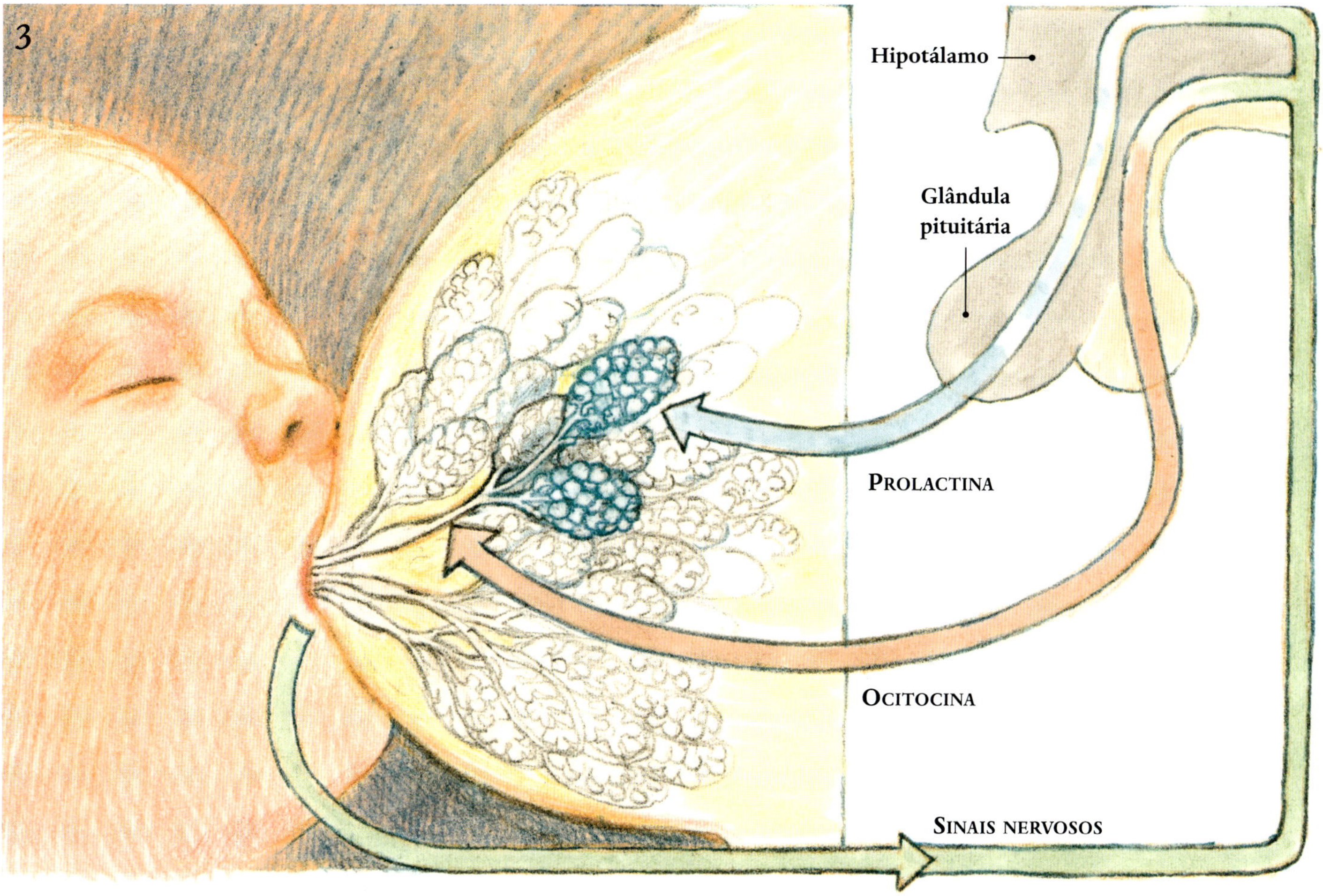
3
Hipotálamo
Glândula
pituitária
PROLACTINA
OCITOCINA
SINAIS NERVOSOS

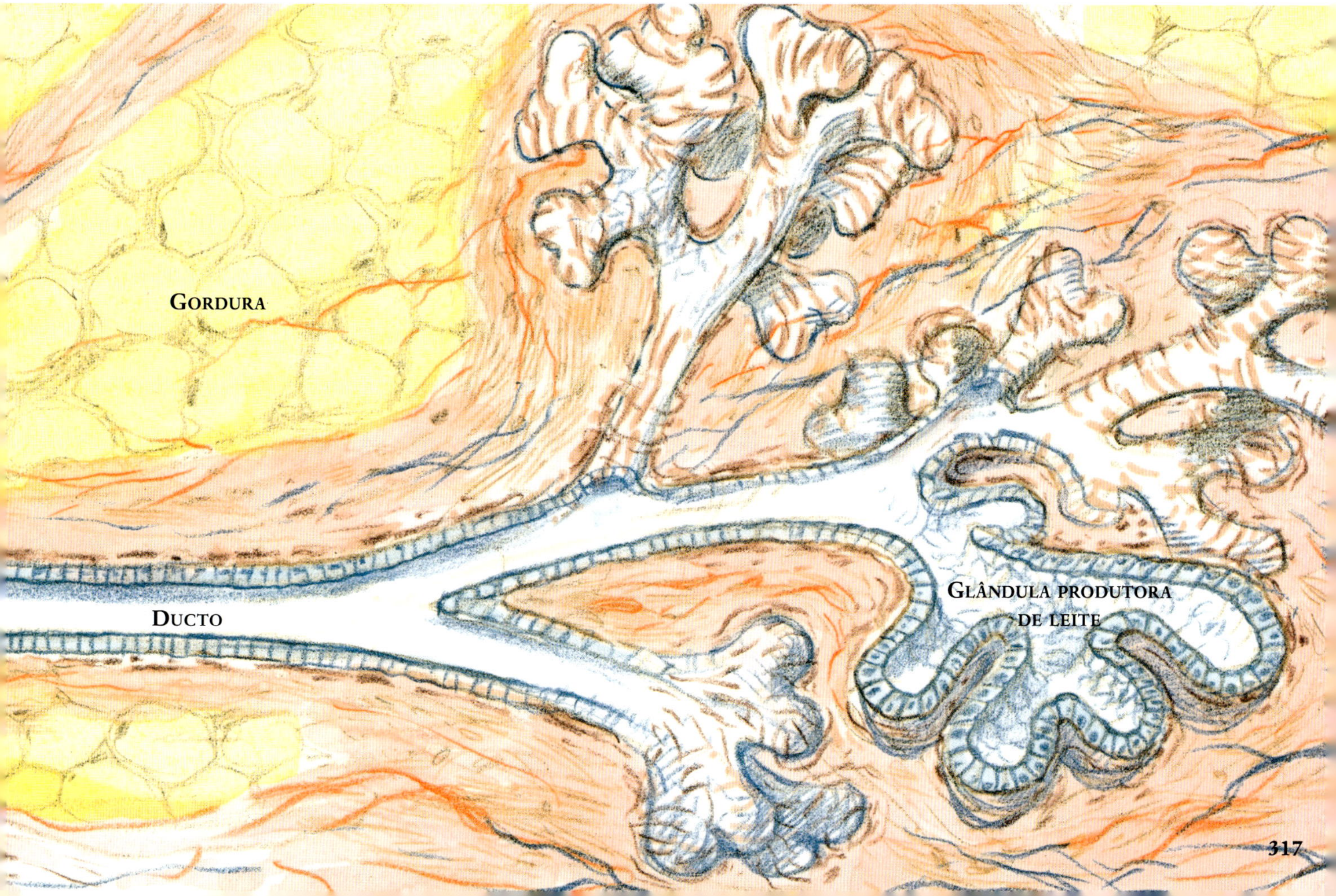
GORDURA
GLÂNDULA PRODUTORA
DE LEITE
DUCTO

ESTÁ NA HORA!

Por grande parte dos últimos 270 dias, o feto se divertiu na escuridão – aquecido, tranquilizado pelos batimentos do coração da mãe e completamente cuidado. Enfim, a bem-aventurança. Mas agora o feto está crescido e pronto, e o sinal verde se acendeu. O útero, que foi seu lar por tanto tempo, vai se contrair repetidamente e com tal força que o bebê será empurrado, sem cerimônia, para o mundo externo: iluminado, barulhento e imprevisível.

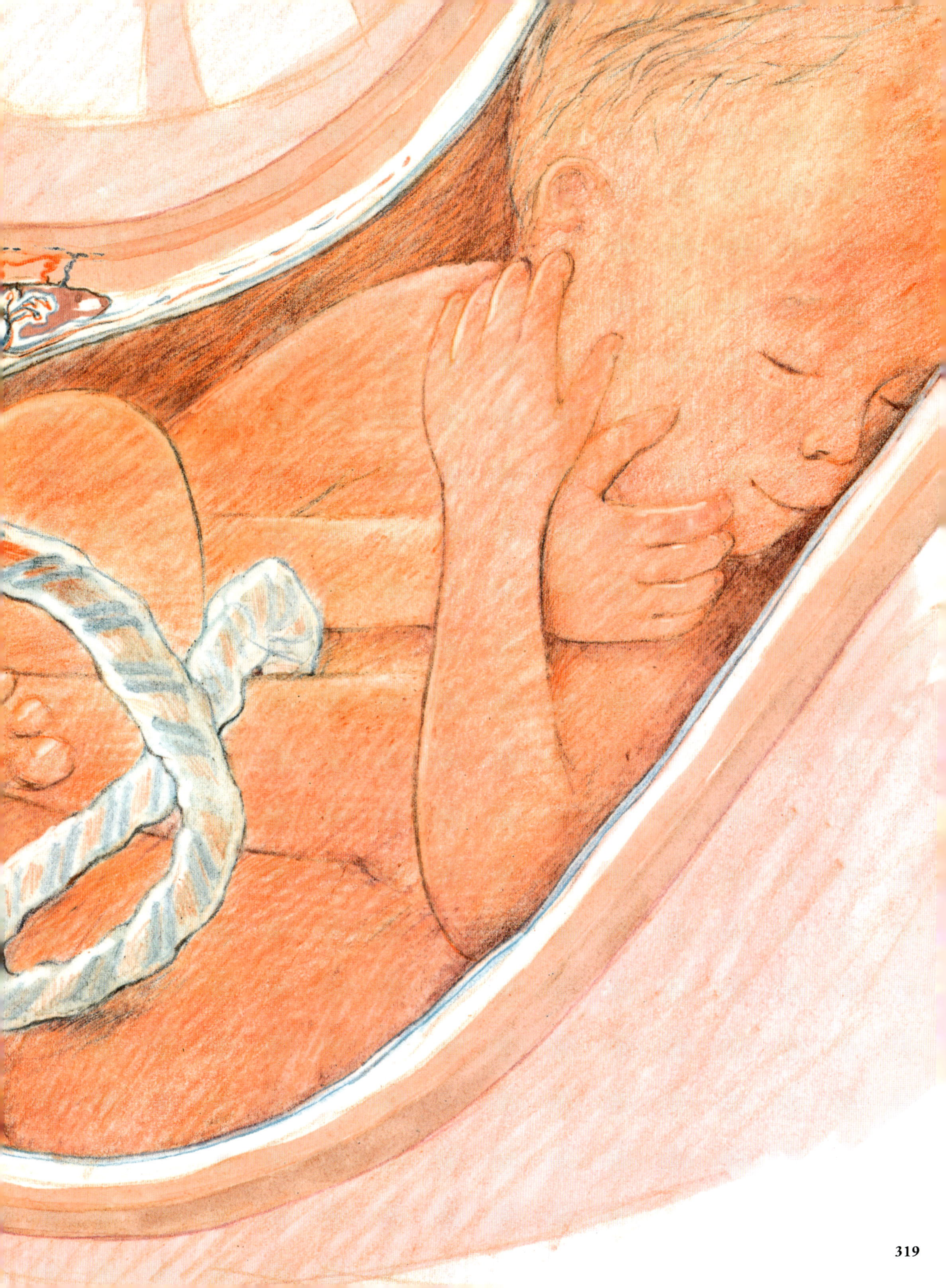

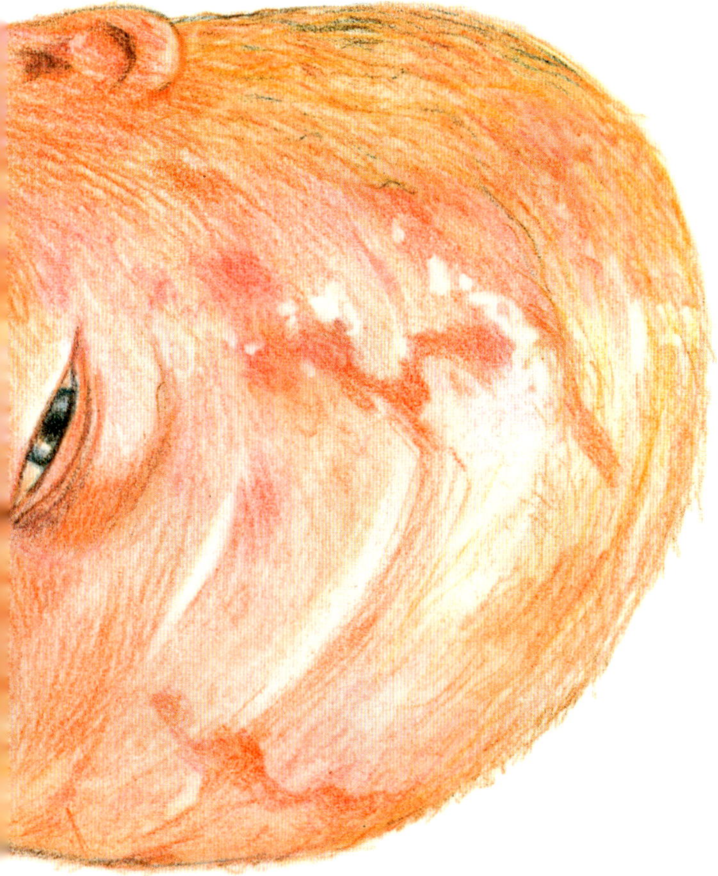

GLOSSÁRIO

As palavras em *itálico* indicam referência cruzada para outra entrada no glossário.

A

ABDOME A metade inferior do tronco – parte central do corpo –, que contém a maior parte do *sistema* digestório junto com os *órgãos* urinários e genitais.

ÁCIDO Termo que descreve um líquido, como o suco *gástrico*, que tem as propriedades de um ácido: sabor ácido e capacidade de corrosão.

ÁCIDO CLORÍDRICO Ácido forte – líquido capaz de dissolver metais – que é produzido pelas *glândulas gástricas* e ajuda na digestão de *proteínas* no estômago.

ÁCIDO GRAXO Uma *molécula* que consiste quase exclusivamente em uma cadeia longa de átomos de *carbono* e *hidrogênio*, que é uma das unidades básicas de *gorduras*, óleos e *fosfolipídios*.

ÁCIDO NUCLEICO Uma dentre um grupo de substâncias complexas que incluem o *DNA* e o *RNA*, e que é constituída de milhões de *átomos* de *carbono*, hidrogênio, *oxigênio*, *nitrogênio* e fósforo, organizados em subunidades chamadas *nucleotídeos*.

ACTINA *Proteína* que é a unidade básica do filamento fino que é um dos três componentes do *citoesqueleto* de uma *célula*. Também tem um papel importante na contração dos *músculos*.

AÇÚCAR *Carboidrato* simples, de sabor doce, como a *glicose*.

ALCALINO Termo que descreve um líquido como o suco pancreático, que tem a capacidade de neutralizar um líquido *ácido* de modo a que ele não apresente mais as características de um ácido.

ALÉRGENO Qualquer substância que desencadeie uma *resposta alérgica* em uma pessoa.

ALVÉOLO Um dos 150 milhões de sacos aéreos no pulmão, através dos quais ocorre a troca gasosa.

AMIDO *Carboidrato complexo* produzido pelas plantas que, quando ingerido, é quebrado em *glicose* pelas *enzimas* digestivas.

AMILASE Uma *enzima* do sistema digestório que quebra o *amido* da comida em *açúcares* mais simples.

AMINOÁCIDO Um dentre um grupo de vinte substâncias diferentes que são os blocos que constituem as *proteínas*.

ANTICORPO Um tipo de *proteína* liberada pelas *células* B do *sistema imunitário* e que se liga a um *patógeno* específico e o marca para ser destruído.

ANTÍGENO Uma substância ligada, por exemplo, à superfície de bactérias e outros *patógenos* que é reconhecida como estranha pelo *sistema imunitário*, e, portanto, o ativa; antígenos em *hemácias* são reconhecidos quando há transfusão de um doador para outro, de outro *grupo sanguíneo*.

AORTA *Artéria* grande através da qual o sangue rico em *oxigênio* sai do coração.

APÊNDICE Projeção com a forma de um dedo da primeira parte do intestino grosso que, nos humanos, não tem papel na digestão, mas que auxilia o *sistema digestório*.

ARTÉRIA *Vaso sanguíneo* que leva o sangue que sai do coração. A maior parte das artérias carrega sangue rico em *oxigênio*.

ARTÉRIA CARÓTIDA *Artéria* que leva sangue rico em *oxigênio* do coração à cabeça e ao cérebro.

ARTERÍOLA Uma *artéria* muito pequena.

ARTICULAÇÃO Parte do esqueleto onde dois ou mais ossos fazem contato.

ARTICULAÇÃO SINOVIAL *Articulação* com movimentação livre na qual as extremidades dos ossos são cobertas por *cartilagem* e separadas por um espaço preenchido de líquido.

ÁTOMO Partícula diminuta que é a menor porção de um elemento – uma substância pura, assim como o *carbono* e o *oxigênio*, que não pode ser separada em outras substâncias – que pode existir por si só. Os átomos são feitos de partículas chamadas *prótons*, *nêutrons* e *elétrons*.

ATP (trifosfato de adenosina) Substância encontrada no interior das *células* que armazena e transporta *energia*, liberando-a onde é necessária.

ÁTRIO Uma das duas câmaras menores do coração que recebe o sangue do pulmão (átrio esquerdo) ou do resto do corpo (átrio direito).

AXÔNIO Extensão longa e delgada que se estende do corpo celular de um neurônio e leva sinais até outro neurônio ou fibra muscular.

B

BACTÉRIA Um grupo de *organismos* unicelulares, alguns dos quais causam doenças em humanos.

BASE Uma de um pequeno grupo de substâncias que formam as "letras" das instruções codificadas contidas nos *ácidos nucleicos*: *DNA* e *RNA*.

BASTONETE Tipo de *fotorreceptor* encontrado na *retina* que é responsável pela visão em preto e branco e que funciona melhor sob luz fraca.

BILE Líquido amarelo-esverdeado que é produzido pelas *células* do fígado e liberado no intestino delgado, onde auxilia na *digestão* de *gorduras*.

BILHÃO Número que corresponde a mil milhões (1.000.000.000).

BOLO ALIMENTAR Massa arredondada de comida mastigada que pode ser engolida.

BRÔNQUIO Via aérea que vai da traqueia a cada pulmão, com ramificações em brônquios menores.

BRONQUÍOLO No interior dos pulmões, um pequeno ramo de um *brônquio* que leva aos *alvéolos*.

BULBO Também conhecido como bulbo raquidiano ou medula oblonga, é a seção inferior do *tronco cerebral*, que controla a frequência de batimentos cardíacos, a frequência da respiração e a pressão sanguínea.

C

CAMPO VISUAL Toda a área em frente a uma pessoa que esta é capaz de ver sem mover a cabeça.

CÂNCER Qualquer uma entre um grupo de doenças, assim como o câncer de pele, causadas por *células* em divisão descontrolada.

CAPILAR *Vaso sanguíneo* microscópico que fornece nutrientes e oxigênio às *células* individuais do corpo, ao levar o sangue entre *arteríolas* e *vênulas*.

CAPSÍDEO Capa de *proteína* dos *vírus*.

CARBOIDRATO Uma entre um grupo de substâncias, incluindo os *carboidratos complexos*, como o *glicogênio*, e *açúcares*, como a *glicose*, cujas *moléculas* são formadas por *átomos* de *carbono*, hidrogênio e *oxigênio*.

CARBOIDRATOS COMPLEXOS *Qualquer* carboidrato, como o *glicogênio* ou *amido*, que é constituído de cadeias de subunidades de *glicose* e é usado para o armazenamento de *energia*.

CARBONO Substância cujos *átomos* se ligam, constituindo a estrutura dos *carboidratos*, *proteínas*, *lipídios* e a maioria das demais *moléculas* que formam e fazem o funcionamento do corpo.

CARTILAGEM Um tipo de *tecido conjuntivo* resistente e flexível que ajuda na sustentação de certas partes do corpo e cobre as extremidades dos ossos nas *articulações*.

CAVIDADE NASAL Espaço preenchido com ar atrás do nariz que é dividido em duas metades, esquerda e direita, e liga as narinas à porção superior da garganta.

CÉLULA Uma dentre os trilhões de unidades vivas microscópicas que constituem o corpo humano.

CÉLULA DENDRÍTICA Tipo de *célula* encontrada principalmente na pele, que tem um papel importante no *sistema imunitário* porque engolfa *patógenos* e os identifica ao apresentar seus *antígenos* aos *linfócitos*.

CÉLULA GANGLIONAR Um tipo de *neurônio*, encontrado na *retina* do olho, que retransmite sinais dos *fotorreceptores* ao cérebro.

CÉLULA-TRONCO *Célula* não especializada que se divide por *mitose* produzindo cópias idênticas, algumas das quais podem dar origem a uma variedade de células especializadas.

CEREBELO Parte do cérebro que garante o equilíbrio do corpo e a coordenação dos movimentos.

CICLO MENSTRUAL Sequência de alterações no revestimento do *útero* que se repete mais ou menos a cada 28 dias e que prepara esse revestimento para receber um óvulo fecundado.

CICLO OVARIANO Sequência de alterações no *ovário*, que se repete mais ou menos a cada 28 dias, durante a qual um óvulo matura e é liberado.

CÍLIOS Projeções microscópicas em forma de pelo de algumas células do corpo que fazem movimentos de varredura para a frente e para trás, movendo materiais, como o *muco*, sobre a superfície das células.

CITOCINESE Divisão do citoplasma que se segue à *mitose* ou à *meiose* e que produz duas células novas.

CITOESQUELETO Rede de filamentos e microtúbulos que dão sustentação interna à *célula*, movimentam suas estruturas internas e têm papel importante na *divisão celular*.

CITOPLASMA Fluido gelatinoso que preenche a *célula* entre sua *membrana celular* e o *núcleo*.

CLONE Um dos descendentes geneticamente idênticos de uma única célula, produzido por *mitose*.

CÓCLEA Estrutura espiralada na orelha interna que abriga os *receptores* de som.

COLÁGENO *Proteína* estrutural resistente e fibrosa que reforça *tecidos conjuntivos* como a *cartilagem*.

COLESTEROL Um tipo de *lipídio* que constitui parte da *membrana celular* e é utilizado para a produção de *hormônios esteroides*.

COMPLEXO GOLGIENSE Conjunto de sacos de *membrana* no interior da *célula*, que empacota proteínas tanto para exportação quanto para uso no interior da *célula*.

CONE Um tipo de *fotorreceptor* encontrado na *retina* do olho, responsável pela visão das cores e que funciona melhor sob luz intensa.

CORDAS VOCAIS As duas dobras de *membrana* que se retesam na *laringe* e produzem som quando o ar passa por elas.

CORPO CELULAR Parte do *neurônio* que contém o núcleo.

CÓRTEX CEREBRAL A camada fina e superficial de cada um dos *hemisférios cerebrais* que é constituída de *massa cinzenta* e que processa informação relativa ao movimento, aos sentidos, pensamento e memória.

CÓRTEX PRÉ-FRONTAL Região complexa do *córtex cerebral* na porção anterior do cérebro que está relacionada a inteligência, aprendizado, raciocínio, memória, capacidade de julgamento e personalidade.

CÓRTEX VISUAL Toda a área do *córtex cerebral* que recebe e interpreta sinais vindos dos olhos, produzindo "imagens" do mundo externo.

CROMÁTIDE Uma das duas fitas idênticas e ligadas entre si que se formam quando um *cromossomo* faz uma cópia de si mesmo, logo antes da *divisão celular*.

CROMOSSOMO Uma das 46 fitas de *DNA* encontradas no *núcleo* da maior parte de *células* do corpo. Cromossomos, que contêm *genes*, se enovelam e se encurtam durante a *divisão celular*, formando estruturas visíveis em um *microscópio*.

CROMOSSOMOS SEXUAIS Um par específico de cromossomos, entre os 23 pares encontrados no *núcleo* das *células* do corpo, que determina se um indivíduo é do sexo masculino ou feminino.

CÚSPIDE Qualquer uma das saliências afiadas encontradas nos dentes molares e pré-molares.

D

DENDRITO Extensão curta e ramificada do *corpo celular do neurônio* que recebe sinais de outros neurônios.

DENTINA *Tecido* duro, semelhante ao osso, que dá forma básica aos dentes ao constituir uma camada que se estende para baixo até a raiz do dente sob o *esmalte*.

DERME Camada mais baixa e grossa da pele que fica abaixo da *epiderme* e contém *vasos sanguíneos*, *glândulas* sudoríparas e *receptores* sensoriais.

DIAFRAGMA Estrutura muscular em forma de abóbada que delimita a cavidade torácica do *abdome* e que tem papel-chave na respiração.

DIFUSÃO Os movimentos aleatórios das *moléculas* de um gás ou líquido de uma área de alta concentração para uma área de menor concentração, até que as concentrações se igualem.

DIGESTÃO Processo pelo qual substâncias complexas na comida são partidas em substâncias mais simples que podem ser absorvidas pela corrente sanguínea e utilizadas pelas *células*.

DIÓXIDO DE CARBONO Gás que é expirado dos pulmões e resíduo do uso de *energia* pelas *células*.

DISCO INTERVERTEBRAL Uma "almofada" composta de *cartilagem* e com um núcleo gelatinoso que é encontrada entre as vértebras adjacentes da espinha dorsal; permite movimentos limitados entre essas vértebras e amortece os impactos sobre elas.

DIVISÃO CELULAR Processo pelo qual as *células* se multiplicam ao se dividirem em duas.

DNA (ÁCIDO DESOXIRRIBONUCLEICO) Substância na qual são armazenadas instruções, na forma de *genes*, no interior do *núcleo* das *células* do corpo. Uma *molécula* de DNA consiste em duas fitas longas e entrelaçadas de *ácidos nucleicos*.

DOMO GEODÉSICO Estrutura curva, construída com hastes curtas interconectadas que sustentam sua superfície.

E

ELASTINA *Proteína* estrutural fibrosa que pode ser esticada e retornar à forma original, conferindo elasticidade ao *tecido conjuntivo*.

ELÉTRON Partícula minúscula com carga elétrica negativa que é encontrada em um *átomo* e se move em alta velocidade ao redor do seu núcleo.

EMBRIÃO Nome dado ao bebê em desenvolvimento entre o momento de sua implantação no *útero* e o final da oitava semana após a fecundação.

ENDOMÉTRIO Revestimento do *útero*.

ENERGIA Capacidade de realizar trabalho. A energia pode ser armazenada, como na *glicose* ou no *ATP*, ou liberada para permitir as *reações químicas* no interior da *célula* e o movimento do corpo.

ENZIMA Tipo de *proteína* que acelera muito a velocidade das *reações químicas* dentro e fora da *célula* sem ser, ela mesma, alterada no processo.

EPIDERME A camada superior e mais fina da pele que protege a *derme*, logo abaixo, e da qual a camada mais externa de *células* mortas sofre desgaste e reposição constantes.

EPIGLOTE Aba móvel de *cartilagem* na base da língua que, para evitar a asfixia durante o ato de engolir, cobre a entrada da *laringe* até que o alimento e a bebida tenham entrado no *esôfago*.

ESFÍNCTER Anel de *músculo* que cerca uma abertura e que se abre ou se fecha para controlar o fluxo de líquido por essa abertura.

ESMALTE É o material mais duro encontrado no corpo humano. Recobre a coroa, parte exposta dos dentes acima da gengiva.

ESÔFAGO Tubo dotado de músculos que propele o alimento da garganta ao estômago através do *peristaltismo*.

ESTEREOSCÓPICO Termo que descreve a visão tridimensional produzida quando o cérebro compara as imagens ligeiramente diferentes e sobrepostas "vistas" pelo olho direito e pelo esquerdo.

ESTERNO Também conhecido como "osso do peito", é o osso achatado no meio do peito que se liga às costelas por faixas de cartilagem.

ESTEROIDE Substância pertencente a um grupo de lipídios que apresentam anéis de *átomos de carbono* em suas moléculas, incluindo o *colesterol* e alguns *hormônios* como o estrogênio.

ESTÍMULO Qualquer alteração no ambiente interno ou externo do corpo que causa uma resposta do *sistema nervoso*, como quando o cheiro de comida causa uma sensação de fome e a liberação de *saliva*.

EXTENSOR *Músculo esquelético* que aumenta o ângulo de uma *articulação*, por exemplo, esticando a perna na altura do joelho, ao fazer os ossos se moverem para afastar suas extremidades.

F

FECUNDAÇÃO Fusão de um óvulo feminino com um espermatozoide masculino que ocorre na tuba uterina.

FETO Denominação dada a um bebê que se desenvolve no *útero*, desde a nona semana após a fecundação até o nascimento.

FEZES Massas semissólidas de resíduos, compostas de alimento não digerido e *bactérias*, formadas no intestino grosso e eliminadas pelo ânus.

FIBRA [DIETA] Material nos alimentos de origem vegetal que não é digerido mas que aumenta o volume total do alimento, fornecendo aos *músculos* da parede do intestino algo para empurrarem, aumentando, assim, sua eficiência.

FIBRA [MUSCULAR] Nome dado a uma célula muscular (ver *músculo*).

FLEXOR *Músculo esquelético* que reduz o ângulo de uma *articulação* – como quando dobramos o cotovelo – ao fazer os ossos se afastarem para que as suas extremidades se aproximem.

FLUIDO INTERSTICIAL Fluido derivado do líquido que sai dos *capilares* e que é encontrado nos espaços estreitos entre as *células*. Esse líquido transfere substâncias entre o sangue e as células e garante um ambiente constante ao redor delas.

FOSFOLIPÍDIO Tipo de *lipídio* cujas moléculas se organizam em camadas duplas formando membranas ao redor das células e em em seu interior.

FOTORRECEPTOR Tipo de *receptor* sensorial encontrado no olho e que responde à luz gerando impulsos nervosos.

FOTOSSÍNTESE Processo pelo qual as plantas utilizam a *energia* da luz do Sol para combinar *dióxido de carbono* e água a fim de produzir *açúcares* e *carboidratos complexos* como o *amido*.

G

GÁSTRICO Descreve algo relativo ao estômago.

GENE Uma dentre as 25 mil instruções que controlam a produção de *proteínas* que constituem e operam as *células* e estão contidas nas *moléculas* de *DNA* que constituem os *cromossomos* das *células*.

GLÂNDULA Grupo de *células* que produzem substâncias que são liberadas no interior do corpo ou em sua superfície; *glândulas endócrinas* liberam seus produtos na corrente sanguínea, enquanto outros tipos, como as glândulas salivares e as glândulas sudoríparas, liberam seus produtos por dutos (tubos).

GLÂNDULA ENDÓCRINA Tipo de *glândula*, como a glândula tireóidea, que libera *hormônios* na corrente sanguínea.

GLICOGÊNIO Um *carboidrato complexo* consiste em *moléculas* de *glicose* ligadas. É usado pelo corpo como depósito de *energia* e armazenado em células musculares e do fígado.

GLICOSE O principal *açúcar* em circulação na corrente sanguínea, que é a fonte principal de *energia* para as *células* do corpo.

GLÓBULO BRANCO Cada um de um grupo de *células* sanguíneas brancas, incluindo os *linfócitos*, *macrófagos*, *monócitos* e *neutrófilos* que, como parte do *sistema imunitário*, formam uma força de defesa contra infecções.

GLÓBULO VERMELHO Ver *hemácia*.

GORDURA Tipo de *lipídio* que normalmente se mantém no estado sólido à temperatura ambiente (um óleo, como o azeite de oliva, é um lipídio que se mantém no estado líquido à temperatura ambiente); tanto óleos quanto gorduras são ricos em *energia*, são compostos por *ácidos graxos* e encontrados em diversos alimentos. Também é o nome dado a um *tecido conjuntivo* composto por *células* de gordura, que armazena energia, além de isolar e proteger.

GRAVIDADE Força natural de atração entre dois corpos, por exemplo, entre o planeta Terra e um objeto em sua superfície (como um ser humano, por exemplo), em que o objeto de maior massa exerce a maior atração por isso nossos pés permanecem no chão.

GRUPO SANGUÍNEO Um dentre os quatro tipos de sangue encontrados em humanos – A, AB, B ou O –, cada um dos quais determinado pela presença ou ausência de *antígenos* na superfície das *hemácias*.

H

HEMÁCIA Tipo de *célula* do sangue que transporta *oxigênio*. São células sem *núcleo* e seu citoplasma é preenchido por hemoglobina. Também chamadas glóbulos vermelhos.

HEMISFÉRIO CEREBRAL Uma dentre as duas metades (direita ou esquerda) do *telencéfalo*.

HEMOGLOBINA *Proteína* complexa encontrada nas hemácias que contém ferro e carrega *oxigênio*.

HEPATÓCITO Célula do fígado.

HIPOTÁLAMO Região pequena e importante do cérebro que monitora muitos processos corporais e os regula através do *sistema nervoso autônomo* e dos hormônios liberados pela *glândula* pituitária (também conhecida como hipófise).

HISTAMINA Substância liberada pelas *células* nos *tecidos* que são danificados e reagem à presença de *alérgenos*, e que desencadeia uma *resposta inflamatória*.

HOMÓLOGO Cada um dos *cromossomos* de um par em que ambos têm o mesmo tamanho e carregam o mesmo conjunto de *genes*, mas que podem, individualmente, conter versões diferentes desses genes.

HORMÔNIO Qualquer substância que é liberada na corrente sanguínea por uma *glândula endócrina* e que age como "mensageiro químico" que muda as atividades das *células* e regula os processos orgânicos do corpo.

I

ÍON Um átomo que perdeu ou ganhou um ou mais elétrons e, por isto, tem, respectivamente, uma carga elétrica positiva ou negativa.

J

JUNÇÃO DE HIATO Canal entre duas *células* vizinhas que permite a passagem de substâncias entre elas.

JUNÇÃO NEUROMUSCULAR Local onde a extremidade de um *neurônio* e uma *fibra muscular* se encontram, mas não se tocam (ver Sinapse), e através da qual a fibra muscular recebe instruções para se contrair.

L

LÂMINA BASAL Uma "folha" adesiva de suporte que é secretada pelas *células epiteliais* e que fica subjacente a elas.

LARINGE *Órgão* em forma de funil, constituído de placas de *cartilagem* e que liga a garganta à *traqueia*, abrigando as *cordas vocais*.

LEITO CAPILAR Rede de *capilares* entrelaçados que carrega o sangue através dos *tecidos*.

LIGAÇÃO QUÍMICA Força de atração que mantém juntos os *átomos*, *moléculas* e *íons*.

LIGAMENTO Faixa de *tecido conjuntivo* que mantém juntos os ossos nas *articulações*.

LINFA O *líquido intersticial* em excesso, que é drenado dos *tecidos*, passa pelos *vasos linfáticos* e é filtrado pelos *linfonodos* para ser devolvido à corrente sanguínea.

LINFÓCITO Qualquer um, entre um grupo de *glóbulos brancos* do *sangue*, encontrados no *sistema circulatório* e no *sistema linfático* e que têm papel importante no *sistema imunitário* ao liberarem anticorpos ou ao destruírem patógenos.

LINFÓCITO B (CÉLULA B) Um tipo de *glóbulo branco* do sangue que tem papel importante no *sistema imunitário* por liberar anticorpos contra *patógenos* específicos.

LINFÓCITO NK Ou linfócito "natural killer". Tipo de *linfócito* que tem um papel na defesa do organismo por reconhecer e destruir *células* infectadas por *vírus* e células de *tumores*.

LINFÓCITO T (CÉLULA T) Tipo de *glóbulo branco* que tem papel importante no *sistema imunitário* ao destruir *células* infectadas por *patógenos* e células de *câncer* ao ativar outras células do sistema imunitário.

LINFONODO Também conhecido como nódulo linfático. Protuberância em forma de feijão em um *vaso linfático* que contém *células* do *sistema imunitário* e remove *patógenos* e *detritos* da linfa.

LIPÍDIO Uma dentre um grupo de substâncias compostas principalmente de *carbono*, hidrogênio e poucos *átomos* de *oxigênio*, que são materiais constitutivos e reservas de *energia* e que incluem gorduras, óleos, *fosfolipídios* e *esteroides*, como o colesterol.

LÍQUIDO CEREBROESPINHAL Também chamado de liquor. Líquido transparente que circula dentro e ao redor do *sistema nervoso central* e ajuda a nutrir e proteger o cérebro e a *medula espinhal*.

LÍQUIDO SINOVIAL Liquido oleoso secretado pela *membrana* de uma *articulação sinovial* e que lubrifica essa articulação.

LISOSSOMO Um compartimento delimitado por *membrana*, no citoplasma de uma célula, contendo *enzimas* digestivas utilizadas para partir componentes desgastados da célula, a fim de que suas partes sejam reaproveitadas, ou para destruir substâncias de origem externa à célula.

LISOZIMA Substância presente no suor, nas lágrimas e na *saliva* que mata alguns tipos de *bactérias* perigosas.

M

MACRÓFAGO *Glóbulo branco* de tamanho grande, derivado de um *monócito*, encontrado em muitos *tecidos* do corpo e que é capaz de engolfar *patógenos* e resíduos.

MÁCULA Região oval no centro da *retina* que contém principalmente *cones* e que produz imagens coloridas detalhadas no cérebro.

MARCA-PASSO Nome alternativo para o nó sinoatrial (SA) do coração. Também denomina um dispositivo artificial implantado cirurgicamente no peito para controlar a frequência cardíaca quando o marca-passo natural não funciona de forma adequada.

MASSA BRANCA *Tecido* encontrado no *sistema nervoso central*, formado por *axônios* cercados pelo estrato mielínico e que forma a porção interna do telencéfalo e a parte externa da *medula espinhal*.

MASSA CINZENTA *Tecido* encontrado no *sistema nervoso central* composto principalmente de corpos celulares e *dendritos* ramificados de *neurônios* e que forma a camada superficial do *telencéfalo* e a parte interior da medula espinhal.

MASTÓCITO Tipo de *célula* de defesa encontrada nos *tecidos conjuntivos*, como a *derme*, que detecta danos, *patógenos* ou substâncias externas e que dispara uma *resposta inflamatória* ao liberar *histamina* e outras substâncias.

MATERNAL Termo utilizado para descrever algo relacionado à mãe.

MEDULA *Tecido* macio encontrado no interior dos ossos; a medula amarela armazena *gordura* e a medula vermelha produz *células* sanguíneas.

MEDULA ESPINHAL Feixe de *tecido* nervoso que desce pelas costas vindo do cérebro e que retransmite sinais entre o cérebro e o corpo, processa informação e controla muitos *reflexos*.

MEIOSE Tipo de *divisão celular* que ocorre apenas nos *ovários* e nos *testículos* e produz *células* sexuais (gametas) que não são idênticas entre si e contêm apenas um conjunto de *cromossomos*.

MELANINA Pigmento escuro que dá cor à pele e aos cabelos.

MELANÓCITO Tipo de *célula* na *epiderme* que produz e libera *melanina*.

MEMBRANA [CÉLULA] Filme microscopicamente fino que consiste em uma camada dupla de *moléculas* de *fosfolipídios* que delimita uma *célula*, bem como muitas estruturas no interior das *células*.

MEMBRANA [TECIDO] Camada fina de *tecido epitelial* sobre *tecido conjuntivo* que cobre ou reveste uma superfície interna ou externa do corpo.

MEMBRANA CELULAR A *membrana* delgada que delimita uma *célula*, separando-a do meio que a cerca e controlando a entrada e a saída da maior parte das substâncias para o interior e para o exterior do *citoplasma*.

MEMBRANA PLEURAL Cada uma das duas membranas que revestem, respectivamente, a superfície interna da cavidade torácica e recobrem o pulmão. O espaço estreito entre elas está cheio de fluido que lhes permite deslizar uma sobre a outra na respiração.

MENSTRUAÇÃO Descarte mensal de sangue e do revestimento do *útero*, quando não ocorreu a implantação de um óvulo fecundado.

MESENCÉFALO Seção superior do *tronco cerebral* que está envolvida com a audição e com os *reflexos* visuais.

METABOLISMO Soma total de todas as *reações químicas* que ocorrem no interior do corpo, especialmente no interior das *células*.

MICRORGANISMO Ser vivo muito pequeno, como uma *bactéria*, que pode ser visto apenas com o auxílio de um microscópio.

MICROSCÓPIO ELETRÔNICO Instrumento mais poderoso que um *microscópio óptico* que usa um feixe de *elétrons* focado através de lentes magnéticas. Produz imagens altamente ampliadas de objetos muito pequenos, como as partes componentes das *células*.

MICROSCÓPIO ÓPTICO Instrumento que utiliza raios de luz focados por lentes de vidro, produzindo imagens ampliadas de objetos muito pequenos, como as células do corpo.

MICROVILOSIDADE Pequenas projeções de uma superfície de *células* epiteliais, como as que recobrem as *vilosidades* no intestino delgado, que aumentam a área de superfície para absorção.

MIELINA Material gorduroso que forma uma bainha isolante ao redor dos axônios de certos *neurônios* e que aumenta sua velocidade de transmissão.

MILHÃO Número equivalente a mil vezes mil (1.000.000).

MILISSEGUNDO Período muito curto, equivalente a um milésimo de segundo.

MINERAL Qualquer uma dentre as mais de vinte substâncias, incluindo cálcio e ferro, que são essenciais para a boa saúde e devem estar presentes na dieta.

MIOFIBRILA Um dentre os milhares de feixes de filamentos de *miosina* ou *actina* em forma de bastonete encontrados no interior de uma fibra muscular.

MIÔMERO Cada uma das muitas unidades de filamentos muito bem organizados de *actina* e *miosina* que se repetem ao longo da *miofibrila* de uma *fibra* muscular.

MIOSINA Proteína "motora" que consiste em filamentos grossos que interagem com os filamentos finos de *actina*, encurtando a *miofibrila*, fazendo a contração do *músculo* em que estes se localizam.

MITOCÔNDRIA Estrutura delimitada por membrana e localizada no interior das *células* que usa *oxigênio* para liberar a energia da *glicose* e de outros combustíveis.

MITOSE Tipo de *divisão celular* utilizada para crescimento e reparo de tecidos e que resulta na produção de duas *células* novas, com *cromossomos* idênticos.

MOLÉCULA Partícula que consiste em dois ou mais *átomos* que se mantêm juntos por *ligações químicas*.

MOLÉCULA POLAR Tipo de *molécula*, como a da água, em que uma parte tem carga elétrica ligeiramente negativa e outra parte tem carga elétrica ligeiramente positiva.

MONÓCITO Tipo de *glóbulo branco* que é atraído para áreas de *tecidos* invadidas por *patógenos* e que se transforma em um *macrófago*.

MONOCROMÁTICA Termo usado para se referir às imagens em preto e branco.

MUCO Fluido espesso e pegajoso que lubrifica e protege as superfícies de certas *membranas*; no sistema respiratório, aprisiona poeira e *patógenos*.

MÚSCULO CARDÍACO Tipo de *músculo* que só é encontrado no coração.

MÚSCULO ESQUELÉTICO Tipo de *músculo* que se liga aos ossos do esqueleto através de *tendões*, permitindo o movimento do corpo e que age sob controle consciente.

MÚSCULO INTERCOSTAL Um dentre um grupo de *músculos esqueléticos* que liga as costelas adjacentes e move a caixa torácica durante a respiração.

MÚSCULO LISO Tipo de músculo que se localiza nas paredes dos *órgãos* ocos do corpo (como a bexiga e o estômago), onde produz movimento. Não age sob controle consciente.

MÚSCULO PTERIGÓIDEO Um dos quatro pares de músculos que contribuem para o movimento da mandíbula.

N

NÉFRON Uma entre aproximadamente um milhão de unidades de filtração no interior de um rim e que produzem a *urina*.

NERVO Feixe de *neurônios* em forma de cabo que transmite sinais entre o *sistema nervoso central* e o corpo.

NERVO CRANIANO Qualquer um dentre os doze pares de nervos que se originam do cérebro.

NERVO ESPINHAL Cada um dos 32 pares de *nervos* que saem da *medula espinhal*.

NEURÔNIO *Célula* do *sistema* nervoso que gera e transmite sinais elétricos.

NEURÔNIO MOTOR Tipo de *neurônio* que carrega sinais do *sistema nervoso central* para um *músculo* ou *glândula*.

NEURÔNIO SENSORIAL Tipo de *neurônio* que leva sinais dos *receptores* sensoriais para o *sistema nervoso central*.

NEUROTRANSMISSOR Substância liberada quando um sinal nervoso carregado por um *neurônio* atinge o ponto em que este se comunica com o próximo neurônio. Essa substância atravessa o espaço até o neurônio vizinho (ver *Sinapse*), disparando um sinal nervoso no vizinho; também é liberada nas *junções neuromusculares*.

NEUTRÓFILO Tipo de *glóbulo branco* que engolfa e digere *patógenos*.

NÊUTRON Partícula minúscula encontrada no *núcleo* de um *átomo* e que não apresenta carga elétrica.

NITROGÊNIO Gás encontrado no ar. Seus *átomos* são encontrados em *aminoácidos*, *proteínas*, *ácidos nucleicos* e outras *moléculas* que compõem o corpo.

NÓ AV (ATRIOVENTRICULAR) Pequena região do coração que forma a única ligação elétrica entre os *átrios* e os *ventrículos*.

NÓ SINOATRIAL (SA) Região na parede do *átrio* direito que age como *marca-passo* natural do coração ao controlar a frequência dos batimentos cardíacos.

NÚCLEO [ÁTOMO] Porção central de um *átomo* que contém *prótons* e *nêutrons*.

NÚCLEO [CÉLULA] Centro de controle da *célula* que é cercado por uma *membrana* dupla e que contém o *DNA* da célula.

NÚCLEO BASAL Áreas da *massa cinzenta* localizadas no interior da *massa branca* do *telencéfalo* que tem um papel importante no controle do movimento.

NUCLEOTÍDEO Um entre os blocos que constituem as moléculas de *DNA* e *RNA* e que consistem em uma *base*, um *açúcar* e um grupo que contém fósforo.

NUTRIENTE Substância, como os *carboidratos*, *proteínas*, *gorduras*, *vitaminas* ou *minerais*, que é obtida pelo organismo através do alimento e é necessária como fonte de *energia* ou para a construção das *células*.

O

ONDA SONORA Vibração que se espalha pelo ar e é detectada pelas orelhas.

ÓRGÃO Parte do corpo, como um rim ou pulmão, que tem uma função específica (ou mais de uma) e que é composta de mais de um tipo de *tecido*.

OSTEÓCITO Tipo de *célula* encontrado no *tecido* ósseo.

OVÁRIO *Órgão* reprodutivo da mulher que libera óvulos e os *hormônios* que preparam o corpo para a gravidez. Cada mulher tem dois ovários.

OXIGÊNIO Gás encontrado no ar e que é inspirado para os pulmões e utilizado pelas *células* para liberar *energia*; seus *átomos* estão presentes nos *carboidratos*, nas *proteínas* e em muitas outras substâncias encontradas no organismo.

P

PAPILA Cada uma das pequenas protuberâncias na superfície da língua, algumas das quais abrigam botões gustativos.

PATERNAL Termo utilizado para descrever algo relacionado ao pai.

PATÓGENO *Bactéria*, *vírus* ou outro tipo de *microrganismo* que causa doença em humanos.

PELVE Estrutura em forma de bacia formada pelos dois ossos dos quadris e o sacro, em que as pernas se articulam em relação ao resto do esqueleto.

PEPSINA *Enzima* digestiva liberada no estômago, que digere proteínas e funciona melhor em condições *ácidas*.

PERICITO *Célula* com forma de aranha que auxilia na estabilização da parede de um *capilar*.

PERISTALTISMO Onda de contrações progressivas da *musculatura lisa* nas paredes dos *órgãos* ocos que causa a movimentação do material no interior desses órgãos; um exemplo é a movimentação do alimento no *trato digestório*.

PIRUVATO Substância produzida pela quebra da *glicose* e que, com o auxílio do *oxigênio*, é processada no interior da *mitocôndria*, liberando *energia*, água e *dióxido de carbono*.

PLACENTA *Órgão* temporário que se forma no *útero* durante a gravidez, formado por tecidos da mãe e do *feto* e no interior do qual o sangue materno e o sangue do feto entram em contato próximo e através do qual o feto recebe *oxigênio* e *nutrientes*.

PLASMA Parte líquida do sangue que contém substâncias dissolvidas, como alimento e resíduos, e na qual as *hemácias*, os *glóbulos brancos* e as *plaquetas* estão suspensos.

PONTE Seção central do *tronco cerebral* que retransmite os sinais entre o cérebro e a *medula espinhal* e entre o *telencéfalo* e o *cerebelo*.

PRESSÃO ATMOSFÉRICA O "peso" do ar na atmosfera que produz uma força que empurra para baixo.

PRODUTOR EXECUTIVO Pessoa que organiza a realização de espetáculos como concertos, peças de teatro, óperas, filmes e programas de televisão.

PROTEÍNA Cada uma de um grupo de substâncias variadas e versáteis, compostas principalmente de átomos de *carbono*, hidrogênio, *oxigênio* e *nitrogênio* e constituídas por subunidades chamadas *aminoácidos*. Desempenham uma grande variedade de funções, como *enzimas*, *anticorpos* ou proteínas estruturais.

PROTEÍNA GLOBULAR Denominação das *proteínas*, como as *enzimas* ou *anticorpos*, que se dobram em uma estrutura compacta, diferentes das proteínas fibrosas estruturais, como o colágeno e a elastina.

PRÓTON Partícula diminuta com carga elétrica positiva que é encontrada no *núcleo* do *átomo*.

PUBERDADE Período de crescimento rápido no início da adolescência durante o qual o sistema genital amadurece e o corpo assume a aparência adulta.

Q

QUÁDRICEPS FEMORAL Conjunto de quatro *músculos* na coxa que, ao se contraír, puxam os *tendões* que passam pelo joelho, fazendo a perna se estender.

QUERATINA *Proteína* estrutural encontrada na *epiderme*, no cabelo e nas unhas e que torna essas estruturas resistentes e impermeáveis.

QUIMO Líquido semelhante a uma sopa, constituído por alimento semidigerido, que passa do estômago ao intestino delgado durante a *digestão*.

R

REAÇÃO QUÍMICA Processo pelo qual uma substância é convertida em outra através do rearranjo de *átomos*.

RECEPTOR [MEMBRANA CELULAR] *Molécula* de *proteína* que se projeta para fora da *membrana celular* e se liga especificamente a outra molécula, como um hormônio ou um neurotransmissor.

RECEPTOR [SENSORIAL] *Célula* nervosa especializada ou a extremidade de um *neurônio sensorial* que responde a *estímulos* específicos enviando sinais ao *sistema nervoso central*.

REFLEXO Resposta automática e inconsciente a um estímulo. Acontece numa fração de segundo e tem a função de proteger o corpo de perigos.

REPLICAÇÃO Processo pelo qual uma *molécula* de *DNA* faz uma cópia precisa de si mesma.

RESPOSTA ALÉRGICA Uma resposta excessiva e inadequada do *sistema imunitário* a uma substância, chamada *alérgeno*, que é normalmente inofensiva, e que pode causar, por exemplo, inflamações e irritações na pele.

RETÍCULO ENDOPLASMÁTICO GRANULOSO Rede de "sacos" de *membrana* interconectados cujo interior é salpicado de *ribossomos*. Localiza-se no *citoplasma* da *célula* e tem por função a produção de *proteínas* e outras substâncias, além de fornecer canais para seu transporte e armazenamento.

RETINA Membrana fina e sensível à luz que recobre o interior do fundo do olho e contém milhões de *fotorreceptores*.

RIBOSSOMO Cada uma das estruturas no interior da *célula* em que acontece a montagem de proteínas a partir de aminoácidos. Os ribossomos podem estar soltos no *citoplasma* ou ligados ao *retículo endoplasmático granuloso*.

RNA (ÁCIDO RIBONUCLEICO) Substância que consiste em uma única fita de *ácido nucleico* e que copia e traduz as instruções para fazer *proteínas* armazenadas no *DNA*.

RNAm (RNA MENSAGEIRO) Tipo de *RNA* que copia parte da informação armazenada no *DNA* e a leva ao *citoplasma*, onde esta é utilizada para a produção de uma *proteína* específica.

RNAt (RNA TRANSPORTADOR) Tipo de *RNA* que coleta um aminoácido específico e o leva a um *ribossomo* durante a produção de *proteína*.

S

SALIVA Líquido aguado que é liberado no interior da boca pelas *glândulas* salivares, especialmente durante a mastigação, quando umedece e lubrifica o alimento, auxiliando a deglutição.

SENSOR DE ALONGAMENTO Tipo de *receptor* sensorial encontrado nos *músculos* e *tendões* que responde ao alongamento desses tecidos e envia sinais ao cérebro, os quais auxiliam na coordenação da postura, equilíbrio e movimento.

SINAPSE Junção entre dois neurônios, ou entre um neurônio e uma fibra muscular, na qual estes não se tocam, ficando separados por um espaço estreito.

SISTEMA Grupo de *órgãos* que trabalham juntos e desempenham funções específicas.

SISTEMA CARDIOVASCULAR O *sistema*, formado pelo coração, pelo sangue e pelos vasos sanguíneos, que fornece nutrientes e alimentação para as *células* do corpo e também remove resíduos dos *tecidos*.

SISTEMA IMUNITÁRIO Conjunto de *células* de defesa – em especial linfócitos e macrófagos – nos *sistemas circulatório* e *linfático*, entre outros. Essas células detectam, destroem e, em alguns casos, mantêm uma memória dos *patógenos* invasores. Também chamado Sistema Imune.

SISTEMA LÍMBICO Grupo de estruturas localizadas no cérebro que está relacionado à memória e às emoções.

SISTEMA LINFÁTICO Sistema de vasos de sentido único que se estende por todo o corpo e remove o *líquido intersticial* em excesso nos tecidos e que abriga as *células* do *sistema imunitário*.

SISTEMA NERVOSO AUTÔNOMO Parte do *sistema* nervoso que regula automaticamente muitos processos do corpo, incluindo a frequência cardíaca e a dilatação das pupilas.

SISTEMA NERVOSO CENTRAL Porção do *sistema* nervoso que consiste no cérebro e na *medula espinhal*.

SISTEMA RESPIRATÓRIO *Sistema* que consiste na *cavidade nasal*, garganta, *laringe*, *traqueia*, *brônquios* e pulmões e através do qual o *oxigênio* é levado ao interior do corpo e o *dióxido de carbono* residual é descartado.

SOLUÇÃO Mistura que consiste em uma substância dissolvida na outra, como sal dissolvido na água.

SURFACTANTE Substância que reduz a tensão superficial na superfície da água.

SUTURA *Articulação* imóvel entre dois ossos do crânio.

T

TÁLAMO Estrutura dupla de forma ovalada formada de *massa cinzenta* localizada entre os hemisférios cerebrais que retransmite sinais sensoriais que entram para as áreas do *córtex cerebral*.

TAXA METABÓLICA Velocidade com que a *energia* é utilizada pelo corpo em seu *metabolismo*.

TECIDO Grupo organizado de células de um único tipo, ou de tipos semelhantes, que trabalham juntas e desempenham uma ou mais funções específicas.

TECIDO CONJUNTIVO Tipo de *tecido*, como *cartilagem*, osso ou *gordura*, que mantém as partes do corpo em suas posições e sustenta e protege os *órgãos*.

TECIDO EPITELIAL (EPITÉLIO) *Tecido* que consiste em uma ou mais camadas de células muito próximas e cobre a superfície do corpo, revestindo canais e cavidades, como o *trato digestório*, além de formar as *glândulas*.

TELENCÉFALO Maior parte do cérebro, que controla as sensações, o pensamento consciente e o movimento.

TENDÃO Cordão ou faixa resistente de *tecido conjuntivo* que liga um *músculo esquelético* a um osso.

TESTÍCULO Cada um dos dois *órgãos* reprodutivos no corpo de um homem que produzem espermatozoides e os hormônios que preparam o corpo para a reprodução.

TOXINA Um tipo de veneno, em especial aqueles liberados no interior do corpo por *bactérias patogênicas*.

TRANSFUSÃO DE SANGUE Transferência de sangue de uma pessoa (o doador) a outra (o receptor).

TRAQUEIA Tubo localizado no peito que transporta o ar entre a *laringe* e os *brônquios* e que é reforçado por anéis de *cartilagem*.

TRATO DIGESTÓRIO O tubo que se estende dos lábios ao ânus e que forma a parte principal do *sistema* digestório; consiste em boca, garganta, *esôfago*, estômago, intestino delgado e intestino grosso.

TRATO ÓPTICO Continuação do *nervo* óptico que corre do ponto em que os dois nervos ópticos se cruzam para chegar à parte visual do *tálamo*.

TRILHÃO Número que corresponde a mil bilhões (1.000.000.000.000).

TROCA DE GASES Movimento por *difusão* das *moléculas* de *oxigênio* do ar para a corrente sanguínea e das *moléculas* de *dióxido de carbono* no sentido oposto, que acontece nos pulmões.

TRONCO CEREBRAL Também conhecido como tronco encefálico. Parte do cérebro que o liga à *medula espinhal* e controla funções vitais, como a respiração e a frequência cardíaca.

TUBA UTERINA Tubo estreito através do qual um óvulo recém-liberado é transportado de um *ovário* até o *útero*.

TUMOR *Crescimento* anormal de *células* que pode ser resultado de *câncer*.

U

UMAMI Um sabor entre os cinco tipos de sabores que são detectados pela língua.

UREIA Resíduo rico em *nitrogênio* que é produzido pelo fígado através da quebra dos *aminoácidos* em excesso e que é descartado pelo corpo na *urina*.

URETER Tubo que leva a *urina* do rim à bexiga.

URETRA Tubo que leva a *urina* da bexiga para o lado de fora do corpo.

ÚTERO *Órgão* oco com uma parede muscular espessa e forte que faz parte do sistema genital feminino, sendo o local onde o óvulo fecundado se instala para se desenvolver até ser um bebê.

V

VAPOR-D'ÁGUA Forma de água presente no ar, produzida quando as *moléculas* de água no estado líquido evaporam.

VASO LINFÁTICO Qualquer um dos canais que compõem o *sistema linfático* e que coletam e transportam *linfa*.

VASO SANGUÍNEO Um tubo que transporta sangue, assim como uma *veia*, *artéria* ou *capilar*.

VEIA *Vaso sanguíneo* que leva sangue em direção ao coração. A maioria das veias carrega sangue pobre em *oxigênio*.

VEIA PORTA *Veia* que leva o sangue de um órgão a outro, como a veia porta, que leva o sangue rico em alimento do intestino delgado ao fígado.

VEIA SUBCLÁVIA Cada uma das duas veias (direita e esquerda) que levam o sangue dos braços ao coração.

VENTRÍCULO [CÉREBRO] Uma das cavidades interconectadas e cheias de fluido no cérebro, pelas quais circula o líquido *cerebroespinhal*.

VENTRÍCULO [CORAÇÃO] Cada uma das duas câmaras grandes do coração que bombeiam o sangue para o corpo (ventrículo esquerdo) ou para os pulmões (ventrículo direito).

VÊNULA Veia muito pequena.

VÉRTEBRA Cada um dos ossos de forma irregular que constituem a coluna vertebral (ou espinha dorsal).

VESTIGIAL Termo usado para descrever uma estrutura que pode ter tido uma função no passado mas que agora parece não ter função alguma.

VILOSIDADE Cada uma das milhões de projeções em forma de dedos que se localizam na parede do intestino delgado e que aumentam muito a superfície para *digestão* e absorção de *nutrientes*.

VÍRUS Membro de um grupo de pacotes não vivos de *proteínas* e *ácidos nucleicos* que invadem células para se reproduzirem e que causam doenças como a gripe.

VITAMINA Cada um dos mais de treze *nutrientes*, incluindo as vitaminas A e C, que são necessários em quantidades diminutas na dieta para manter o funcionamento normal do corpo.

ÍNDICE REMISSIVO

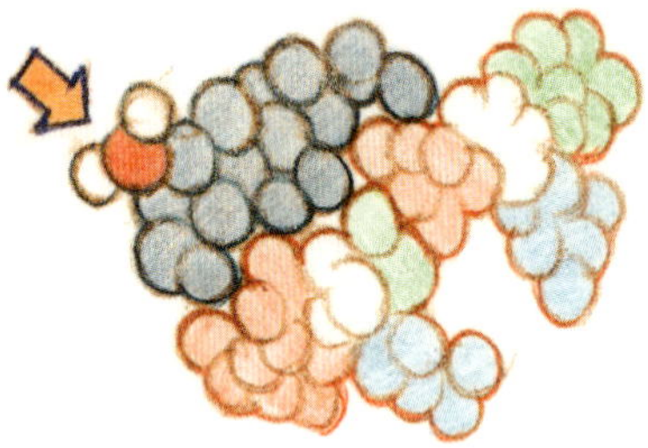

A

abdome, 92, 96, 147
ácido clorídrico. *Ver* ácido; estômago
ácido, estômago, 114, 116
ácidos graxos, 24, 39, 40, 119, 121, 125, 131
ácidos nucleicos, 24. *Ver também* DNA; RNA
actina, 29, 30, 49, 260-61, 262, 263
açúcar, 32, 33, 34, 52, 302. *Ver também* glicose
ADP, 40-41, 43, 262, 263
água: no revestimento dos alvéolos, 69; no tecido conjuntivo, 54; controle da proporção no sangue, 73, 136; controle da quantidade nos resíduos, 138, 139, 144, 215; durante a digestão, 119, 125; formação nas mitocôndrias, 43; importância, 23, 101; descrição da molécula, 20-21, 23; percentual no corpo humano, 101
AIDS (Síndrome da Imunodeficiência Adquirida), 245
alergias, 250-51
alimento, mastigação, 106-7, 109, 110-11; digestão, 54, 114-25; fome e sede, 161; nutrientes, 54, 101; deglutição (ato de engolir), 63, 111, 112-13; paladar, 104-5, 166, 205
alvéolos, 66, 67, 68, 69
amídala: sistema nervoso central, 198
aminoácidos: da quebra de proteína, 71, 101, 119, 125, 136; como blocos fundamentais de proteína, 31, 36, 37, 39; migração, 52, 89, 132
amônia, 139
andar, 267, 284, 286, 287, 288-89
anticorpos: identificação de invasores externos, 74, 75, 230; produzidos por células do plasma, 73, 237, 250, 251, 253
antígenos, 74, 75, 234, 236-37, 238, 242, 250
ânus, 144, 146, 147
aorta, 78, 80, 85, 202
apêndice, 143
área de Broca, 158, 172, 173
área de Wernicke, 158, 159, 173
arrepio, 223
artérias: no cérebro, 162, 163; descrição, 76-77, 84; no coração, 78, 202; no fígado, 126, 127; no pulmão, 66-67; do pâncreas, 132; radial, 85; espiral, no endométrio, 310, 311
arteríolas: descrição, 86, 87; durante a resposta inflamatória, 226, 227; no fígado, 128; no pênis, 305; resposta à pressão sanguínea, 202, 203; resposta ao perigo, 198
articulações, 274-78, 281, 283, 284-87
asma, 250
astrócitos, 154, 155
atlas, 270, 272, 273
átomos, 16-19
atos reflexos, 147, 185, 194-97
ATP (trifosfato de adenosina), 40-41, 42, 43, 262, 263
átrio, 76, 77, 78, 80, 82-83, 90, 91
audição, 159, 166, 169, 170-71, 205
axônios: no cérebro, 154, 155, 194, 201; feixes (*ver* nervos); descrição, 150, 151, 189; no olho, 179, 180; hormônios levados por, 212; sinais enviados por, 152-53, 179, 190-91, 261; na medula espinhal, 190, 191

B

baço, 70, 71
bactérias, "boas", 144, 145, 147, 224
bactérias, "más": capturadas na cavidade nasal, 61; descrição, 228-29; proteção das gengivas contra, 107; identificação como invasores externos (*ver* anticorpos); mortas pelo suco gástrico, 116; mortas por linfócitos, 236-37
bases, nucleotídeo, 32, 33, 34, 36
bexiga: descrição, 140, 141; localização no corpo, 292, 293, 302, 303, 304, 305; protegida pela cintura pélvica, 281
bile, 71, 120-21, 125, 127, 129, 131, 144
blastocistos, 312-13
boca, 94, 107, 109
botões gustativos, 104, 105, 166
braços, 265, 275, 276-77
bronquíolos, 66, 67, 92, 251
brônquios, 64, 65, 66, 92, 250-51
bulbo (tronco cerebral), 160, 161, 171, 202, 234

C

cabeça. *Ver* crânio
cálcio, 209, 259, 262, 263
câncer, 248,49
capacidade mental, 157, 158-59, 198. *Ver também* memória
capilares: osso, 256, 258-59; cérebro, 162, 163; descrição, 76, 86-89; durante a resposta inflamatória, 226, 227, 251; fígado, 129, 130, 131; pulmão, 67, 69; linfa, 232, 248, 249; néfron, 138; pâncreas, 133; glândula pituitária, 212, 213; respostas ao perigo, 198; vilosidades, 125
capsídeo, 238, 239, 240, 241, 244, 245
características sexuais, 316
carboidratos, 25, 100, 121, 125. *Ver também* glicose; açúcar
carbono, 19, 24
cartilagem: epiglote, 63, 112, 113; osso do quadril, 281; articulação, 264, 265; joelho, 284, 285; laringe, 94; vértebra, 268
cauda, 268
cavidade nasal, 60-63, 94, 103, 113, 166, 185, 270
célula ganglionar, 178, 180
células de gordura, 50, 316, 317
células epiteliais, 51, 103, 104, 125, 222
células sexuais. *Ver* óvulo, meiose, espermatozoide
células: comunicação entre, 26, 42, 150-51; descrição, 14-15; nutrientes do sangue, 54; sexo (*ver* óvulo, espermatozoide); tamanho, 16, 50; estrutura de sustentação, 28-30, 52; tipos, 50-51; resíduos 14, 39, 54
células-tronco, 71, 221, 300
cerebelo, 160, 161, 162, 200-201, 204
cérebro: descrição, 151, 156-57; "emocional" (*ver* sistema límbico); estruturas internas, 160-61; interpretação do mundo externo, 103, 158, 159, 171, 182-83; mapeamento do córtex, 158-59; memória, 103, 158, 204-5; rede de neurônios, 154-55; protegido pelo crânio, 164-65, 270; sustento e nutrição, 162-63
choro, 185

ciclo menstrual, 296-97, 310
ciclo ovariano, 296
cílios. *Ver* "pelos"
citoesqueleto, 28-30, 230
citoplasma, 12, 40, 42, 240, 245, 295
clitóris, 304, 305
cóclea, 169, 170, 171
colágeno, 54, 80, 256, 257, 258, 264
colesterol, 26, 131
colo (do útero), 305, 306, 307
cólon, 142-43, 144
coluna vertebral, 63, 267, 268-69, 281
comer. *Ver* comida; paladar
complexo golgiense, 13, 38, 39
comunicação: corpo-cérebro, 158, 159, 160, 161, 188-89; entre células, 26, 52, 150-51; entre pessoas (*ver* linguagem; sons, produção de; fala); *ver também* nervos
coqueluche, 253
coração: contração no batimento, 80-85; controle pelo tronco cerebral, 96; descrição 76, 78, 80; localização no corpo, 64, 76, 97, 217; origem da pulsação, 84-85; oxigênio e suprimento de energia, 58, 78-79, 80; como bomba, 76, 77
cordão umbilical, 314
cordas vocais, 94, 95
córnea, 174, 175, 177, 185
corpo caloso, 157
corpo feminino: parto, 215, 283, 318; produção de leite, 214, 125, 316-17; menopausa, 292; ciclo menstrual, 296-97, 310; ciclo ovariano, 296; forma da pelve, 283; sistema genital, 292; gameta (*ver* óvulo)
corpo humano: desenvolvimento no útero, 313-19; quatro elementos principais no, 19; crescimento, 258, 270; número de pares de cromossomos, 293; porcentagem de água, 101; proteção (*ver* sistema imunitário; pele); remodelamento, 258-59; temperatura, 72, 207, 222; doze sistemas, 54-55
corpo masculino, 292, 293, 300, 302-3. *Ver também* espermatozoide
córtex: auditivo, 171, 173, 205; descrição, 15, 157, 158-59; "linguagem" (*ver* área de Broca; área de Wernicke); localização no corpo, 157, 162-63; motor e pré-motor, 158, 172, 172, 200-201; pré-frontal, 198, 200, 205; pré-motor, 200; sensorial, 161, 192, 193, 197, 204, 205; olfato, 205; paladar, 205; visual, 180, 181, 182, 183, 187, 205
costelas, 64, 92, 126, 267
cotovelo, 265, 277
coxa, 194, 195, 282-83, 284, 285
crânio: proteção do cérebro, 163, 164-65; descrição, 270-71; movimento, 161, 272-73; próximo à orelha, 169; próximo à mandíbula, 108, 109
cristalino, 174, 176, 177, 180
cromossomos: contribuição dos pais, 293, 294, 295,309; descrição, 45; durante a meiose, 293, 294-295; durante a mitose, 46-49; número no núcleo celular, 293, 294, 300, 309; X e Y, 295, 309

D

dedos, 277, 278-79, 286, 287
defecação, 146-47
deglutição (ato de engolir), 63, 111, 112-13
dendrito, 150, 151, 153, 154, 155, 236
dentes, 106-7, 256
derme, 192, 220, 221, 222, 223, 249, 252
diafragma, 64, 92, 96, 127, 147
difusão, 23, 69, 89, 314
digestão de alimento, 114-25
dióxido de carbono: da quebra do piruvato, 42; exalado, 92-93; receptores, 96, 97
divisão celular: por bactérias, 228; por óvulo fecundado, 309; meiose, 293, 295-95, 300; mitose, 44-49, 221, 300, 309; desencadeada por hormônios, 210, 215
DNA (ácido desoxirribonucleico): durante a divisão celular, 46-49; dano ou mutação, 246, 248; descrição, 32, 33, 44; instruções copiadas em RNA, 34-35; nas mitocôndrias, 42; replicação, 44-45; comprimento total no núcleo, 22; nos vírus, 238, 244, 245
doenças, 238, 244-45, 248-51, 253
dor, 166, 190, 192, 194-97

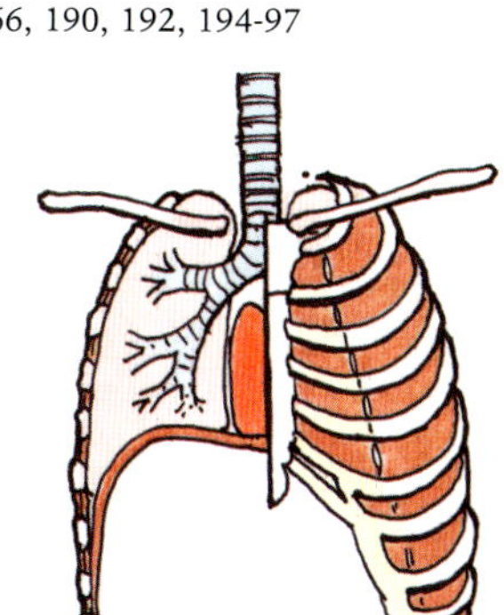

drogas e medicamentos, 131, 228, 245
ductos: biliar, 120, 128; na cóclea, 170; no rim, 137, 139; pancreáticos, 121; de suor, 222; que levam a linfa, 232; deferentes, 300, 302, 303, 304, 305
duodeno, 114, 115, 120-21, 126
dura-máter, 164, 165

E

ejaculação, 302, 304-5
elétrons, 17, 18-19, 21, 22, 42-43
embrião, 309-13
endométrio, 297, 310, 311, 312-13, 314
energia para as células: da glicose, 23, 39, 40-41, 132; regulada pelas mitocôndrias, 14, 42, 78; armazenamento e liberação a partir do ATP, 42-43, 262
energia para os músculos e tecidos, 39, 40
enzimas nas células: ativação por hormônios, 210, 211; quebra de ATP e glicose, 40-41; quebra de resíduos da célula, 39, 231; quebra do piruvato, 42; para a cópia e replicação do DNA, 35, 44, 45, 240, 241, 244
enzimas: nos blastocistos, 312; nos ossos para quebrar o colágeno, 258; nas células (*ver* enzimas nas células); para a digestão do alimento, 119, 120, 121, 122, 125, 132, 231; proteínas e aceleração da ação, 31; na saliva, 111; no esperma, 306
epiderme, 192, 220-21, 222-23, 224, 246-47, 252
epidídimo, 300, 301
epiglote, 63, 112, 113
epinefrina, 198, 199, 210
equilíbrio e estabilidade, 194, 200, 281, 283, 284, 286, 287
ereção, 305
esclera, 174, 175, 177
esfíncteres: no ânus, 147; na bexiga, 140-1; no piloro, 114, 115
esôfago, 63, 112, 113, 114
espermatozoide: cromossomos no, 293, 295; descrição, 50, 300, 306; durante a ejaculação, 304-5; durante a fecundação, 308-9; jornada até o óvulo, 306-7; jornada até o pênis, 302-3, 304; produção de, 292, 300-301
espinha dorsal. *Ver* coluna vertebral
espirro, 238
estômago, 114-17, 127
estrato mielínico, 188, 189
estrogênio, 215, 296, 297, 310, 316

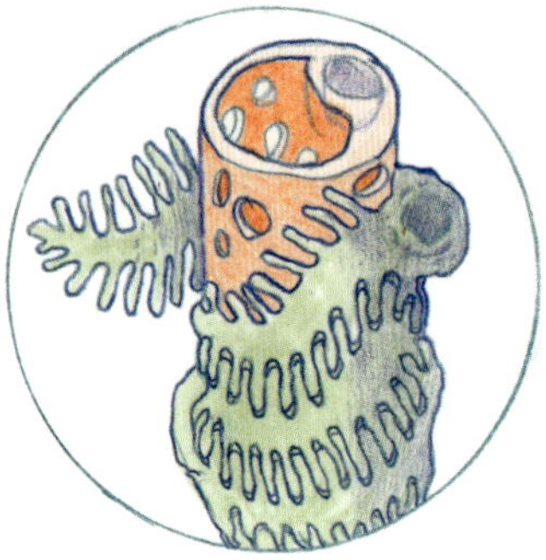

F

fala, 94-95, 158, 172-73, 300
fecundação, 197, 199, 308-9, 310
fêmeas. *Ver* corpo feminino
ferro, 71, 131
feto, 314-19
fezes, 144-47
fibroblastos, 51, 54, 55
fígado: sangue "limpo" pelo, 71, 127, 129, 131; localização no corpo, 70; como usina de processamento, 120, 126-29, 136; armazenamento de glicose, 131, 134, 135, 198
filamento intermediário, 29, 30
folículos: capilares, 222-23; ovarianos, 296, 308, 313
fosfato, 32, 33, 34, 40, 43, 262, 263
fosfolipídios, 24-27
fotossíntese, 59
frequência cardíaca, 82-83, 96, 161, 190, 198, 203
fuso, 46-49, 294, 295

G

garganta, 62, 63, 94, 113
genes: contribuição do pai e da mãe, 293, 294-95, 309; instruções copiadas de, 34-35; número codificado no DNA, 32; ligados e desligados, 33, 50, 211
germes. *Ver* bactérias, "más"; sistema imunitário, vírus
glândulas: adrenal, 136, 198, 199, 209; bulbouretral, 302; no endométrio, 310, 311; lubrificação dos olhos, 74; gástricas, 116-17; lubrificação do folículo capilar, 223; mamárias, 214, 215, 316-17; produtoras de muco na cavidade nasal, 61, 103; ilhotas do pâncreas, 132; paratiroide, 209, 259; pineal, 209; pituitária, 160, 209, 121-15, 216, 296, 316; próstata, 302, 304, 305; salivares, 111; sudoríparas, 221, 222; lágrima, 185; timo, 209; tireóidea, 209, 214, 215, 217, 259
glicose: da quebra de carboidratos, 119, 125; controle pelo pâncreas, 133, 134-35; energia da, 23, 39, 40-43, 132, 217; migração no rim, 138; armazenamento no fígado, 131, 134, 135, 198
globo ocular, 175, 176-77, 180, 181, 184-85
glóbulos brancos do sangue. *Ver* linfócitos; macrófagos; neutrófilos
glóbulos vermelhos do sangue. *Ver* hemácias
glucagon, 132, 133, 134-35
gordura, na comida, 101
gravidez, 313-19
gripe (influenza), 238, 240

H

hemácias: antígenos na superfície das, 74, 75; ciclo de vida, 70-71, 131; oxigênio carregado pelas, 50, 58-59, 67, 71, 88-89; percentual do volume do sangue, 72; percentual do total de células sanguíneas 73
hemoglobina, 71, 89, 131
hepatócitos, 129, 130, 131
hidrogênio, 19, 21, 24, 42, 43
hipocampo, 204, 205
hipotálamo: funções do corpo controladas por, 161, 198, 207, 222, 316; e o sistema endócrino, 209, 212-13, 216, 217, 316; localização no corpo, 160
HIV (vírus da síndrome de imunodeficiência humana), 244, 245
homens. *Ver* corpo masculino
hormônio adrenocorticotrófico (ACTH), 215
hormônio antidiurético (ADH), 215
hormônio da paratiroide (PTH), 259
hormônio estimulante da glândula tireóidea (TSH), 214, 215, 216, 217
hormônio folículoestimulante (FSH), 215, 296, 300
hormônio luteinizante (LH), 215, 296, 300
hormônios: controle por retroalimentação negativa, 216-17; desativação no fígado, 131; entrega da mensagem, 73, 210-11; crescimento, 214, 215; durante o ciclo menstrual, 297, 310; não esteroides, 210, 211; durante o ciclo ovariano, 296; durante a gravidez, 313, 316, 317; durante a puberdade, 292, 316; liberação por blastocisto, 313; liberados pelo sistema endócrino, 208, 212-15, 296, 300, 310, 316, 317; liberados pelo pâncreas, 133; liberados durante resposta ao perigo, 198, 199; sexuais (*ver* estrogênio; testosterona); esteroides, 210, 211, 215, 300

I

insulina, 132, 133, 134-35, 210
intestinos, 114, 118-23, 126, 142-45
íons, 22-23, 42-43, 73, 151-53
íris, 174-175

J

joelho, 284-85
juntas. *Ver* articulações

L

laringe: durante deglutição e respiração, 62, 63, 113; localização no corpo, 217, 259; produção de sons, 94, 95, 172, 173
lente do olho. *Ver* cristalino
ligações, 19, 20-21, 22, 31, 33
ligamentos: tecido conjuntivo, 54, 264; mão, 278; quadril, 281; articulação, 264; joelho, 284, 285; ombro, 274, 275; coluna vertebral, 268, 269; suspensor do olho, 174, 177; corda vocal, 94
linfa, 232, 234
linfócitos, 51, 72, 73, 232, 234, 235. *Ver também* linfócitos T
linfócitos B, 234, 236, 237, 250, 251, 253
linfócitos NK ("natural killer"), 242, 243, 248
linfócitos T, 234, 236-37, 242-45, 248, 250, 253
língua, 94, 104-5, 111, 112, 113, 166. *Ver também* paladar
linguagem, 159, 173
líquido amniótico, 314
líquido cerebroespinhal, 162-63, 164
líquido sinovial, 264, 268
lisossomos, 14, 38, 39, 231
luz do sol, 59, 246-47

M

macrófagos: bactérias mortas por, 131, 230-231, 235, 237, 243; descrição, 51, 130; resíduos externos destruídos por, 131, 250; espermatozoides mortos por, 306
mamas, 316
mandíbula, 107, 108-9, 270, 271
mão, 277, 278-79, 286
massa branca, 155, 165, 190, 191, 194, 195
massa cinzenta, 155, 190, 191, 194, 195, 196, 200

mastigação, 106-7, 109, 110-11
mastócitos, 226, 250, 251
medo, 198-99
medula espinhal: axônios e sinais levados pela, 147, 190-91, 194, 196-97, 201, 261, 305; líquido cerebroespinhal na, 162; descrição, 151, 188, 190-91, 268, 269; abertura no crânio para, 270
medula: óssea, 71, 73, 234, 256; rim (pirâmide), 136, 137
meiose, 293, 294-95, 300
melanócitos, 246, 248, 249
membrana celular: proteínas de ancoragem ligadas à, 52; durante o ataque de um vírus, 238, 240, 243; de bactérias, 228, 231; descrição, 12, 24, 26-27; de óvulo e espermatozoide durante a fecundação, 308-9; migração de íons e moléculas através da, 26, 34, 39, 42-43, 133-135, 151-52
membranas: célula (*ver* membrana celular); na cóclea, 170, 171; tímpano, 168, 169; envelope de vírus, 238, 239, 244; nos pulmões, 64, 65, 67, 69, 93; mitocôndria, 42, 43; revestida por muco na cavidade nasal, 61; nuclear (envelope), 26, 34, 46, 49; na retina, 178, 179; no intestino delgado, 122; sinovial, 264; que protege o cérebro, 164, 165
memória, 103, 158, 204-5
menopausa, 292
mesencéfalo, 160, 161, 171, 180
microscópio, 10, 12, 14
microtúbulos, 29, 30, 39, 46-49, 294, 295
minerais. *Ver* vitaminas e sais minerais
miofibrila, 260, 261. *Ver também* actina; miosina
miômero, 261, 263
miosina, 49, 260-61, 262-63
mitocôndrias: energia fornecida à célula por, 14, 41, 42-43, 300; nas células musculares, 78, 79, 261; reciclagem das desgastadas, 39; nos espermatozoides, 300
mitose, 46-49, 221, 300
moléculas, 20-21, 23, 24
monócitos, 72, 73, 226, 227
movimentos: dobrar e torcer, 268; controlados pelo cérebro, 158, 161, 172, 173, 200-201, 261; coordenação, 83, 157, 161, 200-201, 255, 288-89; flexão dos dedos, 278-79; agarrar objetos, 267, 277, 278-79; cabeça, 161, 272-73; impulsos para (*ver* neurônios motores; nervos; conexão com os músculos); levantar o pé, 194, 195, 289; levantar-se da posição sentada ou escalar, 283; ombro e braço, 275, 276-77; caminhar ou correr, 267, 284, 286, 287, 288-89
muco, 61, 103, 111, 113, 116-17, 251, 306
mulheres. *Ver* corpo feminino
músculos: conexão com os nervos, 260-261, 262; contração e relaxamento, 49, 259, 261, 262-63, 265, 277; descrição, 51, 260-61; energia usada por, 39, 40, 96; nervos (*ver* neurônios motores; nervos; conexão com os músculos); esqueléticos, 90, 190, 199, 201, 232; lisos, 190, 202, 203, 251, 302, 305, 316; tempo para contração, 201, 288; *ver também as partes específicas do corpo*

N

nariz. *Ver* cavidade nasal, olfato
nascimento. *Ver* parto
néfron, 136, 137, 138
nervo óptico, 178, 180, 181
nervos: osso, 258; células (*ver* neurônios); conexão com os músculos, 260, 261, 262; craniais, 188; descrição, 188-89; no mamilo, 316, 317; ópticos, 178, 180, 181; no intestino delgado, 122; na espinha dorsal, 188, 190
neurônios motores: conexão com o músculo, 260-61; sinais levados por, 188, 190-91, 194, 198-99, 201-2
neurônios sensoriais: no controle da pressão sanguínea, 202; e os atos reflexos 194, 196; sinais levados pela medula espinhal, 147, 157, 190-91; sinais levados ao cérebro, 103, 169, 170-71, 182
neurônios: rede no cérebro, 154-55, 204, 212; descrição, 50, 150, 151; ligações, 191, 194, 196; motores (*ver* neurônios motores); sensoriais (*ver* neurônios sensoriais); sinais enviados entre, 152-53, 188, 204
neurotransmissores, 153, 170, 261
neutrófilos, 51, 72, 73, 226, 227, 306
nêutrons, 17, 18, 19
nitrogênio, 19, 24
nós: AV (atrioventricular) e SA (sinoatrial), 82, 83, 96; axônios, 188; linfáticos, 232, 233, 234-37, 248
núcleo, 14, 17, 21, 70, 71, 300, 308-9
nucleotídeos, 32, 33, 34, 36, 240, 241
nutrientes, 100-101, 127, 131, 299, 310, 313, 314

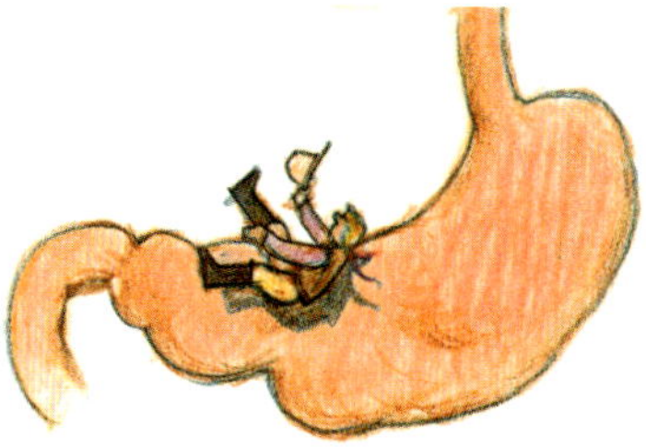

O

ocitocina, 214, 215, 316, 317
olfato, 102-3, 104, 166, 205
olhos, 159, 161, 166, 174-79, 180-, 184-85. *Ver também* visão
ombro, 274-75
orelhas, 168-69. *Ver também* audição
órgãos, 54, 64, 166, 202, 256, 267, 281
ossos: tecido conjuntivo, 54; criados por osteoblastos, 51, 258-59; descrição, 4, 256-57; desmanchados por osteoclastos, 51, 258, 259; movimento das juntas, 264-5, 275, 276-77; mantidos por osteócitos, 51, 256, 257, 258; medula, 71, 73, 234, 256. *Ver também as partes específicas do corpo*
osteoblastos, 51, 258
osteócitos, 51, 256, 257, 258
osteoclastos, 51, 258, 259
ovários, 209, 215, 292, 296, 297, 316
ovulação, 296, 306
óvulo: nascido com suprimento para a vida toda, 296; cromossomos no, 293, 295; descrição, 50; durante a fecundação, 308-9; jornada até o útero, 298-99; liberação, 215, 292, 296
oxigênio: demanda do corpo por, 96, 198; carregado por hemácias, 50, 58-59, 67, 71, 88-89; ciclo de energia da célula, 42, 43, 57, 78; troca com o ciclo do carbono, 58, 59, 67, 68-69, 76, 88-89; liberado pelas plantas, 58, 59; descrição da molécula, 18, 19, 20-21, 24; suprimento para o feto, 314

P

paladar, 104-5, 166, 205
pálpebra, 174, 175, 184, 185
pâncreas, 120, 121, 127, 132-35, 209
partículas do mundo externo, 61, 185, 250
parto, 215, 283, 318
patógenos. *Ver* bactérias, "más"; sistema imunitário; vírus
pé, 194, 195, 286-87, 288-89
pele: câncer de, 248-49; efeitos dos raios UV,

246-47; epiderme, 192, 220-21, 222-23; 224, 246-49; flocos, 221, 224; resposta imunitária, 226-27; sobre o crânio, 165; receptores, 166, 190, 192, 222; resposta ao perigo, 199. *Ver também* tato
"pelos": cílios nas tubas uterinas, 298, 306; cílios na cavidade nasal, 60, 61, 102, 103; células ciliadas na cóclea, 170-71; pili nas bactérias, 228, 229
pelos (e cabelo), 221, 222-23, 300
pelve e cintura pélvica, 195, 275, 280-81, 182-83
pênis, 292, 293, 302-5
pensamento, 157, 158-59, 198. *Ver também* memória
pericito, 51, 86, 87
peristaltismo, 113, 115, 122, 141, 142, 144
pernas, 194, 195, 282-83, 288-89
pigmentos visuais, 178, 179
piruvato, 40, 41, 42
piscar, 184, 185
placenta, 314, 316
plaquetas, 51, 73, 227
plasma, células do, 250, 251, 253
plasma sanguíneo, 69, 72-73, 74, 130, 22, 227, 237
poeira. *Ver* partículas do mundo externo
pólen. *Ver* partículas do mundo externo
ponte, 160, 161
postura ereta, 161, 267, 281. *Ver também* equilíbrio e estabilidade
potássio, 151-53
pressão sanguínea, 85, 161, 202-3, 207
progesterona, 296, 297, 310, 313, 316
prolactina, 214, 215, 316, 317
proteínas: quebra durante a digestão, 101, 119, 121; unidades básicas (*ver* aminoácidos); citoesqueleto, 28-30; descrição, 24, 31, 37; no cristalino do olho, 177; na comida, 101; globulares, 33; H, 239, 240; ligação e ancoragem, 52, 53; "motoras," 49; N, 239, 240; empacotamento e expedição, 38-39; produção, 36-37, 131, 210; funções na membrana celular, 26; *ver também* enzimas
prótons, 17, 18, 19, 22, 42-43
puberdade, 292, 300, 316
pulmões: descrição, 64-65; trocas gasosas nos, 58, 59, 66-69, 92-93; localização no corpo, 64, 97, 217; resposta ao perigo, 198, 199
pulsação, 85
pulso, 277, 278, 286
pupila, 175, 190, 198

Q

quadris. *Ver* pelve e cintura pélvica
quimo, 115, 120, 122

R

radiação ultravioleta (UV), 246-47
receptores: antígeno, 236, 243; equilíbrio, 200; dióxido de carbono, 96, 97; quimiorreceptores, 166, 230, 236, 243; para glicose, 133, 134, 135; hormônio, 210-211; mecanorreceptores, 166; nociceptores (dor), 166, 192, 194; fotorreceptores (luz), 166, 175, 178, 179; pressão e vibração, 192, 202, 203; olfato, 102, 103, 166; som, 169; alongamento, 96, 141, 147, 159, 186, 200, 201; paladar, 104, 166; termorreceptores (calor ou frio), 166, 190, 192; tato, 166, 190, 192, 222
regulação do calor corporal, 72, 161, 222, 302. *Ver também* receptores; termorreceptores
reparo de ferimentos, 226-27
reprodução: parto, 215, 283, 318; produção de células sexuais (*ver* óvulo, meiose, espermatozoide); desenvolvimento do feto, 314-19; fecundação, 308-9; genética (*ver* cromossomos; genes); sexo, 304, 305
resíduos, 14, 39, 54, 136, 138-47, 314
respiração. *Ver* pulmões; sistema respiratório
resposta inflamatória, 266-67, 251
retículo endoplasmático, 14, 38, 39
retina, 175, 176, 177, 179, 180, 187
reto, 142, 143, 147
ribossomos, 36, 37, 38, 39, 240
rins, 136-39, 140, 215
RNA (ácido ribonucleico): descrição, 34; durante a cópia do DNA, 34-37; RNAm, 35, 36, 37, 240, 241, 245; RNAt, 36-37; nos vírus, 238, 239, 240-41, 244, 245

S

saco escrotal, 293
sacos de membrana, 39, 153, 231, 240, 243, 256
sais minerais. *Ver* vitaminas e sais minerais
sal (cloreto de sódio), 22-23
saliva, 110-11
sangue: limpo ou filtrado, 71, 127, 129, 131, 136: coagulação, 73, 131, 227, 259; distribuição pelo corpo (*ver* sistema circulatório); descrição, 51, 71, 72-73 (*ver também* linfócitos; monócitos; neutrófilos; plasma, hemácias); glicose no, 134-35; regulação de temperatura, 72; fluxo menstrual, 297; cor vermelha, 71; tempo para uma volta completa, 76; volume, 232
seios. *Ver* mamas
sêmen, 302, 305
sensores, 147. *Ver* receptores
sentidos, 158, 159, 161. *Ver também* audição, visão, olfato, paladar, tato
sexo, 304-5
sexo do bebê, 295, 309
sinapses, 152-53, 154, 170, 178, 190, 196, 204
sistema cardiovascular: dióxido de carbono recolhido por, 57, 58-59, 67, 69. 88-89; descrição, 76-77 (*ver também as partes específicas do corpo*); localização no corpo, 54; rede (*ver* artérias; capilares; veias); distribuição de oxigênio, 57, 58-59; bombeamento (*ver* coração); resposta ao perigo, 198; resposta a calor e frio, 222
sistema digestório, 54, 127
sistema endócrino, 54, 208-9, 210-11
sistema esquelético, 55, 267, 281
sistema imunitário: ataque por inimigos externos, 236-37, 242-45, 248, 250-53; e o tipo de sangue, 74, 75; e o câncer, 248-49; e o HIV, 244-45; identificação de inimigos externos, 26, 31, 248 (*ver também* anticorpos; antígenos); resposta inflamatória, 226-27, 251; reações exageradas e alergias, 250-51; vacinas criam sistema de aviso, 252-53

sistema límbico, 103, 198, 200, 204
sistema linfático, 55, 232-33. *Ver também* linfonodos
sistema muscular, 55
sistema nervoso: autônomo, 161, 175, 177, 190, 198, 202-3; células (*ver* neurônios); comunicação, 150-51; descrição, 188-89; localização no corpo, 54; e movimento (*ver* neurônios motores; nervos; conexão com os músculos); enviando sinais, 152-53. *Ver também* cérebro; tronco cerebral; medula espinhal
sistema respiratório: ar nos pulmões, 66-69, 92, 93; e a corrente sanguínea, 58-59, 68-69, 89-93 (*ver também* hemácias); respiração controlada pelo cérebro, 96, 161; expiração, 92-93; inspiração, 60-65; localização no corpo, 54
sistema urinário, 54, 293, 302, 305
sistemas genitais, 55, 292, 293, 296-97, 302-5
sódio, 22-23, 151-53
sono, 161, 207
sons: identificação e interpretação, 158, 171; produção de, 94-95, 173; como ondas, 169. *Ver também* audição
suco pancreático, 120, 121, 125
suor, 222, 224
suturas, 164, 165

T

tálamo: descrição, 160, 161; e a audição, 171, 173; e o movimento, 201; e os atos reflexos, 196; e a visão, 180, 181, 182; e o tato, 192, 193
tato, 104, 159 166, 190, 192-93
tecido conjuntivo, 54-55, 66, 72, 75, 264
tecido epitelial, 52-53, 55
tecido: descrição, 52-55; energia usada por, 39, 40; fluxo de moléculas entre a corrente sanguínea e, 88, 89, 135, 232-33; fluxo menstrual, 297
temperatura: do corpo, 72, 207, 222 (*ver também* regulação do calor corporal); testículos, 302
tendões: de aquiles, 284; descrição, 54, 265; da mão e dos dedos, 278, 279; ombro e braço, 265, 274, 275; coxa, 294, 295
termorregulação. *Ver* regulação do calor corporal
testículos, 209, 215, 292, 293, 300-301, 302, 303
testosterona, 215, 300
tímpano, 168, 169
tipos de sangue, 74, 75
tiroxina, 215, 217
tornozelo, 286, 287
transpiração, 222
traqueia, 63, 64, 66, 92, 217
tronco cerebral: funções do corpo controladas por, 96, 97, 141, 161, 207; localização no corpo, 157; rota de mensagens, 161, 198, 201
tropomiosina, 262, 263
tuba uterina, 292, 298-99, 305, 306, 308, 309
túbulo seminífero, 300-301
tumores, 248, 249

U

unhas, 221
ureia, 73, 136, 138
ureter, 136, 140, 141
uretra, 140, 141, 293, 302, 305
urina, 136, 138-39, 140-41, 215
usado pelas plantas, 58, 59; como resíduo recolhido pela corrente sanguínea, 57, 58, 59, 67, 69, 73, 88-89
útero: contrações do, 215, 318; jornada do óvulo até o, 298-99; embrião e feto no, 313, 314-19; futuro embrião no, 310-11, 312-13; localização no corpo, 292, 305, 306; durante o ciclo menstrual, 297, 310; jornada do espermatozoide pelo, 305

V

vacina, 252-53
vagina, 292, 297, 304-5, 306, 310
vasos linfáticos, 122, 124, 125, 232-33, 234, 256, 258
veias: no cérebro, 162-63; central, 128, 129; descrição, 76, 77, 90, 91; no hipotálamo, 216; no pulmão, 66-67; veias porta, 126, 127, 132, 133, 213; subclávia, 232, 233
"vento", 23, 144
ventrículos: no cérebro, 162, 163; no coração, 76, 77, 78, 82-83, 90, 91
vértebras, 190, 268-69, 272-73
vesícula biliar, 120, 121, 126
vesícula seminal, 302, 304, 305
vírus, 238-45
visão: ponto cego, 180, 181; cones e bastonetes, 178-79; profundidade e distância, 177, 182, 186-87; interpretação de imagens, 159, 182-83; fotorreceptores, 166, 175, 178, 179; leitura, 173; sinais para o cérebro, 159, 180-81, 205
vitaminas e sais minerais, 100, 131, 144

APÊNDICE

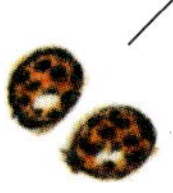
ENGRAÇADO, ELE NÃO TEM
CARA DE ENCRENQUEIRO.

Algumas estruturas do corpo são chamadas vestigiais porque, embora não haja dúvida de que foram úteis aos nossos ancestrais, hoje em dia parecem não ter função. Já se acreditou que o apêndice estava nessa categoria, porque, nos humanos, ele não desempenha nenhum papel na digestão e só é notado quando inflama, resultando em apendicite. Contudo, pesquisas mais recentes sugerem que o apêndice pode servir de abrigo para as bactérias "boas" – um lugar onde elas podem crescer, prosperar e, se necessário, de onde podem recolonizar o intestino grosso, no caso da perda de sua população normal de bactérias.